Olaf Leiße (Hrsg.)

Die Europäische Union nach dem Vertrag von Lissabon

Olaf Leiße (Hrsg.)

Die Europäische Union nach dem Vertrag von Lissabon

VS VERLAG FÜR SOZIALWISSENSCHAFTEN

Bibliografische Information der Deutschen Nationalbibliothek
Die Deutsche Nationalbibliothek verzeichnet diese Publikation in der Deutschen Nationalbibliografie; detaillierte bibliografische Daten sind im Internet über <http://dnb.d-nb.de> abrufbar.

1. Auflage 2010

Lektorat: Frank Schindler

VS Verlag für Sozialwissenschaften ist Teil der Fachverlagsgruppe Springer Science+Business Media.
www.vs-verlag.de

Umschlaggestaltung: KünkelLopka Medienentwicklung, Heidelberg
Druck und buchbinderische Verarbeitung: Ten Brink, Meppel
Gedruckt auf säurefreiem und chlorfrei gebleichtem Papier
Printed in the Netherlands

ISBN 978-3-531-16072-6

Inhaltsverzeichnis

Olaf Leiße
Wandel durch Annäherung: Zur Steuerung der Reformpolitik in der Europäischen Union 9

I. Reformpolitik in der Europäischen Union

Joachim Schild
Pariser Pragmatismus – Französische EU-Vertragsreformpolitik von Amsterdam bis Lissabon 23

Bernhard Stahl
Strategische und zivilisatorische Erweiterungen und die Folgen für die europäische Integration 42

Jürgen Meyer
Braucht die Europäische Union eine Verfassung? 60

Klaus Hänsch
Perspektiven der europäischen Integration 69

II. Die Reform der institutionellen Ordnung

Torsten Oppelland
Institutionelle Neuordnung und Demokratisierung 79

Jo Leinen
Das Europäische Parlament und der Vertrag von Lissabon 97

Christoph Knill und Jale Tosun
Steuerung und Regulierung in der neuen EU 114

Helmut Wagner
Wer regiert die Europäische Union? Die Originalität der Europäischen Union 133

III. Die Reform einzelner Politikfelder

Martin Borowsky
Die Grundrechtecharta als normatives Fundament der Europäischen Union 147

Antonius Liedhegener und Daniel Gerstenhauer
Auf dem Weg zu einem kooperativen Verhältnis Religion und die Vertiefung der Europäischen Union 160

Christiane Dienel und Sabine Overkämping
Der Vertrag von Lissabon und die europäische Sozialpolitik 176

Siegmar Schmidt
Fortschritte und neue Herausforderungen in der Europäischen Außen- und Sicherheitspolitik 195

Stefan Haack
Der Raum der Freiheit, der Sicherheit und des Rechts im Vertrag von Lissabon – Rhetorik oder Integrationsschub? 220

Peter Becker
Auf dem Weg zu einer neuen Finanzverfassung – Vom Verfassungskonvent zum Vertrag von Lissabon 234

IV. Die Europäische Union im nationalen und internationalen Kontext

Otto Schmuck
Die deutschen Länder und der europäische Reformprozess 255

Henrik Scheller
Zur Europäisierung des deutschen Föderalismus – zwischen Synchronisierung und Strukturbruch? 269

Julia Galaski und Markus Kaim
Die Europäische Union als Militärmacht 291

Stefan Fröhlich
Zwischen den USA, Russland und anderen regionalen Vormächten: Zur Rolle der EU in der Welt 309

Ernst Piehl
Europäische Nachbarschaftspolitik – Genesis, Bestandsaufnahme und Perspektiven 333

Almut Möller
Die Entstehungsgeschichte und Strukturen der Mittelmeerunion: Gradmesser für europäische Debatten zur Nachbarschafts-, Mittelmeer- und Nahostpolitik 371

Björn Uhrig
Chronik der Konstitutionalisierung Europas – Fortschritte und Rückschläge 382

Autorenverzeichnis 391

Olaf Leiße

Wandel durch Annäherung: Zur Steuerung der Reformpolitik in der Europäischen Union

1 Die Dialektik der europäischen Integration

Reform und Krise – kaum ein anderes Begriffspaar erscheint geeigneter, um den Fortgang der europäischen Integration im 21. Jahrhundert prägnant zu beschreiben. Die Europäische Union ist ein Kind der Krise, sie entstand in der Krise des Nationalstaates nach dem Zweiten Weltkrieg, ihre entscheidenden Weiterentwicklungen erfolgten in tief greifenden Krisen, die Reform der Europäischen Union in diesem zu Ende gehenden Jahrzehnt ist ein krisenhafter Prozess und die Herausforderungen der kommenden Dekade lassen erahnen, dass die Union auch zukünftig tiefe Krisenmomente erleben wird. Trotzdem, und dies ist das Unglaubliche an der europäischen Integration, geht der Reformprozess weiter. Der folgende kursorische Überblick über die europäische Integration zeigt, dass Stagnationen und Entwicklungsschübe nicht nur in regelmäßiger Folge einander abwechselten, sondern dass jeder Weiterentwicklung eine lange Phase des Stillstands voranging.

Bereits die Gründung der Europäischen Gemeinschaft erfolgte in einer Zeit der Krise. Ohne den Zweiten Weltkrieg und die Desavouierung des Nationalstaatsprinzips wäre wohl der Integrationsprozess kaum in Gang gekommen. Zwar gab es politische Integrationsbemühungen bereits in der Zwischenkriegszeit und Zukunftspläne zur Integration Europas wurden auch von den Widerstandsgruppen während der deutschen Expansion entworfen, aber nachhaltigen Erfolg hatten die Befürworter einer europäischen Einigung erst nach dem Zweiten Weltkrieg, der tief greifende Spuren nicht nur im „Sichtbaren“, in der Zerstörung der Infrastruktur Deutschlands und Europas, sondern auch im „Unsichtbaren“, in der Veränderung der tradierten Auffassungen von Souveränität, Nationalstaatlichkeit und nationaler Autarkie, hinterließ. Die Zerstörungen der materiellen Welt und der Welt der Ideen bedingten einander; im Furor des Zweiten Weltkriegs wurde das alte Europa endgültig vernichtet, aber mit ihm auch die überkommenen Auffassungen von der absoluten Souveränität und dem Gleichgewicht der Staaten und Mächte. Dies war die Stunde von Politikern und Bürgern, die später als Idealisten bezeichnet wurden – Menschen, die glaubten, der Nationalstaat sei Ursache für die Verheerungen des Zweiten Weltkriegs und eine Wiederholung eines weiteren, noch viel grausameren Krieges, sei nur durch die Einhegung der Nationalstaaten zu gewährleisten. Die Föderalisten setzten sich für die Schaffung einer demokratischen Förderation ein, an die von den Nationalstaaten weitgehende wirtschaftliche, politische und militärische Souvernänitätsrechte übertragen wird. Neben die dialektische Entwicklung von Reform und Krise tritt ein weiterer Gegensatz: Idee und Wirklichkeit, Idealismus und Realismus sind eng miteinander verflochten und bedingen einander. Die europäische Integration konnte nur deshalb an Fahrt gewinnen, weil idealistische Strömungen an Bedeutung gewannen, was wiederum auf die Krise des nationalstaatlichen Denkens im Gefolge des Zweiten Weltkriegs zurückzuführen ist. Und wie die äußere Welt den Integrationsprozess an seinem Beginn beeinflusste, so lenkte sie auch die spätere Entwicklung. Das Binnenmarktprogramm der Europäischen Kommission aus den 1980er Jahren, das wesentlich zur Integration beitrug, ist letztlich auf die Stagnation der Wirtschaft in dieser Dekade zurückzuführen. Später führten die Magnetwirkung des Westens und die interne Misswirtschaft zum Untergang des sowjetischen Imperiums, und die freigelassenen Staaten Mittel- und Osteuropas suchten Anschluss an die Europäische Union, was diese unter beträchtlichen Reformdruck setzte. So lässt sich feststellen, dass die politischen und materiellen Umstände wesentlich zum Erfolg der Europäischen Union beigetragen haben. Ohne außen kein innen, ohne die Veränderung der politischen Landschaft in Europa keine Integration. Der Einigungsprozess wurde nicht um seiner selbst willen geführt, sondern hatte immer auch materielle und realpolitische Ursachen und Ziele.

Doch zurück zum Beginn der Integration, denn noch ein weiterer Gegensatz stand bei der Geburt der Europäischen Gemeinschaft Pate. Der Aufstieg der Sowjetunion nach dem Zweiten Weltkrieg zur Supermacht und die Absonderung Osteuropas waren zweifellos wesentliche Impulse zur Einigung im Westen. Ohne Osteuropa kein Westeuropa, so könnte man diese Entwicklung zuspitzen. Der beginnende Kalte Krieg und die Spaltung Europas, die Aufrüstung der Supermächte und die gegenseitige Bedrohung, die nachhaltige Marginalisierung der alten europäischen Mächte – dies alles führte dazu, dass die Staaten Westeuropas bereit waren, neue Wege der staatlichen Zusammenarbeit auszuprobieren. Das „westfälische System“ wurde nicht (allein) deshalb abgeschwächt, weil sich neue idealistische Vorstellungen durchgesetzt haben, sondern (auch) weil die Realpolitik zu Experimenten zwang. Der Vorschlag zur Errichtung einer Gemeinschaft für Kohle und Stahl, den der französische Außenminister Robert Schuman am 9. Mai 1950 präsentierte und der als Gründungsdokument der europäischen Integration gilt, war getragen vom christlichen Gedanken der Aussöhnung und des Neubeginns, aber dass er erfolgreich lanciert werden konnte, verdankt er der veränderten politischen Konstellation zu Beginn der 1950er Jahre. Frankreich sah sich durch den Kalten Krieg und der Bedeutungszunahme der USA in innereuropäischen Angelegenheiten zunehmend isoliert und in seiner Rolle als (eine) westliche Führungsmacht marginalisiert. Zudem konnte es seine bisherige Politik gegenüber Deutschland – zerschlagen, zerstückeln, ausbeuten, niederhalten – angesichts der veränderten Realitäten in Europa nicht mehr fortsetzen. So war der Plan auch eine Vorwärtsverteidigung Frankreichs, die in Deutschland wiederum dankbar aufgegriffen wurde. Die zukünftige europäische Gemeinschaft sollte nicht nur die darniederliegende Wirtschaft ankurbeln, sondern Westdeutschland auch zurück in den Kreis der westlichen Staaten führen. Westdeutschland versuchte, Souveränität durch partiellen Souveränitätsverzicht zu erlangen. Europa hat, so könnte man rückblickend formulieren, Deutschland seine anerkannte Staatlichkeit zurückgegeben. Die USA unterstützten den Plan, denn ein wirtschaftlicher Aufschwung der alten Industriestaaten Europas erschloss neue Absatzmärkte und schuf ein politisches Bollwerk gegen die erstarkende Sowjetunion. Auf diese Weise beförderte Osteuropa die Integration Westeuropas, doch für die Satellitenstaaten begann eine Phase der Isolierung und letztendlich Stagnation.

Nach dem Überschwang an Reformen in den 1950er Jahren, der Gründung der Europäischen Gemeinschaft für Kohle und Stahl (1951), der Europäischen Wirtschaftsgemeinschaft und der Europäischen Atomgemeinschaft (beide 1957), trat die Integration in eine ruhigere Phase ein. Dennoch gab es immer wieder Reformvorschläge. Die vom französischen Staatspräsidenten de Gaulle 1961 und 1962 präsentierten Fouchet-Pläne sahen eine Stärkung der intergouvernementalen Zusammenarbeit gerade auch im Bereich der Außenpolitik vor. Diese Pläne fanden keine Mehrheit unter den übrigen fünf Mitgliedstaaten. Der Davignon-Bericht aus dem Jahr 1970 regte ebenfalls einen informellen Informationsaustausch und Konsultationen im Bereich der Außenpolitik an. Auf dieser Grundlage entstand die Europäische Politische Zusammenarbeit. Die Staats- und Regierungschefs beauftragten im Dezember 1974 den belgischen Ministerpräsidenten Leo Tindemans, Vorschläge für eine Weiterentwicklung der Gemeinschaft zu einer Europäischen Union auszuarbeiten. Der darauf entstandene Tindemans-Bericht formulierte sowohl ideelle Leitbilder als auch konkrete Handlungsempfehlungen für eine vertiefte Integration. Dazu gehörten die Direktwahl des Europäischen Parlaments, die Europäisierung weiterer Politikbereiche, die Schaffung einer Wirtschafts- und Währungsunion sowie einer gemeinsamen Außenpolitik. Der umfassende Bericht blieb zunächst ohne politische Folgen, stattdessen stagnierte, nicht zuletzt aufgrund der beginnenden Wirtschaftskrise der 1970er Jahre, die europäische Integration. Die Wirtschaft in Europa durchlebte eine bis dahin nicht gekannte Schwächephase. Als Antwort darauf schotteten die Mitgliedstaaten ihre nationalen Märkte wieder ab und kämpften um die Reduzierung ihrer Beiträge zur Europäischen Gemeinschaft. Auch der Integrationsprozess geriet dabei in eine Sackgasse, die berüchtigte „Eurosklerose", wobei es zunehmend fraglich schien, ob und wie die Einigung voranschreiten könnte.

Doch zugleich mit der Krise stieg der Reformdruck in der Gemeinschaft, der sich in den 1980er Jahren in einer Serie von Reformvorschlägen entlud. Zu nennen sind hier die Genscher-Colombo-Initiative 1981, der Entwurf des Europäischen Parlaments für eine europäische Verfassung von 1984, aus dem gleichen Jahr der Adonnino-Ausschuss mit seinen Vorschlägen für ein „Europa der Bürger" und der Dooge-Ausschuss für den wirtschaftlichen Ausbau der Gemeinschaft. Von besonderer Bedeutung wurden das Binnenmarktprogramm des Kommissionspräsidenten Jacques Delors und die Einheitliche Europäische Akte von 1986. Der Cecchini-Bericht listete detailliert auf, welche wirtschaftlichen Vorteile sich für die Mitgliedstaaten bei einer Umsetzung des Binnenmarkts ergäben. Bis zum Jahr 1992 wurden konkrete Maßnahmen eingeleitet, um das ehrgeizige Ziel eines europäischen Binnenmarktes zu erreichen. Somit ging die wirtschaftliche Integration in eine neue Phase, zunächst ohne die politischen Bereiche in gleicher Weise zu vergemeinschaften. Die Bereitschaft, auch den politischen Integrationsprozess voranzutreiben, nahm erst mit dem Vertrag von Maastricht 1992 konkrete Gestalt an. Doch dafür musste es erst eine Umwälzung von welthistorischer Bedeutung geben: Der Zusammenbruch der Sowjetunion und der Fall der Berliner Mauer.

Die Herausforderungen, vor die sich das westliche Europa recht überraschend gestellt sah, waren hochkomplex. Erstens lösten sich mit dem Zusammenbruch der Sowjetunion die militärischen und ökonomischen Bündnissysteme in Osteuropa, der Rat für gegenseitige Wirtschaftshilfe und der Warschauer Pakt, allmählich auf. Mit dem Ende des Kalten Krieges kamen politische und militärische Unsicherheit zurück nach Europa. Zweitens zog sich mit dem Ende des sowjetischen Imperiums die einstige Supermacht aus dem von ihr beherrschten Raum zurück und die ehemaligen Satellitenstaaten wurden in Freiheit und Unabhängigkeit entlassen. Schon bald wurde deutlich, dass sich die Länder Mittel- und Osteuropas möglichst rasch in die westlichen Bündnisse und Organisationen integrieren wollten, fürchteten sie doch eine plötzliche ideologische Kehrwendung in Moskau und damit eine

Rückkehr der Sowjets. Die Staaten Mittel- und Osteuropas übten daher maximalen Druck auf Nato, Europarat und die Europäische Gemeinschaft aus, die vormals rein westlichen Bündnisse auszudehnen. Drittens führte die Implosion Jugoslawiens zu den langwierigsten, grausamsten und verlustreichsten Kriegshandlungen seit Ende des Zweiten Weltkriegs in Europa. Zu Beginn der Sezession waren die europäischen Staaten über den Umgang mit der Jugoslawien-Krise zutiefst zerstritten. Der Verlauf der Balkankriege machte die Unfähigkeit der EU-Staaten augenfällig, eine angemessene Antwort in Form einer kohärenten Außen- und Sicherheitspolitik zu formulieren. Ohne das politische und militärische Eingreifen der USA hätte eine ausschließlich europäische Lösung sicher mehr Zeit – und mehr Menschenleben – gekostet. Das veränderte europapolitische Umfeld erwies sich zu Beginn der 1990er Jahre als weiterer Integrationsschub. Es ist müßig zu überlegen, ob die Integration ohne diese gewandelte außenpolitische Situation nach Abschluss des Binnenmarktprojekts wieder stagniert wäre, aber nahe liegend ist diese Annahme schon. So aber wurden die Revolutionen in Mittel- und Osteuropa zum Auslöser für eine Revolution im europäischen Integrationsprozess. Der Vertrag von Maastricht war der ganz große Wurf in der neueren politischen Einigung. Ohne Osteuropa, so könnte man im Anschluss an die frühere Feststellung anknüpfen, gäbe es kein vertieftes Westeuropa. Zugleich zeichnete sich auch der Fahrplan für die kommenden Jahre ab. Die Wiedervereinigung Europas unter dem Dach der Europäischen Union.

Doch zunächst gönnte sich die Union eine ruhigere Phase. Nach einer längeren Regierungskonferenz und zwischenstaatlichen Verhandlungen wurde im Juni 1997 der Vertrag von Amsterdam abgeschlossen. Dieser Vertrag war jedoch kein Maastricht vergleichbarer Meilenstein, sondern nur der kleinste gemeinsame Nenner zur Korrektur der Verträge. Die Weiterentwicklung erfolgte im Rahmen einer erneuten Regierungskonferenz, die im Dezember 2000 mit dem Gipfeltreffen der Staats- und Regierungschefs und der Verabschiedung des Vertrags von Nizza abgeschlossen wurde. Trotz der großen Herausforderung, die Europäische Union nach der bevorstehenden Osterweiterung handlungsfähig zu erhalten, war auch der Vertrag von Nizza kein zufrieden stellendes Ergebnis. Viele sprachen gar von einem gescheiterten Gipfel. Der immense Aufwand, der im Vorfeld im Rahmen der Regierungskonferenz und auf dem Gipfel von Nizza selbst getrieben wurde, stand in keinem vertretbaren Verhältnis zu seinen Ergebnissen. In Europa traten Input und Output der intergouvernementalen Verhandlungen zunehmend auseinander, so dass sich die Auffassung durchsetzte, es könnte sinnvoll sein, auch andere Methoden einzusetzen. Die Methode der Regierungskonferenz und des intergouvernementalen Aushandelns neuer Verträge jedenfalls schien sich nach den unbefriedigenden Resultaten in Amsterdam und Nizza erschöpft zu haben. Die europäische Integration befand sich zur Jahrhundertwende wieder einmal in der Krise. Doch eine Reform wurde immer dringender. Mit der Aufnahme von Verhandlungen mit 12 Staaten in Ostmitteleuropa sowie Malta und Zypern gab es nunmehr ein neues Gegensatzpaar, das in einem engen Wechselverhältnis zueinander stand: Vertiefung und Erweiterung.

Die Krise der intergouvernementalen Methode und die immer drängendere Frage, wie Vertiefung und Erweiterung in ein angemessenes Verhältnis gebracht werden könnten, wurden zum neuen Reformschub für die neuere europäische Integration. Diesmal ging die Initiative vor allem von den Mitgliedstaaten aus. Den Auftakt in der nun folgenden langen Reihe politischer Reden zur europäischen Integration machte im Januar 2000 der ehemalige Kommissionspräsident Jacques Delors, als er in mehreren Artikeln im „Figaro“ und „Le

Monde“ Chancen und Grenzen einer weiteren Integration der Union kritisch abwog. Am 12. Mai 2000 hielt der damalige Bundesaußenminister Joschka Fischer seine berühmt gewordene Rede an der Humboldt-Universität in Berlin. Auf die „deutsche Herausforderung“ reagierten noch im gleichen Jahr Frankreichs Präsident Jacques Chirac mit seiner Rede „Unser Europa“ vor dem Deutschen Bundestag in Berlin sowie der britische Premierminister Tony Blair mit einer Rede vor der polnischen Börse. Im Folgejahr äußerten sich ferner Bundespräsident Rau, der französische Premierminister Lionel Jospin. Bundeskanzler Schröder stellte auf dem Parteitag der SPD den Leitantrag zur Europapolitik persönlich vor, mit dem er einige Kernpunkte der weiteren Ausgestaltung der Integration präzisierte. Darüber hinaus lieferten Kommissionspräsident Prodi, der spanische Ministerpräsident Aznar, der belgische Premierminister Verhofstadt und viele weitere hochrangige politische Führungspersönlichkeiten zu verschiedenen Anlässen europapolitisch inspirierte Beiträge. Die Reden eröffneten ein ungewöhnlich breites Spektrum an Zukunftsoptionen und lieferten Antworten auf die Kernthemen der Integration: Weshalb und zu welchem Zweck brauchen Europa und seine Bürger die Europäische Union? Wie sollte die EU beschaffen sein, um den Herausforderungen an die Politik zukünftig gewachsen zu sein? Welche Rolle spielt eine zukünftige EU-Verfassung, und wie soll die weitere Integration ausgestaltet werden?

Diese und weitere wichtige Fragen sollten nicht mehr in einer Regierungskonferenz geklärt, sondern in einem möglichst breiten Kreis diskutiert und beantwortet werden. Der Europäische Rat der Staats- und Regierungschefs einigte sich bei seinem Treffen in Laeken am 14./15. Dezember 2001 auf die Einberufung eines Europäischen Konvents zur Zukunft der EU, der alle wesentlichen Fragen prüfen sollte, die die zukünftige Entwicklung der Europäischen Union aufwirft. Dafür gab der Rat dem Konvent mit der „Erklärung von Laeken“ eine Fülle von Fragen mit. Der Konvent sollte einer nachfolgenden Regierungskonferenz jedoch nur vorgeschaltet werden, somit behielten die Mitgliedstaaten weiterhin vertragsgemäß das Letztentscheidungsrecht. Der Konvent selbst war äußerst heterogen besetzt. Im Konvent saßen 100 Delegierte unterschiedlicher Nationen, nördlicher und südlicher, westlicher und östlicher Staaten, Vertreter der 15 Mitglieder der Union und sämtlicher 13 Beitrittskandidaten, reicher und armer Staaten, sehr großer und sehr kleiner, alter, seit Jahrhunderten bestehender und gefestigter Nationalstaaten ebenso wie erst kürzlich durch die revolutionären Umbrüche im Osten des Kontinents entstandener Nationen. Das gesamte Parteienspektrum war vertreten, von Links- bis Rechtsaußen, Pro-Europäer und Europa-Skeptiker, Föderalisten und Intergouvernementalisten, Männer und (sehr wenige) Frauen, Regierungsvertreter und Parlamentarier.

Der Konvent erwies sich als mutiger Schritt in die Zukunft, denn schon bald wurde deutlich, dass der Vorsitzende, der ehemalige französische Staatspräsident Valérie Giscard d’Estaing, den Ehrgeiz hatte, eine Verfassung für die Europäische Union zu entwerfen. Damit wurde ein weiterer dialektischer Mechanismus fortgeführt – die Weiterentwicklung der Union in Form einer Verfassung oder eines Vertrages. Die grundlegenden primärrechtlichen Texte der europäischen Integration sind die völkerrechtlichen Gründungsverträge aus den 1950er Jahren. Mit dem Fusionsvertrag von 1965 wurde den drei Gemeinschaften ein einheitliches institutionelles System gegeben, danach stagnierte im Laufe der Ausbreitung der Eurosklerose nicht nur die realpolitische, sondern auch primärrechtliche Weiterentwicklung der Gemeinschaft. Fünf Jahre nach der ersten, 1979 erfolgten Direktwahl durch die Unionsbürger legte das Europäische Parlament einen vom Institutionellen Ausschuss unter dem Vorsitz von Altiero Spinelli erarbeiteten Vorschlag für eine europäische Verfassung vor, der am 14. Februar 1984 mit einer breiten Mehrheit angenommen wurde. Dieser Verfassungsentwurf war der erste Versuch, die Gemeinschaft auf eine neue vertragliche Grundlage zu stellen und demokratisch weiter zu entwickeln. Er enthielt zahlreiche Vorschläge, die später auch vom Konvent wieder aufgenommen werden sollten. Zwar wiesen die Staats- und Regierungschefs den Verfassungsentwurf des Europäischen Parlaments zurück, doch ergänzten sie die bisherigen Vertragstexte 1986 um die Einheitliche Europäische Akte.

Mit dem Vertrag von Maastricht wurde 1992 die Europäische Union gegründet und umfassend reformiert. Bereits zwei Jahre später, im Februar 1994, diskutierte das europäische Parlament einen zweiten Verfassungsentwurf, der vom Institutionellen Ausschuss unter Vorsitz von Fernand Herman erarbeitet worden ist. Auch dieser Entwurf wurde von den Mitgliedstaaten zurückgewiesen, doch die vergleichsweise mageren Ergebnisse der Verträge von Amsterdam (1997) und Nizza (2001) eröffneten neue Optionen zur Realisierung einer Verfassung. Der vom Konvent zwischen Februar 2002 und Juli 2003 erarbeitete Verfassungsentwurf wurde zur Entscheidungsgrundlage der nachfolgenden Regierungskonferenz zunächst unter italienischer, dann unter irischer Ratspräsidentschaft. Auf dem Gipfel in Brüssel am 17./18. Juni 2004 wurde der leicht modifizierte Verfassungsvertrag angenommen und am 29.10.2004 in Rom feierlich unterzeichnet. Damit besaß die Europäische Union nun endlich die Chance auf eine neue primärrechtliche Grundlage. Rechtlich gesehen handelte es sich noch immer um einen zwischenstaatlichen Vertrag, doch inhaltlich handelte es sich bei diesem Dokument um die von vielen Seiten seit langer Zeit geforderte und ersehnte Verfassung.

Doch nach der Reform folgt in der europäischen Integration unweigerlich die Krise. Am 29.05.2005 lehnte in Frankreich bei einem Referendum eine Mehrheit von 55% den Verfassungsvertrag ab, gefolgt von einer Abstimmung in den Niederlanden am 2.06.2005, bei der 61% mit Nein stimmten. Nach diesem schweren Schlag beschlossen die 25 Staats- und Regierungschefs eine „Denkpause“, die sich nicht als Pause zum Denken, sondern als Pause vom Denken erwies. Im Gegensatz zur Post-Nizza-Phase gab es keine nennenswerten Diskussionen oder Reden über den Fortgang des Verfassungsprozesses, Mehltau senkte sich über die Integration. Die Krise war jederzeit spürbar, blieb aber unthematisiert.

Erst mit der Berliner Erklärung vom 25.03.2007 anlässlich des Festaktes zum 50-jährigen Bestehen der Römischen Verträge wurde der Integrationsprozess unter deutscher Ratspräsidentschaft wiederbelebt. Es gelang der Bundesregierung, alle Mitgliedstaaten auf die Einberufung einer erneuten Regierungskonferenz und die Ausarbeitung eines neuen Reformvertrages einzuschwören. Aus der Krise entstand unerwarteter Reformwille. Zugleich war auch dem Versuch Erfolg beschieden, die Staats- und Regierungschefs darauf festzulegen, den bisherigen Verfassungsvertrag im Wesentlichen zu übernehmen. Doch der Preis war für die Verfassungsbefürworter hoch, denn offiziell gesteht der europäische Gipfel zum Ende der deutschen Ratspräsidentschaft vom 22.-24.06.2007 das Scheitern des Verfassungsprozesses ein. In dem Mandat für die Regierungskonferenz heißt es: „Das Verfassungskonzept (...) wird aufgegeben“. Damit ist der Weg für die Verfassungskritiker frei, insbesondere die an eine europäische Staatlichkeit und Verfassung erinnernden Teile zu streichen. So fielen alle Hinweise auf staatsähnliche Symbole wie Fahne, Hymne und Motto weg. Zudem wurden staatstypische Bezeichnungen aufgegeben; stattdessen werden meist die bereits im Vertrag von Nizza verwendeten Bezeichnungen übernommen. Der von der Verfassung vorgesehene „Außenminister“ der Union wurde in Hoher Vertreter für Außen- und Sicherheitspolitik umbenannt, obwohl seine Befugnisse denen des von der Verfassung vorgesehenen Außenministers entsprechen. Auch die von der EU erlassenen Rechtsakte behalten ihre bisher gültigen Bezeichnungen. Statt „Europäischer Gesetze" gibt es weiterhin Verordnungen, statt „Europäischer Rahmengesetze" weiterhin Richtlinien. Der Begriff der Verfassung entfällt ersatzlos, stattdessen wird der neue Reformvertrag, wie die vorherigen Verträge auch, nach dem Ort seiner Unterzeichnung benannt.

Am 13. Dezember 2007 wird der Vertrag von Lissabon in der portugiesischen Hauptstadt feierlich unterzeichnet. Damit ist es der Union gelungen, einen neuen Grundlagenvertrag für die nunmehr 27 Mitglieder zu schaffen. Doch in immer schnellerer Folge wechseln sich Reform und Krisen mittlerweile in Europa ab. Am 13. Juni 2008 sagt Irland sagt „Nein" in einem Referendum. 53,4% der irischen Wähler stimmten gegen den Lissabon-Vertrag, 46,6% dafür. Hochgerechnet auf die gesamt EU, haben 0,175% der Bevölkerung der Union den Vertrag abgelehnt und die Gemeinschaft damit erneut in eine ernsthafte Krise gestürzt. Weitere Europaskeptiker, darunter der tschechische Präsident Vaclav Klaus und der polnische Präsident Jaroslaw Kaczynski, sahen sich in ihrem Kurs bestätigt, das Inkrafttreten des Vertrages von Lissabon durch Verweigerung ihrer Unterschrift zu verzögern. Die Dialektik zwischen Verfassung und Vertrag als primärrechtlicher Grundlage der Union wird fortgesetzt – auch nach dem Inkrafttreten des Vertrags von Lissabon. Denn eine andere Dialektik gewinnt an Bedeutung: da die Erweiterung der Union vermutlich fortgesetzt wird, muss auch die Vertiefung vorangetrieben werde, soll die bisherige Integrationsstufe nicht wieder rückgängig gemacht werden. Die Sogwirkung der EU auf ihre Nachbarn ist trotz ihrer internen Reformprobleme noch immer ungebrochen. Demokratie, Rechtsstaatlichkeit, Menschenrechte, Freiheit, Sicherheit, Stabilität und Wohlstand – dies wollen alle Länder Europas erreichen. Keine dauerhafte Lösung kann es sein, wie es nach dem negativen Referendum in Irland geschehen ist, die Aufnahme weiterer Kandidaten zu verweigern.

Vor der Tür stehen zu viele Ländergruppen, die sich alle berechtigte Hoffnungen auf Aufnahme machen. Zu nennen sind hier die die Gruppe der Beitrittskandidaten (Kroatien, die Türkei, Mazedonien), die Staaten der EFTA (Island, Norwegen, Schweiz, Liechtenstein), die Gruppe des Westlichen Balkans (Bosnien-Herzegowina, Serbien, Montenegro, Kosovo, Albanien). Unklar ist der Status der Kleinstaaten (Monaco, San Marino, Vatikanstadt, Andorra) sowie weiterer europäischer Länder (Ukraine, Moldawien, Weißrussland). Mit Ausnahme Russlands könnte die Union also einmal 45 Mitglieder umfassen. Und weitere Kandidaten stehen bereit (Georgien, Armenien, Israel, Marokko), die Union zu einer kontinentübergreifenden Organisation zu machen. Diese große Anzahl an potenziellen Beitrittskandidaten macht deutlich, dass die Europäische Union schnell an ihre Grenze stoßen, eventuell sogar an ihr Ende kommen wird, wenn sie nicht eine grundlegende Fähigkeit entwickelt: eine nachhaltige Reformfähigkeit. Nur die dauerhafte Sicherung der Reformfähigkeit wird es der Union erlauben, sich auch zukünftig an neue Entwicklungen flexibel und zeitnah anzupassen. Der bisherige Reformprozess, zwischen Aufschwung und Krise, scheint wenig tauglich, die Union auf die großen Herausforderungen vorzubereiten. Der Post-Nizza-Prozess dauert bereits neun Jahre, und herausgekommen ist lediglich ein neuer Vertrag.

Viel sinnvoller erscheint es, gerade im Post-Lissabon-Prozess, statt über konkrete institutionelle und politikfeldspezifische Reformen nachzudenken, zunächst die prinzipielle Reformfähigkeit der Union zu sichern. Nachzudenken wäre dabei in erster Linie über eine Reformmethode, die die Dynamik des Integrationsprozesses sicherstellt und weiterführt. Wer oder was auch immer diese Methode umsetzt, ein permanenter Konvent, ein Expertengremium, eine ständige Regierungskonferenz, ein zivilgesellschaftliches Forum oder ein neu zu schaffendes Organ, fest steht, dass für eine erfolgreiche Steuerung des Integrationsprozess die Dialektik der vier genannten Prozesse berücksichtigt werden müssen: die Verschränkung von Realismus und Idealismus, der weltpolitischen Lage und der Integrationsdynamik, von Vertiefung und Erweiterung und von Verfassungs- und Vertragsgebung. Die Römischen Verträge gaben den Mitgliedstaaten vor, den Integrationsprozess weiter voranzutreiben. Diese Integrationsverpflichtung müssen die Staaten ernst nehmen, auch wenn die Dialektik von Reform und Krise die europäische Integration vermutlich weiterhin unausweichlich prägen wird.

2 Aufbau und Inhalt des folgenden Bandes

Im vorliegenden Sammelband ist es gelungen, Theoretiker und Praktiker der europäischen Integration zu vereinen und die Reformpolitik in der Europäischen Union, die sicherlich als bedeutendstes Kennzeichen und Herzstück europäischer Politik bezeichnet werden kann, aus unterschiedlichen Perspektiven zu beleuchten. Die einzelnen Beiträge sind in vier größere Zusammenhänge eingebettet. Der erste Teil („Reformpolitik in der Europäischen Union") enthält eine Synopse grundlegender Reformperspektiven. Im zweiten Teil („Die Reform der institutionellen Ordnung") wird der Wandel der Organe und der Kooperationsmechanismen analysiert. Im dritten Teil („Die Reform einzelner Politikfelder") steht die Neugestaltung der Politikbereiche im Mittelpunkt. Der Aufbau des Buches folgt damit der klassischen Einteilung in polity, politics und policies. Abgerundet wird der Band durch den vierten Teil („Die Europäische Union im nationalen und internationalen Kontext"), der einerseits das Verhältnis zwischen Deutschland und der EU behandelt, andererseits die „neue EU" im globalen Zusammenhang begreift. Der Band versteht sich als eine Bestandsaufnahme der Reformpolitik in der Europäischen Union und versucht, sowohl den Ist-Zustand der Integration zu analysieren, als auch Entwicklungspfade zur weiteren Vertiefung aufzuzeigen.

Zu Beginn untersucht *Joachim Schild* die französischen Positionen zur EU-Reformpolitik. Dabei macht er deutlich, dass die französische Europapolitik einem allmählichen Wandel unterliegt. Das Leitbild eines auf Souveränitätswahrung und nationalstaatliche Autonomie bedachten Landes, das institutionelle Reformen in der EU stets mit Misstrauen betrachte und weiterhin vor allem auf zwischenstaatliche Formen der Zusammenarbeit setze, habe ausgedient. Ein starkes Europa mit schwachen Institutionen sei kein Anliegen Frankreichs. Dennoch setzt das Land bei der Reform des institutionellen Systems weiterhin weniger auf eine Stärkung des Europäischen Parlaments, sondern des Europäischen Rates der Staats- und Regierungschefs. Allerdings wird Pariser Europapolitik im Vergleich zu früheren Jahren deutlich weniger von grundsätzlichen institutionellen Leitbildern zur EU-Ordnung beeinflusst, sondern von innenpolitischen Interessenlagen und außenpolitischen Policy-Interessen und reagiert somit flexibler als früher auf neue Herausforderungen bei der Reform der Union.

Der Beitrag von *Bernhard Stahl* widmet sich mit der Erweiterungspolitik einem zentralen Bereich. Vertiefung und Erweiterung sind seit Gründung der Europäischen Wirtschaftsgemeinschaft unlösbar miteinander verschränkt, jedoch hatten die Erweiterungen, wie Stahl argumentiert, einen ambivalenten Einfluss auf die Vertiefung der Union. Dies liege insbesondere an der Form des Aufnahmeverfahrens. Zu unterscheiden seien hierbei einerseits Beitritte, die „regelgerecht" ablaufen und bei denen die betreffenden Staaten auch die ideelle Perspektive der Integration übernehmen, und andererseits Beitritte von Staaten, die eigentlich nicht genügend qualifiziert sind, eigene Anpassungsleistungen auf ein Minimum beschränkt haben und aus eher strategischen Erwägungen aufgenommen worden sind. Bedenklich sei vor allem, dass die zweite Form des Beitritts im Verlaufe der vergangenen Beitrittswellen zugenommen habe und auch bei den zukünftigen Beitritten der Staaten Südosteuropas im Vordergrund stehe.

Die beiden folgenden Beiträge stammen von Politikern, die über viele Jahre intensiv in den Prozess der europäischen Integration eingebunden waren. Sie wurden zuerst als Vorträge an der Friedrich-Schiller-Universität Jena gehalten. *Jürgen Meyer*, Vertreter des Deutschen Bundestages im Grundrechtekonvent und Verfassungskonvent, geht der Frage nach, warum die Europäische Union eine Verfassung benötigt. Eine Verfassung bzw. ein Verfassungsvertrag ist notwendig, um zukünftig die Demokratie in der Europäischen Union weiter zu stärken. Darüber hinaus muss die Handlungsfähigkeit der Union weiter ausgebaut werden, insbesondere auch in der Außen- und Sicherheitspolitik. Und schließlich definiert sich Europa zunehmend als Wertegemeinschaft. Daher geht es jetzt darum, eine angemessene institutionelle Struktur zu errichten, die auf dem Fundament einer europäischen Wertegemeinschaft aufbaut. Für *Klaus Hänsch*, dreißig Jahre lang Abgeordneter im Europäischen Parlament, zeigen die Ereignisse der vergangenen Monate, die Krise in Georgien, die Finanz- und Wirtschaftskrise, die Verabschiedung gemeinsamer Klimaziele, dass die Europäische Union ein belastbarer politischer Akteur geworden ist. Europaweit geltende Gesetze werden immer wichtiger und steigern die Attraktivität der EU. Das Projekt eines sich immer weiter integrierenden Europas sei jedoch gefährdet durch permanente Erweiterungsrunden. Mit jeder neuen Erweiterung sei das Ziel der Integration gefährdet, nähmen Zusammengehörigkeitsgefühle und Solidarität unter den Bürgerinnen und Bürger in den Mitgliedstaaten der EU ab. Der Vertrag von Lissabon sei notwendig, um die Mitgliedstaaten weiter für ihre Verantwortung für den Zusammenhalt der EU in die Pflicht zu nehmen, das Europäische Parlament stärker einzubinden und die Union als internationalen Akteur zu stärken. Dies sei besonders wichtig, denn die internationale Verantwortung der Union werde in den nächsten Jahren vermutlich weiter zunehmen.

Mit den beiden folgenden Beiträgen wird die institutionelle Ordnung der Europäischen Union und damit das Herzstück der Integration in den Blick genommen. *Torsten Oppelland* analysiert insbesondere die Veränderung der demokratischen Qualität der Europäischen Union, wie sie sich durch den Verfassungsvertrag und den Vertrag von Lissabon ergibt. Dabei betont er vor allem die Einführung einer genuinen parlamentarischen Wahlfunktion, verbunden mit der Stärkung des Kommissionspräsidenten und damit die Möglichkeit einer sehr weit gehenden Parlamentarisierung der EU. Mit den Reformen werde die Union zwar keine Idealdemokratie realisieren, doch erreicht sie zumindest den Stand an Demokratieverwirklichung, den auch die Mitgliedstaaten haben. Die Mitgliedstaaten werden über den Europäischen Rat weiterhin eine wichtige Rolle spielen, doch werde insgesamt der Parlamentarismus in der Union gestärkt. Zu einer ähnlich positiven Einschätzung kommt der Europaabgeordnete *Jo Leinen*, der in seinem Beitrag einen Überblick über die Veränderungen gibt, die die Umsetzung des Vertrags von Lissabon mit sich bringt. Neben der institutionellen Neujustierung, sind es insbesondere policy-spezifische Veränderungen, die das Handeln der Union stärken. Ob Sozial-, Wirtschafts-, Innen- oder auch Kulturpolitik, in vielen Feldern wird eine Umsetzung des Vertrags Fortschritte bringen und die Union stärker parlamentarisieren und demokratisieren. Für die Zukunft komme es darauf an, das institutionelle Gleichgewicht der Union weiter zu modifizieren und die Europäische Union in die Lage zu versetzen, angemessen auf zukünftige globale Herausforderungen reagieren zu können.

Zwei weitere Beiträge widmen sich den Steuerungsformen in der Europäischen Union. *Christoph Knill* und *Jale Tosun* diagnostizieren eine große Bandbreite an Steuerungskonzepten in der EU, wobei die bisherigen interventionistischen Steuerungsformen um Konzepte der Selbstregulierung und Kooperation ergänzt werden. Die Umsetzung des Vertrags von Lissabon bzw. derjenigen Abschnitte, die sich auf die Neuordnung der Kooperationsmechanismen beziehen, wird zu Änderungen bei den Steuerungsmöglichkeiten der Union führen. Allerdings steht die Union auch weiterhin vor dem Problem, dass sie die Anpassungsmöglichkeiten der Mitgliedstaten weder unterfordern noch überfordern darf. *Helmut Wagner* stellt resümierend für diesen Teil die Frage, wer denn nun eigentlich in der Europäischen Union regiere. Die Union verfügt über eine Vielzahl von Organen und Institutionen, gemeinsam ist ihnen die Dominanz intergouvernementaler Entscheidungsfindung bei gleichzeitiger Anwendung der Mehrheitsregel. Die Zukunft der Integration hängt vor allem davon ab, wie die Union mit ihren Stärken und Schwächen, die im Einzelnen analysiert werde, umgeht. Doch findet die Integration ihre Grenze im Souveränitätsprinzip der Mitgliedstaaten, das nicht willkürlich aufgegeben werden dürfe.

Im dritten Teil des Bandes stehen zentrale Politikfelder im Fokus der Analyse. Die ersten beiden Beiträge befassen sich mit den Wertegrundlagen der Europäischen Union. *Martin Borowsky* analysiert die Grundrechtecharta als normatives Fundament der Europäischen Union. Es wird deutlich, wie wichtig ein gemeinsames normatives Fundament für den „Überbau“ der politischen Union ist. Mit der Grundrechtecharta verfügt die Union über einen modernen Rechts- und Rechtekatalog. Dadurch dürfte sich die Rechtsprechung im Grundrechtsbereich allmählich auf die europäische Ebene verlagern und Entscheidungskompetenzen in ethischen Streitfällen zukünftig verstärkt auf die europäischen Gerichte übergehen. *Antonius Liedhegener* und *Daniel Gerstenhauer* gehen auf einen Bereich ein, der lange unerforscht blieb. Das Verhältnis der Religionen zur europäischen Integration gewann erst mit der Diskussion um einen möglichen Gottesbezug in der Präambel der Verfassung an Öffentlichkeit. Die Autoren beleuchten die vielfältigen Berührungspunkte zwischen Religion und der Europäischen Union im Primär- und Sekundärrecht. Darüber hinaus zeigen sie die Vielfalt der Religionsformen auf, die mit einem möglichen Beitritt der Türkei eine neue Dimension erhalten wird.

Christiane Dienel und *Sabine Overkämping* weisen in ihrem Beitrag darauf hin, dass die Europäische Union große Fortschritte auf dem Gebiet der Sozialpolitik macht. Dieser Bereich liegt noch sehr stark in der Regelungskompetenz der Mitgliedstaaten, gleichwohl gelang es der Union, beim Arbeitsschutz, der Nichtdiskriminierung und Chancengleichheit für die Bürgerinnen und Bürger tätig zu werden. Zukünftig wird die Gemeinschaft wohl eine aktivere Rolle im Bereich der sozialen Sicherheit zu spielen, auch wenn eine echte Sozialunion ein langfristiges Projekt sein dürfte.

Die beiden folgenden Beiträge wenden sich der zweiten und dritten Säule der EU zu. *Siegmar Schmidt* untersucht die Gemeinsame Außen- und Sicherheitspolitik und konstatiert, dass die EU zu einem handlungsfähigen Akteur geworden ist. Insbesondere anhand von Fallstudien zur EU-Balkan-Politik, den EU-Afrika-Beziehungen und zum Agieren der

Union in der Georgien-Krise 2008 wird deutlich, wie die GASP allmählich an Konturen gewinnt und sich zur „Zivilmacht“ wandelt. Dennoch bleibt die GASP grundsätzlich bei den Mitgliedstaaten verankert und damit das intergouvernementale Prinzip vorherrschend. Ein weiterer Ausbau dieses Bereichs hängt insofern wesentlich vom politischen Willen der Mitgliedstaaten ab. Für den weiten Bereich der Innenpolitik sieht *Stefan Haack* eine verstärkte Tendenz zur Vereinheitlichung und zur Supranationalisierung. Der „Raum der Freiheit, der Sicherheit und des Rechts“, der detailliert hinsichtlich seiner verschiedenen Sub-Bereiche und den jeweiligen Handlungsfähigkeiten und -zuständigkeiten der Union analysiert wird, ist ein heterogener, von unterschiedlichen nationalen Regelungen geprägter Bereich. Mit den Reformen der vergangenen Jahre und insbesondere mit dem Vertrag von Lissabon nehmen die integrativen Tendenzen zu, so dass dieser Raum „supranationale Wesenszüge“ erhält. Einer endgültigen gemeinschaftlichen Regelung stehen allerdings noch große Hindernisse entgegen, deren Beseitigung nur die maßgeblichen Akteure in die Wege leiten können

Im letzten Beitrag dieses Teil widmet sich *Peter Becker*, last but not least, der Haushaltspolitik der Europäischern Union. Der Autor stellt die zentralen Bausteine des bestehenden Finanzverfassungs- und Haushaltssystems vor und zeichnet ein plastisches Bild der Verhandlungen im Verfassungskonvent und den nachfolgenden Regierungskonferenzen in diesem Bereich. Dabei gelingt es ihm zu zeigen, wie das Europäische Parlament allmählich an Bedeutung gewinnt und zu einem zentralen Akteur in den Budgetverhandlungen geworden ist. Nach der Neuordnung der Haushaltspolitik auf der Grundlage der Ergebnisse der Reformverhandlungen wird die EU auch auf dem wichtigen Feld der Haushaltspolitik ein den Nationalstaaten vergleichbares Verfahren besitzen, auch wenn die Dominanz der Mitgliedstaaten weiterhin gewahrt bleibt.

Der abschließende vierte Teil des Sammelbands stellt die Europäische Union in den nationalen und internationalen Kontext. Zwei Beiträge untersuchen die Verschränkung zwischen der der deutschen, föderal organisierten Ebene und der europäischen Ebene. *Otto Schmuck* zeigt die Durchsetzungskraft der deutschen Länder in Europaangelegenheiten, die auf ihrer starken innerstaatlichen Stellung im föderalen deutschen System beruht. Der Überblick über die Selbstorganisation der deutschen Bundesländer in europäischen Angelegenheiten und ihre Mitwirkung im Reformprozess macht deutlich, dass eine stärkere Regionalisierung ein Gegengewicht zu den sichtbaren Zentralisierungstendenzen bilden muss. Europäisierung und regionale Mitwirkung stehen unter dem Gesichtspunkt der Machtbalance in einem engen Zusammenhang. In Ergänzung dazu fragt *Henrik Scheller*, inwieweit sich nationalstaatliche Verfahren in das europäische Mehrebenensystem einfügen und wo „Strukturbrüche“ festzustellen sind. Er analysiert die Bemühungen der deutschen nationalen und regionalen Ebene, eigene Verfahren mit Mechanismen und Funktionslogiken der EU abzustimmen. Notwendig für eine erfolgreiche Europapolitik ist eine „Synchronisierung“ von deutschen föderalen Governanceformen und -mechanismen mit der europäischen Ebene, die der Autor an anhand unterschiedlicher Reformbemühungen in Deutschland untersucht.

Die folgenden Beiträge werfen Schlaglichter auf neue außenpolitische Handlungsmöglichkeiten der Europäischen Union. *Julia Galaski* und *Markus Kaim* untersuchen die Europäische Sicherheits- und Verteidigungspolitik vor dem Hintergrund einer allmählichen Strukturierung und stärkeren Konturierung dieses Politikbereichs. Dabei wird deutlich, welche unterschiedlichen politischen Interessenlagen in dieses Kerngebiet nationalstaatlicher Interessen einfließen. Darüber hinaus sind noch weitere internationale Akteure, wie beispielsweise die Nato, zu berücksichtigen. Mehr als andere Bereiche ist die ESVP vom politischen Willen der Mitgliedstaaten abhängig, die notwendigen militärischen Kapazitäten zur Verfügung zu stellen und diese einzusetzen. Noch ist die Europäische Union sicher keine Militärmacht, aber sie ist, wie *Stefan Fröhlich* in seinem Beitrag deutlich macht, bereits ein wichtiger internationaler Akteur. An den Beziehungen der Europäischen Union zu den USA und zu Russland wird deutlich, wie sehr die Gemeinschaft an Akteursqualität gewonnen hat, allerdings existieren, insbesondere zu den USA, noch erhebliche Macht-, Wirtschafts- und militärische Asymmetrien. Mittelfristig muss die EU Stellung nehmen zu dem Dilemma, den Führungsanspruch der Vereinigten Staaten zu unterstützen oder zu einem stärker eigenständigen Pol in der Weltpolitik zu werden.

Die beiden abschließenden Beiträge behandeln die Beziehungen der Europäischen Union zu ihren Nachbarn. *Ernst Piehl* stellt das Konzept der Europäischen Nachbarschaftspolitik vor. Ob Richtung Süden, Südosten oder Osten, die Europäische Union ist umgeben von einem Ring autoritär regierter und teilweise instabiler Staaten. Mit der Nachbarschaftspolitik versucht die Union, mit ihren unmittelbaren Nachbarstaaten freundschaftliche Beziehungen aufzunehmen und gleichzeitig eine Transformation in Richtung Demokratie und Marktwirtschaft zu initiieren oder zu verstärken. Allerdings leidet das Konzept an der Heterogenität der die Union umgebenden Länder, der mangelnden finanziellen Ausstattung und der Unfähigkeit der Union, den gewünschten Wandel in den betroffenen Ländern auszulösen ohne Rückgriff auf eine mögliche Beitrittsperspektive und einer damit zusammenhängenden Konditionalität. *Almut Möller* unterzieht in ihrem Beitrag die Union für das Mittelmeer einer genauen Analyse. Anhand der Genese dieser Union und Schlaglichtern auf einige Problemfelder wird deutlich, wie schwierig es für die Union ist, ihre Ziele im Mittelmeerraum durchzusetzen. Zudem steckt die EU selbst in einem Zielkonflikt zwischen dem Wunsch nach Demokratisierung einerseits und Stabilisierung andererseits. Die Europäische Union sollte daher ihre Strategien und Instrumente in der „Südpolitik" auf ihre Eignung prüfen.

Die Beiträge des Sammelbandes geben einen Überblick über den gegenwärtigen Stand der Integration in verschiedenen Bereichen. In der Zusammenschau wird deutlich, dass die Europäische Union noch immer eine Institution „sui generis" ist, die mehr als ein Staatenbund, aber weniger als ein Bundesstaat ist. So finden sich einerseits ausgeprägte Gemeinschaftspolitiken und die EU gewinnt international an Akteursqualität, andererseits ist sie nach wie vor in hohem Maße vom politischen Willen der Mitgliedstaaten zur Integration abhängig. So bleibt die Union weiterhin fest in der Hand der Nationalstaaten – und nimmt doch auch umgekehrt nachhaltigen Einfluss auf innenpolitische Entscheidungen. Wie wird es weitergehen? Die Beiträge zeigen Wege zur Weiterentwicklung der Europäischen Union zwischen Reform und Krise auf. Eine seriöse, umfassende Prognose über den Fortgang der Integration im kommenden Jahrzehnt erscheint angesichts der gegenwärtigen Turbulenzen und zukünftigen Unwägbarkeiten kaum möglich. Doch geben die Autoren Hinweise auf Optionen und Restriktionen auf dem gewiss nicht gradlinigen, sondern komplexen, vielfach verschlungenen und selbst für Experten oft unübersichtlichen Pfad der Weiterentwicklung der Europäischen Union. Das einzigartige, vorbildlose Experiment der Integration Europas geht weiter.

I. Reformpolitik in der Europäischen Union

Joachim Schild

Pariser Pragmatismus – Französische EU-Vertragsreformpolitik von Amsterdam bis Lissabon

1 Einleitung

Im Kontext des Vertragsreformprozesses, den die Europäische Union während der letzten 15 Jahre durchlaufen hat, fiel Frankreich vom Amsterdamer Vertrag bis zum Vertrag von Lissabon eine Schlüsselrolle zu. Zunächst hat Paris als *demandeur* von institutionellen Reformen den Prozess der Umgestaltung des europäischen Primärrechts aktiv vorangetrieben und sich mit den bescheidenen Neuerungen des 1997 unterzeichneten Amsterdamer Vertrags nicht zufrieden geben wollen. Den Vertrag von Nizza verhandelte Paris in der zweiten Jahreshälfte 2000 in der zentralen Rolle der EU-Ratspräsidentschaft, deren Nutzung zur Beförderung nationaler Zielsetzungen – insbesondere bei der Ratsreform – Frankreich erhebliche Kritik seitens der EU-Partner eingebracht hat.[1] Auch im Verfassungskonvent 2002-2003 konnten die Regierungsvertreter Frankreichs, gestützt auf eine enge deutsch-französische Abstimmung, eine herausgehobene Führungsrolle wahrnehmen und den Kern des Verfassungsvertrages – die institutionellen Reformen – deutlich erkennbar im Sinne französischer Präferenzen beeinflussen. Das nachfolgende Scheitern des Verfassungsvertrages ist ganz offenkundig maßgeblich durch Frankreich verursacht, dessen Bevölkerung den Vertrag über eine Verfassung für Europa (VVE) in einem Referendum am 29. Mai 2005 ablehnte. War die französische Europapolitik in der Folge bis zum Ende der Amtszeit von Präsident Jacques Chirac weitgehend gelähmt, so kam dem neuen Präsidenten Nicolas Sarkozy nach seiner Wahl im Mai 2007 erneut eine prominente Rolle bei der Wiederbelebung des Vertragsreformprozesses zu und zuletzt, erneut unter französischer Ratspräsidentschaft, auch beim Umgang mit der zweiten Ratifizierungskrise nach dem irischen Nein zum Vertrag von Lissabon vom 12. Juni 2008.

Mit welchen Zielen und mit welchem Erfolg hat Frankreich diesen sich über mehr als ein Jahrzehnt erstreckenden Prozess der EU-Vertragsreform zu beeinflussen versucht? Und inwiefern haben sich französische Positionen und Präferenzen in diesem Zeitraum gewandelt? Schließlich: Wie lässt sich die französische Verfassungspolitik[2], ihre Präferenzen wie auch deren Wandel erklären? Im Folgenden sollen zunächst Erklärungsangebote zur euro-

---

1 Vgl. Adriaan Schout /Sophie Vanhoonacker: France: Presidency Roles and National Interests, in: Finn Laursen (Hrsg.): The Treaty of Nice. Actor Preferences, Bargaining and Institutional Choice. Leiden/Boston: Martinus Nijhoff Publishers 2006, S. 133-161.

2 Da die europäischen Verträge (EUV und EGV) de facto die Verfassung der Europäischen Union bilden, auch wenn der Verfassungsbegriff lediglich im Falle des Vertrags über eine Verfassung für Europa verwendet wurde, soll im Folgenden von der französischen Verfassungs- bzw. Konstitutionalisierungspolitik die Rede sein, wenn es um die französischen Präferenzen und politischen Strategien zur Vertragsreform seit dem Vertrag von Amsterdam geht.

päischen Verfassungspolitik von Mitgliedstaaten knapp skizziert werden (1), sodann die französischen Kernanliegen im Vertragsreformprozess seit Amsterdam herausgearbeitet werden (2), die dann in den Kontext europapolitischer Leitbilder eingeordnet werden (3); schließlich werden die politischen Strategien Frankreichs im Umgang mit den verschiedenen Etappen und Hürden vom Verfassungsvertrag bis zum Vertrag von Lissabon umrissen (4). Die Darstellung versucht aufzuzeigen, dass abstrakte normative Verfassungsideen zur Erklärung französischer Verfassungspolitik für Europa nicht ausreichen, sondern machtpolitische, policy-spezifische und innenpolitische Interessenkalküle einen wichtigen Beitrag zur Erklärung französischer Europapolitik leisten. Die französische Europapolitik ist weniger als in der Vergangenheit durch normative Leitbilder und zunehmend durch interessenbasierten Pragmatismus geprägt.

2 Präferenzbildung in der französischen Verfassungspolitik

Es lassen sich grob zwei Ansätze zur Erklärung der konstitutionellen Politik von EU-Mitgliedstaaten unterscheiden: rationalistische und sozialkonstruktivistische.[3] Konstruktivistische Ansätze rekurrieren auf Verfassungsideen und normative Leitbilder, die als Grundlage der Präferenzbildung im Hinblick auf die gewünschten Formen legitimen Regierens in Europa dienen. Innovative europapolitische Ideen müssen dabei, wie insbesondere Craig Parsons[4] herausgearbeitet hat, nicht notwendigerweise eine breite innergesellschaftliche Verankerung besitzen, um geschichtsmächtig zu werden. Sie können, wie der Schuman-Plan, den der Historiker Gérard Bossuat als eine Art „Unfall" abseits des Mainstreams der französischen Europapolitik einordnet[5], von einer kleinen Minderheit in günstigen Entscheidungssituationen durchgesetzt und mit langfristig bindenden Wirkungen für nachfolgende politische Eliten institutionalisiert werden. Andere konstruktivistisch argumentierende Autoren betonen stärker die Verankerung europäischer Verfassungsideen im gesellschaftlich und politisch-kulturell tief verankerten nationalen Verfassungsdenken.[6] Soziologisch-institutionalistische Ansätze heben zum einen in historisch-institutionalistischer Perspektive die langfristige Bindungswirkung von früheren verfassungspolitischen Entscheidungen hervor, vor allem die strukturierende und die Handlungsautonomie nationaler Regierungen eingrenzende Wirkung der Wahl der Gemeinschaftsmethode in den 1950er Jahren[7], die ein „Herausspringen" aus diesem Entwicklungsgleis stark erschwert. Dies musste schon de Gaulle beim Scheitern seiner intergouvernementalen Fouchet-Pläne zu Beginn der 1960er Jahre schmerzlich erfahren. Zum anderen betonen institutionalistisch argumentierende Autoren die besondere Wirkung institutioneller Handlungskontexte. So verweist insbesondere Nicolas Jabko auf die spezifischen Merkmale des europäischen Verfassungs-

3 Wolfgang Wagner: Interessen und Ideen in der europäischen Verfassungspolitik. Rationalistische und konstruktivistische Erklärungen mitgliedstaatlicher Präferenzen. In: Politische Vierteljahresschrift, 40 (1999) 3, S. 415–441.

4 Craig Parsons: A certain idea of Europe. Ithaca: Cornell Univ. Press 2003.

5 Vgl. Gérard Bossuat: Faire l'Europe sans défaire la France. 60 ans de politique d'unité européenne des gouvernements et des présidents de la République Française (1943 - 2003). Brüssel u.a.: Peter Lang 2005, S. 54.

6 Vgl. Markus Jachtenfuchs: Die Konstruktion Europas. Verfassungsideen und institutionelle Entwicklung. Baden-Baden: Nomos 2002 sowie Bruno Scholl: Europas symbolische Verfassung. Nationale Verfassungstraditionen und die Konstitutionalisierung der EU. Wiesbaden: VS Verl. für Sozialwissenschaften 2006.

7 Vgl. Parsons, a.a.O.

konvents, ein institutioneller Rahmen, der sich deutlich von klassischen Regierungskonferenzen zur Vertragsreform unterscheidet. Dieser institutionelle Kontext, so Jabko, habe nicht nur die Durchsetzungsfähigkeit französischer Präferenzen beeinflusst, sondern auch deren Entstehung und Wandel.[8]

Rationalistische Erklärungsansätze europäischer Verfassungspolitik gehen hingegen davon aus, dass die Präferenzen der Akteure in Verhandlungsprozessen zumindest für die Dauer solcher zeitlich begrenzter Verhandlungen als fix zu betrachten sind und die Verhandlungen einer Tauschlogik wechselseitiger Zugeständnisse der Verhandlungspartner folgen. Die Durchsetzungsfähigkeit bzw. die Verteilung der Verhandlungsgewinne lässt sich dabei mit asymmetrischen Interdependenzen zwischen den an den Verhandlungen beteiligten Staaten erklären, die auf unterschiedlichen Präferenzintensitäten und der Verfügbarkeit von (einseitigen) Alternativen zu Verhandlungslösungen beruhen.[9]

Als Grundlage für die Herausbildung von staatlichen Präferenzen in der europäischen Verfassungspolitik lassen sich zwei zentrale Motivbündel benennen: Macht und Wohlfahrt. Zum einen kann rational handelnden Regierungsakteuren unterstellt werden, dass sie ihre eigene Machtstellung innerhalb der EU und auch im nationalen politischen System verbessern wollen. Staaten streben demnach in Verhandlungen über europäische Vertragsreformen institutionelle und verfahrensrechtliche Regelungen an, die ihre eigenen institutionellen Machtressourcen in der Europäischen Union maximieren. Zum anderen prüfen mitgliedstaatliche Regierungen vertragsrechtliche Bestimmungen daraufhin, inwieweit sie die materiellen Wohlfahrtsinteressen des eigenen Landes in bestimmten Politikbereichen befördern oder gefährden und inwieweit in einem gegebenen Politikfeld Chancen auf ein „upload" nationaler Policy-Präferenzen auf die europäische Ebene bestehen.

Konstruktivistische und rationalistische Ansätze zur Erklärung konstitutioneller Politik von EU-Mitgliedstaaten schließen sich keineswegs gegenseitig aus: „Konstruktivistische Erklärungen werden umso aussichtsreicher, je weniger es sich um Fälle handelt, in denen die Regierungen der Mitgliedstaaten über ihre eigene Machtposition in der EU-Verfassung verhandeln. Je weniger ihre eigene Machtposition direkt betroffen ist, desto stärker wird die Verfassungspolitik einer Regierung von der sozialen Konstruktion angemessener Verfassungspolitik geprägt sein".[10] Wenn neben machtpolitischen Kalkülen klare wirtschaftliche Kosten-Nutzen-Kalküle angestellt werden können und langfristige Auswirkungen von Verfassungsentscheidungen auf die mitgliedstaatliche Nutzenbilanz absehbar sind, erscheinen rationalistische Erklärungsansätze als geeigneter Weg der Analyse. Im Folgenden soll daher zunächst danach gefragt werden, inwieweit machtpolitische Interessenkalküle und solche, die auf materiellen Policy-Präferenzen beruhen, die französische Konstitutionalisierungspolitik erkennbar beeinflusst haben. In Bezug auf Verhandlungsgegenstände, die keine klaren ex-ante Kalküle von machtpolitischen und materiellen Vor- und Nachteilen erlauben, sollen ergänzend konstruktivistische Erklärungen herangezogen werden, die sich auf in der französischen politischen und Verfassungskultur verankerte und als normativ „angemessen" betrachtete Verfassungsideen zum legitimen Regieren im europäischen Mehrebenensystem zurückführen lassen.

---

8 Nicolas Jabko: Comment la France définit ses intérêts dans l'Union européenne. In: Revue française de science politique, 55 (2005) 2, S. 221-242.

9 Andrew Moravcsik: The Choice for Europe. Social Purpose and State Power from Messina to Maastricht. Ithaca, N.Y.: Cornell University Press.

10 Wagner, a.a.O., S. 436.

3 Französische Kernanliegen im Verfassungsprozess

Die Agenda der EU-Vertragsreformprozesse war seit Amsterdam im Kern durch institutionelle Reformfragen geprägt – Stimmengewichtung im Rat, Ausdehnung von qualifizierten Mehrheitsentscheidungen auf neue Gebiete, Größe der Kommission und Wahl ihres Präsidenten und die Mitentscheidungsrechte des Europäischen Parlaments. Dies unterschied den Vertragsreformzyklus von Amsterdam 1997 bis zum Lissabonner Vertrag von 2007 klar von der Einheitlichen Europäischen Akte (1986) und dem Vertrag von Maastricht (1992). Wurde bei Letzteren ein funktionalistischer Ansatz verfolgt, im Rahmen dessen institutionelle Reformen im Dienst zentraler inhaltlicher Integrationsprojekte – Binnenmarktprogramm und Währungsunion – standen, so rückten während der letzten Stufen der Vertragsreform, beginnend mit dem Amsterdamer Vertrag, institutionelle und verfahrensrechtliche Fragen in den Vordergrund. Damit standen machtpolitische Auseinandersetzungen zwischen Mitgliedstaaten im Zentrum der Verhandlungen, deren Konflikthaftigkeit weniger als in der Vergangenheit durch die Suche nach einem gemeinsamen „europäischen Mehrwert“ gedämpft wurde.

Das zentrale Interesse, das Frankreich zu einem proaktiven Akteur im gesamten Zyklus der Vertragsreformen von Amsterdam bis Lissabon werden ließ, lag in der Wahrung der machtpolitischen Stellung Frankreichs, verbunden mit dem Ziel, die EU-Entscheidungsfähigkeit auch nach ihrer historischen Osterweiterung zu garantieren. Ein vertrauliches Papier des Elysée-Palastes zur Vorbereitung der Regierungskonferenz in Amsterdam machte die Marschrichtung klar, die seither konsequent eingehalten wurde. Dort heißt es in Bezug auf Reformen im ersten Pfeiler der EU: „Erstens müsste eine bessere Stimmengewichtung im Rat eingeführt werden, indem die demographischen und ökonomischen Faktoren und die finanziellen Beiträge der Mitgliedstaaten berücksichtigt werden. Zweitens müsste der Bereich, in dem Entscheidungen per Abstimmung erfolgen können, ausgedehnt werden. In einem erweiterten Europa führt der Anspruch auf Konsens häufig zu Blockaden“.[11] Daneben enthält dieses an die Öffentlichkeit gelangte vertrauliche Dokument weitere Kernpunkte, die in den Verhandlungen zwischen 1996 und 2007 im Zentrum französischer Verhandlungsbemühungen standen: Die Verkleinerung der EU-Kommission zur Stärkung der Kohärenz und Kollegialität dieses Gemeinschaftsorgans, die Forderung nach einer Vertretung nationaler Parlamentarier auf europäischer Ebene, die Stärkung der Gemeinsamen Außen- und Sicherheitspolitik der Union, der ein „Gesicht“ verliehen werden sollte, sowie die Öffnung des Vertrags für die Möglichkeit der Teilgruppenbildung von Mitgliedstaaten in Form einer „verstärkten Zusammenarbeit“. Diese Kernpunkte fanden sich später in zentralen Dokumenten zum Verfassungsprozess wieder, so etwa in der europapolitischen Grundsatzrede von Staatspräsident Chirac im Wahlkampf 2002 in Straßburg unmittelbar zu Beginn der Arbeit des EU-Verfassungskonvents.[12]

11 Leitlinien Frankreichs zur Regierungskonferenz von 1996. Ein vertrauliches Papier aus dem Elysée, dokumentiert in: Dokumente 52: 3, S. 218-221, hier: S. 219.

12 Wahlkampfrede Jacques Chiracs in Straßburg am 6.3.2002: „Une Europe forte, une Europe humaine et dynamique, une Europe démocratique et efficace“; zur Arbeit des Verfassungskonvents vgl. den Überlick von Peter Becker und Olaf Leiße: Die Zukunft Europas. Der Konvent zur Zukunft der Europäischen Union. Wiesbaden: VS Verl. für Sozialwissenschaften 2005.

Ratsreform

Die Frage der Stimmengewichtung im Rat war für die französischen Verantwortlichen ein herausragendes und gleichzeitig machtpolitisch wie symbolisch äußerst sensibles Thema. Die Tatsache, dass diese Frage in Amsterdam nicht geklärt werden konnte, ließ Frankreich in einer gemeinsam mit Belgien und Italien unterzeichneten Erklärung zum Amsterdamer Vertrag ein Junktim herstellen zwischen der Stärkung der Organe (neben der Stimmenwägung im Rat sind die Kommissionszusammensetzung und der Rückgriff auf Mehrheitsvoten angesprochen) und dem Abschluss von EU-Beitrittsverhandlungen.[13] In den Verhandlungen über den Vertrag von Nizza avancierte das Thema der Stimmengewichtung zum Hauptstreitpunkt und führte zu einem schweren deutsch-französischen Zerwürfnis.[14] Frankreich wollte das demographische und wirtschaftliche Gewicht der großen Mitgliedstaaten im Ratssystem besser berücksichtigt sehen, da die damals absehbare EU-Erweiterung vor allem kleinere und mittlere Staaten in die Union führte und eine Fortschreibung der bis dato geltenden Abstimmungsregeln einen deutlichen Gewichtsverlust der großen EU-Mitgliedstaaten im Rat zur Folge gehabt hätte. Gleichzeitig bestand Staatspräsident Chirac jedoch auf der Beibehaltung der historisch überlieferten Stimmenparität mit Deutschland im Rat, während die Bundesregierung unter Gerhard Schröder eine angemessene Berücksichtigung der um rund 20 Millionen größeren deutschen Bevölkerung einforderte. Die nicht zuletzt aufgrund dieser inkonsistenten französischen Verhandlungsposition verursachte schwierige Verhandlungslage führte zu einem komplizierten Kompromiss, der das relative Stimmengewicht der Großen – aber auch Polens und Spaniens – im Rat aufwertete und die Parität der gewogenen Stimmen zwischen Deutschland und Frankreich beibehielt. Durch die Einführung einer optionalen Berücksichtigung der Bevölkerungskomponente bei qualifizierten Mehrheitsentscheidungen – es kann geprüft werden, ob eine Ratsmehrheit mindestens 62 Prozent der Unionsbevölkerung repräsentiert – wurde dem höheren demographischen Gewicht Deutschlands gleichwohl – quasi durch die Hintertür – Rechnung getragen (Protokoll zum Vertrag von Nizza über die Erweiterung der Europäischen Union, Art. 3,4b).

Die Entscheidungsregeln im Rat blieben während des gesamten Verfassungsprozesses bis zu den abschließenden Verhandlungen über den Vertrag von Lissabon der am härtesten umkämpfte Bereich der Vertragsreform. Frankreich wurde – für viele Beobachter überraschend – im Verfassungskonvent und der nachfolgenden Regierungskonferenz zum Unterstützer der Entscheidungsregel einer doppelten Mehrheit im Rat – Mehrheit der Mitgliedstaaten und Mehrheit der Bevölkerung. Die Parität mit Deutschland spielte somit keine Rolle mehr. Nicolas Jabko erklärt diesen bemerkenswerten Positionswandel mit einer im Umfeld des 40. Jahrestag des Elysée-Vertrages (22.1.2003) getroffenen Grundsatzentscheidung zugunsten einer Wiederbelebung der deutsch-französischen Beziehungen und damit verbunden zugunsten einer gemeinsamen Strategie beider Regierungen im europäischen Verfassungsprozess.[15] Allerdings sahen viele Beobachter schon im Ergebnis von Nizza eine Abkoppelung der Stimmengewichte zwischen Frankreich und Deutschland im Rat, was

13 Vgl. die Erklärung der drei Staaten zum Vertrag von Amsterdam, dokumentiert in: Thomas Läufer: Vertrag von Amsterdam. Texte des EU-Vertrages und des EG-Vertrages mit den deutschen Begleitgesetzen, Bonn: Bundeszentrale für politische Bildung 1999, S. 335.

14 Vgl. Joachim Schild: „Den Rhein vertiefen und erweitern". Deutsch-französische Beziehungen nach dem Nizza-Gipfel. In: Aktuelle Frankreichanalysen, hrsg. vom Deutsch-Französischen Institut, Nr. 17, 2001, (in: www.dfi.de/de/pdf/afa/afa17.pdf; letzter Abruf: 26.2.2009).

15 Vgl. Jabko, a.a.O., S. 233.

damals in der französischen Öffentlichkeit einer der Hauptkritikpunkte am Verhandlungsergebnis war.[16] Der Abschied von der deutsch-französischen Parität im Ministerrat vollzog sich demnach in zwei Etappen.

Die Bedeutung, die Frankreich der Stimmenneugewichtung beimaß, ließ sich nicht zuletzt in der Regierungskonferenz zum Verfassungsvertrag erkennen. Im ersten Anlauf zur Vertragsunterzeichnung unter italienischer Ratspräsidentschaft erhob Staatspräsident Jacques Chirac die Beibehaltung des für große Mitgliedstaaten vorteilhaften Prinzips der doppelten Mehrheit zu einem nicht verhandelbaren Punkt und nahm damit das Scheitern der Verhandlungen im Dezember 2003 in Kauf.[17] Die im Verfassungsvertrag (Art. I-25) verankerte und im Lissabonner Vertrag (Art. 16,4 EUV) übernommene Regelung, dass eine qualifizierte Mehrheit zukünftig eine Mehrheit von 55 % der Ratsmitglieder erfordert, die 65 % der Unionsbevölkerung repräsentierten, kann damit aus französischer Sicht als Verhandlungserfolg gewertet werden.[18]

Auch die Einführung des Amtes eines permanenten Präsidenten des Europäischen Rates, die von Frankreich mit Unterstützung Spaniens und Großbritanniens in die Verhandlungen über den Verfassungsvertrag eingebracht wurde, kann als Erfolg Frankreichs betrachtet werden.[19] Gleiches gilt für die Ausweitung von Mehrheitsabstimmungen im Rat auf neue Politikfelder, insbesondere im Bereich der Innen- und Justizpolitik der Union. Schon im Rahmen der Verhandlungen zum Vertrag von Nizza hatte sich die französische Regierung dafür eingesetzt, Mehrheitsvoten zur Regel zu erheben und einstimmige Beschlussfassung auf besonders sensible Bereiche (militärische und verteidigungspolitische Fragen, ratifizierungspflichtige Entscheidungen wie etwa Vertragsänderungen und Aufnahme neuer Mitglieder, Entscheidungen zur Kompetenzübertragung) zu beschränken. Allerdings hatte Frankreich wie andere Mitgliedstaaten auch spezielle Interessen verteidigt, die ihm durch Mehrheitsvoten im Rat gefährdet schienen, so im Bereich des Außenhandels mit kulturellen Dienstleistungen.[20] Die Bereitschaft, sich verstärkt auf Mehrheitsvoten im Rat einzulassen, war schon seit Amsterdam an die Voraussetzung einer Stimmenneugewichtung zugunsten Frankreichs geknüpft.[21]

Kommissionsreform

Schon in Amsterdam hatte sich Frankreich zum Fürsprecher einer verkleinerten und handlungsfähigeren EU-Kommission gemacht. Da Paris zum damaligen Zeitpunkt keineswegs gewillt war, die Kommission in allen drei Pfeilern der EU zu stärken und ihre Handlungsautonomie insbesondere in der Außenhandelspolitik zu beschneiden versuchte, hatten die

16 Vgl. Libération v. 12.12.2000: „La France défend son rang, l'Allemagne prend du galon".

17 Vgl. The Economist, 18.12.2003: „Who killed the Constitution?"

18 Vgl. die Rede von Premierminister François Fillon vor der Nationalversammlung anlässlich der parlamentarischen Ratifizierung des Lissabonner Vertrags, 21.1.2008 (in: www.premier-ministre.gouv.fr/acteurs/interventions_premier_ministre_9/allocutions_parlement_496/discours_portant_sur_projet_58979.html; letzter Abruf: 27.2.2009).

19 Die Funktionsbeschreibung für dieses Amt (Art. 15,6 EUV i.d.F. von Lissabon) lässt allerdings das Bemühen der kleineren Mitgliedstaaten und der Bundesrepublik erkennbar werden, die Machtstellung dieses neuen Amtes zu begrenzen.

20 Vgl. Schild 2001, a.a.O.

21 Vgl. Anand Menon: France and the IGC of 1996. In: Journal of European Public Policy, Jg. 3 (1996) 2, S. 231–252, hier S. 244f.

Verhandlungspartner gewisse Zweifel an den französischen Motiven.[22] Allerdings zeigte Frankreich die Bereitschaft, der Kommission zunächst ein Mitinitiativrecht im 3. Pfeiler zuzugestehen, um dann in den Verhandlungen über den Verfassungsvertrag eine Vergemeinschaftung der Innen- und Justizpolitik mitzutragen. Die Verkleinerung der Kommission, die im Vertrag von Nizza schon vorgesehen ist, konnte schließlich im Vertrag von Lissabon festgeschrieben werden. Die Anzahl der Kommissare soll ab 2014 auf zwei Drittel der Anzahl der EU-Mitgliedstaaten begrenzt werden. Das heißt, dass auch Frankreich sich darauf einrichtete, nicht permanent mit einem Staatsangehörigen in der Kommission vertreten zu sein.

Die Zustimmung Frankreichs zur Wahl des Kommissionspräsidenten durch das Europäische Parlament kann als Ergebnis eines Tauschgeschäfts interpretiert werden. In einem einflussreichen deutsch-französischen Konventsbeitrag zur Institutionenreform vom Januar 2003 musste Frankreich seinem deutschen Partner dieses Zugeständnis machen, um im Gegenzug dessen Zustimmung zur Einführung eines permanenten Präsidenten des Europäischen Rates zu sichern.[23] Dieser deutsch-französische Kompromiss durch Addition unterschiedlicher Integrationskonzepte findet sich im VVE und Vertrag von Lissabon wieder. In Anbetracht des Autoritätsverfalls der Kommission seit 15 Jahren ist die Wahrscheinlichkeit groß, dass ein permanenter Präsident des Europäischen Rates – wie von Frankreich intendiert – im Vergleich zu dem vom Parlament durch Wahl legitimierten Kommissionspräsidenten politisch die stärkere Figur im EU-System sein wird. Keinesfalls denkt Paris daran, die Rolle der EU-Kommission in Richtung auf eine Art Regierung der Union auszubauen.

Parlamentarische Mitwirkungsrechte

Die Aufwertung der Mitwirkungs- und Mitentscheidungsrechte des Europäischen Parlaments gehörte nie zu den französischen Prioritäten. Gleichwohl war Frankreich bereit, in einem kontinuierlichen Prozess, der schon mit den Haushaltsverträgen von 1970 und 1975 einsetze, um sich dann insbesondere mit der Einheitlichen Europäischen Akte 1986 und dem Vertrag von Maastricht zu beschleunigen, eine schrittweise und substantielle Stärkung des Europäischen Parlaments mitzutragen. Dies gilt auch für aus französischer Sicht politisch sensible Bereiche wie etwa das jährliche Haushaltsverfahren und die Gemeinsame Agrarpolitik. Diese Akzeptanz einer Stärkung des Europäischen Parlaments wurde jedoch begleitet durch Vorstöße Frankreichs zugunsten einer Beteiligung nationaler Parlamente am europäischen Entscheidungsprozess. Auf diesem Felde konnte Frankreich zumindest einen Teilerfolg erringen. Zwar sieht der Vertrag von Lissabon keine neue Institution auf europäischer Ebene vor, in der nationale Parlamentarier vertreten wären; das im Vertrag verankerte „Frühwarnsystem" zur Subsidiaritätskontrolle erlaubt es den nationalen Parlamenten nach Art. 12 EUV und laut Protokoll zur Anwendung der Grundsätze der Subsidiarität und Verhältnismäßigkeit zum Lissabonner Vertrag erstmals, unabhängig von ihren nationalen Regierungen direkt auf europäische Entscheidungsprozesse einzuwirken, indem sie Subsidia-

22 Florence Deloche-Gaudez: France: A Member State Losing Influence. In: Laursen, Finn (Hrsg.): The Amsterdam Treaty: National Preference Formation, Interstate Bargaining and Outcome. Odense: Odense University Press 2002, S. 139-159, hier: S. 144.

23 Renaud Dehousse /Andreas Maurer /Jean Nestor /Jean-Louis Quermonne /Joachim Schild: La nouvelle architecture institutionnelle de l'Union européenne: Une troisième fois voie franco-allemande. Groupement d'Etudes et de Recherches Notre Europe; Stiftung Wissenschaft und Politik 2003 (Etudes et Recherches No 23).

ritätsbedenken gegen europäische Gesetzgebungsakte geltend machen können. Damit ist dem schon in den Verhandlungsleitlinien von 1996 festgeschriebenen doppelten Anliegen Frankreichs Rechnung getragen worden, die Beachtung des Subsidiaritätsprinzips und die nationale parlamentarische Legitimierung europäischer Politik zu stärken.

Ein Vergleich französischer Ausgangspositionen im Hinblick auf die Kernagenda der Vertragsreformen – die Reform der Institutionen und Verfahren der EU – mit dem Ergebnis des Verfassungsvertrags bzw. seiner modifizierten Fortschreibung im Vertrag von Lissabon zeigt, dass Frankreich sich – bei allen notwendigen Kompromissen[24] – mit seinen Kernanliegen im (vorläufigen) Endergebnis doch in einem erheblichen Maße wiederfinden konnte.[25] Dies spiegelt sich auch in den Bewertungen seitens des Staatspräsidenten, der Regierung und seitens der parlamentarischen Mehrheit wider.[26] Inwiefern war die Positionierung Frankreichs in den Verhandlungen von längerfristigen europapolitischen Leitbildern und Verfassungsideen beeinflusst? Und inwiefern hat sich die europäische Verfassungspolitik, die Frankreich betrieb, erkennbar gewandelt?

4 Europapolitische Leitbilder im Wandel?[27]

Die französische Europapolitik, so der Tenor der Literatur, folgte in der Vergangenheit einem auf Souveränitätswahrung und nationalstaatliche Autonomie bedachten Leitbild, das sich auch in den französischen Präferenzen für die Gestalt der europäischen Institutionen niederschlage.[28] Diese sollen durch zwischenstaatliche Formen der Zusammenarbeit geprägt sein, mit dem Ratssystem als Dreh- und Angelpunkt des europäischen Entscheidungsprozesses. Den Regierungen der Mitgliedstaaten kommt dabei in Fragen von zentraler politischer Bedeutung ein Vetorecht zu.[29] Frankreich wolle zwar ein starkes Europa, aber mit schwachen Institutionen, so brachte es der frühere Europaabgeordnete Jean-Louis Bour-

24 Hier ist etwa die aus französischer Sicht als unzureichend bewertete Aufwertung der Eurogruppe zu nennen, die nun zwar vertraglich erwähnt und damit formalisiert wird (Protokoll Nr. 14), der aber weiterhin keine Entscheidungsrechte zukommen. Die französische Ratspräsidentschaft in der zweiten Jahreshälfte 2008 hat gezeigt, dass Frankreich weiterhin darum bemüht ist, aus der Eurogruppe den institutionellen Kern einer europäischen „Wirtschaftsregierung" zu machen.

25 Joachim Schild: La France, l'Allemagne et la Constitution européenne: un bilan mitigé, un leadership contesté. In: Notes du Cerfa Nr. 10, Paris: Institut Français des Relations Internationales 2004, S. 1-14 (http://www.ifri.org/files/Cerfa/NoteCerfa_10.pdf; letzter Abruf: 26.2.2009).

26 Vgl. Rapport d'information No 1710 déposé par la Délégation de l'Assemblée nationale pour l'Union européenne sur la Constitution européenne et présenté par Pierre Lequillier, Paris: Assemblée nationale, 1. Juli 2004 (in: www.assemblee-nationale.fr/12/pdf/europe/rap-info/i1710.pdf; letzter Abruf: 27.2.2009).

27 Die folgenden Ausführungen stützen sich auf meinen Beitrag: Der europäisierte Gaullismus: Zur Wechselwirkung zwischen nationalen und europäischen Formen des Regierens. In: Joachim Schild; Henrik Uterwedde (Hrsg.): Frankreichs V. Republik. Ein Regierungssystem im Wandel. Festschrift für Adolf Kimmel, Wiesbaden: VS Verlag 2005, S. 211-232.

28 Vgl. Jachtenfuchs, a.a.O., S. 76-121 sowie Sabine Jung: Europa, made in France. Eine Analyse des politischen Diskurses Frankreichs zur Zukunft der Europäischen Gemeinschaft – von den Anfängen bis heute. Baden-Baden: Nomos und Jachtenfuchs 2002 und Gisela Müller-Brandeck-Bocquet: Frankreichs Europapolitik. Wiesbaden: VS Verl. für Sozialwissenschaften 2004.

29 Im oben zitierten vertraulichen Elysée-Papier von 1996 heißt es: „Selbstverständlich könnte jeder Mitgliedstaat weiterhin, falls nötig, ein höheres nationales Interesse geltend machen, das ein Aufschieben der Abstimmung (siehe „Luxemburger Kompromiss") und die Weiterführung der Vehandlungen rechtfertigen kann.", Leitlinien, a.a.O., S. 219.

langes auf den Punkt.[30] Das Wirken der supranationalen Kommission wie auch die Rechtsprechung des Europäischen Gerichtshofs wurden in der Vergangenheit mit Misstrauen verfolgt und dem Europäischen Parlament vielfach nur eine Zuschauerrolle zugebilligt, nicht aber eine dem Rat gleichberechtigte Rolle als Vertretung der Mitgliedstaaten. Die EU soll demnach nicht entlang föderaler Leitlinien weiterentwickelt werden. Die europäische Ebene der Politik wird vielmehr als zusätzliche Handlungsebene betrachtet, die für Frankreich als Macht- und Einflussmultiplikator („multiplicateur de puissance“) dienen kann, insbesondere im Bereich der Außenpolitik.

Ein starkes und mit echten Mitentscheidungsrechten ausgestattetes Europäisches Parlament –für bundesdeutsche Europapolitiker in der Regel die zentrale Instanz demokratischer Legitimierung der europäischen Ebene des Regierens – kann für französische Politiker, insbesondere aus dem gaullistischen Lager, allenfalls eine formale, aber keine wirklich demokratische Legitimation auf europäischer Ebene verleihen, da es keine europäische Nation, keinen europäischen Demos gibt. Die Verbindung zwischen Demos, Nation und demokratischer Qualität des Regierens wird jedoch als nicht auflösbar betrachtet. Die Folge: demokratische Legitimation europäischer Politik muss auf absehbare Zeit im Rahmen des Nationalstaats vermittelt werden: „Nationale Wahlen bilden weiterhin die erste Quelle von Legitimität in Europa“, so die ehemalige französische Europaministerin Haigneré.[31]

Die oben zitierten Leitlinien zur Verhandlungsführung sowie das im vorangehenden Abschnitt gegebene knappe Resümee von Kernanliegen Frankreichs im Vertragsreformprozess machen jedoch deutlich, dass Paris keineswegs ein rein intergouvernementales Modell zur Fortentwicklung der EU verfolgte. Seit der durch Staatspräsident François Mitterrand aktiv mitgestalteten europapolitischen „relance“ ab 1984 akzeptierte Frankreich in zunehmendem Maße supranationale Elemente des Regierens auf europäischer Ebene, die es ja selbst mit der „Erfindung“ der Gemeinschaftsmethode durch Monnet-Schuman 1950 in die europäische Politik eingeführt hatte. Insbesondere war eine seit Mitte der 1980er Jahre wachsende Bereitschaft zu erkennen, Mehrheitsentscheidungen im Ratssystem zu akzeptieren. Diese Bereitschaft, sich auf supranationale Governance-Formen einzulassen, war dabei immer gekoppelt an eine parallele Aufwertung intergouvernementaler Steuerungselemente im hybriden Regierungssystem der EG/EU. Im Kontext der europäischen Verfassungsentwicklung ist dieser Versuch, intergouvernementale Politiksteuerung mit dem Ausbau supranationaler Handlungsformen zu kombinieren, deutlich zum Ausdruck gekommen.

Im Hinblick auf die EU-Institutionenreform war bei allen Vertragsreformschritten seit Amsterdam der Versuch Frankreichs zu beobachten, den Europäischen Rat der Staats- und Regierungschefs aufzuwerten. Mit großem Erfolg: Der Europäische Rat erhielt im Verfassungsvertrag und im Vertrag von Lissabon erstmals Organstatus und wurde in seiner Rolle „als konstitutioneller Gestalter und zentrales Entscheidungs- und Wahlgremium nicht nur bestätigt, sondern ausgebaut“.[32] „Gekrönt“ wird diese Konstruktion im Falle des Inkrafttretens des Lissabonner Vertrags durch das neue Amt eines permanenten Präsidenten des

30 Jean-Louis Bourlanges: La redoutable contradiction française, in: Le Figaro, 26.6.1995, zit. nach Deloche-Gaudez, a.a.O., S. 141.

31 Claudine Haigneré: La Constitution européenne et la vision française de l'Europe. In: Sociétal, Nr. 48, 2005, S. 41-43, hier S. 42.

32 Wolfgang Wessels: Die institutionelle Architektur der EU nach der Europäischen Verfassung: Höhere Entscheidungsdynamik – neue Koalitionen?, in: Integration, Jg. 26 (2004) 3, S. 161-175, hier: S. 165; vgl. auch: Andreas Maurer: Die Rollendefinition des Europäischen Rates in der EU-Verfassung, SWP-Diskussionspapier, Juni 2003 (in: www.swp-berlin.org/common/get_document.php?id=912; letzter Abruf: 26.2.2009).

Europäischen Rates, dessen Schaffung Frankreich gemeinsam mit Spanien, Großbritannien und der Bundesrepublik im Konvent zur Zukunft der EU vorangetrieben hat.[33] Ganz in der Kontinuitätslinie der Wiederbelebung der Treffen der Staats- und Regierungschefs auf Initiative von Präsident Georges Pompidou seit 1969 und der Institutionalisierung des Europäischen Rates infolge einer gemeinsamen Initiative von Staatspräsident Valéry Giscard d'Estaing und Bundeskanzler Helmut Schmidt im Jahre 1975 konnte Frankreich somit im Verlauf von 30 Jahren zu einem stetigen Bedeutungsgewinn des Europäischen Rates – von informellen Kamingesprächen zur Rolle eines zentralen Agenda-Setters und „Superministerrats" (W. Wessels) – beitragen. In längerfristiger Perspektive betrachtet, handelt es sich um einen bemerkenswerten Erfolg französischer Europapolitik. Die Arbeitsteilung zwischen Europäischem Rat und Kommission wurde dabei in offenkundiger Analogie zur innerstaatlichen Arbeitsteilung im System der V. Republik zwischen dem französischen Staatspräsidenten einerseits, dem Premierminister und seiner Regierung andererseits (in Nicht-Kohabitationsphasen) gedacht.[34] Zugleich kann die herausgehobene Stellung des Europäischen Rats der Staats- und Regierungschefs im Entscheidungssystem der EU als Voraussetzung für einen zumindest partiellen Export des französischen „heroischen Politikstils" auf die europäische Ebene betrachtet werden, der ja auf einer starken Machtkonzentration an der Spitze der Exekutive beruht.

Gleichzeitig hat sich Frankreich mit dem Ausbau supranationaler Elemente des Regierens arrangiert. Teilweise wurden diese nur widerstrebend akzeptiert, teilweise jedoch auch sehr aktiv mit vorangetrieben. Ersteres, die widerstrebende Akzeptanz gilt für die Machtstellung des EuGH und die schrittweise Aufwertung des Europäischen Parlaments seit der Einführung des Mitentscheidungsverfahrens im Vertrag von Maastricht. Letzteres, die aktive Unterstützung der Stärkung supranationaler Elemente der EU, gilt in Bezug auf die Erweiterung der Anwendungsgebiete qualifizierter Mehrheitsentscheidungen im Rat. Nicht erst seit dem Konvent zur Zukunft der EU und der nachfolgenden Regierungskonferenz haben sich die Vertreter Frankreichs für eine deutliche Ausdehnung der Beschlussfassung mit qualifizierter Mehrheit im Rat auf neue Gebiete eingesetzt. Schon mit der historischen Entscheidung zum Binnenmarktprogramm 1985-86 war ein klarer Bruch mit der gaullistischen Vergangenheit erkennbar: Die Hypothek des von de Gaulle durchgesetzten Luxemburger Kompromisses wurde seither von seinen Nachfolgern abgetragen. Insgesamt sind Anwendungsgebiete für Mehrheitsentscheidungen – mit Zustimmung französischer Regierungen unterschiedlicher Couleur – von 26 im EWG-Vertrag auf 181 im Verfassungsvertrag angestiegen.[35]

Dabei ließ sich gerade im letzten Jahrzehnt eine bemerkenswerte Entwicklung der französischen Positionen feststellen: Paris unterstützte nunmehr zunehmend auch Mehrheitsentscheidungen im Rat in sensiblen Bereichen, auf deren intergouvernementale Ausgestaltung es in Maastricht noch gepocht hatte. Dies gilt insbesondere für die Zusammenar-

33 Joachim Schild: Französische Positionen in der ersten Phase des EU-Konvents. Raum für deutsch-französische Gemeinsamkeiten? Stiftung Wissenschaft und Politik. Berlin August 2002 (SWP-Studie, S 26).

34 Der Europäische Rat, so der im Europäischen Verfassungskonvent vertretene UDF-Europaabgeordnete Alain Lamassoure (UDF), sei dazu berufen, „ein 'kollektiver Staatschef' der Union zu sein". Diese Aussage zeigt, wie stark gaullistische Elemente auch den Diskurs der am stärksten föderalistisch orientierten Kräfte im französischen Meinungsspektrum „erobert" haben; vgl. seinen Konventsbeitrag: „De nouvelles institutions pour une nouvelle Europe", CONV 452/02, CONTRIB 166, Brüssel, 11.12.2002, in: http://register.consilium.eu.int/pdf/de/02/cv00/00452d2.pdf, S. 3. [letzter Abruf: 26.2.09].

35 Vgl. Wessels, a.a.O., S. 166.

beit im Bereich Justiz und Inneres. Im Zuge der Konventsdebatten war Paris sogar bereit, das bisherige Tabu einstimmiger Entscheidungen in der Gemeinsamen Außen- und Sicherheitspolitik (GASP) in einem gemeinsamen deutsch-französischen Konventsbeitrag in Frage zu stellen und plädierte dafür, „Beschlüsse im Rahmen der GASP generell mit qualifizierter Mehrheit" zu fassen.[36]

Auch das französische Verhältnis zur EU-Kommission hat sich deutlich gewandelt. Zwar wird dieses supranationale Organ nach wie vor als „agent" der Mitgliedstaaten betrachtet, die ihm gegenüber als kollektiver „principal" fungieren.[37] Die Gestaltungsspielräume, die der Kommission bei der Wahrnehmung ihrer „agent"-Rolle eingeräumt werden, haben sich aber deutlich ausgeweitet – von der Ausweitung ihres Initiativmonopols über ihre Stärkung in den Komitologieverfahren bis zu gestärkten Befugnissen zur delegierten Rechtsetzung. Paris hat sich im Konvent ausdrücklich für eine Stärkung der Kommission eingesetzt.[38]

Das französische Verhalten im EU-Verfassungsprozess der letzten Jahre hat deutlich gemacht, dass Paris eine parallele Aufwertung der intergouvernementalen Steuerungsmechanismen wie der Gemeinschaftsmethode in einer hybriden Form des Regierens im EU-Rahmen anstrebt.[39] Dabei steht beides offenkundig in engem Zusammenhang: Je stärker es Frankreich gelingt, die Rolle des Europäischen Rates als oberstem Agenda-Setter und als zentrale strategische Steuerungsinstanz der EU zu festigen, desto mehr steigt auch die Bereitschaft, aus Gründen der Entscheidungseffizienz und Handlungsfähigkeit supranationale Elemente des Regierens in der EU auszuweiten – vor allem in Form von qualifizierten Mehrheitsabstimmungen im Rat und Mitentscheidungsrechten des Europäischen Parlaments.

Das Leitbild für das von Frankreich gewünschte Mischungsverhältnis supranational-gemeinschaftlicher und intergouvernementaler Institutionen und Verfahren des Regierens in der EU formulierte der damalige Außenminister Dominique de Villepin in einer europapolitischen Grundsatzrede in Marseille am 2.12.2002.[40] Die Verantwortlichkeiten innerhalb der EU, so de Villepin, müssten um zwei Pole herum strukturiert werden:

- Ein *erster Pol*, der Sockel der EU, bestehe aus der Wirtschafts- und Währungsunion, dem Binnenmarkt und den binnenmarktflankierenden Politiken (z. B. Umweltpolitik, Verbraucher- und Gesundheitsschutz, Forschungs- und Technologiepolitik, Strukturpolitik, Sozialpolitik); zu diesem ersten Pol gehöre auch die Zusammenarbeit im Bereich Justiz und Inneres (ZJI). In diesen als Gemeinschaftspol konzipierten Bereichen, in denen die EU-Ebene Politik vor allem über Legislativakte gestaltet, kommt die Gemeinschaftsmethode zur Anwendung: Initiativmonopol der Kommission, qualifizierte

36 Vgl. den deutsch-französischen Beitrag zur institutionellen Architektur der Union vom 16.1.2003, CONV 489/03, CONTRIB 192, in: http://register.consilium.eu.int/pdf/de/03/cv00/cv00489de03.pdf [letzter Abruf: 26.2.09].

37 Vgl. Mark A Pollack: The Engines of European Integration. Delegation, Agency and Agenda Setting in the European Union, Oxford: Oxford University Press 2003. Die gewünschte Rollenverteilung zwischen Rat und Kommission kommt im zitierten vertraulichen Dokument von 1996 sehr klar zum Ausdruck, wenn es heißt, dass der „Kommission systematisch präzise und bindende Mandate zu erteilen (sind), so dass ihre Rolle, die Vorgaben des Rates umzusetzen, klar umrissen wird", s. Leitlinien, a.a.O., S. 219.

38 Vgl. den französisch-niederländischen Beitrag von Gijs de Vries und Dominique de Villepin, „Stärkung der Rolle der Kommission" vom 2.4.2002, CONV 664/03, CONTRIB 295.

39 Vgl. Haigneré, a.a.O., S. 42f.

40 Dominique de Villepin, Discours sur l'Europe, Marseille, 2. Dezember 2002.

Mehrheitsentscheidungen im Rat, Mitentscheidungsverfahren im Parlament, richterliche Kontrolle durch den EuGH.

- Den *zweiten Pol* beschrieb de Villepin als einen Bereich der *„geteilten Souveränität" (souveraineté partagée).* Hierzu zählt er vor allem exekutive Aufgaben wie die Außen- und Sicherheitspolitik, die Polizeizusammenarbeit und Zusammenarbeit in Strafsachen sowie die Koordinierung der Wirtschaftspolitik. Die Kooperationsmethoden in diesen Bereichen sind diversifiziert und flexibel, mit starken intergouvernementalen Elementen. In diesem „zweiten Pol" ist die Bildung von Avantgardegruppen möglich und die Methode differenzierter Integration anwendbar.

Im Kontext der Konventsverhandlungen vollzog Frankreich auch eine klare Abkehr vom 3-Pfeiler-Modell der EU, das es selbst im Rahmen der Verhandlungen über den Vertrag von Maastricht vorgeschlagen hatte, damals mit dem Ziel, den 2. Pfeiler der Gemeinsamen Außen- und Sicherheitspolitik sowie den 3. Pfeiler der Zusammenarbeit im Bereich der Justiz- und Innenpolitik strikt intergouvernemental auszugestalten. Den französischen Vertretern eines „europäisierten Gaullismus"[41] geht es weit weniger als in der Vergangenheit um eine weitgehende Bewahrung intergouvernmententaler Entscheidungsmodi. Vielmehr strebten die politischen Verantwortlichen eine Stärkung gemeinsamer europäischer Handlungsfähigkeit dort an, wo nationale Steuerungsinstrumente zunehmend versagen und die Wiedererlangung zumindest von Teilen politischer Steuerungsfähigkeit auf europäischer Ebene erreichbar und aus innenpolitischen Gründen als besonders wichtig erscheint. Dies gilt insbesondere in Politikfeldern, wo die Präferenzverteilung unter den Mitgliedstaaten unter der institutionellen Bedingung von Mehrheitsabstimmungen im Rat Ergebnisse in der Nähe der französischen Präferenzen erwarten lassen.

Ein Beispiel für das Versagen nationaler Steuerungsinstrumente bot die Geldpolitik, die konsequenterweise im Maastrichter Vertrag europäisiert wurde. Die seit Amsterdam veränderte französische Haltung zur Anwendung der Gemeinschaftsmethode im Politikfeld der Zusammenarbeit in der Innen- und Justizpolitik kann als Beispiel für eine wachsende Integrationsbereitschaft auf einem Gebiet gesehen werden, auf dem die innenpolitischen Kosten der Nicht-Integration prohibitiv hoch zu werden drohten. Der wachsende politische Problemdruck auf den Gebieten der Einwanderungs-, Visa-, Asylpolitik sowie der polizeilichen und justiziellen Zusammenarbeit, insbesondere gegen die grenzüberschreitende organisierte Kriminalität, und die ernüchternden Erfahrungen mit der Bilanz intergouvernementaler Kooperationsmethoden und Entscheidungsverfahren im 3. Pfeiler des Maastrichter Vertrags ließen ein Festhalten an strikt intergouvernementalen Methoden als politisch wenig attraktiv erscheinen, da sie auf Kosten der effektiven Problemlösungsfähigkeit gingen. Integrationsvertiefungsschritte in der europäischen Migrationspolitik waren in den letzten 10 Jahren in der Regel mit einem restriktiven, Einwanderung begrenzenden Ansatz verbunden, mit dem sich innenpolitisch in Frankreich mit Aussicht auf Erfolg um Wählerstimmen werben lässt. Dies hat die Präsidentschaftswahlkampagne Nicolas Sarkozys deutlich gezeigt.

Als Politikbereiche, in denen die französische Offenheit für Mehrheitsentscheidungen im Ministerrat auf der Perzeption beruht, dass die eigenen Positionen im Kreise der EU-Mitgliedstaaten unter der qualifizierten Mehrheitsregel eher durchzusetzen wären als unter

41 S. hierzu Schild 2006, a.a.O.

Konsensbedingungen, sind auch die Sozial- und Steuerpolitik zu nennen. Zwar kann Frankreich nicht davon ausgehen, für Harmonisierungsschritte in der Sozial- und Steuerpolitik verlässliche Mehrheiten im Rat zu finden; aber es ist noch viel unwahrscheinlicher, unter Einstimmigkeitsbedingungen eigene Positionen durchsetzen zu können. Dies zeigt sich etwa am Beispiel der Versuche Frankreichs, ein altes Wahlversprechen Chiracs von 2002 einzulösen und die Zustimmung seiner europäischen Partner zu reduzierten Mehrwertsteuersätzen für Restaurationsbetriebe zu erhalten, was erst 2009 gelang.

Dort, wo klare Kosten-Nutzen-Kalküle angestellt werden können, wo eine französischen Interessen dienliche Konfiguration von mitgliedstaatlichen Präferenzen auf EU-Ebene zu finden ist, waren französische Staatspräsidenten und Regierungen im Rahmen eines „neuen Pragmatismus“ seit der Ära Mitterrand bereit, supranationale Formen des europäischen Regierens zu stärken. Anders formuliert: Geraten Interessen und normative Leitbilder in Konflikt, obsiegen die Interessen. Im Zweifelsfall sind ein erfolgreicher „policy-upload“ von der nationalen auf die europäische Ebene und die Kongruenz innenpolitischer und europapolitischer Agenden wichtiger als abstrakte normative Verfassungsideen.

Gleichwohl suchte Frankreich im Rahmen der Vertragsreformen seit Amsterdam nach geeigneten Wegen, um das traditionelle Spannungsverhältnis seiner Europapolitik zwischen Autonomiewahrung und europäischem Einfluss bzw. EU-Handlungsfähigkeit zu minimieren, insbesondere durch die „Brüsselisierung“ intergouvernementaler Institutionen und durch Teilgruppenbildung innerhalb der EU.

Mit dem Schlagwort der „Brüsselisierung“ ist eine Tendenz zum Auf- und Ausbau von permanent in Brüssel ansässigen Institutionen und Akteuren gemeint, die insbesondere im Bereich der Gemeinsamen Außen- und Sicherheitspolitik (GASP) zu beobachten ist.[42] Nicht nur die auf einen französischen Anstoß zurückgehende Schaffung des Amtes eines Hohen Vertreters für die GASP und dessen ebenfalls von Frankreich – gemeinsam mit der Bundesrepublik – maßgeblich vorangetriebene Fortentwicklung zum Amt eines europäischen Außenministers (so die Amtsbezeichnung im VVE) bzw. „Hohen Vertreters der Union für Außen- und Sicherheitspolitik“ (Artikel 18 EUV i.d.F von Lissabon) sind hier zu nennen; auch das 2001 als ständiges Gremium ins Leben gerufene „Politische und Sicherheitspolitische Komitee“ (PSK), die dem Hohen Vertreter für die GASP, Javier Solana, unterstellte „Policy Unit“ sowie insbesondere der mit dem VVE und dem Vertrag von Lissabon geplante Aufbau eines „Europäischen Auswärtigen Dienstes“ (Art. 27, 3 EUV i.d.F. von Lissabon) sind Ausdruck dieses Prozesses. Dabei bleiben Kompetenzen und Entscheidungsrechte formal bei den Mitgliedstaaten, es findet also keine Vergemeinschaftung statt; dennoch führt das wachsende Gewicht Brüsseler Akteure und Institutionen, die mit der Politikformulierung und -implementierung befasst sind, de facto zu einer Einschränkung nationaler Autonomie im Bereich der GASP. Agenda-Setting, Problemdefinition und Interessenformulierung wandern partiell in Richtung Brüsseler Institutionen ab. Einen ähnlichen Effekt dürfte die von Frankreich mit durchgesetzte zentrale institutionelle Neuerung des Verfassungsvertrags bzw. des Vertrags von Lissabon besitzen: die Einführung eines permanenten Präsidenten des Europäischen Rates. Gelingt es dem Amtsinhaber, ein politisches Standing und Gewicht in der europäischen Politik aufzubauen, so geht dies zumindest partiell zu Lasten der Staats- und Regierungschefs im Europäischen Rat, damit auch zu Lasten des französischen Staatspräsidenten. „Brüsselisierung“ geht dann einher mit „Entna-

42 Gisela Müller-Brandeck-Bocquet: The New CFSP and ESDP Decision-Making System of the European Union. In: European Foreign Affairs Review 7 (2002) 2, S. 257-82, hier: S. 261.

tionalisierung" europäischer Politik. Effektive europäische Politikkoordinierung hat somit den Preis einer verminderten nationalen Kontrolle der Politikformulierung und -implementation. Frankreich ist offenbar bereit, diesen Preis zu zahlen.

Auch der französische Einsatz zugunsten von vertraglich verankerten Formen der Teilgruppenbildung innerhalb der EU kann als Mittel zur Steigerung von Handlungsfähigkeit bei grundsätzlicher Wahrung nationalstaatlicher Autonomie interpretiert werden. Im Gemeinschaftspfeiler lassen sich durch Teilgruppenbildung Einstimmigkeitszwänge umgehen. Frankreich hat sich in enger Abstimmung mit Deutschland, beginnend mit den Amsterdamer Vertragsverhandlungen, beharrlich und erfolgreich für die Schaffung vertragsrechtlicher Grundlagen für Prozesse der Teilgruppenbildung in der EU eingesetzt. So konnte die im Amsterdamer Vertrag geschaffene Institution der „verstärkten Zusammenarbeit" in Nizza auf die GASP und im Verfassungsvertrag schließlich auch auf die Fragen mit „militärischen und verteidigungspolitischen Bezügen" ausgedehnt werden, die im Vertrag von Nizza (Art 27b EUV) noch explizit ausgeschlossen waren. Der Vertrag von Lissabon sieht im Bereich der Gemeinsamen Sicherheits- und Verteidigungspolitik der Union die Institution einer „Ständigen Strukturierten Zusammenarbeit" vor. Diese kann von Mitgliedstaaten begründet werden, „die anspruchsvolle Kriterien in Bezug auf die militärischen Fähigkeiten erfüllen und die im Hinblick auf Missionen mit höchsten Anforderungen untereinander weiter gehende Verpflichtungen eingegangen sind" (Art. 42,6 EUV i.d.F. von Lissabon). Dieser Artikel spiegelt das französische Interesse wider, die europäischen Partner, die für einen Ausbau der sicherheitspolitischen Handlungsfähigkeit der Union und ihre Fortentwicklung im Sinne des französischen Leitbilds einer „Europe puissance" in Frage kommen, zur Verbesserung ihrer militärischen Fähigkeiten und Rüstungspotentiale zu verpflichten. Dies ist nur in einer Teilgruppe von Mitgliedstaaten denkbar, von denen vor allem die großen Mitgliedstaaten für Frankreich als Bundesgenossen von Interesse sind.

In der Gesamtbetrachtung lässt sich somit eine eigentümliche Mischung aus Kontinuität und Wandel der französischen Verfassungspolitik für die EU beobachten. Die Kontinuität ist deutlich erkennbar im Ausbau des Ratssystems zum Dreh- und Angelpunkt der EU mit dem Europäischen Rat der Staats- und Regierungschefs als einer Art „kollektivem Staatschef". Ein pragmatischer Wandel ist dort zu beobachten, wo Frankreich zur Effektivierung des Entscheidungssystems der EU, speziell des Rats, entweder supranationale Elemente der Entscheidungsfindung unterstützt (Mehrheitsvoten im Rat, Vergemeinschaftung des 3. Pfeilers) oder eine „Brüsselisierung" intergouvernementaler Politikbereiche betrieben hat (GASP).

5 Von Brüssel nach Rom und Lissabon – und wie weiter?

Die politisch Verantwortlichen in Paris waren im Grunde seit Juli 2003, als der Europäische Konvent den Entwurf eines Vertrags über eine Verfassung für Europa feierlich verabschiedete, in einer defensiven Position. Da dieses Dokument zentrale Erwartungen Frankreichs an den Vertragsreformprozess erfüllte, ging es der Regierung im Verlaufe der nachfolgenden Regierungskonferenz im Wesentlichen darum, es zur Grundlage der Regierungskonferenz zu machen und dann ein „Aufschnüren" des komplexen Verhandlungspakets zu vermeiden. In diesem Prozess suchte Paris, wie schon in der Konventsphase, den engen Schulterschluss mit Berlin, nicht zuletzt um den Widerstand Polens und Spaniens gegen die doppelte Mehrheitsregel im Rat zu überwinden. Der am 29. Oktober 2004 in Rom feierlich unterzeichnete VVE enthielt zwar eine Reihe von Zugeständnissen an kleinere Länder (ein Kommissar pro Land bis 2014) und an Polen und Spanien (Heraufsetzen der Mehrheitsschwellen von 50 auf 55 Prozent der Mitgliedstaaten und 65 statt 60 Prozent beim Bevölkerungskriterium für qualifizierte Ratsmehrheiten) sowie an Großbritannien (Regelungen für verstärkte Zusammenarbeit in der GASP und Anwendungsbereiche für Einstimmigkeit im Rat). Dies veränderte jedoch die positive Bewertung des Gesamtergebnisses aus Sicht der französischen Regierung und des Staatspräsidenten Chirac kaum.

Aus der Defensive ins europapolitische Abseits geriet Frankreich dann durch das negative Votum der Bevölkerung im französischen VVE-Referendum vom 29. Mai 2005.[43] Bis zum Ende der Amtszeit Chiracs war kein abgestimmtes deutsch-französisches Vorgehen im Umgang mit der Verfassungskrise möglich, da sich die beiden Staaten in unterschiedlichen „Lagern" (Ja- und Nein-Sager zum VVE) wiederfanden. Während Jacques Chirac zunächst für eine Fortführung des Ratifizierungsprozesses plädierte, ohne einen Weg aus der Ratifizierungskrise weisen zu können, setzte sich sein Premierminister Dominique de Villepin für ein „Europa der Projekte" ein, d.h. für konkrete Schritte der europäischen Kooperations- und Integrationsvertiefung ohne Vertragsreform.

Einen Ausweg aus der Ratifizierungskrise wurde erst erkennbar, als die Regierungen der EU-Mitgliedstaaten sich entschieden, nicht den Wortlaut, sondern die Substanz des VVE retten zu wollen und damit eine Vertragsnachverhandlung zur ernsthaften Option wurde. Frankreich leistete einen entscheidenden Beitrag zu diesem Prozess. Zu einem Zeitpunkt, als viele Verantwortliche in den EU-Mitgliedstaaten noch davon ausgingen, den begonnenen Ratifizierungsprozess zu einem positiven Ende führen zu können, hat der Kandidat Sarkozy den VVE für tot erklärt und einen „Mini-Vertrag" vorgeschlagen. Allenfalls ein solcher auf institutionelle Kernfragen des ersten Teils des VVE beschränkter Vertrag – von ihm später als „vereinfachter Vertrag" bezeichnet – erschien ihm auf europäischer Ebene konsens- und innerstaatlich ratifizierungsfähig. Damit hat er schon als Kandidat auf der Grundlage einer nüchtern-realistischen Situationsanalyse einen wichtigen Orientierungspunkt für die europäische Diskussion und Willensbildung geliefert. Es handelt sich hierbei um einen vermittelnden Vorschlag zwischen den Maximalisten und VVE-Verfechtern einerseits und den Minimalisten andererseits, die den Verfassungsprozess für einen Irrweg hielten und am liebsten abbrechen wollten.

Als zu bewahrende Kernbestandteile eines solchen reformierten Vertragswerks definierte Sarkozy in zwei Grundsatzreden vor der Wahl und einem Interview mit der Zeitschrift Politique internationale nach der Wahl folgende Punkte:[44]

- Ausweitung der Beschlussfassung mit qualifizierter Mehrheit und Mitentscheidung des Parlaments;
- Beibehaltung der Regel der doppelten Mehrheit (Staaten und Bevölkerungsmehrheit) als Beschlussfassungsmodus des Rates bei Abstimmungen mit qualifizierter Mehrheit;
- Wahl des Kommissionspräsidenten durch das Parlament;

---

43 Vgl. hierzu: Nicolas Sauger /Silvain Brouard /Emiliano Grossman: Les Français contre l'Europe. Le sens du référendum du 29 mai 2005. Paris: Presses de Sciences Po 2007.

44 Vgl. die Rede Sarkozys am 8.9.2006 in Brüssel bei den ‚Amis de l'Europe' und sein Interview in der Zeitschrift *Politique internationale* Nr. 115/Frühjahr 2007.

- Subsidiaritätskontrolle durch Stärkung der Rolle nationaler Parlamente, die im Rahmen des sogenannten ‚Frühwarnmechanismus' Subsidiaritätsbedenken gegen Gesetzgebungsvorschläge der Kommission äußern können;
- Einrichtung einer stabilen Präsidentschaft des Europäischen Rates;
- Schaffung des Amtes eines Außenministers der Union;
- Initiativrecht der Bürger in der EU-Gesetzgebung;
- Bestimmungen des VVE zur verstärkten Zusammenarbeit im Rahmen des Vertrages;
- schließlich die Rechtspersönlichkeit für die Union.

Diese Kernpunkte, die Sarkozy aus dem Verfassungsvertrag in den neuen Vertrag „hinüberretten" wollte, verdeutlichen erneut die Prioritäten Frankreichs im Vertragsreformprozess.

Als die deutsche EU-Ratspräsidentschaft im Juni 2007, unmittelbar nach der Wahl Nicolas Sarkozys, durch die Aushandlung eines engen Mandats für eine kurze Regierungskonferenz unter portugiesischer Ratspräsidentschaft den Weg zum Vertrag von Lissabon frei machte, wurde sie darin von Nicolas Sarkozy aktiv unterstützt. Dieser wirkte, gemeinsam mit Tony Blair, insbesondere auf die polnische Delegation ein, um die doppelte Mehrheitsregel für Abstimmungen im Rat zu bewahren.[45] Zum Verdruss der erfolgreichen deutschen Ratspräsidentschaft ließ sich Sarkozy in Frankreich als Retter des Vertragsreformprozesses feiern.[46] Die parlamentarische Ratifizierung des Lissabonner Vertrags in Frankreich erfolgte sehr zügig (Februar 2008) und erwies sich als unproblematisch: Die Nationalversammlung stimmte mit 336 Stimmen für und 52 Stimmen gegen den Text, während die Senatoren ihn mit 265 Ja-, 42-Neinstimmungen bei 13 Enthaltungen passieren ließen.[47] Um sichtbare Zugeständnisse an die innergesellschaftlichen Vertragsgegner bemüht, hatte Sarkozy im Rahmen der Vertragsverhandlungen darauf gedrungen, den Begriff Verfassung ebenso zu streichen wie staatsähnliche Symbole im Text (Verweis auf die europäische Flagge und Hymne). Vor allem aber setzte er sich dafür ein, dass der Verweis auf „einen Binnenmarkt mit freiem und unverfälschtem Wettbewerb", wie er in Art. 3,2 VVE als ein Ziel der Union aufgeführt war, aus dem Zielkatalog entfernt wird, um den innerfranzösischen Kritikern einer angeblich „neoliberalen" Union ein symbolisches Zugeständnis zu machen.

Mit der erfolgreichen Ratifizierung des Vertrags von Lissabon sah Präsident Sarkozy Frankreich „zurück in Europa", es habe „seinen Einfluss, seine Fähigkeit zur Geltendmachung seiner Sichtweisen, seiner Werte und seine Rolle als Motor" zurück gewonnen.[48]

Die Fähigkeit, Führungsverantwortung in der EU zu übernehmen, wurde Frankreich im Rahmen der französischen Ratspräsidentschaft in der zweiten Hälfte des Jahres 2008 abverlangt. Die erste Krisensituation, mit der sie sich auseinandersetzen musste, war die erneute Ratifizierungskrise infolge des irischen „Neins" zum Vertrag von Lissabon vom 12. Juni 2008. Für Irland sah Sarkozy, anders als für Frankreich, ein zweites Referendum über denselben Vertragstext als geeigneten Ausweg. Diese Linie fand auf dem Dezember-Treffen des Europäischen Rates die Unterstützung aller Partner, nachdem sich die irische

45 S. The Economist v. 30. Juni 2007: „Treaty blues".
46 Vgl. Florence Autret: Sarkozy à Bruxelles, Paris: Seuil 2008, S. 17f.
47 Vgl. EurActiv, 8.2.2008: „Le Parlement français ratifie le Traité de Lisbonne".
48 Zitiert nach: Julia Lieb: Frankreich – Zurück auf der europäischen Bühne, in: dies. /Andreas Maurer (Hrsg.): In Trippelschritten zur EU-Reform. Die Ratifikationsverfahren zum Lissabonner Vertrag, 4. erw. und akt. Ausgabe, Diskussionspapier der Forschungsgruppe EU-Integration der SWP, Berlin: SWP, Dezember 2008, hier: S. 71.

Regierung bereit gezeigt hatte, diese Lösung anzustreben, wenn die Partner Irland rechtlich belastbare Zugeständnisse in für Irland kritischen Punkten der Vertragsinterpretation geben können. Dabei musste Frankreich eine Errungenschaft des Vertragsreformprozesses wieder preisgeben: die Verkleinerung der EU-Kommission. Bei erfolgreicher Ratifikation wurde den Iren zugestanden, dass der Europäische Rat auf der Grundlage von Art. 17,5 EUV (i.d.F. von Lissabon) einstimmig einen Beschluss fassen wird, der jedem Mitgliedstaat auch über 2014 hinaus eine Vertretung in der Kommission garantiert.

Angesichts der außergewöhnlichen Tiefe der irischen Rezession infolge der Finanzmarktkrise kann das Drängen der französischen Ratspräsidentschaft auf ein zweites irisches Votum im Herbst 2009 als politische Strategie mit hohem Risiko und ungewissem Erfolg gewertet werden.

6 Fazit

Seit dem Vertrag von Maastricht lässt sich in Frankreich ein zunehmender Pragmatismus im Hinblick auf die europäische Institutionenordnung und ihre Fortentwicklung feststellen. Das lange Zeit intergouvernementalistisch geprägte Leitbild der Europapolitik in der V. Republik für das Funktionieren der europäischen Ordnung ist weiterentwickelt worden. Frankreich hat im Grundsatz akzeptiert, dass die der EU eigene Spannung zwischen supranationalen und zwischenstaatlichen Institutionen und Verfahren nicht zugunsten einer Seite aufgelöst werden kann. Die historische Pfadabhängigkeit der Vertrags- und Institutionenentwicklung der EU wurde damit zum Ausgangspunkt französischer Präferenzbildung im Vertragsreformprozess gemacht. Der hybride Mischcharakter der europäischen politischen Ordnung ist ein Dauerzustand und spiegelt die divergierenden Präferenzen und normativen Ordnungsmodelle der Mitgliedstaaten, nicht zuletzt Deutschlands und Frankreichs, wider. Sie sind Ausdruck des nicht aufhebbaren Doppelcharakters der Europäischen Union als Bürger- und Staatenunion.

Zum anderen wird erkennbar, dass die französischen Präferenzen zur institutionellen Ordnung nicht durchgängig von normativen Verfassungsideen oder grundsätzlichen institutionellen Leitbildern zur EU-Ordnung beeinflusst sind, sondern fallweise von ganz handfesten politischen Interessenlagen oder, anders formuliert, von materiellen Policy-Interessen, sowie von machtpolitischen Interessen.

Dort, wo politische Mehrheiten im Sinne französischer Präferenzen im Rat möglich erschienen, plädierte Paris seit Mitte der 1990er Jahre regelmäßig für eine Ausweitung von Mehrheitsentscheidungen im Rat – und damit zugunsten eines Poolens von Souveränität auf europäischer Ebene, zum Beispiel auf dem Feld der Binnenmarktgesetzgebung, der europäischen Industriepolitik, der Sozial- oder Steuerpolitik und vor allem der Innen- und Justizpolitik, die in zwei Etappen (Amsterdam und Lissabonner Vertrag) vergemeinschaftet wurde. Vetorechte einzelner Mitgliedstaaten behindern französische Interessenwahrung auf diesen Gebieten. Und die gewiss auch im Falle Frankreichs erklärungskräftige Analyse mitgliedstaatlicher Verfassungspolitik auf der Grundlage der jeweiligen normativen Leitbilder zur Zukunft der EU sollte nicht darüber hinwegtäuschen, dass institutionelle Fragen immer Machtfragen sind. Ohne die Berücksichtigung des machtpolitischen Interesses Frankreichs am Vertragreformprozess, im Rahmen dessen die Verantwortlichen in Paris eine Marginalisierung Frankreichs im Entscheidungssystem der EU im Zuge ihrer Osterweiterung verhindern wollten, lässt sich die französische Verfassungspolitik von den Amsterdamer Verhandlungen bis zum Vertrag von Lissabon nicht hinreichend erklären.

Literatur

Autret, Florence (2008): Sarkozy à Bruxelles, Paris: Seuil.

Becker, Peter/Leiße, Olaf (2005): Die Zukunft Europas. Der Konvent zur Zukunft der Europäischen Union. Wiesbaden: VS Verl. für Sozialwiss.

Bossuat, Gérard (2005): Faire l'Europe sans défaire la France. 60 ans de politique d'unité européenne des gouvernements et des présidents de la République Française (1943 - 2003). Brüssel u.a.: Peter Lang.

Deloche-Gaudez, Florence (2002): France: A Member State Losing Influence. In: Laursen, Finn (Hrsg.): The Amsterdam Treaty: National Preference Formation, Interstate Bargaining and Outcome. Odense: Odense University Press, S. 139–159.

Dehousse, Renaud/Maurer, Andreas/Nestor, Jean/Quermonne, Jean-Louis/Schild, Joachim (2003): La nouvelle architecture institutionnelle de l'Union européenne: Une troisième fois voie franco-allemande. Groupement d'Etudes et de Recherches Notre Europe; Stiftung Wissenschaft und Politik (Etudes et Recherches No 23).

Haigneré, Claudine (2005): La Constitution européenne et la vision française de l'Europe. In: Sociétal, Nr. 48, S. 41-43.

Jabko, Nicolas (2005): Comment la France définit ses intérêts dans l'Union européenne. In: Revue française de science politique, 55:2, S. 221-242.

Jachtenfuchs, Markus (2002): Die Konstruktion Europas. Verfassungsideen und institutionelle Entwicklung. Baden-Baden: Nomos.

Jopp, Mathias/Matl, Saskia (2003): Perspektiven der deutsch-französischen Konventsvorschläge für die institutionelle Architektur der Europäischen Union. In: Integration, 26:2, S. 99-110.

Läufer, Thomas (1999): Vertrag von Amsterdam. Texte des EU-Vertrages und des EG-Vertrages mit den deutschen Begleitgesetzen, Bonn: Bundeszentrale für politische Bildung.

Maurer, Andreas (2003): Die Rollendefinition des Europäischen Rates in der EU-Verfassung, SWP-Diskussionspapier, Juni 2003, in: www.swp-berlin.org/common/get_document.php?id=912 [letzter Abruf: 26.2.2009].

Mazzucelli, Colette/Guérot, Ulrike/Metz, Almut (2006): Cooperative hegemon, missing engine or improbable core? Explaining the French-German influence in European treaty reform. In: Beach, Derek (Hrsg.) (2006): Leadership in the big bangs of European integration. Houndmills: Palgrave Macmillan.

Menon, Anand (1996): France and the IGC of 1996. In: Journal of European Public Policy, Jg. 3, H. 2, S. 231-252.

Moravcsik, Andrew (1998): The Choice for Europe. Social Purpose and State Power from Messina to Maastricht. Ithaca, N.Y.: Cornell University Press.

Müller-Brandeck-Bocquet, Gisela (2002): The New CFSP and ESDP Decision-Making System of the European Union. In: European Foreign Affairs Review, 7:2, S. 257-82.

Müller-Brandeck-Bocquet, Gisela (2004): Frankreichs Europapolitik. Wiesbaden: VS Verl. für Sozialwissenschaften.

Parsons, Craig (2003): A certain idea of Europe. Ithaca: Cornell Univ. Press.

Pollack, Mark A. (2003): The Engines of European Integration. Delegation, Agency and Agenda Setting in the European Union, Oxford: Oxford University Press.

Rapport Lequiller (2004): Rapport d'information No 1710 déposé par la Délégation de l'Assemblée nationale pour l'Union européenne sur la Constitution européenne et présenté par Pierre Lequiller, Paris: Assemblée nationale, 1. Juli 2004, in: www.assemblee-nationale.fr/12/pdf/europe/rap-info/i1710.pdf [letzter Abruf: 27.2.2009].

Sauger, Nicolas/Brouard, Silvain/Grossman, Emiliano (2007): Les Français contre l'Europe. Le sens du référendum du 29 mai 2005. Paris: Presses de Sciences Po.

Schild, Joachim (2001): „Den Rhein vertiefen und erweitern". Deutsch-französische Beziehungen nach dem Nizza-Gipfel. In: Aktuelle Frankreichanalysen, hrsg. vom Deutsch-Französischen Institut, Nr. 17, S. 1–11, in: www.dfi.de/de/pdf/afa/afa17.pdf

Schild, Joachim (2002): Französische Positionen in der ersten Phase des EU-Konvents. Raum für deutsch-französische Gemeinsamkeiten? Stiftung Wissenschaft und Politik. Berlin August 2002, 31 S. (SWP-Studie, S 26).

Schild, Joachim (2004): La France, l'Allemagne et la Constitution européenne: un bilan mitigé, un leadership contesté. In: Notes du Cerfa, Nr. 10, Paris: Institut Français des Relations Internationales (in: http://www.ifri.org/files/Cerfa/NoteCerfa_10.pdf; letzter Abruf: 26.2.2008).

Schild, Joachim (2005): Der europäisierte Gaullismus: Zur Wechselwirkung zwischen nationalen und europäischen Formen des Regierens. In: Joachim Schild; Henrik Uterwedde (Hrsg.): Frankreichs V. Republik. Ein Regierungssystem im Wandel. Festschrift für Adolf Kimmel, Wiesbaden: VS Verlag 2005, S. 211-232.

Scholl, Bruno (2006): Europas symbolische Verfassung. Nationale Verfassungstraditionen und die Konstitutionalisierung der EU, Wiesbaden: VS Verl. für Sozialwissenschaften.

Schout, Adriaan/Vanhoonacker, Sophie (2006): France: Presidency Roles and National Interests, in: Finn Laursen (Hrsg.): The Treaty of Nice. Actor Preferences, Bargaining and Institutional Choice. Leiden/Boston: Martinus Niejhoff Publishers, S. 133-161.

Wagner, Wolfgang (1999): Interessen und Ideen in der europäischen Verfassungspolitik. Rationalistische und konstruktivistische Erklärungen mitgliedstaatlicher Präferenzen. In: Politische Vierteljahresschrift, 40:3, S. 415–441.

Wessels, Wolfgang (2004): Die institutionelle Architektur der EU nach der Europäischen Verfassung: Höhere Entscheidungsdynamik – neue Koalitionen?, in: Integration, 26:3, S. 161-175.

Bernhard Stahl

Strategische und zivilisatorische Erweiterungen und die Folgen für die europäische Integration

1 Einleitung

Die Ost- und Südosteuropaerweiterungen bilden die vorläufigen Endpunkte des größten Friedensprozesses in der europäischen Geschichte. Zugleich setzt der Lissabonner Vertrag den Schlusspunkt einer fortlaufenden Institutionalisierung, die mit der Gründung der Europäischen Gemeinschaften in den 1950ern ihren Anfang genommen hatte. Nach „dunklen Jahren" hatte die *relance* der europäischen Integration ihren sichtbaren Ausdruck im Vertrag der Europäischen Union gefunden, mit dem Übergang zu einer einheitlichen Währung. Das Projekt der Politischen Union war in Maastricht jedoch noch unvollständig geblieben und sämtliche primärrechtlichen Nachfolgeprojekte, die Verträge von Amsterdam, Nizza und Lissabon, können vor allem als Versuche interpretiert werden, die *left-overs* der Maastrichter Verträge abzuarbeiten. Der Verfassungsvertrag hatte die europäische Integration krönen sollen, mit der Konventsmethode als gefeierte, partizipative Innovation, die die intransparenten, erschöpfungsimmanenten Regierungskonferenzen vergessen machen würde. Doch das ehrgeizige Projekt, das mehr demokratische Mitbestimmung hatte bringen sollen, scheiterte 2005 in Volksabstimmungen – eine Ironie der Geschichte. Die „Erweiterungsmüdigkeit" der Bevölkerungen in den Alt-Mitgliedsländern, so der Tenor der Interpretationen der Wahlergebnisse, hatte auf die Vertiefungsbemühungen der Union durchgeschlagen.

Dabei hatten in formaler Hinsicht die beiden Prozesse der Vertiefung (‚*deepening*') und der Erweiterung (‚*widening*') zunächst wenig miteinander zu tun. Sicherlich gab es einen funktionalen Zusammenhang: Jede Erweiterung erfordert eine gewisse Anpassung der institutionellen Strukturen und jede Vertiefung verlangt ein erhöhte Anpassungsleistung seitens der Beitrittskandidaten in Gestalt des beständig expandierenden *acquis communautaire*: Waren etwa die Verhandlungen zu Beginn der 1970er Jahre mit dem Vereinigten Königreich nach 18 Monaten abgeschlossen, müssen Kroatien und die Türkei über 30 Kapitel mit umfangreichen Dossiers bearbeiten – die durchschnittliche Verhandlungsdauer liegt nunmehr bei mehr als 10 Jahren. Dabei hat sich der Prozess formalisiert und ausdifferenziert. Vor der Aufnahme der eigentlichen Beitrittsverhandlungen wird von beitrittswilligen Staaten ein erfolgreicher Abschluss der Stabilitäts- und Assoziierungsabkommen (SAA) erwartet. Dies stellt eine Vorbedingung dar, um in den Genuss des Kandidatenstatus zu kommen. Eine weitere wichtige Entwicklung betrifft die Ausweitung der Beitrittskriterien: Sahen sich die Mittel- und Osteuropäischen Staaten (MOEs) noch mit drei (Kopenhagener) Kriterien konfrontiert, sind für die Staaten des West-Balkans faktisch noch zwei weitere hinzugekommen: Das erste ist die Kooperation mit dem Jugoslawientribunal, das naturgemäß vor allem für Kroatien, Montenegro, Bosnien und Herzegowina und Serbien Relevanz besitzt. Das zweite, die „Integrationsfähigkeit der EU" – das in Kopenhagen 1993 zwar Erwähnung gefunden, aber praktisch noch irrelevant geblieben war – hat in der Folge der gescheiterten Referenden eine ungeahnte Aufwertung erfahren. Der Zusammenhang zwischen *deepening* und *widening* ist nunmehr unmittelbar festgeschrieben.

In diesem Beitrag wird von der gängigen Annahme ausgegangen, dass die Erweiterungen einen ambivalenten Einfluss auf die Vertiefung der Union gehabt haben. Darauf aufbauend werde ich in diesem Beitrag die These entwickeln, dass dies vor allem mit der Art des Beitritts zu tun hat. Zu diesem Zweck werde ich zwei Beitrittsformen unterscheiden. Zum gibt es Beitritte, die im Sinne der europäischen Integration „regelgerecht" ablaufen. Die beigetretenen Länder unternehmen enorme Anstrengungen, um dazugehören zu dürfen. Die Kandidaten haben den *acquis communautaire* wie den *acquis politique* in toto übernommen und sich durch Eigenleistung für eine Mitgliedschaft qualifiziert. Die Anpassungsleistung liegt demnach vor dem Beitritt und entspricht – so die Theorie des soziologischen Institutionalismus – einer *„exclusive strategy of community-building"* (Schimmelfennig 2003: 74). Über die technische Übernahme des Integrationsguts hinaus teilt die beitretende Gesellschaft mehrheitlich auch die idealistische Grundidee der europäischen Integration: Versöhnung und Solidarität. Dergestaltige Beitritte können als „zivilisatorische Beitritte" bezeichnet werden. Ihre konstitutiven Merkmale sind die Idealisierung des europäischen Projekts und der Leistungsbezug.

Zum anderen werden Beitritte jedoch auch ermöglicht, obwohl die Kandidaten sich nicht durch Eigenleistungen entsprechend qualifiziert haben. Dies hat mehrere Facetten: Ein erstes Motiv stellt dabei auf die Beobachtung ab, dass Staaten beitreten, weil andere Staaten beitreten. Der Beitritt erfolgt insofern aus ökonomischer Notwendigkeit, einfach, um nicht marginalisiert zurück zu bleiben. Zweitens werden von Seiten der Alt-Mitglieder zuweilen Stabilitätshoffnungen mit einem Beitritt verbunden, für das politische System des Beitrittslandes oder für die Region insgesamt. Drittens sei auf den identitären Faktor im Beitrittsland verwiesen, dass das Gefühl der eigenen kulturellen Zugehörigkeit zu Europa die Leistungsorientierung dominiert: Aus der Sicht der Mehrheit der Elite wie der Bevölkerung qualifiziert die kulturelle Zugehörigkeit zu Europa bereits ausreichend für den Beitritt zur EU. Die Anpassungsleistungen vor dem Beitritt werden demzufolge auf ein Minimum reduziert und weisen einen deklaratorischen Charakter auf (*fake compliance*). Die Union kann in diesem Fall nur auf eine Sozialisierung nach dem Beitritt hoffen (*„inclusive community-building"*). Die drei sich überlappenden Beitrittsmotive werden hier unter dem Begriff „strategische Beitritte" zusammengefasst. Länder, die aus dergestaltigen strategischen Motiven beigetreten sind, haben den ideellen Kernbestand der europäischen Integration – Versöhnung und Solidarität – mehrheitlich nicht übernommen („unvollständige Idealisierung").

Strategische Beitritte belasten die Vertiefung der europäischen Integration in zweierlei Hinsicht. Erstens wird angenommen, dass die unvollständige Idealisierung des europäischen Projekts zu unbestimmter Sozialisierung führt: Die jeweilige Gesellschaft teilt mehrheitlich nicht den permissiven Konsens der europäischen Integration, der der Gemeinschaftssolidarität Vorrang vor nationalen Partikularinteressen einräumt. Dies schlägt sich in gelegentlichem, obstruktivem außenpolitischen Verhalten seitens einzelner Staaten nieder – immer dann, wenn partikularer Nutzen dem Gemeinschaftsinteresse geopfert werden soll. Zweitens haben strategische Beitritte negative Konsequenzen für die Einstellungen der

Bevölkerungen und Eliten der Alt-Mitglieder. Der Beitritt wird von Bevölkerungen anderer Mitgliedstaaten als „verfrüht“ und „nicht nachvollziehbar“ wahrgenommen. Die Folge ist ein Rückgang des permissiven Konsenses in den alten Mitgliedstaaten.

In diesem Beitrag werde ich zunächst zu zeigen versuchen, dass die Erweiterungspolitik in einer ersten Phase (1962-1995) bereits durch Inkonsequenzen und Ausnahmen gekennzeichnet war, so dass die oben angesprochene negative Wirkung auf die Vertiefungsprojekte aufgrund strategischer Beitritte bereits in Erscheinung trat. Die strategischen Beitritte 1973 (UK, DK, IRL) und 1981 (GR) sollten zu einem dauerhaften Handicap der europäischen Integration werden. Die zweite Phase (1996-2007) ist durch den Versuch der EU gekennzeichnet, zivilisatorische Beitritte herbeizuführen. Dies ist für die große Erweiterungsrunde – den „Big Bang“ 2004 – mit der Ausnahme Zyperns gelungen.[1] Die späteren Beitritte Rumäniens und Bulgariens fallen indes wieder in die Kategorie „strategische Beitritte“, mit Folgen für den Vertiefungs- wie auch den zukünftigen Erweiterungsprozess. Das Ende dieser Phase ist dadurch gekennzeichnet, dass die Erweiterungen negativ auf die Bevölkerungen in der EU zurückwirken und Vertiefungen zunehmend abgelehnt werden – mit dem Verfassungsvertrag als prominentestem Opfer. Als Schlagwort dieses Prozesses hat sich der Begriff „Erweiterungsmüdigkeit“ eingebürgert (Lang und Schwarzer 2007: 117). Am Beispiel der anstehenden Südosteuropaerweiterung, eine sich mit der zweiten Phase überlappende dritte Phase (seit 2003), werde ich schließlich zeigen, wie die Spannung zwischen zivilisatorischen und strategischen Beitritten offen zutage tritt. Der Fokus der Ausführungen wird in diesem Teil auf einer länderspezifischen Betrachtung des *state-building* Problems liegen. Das Versagen der EU bei der Lösung der *state-building* Probleme der Region – so meine These hier – bildet dabei den Treibriemen für strategische Beitritte. Am Beispiel der EU-Politik gegenüber Serbien werde ich skizzieren, wie das zivilisatorische Hauptinstrument der Konditionalität von beiden Seiten durch strategische Motive überlagert und diskreditiert wird.

2 Die erste Phase: Nationale Elitenprojektionen und unvollständige Idealisierung

Die erste Erweiterung stand unter einem schlechtem Omen: Zweimal verweigerte Frankreichs Präsident Charles de Gaulle in den 1960er Jahren dem Vereinigten Königreich die Aufnahme in die Gemeinschaft. De Gaulles Nachfolger, Georges Pompidou, machte seine Zustimmung zum Beitritt auf dem Gipfel von Den Haag 1969 von Fortschritten in anderen Bereichen abhängig: eine stärkere Außenvertretung (die Europäische Politische Zusammenarbeit), eine gemeinsame Währungspolitik sowie eine Klärung der Finanzierung der Gemeinsamen Agrarpolitik. Dies zeigt, dass bereits zu dieser Zeit zumindest Frankreich Erweiterung und Vertiefung als zwei aufeinander bezogene Prozesse verstanden hatte, die mit Hilfe von *package deals* zusammengeschnürt wurden. De Gaulle hatte den identitären „*fit*“ des Vereinigten Königreichs mit den kontinentaleuropäischen Staaten bezweifelt – insbesondere dessen maritime Interessen, seine *special relationship* zu den USA und postimperiale Ambitionen im Rahmen des Commonwealth (Urwin 1991: 123-126). Diese Argumentation hatte insofern eine gewisse Berechtigung, als dass die Motivationen der britischen Regierungen keineswegs dem deutsch-französischen Versöhnungsdiskurs, der im

1 Der Fall Polen wäre diesbezüglich gleichfalls untersuchungswürdig, wird hier jedoch aus Platzgründen ausgespart, da er eine differenziertere Argumentation erforderte.

Elysée-Vertrag 1963 einen sichtbaren Ausdruck gefunden hatte, gefolgt waren. Vielmehr wurde die Europäische Wirtschaftsgemeinschaft (EWG) als bloße ökonomische Chance wahrgenommen, die mehr Perspektiven versprach als das stagnierende Commonwealth und die als Gegenentwurf zur EWG von London initiierte EFTA (ebd. 117-120). London hat sich nachdrücklich für alle folgenden Erweiterungsrunden engagiert. Gleichwohl, den „*acquis identitaire*" – die europäische Integration als politisches und ideelles Versöhnungsprojekt – übernahmen die Briten mehrheitlich nicht. Die EU ist aus ihrer Sicht eine primär ökonomisch begründete Zweckgemeinschaft geblieben. In der Folge kam es immer wieder zu institutionellen Krisen, sobald die Gemeinschaftssolidarität eingefordert wurde. Die Durchsetzung des „Briten-Rabatts" durch Thatcher (1984), die Ausklammerung des Sozialkapitels in Maastricht (1991), die BSE-Krise unter Major (1996) und die Verteidigung des Rabatts als Hauptprojekt der eigenen Ratspräsidentschaft unter Blair (2005) belegen nachdrücklich, dass britische Regierungen europäische Krisen zum Zwecke der Durchsetzung eigener Partikularinteressen wissentlich in Kauf nehmen. Von „interessenunabhängiger Normdurchsetzung" – nach Hanns Maull (1992: 274) Kernelement einer „Zivilmacht" – war wenig spürbar.

Die „unvollständige Idealisierung" gilt nicht nur für das Vereinigte Königreich, sondern auch für die mit beigetretenen Länder Dänemark und Irland. So war etwa für Kopenhagen der Beitritt zur EG nicht mehr als eine *second-best* Lösung, weil die präferierte Nordische Zollunion 1970 gescheitert war (Urwin 1991: 142). In Dänemark wurde das europäische Projekt von den heimischen Eliten zuallererst als monetäre Zugewinngemeinschaft interpretiert. Als es der Bevölkerung angesichts des Maastrichter Vertrages dämmerte, dass ökonomische Integration nur die halbe Wahrheit war, lehnte sie die Verträge in einem Referndum ab (Jóhannesdóttir 2003). In der Folge musste sich die dänische Regierung in Edinburgh (1992) vier Ausnahmen vom EU-Vertrag ausbedingen. Drei davon – Innen und Justiz, GASP/Verteidigung und Währung – sollten sich als die dynamischsten Politikfelder in den 1990er Jahren erweisen. In der Folge sah sich die Regierung zu absurden De-Solidarisierungen gezwungen: Als etwa die Verwaltung Bosniens und das Kommando der Peace-Keeping-Einheiten in Mazedonien von der NATO auf die EU übergingen, mussten die dänischen Truppen abziehen.[2] Die vier *opt-outs* können nur durch Referenden aufgehoben werden – der erste Versuch zugunsten des Beitritts zum Euro scheiterte 2000 spektakulär. Die Regierungen unter Anders Fogh Rasmussen versuchten in der Folge, die EU-Vertragsrevisionen als politische Petitessen zu verkaufen, um ein ansonsten verfassungsmäßig gebotenes Referendum zu vermeiden. Der Vertrag von Nizza und der von Lissabon wurden auf diese Weise reibungslos parlamentarisch ratifiziert. Kurzfristig geschickt, akzentuiert dies jedoch das langfristige Dilemma der dänischen Europapolitik: Ein politisches Projekt wird weiterhin von den Eliten ökonomisch verkauft (Flockhart 2005).

Irland gilt als das ökonomische Wunderkind der europäischen Integration, wandelte sich die irische Volkswirtschaft in den letzten 30 Jahren doch von einer der ärmsten Europas zu einer der reichsten. Die gesellschaftlichen und politischen Folgen der Integration allerdings mochte man nicht schlucken: Die Sorgen um eine Bevormundung durch Brüssel (Abtreibung, Neutralität, Identität) prägten die Referenden von Nizza und Lissabon, in denen die Iren die Vertragsreformen folgenreich ablehnten. Sowohl die Analyse der Ja- wie

2 Vgl. die Website der dänischen Europabewegung: http://www.euforbehold.dk/optouts/defence?lang=en.

die der Nein-Stimmen enthüllt die starke instrumentelle Wahrnehmung der EU und die Angst vor einer Unterhöhlung der nationalen Identität (O'Brennan 2008: 8f.).[3]

Die Semantik der britischen, irischen und dänischen Beitrittsdebatten war vielsagend: Alle drei Länder traten nicht einer „*community*", sondern einem „*common market*" bei (Spanier et al. 1972). Zudem kann die Tatsache, dass sich Dänemark und Irland mit dem Schicksal Londons solidarisiert hatten und der Gemeinschaft nicht früher beigetreten waren, gleichfalls dahingehend interpretiert werden, dass ihre Motive ähnlich der britischen gelagert waren. Fassen wir zusammen: Die drei Nordländer sind 1973 aus „strategischen Motiven" der EG beigetreten und bis heute „*awkward partner*" (George 1998) in Bezug auf Vertiefungsfragen geblieben.

Die erste Erweiterungsrunde wirkte katalytisch auf die Ausweitung von Gemeinschaftsprojekten – von der Schaffung einer europäischen Regional- bis hin zu einer gemeinsamen Fischereipolitik (Cameron 2004: 3). London wiederum nutzte die folgenden Erweiterungsrunden zur Projektion eigener Ordnungsvorstellungen: Mit Hilfe zusätzlicher Mitgliedstaaten sollte eine weitergehende Vertiefung verhindert werden (Nugent 2004: 6). So profilierten sich das Vereinigte Königreich und Dänemark in der Folge als eifrige Unterstützer der Süderweiterungen und diese Haltung blieb bis in die jüngste Zeit stabil. Demgegenüber war etwa Frankreichs Haltung durch Erweiterungsskepsis geprägt und Paris hat erst nach harten Verhandlungen den Süderweiterungen zugestimmt (Deubner 1999).

Mit Griechenland konnte 1981 erstmals ein Land beitreten, das den *acquis* nicht umgesetzt hatte. Die Kommission hatte in ihrer Stellungnahme festgestellt, dass Griechenland noch nicht beitrittsfähig wäre und eine unbefristete Übergangsperiode vorgeschlagen. Doch der Rat – angeführt von Großbritannien – setzte sich über die Bedenken der Kommission hinweg und machte die verfrühte Mitgliedschaft Griechenlands möglich (Nugent 2004: 27f.). Athen blieb in den folgenden Jahren ein unbequemer Partner. Die griechische Ratspräsidentschaft 1983 markierte einen Tiefpunkt dieser Institution, die Blockade der Anerkennung Mazedoniens und die Schwierigkeiten mit der Türkei führten zu Paralysen in der EU-Außenpolitik und der NATO, und die Mitgliedschaft in der EWWU erschlich sich die Regierung mit manipulierten Budgetzahlen (Katsioulis 2003: 69; Axt 2001: 91-93).[4] Gegenüber Spanien und Portugal hatte Brüssel mehr Konsequenz gezeigt. Als in Spanien 1975 fünf Männer wegen Polizistenmordes hingerichtet wurden, hatte die EG die Assoziierungsverhandlungen abgebrochen (Urwin 1991: 208). In der Folge verzögerten sich die Beitrittsverhandlungen aufgrund der Forderung des französischen Staatspräsidenten Giscard, vor einer weiteren Beitrittsrunde müssten die Haushalts- und Agrarfragen der Gemeinschaft geklärt sein. Erst nach dem diesbezüglichen Durchbruch von Fontainebleau 1984 durften die iberischen Länder beitreten.

Die zweite Norderweiterung (1995) erwies sich als weniger problematisch, schließlich traten mit Österreich, Schweden und Finnland drei wohlhabende und funktionierende Demokratien bei. Ihr Einfluss auf den Integrationsprozess wird gemeinhin unterschätzt. So

3 Dies wird nicht nur beim Blick auf die Motive der „*no-voters*" deutlich, sondern auch mit Blick auf die Motivlagen des „Ja": „*Best interest*", „*benefit from the EU*" und „*help the Irish economy*" waren die drei meistgenannten Motive. Vgl. Flash Eurobarometer No. 245: „*Post-referendum survey in Ireland*", preliminary results, Report 18 June 2008, S. 8.

4 Vgl. Thomas Hillenbrand: „*Das Kartell der Schummler*", in: Spiegelonline v. 8.12.2004, http://www.spiegel.de/wirtschaft/0,1518,331440,00.html

stärkten sie als Nettozahler die Budgetdisziplin und beförderten die Offenheit und Transparenz der EU-Prozesse (Nugent 2004: 31f.).

3 Die zweite Phase: Zivilisatorische und strategische Elemente der Osterweiterung

Nach den Verhandlungen um den Vertrag zur Europäischen Union wandte sich die Union ihrer neuen Mammutaufgabe zu: der Überwindung der europäischen Teilung. Nun schlug die Stunde der Kommission. Mandatiert durch den Rat, wird sie in der Folge zur entscheidenden Schaltstelle der Osterweiterung – des größten und ehrgeizigsten aller Erweiterungsprojekte. Im Gegensatz zur zweiten Norderweiterung stand die EU in Bezug auf die anstehende Osterweiterung vor gigantischen Herausforderungen. Nicht nur, dass es sich bei den Aspiranten um junge Demokratien handelte – die wirtschaftlichen Disparitäten und die schiere Anzahl von beitrittswilligen Staaten machten den Prozess zu einem politischen Risiko ersten Ranges. Im Sommer 1997 legte die Kommission die „Agenda 2000" vor, in der die Herausforderungen der kommenden Jahre in konkrete Politikprojekte heruntergebrochen wurden. Die Vereinigung des Kontinents wurde dabei in einen bürokratischen Prozess gegossen, der in transparenter Form den Stand des Prozesses offen legte. Die wichtigsten Elemente dieses Prozesses waren:

- Eine Heranführungsstrategie, die wiederum aus mehreren Komponenten bestand: Politischer Dialog (Royamont-Prozess), finanzielle Unterstützung (PHARE-Programme und asymmetrische Handelserleichterungen) sowie Assoziierungsabkommen („Europaverträge");
- Die Formulierung klarer Kriterien, die die Kandidaten in Gänze erfüllen mussten. Diese sogenannten Kopenhagener Kriterien umfassen Bedingungen im Hinblick auf „stabile demokratische Institutionen" (politisches Kriterium), „eine funktionierende Marktwirtschaft" (ökonomisches Kriterium) sowie die Übernahme des gesamten Regelwerks der Union (*acquis communautaire*). Bereits in Kopenhagen (1993) wurde ein viertes Kritierium in Form einer „Absorptionsfähigkeit der EU" formuliert, doch blieb dies für die Osterweiterung noch folgenlos, weil die nötigen institutionellen Anpassungen mit dem Vertrag von Nizza noch gerade rechtzeitig in Kraft treten konnten (Februar 2003).
- Der *acquis communautaire* ist inhaltlich nicht verhandelbar, die Kandidaten können sich lediglich Übergangsfristen ausbedingen. Der gesamte Besitzstand spaltet sich in viele, einzeln zu verhandelnde Kapitel auf, die sämtlich abgeschlossen sein müssen, bevor die Beitrittsakte unterzeichnet werden kann.
- Der Gesamtprozess ist konditional angelegt: Erst wenn ein beitrittswilliges Land einen bestimmten Zwischenstand erreicht, wird ihm der Eintritt in die nächste Stufe gewährt (Kandidatenstatus, Aufnahme der eigentlichen Verhandlungen, Ratifikationsphase), und es kommt damit in den Genuss bestimmter Vergünstigungen. Die Zwischenschritte werden – auf Vorschlag der Kommission – vom Rat abgesegnet. Es wird im Vorhinein kein Beitrittsdatum genannt.
- Jedes Land wird einzeln betrachtet und die Forschtritte werden durch die Europäische Kommission genau dokumentiert (*screening*). Dadurch entsteht ein gewisser Konkurrenzdruck innerhalb der beitrittswilligen Staaten (Regatta-Prinzip).

- Im Verlauf des Prozesses schälten sich mehrere Staatengruppen unterschiedlicher Geschwindigkeit heraus. Doch als die Staaten der ersten Gruppe („Luxemburg") in ihren Reformanstrengungen nachließen, während die zweite („Helsinki-Gruppe") in ihrer Mehrheit aufholte, konnten die beiden fusioniert werden. Letztlich entschied sich die Union jedoch dafür, 10 Staaten zugleich (2004) und zwei später (Rumänien und Bulgarien 2007) aufzunehmen.

Die strenge Konditionalisierung des Prozesses im Verein mit dem Gruppendruck des Regatta-Prinzips hat Wirkung gezeigt: Die Europäische Union zeigte sich hochzufrieden mit den Anpassungsleistungen der Beitrittsländer. Die durchgehaltene Gleichbehandlung der Kandidatenländer in Verbindung mit dem verabschiedeten Finanzkompromiss auf dem Kopenhagener Gipfel (2002) ermöglichte den gelungenen Beitritt zwei Jahre später (Lippert 2003). Als Beleg für die im Ganzen gelungenen zivilisatorischen Beitritte kann zudem gewertet werden, dass sich die Staatschefs der MOEs in einem offenen Zeitungsartikel in der *Financial Times* mehr Nachsicht seitens Brüssel einzufordern versuchten (zit. n. Sajdik und Schwarzinger 2008: 223).

3.1 Die strategischen Beitritte Zyperns, Rumäniens und Bulgariens

Nur in einem Fall ging das Kalkül Brüssels nicht auf. Die Hoffnung, **Zypern** könnte als geeintes Land beitreten, erfüllte sich nicht. Die Union stand hier vor der Frage, ob sie eine Vereinigung zur Vorbedingung machen sollte. Doch dies hätte Ankara einen gewissen Hebel über den Beitritt Zyperns verschafft. Die Alternative war, den Beitritt nicht zu konditionieren und so die türkischstämmige Bevölkerung im Norden und die türkische Regierung unter Druck zu setzen (Verheugen 2005: 83f.). Über die beiden Optionen gab es 1998 heftige Auseinandersetzungen im Rat, insbesondere zwischen Frankreich und Griechenland (Sajdik und Schwarzinger 2008: 68). Schließlich drohte Griechenland den gesamten Beitrittsprozess mit einem Veto zu stoppen, sollte Zypern nicht berücksichtigt werden (Nugent 2004: 38). Die Union verzichtete in der Folge darauf, die Vereinigung zu einem Kriterium zu machen. Für die türkischen Zyprioten ging der Plan auf: Ihre Führer wurden von Ankara und Brüssel in die Zange genommen und der türkische Nordteil stimmte im entscheidenden Referendum einer Vereinigung zu. Doch die politischen Eliten des griechischen Südens zeigten sich weniger kompromissbereit. Zunächst ignorierten sie die wohlmeinende Aufforderung der europäischen Organe, gemischte Verhandlungsdelegationen zu bilden (Sjursen und Smith 2004: 137). Der zypriotische Präsident Papadopoulos brach dann das Versprechen seines Vorgängers gegenüber Brüssel und rief vor dem entscheidenden Referendum über eine Vereinigung der Insel dazu auf, mit Nein zu stimmen (Verheugen 2005: 84 u. 93). Der strategische Beitritt Zyperns hatte direkte Auswirkungen: Auf dem Außenministertreffen im Juni 2006 suchte Zypern den Beginn der Beitrittsverhandlungen mit der Türkei mit einer Veto-Drohung zu verhindern.[5] Ankara weigerte sich in der Folge, seine Häfen für Schiffe aus Zypern zu öffnen und forderte die Ausdehnung der vereinbarten Handelserleichterungen auf Nord-Zypern. Diese Forderung hatte inhaltlich eine gewisse Berechtigung, war jedoch ein klarer Verstoß gegen das Zollabkommen mit der EU. Als sich die

5 „Treffen der EU-Aussenminister mit Störgeräuschen", NZZ online v. 13.6.2006.

Regierung in Ankara trotz eingegangener Versprechen nicht bewegte, votierten die Mitgliedstaaten im Rat dafür, 8 der 35 Verhandlungskapitel auf Eis zu legen (Lavenex und Schimmelfennig 2007: 147f.). Zypern hatte die EU „ als Geisel genommen".

Neben der Integration Zyperns erwiesen sich die Nachzügler **Rumänien und Bulgarien** zunehmend als problematisch. Die Kommission hatte ursprünglich die Beitrittsverhandlungen gar nicht eröffnen wollen, doch der Rat – vor allem wegen des Drucks Großbritanniens – setzte sich darüber hinweg (Noutcheva und Bechev 2008: 121f.). Auf dem Gipfel in Kopenhagen 2002 entschieden die Staats- und Regierungschefs, dass die beiden Staaten abhängig von ihren Anpassungsleistungen 2007 würden beitreten können. Hiermit hatte sich Frankreich durchgesetzt, das in Abweichung zur vorherigen Praxis den Staaten einen festen Beitrittstermin nennen wollte. Dies war insofern überraschend, als die Länder Reformen nur unter Drohungen und strikter Konditionalität durchgeführt hatten (ebd. 119f.). Angesichts der konstruktiven Rolle der beiden Staaten im Kosovo-Konflikt entschied sich der Rat für einen strategischen Beitritt und gab den beiden Staaten definitive Beitrittstermine vor (Phinnemore 2005). Obwohl die Kommission in beiden Fällen noch eklatante Mängel – etwa im Rechtssystem – diagnostiziert hatte, durften Rumänien und Bulgarien 2007 beitreten. Die Kommission suchte dieses Manko mit der erstmaligen Implementierung von „Kooperations- und Kontrollverfahren" zu kompensieren, um noch Anpassungsleistungen nach einem Beitritt erzwingen zu können. So kann die Kommission etwa die Gültigkeit von rumänischen und bulgarischen Gerichtsurteilen europaweit einschränken. Nachdem Brüssel die Verwendung von Subventionshilfen wiederholt bemängelt hatte,[6] fror die Kommission im Sommer 2008 Beihilfen im Umfang von 500 Mio. Euro ein und entzog zwei bulgarischen Behörden die Zulassung. Im November 2008 weitete die Kommission ihre Sanktionen auf weitere, früher zugesagte PHARE-Mittel aus (FAZ 26.11.2008). Neben der blühenden Korruption bereiten Brüssel vor allem die ungeklärten Auftragsmorde in Sofias Unterwelt Kopfzerbrechen.[7] Auch für Rumänien wurden die besorgten Stimmen immer lauter. So diagnostizierten Beobachter sogar Rückschritte im Vergleich zum Beitrittsstand. Nach anfänglichen Erfolgen gegen Korruption und Nepotismus verbündete sich die politische Elite des Landes im Kampf gegen die Ermittler: Sowohl die engagierte Justizministerin Macovei als auch der Leiter der Anti-Korruptionsbehörde wurden entlassen (FAZ 15.7.2008; 13.8.2008). Die strategischen Beitritte Zyperns, Rumäniens und Bulgariens hatten negative Folgen für die Rezeption der Erweiterungspolitik in den Alt-Ländern und beförderten die „Erweiterungsmüdigkeit" in den alten Mitgliedsländern.

3.2 Feed-back „Erweiterungsmüdigkeit"

Nicht nur in Deutschland wuchsen durch den „Big Bang" und die vorzeitigen Beitritte der beiden südosteuropäischen Länder die Furcht vor Arbeitslosigkeit und vermehrter grenzüberschreitender Kriminalität. Ausdruck dessen ist die Ausreizung der Übergangsfristen für die Freizügigkeit der Arbeitnehmer im Binnenmarkt: Nur das Vereinigte Königreich und Schweden öffneten ihre Arbeitsmärkte sofort für Arbeitsmigranten aus den neuen Mitgliedsländern. In den Ländern der EU-15 stellen die Erweiterungsgegner mittlerweile die relative Mehrheit (Lang und Schwarzer 2007: 122).

6 Elitsa Vucheva: „Commission softens tone on Bulgaria, Romania corruption", euobserver 23.7.2008.

7 Vgl. Carola Kaps: „*Wirtschaft blüht, Korruption auch*", FAZ 21.7.2008, S.10.

Bereits vor dem Schock der Verfassungsreferenden 2005 suchte die EU die Ängste, insbesondere in Bezug auf einen Beitritt der Türkei, dadurch zu besänftigen, dass sie die Konditionalisierung verschärfte. Auf dem Gipfel im Dezember 2004 behielt sich der Rat vor, Benchmarks für den Abschluss einzelner Verhandlungskapitel zu formulieren und sogar bereits geschlossene Kapitel bei Bedarf wieder zu öffnen.

Das negative Feed-back der Erweiterungsrunde schlug folgenreich auf die Vertiefung durch, weil eine Anzahl Mitgliedstaaten das Verfassungsprojekt der EU per Referendum zur Abstimmung stellten. Das Opfer der Erweiterungsmüdigkeit der Bevölkerungen war ausgerechnet der Verfassungsvertrag, der doch gerade mit der innovativen „Konventsmethode" den verschiedenen gesellschaftlichen Gruppen Partizipationsrechte eingeräumt hatte. Es war dabei kein Zufall, dass die Franzosen dem Projekt eine Abfuhr erteilten, waren sie doch die erweiterungsskeptischsten unter allen 15 Alt-Ländern (Duhamel 2005: 52). Am 29. Mai 2005 votierten 54,68% der Franzosen gegen den Verfassungsvertrag. Die Analysen haben die Diversität der Ablehnungsgründe herausgearbeitet (Ricard-Nihoul 2005). Doch zweifellos spielte die Verknüpfung von sozialen Ängsten und Globalisierungsskepsis mit dem Erweiterungsprojekt eine zentrale Rolle in der Debatte (Laurent und Sauger 2005; Schild 2005: 198). Als allgegenwärtige Figur in der nationalen Debatte erschien hierbei „der polnische Klempner", der Einheimischen die Arbeit wegnimmt und die Löhne drückt. Die Erweiterung wurde mit Freizügigkeit, Kriminalität und Überfremdung assoziiert. Die Niederlande wiederum waren nach dem Rücktritt der Regierung de Kok 2002 wegen des Parlamentsberichts über die Rolle des niederländischen UN-Kontingents in Srebrenica in eine Zeit innenpolitischer Wirren eingetreten. Aufstieg und Tod des Rechtspopulisten Pim Fortuyn sowie die Ermordung des Filmemachers Theo van Gogh haben zu einer großen gesellschaftlichen Verunsicherung geführt, die sich in der Ablehnung des Verfassungsvertrages 2005 dramatisch entladen hat. Neben den üblichen Denkzettelmotiven für die amtierende Regierung Balkenende fanden sich vor allem Ängste, dass die europäische Integration als Katalysator für ungeliebte Bedrohungen für die niederländische Nation, wie Einwanderung, Bevormundung durch große Mitgliedstaaten und Illiberalität, wirkt (Lechner 2008: 266).

Das negative Ergebnis beider Referenden wurde demnach – entgegen der Einschätzung der Kommission – stark von der Antipathie gegenüber den vergangenen und zukünftigen Erweiterungen beeinflusst (Blockmanns 2007: 251).

Die EU reagierte mit einer „Denkpause" – einer Suspendierung des Ratifikationsprozesses, die keine wesentlichen neuen Erkenntnisse hervorbrachte, da die (wenigen) verbleibenden Optionen bereits aus früheren Fällen (Dänemark-Maastricht; Irland-Nizza) bekannt waren. Die Regierungen interpretierten das Votum des Volkes als Absage an das föderale Projekt einer Verfassung und seine partizipative und transparente Methode (Konvent) und kehrten zum vormals geschmähten intergouvernementalen Aushandlungsprozess (*„integration by stealth"*; Barysch 2006: 2) zurück. Zugleich wurden die Stimmen lauter, die ein Junktim zwischen der Vertiefung und den möglichen zukünftigen Erweiterungen forderten. In Deutschland rückte die CDU im Bundestagswahlkampf 2005 vom Beitrittsversprechen der Vorgängerregierung für die Türkei ab und favorisiert seitdem eine wie auch immer ausgestaltete „privilegierte Partnerschaft". In ihrer Rede vor dem Europaparlament machte die Kanzlerin klar, dass es ohne eine weitere Vertiefung keine weiteren Erweiterungen geben würde.[8] Der bayerische Ministerpräsident Stoiber regte an, die Beitrittsperspektive

8 „Merkel: Ohne Verfassung keine weiteren Beitritte", Die Welt v. 17.1.2007.

für die Staaten des West-Balkans zu überdenken (SZ 22.3.2006). Überdies wurden Stimmen lauter, die forderten, den Türkeibeitritt von den übrigen Fällen zu trennen (Staffelt 2006: 10). Der österreichische Kanzler Schüssel schloss sich dem an und mahnte gleichfalls die Grenzen des Erweiterungsprozesses an (B92, 26.1.2006). Die niederländische Regierung forderte im Gefolge des Referendums die größtmöglichen Sicherheitsbestimmungen für zukünftige Beitritte.[9] Über 50% der Niederländer lehnten einen Beitritt Rumäniens und Bulgariens ab, in Bezug auf mögliche neue Mitglieder waren es gut zwei Drittel (euobserver 22.5.2006). Staatspräsident Chirac sah sich aufgrund des in Frankreich zutiefst unpopulären Beitrittswunsches der Türkei gezwungen, eine Klausel in die französische Verfassung zu schreiben, die eine Volksabstimmung obligatorisch macht.[10]

Auf dem Brüsseler Gipfel im Dezember 2006 wurde deutlich, dass die EU einige Gewichtsverschiebungen vorgenommen hatte. Die Beitrittsperspektive – so Kanzlerin Merkel – sei „kein Garantieschein „ für eine Mitgliedschaft (SZ 14.12.2006). So sollen problematisch erscheinende Verhandlungskapitel in der Südosteuropaerweiterung – wie etwa die Justizreform – zeitlich vorgezogen werden. Das in Kopenhagen 1993 noch unbestimmt gebliebene Kriterium der „Absorptionsfähigkeit der EU" wurde nun mit Leben gefüllt und als „Integrationsfähigkeit" konkretisiert: „*To sustain the integration capacity of the EU the acceding countries must be ready and able to fully subsume the obligations of union membership and the Union must be able to function effectively and to develop.*"[11] Auch das Europäische Parlament verabschiedete zwei Berichte, die die „Integrationsfähigkeit der EU" in den Mittelpunkt stellten.[12] Hiermit war de facto ein viertes Aufnahmekriterium festgeschrieben, ein Kriterium indes, das die beitrittswilligen Länder zu erfüllen selbst nicht in der Lage sind.

4 Die Südosteuropaerweiterung: Nur noch strategische Beitritte?

Beim Beitritt der Türkei geht es um die dauerhafte Demokratisierung und damit zugleich um ein Stabilitätssignal in den Nahen Osten hinein – insofern steht die Türkeierweiterung in der Tradition der Süderweiterungen. In Bezug auf die zivilisatorischen Leistungen hatte der Fortschrittsbericht der Kommission vom Oktober 2002 dem Land noch „Unreife" attestiert, weswegen der Europäische Rat von Kopenhagen im Dezember sich nicht auf ein Datum zum Start der Beitrittsverhandlungen festlegen mochte. Gleichwohl wurde vereinbart, ein Datum zu fixieren, an dem definitiv über den Beginn entschieden werden sollte („Rendez-vous Klausel"). Im Dezember 2004 entschied der Europäische Rat, Beitrittsverhandlungen mit der Türkei aufzunehmen. Als „Treiber" einer Mitgliedschaft fungierte einmal mehr das Vereinigte Königreich, das das Land „so schnell wie möglich" (Außenminister Straw) aufnehmen möchte (zit.n. Wood und Quaisser 2005: 154). Obwohl die Entscheidung formal einstimmig erfolgt, machte eine Minderheitsfraktion um Frankreich sich parallel für eine Alternative zur Vollmitgliedschaft stark (FAZ 14.12.2004). Die französische Regie-

9 „Dutch want break on EU enlargement", euobserver, 11.4.2006.

10 Im Zuge der Verfassungsreform hat Staatspräsident Sarkozy allerdings veranlasst, als Alternative eine parlamentarische Ratifikation zu ermöglichen.

11 Erklärung des Europäischen Rates von Brüssel 2006.

12 „*Künftig Erweiterungen nur nach Reform und Vertiefung der EU*", Europäisches Parlament, Pressedienst, Info, www.europaparl.europa.eu/news/expert/infopress/_page/027-1362-345-12-50-903-20...[1.9.2007].

rung verhinderte im Sommer 2007 die Eröffnung des Verhandlungskapitels über Währungsfragen (Le Monde 13.6.2007). Bedenklich stimmt zudem, dass in Bezug auf die Türkeifrage von einer „Renationalisierung der öffentlichen Debatte" gesprochen werden kann (Wimmel 2005: 479). Darüber hinaus verwenden selbst die Befürworter eines Beitritts vornehmlich strategische Argumente wie die „Brückenfunktion" der Türkei (von Oppeln 2005: 405). Angesichts dessen erscheinen die Aussichten auf ein erfolgreiches Ratifikationsverfahren äußerst gering: Die Strategie der EU ist insoweit als *brinkmanship* zu werten.

4.1 Der Unterschied zur Osterweiterung: State-building

Auf dem West-Balkan geht es um die dauerhafte Befriedung der Region nach dem Grauen der Kriege 1991-95 und 1998/99. Hiermit ist bereits ein großer Unterschied zur Osterweiterung benannt: Das politisch-moralische Motiv und Gebot historischer Gerechtigkeit – noch omnipräsent in den Begründungen für die Osterweiterung – verliert an Bedeutung zugunsten einer Stabilitätsaufgabe (Lang und Schwarzer 2007: 121; Avery und Batt 2007: 2). Dies hat Altmann (2005: 208) wie folgt auf den Punkt gebracht:

> „Im Gegensatz zu den ostmitteleuropäischen Beitrittsländern ist den Ländern des Westlichen Balkan die Perspektive einer EU-Vollmitgliedschaft nicht aufgrund besonderer Reformanstrengungen und markanter, schneller Transformationsfortschritte eröffnet worden, sie haben sich diese Perspektive vielmehr dadurch ‚verdient', dass sie sich nach gegenseitigen Zerstörungen ihrer teils durchaus entwickelten sozio-ökonomischen Strukturen nunmehr als jene Region präsentieren, welche die Stabilität des übrigen Europa bedroht."

Sichtbarer Ausdruck der europäischen Bemühungen um Stabilität war die Gründung des „Stabilitätspakts für Südosteuropa" nach Beendigung des Kosovo-Krieges 1999, der 2008 in einen „Regionalen Kooperationsrat" umgewidmet wurde.

Montenegro und Albanien (wenn man die Unabhängigkeit Kosovos als dauerhaft ansieht) können als territorial saturiert gelten. Für die anderen Staaten (Kroatien, FYROM, SRB, Kosovo, BiH) gilt dies jedoch nicht, was die gesellschaftliche Transition und die Annäherung an die EU behindert (Noutcheva 2006; Anastasakis 2005). Dies ist aus Sicht der Tranformationsforschung auch nicht überraschend, fungiert *state-building* doch als notwendige Vorbedingung für eine erfolgreiche Transition zur Demokratie (Schmitter 1995: 49; Merkel et al. 2003: 229ff.).

Doch die EU hat sich bislang unwillig gezeigt, die territorialen und ethnischen Streitfragen aktiv anzugehen und zu lösen. Ihr Verhaltensmuster ist diesbezüglich seit Beginn des Jugoslawiendramas 1991 stabil: Sie agiert sie als reaktive, status-quo orientierte Macht, deren transformative Kraft zudem durch interne Inkohärenzen unterminiert wird. Dabei sind die *state-building* Probleme für Kroatien, Mazedonien, Serbien, Kosovo und Bosnien – in aufsteigender Relevanz – immer noch erheblich.

Die EU hat für Kroatien und Serbien ein weiteres Aufnahmekriterium eingeführt, mit dessen Hilfe sie „zivilisatorische Beitritte" sichern will: die Zusammenarbeit mit dem Jugoslawientribunal in Den Haag (ICTY). Die Effektivität dieser Auflage wurde **Kroatien** drastisch per „Ohrfeige aus Brüssel" (Kusic und Gruppe 2005) vor Augen geführt. Nachdem die damalige Chefanklägerin des ICTY, Carla Del Ponte, die kroatische Regierung scharf angegriffen hatte, weil sie die Auslieferung des mutmaßlichen Kriegsverbrechers Ante Gotovina hintertreiben würde (FAZ 8.3.2005), folgte der Rat der Empfehlung aus Den Haag: Der Beginn der Beitrittsverhandlungen wurde auf unbestimmte Zeit verschoben. Erst als sechs Monate später die Regierung aktiv bei der Verhaftung Gotovinas kooperierte, wurden die Verhandlungen eröffnet. Trotz einiger Irritationen aufgrund von Mafiamorden in Zagreb war man zunächst optimistisch, die Verhandlungen bereits 2009 abschließen zu können. Doch behindern ein latenter sowie ein aktueller territorialer Konflikt den Beitritt. Der latente Konflikt betrifft die kroatische Bevölkerung in der Herzegowina, die im Bosnienkrieg gewaltsam einen Anschluss an Kroatien gesucht hatte und von den USA 1994 in ein Zweckbündnis mit den Muslimen gezwungen worden war. Ihre Identifikation mit dem bosnischen Staat geht gegen Null, und sie begreift sich in ihrer großen Mehrheit als Kroatien zugehörig. Damit nicht verbunden ist der aktuelle Konflikt mit dem EU-Mitglied Slowenien. So hat Slowenien angekündigt, die Aufnahme einiger Verhandlungskapitel mit Kroatien solange zu verhindern, bis der Grenzkonflikt an der Adria gelöst ist (BalkanInsight.com, 17.12.2008). Trotz intensiver Vermittlungsbemühungen durch Erweiterungskommissar Olli Rehn gelang es in der ersten Jahreshälfte 2009 nicht, den Konflikt beizulegen.

Mazedoniens Verhältnis zur EU weist tragische Züge auf. Denn obwohl es dem Land 1992 als einzigem gelang, gewaltlos aus der Bundesrepublik Jugoslawien auszuscheiden, verwehrten ihm die EG-Staaten die Anerkennung, obwohl die eigens dafür eingerichtete Badinter-Kommission dies empfohlen hatte. Griechenland blockierte in der Folge alle Versuche des Landes, für den Namen „Republik Mazedonien" internationale Anerkennung zu gewinnen (Katsioulis 2003). Die EU intervenierte erfolgreich in der Stabilitätskrise 2000/2001, als bewaffnete Aufständische der albanischen Minderheit mehr Rechte einforderten. Doch auch nach der erfolgreichen Konfliktmediation geriet der Annäherungsprozess immer wieder ins Stocken. Als dem Land im Dezember 2005 der Kandidatenstatus verliehen werden sollte, machte Paris seine Zustimmung von der Einigung auf den Haushaltsrahmen 2007-2013 abhängig (euobserver.com 14.12.2005). Die Niederlande und Dänemark stimmten in der Folge mit Frankreich darin überein, dass der Kandidatenstatus keineswegs einen automatischen Beginn der Beitrittsgespräche nach sich ziehen würde. Selbst dreieinhalb Jahre nach der Verleihung des Kandidatenstatus haben die Beitrittsverhandlungen noch nicht begonnen, und auch die erhoffte Aufnahme in die NATO misslang. „Vergessen im EU-Wartezimmer" (FAZ 27.10.2008, S. 12) sah sich die mazedonische Regierung Ende 2008 gezwungen, das Nachbarland und EU-Mitglied Griechenland vor dem Internationalen Gerichtshof zu verklagen.

4.2 Die Überfrachtung der Konditionalität: Die „serbische Frage"

Während Mazedoniens *state-building* Probleme für viele Beobachter eher „semantischer Natur" sind, sind die Serbiens „real" und offensichtlich. In den letzten 20 Jahren veränderte sich die Territorialität Serbiens unter Mitwirkung der EG/EU sechsmal:

- 1991: EG spricht sich für die Erhaltung der Bundesrepublik Jugoslawiens aus
- 1992: EG erkennt Kroatien und Slowenien als unabhängige Staaten an
- 1996: EU erkennt die Bundesrepublik Jugoslawien (inkl. Montenegro und Kosovo) an
- 2003: EU erzwingt eine Verfassungsreform zur Gründung eines Staatenbundes „Serbien und Montenegro"

- 2006: EU erkennt Montenegro als unabhängigen Staat an
- 2008: 22 von 27 EU-Staaten erkennen Kosovo als unabhängigen Staat an

Die EU hat sich in ihrer Serbienpolitik heillos verstrickt, so dass eine dauerhafte Lösung der „serbischen Frage" noch nicht in Sicht ist. Der „Eiertanz" der Brüsseler Diplomatie kann hier nicht in jedem Detail nachgezeichnet werden, ein Blick auf die Chronologie der Ereignisse um das SAA ist jedoch vielsagend:

- Bis 2004: keine Fortschritte bei der Annäherung an die EU (Patten, zit. n. Reuter 2005: 380).
- Juni 2004: Serbisches Parlament verabschiedet finanzielle Entschädigungen für die Angeklagten des ICTY (u.a. Milosevic und Seselj) und ihre Angehörigen.
- April 2005: Serbien liefert vier Armeegeneräle an das ICTY aus.
- Oktober 2005: Eröffnung der Verhandlungen zum Stabilitäts- und Assoziierungsabkommen (SAA).
- März 2006: Erweiterungskommissar Rehn macht klar, dass die Auslieferung von Mladic eine nicht verhandelbare Grundbedingung für eine weitere Annäherung an die EU sei.
- Frühjahr 2006: Regierungschef Kostunica verspricht Auslieferung Mladics.
- Mai 2006: Nachdem Mladic nicht kommt, suspendiert EU das SAA.
- Juli 2006: Belgrad verabschiedet „Aktionsplan" zur Festnahme Mladics.
- Oktober 2006: Nach negativem Statement Del Pontes bleibt EU bei Suspendierung.
- November 2006: NATO lädt Serbien ins „Partnership for Peace" Programm ein.
- Dezember 2006: Aussicht eines Wahlsiegs der Radikalen führt zu Diskussionen über Wiederaufnahme des SAA: Während Griechenland, Dänemark und Italien dafür sind, lehnen Frankreich, das Vereinigte Königreich und die Niederlande das ab (euobserver, 11.12.2006). Die EU bietet Serbien Verhandlungen über Visa-Erleichterungen an.
- Januar 2007: Nach den Parlamentswahlen fordern Rumänien, Italien und Griechenland, die restriktive Konditionalität bezüglich Mladic zugunsten einer allgemein kooperativen Haltung zum ICTY aufzugeben (euobserver 23.1.2007).
- März 2007: Rehn hält den Kandidatenstatus für Serbien bereits 2008 für möglich (euobserver 7.3.2007).
- Juni 2007: Nachdem Mladics Stellvertreter Tolimir ausgeliefert wird, nimmt die EU das SAA wieder auf.
- Oktober 2007: Das ICTY mahnt serbische Kooperation an. Die parallel laufenden Kosovo-Verhandlungen stocken weiterhin.
- November 2007: Die Kommission kündigt an, das SAA abzuschließen (Paraphierung).
- Januar 2008: Vor der serbischen Präsidentschaftswahl bietet die Kommission Serbien an, Gespräche über Abschaffung der Visumpflicht zu führen. Die slowenische Ratspräsidentschaft versucht die Niederlande dazu zu bewegen, ihren Vorbehalt gegen eine Unterzeichnung des SAA aufzugeben (B92 16.1.2008).
- Ende Januar 2008: Wegen des niederländischen Vetos können sich die EU-Außenminister einige Tage vor den Präsidentschaftswahlen nicht auf den Abschluss des SAA einigen. Daraufhin bietet sie Serbien ein Handels- und Visaabkommen – unter der Schwelle des SAA – an.

- Februar 2008: Die Regierung Kostunica weigert sich, das Abkommen mit der EU zu unterzeichnen. Nach der Unabhängigkeitserklärung Kosovos attackieren Demonstranten ungehindert westliche Botschaftsgebäude. Solana suspendiert die serbische EU-Annäherung.
- März 2008: Vor den Parlamentswahlen empfehlen Ratspräsident Rupel und der Hohe Vertreter Solana, die pro-europäischen Parteien zu wählen. Rehn lädt Serbien ein, das Abkommen mit der EU zu unterzeichnen.
- April 2008: Solana möchte Serbien die Unterzeichnung des SAA noch vor den Wahlen ermöglichen (DW 17.4.2008)
- 29. April: Die EU-Außenminister unterzeichnen zusammen mit dem serbischen Präsidenten und dem Finanzminister das SAA. Der formal zuständige Premier Kostunica erklärt das Abkommen für nichtig. Die Niederlande und Belgien bestehen darauf, dass das Abkommen erst ratifiziert wird, wenn die Kooperation mit dem ICTY sicher gestellt ist.
- Juni 2008: Serbien liefert den mutmaßlichen Kriegsverbrecher Zupljanin nach Den Haag aus.
- Juli 2008: Serbien liefert den ehemaligen Führer der bosnischen Serben, Radovan Karadzic, nach Den Haag aus.
- September 2008: Die Niederlande verweigern weiterhin die Inkraftsetzung des SAA, solange Mladic nicht ausgeliefert wird.
- Februar 2009: Das Büro für EU-Integration in Belgrad stellt fest, dass in der zweiten Jahreshälfte 2008 von geplanten 64 SAA-Gesetzen nur 17 verabschiedet werden konnten (B92, 6.2.2009). Kommissar Rehn rät von der Einreichung eines Beitrittsantrags im selben Jahr ab (eu watch 10.2.2009).

Die Idee des SAA ist, den Stand der Reformen im Annäherungsprozess an die EU abzubilden. Hiervon ist im serbischen Fall keine Rede mehr. Brüssel hat das SAA überfrachtet, indem es Belohnungen für ausgelieferte mutmaßliche Kriegsverbrecher, Sanktionen für den immer noch flüchtigen Mladic, Entgegenkommen für ein Nachgeben in der Kosovo-Frage und Unverständnis über die Intransigenz in ebensolcher sämtlich über das Anreizinstrument SAA zu kanalisieren suchte. Doch vor dem Hintergrund eines rein kulturell aufgeladenen Verständnisses der europäischen Integration in Serbien in Kombination mit einem omnipräsenten Opfermythos war einer derart diffusen Anreizstrategie kein Erfolg beschieden (Stahl 2008). Im Ergebnis wurde das Auf-der-Stelle-Treten der serbischen Transformation (*fake compliance*; Noutcheva 2007: 12) von beiden Seiten mit ständig neuen „Erfolgsmeldungen" behübscht und ein alsbaldiger Beitritt des Landes zur EU in Aussicht gestellt. Die EU hat zudem ihre Neutralität in Bezug auf innenpolitische Fragen aufgegeben und massiv zugunsten einzelner Parteien in die Wahlkämpfe eingegriffen. Hierbei kommt sie in die prekäre Situation, angesichts der instabilen innenpolitischen Lage Serbiens und der Hoffnung auf kooperatives außenpolitisches Verhalten immer neue *incentives* geben zu müssen. Die Konditionalisierungsstrategie der EU ist zu Wahlgeschenken zugunsten serbischer Politiker degeneriert. Einzig die Niederlande stemmen sich noch gegen ein unmittelbares Inkrafttreten des SAA und insistieren auf klarer Konditionalität. Es nimmt dabei nicht wunder, dass die übrigen Beitrittsasprianten auf den offensichtlichen europäischen „doppelten Standard" mit Befremden und Kritik reagiert haben (FAZ 30.4.2008).

Auch die europäische **Kosovo**-Politik bietet reichhaltiges Anschauungsmaterial für die Problematik eines *state-building* von außen. Auf der einen Seite hat Brüssel die Staatswerdung selbst aktiv mitbetrieben, indem Währung, Finanzwesen, Zoll und sonstige staatliche Strukturen aufgebaut wurden (Vogel 2009). Weitsichtig erwies sich zugleich die Praxis der Kommission, das Kosovo bereits in Thessaloniki 2003 mit zu berücksichtigen und frühzeitig separate Fortschrittsbereichte zu erstellen. Auf der anderen Seite hatte die EU die Frage der Status-Klärung jahrelang zu verzögern gesucht und konnte sich nicht zu einer gemeinsamen Anerkennung des Kosovo durchringen, sondern fiel in der Frage auseinander. Die EU-Mitglieder Griechenland, Rumänien, Spanien, die Slowakei und Zypern verweigern dem Kosovo auch ein Jahr nach der selbsterklärten Unabhängigkeit die Anerkennung. Die Anerkennungsfrage strahlt nunmehr in zweierlei Hinsicht negativ aus. Erstens wird sie in der serbischen Innen- und Außenpolitik mit der Annäherung an die EU verknüpft, was den oben skizzierten „Eiertanz" der EU noch erschwert. Zweitens hat sie die Entsendung von EU-Fachleuten zur Hilfe beim Staatsaufbau (EULEX) im Laufe des Jahres 2008 verzögert. Aufgrund getroffener Sonderabsprachen mit Belgrad bezüglich des Einsatzes von EULEX in den serbisch dominierten Regionen hat sich überdies das Verhältnis zur kosovarischen Regierung deutlich verschlechtert.[13] All dies geschieht vor dem Hintergrund einer bislang verhehrenden Transformationsbilanz für das Kosovo (King und Mason 2006; Kramer und Dzihic 2008).

Bosnien und Herzegovina ist auch 2008 faktisch noch ein EU-Protektorat. Der Repräsentant der EU in Sarajevo – z.Zt. der Österreicher Valentin Inzko – verfügt über die entscheidenden legislativen und exekutiven Befugnisse („Bonn-Powers"). Die Amtszeit des Sondergesandten hatte im Sommer 2007 auslaufen und die Regierungsgeschäfte an einheimische Politiker übertragen werden sollen. Von der Öffentlichkeit nahezu unbemerkt, wurde sein Mandat verlängert – diesmal auf unbestimmte Zeit. Die EU verhandelt mit Bosnien ein SAA – eingedenk des faktischen Protektoratstatus also mit sich selbst. Der derzeitige Staatsaufbau mit seinen zwei „Entitäten" – ein Erbe des Waffenstillstandsabkommens von Dayton 1995 – ist nicht funktionsfähig. Doch die EU hat weder die Kraft noch die Einsicht, dies zu ändern. So gelang es der EU trotz Einsatzes aller diplomatischen Mittel 2005 zunächst nicht, eine für die Stabilität des Landes essenzielle Polizeireform umzusetzen (Celador 2006: 24). Gleichwohl empfahl die Kommission nur einen Monat später, die Verhandlungen zum SAA zu eröffnen (Helmerich 2008: 361). Vier Jahre lang mühte sich die EU danach unter Aufbietung aller diplomatischen Mittel – Versprechen, Druck, Belohnungen und Sanktionen – vergeblich um eine Verabschiedung der Polizeireform. Schließlich verwässerte sie das Gesetz zu bloßen Absichtserklärungen und vertagte die konkreten Umsetzungen auf später (dpa, 17.4.2008). Die EU belohnte sich hernach selbst und erklärte, Bosnien hätte nunmehr die Bedingungen zur Unterzeichnung des SAA erfüllt.

5 Schlussfolgerungen und Ausblick

Die Erweiterungen haben einen ambivalenten Einfluss auf die Vertiefungsbemühungen der EU gehabt. Ich habe argumentiert, dass die Art der Beitritte dabei eine Rolle spielte. „Strategische Beitritte", gekennzeichnet durch „unvollständige Idealisierung" des europäischen

13 Petar Kostadinov: „EULEX starts in Kosovo amid mixed feelings from both sides", The Sofia Echo, 9.12.2008.

Projekts und mangelnde Übernahme des *acquis,* haben dabei negativ auf die Vertiefungen gewirkt. Bereits in den ersten Erweiterungsrunden, beim Vereinigten Königreich, Dänemark, Irland und Griechenland, ist es zu strategischen Beitritten gekommen. In der Folge waren es vor allem diese Länder, die weitergehende Vertiefungen zu verhindern suchten und gleichzeitig weitere strategische Beitritte beförderten. Im Folgenden hat die EU, vor allem die Kommission, daran gearbeitet, zivilisatorische Beitritte durch Anwendung einer strikten Konditionalisierung sicher zu stellen. In der Osterweiterung im Ganzen sehr erfolgreich, ist ihr das in den Fällen Zypern und den Nachzüglern Bulgarien und Rumänien misslungen: Die Staaten durften beitreten, obwohl sie ihre *state-building* Probleme nicht gelöst oder den *acquis* nicht übernommen hatten. Diese strategischen Beitritte haben einen negativen Rückkopplungseffekt auf die Haltung der Bevölkerungen in den Alt-Mitgliedstaaten zur europäischen Integration gehabt – mit der Ablehnung des Verfassungsvertrags und dem Irland-Referendum als dramatische Ausprägungen.

Der Südosterweiterung droht Ungemach, ist doch damit zu rechnen, dass die „Erweiterungsmüdigkeit“ auf sie durchschlägt. Dies gilt umso mehr, als dass die Südosteuropaerweiterungen in ihrer Mehrheit strategische Beitritte sein werden. Denn die EU hat sich unfähig gezeigt, die *state-building* Probleme des West-Balkans zu lösen und auch in der Kriegsverbrecherfrage hat sie ihre Konditionalitätsstrategie nicht durchzuhalten vermocht.

Ich habe deshalb eine – auf den ersten Blick – kritische Bilanz der Erweiterungsprozesse gezogen. Doch ist dies in dialektischer Absicht geschehen. Die Europäische Union ist dabei, sich um die Früchte ihres jahrzehntelang betriebenen Aufbauwerkes zu bringen. Denn die Behübschung zivilisatorischer Misserfolge zum Zwecke der Rechtfertigung im Kern strategischer Beitritte erscheint angesichts der Erweiterungsmüdigkeit wie geplantes Scheitern. Nach dem Beitritt Kroatiens riskiert die EU in jeglichen anstehenden Ratifikationsverfahren ein Fiasko. Der Schaden wäre enorm: Für die Glaubwürdigkeit der EU, ihre Außenpolitik und die Beziehungen zu den verschmähten Kandidatenländern. Um dies zu vermeiden, sollte die EU auf den Pfad der zivilisatorischen Beitritte zurückkehren und strategischen Begründungen und Versuchungen abschwören.[14] Für die laufenden Verhandlungen mit den Staaten Südosteuropas heißt das: *state-building first – transition second – accession third.* Die EU sollte aufhören, sich zu Wahlkampfzwecken instrumentalisieren zu lassen (Serbien) und die eigene Ratlosigkeit mit blumiger Erfolgsrhetorik zu übertünchen (Bosnien). Nur so können Regierungen ihre Glaubwürdigkeit gegenüber den eigenen Bevölkerungen und denen der Beitrittsländer wahren.

Die EU erliegt zunehmend der Versuchung, einen Beitritt immer eindringlicher in immer kürzeren Abständen in Aussicht zu stellen, ohne dass die *state-building*-Probleme gelöst wären. Der Glaube, allein das Beitrittsversprechen würde alle Übel des Balkans heilen, ist eitel. Die Historie vergangener strategischer Beitritte – vor allem der Zyperns – und die andauernden Schwierigkeiten mit Bosnien, Serbien und dem Kosovo legen hierfür Zeugnis ab. Sind Staaten der EU erst einmal beigetreten, war die Lösungskapazität der Gemeinschaft für *state-building*-Konflikte wie in Nord-Irland oder dem Baskenland gleich Null. In der Abwägung, entweder einer klaren Konditionalität zu folgen (auch um den Preis einer Aufschiebung eines Beitritts) oder die unbewältigten ethnischen Konflikte und *state-building* Probleme zu den eigenen zu machen, sollte sich die EU für ersteres entscheiden.

14 Mit theoretischer Argumentation in der Konsequenz ähnlich: Schimmelfennig 2007.

Literatur

Altmann, F.-L. (2005): EU und Westlicher Balkan: Eine schwierige Verlobung, in: *Südosteuropa*, 53. Jg., 2/2005, S. 185-212.

Anastasakis, O. (2005): *The Europeanization of the Western Balkans: Common background, same agenda, different outcomes*, Paper presented to UACES 34th Annual Conference and 10th Research Conference, Zagreb 5-7 September.

Avery, G. und J. Batt (2007): *Balkans in Europe: why, when and how?*; European Policy Centre, Policy Brief, March.

Axt, H.-J. (2001): Griechenland; in: Bellers, J., Benner, T. und Ines M. Gerke (Hg): *Handbuch der Außenpolitik – von Afghanistan bis Zypern*; München und Wien: Oldenbourg, S. 88-95.

Barysch, K. (2006): Is enlargement doomed? Towards a more 'flexible and fuzzy' Europe; Public Policy Research, June-August.

Blockmanns, S. (2007): Reconciling Widening and Deeepening, in: A. aan den Rijn (Hg): *The European Constitution and national constitutions. Ratification and beyond*, Kluwer Law International, S. 249-259.

Cameron, F. (Hg.)(2004): *The Future of Europe. Integration and Enlargement*; London und New York: Routledge.

Celador, G.C. (2006): *The European Union and Police Reform: Lessons from the Bosnian Case*, Paper presented at the third Pan-European Conference of the ECPR Standing group, Bilgi University, Istanbul, 21-23 September 2006.

Deubner, C. (1999): Frankreich in der Osterweiterung der EU, 1989 bis 1997, in: *Politische Studien*, Heft 363, 50. Jg., S. 89-121.

Duhamel, O. (2005): *Des raisons du «Non»*; Paris: Editions du Seuil.

Dzihic, V. und H. Kramer (2008): Der Kosovo nach der Unabhängigkeit. Hehre Ziele, enttäuschte Erwartungen und die Rolle der internationalen Gemeinschaft, FES-Internationale Politikanalyse, www.fes.de/ipa.

Flockhart, T. (2005): Critical junctures and Social Identity Theory: Explaining the Gap between Danish Mass and Elite Attitudes to Europeanization; in: *JCMS*, Vol. 43, Issue 2, S. 251-271.

George, S. (1998): *An awkward partner. Britain in the European Community*; 3rd ed., Oxford University Press.

Helmerich, A. (2008): Der westliche Balkan vor den Toren der Europäischen Union; in: Bos, E. (Hg.): *Die Genese einer Union der 27. Die EU nach der Osterweiterung*; Wiesbaden: VS, S. 351-376.

Johannesdottir, A. (2003): Der dänische Diskurs zu den Maastricht-Referenden; in: Joerissen, B. und B. Stahl (Hg.): Europäische Außenpolitik und nationale Identität. Vergleichende Diskurs- und Verhaltensstudien zu Dänemark, Deutschland, Frankreich, Griechenland, Italien und den Niederlanden; Münster: LIT, S. 236-253.

Katsioulis, C. (2003): Der griechische Diskurs über die Anerkennung Mazedoniens (1991-1995); in: Joerissen, B. und B. Stahl (Hg.): *Europäische Außenpolitik und nationale Identität. Vergleichende Diskurs- und Verhaltensstudien zu Dänemark, Deutschland, Frankreich, Griechenland, Italien und den Niederlanden*; Münster: LIT, S. 264-277.

King, I. und W. Mason (2006): *Peace at any price. How the world failed Kosovo*, London: Hurst and Company.

Kusic, S. und C. Grupe (2005): Ohrfeige aus Brüssel – Kurzer Schall oder langer Schmerz?; in: *Südosteuropa*, 53. Jg., 2/2005, S. 227-241.

Lang, K.-O.und D. Schwarzer (2007): Argumente für eine neue Erweiterungsstrategie – die Diskussion über die Aufnahmefähigkeit der EU; in: *integration*, 30. Jg., April, S. 117-128.

Laurent, A. und N. Sauger (2005): Le référendum de ratification du Traité constitutional européen: Comprendre le „Non" francais; Les Cahiers du Cevipof, no. 42, Science Po.

Lavenex, S. und F. Schimmelfennig (2007): Relations with the wider Europe; in: *JCMS*, Vol. 45, Annual Review, S. 143-162.

Lechner, F. J. (2008): The Netherlands. Globalization and National Identity, London: Routledge.

Lippert, B. (2003): Der Erweiterungsgipfel von Kopenhagen: Abschluss der Beitrittsverhandlungen und Neubeginn für die EU, in: *integration* 1/2003, 26. Jg., S. 48-65.

Merkel, W. et al. (2003): *Defekte Demokratien*, Band 1: Theorie, Opladen: Leske + Budrich.

Noutcheva, G. (2007): Fake, Partial and Imposed Compliance. The limits of the EU's Normative Power in the Western Balkans; CEPS working document No. 274/July.

Noutcheva, G. und D. Bechev (2008): The Successful Laggards: Bulgaria and Romania's Accession to the EU; in: *East European Politics and Societies*, Vol. 22, No. 1, S. 114-144.

Nugent, N. (2004)(Hg.): *European Union Enlargement*; Houndsmills u.a.: Palgrave.

O'Brennan, John (2008): EU-Deja vu – Ireland's No to Lisbon; in: *The Federalist Debate*, Year XXI, No. 3 (November), S. 6-10.

Oppeln, S. v. (2005): Die Debatte über den Beitritt der Türkei in Deutschland und Frankreich; in: *Leviathan*, 33. Jg., H. 3, S. 391-411.

Phinnemore, D. (2005): *„And we'd like to thank...": Romania's Integration into the European Union*, Paper presented to UACES 34th Annual Conference and 10th Research Conference, Zagreb 5-7 September.

Reuter, J. (2005): Serbien und die EU – Wie weit ist der Weg nach Brüssel?; in: *Südosteuropa*, 53. Jg., 3/2005, S. 376-404.

Ricard-Nihoul, G. (2005): *Le „non" francais du 29 mai 2005: comprendre, agir*; Notre Europe, Etudes et Recherches No. 44.

Sajdik, M. und M. Schwarzinger (2008): *European Union enlargement. Background, developments, facts*. Central and East European Policy Studies, Vol. 2, New Brunswick/London: Transaction Publishers.

Schimmelfennig, F. (2003): The EU, NATO and the integration of Europe. Rules and Rhetoric. Cambridge University Press.

Schimmelfennig, F. (2007): European Regional Organizations, Political Conditionality, and Democratic Transformation in Eastern Europe; in: *East European Politics and Societies*, Vol. 21, No. 1, S. 126-141.

Schmitter, P.C. (1995): Von der Autokratie zur Demokratie. Zwölf Überlegungen zur politischen Transformation, in: *Internationale Politik* 50, 6, S. 47-52.

Sjursen, H. und K. E. Smith (2004): Justifying EU Foreign Policy. The Logics Underpinning EU Enlargement; in: Tonra, B. und T. Christiansen (Hg.): *Rethinking European Foreign policy*; Manchester University Press, S. 126-141.

Spanier, D., D. Kennedy, A. Blom und E. Bjol (1972): *.....plus vier. Großbritannien, Irland, Norwegen und Dänemark – die Neuen der Gemeinschaft*; Europäische Schriften 33, Bonn: Europa Union Verlag.

Staffelt, D. (2006): Den Balkan integrieren: Plädoyer für eine konsequente EU-Südosterweiterung; in: *Südosteuropa Mitteilungen*, 05-06, S. 9-15.

Stahl, B. (2008): Serbiens Geisterfahrt nach Europa, in: *Internationale Politik und Gesellschaft* 3/2008, S. 76-85.

Urwin, D. W. (1991): The Community of Europe. A history of European Integration since 1945; London: Longman.

Verheugen, G. (2005): *Europa in der Krise*; Köln: Kiepenheuer & Witsch.

Vogel, H. (2009): Die EU und die Staatswerdung des Kosovo (1999-2008): Gespaltene Actorness und die nicht intendierten Folgen; in: Stahl, B. und S. Harnisch (Hg.): Vergleichende *Außenpolitikforschung und nationale Idendität. Die Europäische Union im Kosovo-Konflikt 1996-2008*; Baden-Baden: Nomos, S. 233-273.

Wimmel, A. (2005): Transnationale Diskurse in der europäischen Medienöffentlichhkeit. Die Debatte zum EU-Beitritt der Türkei; in: *PVS*, 46. Jg., September, H. 3, S. 459-482.

Wood, S. und W. Quaisser (2005): Turkey's Road to the EU: Political Dynamics, Strategic Context and Implications for Europe; in: *EFAR*, Nr. 10, S. 147-173.

Jürgen Meyer

Braucht die Europäische Union eine Verfassung?

Das neue Europa ist ein faszinierendes Thema. Wir alle erleben, dass sich in Europa viel verändert, aber nicht nur hier, sondern auch in den USA. Beides ist wiederum miteinander verknüpft. Wer die Rede des amerikanischen Präsidenten Barack Obama anlässlich seiner Vereidigung gehört hat, wird bestätigen, dass es um Probleme geht, die uns auch hier in Europa beschäftigen. Zuvorderst geht es um die Bewältigung oder mindestens Abschwächung der Finanzkrise in den USA, aber eben auch in Europa. Des Weiteren gilt es, die Eingrenzung und möglichst auch Beendigung von Kriegen und Konflikten, wie etwa dem Nahostkonflikt, voranzutreiben. Es geht um den Klimawandel, um die Nutzung regenerativer Energien. Alles Themen, die in den USA auf der Agenda stehen, aber auch in Europa. Allen Themen gemeinsam ist die grenzüberschreitende Tragweite, mit der ein Kontinent oder gar ein Land alleine nicht fertig werden kann. Und weil die USA, wie angekündigt, nun keine unilaterale Politik mehr verfolgen, sondern vermehrt auf multilaterale Ansätze zurückgreifen wollen, brauchen wir ein starkes, handlungsfähiges Europa – ein neues Europa.

Wir sind also beim Thema Verfassung. Braucht die Europäische Union eine Verfassung? Wir sind eine Gemeinschaft, die sich ständig erweitert, momentan auf 27 Mitgliedstaaten. Wenn ich die Frage „Braucht die Europäische Union eine Verfassung?“ stelle, dann würde mir ein Vertreter des Europäischen Gerichtshofes wahrscheinlich entgegenhalten, wir verfügten doch längst über eine Verfassung: Der EUGH vertritt seit langem die Auffassung, dass die Europäische Union mit den europäischen Verträgen eine Verfassung hat. Dies ist allerdings den wenigsten Bürgern bewusst. Was bedeutet der Begriff der Verfassung? Lassen sie mich in juristischer Tradition eine Definition an den Anfang stellen. Meiner Auffassung nach ist eine Verfassung die Grundordnung eines Gemeinwesens mit den elementaren Regeln, wofür und wie dieses Gemeinwesen handelt. Wenn man dieser Definition folgt, muss man dem EUGH Recht geben und sagen: Ja, wir haben bereits eine Verfassung.

Die Frage ist also eher, ob die Europäische Union eine neue Verfassung braucht. Nun wird man von einem Autor, der zehn Monate an der Beratung des Grundrechtekonvents und dann 18 Monate an den Beratungen des Verfassungskonvent als Wegbegleiter des Deutschen Bundestages teilgenommen hat, kaum erwarten, zu erfahren, warum das alles unnötig war und dass man keine neue Verfassung benötigt. Warum braucht die EU eine neue Verfassung? Die Definition des Verfassungsbegriffs sollte uns noch kurz beschäftigen. Denn der Entwurf, den der Verfassungskonvent seinerzeit vorgelegt hat, ist unter anderem deshalb massiv kritisiert worden, weil man befürchtet hat, dass durch ihn ein europäischer „Superstaat“ entstehen würde: Nicht zuletzt dadurch, das dieses Gemeinwesen eine Verfassung erhielte. Dieses Denken spiegelt die Auffassung der Staatsrechtslehre aus den beiden letzten Jahrhunderten wider. Inzwischen ist eine Mehrheit der deutschen Staatsrechtslehrer jedoch der Auffassung, dass es keines Staates bedarf, um eine Verfassung zu haben. Oder umgekehrt setzt eine Verfassung keinen Staat voraus und schon gar keinen

„Superstaat". Und im Übrigen wollte niemand, der an dem Verfassungsentwurf gearbeitet hat, eine solche Entwicklung ermöglichen. Trotzdem ist die Debatte von einer Minderheit engagiert geführt worden mit dem alten Postulat, eine Verfassung setze einen Staat voraus. Eine Folge für den Vertrag von Lissabon war, dass alles, was als Symbolik für einen Staat verstanden werden konnte, gestrichen wurde. Also zum Beispiel die Europafahne. Deshalb kommt allerdings niemand auf den Gedanken, die Europafahne abzuschaffen. Beispielsweise steht im Plenarsaal des Deutschen Bundestags neben der Fahne der Bundesrepublik weiterhin die Europafahne. Sie ist allerdings nicht in der Verfassung verankert – übrigens verhält es sich mit der deutschen Fahne genauso, sie ist ebenfalls kein Bestandteil des Grundgesetzes. Und auch die Hymne, die im Verfassungsentwurf enthalten war, Beethovens „Ode an die Freude", wurde gestrichen. Dennoch wird sie weiterhin gesungen.

Was bedeutet das im Umkehrschluss? Es bedeutet, dass solche Symbole nicht in der Verfassung verankert sein müssen und sie dennoch Allgemeingut darstellen können. Das Streichen dieser Symbole diente der Beruhigung der Euroskeptiker, die befürchteten, Europa würde zu einer Art „Superstaat" werden. Und um solche Befürchtungen vollends zu zerstreuen, wurde auch die Terminologie geändert. Statt von der Verfassung wird von dem „Vertrag von Lissabon" oder dem Reformvertrag gesprochen. Mit diesem Begriffswechsel einher ging auch eine teilweise Änderung des Textinhaltes. An die Stelle europäischer Gesetze treten die Verordnungen, obwohl, nach unserem Verständnis, Verordnungen ja eigentlich ein zweitrangiger Teil unseres Rechts sind. Sie sind Regelungen der Regierung oder einer Verwaltungsspitze auf der Grundlage eines Ermächtigungsgesetzes. Des Weiteren spricht man nicht von Rahmengesetzen, sondern von Richtlinien. Das sind terminologische Spielereien, die an der Substanz überhaupt nichts verändern.

Ich behaupte: Alles, was am Entwurf des Verfassungsvertrages verändert worden ist, hat mit der Substanz nichts zu tun. „Verfassungsvertrag" ist ein vertrauter Begriff. Ein Verfassungsvertrag bezeichnet den Weg, auf dem eine Verfassung entsteht. Dieser Vertrag wird von den Regierungschefs unterzeichnet und anschließend ratifiziert. Das Ergebnis ist eine Verfassung.

Ein letztes Beispiel für wenig überzeugende Wortspiele: Im Verfassungsentwurf sehen wir einen Außenminister vor. Aber ein Außenminister ist angeblich jemand, den nur ein Staat hat. Daher heißt dieser Posten nun „Hoher Vertreter für die gemeinsame Außen- und Sicherheitspolitik". Er verfügt jedoch de facto über die gleichen Rechte und Kompetenzen wie ein Außenminister. Eine sprachliche Variante, die an der Substanz nichts ändert.

Warum braucht die Europäische Union aber nun eine Verfassung? Ich möchte drei Gründe nennen und näher erläutern.

Erstens, weil die Europäische Union mehr Demokratie wagen muss. Denn es ist sicher richtig, dass es eine gewisse Europaskepsis oder Europamüdigkeit deshalb gibt, weil man sich als Bürgerin und Bürger an den europäischen Entscheidungen nicht beteiligt fühlt. Es fehlt die Möglichkeit des einzelnen Bürgers zur Mitgestaltung. Brüssel ist zu weit weg von den Menschen, und deshalb kann man auch häufig Unverständnis und Ablehnung gegenüber Entscheidungen aus Brüssel wahrnehmen. Dies ist nicht zuletzt die Schuld der nationalen Politiker, die es versäumen, eine stringentere Darstellung von Europa und europäischer Politik zu versuchen. Positive Entscheidungen werden als grandiose Eigenleistung präsentiert, negative hingegen als Versagen „von denen in Brüssel" an den Bürger weitergeleitet. Dies ist kein rein deutsches Phänomen, sondern kann in allen Mitgliedstaaten, unterschiedlich stark ausgeprägt, beobachtet werden. Ein Beispiel war die Ausweisung von

Naturschutzgebieten. Diese Aufgabe wurde von den Landesparlamenten und -regierungen nach Brüssel delegiert. Brüssel erließ daraufhin die Richtlinie „Fauna, Flora, Habitat“. Diese wurden anschließend von den Landesparlamenten und -regierungen als „schrecklich“ und als unzumutbare Einschränkung von Eigentum kritisiert. Dabei waren die nationalen Regierungen im Rat an der Ausarbeitung der Richtlinie beteiligt. Das zeigt erneut, wie wenig transparent und fern von den Bürgern der europäische Entscheidungs- und Vermittlungsprozess eigentlich ist.

Dies ist ein Zustand, der mit Demokratie, mit Mitbestimmungsmöglichkeiten oder wenigstens doch der Möglichkeit, die Vorgänge und Entscheidungen zu verstehen, wenig zu tun hat. Deshalb war es eine kleine Revolution für die EU, dass es einen Konvent gab. In der Vergangenheit sind die europäischen Verträge von hochrangigen Bürokraten entworfen worden, und dann kam es zur Regierungskonferenz. Dort saßen dann die Regierungschefs zwei Tage und eine Nacht zusammen und erst in der letzten Nacht fielen die Entscheidungen. Es setzten sich regelmäßig die Regierungschefs durch, die das größte Stehvermögen und die größte Unverfrorenheit besaßen. Die Parlamente und auch die Öffentlichkeit waren in diesem Prozess außen vor und wussten nicht, was eigentlich geschah. So sind europäische Verträge ausgehandelt worden, fern von den Bürgern. Dies führte zur vermehrten Euroskepsis. Deshalb habe ich in der Bundestagssitzung vom 22. Juni 1995 den Vorschlag gemacht, eine europäische Verfassung zu entwerfen, und zwar nicht in dem bekannten Verfahren der Regierungskonferenzen, sondern durch einen Konvent. Dieser Konvent sollte als erstes eine Grundrechtecharta entwerfen und zusammengesetzt sein aus Delegierten der nationalen Parlamente und des Europäischen Parlaments. Der Weg zu dieser Neuerung wurde erst durch den Regierungswechsel 1998 von schwarz-gelb zu rot-grün ermöglicht. Ein zusätzlicher – glücklicher – Faktor war die deutsche Ratspräsidentschaft im ersten Halbjahr 1999. Im Juni 1999 wurde dann der Grundrechtekonvent beschlossen. Und das war eine kleine Revolution. Denn der erste Schritt auf dem Weg zu einer Verfassung sollte nun durch gewählte Abgeordnete gemacht werden. Jedes Mitgliedsland durfte insgesamt drei Delegierte zum Konvent entsenden: jeweils zwei Parlamentarier und einen Regierungsvertreter. Die Bundesregierung wurde vertreten von dem früheren Bundespräsidenten Roman Herzog, der später auch Vorsitzender des Grundrechtekonvents wurde, der von Dezember 1999 bis Oktober 2000 tagte. Der Bundesrat wurde vertreten durch Jürgen Gnauck, den damaligen Europaminister von Thüringen, und ich war der gewählte Delegierte des Deutschen Bundestages.

Die bisherigen Macher der europäischen Verträge waren überaus skeptisch hinsichtlich der Erfolgschancen des Konvents und zweifelten an seiner Kompromissfähigkeit. Zumal es ein überaus wichtiges Dokument werden sollte, in dem es um nicht weniger als die Verdeutlichung des Wandels der Europäischen Union ging: Dass die EU nicht mehr länger nur eine Wirtschaftsgemeinschaft war, sondern auch eine Wertegemeinschaft. Für viele überraschend, konnte nach zehn Monaten ein Dokument vorgelegt werden, das inzwischen praktisch unverändert auch Gegenstand des Vertrages von Lissabon ist. Der Konvent tagte öffentlich und hat durch eine Vielzahl von Veranstaltungen auf nationaler Ebene und auf europäischer Ebene die interessierte Zivilgesellschaft in den Prozess eingebunden. Die Beratungen des Konvents waren im Übrigen auch über das Internet zugänglich. Das alles war ein Angebot an die Zivilgesellschaft mitzuarbeiten, ein Angebot, das auch durchaus angenommen wurde, wie an manchen Vorschlägen ersichtlich wird, die sich in der Endfassung wiederfinden.

Es folgte der Verfassungskonvent unter der Leitung des ehemaligen französischen Präsidenten Giscard D'Estaing. Dieser Konvent war größer, da neben den 15 Mitgliedstaaten auch die zwölf Beitrittskandidaten mit jeweils drei Delegierten vertreten waren. Für die Bundesregierung nahm zunächst Peter Glotz und dann der Außenminister Joschka Fischer teil, für den Bundesrat der Ministerpräsident von Baden-Württemberg, Erwin Teufel, und wieder vertrat ich den Deutschen Bundestag. Mit mir waren es insgesamt 16 Delegierte, die an beiden Konventen teilgenommen haben. Dieser Verfassungskonvent arbeitete nun, was manche Regierung zuvor zu verhindern suchte, mit den gleichen Kompetenzen wie der Grundrechtekonvent. Ziel des Konvents war von Beginn an die Ausarbeitung einer vollwertigen Verfassung. Im Gegensatz zum Grundrechtekonvent waren die Beitrittskandidaten diesmal nicht auf eine reine Zuschauerrolle begrenzt, sondern voll redeberechtigt. Zusätzlich gab es einen gleichzeitig stattfindenden Jugendkonvent, der ebenfalls mit 105 Delegierten besetzt war und eigenständige Vorschläge für die Verfassung erarbeitete. Auch Bürgerinitiativen konnten Vorschläge einbringen. All diese Maßnahmen dienten erneut der Stärkung und Einbeziehung der Zivilgesellschaft. Die beiden Konvente waren also ein wichtiger erster Schritt mehr Demokratie zu wagen.

Mehr Demokratie wagen, das musste natürlich bedeuten, dass das Europäische Parlament weiter gestärkt wird. Das Europäische Parlament als die gewählte Vertretung der Bürgerinnen und Bürger in der Europäischen Union hat bisher in vielen Bereichen keine Mitbestimmungsmöglichkeiten. Das Parlament redet mit, hat jedoch vielfach letztlich keine Entscheidungsbefugnis. Daher ist es ein Anliegen des Verfassungsentwurfes, also des jetzigen Reformvertrages, dass zukünftig grundsätzlich bei der Gesetzgebung das Europäische Parlament die Befugnis zur Mitentscheidung besitzt, also das Parlament in den Gesetzgebungsprozess aktiv eingebunden ist. Zum Beispiel in der Innen- und Justizpolitik, im so genannten „Raum der Freiheit, der Sicherheit und des Rechts", indem das Europäische Parlament künftig volle Gesetzgebungskompetenz besitzt. Dabei geht es um Kernbereiche der Politik, wie beispielsweise die Bekämpfung der organisierten Kriminalität, die transnational agiert und in einem Land allein dementsprechend gar nicht effektiv bekämpft werden kann. Das Europäische Parlament soll außerdem künftig den Kommissionspräsidenten wählen, und zwar auf der Grundlage der Ergebnisse der Europawahl. Diese Änderung bedeutet, dass Europa plötzlich ein Gesicht in der breiten Öffentlichkeit erhält, da die Parteien mit Spitzenkandidaten für das Amt des Regierungschefs in den Wahlkampf gehen. Es ist also nicht mehr eine anonyme Macht in Brüssel, sondern ganz konkret ein Gesicht und eine Stimme die jeder Bürger und jede Bürgerin sehen und hören kann.

Bei einem so großen Raum, wie dem der Europäischen Union, mit mittlerweile etwa 500 Millionen Bürgerinnen und Bürgern ist aber auch die stärkere Einbindung der nationalen Parlamente ein Muss. Statt der reinen Staatsmacht, vertreten durch die jeweiligen Regierungsspitzen auf den europäischen Regierungskonferenzen, muss künftig jedes Gesetz die nationalen Parlamente beschäftigen, bevor es als Richtlinie oder Verordnung aus Brüssel in nationales Recht überführt werden kann. Das heißt, jedes Parlament in den Mitgliedstaaten hat die Möglichkeit, bereits relativ früh ein Veto einzulegen oder konstruktiv an einer Änderung des Rechtsaktes mit zu arbeiten. Das heißt, der Gesetzgebungsprozess wird wesentlich transparenter und effektiver, zumal dem oft beklagten ungehemmten Regulierungswillen so ein gewisser Riegel vorgeschoben werden kann. Das so genannte Subsidiaritätsprinzip bedeutet, dass Brüssel nur dann zuständig ist, wenn eine Materie nicht ausreichend auf nationaler Ebene oder darunter auf der Ebene der Länder und Kommunen geregelt werden kann. Das Subsidiaritätsprinzip wird künftig also von den nationalen Parlamenten kontrolliert. Im einzelnen bedeutet dies, dass binnen acht Wochen nach Zuleitung eines Entwurfes an den Deutschen Bundestages und an die subnationalen Einheiten sich diese äußern können, ob eine Regelung via Brüssel notwendig ist oder eine eigenständige Regelung auf der Ebene des Nationalstaats, der Länder oder Kommunen sinnvoller erscheint. Durch dieses Prinzip erfährt die Brüsseler Politik eine erhebliche Effektivitätssteigerung. Das Europäische Parlament oder der Rat haben zwar die Möglichkeit, auf ihrer Zuständigkeit zu beharren, aber dank der zum System gehörenden Subsidiaritätsklage kann jedes nationale Parlament und können auch die Landesparlamente über den Bundesrat intervenieren und der so genannten Regulierungswut frühzeitig vorbeugen. Nicht zuletzt dadurch werden zukünftig die Entscheider in Brüssel eine sorgfältigere Evaluation durchführen, bevor neue Verordnungen oder Richtlinien erlassen werden. Diese präventive Funktion des Subsidiaritätsprinzips ist eine der wesentlichen Neuerungen des Reformvertrages. Sie bedeutet zudem mehr Demokratie, da die nationalen Parlamente und auch die Länderparlamente bereits in der ersten Phase des Gesetzgebungsprozesses über die angedrohte Subsidiaritätsklage direkt auf den Prozess einwirken können. Es beseitigt aber auch die zuvor angesprochene Problematik, zu der viele nationale Politiker neigen, und zwar das „Abwälzen von Schuld“ auf die Brüsseler Bürokraten und Politiker, weil jeder Parlamentarier im Rahmen des Subsidiaritätsprinzips direkt an dem Gesetzgebungsprozess beteiligt wurde. Dies führt in der Konsequenz zur Europäisierung des Denkprozesses und der Debatten sowohl der nationalen als auch der Landespolitiker.

Eine weitere Neuerung ist die europäische Bürgerinitiative, die in Artikel 11 des EU-Reformvertrages steht. Ich war grundsätzlich für die Möglichkeit eines europaweiten Referendums, was allerdings auf Grund der Unvereinbarkeit mit nationalen Verfassungen, unter anderem auch mit dem deutschen Grundgesetz, letztlich abgelehnt wurde. Bei der Bürgerinitiative geht es um die Möglichkeit einer stärkeren Einbeziehung der Zivilgesellschaft in den politischen Entscheidungsprozess. Mit mindestens einer Million Unterschriften von Bürgern aus unterschiedlichen EU-Mitgliedsländern kann die Kommission zur Arbeit an einem Gesetzesentwurf, sowie dessen Einleitung in das Verfahren gebracht werden. Je mehr Unterschriften eingehen, umso mehr Gewicht entwickelt die Initiative und desto eher wird aus der Initiative letztlich geltendes Recht. In dem bisher gültigen Vertragssystem lag dieses Initiativrecht beim Europäischen Parlament, und genau dieses Recht erhalten nun die europäischen Bürgerinnen und Bürger in Form der Bürgerinitiative an die Hand. Die Bürgerinitiative wäre also insoweit mit dem entsprechenden Recht des Parlaments gleichgestellt. Diese von mir entwickelte und im Konvent eingebrachte Bürgerinitiative ist keine Massenpetition, da sie sich nicht an das Parlament richtet, sondern auf direktem Weg an die Kommission gerichtet ist. Mehr Demokratie wagen ist einer der Gründe, warum die Europäische Union eine neue Verfassung benötigt.

Ein *zweiter* Grund ist die Notwendigkeit, die Europäische Union handlungsfähiger zu machen. Bisher wird eine Vielzahl von Gesetzen nur dann in Kraft gesetzt, wenn es Einstimmigkeit gibt im Rat. Jeder Regierungschef hat also die Möglichkeit, ein Veto einzulegen und damit gewisse Zugeständnisse zu erreichen. In der Vergangenheit war Einstimmigkeit immer wieder ein Mittel zur politischen Erpressung. Deshalb ist die EU nur handlungsfähig, wenn dieses Instrument der Einstimmigkeit weitestgehend abgeschafft wird. Daher wurde in dem Verfassungsentwurf festgelegt, dass es grundsätzlich Mehrheitsentscheidungen gibt. Ein Gesetz tritt in Kraft, wenn im Europäischen Parlament eine einfache

Mehrheit besteht und im Rat eine doppelte Mehrheit. Doppelte Mehrheit bedeutet, dass 55% der Mitgliedstaaten zustimmen, die mindestens 65% der Bevölkerung umfassen. Dadurch ist sichergestellt, dass die größeren Mitgliedstaaten entsprechend ihrem ökonomischen wie auch politischen Gewicht nicht marginalisiert werden, sondern mehrheitsfähig bleiben. Im Rahmen der gemeinsamen europäischen Außen- und Sicherheitspolitik war die Abschaffung des Einstimmigkeitsprinzips jedoch nicht möglich, da die einzelnen Mitgliedstaaten verständlicherweise ihre Souveränität nicht in diesem Maße abtreten bzw. teilen wollten. Vor allem England und Frankreich haben sich massiv gegen die Abschaffung des Einstimmigkeitsprinzips und den damit faktisch bestehenden Verlust ihrer außenpolitischen Souveränität gestellt. Dies bringt uns zur Außenpolitik.

Während des zweiten Konvents war die Außenpolitik ein wichtiges Thema, nicht zuletzt wegen des Irakkrieges, der zu einer außenpolitischen Spaltung der EU führte und die Union in Unterstützer der Bush-Administration (England, Spanien, Polen) sowie die Kriegsgegner (Deutschland, Frankreich) trennte. Zwar war, wie bereits angesprochen, eine Mehrheitsentscheidung bezüglich der Außenpolitik nicht durchsetzbar, aber zumindest konnte eine alte Forderung Henry Kissingers erfüllt werden. Dieser hatte nach einer verbindlichen Telefonnummer für Krisensituationen verlangt, um die Position der Europäer erfahren oder mögliche Schritte abklären zu können. In der Vergangenheit gab es diesen Ansprechpartner nicht. Diese Position übernimmt nun der neu geschaffene Hohe Vertreter für die europäische Außen- und Sicherheitspolitik. Er ist Vizepräsident der Kommission und somit mit mehr Machtbefugnissen ausgestattet als beispielsweise die derzeitige Außenkommissarin. Außerdem ist er Beauftragter des Europäischen Rates. Er erhält zudem ein Initiativrecht für die internationale Politik. Wann immer sich eine Krise anbahnt, darf er dem Rat einen Vorschlag unterbreiten, und die Staats- und Regierungschefs müssen sich in der Folge zusammensetzen und über diesen beraten. Des Weiteren erhält er ein weltweites diplomatisches Corps. Er ist somit in der Lage, Europa ein Gesicht und eine Stimme für die Welt zu geben. Daneben steht der europäische Präsident des Europäischen Rates, der vor allem Aufgaben bei Gipfelkonferenzen hat. Er wird auf zweieinhalb Jahre gewählt und darf einmalig wiedergewählt werden. Dadurch ist eine gewisse Kontinuität gewährleistet, die bisher in dieser Form nicht möglich war, da alle sechs Monate die Ratspräsidentschaft wechselte und jede Ratspräsidentschaft eigene Ziele, eigene Visionen mitbrachte, die nach Ablauf der sechs Monate meist obsolet wurden, da die neue Ratspräsidentschaft andere Ziele verfolgte. Das heißt, künftig stellt sich die Spitze dergestalt dar: Protokollarisch an der Spitze steht der vom Europäischen Rat auf zweieinhalb Jahre gewählte Präsident, zumeist ein ehemaliger Staats- oder Regierungschef, neben ihm der Kommissionspräsident sowie der „Außenminister" in seiner Rolle als Vizepräsident der Kommission.

Dies sind zwei Punkte, die für mehr Handlungsfähigkeit sorgen sollen. Im Verfassungsentwurf wurden aber auch die Gesetzgebungskompetenzen des Europäischen Parlamentes und des Rates genau festgelegt. Alleinige Kompetenzen gibt es zum Beispiel im Bereich der Währungspolitik des Euroraums und im Bereich des Außenhandels, der Außenwirtschaft. Und dann, ganz wichtig, gibt es geteilte Kompetenzen, und dazu gehört zum Beispiel die Sozialpolitik oder die Energiepolitik. Gerade im letzteren Politikfeld sieht man aktuell im Rahmen des Gasstreits zwischen Russland und der Ukraine, wie wichtig es ist, dass Europa mit einer Stimme spricht und sein ganzes Gewicht in den Verhandlungsprozess einbringt. Und in diesem Bereich der geteilten Zuständigkeiten und den ergänzenden Kompetenzen, die etwa die Kultur und den Sport umfassen, gilt es mit Hilfe des Subsidiaritätsprinzips genauere Abgrenzungen zu schaffen und dadurch klarere Strukturen und somit mehr Handlungsfähigkeit durchzusetzen.

Nun komme ich zum *dritten* Grund, warum die Europäische Union eine neue Verfassung braucht. Die Europäische Union ist nicht mehr nur eine Wirtschaftsgemeinschaft, sie ist vielmehr auch eine Wertegemeinschaft. Und deshalb habe ich 1995 vorgeschlagen, bei der Erarbeitung des Verfassungsentwurfes damit zu beginnen, eine Grundrechtecharta zu entwerfen, die es in der Folge dem einzelnen Bürger ermöglicht seine Rechte einzuklagen. Diese Maßnahme ist kein reines Bekenntnis, sondern dient auch als Maßstab für potentielle Beitrittskandidaten. Nur wer diese Grundrechtecharta akzeptiert und anwendet, kann ein Mitglied der Europäischen Union werden.

Die Charta hat aber eine noch tiefer gehende Bedeutung. Es geht um Identität. Die europäische Identität soll durch diese Grundrechtecharta verdeutlicht werden. Die Machtausübung von Brüssel aus ist nur dann legitim, wenn sie durch gemeinsame Werte begründet und begrenzt wird. Diese Beschwörung der gemeinsamen Werte ist die Grundvoraussetzung für gemeinsames Handeln. Ihretwegen nennen wir uns „Europäer“. Die Grundrechtecharta folgt diesem Gedanken und stellt an die Spitze von sechs Kapiteln je einen Wert, aus dem dann die Grundrechte abgeleitet werden. Kapitel eins trägt die Überschrift „Menschenwürde“ und Artikel eins lautet „Die Würde des Menschen ist unantastbar“. Wie man sieht, entspricht der Wortlaut Artikel eins des Grundgesetzes. Dies ist nicht zufällig, sondern auf das Verfahren des Verfassungsvergleichs im Konvent zurückzuführen. In beinahe allen Verfassungen der Mitgliedstaaten findet sich in unterschiedlicher Ausprägung die Unantastbarkeit der Menschenwürde und dementsprechend stellt sie eine zentrale Grundlage der gemeinsamen europäischen Werte dar. Sie ist wesentliches Element der gemeinsamen Verfassungsüberlieferung der Mitgliedstaaten im Sinne von Artikel 6 EUV. Was folgt nun aus diesem Grundwert der Menschenwürde? Zum einen die Ablehnung von Folter und Todesstrafe, aber auch einige bio-ethische Grundsätze, von denen man im Grundgesetz nichts finden kann, da es damals 1948/49 solche Probleme nicht gab. Übrigens ist Artikel 6 des EU-Vertrages die Grundrechtecharta bereits in Kraft. Deshalb läuft die fragwürdige Option eines Opt-out, wie von Polen und England versucht, im Wesentlichen leer.

Der Grundwert in der Überschrift des zweiten Kapitels ist die Freiheit. Dort befinden sich Freiheitsrechte, wie die Religionsfreiheit, Freizügigkeit, Redefreiheit, Freiheit der Berufswahl etc. Wichtig aber ist, dass genau diese Grundrechte von Beitrittskandidaten anerkannt werden müssen. So ist zum Beispiel Religionsfreiheit ein großes Thema für einen möglichen Beitritt der Türkei. Es betrifft aber auch Staaten, die bereits Mitglied sind. So zum Beispiel Italien, wo ein amtierender Ministerpräsident faktisch die Medienfreiheit massiv eingeschränkt, da er sowohl die staatlichen Medien, als auch beinahe alle privaten kontrolliert. Die EU kann, um dies zu unterbinden, nach Artikel 7 des EU-Vertrages ein Überprüfungsverfahren einleiten. Sollte sich die Praxis dann als unvereinbar mit der Grundrechtecharta erweisen und das betroffene Mitgliedsland Reformen ablehnen, sieht der EU-Vertrag auch durchaus die Option einer Entziehung des Stimmrechts im Rat oder aber eines Austrittes des betroffenen Landes aus der EU vor.

Kapitel drei hat die Überschrift Gleichheit. Ein uns selbstverständlicher Grundwert, der dort nicht nur durch Diskriminierungsverbote definiert ist, sondern weiter geht als etwa die Gleichbehandlung von Mann und Frau. Es geht um Gleichstellung: Wenn beispielsweise an einer Universität nur 10% der Professuren mit Frauen besetzt sind, dann muss eine

Bewerberin den zu besetzenden Lehrstuhl bei gleicher Eignung wie ihre männlichen Konkurrenten erhalten. Es ist folglich mehr als bloße Gleichbehandlung.

Das innovativste Kapitel der europäischen Verfassung ist jedoch das vierte Kapitel. Es ist geradezu stilbildend für die Europäische Union. Es trägt die Überschrift Solidarität. Solidarität bedeutet im Verständnis der Verfassung den Grundwert, also das Grundrecht auf soziale Gleichbehandlung. Das Grundrecht auf Gesundheit, das Recht auf Bildung, das Recht auf Arbeit, das Recht auf Sicherung der Existenz, das Recht auf Zugang zu Wasser, Post, Strom – das sind soziale Grundrechte, die erstmals in einem solchen Dokument stehen. In anderen Teilen der Welt finden sich nur vereinzelt solche Rechte in den Verfassungen der einzelnen Staaten. Des Weiteren wurde im zweiten Konvent eine Arbeitsgruppe soziales Europa gegründet, die ihren Fokus auf genau diese sozialen Grundrechte legte und auch darauf achtete, dass nicht nur Marktwirtschaft, sondern soziale Marktwirtschaft das Ziel der Europäischen Union ist.

Kapitel fünf behandelt die Eigenschaft als Bürgerinnen und Bürger, also die Bürgerrechte. Das sind diejenigen Rechte, die nur den europäischen Bürgern – also den Bürgern der Mitgliedstaaten – zustehen. Die anderen Rechte der Charta sind Menschenrechte, die allen Menschen zustehen. Bürgerrechte sind etwa das aktive und passive Wahlrecht, das Petitionsrecht, das Recht auf konsularischen Schutz etc.

Es folgt das sechste und letzte Kapitel. Das trägt den etwas unglücklichen Namen „Justizielle Grundrechte", besser wäre sicher „Rechtsstaatlichkeit und Gerechtigkeit". Es geht letztlich um Rechtsstaatlichkeit, also im Detail um das Grundrecht auf rechtliches Gehör, das Unschuldsgebot, den allen zustehenden Rechtsweg, das Recht auf anwaltlichen Beistand – alles Grundrechte, die in der Grundrechtecharta nun europaweit verbürgt sind.

Die Schlussbestimmung sagt einiges über den Geltungsbereich der Charta sowie ihre Hauptstoßrichtung aus. Die Hauptstoßrichtung ist der Schutz der Bürgerinnen und Bürger vor Machtmissbrauch der europäischen Organe. Die Charta gilt aber auch für die europäischen Rechtsakte, die dann und wie sie in den Mitgliedstaaten umgesetzt werden. Nicht zuletzt bietet sie aber auch Schutz vor der Macht der Kommission.

Wie man sieht, ist der Versuch, eine europäische Werteordnung zu formulieren, nicht nur wichtig für die Identität, sondern auch für die Verfasstheit der Gemeinschaft. Bei der Gründung der USA im 18. Jahrhundert (1792) wurde in Philadelphia zunächst darüber abgestimmt, welche Struktur die Institutionen erhalten sollten (Machtfrage) und wer welche Kompetenzen erhält, und wie die Umsetzung in ein System der „checks & balances" erfolgen kann. Die Definition der Werte beziehungsweise der Grundrechte erfolgte jedoch erst wesentlich später und in einzelnen Schritten über Amendments. Man kann also auf Seiten der Europäischen Union einen komplett konträren Ansatz erkennen, bei dem zunächst das moralische Gerüst der Gesellschaft errichtet und erst dann die institutionelle Struktur näher definiert wird. Der europäische Ansatz ist dabei wesentlich stringenter als die amerikanische Vorgehensweise.

Das im Rahmen des Verfassungskonvents erarbeitete und ausgehandelte Dokument ist nicht perfekt, aber es ist ein großer Fortschritt für die Europäische Union, weil es die EU handlungsfähiger machen wird, die gemeinsamen Grundwerte definiert und nicht zuletzt mehr Demokratie ermöglicht. Natürlich gibt es vieles, das besser gemacht werden kann. Um nur einige wenige Beispiele anzuführen, wären die Unterstellung der Europäischen Atomgemeinschaft unter die Kontrolle des Europäischen Parlaments oder die fehlende

Mehrheitsentscheidung in Bereich der Gemeinsamen Außen- und Sicherheitspolitik Punkte, die in Zukunft nochmals diskutiert werden sollten.

Ich bin optimistisch, dass der Reformvertrag in Kraft treten wird. Lediglich Irland und die Tschechische Republik müssen den Reformvertrag noch unterschreiben. Für Irland bin ich zuversichtlich, dass bei einem zweiten Referendum die Iren das „Ja" zu Europa nicht verweigern werden, wenn sie auch wie schon beim Vertrag von Nizza höchstwahrscheinlich die Letzten in Europa sein werden, die den Vertrag noch nicht ratifiziert haben. Ein weiteres Referendum ist nicht nur notwendig, sondern auch legitim. Man denke an die politische Praxis in der Schweiz. Dort ist es gängige Praxis, zwei oder sogar mehr Referenden abzuhalten, bis ein Entschluss nach Berücksichtigung oder Widerlegung zunächst geäußerter Bedenken letztlich angenommen wird.

Abschließend lässt sich sagen, dass es entscheidend ist, Europa eine Verfassung zu geben und die Integration zu vertiefen, aber auch, dass Europa handlungsfähiger wird und verstärkt als Friedensmacht in der Welt in Erscheinung tritt. Ich erinnere gern an einen Satz, den man Justinian zuschreibt, dem oströmischen Kaiser vor 1500 Jahren: Opus justitiae pax. Das Werk von Gerechtigkeit ist Frieden. Oder in Bezug auf Menschenrechte beziehungsweise Grundrechte – wo Menschenrechte geachtet werden, dort herrscht Frieden. Meines Erachtens kommen wir diesem Ziel mit dem Inkrafttreten der Verfassung einen Schritt näher.

Klaus Hänsch

Perspektiven der europäischen Integration

Die Zukunft des vereinigten Europas erklärt sich aus der Vergangenheit vermittelt durch die Gegenwart. Was sind also die Perspektiven der Europäischen Union?

Im Jahr 2008 sind die Zukunftsperspektiven der Europäischen Union auf fünf einzelne Punkte gelenkt worden. Was waren das für Ereignisse? Das war einmal der Krieg in Georgien mit der Anforderung, die daraus erwachsen ist für die Gemeinsame Außen- und Sicherheitspolitik der Europäischen Union. Zweitens die Weltfinanzkrise mit ihren besonderen Herausforderungen des Welthandels für die Koordinierung der Handels- und Finanzpolitik der einzelnen Mitgliedsstaaten. Das ist drittens das vom Europäischen Parlament im Dezember 2008 verabschiedete Klimapaket und damit die erforderliche Gesetzgebung, mit der die Europäische Union ihren Beitrag zur Bewältigung des Klimawandels der Welt beitragen will. Das sind viertens der Reformvertrag von Lissabon und die Probleme der Ratifizierung in den Mitgliedstaaten, die ja immer noch nicht abgeschlossen ist. Und das ist fünftens die Kluft, die sich auftut zwischen den Bürgerinnen und Bürgern der Europäischen Union einerseits und der fortschreitenden europäischen Einigung auf der anderen Seite.

Betrachtet man den Krieg in Georgien, so zeigt sich dort die Brisanz eines georgischen Präsidenten, der den Fehler begeht, eine direkte Konfrontation mit Russland einzugehen, in deren Folge russische Panzer bis kurz vor die georgische Hauptstadt Tiflis vordringen. In diesem Krieg zwischen Georgien und Russland hat die Europäische Union zum ersten Mal in ihrer Geschichte in einem bewaffneten Konflikt mit diplomatischen Mitteln interveniert und einen Frieden vermittelt. Und dies aus eigenem Antrieb, nicht im Auftrag der Vereinten Nationen, nicht im Schlepptau der Vereinigten Staaten von Amerika, sondern als selbstständig handelnde politische Kraft. Sie konnte das, weil sie darauf geachtet hat, dass sie sowohl mit Georgien als auch mit Russland im Dialog blieb und keine Schuldfragen stellte.

Aber eines dürfte auch klar geworden sein in diesem Konflikt: Die Europäische Union darf sich nicht in diesen Raum hinein ausdehnen. Was wäre geschehen, wenn Georgien Mitglied der Europäischen Union oder der NATO gewesen wäre? Dann hätte im August 2008 der Bündnisfall vorgelegen. Die Europäische Union muss Grenzen haben. Diese Grenzen müssen in Zukunft definiert werden. Meiner Meinung nach muss das „Aufsaugen" immer neuer Mitgliedsstaaten in die Europäische Union ein Ende haben. In Zukunft wird immer wieder und immer schärfer die Frage nach den Grenzen der Europäischen Union gestellt werden.

Die Europäische Union, der bedeutendste Wirtschaftsraum der Erde, der ein unglaubliches Potential an Wirtschaftskraft, an Technologie, an Know-how besitzt, trägt eine große Verantwortung für die Bewältigung des Klimawandels. Das Europäische Parlament hat im Dezember 2008 die Gesetze für den Kampf gegen den Klimawandel, die in den nächsten Jahren in Europa gelten sollen, verabschiedet. Bis 2020 sollen die Voraussetzungen für einen um 20% verringerten Ausstoß an Treibhausgasen, für den Einsatz von 20% mehr erneuerbaren Energien im Energiemix und für 20% an Einsparungen im Energieverbrauch in den nächsten zehn Jahren geschaffen werden. Das ist eine Klimapolitik, die vorbildlich ist und mit der die Europäische Union eine Vorreiterrolle in der Welt einnimmt. Sie soll aber auch die europäische Abhängigkeit von Öl und Gas reduzieren. Beides sind Ziele dieser Maßnahmen.

Die Krise der Finanzmärkte ist eine Bewährungsprobe auch für die Europäische Union. Jedes Land handelt für sich und muss für sich handeln. Die Europäische Union mit ihrem Haushalt in Höhe von 133 Milliarden Euro für das Jahr 2009 hat auch nicht ansatzweise die Mittel für ein europäisches Konjunkturpaket zur Verfügung. Das müssen die Mitgliedstaaten tun, aber die Europäische Union hat bisher dafür gesorgt und sie muss auch in Zukunft dafür sorgen, dass die einzelnen Staaten dabei in die gleiche Richtung marschieren, dass nicht nationaler Protektionismus sich durchsetzt und dass man sich nicht gegenseitig schwächt. Hinzu kommt das Anwachsen der Euro-Zone von 11 auf 16 Mitgliedstaaten, was deutlich zur Währungsstabilität beiträgt und nicht zuletzt für Deutschland einen entscheidenden Vorteil bedeutet, da es um Deutschland herum zu keinem Währungssenkungswettkampf kommen kann. Wenn man bedenkt, wie viele erbitterte Diskussionen und Kritik es noch in den neunziger Jahren ob der gemeinsamen Währung gab, so erweist sie sich nicht zuletzt in den Zeiten der Krise als stabilisierender Faktor. Die Krise führt sogar zu einem vermehrten Andrang von Staaten, die in den sicheren Stabilitätshafen der Gemeinschaftswährung einlaufen wollen. Dänemark wird vermutlich eine Volksabstimmung über die Einführung des Euro abhalten, Island wird möglicherweise schon bald einen Antrag auf Mitgliedschaft in der Euro-Zone stellen und selbst in Großbritannien mehren sich die Stimmen, die eine Änderung der Währungspolitik fordern und Zweifel an der nationalen Währung anmelden. Hier deutet sich eine Entwicklung an, die Europa stärken wird. Das Europäische Parlament zeigt in der aktuellen Situation, dass Europa funktioniert. Auf seiner Agenda steht die Verabschiedung von Gesetzen in der Wirtschaftskrise, etwa über die Regulierung von Hedgefonds, über eine zentrale europäische Bankenaufsicht, über schärfere Regeln für Ratingagenturen. Europaweit geltende Gesetze!

Aber das ist eigentlich nicht die wichtigste Belastungsprobe. Es geht um sehr viel mehr. Die Union – und das heißt ihre Mitgliedstaaten – müssen in der Krise zwei Versuchungen widerstehen: Auf der einen Seite der Versuchung, auf die Globalisierung der Märkte mit der Nationalisierung der sozialen und ökonomischen Instrumente zu reagieren. Wer das versucht, baut Luftschlösser. Das ist das falsche Rezept. Und auf der anderen Seite müssen sie der Versuchung widerstehen, die Europäische Union im Grunde zu einer großen Freihandelszone zu reduzieren und europaweit geltende soziale und ökonomische Regeln zu staatsdirigistischem Teufelszeug zu erklären. Überregulierung ist das Stichwort dieser Leute und Deregulierung ist der Kern. Bei genauer Betrachtung ist die europäische Einigung die größte Deregulierungsmaßnahme der Geschichte. Eine einzige Regelung oder Verordnung aus Brüssel ersetzt 27 nationale. Das ist eine der großen Leistungen der europäischen Einigung. Wenn uns die gegenwärtige Krise eines lehrt, dann dieses: Es gibt keine Selbstregulierung der Märkte, wohl aber eine Selbstzerstörung der Märkte! Zur Einigung Europas haben die vier großen Freiheiten des Marktes gehört: Die Freiheit des Verkehrs von Waren, Personen, Dienstleistungen und Kapital. Das war der Anfang der Schaffung des gemeinsamen Binnenmarktes. Heute – spätestens – muss es auch zur europäischen Politik gehören, die Macht des Marktes durch soziale, ökologische und politische Regeln zu orientieren und zu zähmen. Europa muss mehr sein als nur eine Marktgesellschaft mit beschränkter politischer, sozialer und ökologischer Haftung. Es geht im Grunde darum, ob die Entstaatlichung der Macht, von der im Sog der Globalisierung alle Staaten in Europa betroffen sind, durch die Europäische Union aufgefangen werden kann. Mit anderen Worten: Ob das Spiel der freien Kräfte allein der Wirtschaft und den großen Lobbygruppen überlassen bleibt oder ob in diesem Spiel auch die Politik als Ordnungsfaktor teilnehmen kann. Das ist die große Frage, die mit Europa, mit der Einigung Europas verbunden bleibt.

In den letzten 50 Jahren hat sich die Europäische Union in vier Schritten erweitert. Aus den ursprünglich sechs Gründungsstaaten der Europäischen Wirtschaftsgemeinschaft wurde die Union von 27 europäischen Staaten. In den siebziger Jahren kamen Großbritannien, Irland und Dänemark dazu. In den achtziger Jahren die ehemaligen Militärdiktaturen Spanien, Portugal und Griechenland. In den neunziger Jahren Österreich, Schweden, Finnland und, wenn man so will, die ehemalige DDR als neue ostdeutsche Bundesländer. In der letzten Erweiterungsrunde kamen in den Jahren 2004 und 2007 zwölf Staaten Mittel- und Osteuropas hinzu. Die Union ist in den letzten 50 Jahren von 180 Millionen Europäern auf knapp 500 Millionen – also eine halbe Milliarde Bürgerinnen und Bürger angewachsen. Ruft man sich dies in Erinnerung, so fällt eines auf: Niemand wurde gezwungen, alle Länder sind freiwillig der Europäischen Union beigetreten. Manche Länder haben Überlegungen in diese Richtung angestellt und sind dann doch außen vor geblieben, etwa die Schweiz und Norwegen. Es bleibt eine freiwillige Entscheidung jedes einzelnen Landes, ob es Mitglied werden möchte oder nicht.

Die größte und historisch wahrscheinlich wichtigste Erweiterung war jedoch die letzte, die Erweiterung nach Osten. Mit dieser Erweiterung einher gingen viele Befürchtungen, vor allem der Westeuropäer, Arbeitsplätze an die aufstrebenden, jungen Demokratien in Ost- und Mitteleuropa zu verlieren. Zwar gab es eine Verschiebung, jedoch hat sich diese als bei weitem nicht so gravierend herausgestellt wie zunächst angenommen. Und man muss auch immer wieder betonen, um was für „Bedrohungen" bzw. um was für eine Qualität der Bedrohungen es hier geht. Es ist gerade einmal 20 Jahre her, da hatten viele noch Angst vor den SS-20 Raketen aus Minsk. Statt russischer Panzer, wie noch zu Zeiten des Kalten Krieges, droht nun der polnische Klempner. So klein sind die „Bedrohungen" in Europa geworden.

Was hat sich da eigentlich abgespielt in der Zeit zwischen Mitte der Neunziger Jahre und 2004? Zum ersten Mal seit über 1000 Jahren haben 27 europäische Völker, deren Geschichte bis dahin geprägt war von gegenseitigen Kriegen, Raub und Mord, sich freiwillig zu einer politischen Organisation zusammengeschlossen und ihr politisches Schicksal miteinander verbunden. Niemals zuvor waren Freiheit und Demokratie in Europa so verbreitet wie heute. Noch nie zuvor in der Geschichte ist ein Imperium wie das der Sowjetunion zusammengebrochen, ohne Nachfolgekriege und Nachfolgediktatoren zu provozieren. Dass das, gemessen an der Größe und der Einmaligkeit dieses Vorgangs, in halbwegs geordneten Bahnen geschehen ist, hat nicht allein mit der europäischen Einigung zu tun, aber auch mit ihr. Weil sie eine Perspektive war. Trotz aller Schwierigkeiten und Probleme bleibt die europäische Einigung eine historisch einmalige Erfolgsgeschichte.

Vor diesem Hintergrund scheint die Union klug zu handeln, wenn sie das offensichtlich erfolgreiche Konzept der Einigung und Integration einfach fortführt. In Wahrheit begeht einen Kardinalfehler, wer eine Politik, die unter bestimmten zeitlichen und politischen Determinanten erfolgreich war, einfach unverändert in die Zukunft fortschreibt. Eine Fortsetzung der Erweiterung der Europäischen Union halte ich zum jetzigen Zeitpunkt für einen Fehler. Die Europäische Union braucht eine längere Phase der Konsolidierung. Und sie muss ihre Grenzen erkennen. Worum geht es dabei? Der EU-Vertrag ist klar: Jeder europäische Staat, der die Grundsätze der Europäischen Union akzeptiert und teilt, kann Mitglied werden. Aber was ist Europa? Die Grenzen Europas sind auch heute noch genauso diffus wie in der Geschichte. Die Schwarzmeerregion und Russland können wir fast gleichwertig als europäisch und als nicht-europäisch betrachten, je nach Perspektive. Die geographischen Grenzen Europas sind andere als die kulturellen, die kulturellen wiederum sind andere als die historischen, die historischen wieder andere als die wirtschaftlichen und diese wieder andere als die politischen. Und deswegen sagen weder die bisherigen Verträge, noch der Verfassungsvertrag und auch nicht der Vertrag von Lissabon etwas über die Grenzen Europas. Die Grenzen der Europäischen Union sind eine Wertfrage und eine politische Willensentscheidung.

Ich persönlich habe eine klare Vorstellung davon, wie und wo die Grenzen der Europäischen Union verlaufen. Es sind die heutigen Grenzen im Osten und im Süden. Die anderen Grenzen im Norden, im Westen und im Süden sind geographisch klar. Die Union kann und darf nicht immer größer werden. Eine Europäische Union, die sich wie ein Luftballon immer weiter aufbläht bis sie platzt, hilft niemandem. Weder uns, die wir drin sind, noch denen, die draußen sind und herein wollen, weil sie Hilfe brauchen. Die Europäische Union ist an der Grenze ihrer Aufnahmefähigkeit angekommen. Schon jetzt nehmen die Versuche zu, aus dem gemeinsamen Recht, auf dem die Union fußt, – wir sind ja eine Rechtssetzungsgemeinschaft und kein Bündnis – auszubrechen.

Die EU-Kommission hat bei der Zuerkennung des Kandidatenstatus davon gesprochen, dass die allgemeinen Beitrittskriterien nur bis zu einem gewissen Grad erfüllt sein müssen. Das war bei Kroatien und der Türkei bereits deutlich und wird bei den Staaten des westlichen Balkans fortgesetzt. Weil die Verhandlungsprozesse langwierig und anstrengend sind, müssen den Kandidatenländern ständig Anreize geboten werden. Ist das nun besonders schlau oder einfach nur besonders naiv? Zum Beispiel wurden die Beitrittsverhandlungen mit der Türkei nicht nach der Erfüllung der Kriterien Rechtsstaatlichkeit und Demokratie aufgenommen, sondern ausdrücklich um die Erfüllung dieser Kriterien voran zu treiben. Und damit hat sich in jedem Fall das Motiv für die Aufnahme von Beitrittsverhandlungen geändert. Noch während der Verhandlungen mit den jetzigen neuen Mitgliedstaaten Mittel- und Osteuropas war es das Ziel dieser Staaten, für sich selbst Demokratie und Rechtsstaatlichkeit zu erreichen. Die Türkei und die Staaten des westlichen Balkans hingegen führen Reformen durch, um Mitglied der Europäischen Union zu werden. Das ist eine zu dünne Basis für eine Mitgliedschaft in der Europäischen Union.

Die Erweiterung, so argumentieren die Befürworter, bringe Demokratie, Rechtsstaatlichkeit und Achtung der Menschenrechte. Erweiterung verschaffe den Mitgliedstaaten eine größere Energiesicherheit, vergrößere die Chancen zur Bekämpfung von Terrorismus und Kriminalität und verhindere die Ausweitung von religiösem Fundamentalismus oder russischer Dominanz. Das sind geostrategische Argumente, die ernst zu nehmen sind. Wie etwa jenes, die Erweiterung fülle ein Machtvakuum, das sonst von Russland oder dem Islam oder anderen Dritten besetzt werde. Dennoch begehen die Geostrategen einen Fehler: Sie halten die Erweiterung für das wirksamste Instrument der europäischen Außenpolitik und verwechseln dabei Größe und Gewicht. Erweiterung über den heutigen Rahmen hinaus aus geostrategischen Motiven macht aus der Union der Staaten einen geopolitischen Raum. Und der Dreh- und Angelpunkt für solche Überlegungen ist der Beitritt der Türkei. Wenn er erfolgt, gibt es kein Argument mehr, der Ukraine, Moldawien, Georgien, Armenien oder anderen Ländern die Mitgliedschaft zu verwehren. In geostrategischen Konflikten an ihrer Peripherie wäre die Europäischen Union nicht länger in der Lage, ihre Rolle als Vermittlerin auszuüben, da die Länder in den Konfliktregionen dann selbst Mitglieder der Europäischen Union wären. Einer solchen Entwicklung ist die EU in ihrer heutigen Struktur und Funktion nicht gewachsen.

Das Erweiterungskonzept hat bisher funktioniert, weil es auf einen politisch überschaubaren und kulturell fassbaren, demokratisch legitimierten Raum bezogen war und weil es auf ein erkennbares und erreichbares Ziel hinauslief. Jede politische Organisation, ob Staat oder nicht, braucht ein Mindestmaß an Zusammengehörigkeitsgefühl und an Solidarität. Und die Bürgerinnen und Bürger in den Mitgliedstaaten der Europäischen Union haben ein viel feineres Gespür für die Überdehnung der Union und ihre Endsolidarisierung durch die Erweiterung als die politischen Eliten. Je größer die EU wird, desto weiter entfernt sie sich von ihren Bürgerinnen und Bürgern. Die Zustimmung zur EU-Erweiterung ist in allen Mitgliedstaaten gesunken. Und seien wir ehrlich: Bereits der Beitritt von Bulgarien und Rumänien ist der Bevölkerung kaum noch zu vermitteln gewesen. Die Mehrheit der Bürgerinnen und Bürger in einer Mehrheit der EU-Mitgliedstaaten ist gegen eine Mitgliedschaft der Türkei. Und diese Ablehnung wird sich im Laufe der Verhandlungen noch verstärken. Sollte die Politik dies missachten, wird sie aus der Ablehnung der Türkei bei den Bürgerinnen und Bürgern eine Ablehnung der EU machen.

Die Aufnahme von weiteren Mitgliedern in die europäische Gemeinschaft ist kein Instrument der Außenpolitik, sie ist eine Existenzfrage. Die Europäische Union kann nicht alle Staaten aufnehmen, die ihr beitreten wollen. Sie darf sie jedoch auch nicht aus Europa vertreiben. Sie muss zeigen, dass es mehr Dinge zwischen Drinnen und Draußen gibt als die Unterscheidung zwischen Mitglied und Nicht-Mitglied. Mit ihrer neuen Nachbarschaftspolitik unternimmt die EU erste Schritte in diese Richtung. Dabei geht es nicht um die Konzipierung der Nachbarschaft als eine Art Wartehalle für eine zukünftige Mitgliedschaft, sondern um die Schaffung eines dichten, zugleich aber auch durchlässigen und flexiblen Netzwerkes aus Koordinations-, Partnerschafts- und Assoziierungsverträgen mit den Staaten, die der Union nicht angehören können, wollen oder sollen. Dieses Netzwerk könnte die Zusammenarbeit zum Schutz der Umwelt, zur Schaffung von Arbeitsplätzen, zur transkontinentalen Entwicklung der Telekommunikation, zur Sicherung der Energieerzeugung oder zur Bekämpfung des Terrorismus organisieren. Und dies alles nicht auf Grundlage einer Mitgliedschaft, sondern einer Partnerschaft, einer konföderalen Zusammenarbeit.

Die Europäische Union, ob erweitert oder nicht, benötigt dringend eine Reform. Die Diskussion über eine Ersetzung der Verträge, die vor fünfzig Jahren für eine Gemeinschaft von sechs, vielleicht zehn Mitgliedstaaten konzipiert wurde, ist müßig. Mit 27 Mitgliedstaaten kann es so nicht funktionieren. Jeder Widerstand in den einzelnen Mitgliedsstaaten, aus welchen Gründen auch immer, verzögert die Wiederherstellung der Handlungsfähigkeit. Wir brauchen den Vertrag von Lissabon, damit sich die Union endlich wieder auf ihre politischen Aufgaben und Entscheidungen konzentrieren kann. Was ist die Substanz des Vertrags von Lissabon?

Es sind vier wesentliche Punkte:

Erstens: Der Vertrag von Lissabon macht die Europäische Union nicht zu einem Staat. Sie ist kein Staat und sie will auch kein Staat werden. Sie ist eine Union von Mitgliedstaaten und sie kann, wenn das so gewünscht ist, eine Union der Bürgerinnen und Bürger werden. Weder ist die Europäische Union eine Nachbildung des Nationalstaats des späten 19. Jahrhunderts, noch will sie das sein. Weder die Bundesrepublik Deutschland, noch die Vereinigten Staaten von Amerika, noch die Schweiz sind eine Blaupause für die Konstruktion Europas. Die Mitgliedstaaten der Europäischen Union werden dementsprechend immer mehr sein als reine Bundesländer oder Regionen. Die grundlegenden politischen und verfassungsmäßigen Strukturen, die Funktionen des Staates, werden von der Europäischen Union nicht aufgesogen werden. Die Europäische Union erhält ihre Zuständigkeiten durch ihre Mitgliedstaaten, jedoch nimmt sie sich diese nicht eigenmächtig sondern wird von den Mitgliedstaaten in jedem Einzelfall dazu ermächtigt, tätig zu werden. Sie kann folglich nur das sein, was die Mitgliedstaaten sie sein lassen. Die Mitgliedstaaten können der EU ihre Ermächtigung zum Handeln auch wieder entziehen. Auch gibt es im Lissabon-Vertrag die Möglichkeit, die Union zu verlassen. Doch bisher hat sich jeder Staat letztlich doch gegen eine solch drastische Maßnahme entschieden, ob sie nun Thatcher hießen oder Papadopoulos.

Zweitens: Bisher war die Herstellung des europäischen Binnenmarktes das Primärziel der Union. Künftig wird der Binnenmarkt nicht mehr über anderen politischen Zielen rangieren. Er bleibt eines von mehreren gleichwertigen Zielen, wie etwa der Energieversorgung, dem Umwelt- und Verbraucherschutz, Sozialem oder dem Verkehr. Das heißt, die Zeiten sind vorbei, in denen allein mit den Notwendigkeiten des Marktes argumentiert werden konnte.

Drittens: Bisher war die Einigung Europas nach innen, auf die Erlangung und Durchsetzung von Demokratie oder den gemeinsamen Binnenmarkt, gerichtet. Künftig – auch das wird durch den Lissabon-Vertrag geändert – ist die Einigung Europas nach außen gerichtet. In Fragen der Sicherheit und der Verteidigung müssen die Mitgliedstaaten zukünftig als Mitgliedstaaten der Union handeln. Sie sind im Rahmen der internationalen Verantwortung der Union zu Solidarität bei Terroranschlägen, Naturkatastrophen und im Kampf gegen die Armut in der Welt verpflichtet. Zum ersten Mal in ihrer Geschichte übernimmt die Europäische Union diese Rolle und versucht, ihr durch die Änderungen im Vertrag gerecht zu werden. Und das heißt, die Einigung Europas vollzieht einen Paradigmenwechsel. Es geht um die Selbstbehauptung ihrer Interessen in der Welt. Das steckt hinter dem neuen Vertrag.

Viertens: Der Vertrag vereinfacht, strafft und parlamentarisiert die Entscheidungsverfahren der Europäischen Union. Niemand kann wirklich nachvollziehen, wer wann mit welcher Befugnis eine Entscheidung trifft. Der Vertrag von Lissabon wird das durch ein vereinfachtes, schnelleres und übersichtlicheres Gesetzgebungsverfahren, aber auch durch die Personalisierung europäischer Politik sowie die Schaffung eines EU-Präsidenten und eines europäischen Außenministers – auch wenn dieser so nicht genannt werden wird – schaffen. Durch diese Maßnahmen wird Europa fassbarer werden. Das Europäische Parlament wird künftig eine noch stärkere Rolle im europäischen Gesetzgebungsverfahren einnehmen. Zurzeit werden etwa 2/3 der europäischen Gesetzgebung vom Europäischen Parlament mit entschieden. Durch den Vertrag von Lissabon werden es fast 100% sein. Das ist eine Parlamentarisierung und durch die Parlamentarisierung auch eine Demokratisierung und damit eine breitere Legitimation der Europäischen Union. Das Europäische Parlament entscheidet beinahe ohne Einschränkung gleichberechtigt und gleichgewichtig nicht nur über die Gesetze, sondern über die gesamten Ausgaben der EU. Das ist heute nicht der Fall. Durch die Neuregelung kann sich das Parlament endlich auf seine eigentlichen Aufgaben konzentrieren und effektiver am Gesetzgebungsprozess mitwirken.

Die Welt ändert sich. China ist auf dem Weg zu einer wirtschaftlichen Großmacht und wird in spätestens 20 Jahren die zweitgrößte Volkswirtschaft der Welt darstellen. Es wird dann so groß sein wie die sechs größten europäischen Volkswirtschaften zusammengenommen. Wenig später werden auch Indien und Brasilien an uns vorbeiziehen. Russland und die Vereinigten Staaten kommen wieder. Darum heißt es für die Europäer: „Dran bleiben oder abgehängt werden.“ Die einzige Möglichkeit für die Europäer, bei dieser Entwicklung Schritt zu halten, besteht in der Europäischen Union, in ihrer Entwicklung und Funktionalität. Dabei sind nicht diejenigen Träumer und Phantasten, die mehr Europa fordern, sondern diejenigen, die noch immer den starken Nationalstaat fordern. Ein einzelner europäischer Staat, egal ob er Deutschland, Frankreich oder Polen heißt, ist längst nicht mehr in der Lage, multinationalen Konzernen oder den wirklichen Weltmächten Paroli zu bieten. Nur der Zusammenschluss zu einer handlungsfähigen Union gibt den europäischen Nationen noch die Chance, gehört und respektiert zu werden und in der globalisierten Welt als Nationalstaaten zu bestehen. Die Europäische Union ist keine Weltmacht, dennoch trägt sie die Verantwortung einer Weltmacht.

II. Die Reform der institutionellen Ordnung

Torsten Oppelland

Institutionelle Neuordnung und Demokratisierung

1 Die Defizite des Ist-Standes der Integration

Die Europäische Union solle „demokratischer, transparenter und effizienter" werden, so schrieben die Staats- und Regierungschefs in die „Erklärung von Laeken", die das Resultat der Konferenz des Europäischen Rates vom Dezember 2001 war.[1] Damit wurden zugleich die Eckpunkte und Ziele für einen einzuberufenden Konvent formuliert, der den Auftrag erhalten sollte, einen Entwurf für eine europäische Verfassung zu entwerfen.[2] Dieser Befund des Europäischen Rates, dass es der EU an demokratischer Legitimation sowie an Effizienz und Transparenz in ihren Arbeitsverfahren mangelte, war einigermaßen überraschend, hatte doch die EU am Beginn des neuen Jahrtausends ein Jahrzehnt der Reformen hinter sich, so dass zu vermuten gewesen wäre, derart gravierende Probleme seien längst gelöst.

Der genau zehn Jahre vor dem Gipfel von Laeken paraphierte und am 1. November 1993 in Kraft getretene Vertrag von Maastricht hatte die Europäische Union begründet, hatte neue Politikfelder, insbesondere die Währungspolitik, in die Kompetenz dieser neuen Europäischen Union überführt und die Kooperation der Mitgliedstaaten in den Bereichen Inneres und Justiz sowie Außen- und Sicherheitspolitik auf eine neue Grundlage gestellt, aber auch die Institutionenordnung der alten Europäischen Gemeinschaft tief greifend verändert. Auch wenn bis heute letztlich keine Einigkeit über das (End)Ziel der europäischen Integration besteht,[3] so hatte doch der Integrationsprozess mit dem EU-Vertrag eine neue Stufe erreicht, die das Bundesverfassungsgericht in seinem wegweisenden Maastricht-Urteil dazu veranlasst hat, die EU als einen „Staatenverbund" zu bezeichnen.[4] Damit soll ausgedrückt werden, dass die Union in den Bereichen, in denen die Politik vergemeinschaftet ist, d.h. in denen die Mitgliedstaaten über kein Vetorecht mehr verfügen und überstimmt werden können, weit über einen Staatenbund hinaus geht, zugleich aber, da es noch zahlreiche Bereiche gibt, in denen es lediglich kooperative Strukturen gibt, (noch?) kein Bundesstaat ist.

Da diese Tatsache auch in der wissenschaftlichen Diskussion immer wieder aus den Augen verloren wird, ist es wichtig zu betonen, dass die EU in den vergemeinschafteten Politikbereichen, aber eben nur dort, durchaus einem Bundesstaat, also einem föderal organisierten politischen System entspricht.

---

1 Zitiert nach Gerhard Brunn, Die Europäische Einigung von 1945 bis heute, Stuttgart 2002, S. 306.

2 Zum Konvent, seiner Zusammensetzung, seiner Arbeitsweise und dem Verlauf der Diskussionen: Peter Becker/Olaf Leiße, Die Zukunft Europas. Der Konvent zur Zukunft der Europäischen Union, Wiesbaden 2005.

3 Vgl. die übersichtliche Darstellung der unterschiedlichen „Leitideen" „supranational und intergouvernemental" bei Wolfgang Wessels, Das politische System der Europäischen Union, Wiesbaden 2008, S. 39ff.

4 Urteil vom 12. Oktober 1993 – 2 BvR 2134/92 und 2 BvR 2159/92.

Von einem politischen System der EU kann man sinnvollerweise überhaupt erst seit Maastricht sprechen. Der EU-Vertrag hat mit der Einführung der Unionsbürgerschaft diesem politischen System eine neue Basis, eben die Unionsbürger, gegeben. Das von den Bürgern (bereits seit 1979) direkt gewählte Europäische Parlament wurde durch die Einführung des Mitentscheidungsverfahrens in zahlreichen Politikbereichen erheblich aufgewertet, um die demokratische Legitimation des EU-Systems zu erhöhen. Dennoch blieb das Parlament in seiner Zuständigkeit beschränkt, während der Ministerrat, eine dem Bundesrat insofern vergleichbare Institution, als sie von den Regierungen der Mitgliedstaaten beschickt wird, das primäre Legislativorgan der EU blieb. Die Europäische Kommission wurde durch die Ausweitung der Politikbereiche, für die sie zuständig war, ebenfalls aufgewertet; ihre exekutiven und legislativen Funktionen als „Hüterin der Verträge" und als „Motor der Integration" blieben erhalten. Der Europäische Gipfel der Staats- und Regierungschefs, der bereits seit langem in der Wirklichkeit der Integration eine wichtige Rolle gespielt hatte, wurde mit dem Maastricht-Vertrag institutionalisiert und nimmt als „Europäischer Rat" die Rolle eines starken, wenngleich kollektiven Staatsoberhauptes ein.[5]

Der Vertrag von Maastricht wurde noch von zwölf Mitgliedstaaten verabschiedet. Doch die historischen Umstände – insbesondere der Zusammenbruch des osteuropäischen Kommunismus – führten dazu, dass sich an die Vertiefung der Integration, die mit Einführung der Europäischen Union verbunden war, keine Phase der Konsolidierung anschließen konnte. Stattdessen wuchs die EU in mehreren Erweiterungsrunden innerhalb von fünfzehn Jahren auf bis jetzt 27 Mitgliedstaaten, ohne dass der Erweiterungsprozess definitiv abgeschlossen wäre. Schon die Perspektive der anfangs keineswegs von allen Mitgliedstaaten gewünschten Osterweiterung machte deutlich, dass sich die EU der zwölf Mitglieder würde reformieren müssen, um mit mehr als der doppelten Anzahl an Mitgliedern noch arbeitsfähig sein zu können. Die Reformverträge von Amsterdam (1997 beschlossen, 1999 in Kraft getreten) und Nizza (2001 beschlossen, 2003 in Kraft getreten) sollten diese Anpassungsleistung an die neuen Anforderungen bewirken. Wie jedoch der eingangs zitierte Befund der „Erklärung von Laeken" zeigt, waren die Akteure, kaum dass die Tinte unter dem Vertrag von Nizza trocken war, selbst der Meinung, dass das Ziel, die größere EU mit arbeitsfähigen Strukturen zu versehen, nicht wirklich erreicht worden war. Die in der Erklärung genannten Desiderate sind zugleich die zentralen Problembereiche:

Transparenz: Obwohl im Verlaufe des Vertiefungsprozesses der Integration von Maastricht bis Nizza immer weitere Politikbereiche Mehrheitsentscheidungen unterworfen wurden, hat das wenig am Charakter der EU als eines Verhandlungssystems geändert. Zwar ist in diesen Bereichen im Ministerrat kein Konsens der Mitglieder mehr notwendig, aber ausgedehnte qualifizierte Mehrheitsanforderungen zwingen immer noch dazu, dass sich eine beträchtliche Zahl von Mitgliedstaaten einigen muss und niemand das Gefühl haben darf, ständig überstimmt zu werden, da sonst die Integration an Akzeptanz verlöre. Einigungen erfolgen in der Regel in diskreten Verhandlungen, in denen sich die Partner auf Kompromisse oder Kompromisspakete verständigen. Solche Verständigungsprozesse sind zwangsläufig nicht öffentlich, d.h. für die Unionsbürger nur schwer nachvollziehbar. Ähnliches kennen wir aus dem deutschen Regierungssystem, in dem die Kompromissbildung zwischen Regierungsparteien in Koalitionsausschüssen oder zwischen Bund und Ländern im Vermittlungsausschuss ebenfalls nicht öffentlich erfolgt. Dieses Problem ist für Ver-

5 Für eine zusammenfassende Darstellung der Ergebnisse des Maastricht-Vertrages siehe Franz Knipping, Rom, 25. März 1957. Die Einigung Europas, München 2004, S. 256ff.

handlungssysteme mit großen Einigungsanforderungen schlechterdings nicht lösbar; Maßnahmen wie die im Vertrag von Lissabon vorgesehene Verpflichtung des Rates, öffentlich zu tagen, wenn er legislativ tätig ist,[6] sind kaum mehr als kosmetische Veränderungen. Darum wird auf dieses Problem in den weiteren Ausführungen nicht mehr eingegangen.

Effizienz: Durch die Erweiterungsrunden seit 1995 wurden die EU-Kommission, der Rat und der Europäische Rat, aber auch das Europäische Parlament immer größer und aufgeblähter. Sorgt dies allein schon dafür, dass es immer schwieriger wird, die Entscheidungsfindung zu organisieren, so kommt beim Europäischen Rat und beim (Minister-) Rat noch der halbjährliche Wechsel im Vorsitz, der eine gewisse Verschiebung der Prioritäten mit sich bringt und Einarbeitungsphasen erfordert, erschwerend hinzu.

Demokratie: Das viel beklagte Demokratiedefizit[7] hat drei Aspekte:

a) *Repräsentation*: Besonders in Deutschland, dem seit der Wiedervereinigung mit einigem Abstand bevölkerungsreichsten Land in der EU, wird es zuweilen als ungerecht empfunden, dass die kleinen Mitgliedstaaten überproportional in den Institutionen der EU vertreten sind. So ist Malta als bevölkerungsärmster Staat mit fünf Abgeordneten im EP vertreten, Deutschland, dessen Bevölkerung ca. 200mal größer ist, mit 99 Abgeordneten. Ähnlich ist die Disproportion im Rat: Malta hat drei Stimmen, Deutschland 29.[8] Dies ist freilich ein Problem, das aus anderen föderativen politischen Systeme bekannt ist. So verfügt beispielsweise Kalifornien, der bevölkerungsstärkste US-Bundesstaat, über knapp 36,5 Mio. Einwohner, Wyoming als bevölkerungsärmster Staat über gut 500.000 – und doch schicken beide je zwei Senatoren nach Washington. Die Disproportion ist auch im Repräsentantenhaus immer noch beträchtlich: In Kalifornien repräsentiert ein Abgeordneter etwa 688.000 Einwohner, in Wyoming vertritt der eine Abgeordnete, den der Staat stellt, alle 500.000. Dies führt jedoch nicht dazu, dass an der amerikanischen Demokratie gezweifelt würde. Legte man das Prinzip der gleichen Vertretung zugrunde, würde das in der EU wie auch in den USA dazu führen, dass die kleinen Mitgliedstaaten auf der Bundesebene faktisch nicht mehr wahrnehmbar wären, was nicht der Sinn der Integration sein kann. Insofern ist auch dieses Problem kaum lösbar und muss, wenn man die Integration will, hingenommen werden. Sollte die Türkei mit ihrer schnell wachsenden Bevölkerung eines Tages Vollmitglied der EU werden, wird man dieses Disproportionsproblem vielleicht auch in Deutschland weniger kritisch sehen.

b) *Legitimation*: Die Rechtsetzung der EU in den vergemeinschafteten Bereichen könne, so der Kern der Demokratiedefizit-These, nur durch den direkten Bezug auf die Bürger legitimiert werden. Dies geschehe aber nur in ungenügender Weise, weil das einzige direkt gewählte Organ der EU, das Parlament, kein gleichberechtigter gesetzgebender Akteur sei. Nicht nur sei es in zahlreichen Politikbereichen nicht zur gleichberechtigten Mitentschei-

6 Vgl. Sarah Seeger, Die Institutionen- und Machtarchitektur der Europäischen Union mit dem Vertrag von Lissabon, in: Werner Weidenfeld (Hrsg.), Lissabon in der Analyse. Der Reformvertrag der Europäischen Union, Baden-Baden 2008, S. 63-98, hier S. 82.

7 Wenn man freilich die EU für ein nach wie vor intergouvernementales Projekt hält, kann man ein Demokratiedefizit schlicht negieren, vgl. Andrew Moravcsik, What Can We Learn from the Collapse oft he European Constitutional Project?, in: PVS 47 (2006), S. 603-624; dagegen mit gewichtigen Argumenten: Viktoria Kaina/Ireneusz P. Karolewski, Why we Should not Believe every Lesson Andrew Moravcsik Teaches us: A Response, in: PVS 48 (2007), S. 740-757.

8 Vgl. die Tabellen bei Wessels (FN 3), S. 132 u. 204. Die Stimmgewichtung im Rat, um die in Nizza erbittert gestritten wurde, birgt zahlreiche Absurditäten; so verfügt Lettland mit 2,4 Mio. Einwohnern ebenso über vier Stimmen wie Luxemburg mit 400.000 Bewohnern u. Deutschland ebenso wie Großbritannien, Frankreich und Italien über 29 Stimmen, obwohl die Bevölkerungszahl um mehr als zwanzig Mio. darüber liegt.

dung befugt, zudem sei eine bei nationalen Parlamenten geradezu klassische Parlamentskompetenz, die Entscheidung über den Haushalt, beschränkt, da der gesamte obligatorische Bereich, insbesondere der große Agrarhaushalt, seiner Verfügung entzogen sei. Es ist wenig überraschend, dass diese Argumentation besonders im EP selbst vorgebracht wird.[9]

Eine kritische Gegenposition dazu betont, dass Demokratie – das sage schon der Begriff – die Existenz eines Staatsvolkes voraussetze. Ein europäisches Volk gebe es jedoch nicht, insofern könne es auch keine politischen Entscheidungen legitimieren. Ebenso gebe es bestenfalls erste Ansätze zu einer europäischen Öffentlichkeit, die den Bürgern die Entscheidungen auf der europäischen Ebene vermitteln und transparent machen könne; die nationalen Medien erfüllten diese Aufgabe bislang kaum.[10] Jedoch hat Wilfried Kluth in einem Kommentar zum Europäischen Verfassungsvertrag völlig zu Recht darauf hingewiesen, dass es selbst innerhalb der EU Staaten gibt, die keineswegs ein homogenes Staatsvolk besitzen, etwa Spanien oder Belgien, ohne dass ihnen deshalb der demokratische *demos* aberkannt würde. Denn auch Vielvölker*staaten* verfügen in dem Sinne über ein *Staats*volk. Deshalb, so Kluth, genügten die Unionsbürger als Legitimationssubjekt der EU.[11] Damit weist er auf eine verbreitete Tendenz im Demokratiedefizit-Diskurs, an den Grad der Demokratieverwirklichung in der EU Maßstäbe anzulegen, die weit über das hinausgehen, was in den Mitgliedstaaten verwirklicht ist, obwohl doch die EU aus einem Verbund von Mitgliedstaaten besteht. Man kann jedoch bezweifeln, ob es sinnvoll ist, Defizite in der Verwirklichung von Demokratie, die möglicherweise in den Mitgliedstaaten bestehen, über die EU kompensieren zu wollen.

c) Empirie: Von einem empirischen Demokratiedefizit kann man insofern sprechen, als es bei den Bürgern in praktisch allen Mitgliedsländern einen Mangel an Akzeptanz der EU gibt, der sich neben der abnehmenden Zufriedenheit mit „Brüssel“ und der sinkenden Unterstützung des Integrationsprozesses[12] vor allem in stetig abnehmender Wahlbeteiligung bei den Wahlen zum Europäischen Parlament (EP), dem eben erwähnten, einzigen direkt von den Bürgern gewählten Organ der EU, zeigt. Dabei hatten sich gerade mit der Direktwahl des Europäischen Parlaments große Hoffnungen auf eine demokratische Partizipation der Bürger verbunden, die sich freilich bisher nie erfüllt haben. Das Desinteresse der Bürger kann man inzwischen nicht mehr auf die Macht- und Bedeutungslosigkeit des EP zurückführen, da die Kompetenzen des EP seit Maastricht erheblich ausgeweitet wurden. Nicht zuletzt weil die Parteien auch bei den Wahlen zum EP nationale Wahlkämpfe zu führen pflegen, blieben die Europawahlen bisher stets „second order national elections“.[13]

Alle diese Probleme, soweit es überhaupt möglich ist, sie zu lösen, wurde von den bis dato an dieser Aufgabe gescheiterten Staats- und Regierungschefs dem „Konvent zur Zu-

---

9 Vgl. Dietmar O. Reich, Rechte des Europäischen Parlaments in Gegenwart und Zukunft, Berlin 1999.

10 Eine der prominentesten Stimmen ist in Deutschland der ehemalige Richter der Bundesverfassungsgerichts Dieter Grimm, der in zahlreichen Veröffentlichungen das Fehlen eines europäischen *demos* und einer europäischen Öffentlichkeit beklagt hat (vgl. Dieter Grimm, Integration durch Verfassung: Absichten und Aussichten im europäischen Konstitutionalisierungsprozess, in: Leviathan 32 (2004), S. 448-463).

11 Wilfried Kluth, Art. I-20, in: Christian Calliess/Matthias Ruffert (Hrsg.), Verfassung der Europäischen Union. Kommentar der Grundlagenbestimmungen (Teil I), München/Wien 2006, S. 303-306, hier S. 304 sowie ausführlicher ders., Die demokratische Legitimation der Europäischen Union. Eine Analyse der These vom Demokratiedefizit der Europäischen Union aus gemeineuropäischer Perspektive, Berlin 1995.

12 Mit zahlreichen empirischen Belegen: Viktoria Kaina, Wir in Europa. Kollektive Identität und Demokratie in der Europäischen Union, Habilitationsschrift, Potsdam 2008, S. 7ff.

13 Reif, Karlheinz/Hermann Schmitt: Nine second-order national elections: A conceptual framework for the analysis of European election results, in: European Journal of Political Research 8 (1980), S. 3-44.

kunft der Europäischen Union" aufgetragen. Dieser legte schon im Juli 2003 den Entwurf für eine europäische Verfassung vor, der vom Europäischen Rat nach heftigen Auseinandersetzungen vor allem über die Zusammensetzung des Rates schließlich im Oktober 2004, in einigen Punkten nicht unerheblich verändert, als Vertrag über eine Europäische Verfassung beschlossen wurde. Das Schicksal des Verfassungsvertrages ist bekannt: Mit den negativen Referenden in den Gründungsstaaten Niederlande und Frankreich war er erledigt. Erst nach einer längeren Denkpause kam der EU-Reformprozess nicht zuletzt dank der deutschen Ratspräsidentschaft im ersten Halbjahr 2007 wieder in Gang. Im EU-Reformvertrag von Lissabon, der im Dezember 2007 unterzeichnet wurde, wurde unter Verzicht auf jegliche Verfassungssymbolik und auf alle Bezeichnungen, die als Gründung eines europäischen Staates hätten interpretiert werden können (wie z.B. den „Außenminister"), doch im Kern die im Verfassungsvertrag vorgesehene Modifikation der EU-Institutionen beibehalten. Welche Lösung sehen Verfassungs- bzw. Reformvertrag nun für die beiden zentralen Probleme der Institutionen, Effizienz und Demokratie, vor?

2 Das Effizienz- und das Demokratieproblem und der Lissabon-Vertrag

2.1 Institutionelle Lösungsversuche für das Effizienzproblem

Vor allem zwei Effizienzprobleme plagen die EU: die Aufblähung der Institutionen durch die Erweiterungsrunden seit 1995 und die damit einhergehende Komplexität und Dauer der Arbeitsabläufe. Die offensichtliche, wenngleich nicht immer leicht durchsetzbare Antwort auf diese Probleme ist einerseits die Reduzierung bzw. Deckelung der Mitglieder der Institutionen und andererseits die Einführung neuer Führungs- und Koordinationsinstanzen. Beides hat man in den verschiedenen Institutionen anzuwenden versucht.

2.1.1 In Bezug auf das Europäische Parlament

Im Falle des Europäischen Parlamentes hat man sich für die Einführung einer Obergrenze von 750 Mitgliedern zuzüglich des Präsidenten entschieden (EUVL Art. 14, Abs. 2). Das bedeutet allerdings auch, dass sich bei zukünftigen Erweiterungen – was im Falle der Vollmitgliedschaft der Türkei aufgrund der großen Bevölkerungszahl sicherlich problematischer wäre als bei einem kleinen Staat wie Kroatien – die Zahl der Abgeordneten, die den aktuellen Mitgliedstaaten zusteht, entsprechend reduzieren würde. Dies würde vor allem die großen und mittleren Länder betreffen, da in Artikel 14 die Mindestzahl pro Mitgliedstaat bei sechs Europaabgeordneten fest gelegt wurde; die Disproportion in der Repräsentation der großen und kleinen Mitgliedstaaten würde also bei jeder zukünftigen Erweiterung sogar noch wachsen, was allerdings, wie bereits dargelegt, ebenso unvermeidlich wie aus anderen föderalen Systemen bekannt ist.[14]

Die Arbeitsabläufe im EP unterliegen der Geschäftsordnung des Parlaments, in die die vertragschließende Regierungskonferenz nicht eingegriffen hat.

14 Vgl. Thierry Chopin/Jean-François Jamet, The Distribution of MEP seats in the European Parliament between the Member States: both a democratic and a diplomatic issue, in: Fondation Robert Schuman European Issues 71 (2007) < http://www.robert-schuman.org/question_europe.php?num=qe-71>.

2.1.2 In Bezug auf die Europäische Kommission

Im Vorfeld, noch während der Konvent für die Zukunft Europas an dem Entwurf für eine europäische Verfassung arbeitete, wurden verschiedene institutionelle Reformoptionen diskutiert: „parlamentarisch, präsidentiell oder semi-präsidentiell?“[15] Als präsidentielle Variante bezeichnete der Bonner Politikwissenschaftler Frank Decker die direkte Wahl des Präsidenten der Europäischen Kommission, wie der damalige deutsche Außenminister Joschka Fischer sie vorgeschlagen hatte.[16] Das Verlockende an diesem, am amerikanischen Regierungssystem orientierten Modell war in dieser Sicht nicht nur, dass die beiden supranational ausgerichteten Institutionen, Kommission und Parlament, eine direkte Legitimation durch das Volk erhielten und insofern an der Beseitigung des Demokratiedefizits beteiligt würden, sondern auch dass, entgegen der politikwissenschaftlichen Kritik am Fischer-Vorschlag,[17] es einigen Strukturmerkmalen der EU gut zu entsprechen scheint. Im amerikanischen Kongress, einem mächtigen Legislativ- und Kontrollorgan, spielen – ähnlich wie im Europäischen Parlament – Parteistrukturen und Fraktionsdisziplin eine deutlich geringere Rolle als in den meisten europäischen Parlamenten. Insofern kommt Decker zu dem Ergebnis, dass „die gewaltentrennende Logik des Präsidentialismus ... der Heterogenität der europäischen Politik eher [entspricht] als das auf Gewaltenverschränkung ausgelegte parlamentarische System.“[18] Dennoch meinte Decker völlig zu Recht, dass ein derartiger Schritt, eine solche Abweichung vom bisherigen Institutionenverständnis in der EU kaum zu erwarten war und sich auch tatsächlich nicht durchgesetzt hat.

Doch auch wenn eine Direktwahl des Kommissionspräsidenten nicht beschlossen wurde, so wurde bereits im Verfassungsvertrag, dessen Bestimmungen fast wortgleich in den Vertrag von Lissabon übernommen wurden, seine Position erheblich gestärkt, wie insbesondere von den Vertretern des Europäischen Parlaments im Konvent gefordert worden war. Der Kommissionspräsident „legt die Leitlinien fest, nach denen die Kommission ihre Aufgaben ausübt“ (EUVL Art. 17, Abs. 6a) und er „beschließt über die interne Organisation der Kommission, um die Kohärenz, die Effizienz und das Kollegialitätsprinzip im Rahmen ihrer Tätigkeit sicherzustellen“ (Abs. 6b). Er erhält damit sowohl die Richtlinienkompetenz als auch die Organisationsgewalt innerhalb der Kommission, zu der auch das Recht gehört, die Vizepräsidenten aus dem Kreis der Kommissare zu ernennen (Abs. 6c), d.h. zwei Kompetenzen, die wir aus dem Regierungssystem der Bundesrepublik Deutschland kennen und die zu den zentralen Elementen der Kanzlerdemokratie gezählt werden, mag auch ihre Bedeutung durch die Realität der Koalitionsregierungen etwas relativiert werden.[19] Ähnlich wie der Bundeskanzler, der in der Auswahl seiner Minister, die er dem Bundespräsidenten zur Ernennung vorschlägt, in der Wirklichkeit selten völlig frei ist, kann auch der Kommissionspräsident die Mitglieder seiner Kommission nicht frei auswählen, aber im Lissabon-Vertrag wird ihm zumindest ein erhebliches Mitspracherecht zugebilligt: „Der Rat nimmt, im Einvernehmen mit dem gewählten Präsidenten, die Liste der anderen

15 Frank Decker, Parlamentarisch, präsidentiell oder semi-präsidentiell? Der Verfassungskonvent ringt um die künftige institutionelle Gestalt Europas, in: APuZ B1-2/2003, S. 16-23.

16 Ebd., S. 20f.

17 Katharina Holzinger/Christoph Knill, Institutionelle Entwicklungspfade im Europäischen Integrationsprozess. Eine konstruktive Kritik an Joschka Fischers Reformvorschlägen, in: ZPol 11 (2001), S. 987-1010.

18 Decker (wie FN 15), S. 21.

19 Karlheinz Niclauß, Kanzlerdemokratie. Regierungsführung von Konrad Adenauer bis Gerhard Schröder, Paderborn u.a. 2004, S. 72ff.

Persönlichkeiten an, die er als Mitglieder der Kommission vorschlägt. Diese werden auf der Grundlage der Vorschläge der Mitgliedstaaten ... ausgewählt" (EUVL Art. 17, Abs. 7).[20] Zudem hat der Kommissionspräsident faktisch das Recht, einzelne Mitglieder der Kommission zu entlassen (EUVL Art. 17, Abs. 6: „Ein Mitglied der Kommission legt sein Amt nieder, wenn es vom Präsidenten dazu aufgefordert wird."). Nimmt man beides zusammen, die Mitwirkung bei Bestellung der Kommission und die Möglichkeit einzelne Kommissare zu entlassen, so hat der Kommissionspräsident unter den Bestimmungen des Vertrages von Lissabon einen so großen Einfluss auf die Zusammensetzung der Kommission, dass dies fast über eine Position des *primus inter pares* hinausgeht, auch wenn er in Sachabstimmungen in der Kommission überstimmt werden kann (was zumindest theoretisch dem Bundeskanzler auch passieren kann).

Neben der Stärkung des Kommissionspräsidenten, die für sich genommen bereits die Arbeit der Kommission einer stärkeren Führung und damit besseren Koordination durch den Präsidenten unterwerfen soll,[21] soll ab November 2014 – auf einen früheren Termin konnte man sich offensichtlich nicht einigen – auch eine Begrenzung der Kommissare auf maximal Zweidrittel der Mitgliedstaaten, die nach einem genau fest gelegten Rotationssystem bestellt werden sollen (EUVL Art. 17, Abs. 5), eine Effizienzsteigerung bewirken. Dieser Passus des Vertrages von Lissabon wurde jedoch dem negativen Votum der Iren im Referendum zur Ratifizierung des Lissabon-Vertrages geopfert. Die Frage der Repräsentation Irlands in der Kommission hat in der öffentlichen Auseinandersetzung um den Vertrag dort eine gewisse Rolle gespielt, so dass dies ein Zugeständnis der übrigen Mitgliedstaaten vor einer zweiten Volksabstimmung in Irland gewesen ist.[22] Das würde bedeuten, dass weiterhin jeder Mitgliedstaat in der Kommission repräsentiert sein wird – auch bei zukünftigen Erweiterungen. Dies muss jedoch kein allzu großes Effizienzproblem aufwerfen, wenn es zukünftigen Kommissionspräsidenten gelingt, ihre Organisationsgewalt sinnvoll zu nutzen.

2.1.3 In Bezug auf den (Minister-)Rat

Im Rat sind selbstverständlich alle Mitgliedstaaten vertreten, so dass eine Verkleinerung bzw. Begrenzung der Mitglieder nicht möglich war. Deshalb konzentrieren sich die Reformmaßnahmen zur Effizienzsteigerung hier auf die Arbeitsabläufe.

Die Vereinfachung der qualifizierten Mehrheitsentscheidung mit (wiederum erst ab 2014) 55 Prozent der Mitglieder des Rates, die allerdings mindestens 65 Prozent der Bevölkerung repräsentieren müssen („doppelte Mehrheit", AEUV Art. 238, Abs. 3a), soll ebenso wie die Ausweitung der Entscheidung mit qualifizierter Mehrheit auf fast alle Bereiche außerhalb der Außen- und Sicherheitspolitik, in der nach wie vor das Einstimmigkeitsprinzip gilt, diesem Ziel dienen.[23] Allerdings wurde das Vetorecht der Mitgliedstaaten nicht

---

20 Mit der wortgleich bereits im VVE enthaltenen Bestimmung hatten die Staats- und Regierungschefs den ursprünglichen Konventsentwurf etwas „entschärft", denn dort war die Position des Kommissionspräsidenten bei der Bestellung der Kommissare noch stärker. Er sollte das Recht haben, aus einer Liste von drei Persönlichkeiten, die von dem jeweils gemäß dem Rotationssystem berechtigten Mitgliedsstaat vorgelegt würde, eine Person auszuwählen, Art. I-26, Abs. 2, Vertrag über eine Verfassung für Europa. Entwurf des Europäischen Konvents vom 18. Juli 2003.

21 Vgl. ausführlicher Seeger (wie FN 6), S. 86ff.

22 Vgl. Nikolaus Busse, EU strebt zweites Referendum in Irland an, in: FAZ v. 12.12.2008.

23 Vgl. Seeger (wie FN 6), S. 82ff.

ganz ersatzlos gestrichen, sondern in bestimmten Fällen können einzelne Mitgliedstaaten dort, wo sie grundlegende nationalstaatliche Regelungen betroffen sehen, das ordentliche Gesetzgebungsverfahren unterbrechen und die Materie an den Europäischen Rat überweisen, wo „Einvernehmen", also Konsens, über die Fortführung des ordentlichen Verfahrens erzielt werden muss.[24]

Dass die Arbeit des Rates künftig von einer „unter Berücksichtigung ihrer Verschiedenheit und des geografischen Gleichgewichts" zusammengesetzten Dreiergruppe über einen Zeitraum von 18 Monaten geleitet werden soll,[25] knüpft an die aktuelle „Troika-Praxis" an und soll auch für größere Kontinuität und damit letztlich Effizienz sorgen.

Einerseits weil die Außen- und Sicherheitspolitik der wichtigste Bereich bleibt, der der Vergemeinschaftung entzogen ist, aber auch aus Gründen der Effizienzsteigerung wurde zudem der frühere Rat „Allgemeine Angelegenheiten und Außenpolitik" in seine beiden Bestandteile aufgespalten, wobei dem neuen Rat für „Allgemeine Angelegenheiten" die Aufgabe zukommen soll, „für die Kohärenz der Arbeiten des Rates in seinen verschiedenen Zusammensetzungen" zu sorgen (EUVL Art. 16, Abs. 6).

2.1.4 In Bezug auf den Europäischen Rat

Eine mögliche semi-präsidentielle Weichenstellung für das politische System der EU wurde im Vorfeld besonders im Zusammenhang mit der Einführung eines starken Präsidenten an der Spitze des Europäischen Rates diskutiert. Der Präsident des Europäischen Rates – als Vertreter der intergouvernementalen Ausrichtung der EU – hätte seine Kompetenzen im wesentlichen zu Lasten des Kommissionspräsidenten, d.h. der Spitze der wichtigsten supranationalen (Exekutiv-) Institution, erhalten. Insofern wäre eine Situation eingetreten, die sich am ehesten mit dem Verhältnis zwischen Staatspräsident und Premierminister in der V. Republik in Frankreich vergleichen ließe. Anders als in Frankreich, wo es zu einer wirklich institutionellen Konkurrenzsituation zwischen den beiden Spitzen der Exekutive nur dann kommt, wenn in der Nationalversammlung eine Mehrheitskonstellation eintritt, die der parteipolitischen Herkunft des Präsidenten entgegensteht (Kohabitation), würde ein solcher exekutiver Dualismus innerhalb der EU die Präsidenten von Rat und Kommission schon aufgrund der unterschiedlichen Ausrichtung der Institutionen, intergouvernemental versus supranational, potentiell zu Gegenspieler machen. Obwohl also eine derartige Konstruktion schon auf den ersten Blick alles andere als effizienzsteigernd wirkt, schien sie zeitweilig keineswegs unrealistisch, da mehrere gewichtige Akteure (ABC: Aznar, Blair, Chirac) auf eine solche institutionelle Reform abzielten.[26]

Tatsächlich ist im Vertrag von Lissabon – wiederum im Anschluss an den Verfassungsvertrag – zwar der für zweieinhalb Jahre amtierende und einmalig wiederwählbare Präsident des Europäischen Rates vorgesehen (Art. 15 EUVL), was in der Typologie ein Indikator für eine semi-präsidentielles System wäre. Jedoch ist das Amt, dessen Inhaber im Europäischen Rat selbst nicht stimmberechtigt sein wird, nicht mit großen Kompetenzen

24 So z.B. AEUV, Art. 82, Abs. 3; hier geht es um Mindestvorschriften zur gegenseitigen Anerkennung gerichtlicher Urteile und Entscheidungen und ein Mitgliedstaat kann, sofern er „grundlegende Aspekte seiner Strafrechtsordnung" berührt sieht, das o.g. Verfahren in Gang setzen.

25 Erklärungen zu Schlussakte der Regierungskonferenz vom 13. Dezember 2007, hier Nr. 9 (Entwurf eines Beschlusses des Europäischen Rates über die Ausübung des Vorsitzes im Rat, Art 1, Abs. 1).

26 Decker (wie FN 15), S. 17.

ausgestattet worden. Seine „Aufgaben .. sind im Wesentlichen organisatorischer und moderierender Natur“[27], wie es in einem Kommentar zu der wiederum wortgleichen Bestimmung des VVE heißt. Hatte die ABC-Gruppe ursprünglich vielleicht einmal das Ziel, den Kommissionspräsidenten zu einer Art Sekretär des Rates zu machen und dessen Präsidenten zum eigentlichen Oberhaupt der EU, so ist schließlich etwas anderes herausgekommen: ein starker Kommissionspräsident und ein Präsident des Rates, der eher die Funktion eines Sekretärs erfüllen wird. Von einem semi-präsidentiellen System kann also entgegen dem ersten Augenschein keine Rede sein.

Dennoch ist offensichtlich, wie leicht hier institutionelle Konkurrenz und persönliche Rivalitäten zum EU-Kommissionspräsidenten entstehen können. Erst die Praxis wird zeigen können, ob durch diese Duplizierung der Ämter eher Effizienzgewinne oder -verluste erzielt werden.[28]

Letzteres gilt im Grunde für alle beschriebenen Reformmaßnahmen. Ob die beabsichtigten Wirkungen tatsächlich erreicht werden, hängt letztlich von der Bereitschaft der Mitgliedstaaten ab, sich auch unliebsamen Mehrheitsentscheidungen zu unterwerfen. So wird die EU, dies lehrt die Erfahrung früherer Integrationsvertiefungen, allen Reformen zum Trotz ein auf ein hohes Maß an Konsens angelegtes Verhandlungssystem bleiben, dessen Möglichkeiten, die Entscheidungsprozesse zu vereinfachen und zu beschleunigen, begrenzt sind.

2.2 Die institutionelle Lösung des Demokratieproblems

Im Hinblick auf die Demokratie in der EU wurden eingangs drei problematische Aspekte ausgemacht: Repräsentation, Legitimation und Empirie, wobei das erste, das Repräsentationsdefizit, als nicht lösbar beschrieben wurde. Den beiden verbleibenden Problemen begegnet der institutionelle Reformprozess mit zwei einander ergänzenden Maßnahmen, der Ausweitung der legislativen Kompetenzen des Europäischen Parlamentes und einer Parlamentarisierung des politischen Systems.[29]

2.2.1 Die legislativen Kompetenzerweiterung des Europäischen Parlamentes als Antwort auf das Legitimationsdefizit

Die Rechtsetzung der EU in den vergemeinschafteten Bereichen könne, so ein zentraler, oben erwähnter Aspekt der Demokratiedefizit-These, nur durch den direkten Bezug auf die Bürger legitimiert werden. Dies geschehe aber nur in ungenügender Weise, weil das einzige direkt gewählte Organ der EU, das Parlament, kein gleichberechtigter gesetzgebender Ak-

27 Johannes Christian Wichard, Art. I-22, in: Calließ/Ruffert (Hg.), wie FN 11, S. 313.

28 Dies wird beispielsweise von Seeger (wie FN 6, S. 77) ganz ähnlich gesehen.

29 Dabei wird ein Aspekt vernachlässigt: die direkt-demokratische Komponente. In Art. 11, Abs. 4 EUVL wird den Unionsbürgern („deren Anzahl mindestens eine Million betragen und bei denen es sich um Staatsangehörige einer erheblichen Zahl von Mitgliedstaaten handeln muss“) die Möglichkeit einer Bürgerinitiative, d.h. zur Aufforderung an die Kommission, „im Rahmen ihrer Befugnisse geeignete Vorschläge zu Themen zu unterbreiten, zu denen es nach Ansicht jener Bürgerinnen und Bürger eines Rechtsakts der Union bedarf“, eröffnet. Dabei stehen Aufwand und Ertrag in einem solch deutlichen Missverhältnis – denn es sind keine weiteren direkt-demokratischen Elemente für den Fall vorgesehen, dass die Kommissionsvorschläge nicht den Intentionen der Initiatoren entsprechen –, dass dieser Artikel kaum eine Wirkung wird entfalten können.

teur sei. Und genau dieser Mangel wird durch den Vertrag von Lissabon zwar nicht vollständig, aber doch größtenteils beseitigt. Denn mit dem „ordentlichen Gesetzgebungsverfahren" (EUVL Art. 289, Abs. 1 sowie Art. 294), mit dem das alte, nicht für alle Bereiche geltende Mitentscheidungsverfahren gewissermaßen zum Standardprocedere wird, werden die Beschränkungen der legislativen Kompetenzen des EP weitgehend aufgehoben. Weitgehend deshalb, weil es neben dem „ordentlichen" auch ein „besonderes" Gesetzgebungsverfahren geben soll, bei dem das EP nur angehört wird, ohne eine Vetomacht zu besitzen.

Dieses besondere Gesetzgebungsverfahren gilt beispielsweise für die Einnahmeseite des EU-Haushalts, die Eigenmittel; wie schon bisher auch „erlässt [der Rat] gemäß einem besonderen Gesetzgebungsverfahren einstimmig und nach Anhörung des Europäischen Parlaments einen Beschluss, mit dem die Bestimmungen über das System der Eigenmittel der Union festgelegt werden." (EUVL, Art. 311). Auf der Ausgabenseite sieht es völlig anders aus; hier kommt die klassische Parlamentskompetenz, die „power of the purse", voll zum Tragen, denn die oben angesprochene, die Mitwirkung des EP beschränkende Unterscheidung zwischen den obligatorischen Ausgaben, auf die das Parlament bislang keinen Einfluss hatte, und den nicht-obligatorischen Ausgaben, die der Haushaltskontrolle des Parlaments schon unterworfen sind, wird aufgehoben, so dass die Ausgaben der EU uneingeschränkt der Kontrolle des Parlaments unterliegen werden.

Das Initiativmonopol der Kommission wird auch vom Vertrag von Lissabon nicht angetastet, was sich in der politischen Praxis jedoch kaum auswirkt, da das Parlament – wie schon bisher – die Kommission zum Handeln auffordern kann, „geeignete Vorschläge zu Fragen zu unterbreiten, die nach seiner Auffassung die Ausarbeitung eines Unionsakts … erfordern" (Art. 225 AEUV). Insofern bleiben die legislativen Kompetenzen des Europäischen Parlaments formal hinter denen nationaler Parlamente zurück, in der politischen Praxis wird es jedoch zu einem – fast – gleichberechtigten Akteur. Deshalb wird der Vorwurf, die Gesetzgebungsakte der EU seien nicht hinreichend demokratisch legitimiert, nach dem Inkrafttreten des Vertrages von Lissabon in die Irre gehen.

2.2.2 Die Parlamentarisierung der EU als Antwort auf das Demokratiedefizit

Die dritte am Beginn des Verfassungsgebungsprozesses diskutierte Entwicklungsstrategie der EU ist die der Parlamentarisierung, und zwar in einem engen auf Walter Bagehot zurückgehenden politikwissenschaftlichen Verständnis. Bagehot hatte in seinem Werk „The English Constitution" bereits 1867 die Wahlfunktion als primäre Aufgabe des Unterhauses identifiziert, was umso bemerkenswerter war, als es in Großbritannien weder damals noch heute einen formalen Wahlakt des Regierungschefs gab bzw. gibt. Die Legislativfunktion hat bei Bagehot ebenso wie die Kontrolle der Exekutive, die zunehmend von der Opposition wahrgenommen wird, ganz im Gegensatz zur klassischen Gewaltenteilungslehre eine untergeordnete Bedeutung.[30] Von Winfried Steffani wurde Bagehots Begrifflichkeit noch weiter zugespitzt: Eine gewählte, gesetzgebende Körperschaft ohne Wahlfunktion sei lediglich eine „legislative Versammlung", von einem Parlament könne man erst sprechen, wenn dieses das Recht habe, die Regierung aus politischen Gründen abzuberufen.[31] Die Einord-

30 Walter Bagehot, The English Constitution. With an Introduction by Richard Crossmann, London 1963 (Erstausgabe 1867).

31 Vgl. Winfried Steffani: Semi-Präsidentialismus: ein eigenständiger Systemtyp? Zur Unterscheidung von Legislative und Parlament, in: Zeitschrift für Parlamentsfragen 3 (1995), S. 621-641, hier bes. S. 632f.

nung des EP vor dem Inkrafttreten des Vertrages von Lissabon ist nicht ganz einfach,[32] da es gewissermaßen eine Zwitterstellung einnimmt: Die Abberufung der EU-Kommission ist zwar möglich (und zwar auch aus politischen Gründen, keineswegs nur aufgrund rechtlichen oder moralischen Fehlverhaltens[33]), aber nur mit Zweidrittelmehrheit, was es *de facto* sehr schwierig macht und keine wirkliche politische Verantwortlichkeit der Kommission begründet. Eine Wahlfunktion besitzt das EP nur sehr indirekt in der Form der „Bestätigung" (oder eben Nicht-Bestätigung) der aus den Verhandlungen des Europäischen Rates hervorgegangenen Kommission. Parlamentarisierung im politikwissenschaftlichen Verständnis hieße also zu allererst, die Wahlfunktion des EP zu stärken. Erst die Einführung einer genuinen Wahlfunktion des EP, d.h. die Wahl entweder der Kommission oder ihres Präsidenten durch das Europäische Parlament, würde eine parlamentarische Verantwortlichkeit der Kommission und damit ein parlamentarisches „Regierungssystem" in der EU begründen.

Frank Decker sprach in dem bereits mehrfach zitierten Aufsatz davon, dass „Rat und Parlament ... ihre heutigen Rollen bei der Bestellung des `Regierungschefs´ [würden] tauschen" müssen, um von einer genuinen Wahlfunktion des EP sprechen zu können.[34] Genau dies ist im Vertrag von Lissabon geschehen. Oblag bisher die Auswahl der Kommissare einschließlich des Kommissionspräsidenten den Mitgliedstaaten und dem Europäischen Rat, dessen Wahl dann noch der Bestätigung durch das EP bedurfte, so ist es im Vertrag von Lissabon zumindest bei der Bestellung des Kommissionspräsidenten umgekehrt geregelt. Der Europäische Rat schlägt dem Parlament einen Kandidaten zur Wahl vor; da es sich beim ER um ein kollektives Staatsoberhaupt handelt, muss es sich zuvor mit qualifizierter Mehrheit auf einen Vorschlag geeinigt haben. Was etwa im Grundgesetz der Bundesrepublik Deutschland selbstverständlich ist und keiner Erwähnung bedarf, ist im Vertrag von Lissabon ausdrücklich genannt, nämlich dass der Vorschlag des ER die Mehrheitsverhältnisse im Parlament berücksichtigt. Nötig ist diese Erwähnung eigentlich nicht, denn unmittelbar anschließend heißt es, dass das EP diesen Kandidaten mit der Mehrheit seiner Mitglieder, also der absoluten Mehrheit wählt.[35] Würde also der Vorschlag des ER die Mehrheitsverhältnisse nicht berücksichtigen, so würde der vorgeschlagene Kandidat ohnehin nicht gewählt und das Verfahren begänne von vorn. Diese Wahlfunktion des Parlaments in Bezug auf den – im Zuge der Reform der Institutionen erheblich gestärkten – Kommissionspräsidenten, die durchaus mit der Wahl des Bundeskanzlers im Bundestag verglichen werden kann (mit dem Hauptunterschied, dass der Kommissionspräsident nicht

32 Freilich wäre es in diesem Begriffsverständnis völlig verfehlt, mit Wilfried Kluth (wie FN 11, S. 108f.) davon zu sprechen, dass die EU bereits seit dem Vertrag von Maastricht, nur weil das EP bei der Rechtssetzung und der Kontrolle der Kommission mitwirke, „den Typus des parlamentarischen Regierungssystems" verwirkliche.

33 Wenn Decker (wie FN 15), S. 19, hier mit dem Verweis auf den versuchten Misstrauensantrag gegen die Santer-Kommission von 1999 eine Parallele zum amerikanischen System konstruiert, in dem Kongress im Impeachment-Verfahren zu einem rechtlichen Organ wird, so überzeugt das nicht, da in den Verträgen nirgends spezifiziert wird, aus welchen Gründen das EP der Kommission das Misstrauen aussprechen kann.

34 Ebd., S. 19.

35 „Das Europäische Parlament wählt diesen [vom ER vorgeschlagenen] Kandidaten mit der Mehrheit seiner Mitglieder. Erhält dieser Kandidat nicht die Mehrheit, so schlägt der Europäische Rat dem Europäischen Parlament innerhalb eines Monats mit qualifizierter Mehrheit einen neuen Kandidaten vor, für dessen Wahl das Europäische Parlament dasselbe Verfahren anwendet." EUVL, Art. 17, Abs. 7, Satz 2 und 3; ähnlich bereits: „Das Europäische Parlament ... wählt den Präsidenten der Kommission." EUVL, Art. 14, Abs. 1.

selbst dem EP angehören wird[36]), erlaubt es, von einer eindeutigen Parlamentarisierung des politischen Systems der EU zu sprechen. Erst damit wird also das EP in Steffanis Begrifflichkeit zu einem „Parlament" und nicht mehr nur zu einer bloßen „legislativen Versammlung". Dabei muss allerdings einschränkend hinzugefügt werden, dass der Vertrag von Lissabon trotz aller Bekenntnisse zur parlamentarischen Verantwortung der Kommission (EUVL Art. 17, Abs. 8) und zur repräsentativen Demokratie (EUVL Art. 10, Abs. 1) insofern einen Konstruktionsfehler enthält (wie auch der Verfassungsvertrag zuvor), als an der Zweidrittelmehrheit für ein Misstrauensvotum festgehalten wird (AEUV Art. 234, Abs. 1). Dies widerspricht der parlamentarischen Logik einer Wahlfunktion, denn für die Abwahl dürfte keine andere Mehrheit benötigt werden als für die Wahl. Es ist möglich, dass an dieser hohen Hürde festgehalten worden ist, weil – anders als der Regierungschef in den meisten parlamentarischen Systemen – der Kommissionspräsident keinerlei Möglichkeit zur Auflösung des Parlaments hat. Wahrscheinlicher ist jedoch, dass man an der seit den Anfängen des europäischen Integrationsprozesses bestehenden Zweidrittelmehrheit festgehalten hat, ohne sich über den systemlogischen Widerspruch im Klaren gewesen zu sein.[37]

Es ist geradezu verblüffend, wie wenig Beachtung diese parlamentarische Wahlfunktion, die bereits im Verfassungsvertrag vorgesehen war, in der deutschen Diskussion gefunden hat. Wolfgang Wessels etwa spricht im Hinblick auf die Investitur der Kommission von einer „Ko-Wahl [des Europäischen Rates] mit EP"[38], was keineswegs dem Wortlaut des Verfassungsvertrages und des Lissabon-Vertrages entspricht. Werner Weidenfeld spricht davon, dass das EP „eine leichte Stärkung ... bei der Wahl des Kommissionspräsidenten" erfahre, was dem Schritt von der Bestätigung zur Wahl kaum Bedeutung beimisst.[39] Jedoch bedeutet der Wortlaut des Artikels 17 EUVL, dass der Europäische Rat sich in der Position des deutschen Bundespräsidenten wiederfinden könnte, der auch dem Bundestag einen Kandidaten zur Wahl dabei vorschlägt, dabei aber nicht frei in seiner Wahl ist, sondern denjenigen vorschlägt, der die Gewähr bietet, vom Bundestag gewählt zu werden. Mit anderen Worten: sofern sich im EP eine absolute Mehrheit einer Partei oder einer Parteienkoalition für einen bestimmten Kandidaten findet, kann der Rat vorschlagen, wen er will, er wird keine Mehrheit dafür finden! Die Geringschätzung der parlamentarischen Wahlfunktion des EP in der deutschen Literatur ist nur vor dem Hintergrund zu erklären, dass es bisher noch nie eine derartige absolute Mehrheit im EP gegeben hat, sondern dass sich die Mehrheitsbildung in der Regel in Form einer informellen „großen Koalition" der christlich-demokratisch-konservativen und sozialistischen Fraktion vollzogen hat. Bliebe es bei derartigen Verhältnissen, käme dem Vorschlagsrecht des Europäischen Rates für den Kommissionspräsidenten in der Tat erheblich größere Bedeutung zu als dem des Bundespräsidenten und der „Rollentausch", von dem Decker sprach, würde in der Verfassungswirklichkeit

36 Ob das Unabhängigkeitsgebot für die Kommissionsmitglieder auch eine Mitgliedschaft im EP ausschließt, ist nicht eindeutig geregelt, dies wäre jedoch angesichts der erheblichen Parlamentarisierungsschritte von der Funktionslogik eines parlamentarischen Systems aber eigentlich unsinnig; vgl. Ruffert, Art. I-26, in: Calliess/ders. (Hg.), wie FN 11, S. 335f.

37 Diese Regelung war schon bei der Parlamentarischen Versammlung der EGKS eingeführt worden und ist über alle Reformverträge beibehalten worden, vgl. Gerhard Brunn, Die Europäische Einigung (wie FN 1), S. 85 sowie Wessels, Das politische System (wie FN 2), S. 121.

38 Wolfgang Wessels, Die institutionelle Architektur des Verfassungsvertrags, in: Matthias Jopp/Saskia Matl (Hrsg.), Der Vertrag über eine Verfassung für Europa. Analysen zu einer Konstitutionalisierung der EU, Baden-Baden 2005, S. 45-85, hier S. 51 (Abb. 1).

39 Werner Weidenfeld, Die Europäische Verfassung verstehen, Gütersloh 2006, S. 67.

wenig Relevanz gewinnen. Solange der Europäische Rat sich darauf verlassen kann, dass die „große Koalition“ aus EVP und SPE sein Verhandlungsergebnis, also die vom Rat ausgewählte Kommission, bestätigen wird, wird er relativ frei in seinen Verhandlungen und Entscheidungen bleiben. Insofern ist im Folgenden zu diskutieren, wie realistisch die Erwartung ist, dass sich auch nach dem Inkrafttreten des Vertrages von Lissabon die Willensbildungsmuster im EP nicht ändern würden. Mit anderen Worten, es geht um die Frage, ob eine konkurrierende Mehrheitsbildung im EP unter den Bedingungen einer weitergehenden Parlamentarisierung wahrscheinlicher wird.

Freilich ist das Parteiensystem auf der europäischen Ebene einer kompetitiven Mehrheitsbildung nicht gerade zuträglich: Zwei großen insgesamt eher integrationsfreundlichen Fraktionen (EVP u. SPE) und zwei kleinen, überwiegend integrationsfreundlichen Fraktionen (Liberale u. Grüne) stehen zwei kleine eher rechte, integrationsskeptische Fraktionen (unabhängige Demokraten u. Europa der Nationen) sowie eine linke Europa-kritische Fraktion (Vereinigte Europäische Linke) sowie die überwiegend rechtsextremen Fraktionslosen gegenüber. Diese große Zahl von sieben bis acht Fraktionen hat eine kompetitive politische Mehrheitsbildung bislang unmöglich gemacht. Aber dennoch sprechen einige Faktoren dagegen, diese bisherige Praxis einfach fortzuschreiben und sie zur Grundlage der Beurteilung der zukünftigen Entwicklungen unter den Bedingungen des Vertrages von Lissabon zu machen.

Die Aussicht, bestimmenden Einfluss auf die Besetzung des europäischen Spitzenamtes zu erlangen, stellt zumindest für die beiden großen europäischen Parteien bzw. deren Fraktionen im EP einen mächtigen Anreiz dar, Anstrengungen zu unternehmen, um eine Mehrheitsfähigkeit zu erreichen. Dies ist bei EVP und SPE seit 1992, also seit der Einführung des Mitentscheidungsverfahrens und der Perspektive einer Parlamentarisierung der EU, deutlich zu erkennen. Bei beiden tritt das Ziel, eine möglichst große weltanschaulich-ideologisch Homogenität zu bewahren, hinter das konkurrierende Ziel einer möglichst großen Breite der Organisation zurück. Die EVP hat Parteien wie den spanischen Partido Popular (PP), die dänischen und britischen Konservativen, deren Schwesterparteien aus Schweden und Finnland, die portugiesische Partido Social Democrata (PSD) – trotz des Namens eher eine liberal-konservative als eine sozialdemokratische Partei –, Berlusconis Forza Europa, ein Ableger der Forza Italia, sowie einen Großteil der französischen Gaullisten, die allesamt dem bürgerlichen Mitte-Rechst-Spektrum angehören, aber keine Christdemokraten im engeren Sinne sind, nacheinander in die EVP-Fraktion des Europäischen Parlaments integriert.[40] Bis auf die britischen Konservativen traten alle diese Parteien nach einer mehr oder weniger kurzen Bewährungsphase innerhalb der Fraktion auch der EVP als Partei bei – wie auch zahlreiche bürgerlich-konservative Parteien aus den mittelosteuropäischen Beitrittsländern. Die Aufnahmepolitik der PSE war ähnlich inklusiv angelegt, nur nicht ganz so erfolgreich.[41] Dahinter steht das Ziel, mit der Größe auch an Einfluss im EP zu gewinnen und langfristig mehrheitsfähig zu werden.

40 Vgl. Thomas Jansen, The Dilemma for Christian Democracy. Historical Identity and/or Political Expediency: Opening the Door to Conservatism, in: Emil Lamberts (Hrsg.), Christian Democracy in the European Union, Leuven 1997, S. 459-472 sowie Karl Magnus Johansson, European People´s Party, in: ders., Peter Zervakis (Hrsg.), European Political Parties between Cooperation and Integration, Baden-Baden 2002, S. 51-80 und Pascal Delwit, The European Peoples´s Party: stages and analysis of a transformation, in: ders., Erol Külahci, Cedric Van de Walle (Hrsg.), The Europarties. Organisation and Influence, Brüssel 2004, S. 135-155.

41 Vgl. Gerassimos Moschonas, The party of European Socialists: the difficult `construction´ of a European player, in: Pascal Delwitt, Erol Külahci, Cédric van de Walle (Hrsg.), The Europarties. Organisation and In-

Obgleich die beiden großen Fraktionen in der Wahlperiode 2004-2009 wieder zu der alten Praxis der informellen „großen Koalition" zurückgekehrt sind, gibt es Präzedenzfälle, die darauf hindeuten, dass man diese Form der Willensbildung schon länger als unbefriedigend empfindet. Das wurde in der vorherigen Legislaturperiode (1999-2004) deutlich, als die EVP die traditionelle Absprache mit der SPE aufkündigte, jeweils für eine Hälfte der Wahlperiode den Parlamentspräsidenten abwechselnd aus einer der beiden Parteien mit den Stimmen von beiden zu wählen. Stattdessen traf die EVP eine Absprache mit den Liberalen, und so wurde zur Mitte der Wahlperiode deren Vorsitzender, der Ire Pat Cox, zum Parlamentspräsidenten gewählt. Dies gelang jedoch nur, weil auch Grüne und unabhängige Abgeordnete für den Liberalen stimmten.[42]

Wie sehr man die im Vertrag von Lissabon (bzw. damals im Verfassungsvertrag) vorgesehene Wahlfunktion bereits antizipierte, erwies sich bei der letzten Besetzung des Postens des Kommissionspräsidenten. Als im Januar 2004 der zu dieser Zeit amtierende sozialistische Ministerpräsident Griechenlands, Kostas Simitis, als Kandidat für die Position des europäischen Kommissionspräsidenten öffentlich genannt wurde, erhob sich ein Sturm der Entrüstung in den Reihen der EVP. Hans-Gert Pöttering, 2007-2009 Präsident des EP, damals EVP-Fraktionsvorsitzender, ging – zu Recht, wie man inzwischen weiß – davon aus, dass seine Fraktion auch nach den EP-Wahlen im Juni 2004 die größte im Parlament sein würde, und verlangte vom Europäischen Rat, dies bei der Nominierung eines Nachfolgers für Romano Prodi zu berücksichtigen. Ein sozialistischer Kommissionspräsident war für die EVP nicht akzeptabel.[43] Der Protest der EVP sorgte neben der schwierigen Kompromissfindung im Europäischen Rat für die Wahl des Portugiesen Manuel Barroso, einem Politiker aus den Reihen der EVP-Mitgliedsparteien, zum Präsidenten der Kommission.

Dass die großen europäischen Parteien sich unter anderem auch deshalb um die Erlangung der Mehrheitsfähigkeit bemühen, weil sie Einfluss auf die Personalentscheidungen in der EU nehmen wollen, heißt noch nicht, dass sie absolute Mehrheiten oder parlamentarische Koalitionen tatsächlich auch zustande bringen werden. Bisher hat sich die Zahl der Fraktionen noch nicht reduziert und es hat noch immer keine absolute Mehrheit – außer der „großen Koalition" – ergeben. Angesichts der enormen Schwierigkeiten, die institutionelle Reform der EU zu einem erfolgreichen Abschluss zu bringen, kann man davon ausgehen, dass der europäische Integrationsprozess, zumindest was die Gestalt der Institutionen betrifft, mit der Ratifikation des Vertrages von Lissabon zu einem gewissen Abschluss kommt.[44] Die naheliegende Folge wäre, dass die politische Dimension „Integration versus nationale Souveränität" an Bedeutung verlieren würde.[45] Mit anderen Worten: Wenn weite-

fluence, Brüssel 2004, S. 113-134. Deutlichstes Beispiel für ein sehr inklusives Verhalten der SPE ist die Tatsache, dass die linkspopulistische slowakische SMER, die 2006 wegen ihrer Koalition mit der fremdenfeindlichen und nationalistischen Partei SNS aus der SPE ausgeschlossen worden war (vgl. Kai-Olaf Lang, Beitrittskater und posttransformative Depression. Ostmitteleuropas innenpolitische Wirrungen, in: SWP Aktuell Nr. 19 v. März 2007, S. 2), inzwischen wieder als Mitgliedspartei geführt wird (http://www.pes.org/en/content/pes-member-parties v. 18.1.2009).

42 Michael Stabenow, Frische Brise. Die Wahl des Iren Pat Cox eröffnet neue Spielräume für das EU-Parlament, in: FAZ v. 17.1.2002.

43 „Wahlergebnis nicht ignorieren", EVP-Fraktionsvorsitzender Pöttering gegen Simitis als Kandidaten, in: FAZ v. 8. Januar 2004.

44 Vgl. Seeger (wie FN 6), S. 94.

45 Vgl. Gail McElroy/Kenneth Benoit, Party Groups and Policy positions in the European Parliament, in: Party Politics 13 (2007), S. 5-28, die zeigen, dass sich die unterschiedlichen politischen Positionen neben der klassi-

re institutionelle Integrationsschritte vorerst nicht zu erwarten sind, wird es für die integrationsskeptischen Fraktionen immer weniger interessant, in einem prinzipiell ablehnenden, macht- und einflusslosen Zustand zu verharren.[46] Das wiederum würde bedeuten, dass breitere Koalitionen von mehr als zwei Fraktionen im EP, sei es Mitte-links oder Mitte-rechts, in den Bereich des Möglichen rücken würden. Die Existenz einigermaßen stabiler Mehr-Parteien-Koalitionen würde die Frage des Richters am Bundesverfassungsgericht, Andreas Voßkuhle, bei der mündlichen Verhandlung zum Vertrag von Lissabon, wo im politischen System der EU die Opposition bleibe, die „konstituierend für Demokratie" sei, beantwortet.[47] Der EVP-Abgeordnete Elmar Brok antwortete darauf, da es keine Regierung gebe, gebe es auch keine Opposition. Wenn aber die Kommission bzw. deren Präsident von einer Mehrheit des Parlaments gewählt würde, wäre die Minderheit automatisch die Opposition, die die Kontrollrechte des Parlamentes sehr viel effektiver würde ausüben können. Zugleich würde dadurch das Vorschlagsrecht des Europäischen Rates, wie gesehen, erheblich entwertet und die Parlamentarisierung auch in der Verfassungswirklichkeit vorangebracht werden.

Damit würde sich fast notwendigerweise eine Dynamik entwickeln, die den Demokratiedefizit-Diskurs zu einem gewissen Grade obsolet machen würde. Denn Parteien, die einen Anspruch auf die Besetzung der europäischen Spitzenpositionen erheben, werden dies auf Dauer der demokratischen Legitimierung durch die Wähler weder entziehen wollen noch können. Das wiederum bedeutet, dass die Wahlkämpfe zum Europäischen Parlament stärker europäisiert werden und die Parteilisten zumindest mittelfristig durch Spitzenkandidaten, d.h. in diesem Falle Kandidaten für das Amt des durch das EP zu wählenden Kommissionspräsidenten, angeführt werden müssten. Ausgerechnet die Grünen, die selbst keinerlei Aussicht haben, eine Mehrheitskoalition anzuführen, haben dies im letzten Europawahlkampf mit der Nominierung von Daniel Cohn-Bendit und Monica Frassoni vorgemacht, was von den anderen Parteien durchaus registriert wurde.[48] Mit anderen Worten: Die Parteien auf europäischer Ebene müssten – wie schon mehrfach in der Vergangenheit – in einem weiteren Entwicklungsschritt die Kompetenzerweiterung des Europäischen Parlamentes gewissermaßen nachvollziehen, um endlich in höherem Maße der ihnen schon in dem berühmten Parteien-Artikel 138a des Vertrages von Maastricht, der fast wörtlich auch im Vertrag von Lissabon auftaucht (EUVL Art. 10, Abs. 4), zugewiesenen Aufgabe gerecht zu werden, als Faktoren der politischen Integration zu wirken und „ zur Herausbildung eines europäischen politischen Bewusstseins und zum Ausdruck des Willens der Bürgerinnen und Bürger der Union" beizutragen – was wiederum die Entstehung einer größeren Öffentlichkeit für europäische Politik fördern würde. Diese weitere supranationale Ent-

schen Rechts-Links-Achse vornehmlich auf der Dimension der Integrationsbefürwortung und -ablehnung abbilden lässt.

46 Dies gilt selbstverständlich nicht für Parteien, die ausschließlich mit ihrer Integrationsfeindschaft ihren Wahlkampf bestreiten, wie etwa die „UK Independence Party", vgl. Lori Thorlakson, Federalism and the European party system, in: Journal of European Public Policy 12 (2005), S. 468-487.

47 Zit. nach Reinhard Müller, Wie viele Schritte bis zum Abgrund?, in: FAZ v. 12.2.2009.

48 Zudem wurde für den „paneuropäische" Wahlkampf der „Eurogreens" die deutsche Werbeagentur Zum Goldenen Hirschen verpflichtet, die ein für alle Mitgliedsparteien verbindliches Corporate Design in Verbindung mit dem Slogan „Its Yourope!" einsetzte, vgl. Jens Tenscher, Mit halber Kraft voraus! Parteienkampagnen im Europawahlkampf 2004, in: ders. (Hrsg.), Wahl-Kampf um Europa. Analysen aus Anlass der Wahlen zum Europäischen Parlament 2004, Wiesbaden 2005, S. 30-55, hier S. 40f u. 44.

wicklung der europäischen Parteien ist in der Logik der Parlamentarisierung der EU weitgehend angelegt.

Freilich, genauso wenig wie die parlamentarisch regierten Mitgliedstaaten der EU frei von Politik- oder Parteienverdrossenheit sind, wird eine Parlamentarisierung der EU alle Brüssel- bzw. EU-Verdrossenheit in der Bevölkerung beseitigen können. Aber indem die EU denselben Legitimationsstand wie die Mitgliedstaaten erreichte, würde sich die Klage über ein spezifisch europäisches Demokratiedefizit erübrigen.

Spätestens an dieser Stelle wird häufig der Vorwurf erhoben, dass europäische Parteien doch letztlich gar keine „richtigen" Parteien, sondern bestenfalls lose organisierte europäische Parteiverbünde seien.[49] Dieser recht pauschalen Kritik lassen sich, sehr verkürzt, eine Reihe von Argumenten entgegenhalten. Erstens, was sind eigentlich „richtige" Parteien? Amerikanische, englische, französische, deutsche oder polnische Parteien unterscheiden sich auf so vielfältige Art und Weise, dass man den Parteienbegriff stark differenzieren muss und nicht von einem Idealbild homogener Parteien ausgehen darf, das in der Wirklichkeit nirgends existiert. Aber in ähnlicher Weise wie die EU ein Gebilde *sui generis* ist, noch kein Staat, aber bereits mehr als ein Staatenbund, so befinden sich auch die europäischen Parteien, die sich das Ziel gesetzt haben, aus mehr oder weniger losen Konföderationen autonome Akteure auf der europäischen Ebene der Politik zu werden, ihrerseits in einem offenen, noch keineswegs abgeschlossenen Integrationsprozess, der aber durch eine Parlamentarisierung der EU zweifellos einen erheblichen Schub erhielte.

Zweitens, rechtlich gesehen, existieren die europäischen Parteien spätestens seit dem Inkrafttreten des europäischen Parteienstatuts im Jahr 2004.[50] Dieses Statut, das eine vergleichsweise bescheidene öffentliche Parteienfinanzierung auf der EU-Ebene vorsieht,[51] hat inzwischen dazu geführt, dass die Parteien selbständiger, d.h. weniger abhängig von den EP-Fraktionen wurden, sich eigene Räumlichkeiten in Brüssel gesucht haben und über eigenes Personal verfügen, wobei selbst die großen Parteien kaum mehr als ein Dutzend Mitarbeiter haben. Drittens ist es zwar richtig, dass die europäischen Parteien einige klassische Funktionen, wie beispielsweise die Aufstellung von Kandidaten für Wahlen, ausschließlich ihren nationalen Mitgliedsparteien überlassen;[52] aber dieses Argument ignoriert in erstaunlichem Ausmaß die Erfahrungen aus föderalen politischen Systemen.[53] Auch in Deutschland nominieren die Kreisparteien in einem Wahlkreis ihre Direktkandidaten und die Landesverbände stellen die Landeslisten zusammen, wobei die Bundesverbände höchstens Wünsche und Empfehlungen äußern können, ohne jede Sicherheit, dass diese Berücksichtigung finden. Dasselbe gilt *cum grano salis* für die direkte Mitgliedschaft. Man kann in Deutschland einer Partei beitreten, weil man deren bundespolitisches Personal besonders schätzt, aber man kann nicht der Bundespartei beitreten, sondern nur dem zuständigen Orts-

49 Beispielhaft: Jürgen Hartmann, Das politische System der Europäischen Union. Eine Einführung. Frankfurt/Main, New York 2001, S. 148f. sowie Klaus Pöhle: Europäische Parteien – für wen und für was eigentlich? Kritik und Perspektive, in: ZParl 31 (2000), S. 599-619, hier bes. S. 600f.

50 Thorsten Zimmermann, Europäisches Parteienstatut verabschiedet. Schritt zur Anerkennung europäischer Parteien und transparenter Finanzierung, <http://kas.de/proj/home/pub/9/1/year-2003/dokument_id-2112/index_print.html> 20.02.2004.

51 Dass selbst dieses bescheidene Ausmaß an Parteienfinanzierung aus dem EU-Haushalt beträchtliche Kritik hervorgerufen hat, versteht sich fast von selbst, vgl. Hans-Herbert von Arnim, Das Europa-Komplott. Wie EU-Funktionäre unsere Demokratie verscherbeln, München, Wien 2006.

52 Vgl. Thomas Poguntke/Christine Pütz, Parteien in der Europäischen Union: Zu den Entwicklungschancen der Europarteien, in: ZParl 37 (2006), S. 334-353.

53 Thorlakson, (wie FN 46), S. 470f.

oder, im Falle kleinerer Parteien, Kreisverband. Auf dem Bundesparteitag haben lediglich die gewählten Vertreter der Landesverbände Stimmrecht – und auf den Kongressen der europäischen Parteien eben die Vertreter der nationalen Mitgliedsparteien. Ohne bestreiten zu wollen, dass es Unterschiede in der Integration nationaler und europäischer Parteien gibt, die hauptsächlich auf die Tatsache zurückzuführen sind, dass es bisher kaum eine europäische Öffentlichkeit gibt, sollte man diese Unterschiede auch nicht überbewerten. Und die Wahrscheinlichkeit, dass die durch eine Parlamentarisierung der EU bewirkte (Partei-) Politisierung zur Entstehung einer europäischen Öffentlichkeit beitragen kann, ist bereits angesprochen worden.

3 Fazit

Der Lissabon-Vertrag bietet in erster Linie durch die Einführung einer genuinen parlamentarischen Wahlfunktion, verbunden mit der Stärkung des Kommissionspräsidenten, die Möglichkeit einer sehr weit gehenden Parlamentarisierung der EU. Die großen europäischen Parteien – das zeigt deren Entwicklung in den letzten anderthalb Jahrzehnten – sind durchaus interessiert, diese Möglichkeiten zu nutzen, und das vermutlich schon in einer relativ kurzfristigen Perspektive. Aufgrund des langwierigen und schwierigen Reformprozesses seit der eingangs zitierten Erklärung von Laeken ist es sehr wahrscheinlich, dass in nächster Zeit nicht mehr mit weiteren Reformschritten und einer weiteren Vertiefung der Integration zu rechnen ist. Das wiederum könnte – und hier ist der Konjunktiv wirklich angebracht – zu einem Bedeutungsverlust des Integrationscleavages im Parlament führen, was möglicherweise die Mehrheitsbildung im EP durch Mehrparteienkoalitionen und damit die Ablösung der großen Dauerkoalition aus EVP und SPE erleichtern könnte.

Mit einer solchen Parlamentarisierung wird gewiss keine Idealdemokratie auf europäischer Ebene entstehen. Es wird weiterhin – wie in nationalen Demokratien auch – Intransparenz, Elitenkartelle und wohl auch Fälle von Korruption geben. Aber wenn die auf ein Demokratiedefizit abhebende Kritik wahrscheinlich auch nicht verstummen wird, so wird sie doch an Überzeugungskraft verlieren, da die EU zumindest den Stand an Demokratieverwirklichung erreicht haben wird, den auch die Mitgliedstaaten halten. Und es ist kaum sinnvoll, von einem Verbund von Staaten mehr demokratische Partizipation und ein höheres Maß an Verwirklichung einer idealen Demokratie zu verlangen als von dessen Mitgliedstaaten.[54]

Eine andere Frage ist es, ob eine parlamentarische Demokratie den spezifischen Konsenserfordernissen der EU überhaupt angemessen ist. Insbesondere eine parteienstaatliche Politisierung der Kommission, so wird eingewendet, vertrage sich nicht mit dem Gebot der Unabhängigkeit, auf das insbesondere die kleineren Mitgliedstaaten großen Wert legten.[55] In der Logik des Vertrages von Lissabon ist dieser Einwand jedoch wenig sinnvoll, weil man kaum von der parlamentarischen Verantwortlichkeit der Kommission gegenüber dem

54 Dass ich mich mit dem Befund, in einer parlamentarisierten EU sei das „Demokratiedefizit" nicht größer oder kleiner als in den Mitgliedstaaten, im Lager der Optimisten nach den Kategorien von Armin Schäfer (Nach dem permissiven Konsens. Das Demokratiedefizit der Europäischen Union, in: Leviathan 34 (2006), S. 350-376, hier S. 352ff.) wieder finden würde, überrascht mich selbst etwas.

55 Vgl. beispielsweise Marcus Höreth, Kontinuität oder Pfadsprung? Das institutionelle Dreieck in Europa nach dem Verfassungsvertrag, in: ZPol 14/4 (2004), S. 1257-1296, hier S. 1266f.

EP (Art. 17, Abs. 8 EUVL) sprechen kann, zugleich aber das Unabhängigkeitsgebot nicht nur für Weisungen aus den Mitgliedstaaten, sondern auch für die Fraktionen des EP gelten soll.

Gewiss ist mit der Parlamentarisierung des politischen Systems der EU keine Konkurrenzdemokratie nach dem Westminster-Modells gemeint.[56] Ein am britischen Vorbild orientiertes parlamentarisches System mit seiner Ausschließlichkeit der Mehrheitsherrschaft, die weder durch eine geschriebene Verfassung und eine Verfassungsgerichtsbarkeit noch durch den Föderalismus gemäßigt wird und die aufgrund des Wahlsystems fast immer die Herrschaft einer einzigen Partei darstellt, ist für die EU weder sinnvoll noch praktikabel. Aber schon das deutsche Beispiel zeigt, dass ein parlamentarisches System, in dem der Regierungschef in der Regel – bislang zumindest sind große Koalitionen immer noch die Ausnahme – aufgrund von konkurrierenden Mehrheiten bestellt wird, aufgrund der Erfordernisse der Koalitionsbildung und des Föderalismus zu einer Verhandlungsdemokratie werden kann. In Dänemark etwa lässt sich mit der parlamentarischen Demokratie durchaus eine Kultur von Minderheitsregierungen verbinden, die mit wechselnden, fallweise zustande (oder gelegentlich auch nicht zustande) kommenden Mehrheiten arbeitet.[57] Eine parlamentarisierte EU, in der der Einfluss des Europäischen Rates weiterhin beträchtlich sein wird und in der aufgrund unterschiedlicher nationaler Interessen weder die Fraktionen noch die Koalitionen im EP dieselbe Kohärenz wie in nationalen Parlamenten erreichen werden, wird sich sehr viel eher einer solchen Spielart des Parlamentarismus annähern als der britischen. Die parlamentarische Regierungsweise ist insofern nicht nur in der Lage dem Demokratiedefizit abzuhelfen, sondern auch flexibel genug, um den Erfordernissen des europäischen Integrationsprozesses gerecht zu werden.

56 Ruffert, Art. I-27 (S. 339) u. Art. I-46 (S. 550), in: Calließ/Ruffert (Hg.), wie FN 11.

57 Peter Nannestad, Das politische System Dänemarks, in Wolfgang Ismayr (Hrsg.), Die politischen Systeme Westeuropas, Opladen 21999, S. 55-91, hier S. 65ff.

Jo Leinen[1]

Das Europäische Parlament und der Vertrag von Lissabon

Der Europäische Integrationsprozess ist ein Erfolgsprojekt. In den letzten sechzig Jahren ist aus verfeindeten Nationalstaaten eine friedliche und prosperierende Union geworden. Die Grenzen wurden weitestgehend abgeschafft, es gibt eine gemeinsame Währung, gemeinsame Wirtschafts-, Umwelt- und Verbraucherpolitiken und erste Anzeichen einer gemeinsamen Außenpolitik. Aber am Anfang des 21. Jahrhunderts steht die EU vor neuen Herausforderungen: die internationalen Finanzmärkte sind hochgradig instabil, der Klimawandel beschleunigt sich weiter, Energie- und Nahrungsmittelpreise steigen immer wieder, die Kluft zwischen Arm und Reich in Europa vergrößert sich zunehmend und die Zahl internationaler Krisen nimmt weiter zu. Die einzelnen Staaten sind nicht alleine in der Lage, diese Aufgaben zu bewältigen. Sicherheit und Wohlstand der europäischen Bürger können nur durch eine tiefer gehende Integration der Europäischen Union garantiert werden.

Dazu braucht die Europäische Union dringende Reformen. Die Institutionen der EU wurden für 6 Staaten aufgebaut. Heute hat die EU 27 Mitgliedstaaten und weitere Beitrittskandidaten werden bald dazukommen. Insbesondere auf Grund der für viele Politikfelder vorgeschriebenen Einstimmigkeit im Ministerrat und fehlender außenpolitischer Instrumente ist die EU in vielen Bereichen kaum handlungsfähig. Darüber hinaus haben viele Bürger den Eindruck, die EU-Institutionen seien zu fern und handelten nicht in ihrem Interesse. Daher wird seit Jahren darum gerungen, die EU demokratischer, transparenter und handlungsfähiger zu machen. Zu diesem Zweck wurde die Debatte zur Zukunft der Europäischen Union eingeleitet, die erst zum Verfassungsvertrag und dann zum Vertrag von Lissabon führte. Das Europäische Parlament hat eine maßgebliche Rolle in diesem Reformprozess gespielt und war eine wichtige Triebkraft für die Weiterentwicklung der europäischen Integration. Es wird sich auch weiterhin für die Umsetzung des Vertrages von Lissabon einsetzen.

Der Vertrag von Lissabon führt aus Sicht des Europäischen Parlaments viele Neuerungen und Verbesserungen für die EU ein. Er ist ein wichtiger Zwischenschritt auf dem Weg von einer Wirtschaftsgemeinschaft zu einer politischen Union. Die Ziele der EU werden neu ausgerichtet, wodurch die politische Dimension der EU weiter in den Vordergrund tritt. Insbesondere das Soziale Europa wird gestärkt, was angesichts einer sich weiter verbreitenden Armut und Arbeitslosigkeit dringend notwendig ist. Gestärkt wird auch die Europäische Innen- und Justizpolitik, um so besser dem internationalen Terrorismus, organisierter Kriminalität und Menschenschmuggel Herr zu werden. Die Europäische Außen- und Verteidigungspolitik wird fester in den Verträgen verankert sein und endlich wird die EU eine eigene Kompetenz für Energie- und Klimapolitik bekommen.

1 Für die Mitarbeit an diesem Beitrag danke ich meinen Mitarbeitern Jan Kreutz und Mathias Eberlen.

Ein Durchbruch ist der Vertrag insbesondere für die Demokratisierung der EU. Das Europäische Parlament wird durch den Vertrag in 95% der Politikbereiche gleichberechtigt mit dem Ministerrat entscheiden können. Auch nationale Parlamente werden besser in die Europapolitik einbezogen und die partizipative Demokratie wird gestärkt. Die Handlungsfähigkeit der EU wird durch Einführung der doppelten Mehrheit als Regelverfahren für Abstimmungen im Ministerrat erhöht.

1 Das Europäische Parlament war die Triebkraft für den Vertrag von Lissabon

Das Europäische Parlament hat eine maßgebliche Rolle für das Zustandekommen des Vertrages von Lissabon gespielt. Seit seinem Bestehen setzt sich das Parlament für demokratischere und handlungsfähigere Institutionen und Entscheidungsprozesse ein und drängt auf mehr Transparenz. Ziel der Abgeordneten war und ist es, eine Bürgerunion zu schaffen, in der die Interessen der Menschen im Mittelpunkt stehen. Es hat sich vehement dafür eingesetzt, dass die EU mehr ist als eine Wirtschaftsgemeinschaft. Einen ersten Achtungserfolg in dieser Hinsicht konnte das EP mit dem Vertrag von Amsterdam feiern, der zu vielen neuen Aufgabenübertragungen auf die europäische Ebene geführt und auch zur weiteren Demokratisierung der EU beigetragen hat.

Zwei parallele Entwicklungen führten in den 1990er Jahren zu einer umfassenden Debatte über die Zukunft Europas: Einerseits wurde die EU immer weiter vertieft und die Integration vorangetrieben, ohne im gleichen Maße die Demokratisierung der EU zu fördern und so die Bürger mitzunehmen, andererseits machte die in Vorbereitung befindliche große Osterweiterung interne Reformen der EU notwendig. Beiden Aufgaben sollte der Vertrag von Amsterdam gerecht werden, tat dies aber nur in unzureichendem Maße. Die deswegen erneut einberufene Regierungskonferenz wäre wegen Meinungsverschiedenheiten der Regierungschefs insbesondere zu Fragen der Machtverteilung fast gescheitert und führte zum völlig unzureichenden Vertrag von Nizza. Unter anderem lieferte dieser Vertrag nur ungenügende Grundlagen für eine EU, der nach der bevorstehenden Osterweiterung 27 Mitgliedstaaten angehören würden. Auch konnte die Demokratisierung der EU nicht weiter vorangebracht werden. Erneut waren es Vertreter des Europäischen Parlaments, die das Ergebnis von Nizza lautstark kritisierten und auch neue Verhandlungsmethoden forderten, da die Aktivitäten rund um den Nizza-Vertrag weitgehend abseits der Öffentlichkeit verlaufen waren. Auf Druck des Europäischen Parlaments setzte sich in den europäischen Hauptstädten schließlich die Erkenntnis durch, dass es für die EU an der Zeit war, neue Wege zu gehen.

Die Forderung nach einer Europäischen Verfassung führte 2001 zur *Erklärung von Laeken über die Zukunft der Europäischen Union* und damit zur Einberufung des zweiten Europäischen Konvents. Unter der Leitung von Valéry Giscard d'Estaing und der maßgeblichen Beiträge von 16 Vertretern des Europäischen Parlaments – darunter zwei im Präsidium des Konvents – erarbeitete dieser den Entwurf für einen *Vertrag über eine Verfassung für Europa*. Der darin enthaltene Durchbruch für eine weitere Demokratisierung der EU, aber auch die Steigerung der Handlungsfähigkeit durch regelmäßigere Mehrheitsabstimmungen im Rat ist maßgeblich auf den Druck von EP-Abgeordneten zurückzuführen. Nach dem bedauernswerten ‚Nein' in Frankreich und in den Niederlanden konnte der Verfassungsvertrag allerdings nicht in Kraft treten. Während der anschließenden „Denkpause" war es wiederum das Europäische Parlament, welches sich dezidiert für ein Festhalten an den Ergebnissen aus dem Verfassungskonvent einsetzte und verhinderte, dass die Reformbestrebungen im Sande verliefen. So erließ am 14. Juni 2006 das Europäische Parlament eine Resolution, in der es die Notwendigkeit, das Ziel einer Verfassung für Europa weiterhin zu verfolgen, aufrecht erhielt.[2] Ebenfalls warnte es darin davor, den erreichten Kompromiss durch eine zerstückelte Implementierung einzelner Aspekte des Vertrages aufzuweichen.[3] Auch forderte das EP den Rat auf, bis spätestens Mitte des Jahres 2007 klare Vorschläge zu erarbeiten, wie die Zukunft der Europäischen Verträge zu gestalten sei.[4]

Im Laufe des Jahres 2007 ließ das Europäische Parlament zu keinem Zeitpunkt davon ab, einen Weg aus der Verfassungskrise zu finden. In regelmäßigen Abständen beschloss es Berichte und Stellungnahmen, um einen Stillstand zu verhindern. Es machte deutlich, dass der inhaltliche Kern des Verfassungsvertrages in einem neuen Vertrag keinesfalls verloren gehen dürfe. So machte es *„[...]seine Unterstützung für den Inhalt des Verfassungsvertrags [...]“* [5] sowie *„[...] sein Engagement für eine Lösung für den laufenden Verfassungsprozess der Europäischen Union auf der Grundlage des Inhalts des Verfassungsvertrags, gegebenenfalls in einer anderen Präsentation [...]“* [6] deutlich. In derselben Entschließung fordert das EP *„[...] nachdrücklich, dass alle Grundprinzipien, die in Teil I des Verfassungsvertrags enthalten sind, einschließlich der doppelten Natur der Europäischen Union als einer Union der Staaten sowie der Bürgerinnen und Bürger, des Vorrangs des europäischen Rechts, der neuen Typologie der Rechtsakte und Verfahren, der Normenhierarchie und der Rechtspersönlichkeit der Europäischen Union gewahrt werden müssen [...].* [7] In einer Entschließung zur Einberufung der Regierungskonferenz warnte das Europäische Parlament zudem ausdrücklich davor, die von einigen Ländern geforderten ‚opt-outs' aus dem Geltungsbereich der Charta der Grundrechte zuzulassen und drängte zu neuen Anstrengungen, um diese innere Spaltung zu überwinden. Das Parlament hielte diese Entwicklung *„[...] für einen dramatischen Rückschlag und eine schwere Beschädigung des innersten Selbstverständnisses der Europäischen Union“.* [8] Zusammenfassend stellte das EP fest, *„[...] dass es jedes Verhandlungsergebnis ablehnen wird, das im Vergleich zum Vertrag über eine Verfassung zu einem geringeren Schutz der Rechte der Bürgerinnen und Bürger führen (besteht insbesondere auf dem Festhalten an der Charta der Grundrechte, vor allem an ihrem rechtlich bindenden Charakter) und weniger Demokratie, Transparenz und Effizienz für die Funktionsweise der Union bewirken würde“.* [9] Es zeigt sich hier, dass es dem Europäischen Parlament in erster Linier darum ging, den Geist des Verfassungsvertrags zu bewahren, durch den die EU zu einem bürgernäheren, handlungsfähigeren und demokratischeren Staatenverbund werden soll. Die Regierungskonferenz von 2007 erarbeitete dann schließlich auf der Grundlage des Verfassungsvertrages den nun bekannten Vertrag von

2 Vgl. ABl. C 300 E vom 9.12.2006, S. 268.
3 Ebd.
4 Ebd.
5 Entschließung des Europäischen Parlaments vom 7. Juni 2007 zu der Roadmap für den Verfassungsprozess (A6-0197/2007).
6 Ebd.
7 Ebd.
8 Entschließung des Europäischen Parlaments vom 11. Juli 2007 zu der Einberufung der Regierungskonferenz: Stellungnahme des Europäischen Parlaments (P6_TA(2007)0328).
9 Entschließung des Europäischen Parlaments vom 7. Juni 2007 zu der Roadmap für den Verfassungsprozess (A6-0197/2007).

Lissabon. Das Europäische Parlament wurde angehört und konnte sich mit etlichen Forderungen durchsetzen.

2 Der Vertrag von Lissabon führt zu einer politischen Neuausrichtung der EU

Der neue Vertrag stellt einen Höhepunkt der langen Entwicklung der EG/EU von einer Wirtschaftsgemeinschaft zu einer politischen Union dar. Die Unionspolitik wird auf neue Füße gestellt, die Ziele der Union werden neu formuliert. Durch die Auflösung der bisherigen Pfeilerstruktur werden die Innen- und Justizpolitik sowie die Außenpolitik in die EU-Politiken eingegliedert, wenn auch in einzelnen Bereichen mit besonderen Verfahren. Im Folgenden soll für die einzelnen Politikbereiche der Union dargestellt werden, inwiefern der Vertrag von Lissabon eine politische Neuausrichtung der Europäischen Union einläutet.

2.1 Bürgerunion

Die Ziele der Europäischen Union konzentrieren sich immer mehr auf die Bürgerinnen und Bürger, die in ihr leben. Mit dem Vertrag von Lissabon will sich die EU von einem Europa der Staaten zu einem Europa der Bürger weiterentwickeln. Diese Tendenz zeigt sich besonders deutlich in dem bindenden Charakter, den die „Charta der Grundrechte der Europäischen Union" durch den Vertrag von Lissabon bekommt. Im Verfassungsvertrag noch als eigenes Kapitel enthalten, wird dieser Grundrechtekatalog im Reformvertrag immerhin durch einen direkten Verweis bindend. Somit können sich die Bürger der EU beim Europäischen Gerichtshof in Luxemburg direkt auf in ganz Europa gültige Grundrechte berufen, sobald sie sich durch europäische Akte in diesen Grundrechten verletzt fühlen. Bedauernswert ist hier lediglich, dass Großbritannien, Irland und Polen über eine „opt-out-Klausel" einen Vorbehalt erhalten. Die Charta der Europäischen Bürgerrechte bildet mit ihren Garantien die Grundlage für die Werte und das soziale Modell der EU.

Die Bürgerunion spiegelt sich aber auch in dem neu geschaffenen Bürgerbegehren wieder, das den Bürgern aktive Teilnahmemöglichkeiten verleiht. Damit kann eine Gruppe von mindestens einer Million Bürger, die aus einer erheblichen Anzahl (voraussichtlich einem Viertel[10]) Mitgliedstaaten stammen sollen, die Initiative ergreifen und die Kommission auffordern, Vorschläge zur Rechtsetzung in dem geforderten Thema zu unterbreiten. Dieses Element der direkten Demokratie stellt einen Quantensprung in den Beteiligungsmöglichkeiten der europäischen Bürger dar; damit wird die Beziehung der Bürger zu den Institutionen der Europäischen Union erheblich gestärkt. Das Bürgerbegehren stellt auch einen weiteren wichtigen Schritt zur Stärkung der Identifikation mit der Europäischen Union dar.

Die Teilhabemöglichkeiten der Bürger werden weiter durch den neuen Vertrag verstärkt, indem dieser die Wahl eines europäischen „Regierungschefs" durch das direkt gewählte Europäische Parlament vorsieht. Der Kommissionspräsident soll künftig unter Berücksichtigung des Wahlergebnisses der Europawahl vom Europäischen Parlament gewählt werden. Die Legitimationskette zwischen Bürger und Kommissionspräsident wird dadurch

10 Vgl. für die genauen Modalitäten für das Europäische Bürgerbegehren den Bericht Kaufmann (2008/2169(INI)).

im Vergleich zum Vertrag von Nizza erheblich verstärkt und trägt damit zum weiteren Abbau des Demokratiedefizits der EU bei. Diese unmittelbarere Verbindung zwischen den Bürgerinnen und Bürgern und dem maßgeblichen Exekutivorgan der EU wird ebenfalls dazu führen, dass eine Identifikation mit der Europäischen Union leichter fällt. Die nunmehr zentrale Rolle des Parlaments als Mittler zwischen Wähler und Kommission hebt die Bedeutung der Bürgerkammer hervor und signalisiert damit den Bürgerinnen und Bürgern, dass ihre Stimme zur Konstituierung der Kommission beiträgt und mehr Gewicht bekommt.

2.2 Soziales Europa

Der Wandel von einer rein wirtschaftlichen zu einer zunehmend politischen Union zeigt sich insbesondere auch in der gewollten sozialen Ausrichtung des Binnenmarktes. Art. 3 Abs. 3 legt nun als eines der Ziele der EU fest, auf eine *„[...] in hohem Maße wettbewerbsfähige soziale Marktwirtschaft, die auf Vollbeschäftigung und sozialen Fortschritt abzielt, sowie ein hohes Maß an Umweltschutz und Verbesserung der Umweltqualität“* hinzuwirken. Die Betonung der *sozialen* Marktwirtschaft ist ein klares Signal gegen eine rein auf Marktmechanismen basierende Ordnung. Das Ziel der Vollendung des Binnenmarktes wird mit anderen, sozialen Zielen, verknüpft. Unterstützend kommt hier die Einführung horizontaler Klauseln zu Aspekten wie hohes Beschäftigungsniveau, sozialer Schutz, Bekämpfung der sozialen Ausgrenzung, hohes Niveau der allgemeinen und beruflichen Bildung und des Gesundheitsschutzes, Bekämpfung von Diskriminierungen sowie Umweltschutz hinzu. Diese sollen als allgemeine Grundsätze der Politikgestaltung in der EU fungieren (Art. 9, 10 und 11 AEUV). Ebenso wichtig und auch zukunftsweisend ist die Festlegung der Gleichheit von Männern und Frauen als einer der Werte der Union (Art. 2 EUV) sowie ihre Gleichstellung als eines ihrer Ziele (Art. 3 Abs. 3 EUV).

2.3 Wirtschafts- und Handelspolitik

In ihrem historischen und auch noch aktuellen Kernbereich, der Wirtschafts- und Handelspolitik, sieht sich die Europäische Union durch den Vertrag von Lissabon deutlich gestärkt. Und dies nicht nur in ihrer Handlungsfähigkeit und Effektivität, sondern vor allem auch in ihrer demokratischen Legitimität. Die in den Artikeln 206 und 207 AEUV festgelegten Grundsätze für die gemeinsame Handelspolitik sehen vor, dass das Parlament und der Rat gemeinsam nach dem ordentlichen Gesetzgebungsverfahren die Maßnahmen bestimmen, mit denen die gemeinsame Handelspolitik mit anderen Teilen der Welt ausgerichtet wird. Für alle Abkommen ist zudem die Zustimmung des Parlaments einzuholen.

2.4 Innen- und Justizpolitik

Die Innen- und Justizpolitik erhält durch den Vertrag von Lissabon eine deutliche Aufwertung innerhalb der Politiken der Union. Die neue Platzierung am Anfang des Reformvertrags (Art. 3 Abs. 2 EUV) verdeutlicht diese Stärkung. In der Tat wird die Schaffung eines Raumes der Freiheit, der Sicherheit und des Rechts (RSFR) im Vertrag noch vor den Zielen des Binnenmarkts und der Wirtschafts- und Währungsunion genannt. Es wird ein einheitlicher Rechtsrahmen für den gesamten Bereich eingeführt, durch den die derzeit mangelnde Kohärenz der Maßnahmen eingeebnet werden soll. Im Moment ist der Rechtsrahmen noch zersplittert, da der dritte Pfeiler über einige zusätzliche Instrumente verfügt (gemeinsame Standpunkte, Übereinkommen), die sich nicht bewährt haben. In Zukunft werden die gleichen Rechtsinstrumente wie in den anderen Politiken (Richtlinien, Verordnungen, usw.) auch hier Anwendung finden.

Besonders anzumerken ist die Stärkung der Rolle des Parlamentes. Dieses erhält nun auch im Bereich der Einwanderungspolitik Mitentscheidungsrechte, ebenso bei der Bestimmung des Aufbaus, der Verantwortlichkeit und der Kompetenzausgestaltung von Europol und Eurojust. Auch internationale Übereinkommen müssen nun vom EP gemeinsam mit dem Rat entschieden werden.

Auswirkungen auf die Innen- und Justizpolitik hat der oben bereits erwähnte Grundrechtsschutz. In Art. 67 AEUV wird die Bildung eines Raums der Freiheit, der Sicherheit und des Rechts mit dem Schutz der Grundrechte und der Rechtsordnungen der EU und ihrer Mitgliedstaaten verknüpft. Die EU bekennt sich damit zu einer Konzeption von Freiheit und Sicherheit, die ihre ausdrücklichen Grenzen in den Grundrechten der Charta kennt.

2.5 Umwelt- und Klimapolitik

Die Umwelt- und Klimapolitik hat in den letzten Jahren einen neuen, deutlich erhöhten Stellenwert in der Politik der Europäischen Union bekommen. Der bereits in den jetzigen Verträgen bestehende Titel für Umweltpolitik wird im Vertrag von Lissabon um ein Ziel erweitert, das die Bekämpfung des Klimawandels fordert und dieses Ziel zu einem Teil der europäischen Umweltpolitik macht.[11] Hier wird deutlich, dass die EU auch hochaktuelle Problemstellungen in den Kern ihrer Politiken aufnimmt. Im Verfassungsvertrag und schließlich im Vertrag von Lissabon bekommt die EU zum ersten Mal primärrechtliche Gesetzgebungskompetenzen im Bereich der Energiepolitik. Die neuen Zielsetzungen umfassen grundsätzlich drei Bereiche: zum einen die Gewährleistung der Energieversorgungssicherheit in der Union sowie die Sicherung des Funktionierens des Energiemarktes; zum zweiten die Förderung von Energieeffizienz, von Energieeinsparungen und der Entwicklung Erneuerbarer Energiequellen; und schließlich die Verknüpfung der nationalen Energienetze zu einem europäischen Netz. Nichtsdestotrotz bleibt die Entscheidungshoheit über den nationalen Energiemix in der Hand der Mitgliedstaaten.[12] Die EU kann aber mit gezielten Förderungen bestimmter Energien oder Technologien Akzente und Anreize setzen.

2.6 Außenpolitik

Die EU hat nicht nur in der Klimapolitik ihre globale Verantwortung erkannt, sondern stellt mit dem Lissabon-Vertrag auch grundsätzlich klar, dass sie mit einer starken gemeinsamen Außenpolitik die internationalen Beziehungen umfassend mitgestalten will. Der neue Vertrag verleiht der EU-Außenpolitik einen verbesserten rechtlichen Aktionsradius. Die EU

11 Vgl. Art. 191 Abs. 1 AEUV.
12 Vgl. Art. 194 Abs. 2 AEUV.

erhält eine eigene Rechtspersönlichkeit. Dies ist außerordentlich wichtig, da damit der EU die Möglichkeit gegeben wird, internationalen Organisationen und Übereinkommen beizutreten. Die Änderungen des Lissabon-Vertrags werden dazu beitragen, dass die EU durch die ständige Ratspräsidentschaft besser sichtbar wird, die Partner in der Welt einen einheitlichen und dauerhaften Ansprechpartner erhalten und eine einfachere Identifikation ermöglicht. In der Außenpolitik erhält die EU einen „europäischen Außenminister", der gleichzeitig Vizepräsident der Kommission ist. Damit wird die bisherige doppelte Führung der Außenpolitik durch den Außenkommissar und den Hohen Beauftragten für die GASP abgeschafft und ein einheitlicher Ansprechpartner für Drittstaaten und Internationale Organisationen zur Verfügung gestellt. Dieser Hohe Vertreter für Außenbeziehungen und Sicherheitspolitik soll durch einen Europäischen Auswärtigen Dienst und ein Netz von ihm unterstellten Vertretungen im Ausland unterstützt werden. Dieser „Diplomatische Dienst" wird aus Mitarbeitern der Kommission, des Rates und der Mitgliedstaaten bestehen. Die verschiedenen Außenbeziehungen der EU, Handelspolitik und Hilfsprojekte, Entwicklungspolitik und Diplomatie können damit auf einen Nenner gebracht werden. Die europäische Sicherheits- und Verteidigungspolitik wird mit dem Vertrag von Lissabon zu einem »integralen Bestandteil« der EU-Politik (Art. 21–46). Auf diese Weise kann die Europäische Union bei Missionen zur Friedenssicherung, Konfliktverhütung und Stärkung der internationalen Sicherheit tätig werden. Ziel ist die schrittweise Festlegung einer gemeinsamen Verteidigungspolitik. In Art. 214 AEUV wird zudem die humanitäre Hilfe als vollwertige Politik der Union anerkannt. Schließlich erhalten die Entwicklungshilfe und die humanitäre Hilfe eine klare Rechtsgrundlage, auf die das ordentliche Gesetzgebungsverfahren Anwendung findet.[13] Das Parlament wird hier also vollwertig eingebunden.

2.7 Kultur- und Gesellschaftspolitik

In einer Vielzahl anderer Politikbereiche, die überwiegend kulturelle Aktivitäten im weitesten Sinne beinhalten, wird der Vertrag von Lissabon Verbesserungen in der Ausrichtung der Europäischen Politik mit sich bringen. So wird der Geltungsbereich von EU-Maßnahmen im Bereich der Jugendpolitik ausgeweitet und damit eine Teilnahme von Jugendlichen am demokratischen Leben in Europa gefördert. Dazu gehören die Unterstützung für das Erlernen von Fremdsprachen, die Förderung der Mobilität von Lernenden und Lehrenden inklusive der Anerkennung der Diplome, die Förderung des Ausbaus des Jugendaustauschs, usw. [14] Des Weiteren enthält der Lissabonner Vertrag einen Titel zum Bereich Tourismus.[15] Die Union soll die mitgliedstaatlichen Maßnahmen im Tourismussektor ergänzen. Das Ziel ist hier, für die Unternehmen in diesem Sektor ein günstiges Umfeld zu schaffen und die Zusammenarbeit der Staaten im Tourismussektor zu unterstützen. Schließlich ist zu begrüßen, dass die Union mit dem Vertrag von Lissabon sich das Ziel setzt, die europäische Dimension des Sports zu fördern.

---

13 Vgl. Teil 5 Titel III Kap. 1 (Entwicklungszusammenarbeit) und 3 (Humanitäre Hilfe).
14 Vgl. Art. 165 AEUV.
15 Vgl. Titel XXII Art. 195 AEUV.

3 Durch den Reformvertrag wird das Europäische Parlament in der Europapolitik aufgewertet

Die Bedeutung des Vertrages von Lissabon für die zukünftige Entwicklung der EU kann nicht hoch genug geschätzt werden. Auf die Arbeit des EP wird der neue Vertrag erhebliche Auswirkungen haben. Zum ersten Mal wurde in einem Europa-Vertrag festgehalten, dass *„[...] die Arbeitsweise der Union [...] auf der repräsentativen Demokratie* [beruht].“[16] Der neue Vertrag stellt somit einen bedeutenden Schritt auf dem Weg zu einer parlamentarischen Demokratie auf europäischer Ebene dar. Im Mai 2009 hat das Europäische Parlament einen Bericht des Ausschussvorsitzenden des Verfassungsausschusses Jo Leinen angenommen, in dem die Veränderungen für die Arbeit des Parlaments ausführlich dargestellt werden.[17]

3.1 Neue Mitentscheidungsbefugnisse

Mit dem Vertrag von Lissabon wird die demokratische Legitimation der Europäischen Union durch die Ausweitung der Kompetenzen des Parlaments wesentlich gestärkt. Darunter fallen erweiterte Mitentscheidungsbefugnisse. EU-Gesetze werden in Zukunft zu 95% gleichberechtigt vom Europäischen Parlament und dem Ministerrat entschieden.

Das Drei-Säulen-Modell des Maastrichter Vertrages fällt nach Verabschiedung des Lissabon-Vertrages weg, da der Raum der Freiheit, der Sicherheit und des Rechts in vollem Maße integriert werden. Damit wird für die meisten Entscheidungen in den Bereichen Zivilrecht, Asyl, Einwanderung und Visapolitik sowie justizielle und polizeiliche Zusammenarbeit in Strafsachen das ordentliche Gesetzgebungsverfahren Anwendung finden.

Mit Einführung des ordentlichen Gesetzgebungsverfahrens für die Bestimmungen der Gemeinsamen Agrarpolitik (GAP) wird darüber hinaus in diesem zentralen Politikbereich[18] die demokratische Rechenschaftspflicht der Europäischen Union gestärkt, da das Europäische Parlament gleichberechtigt mit dem Rat über die Gesetzgebung entscheiden wird. Für die vier wesentlichen sektorübergreifenden Rechtsvorschriften im Bereich der Landwirtschaft (gemeinsame Marktordnung, Verordnungen über Direktzahlungen, Verordnungen zur ländlichen Entwicklung und Finanzierung der GAP) wird das Mitentscheidungsverfahren gemäß Art. 43 Abs. 2 AEUV gelten.

Neben der Beschlussfassungsreform der GAP wird auch die Beschlussfassung der Gemeinsamen Fischereipolitik (GFP) neu geregelt und gleichzeitig grundlegend verändert. Auch in diesem Bereich werden das Parlament und der Rat die Bestimmungen für die GFP gemeinsam festlegen. Neben der Gemeinsamen Agrar- und Fischereipolitik profitiert auch der Kultur- und Sportbereich vom steigenden Einfluss des Parlaments.

Gleiches gilt bei der Durchführung des Strukturfonds. Auch hier werden die Befugnisse des Parlaments aufgewertet und es erhält durch die Anwendung des ordentlichen Gesetzgebungsverfahrens mehr Mitentscheidungsbefugnisse. Dadurch kann die Transparenz und die Rechenschaftspflicht dieses milliardenschweren Sektors gegenüber den Bürgern erhöht werden.

16 Art. 10 Abs. 1 EUV.

17 2008/2063(INI).

18 Die Aufwendungen für die GAP stellen im Haushalt der Europäischen Union den größten Posten dar.

Ein weiterer Kernbereich besteht bei der Politik gegen die Diskriminierung aus Gründen des Geschlechtes, der Rasse, der ethnischen Herkunft, der Religion oder der Weltanschauung, einer Behinderung, des Alters oder der sexuellen Ausrichtung. Hier bedürfen alle Beschlüsse der Zustimmung des Parlaments.

Neue Mitentscheidungsbefugnisse ergeben sich durch den Reformvertrag bei der institutionellen Erneuerung der Europäischen Zentralbank (EZB). Sie wird als Organ der Europäischen Union anerkannt, wodurch die Möglichkeit für das Europäische Parlament gestärkt wird, eine Rechenschaftspflicht der EZB gegenüber dem Parlament einzufordern. Darüber hinaus können Bestimmungen in der Satzung des Europäischen Systems der Zentralbanken (ESZB) und der EZB in Zukunft nur nach Anhörung des Parlaments geändert werden.

Abschließend bleibt das Statut der Beamten der Europäischen Union zu erwähnen, bei dem mit dem Vertrag von Lissabon ebenfalls das Mitentscheidungsverfahren dazu führt, dass nun das Parlament auf Augenhöhe mit dem Rat beschließt.

3.2 Neue Haushaltsbefugnisse

Im Bereich der Finanzen wird mit dem Vertrag von Lissabon ein grundlegender Wandel in Hinblick auf die interinstitutionellen Beziehungen und die Beschlussfassungsverfahren vollzogen. Die Budgetrechte des Europäischen Parlamentes werden ausgeweitet. Der Rat und das Parlament müssen sich über die Ausgabenplanung verständigen, die rechtlich bindenden Charakter erhält.

Gemeinsam müssen sie über den Haushaltsplan beschließen, die Unterscheidung zwischen freiwilligen und obligatorischen Ausgaben wird mit dem Vertrag von Lissabon abgeschafft. Diese neue Mitentscheidung ist vor allem bedeutsam für die Agrarpolitik, die den größten Budgetposten darstellt. Ebenfalls wird die Haushaltsordnung dem ordentlichen Gesetzgebungsverfahren unterliegen. Die Bestimmungen des Vertrages von Lissabon wirken sich somit ganz besonders auf verbesserte Haushaltsbefugnisse des Europäischen Parlaments aus.

Bei der Unterzeichnung einer breiten Palette internationaler Abkommen durch die Union muss das Einverständnis des Parlaments eingeholt werden und es kann den Rat auffordern, Verhandlungen über internationale Abkommen erst aufzunehmen, nachdem das Parlament seinen Standpunkt dargelegt hat. Das Parlament kann, auf der Grundlage eines vom zuständigen Ausschuss erarbeiteten Berichts, Empfehlungen in jeder beliebigen Phase der Verhandlungen abgeben, die vor dem Abschluss der Verhandlungen zu berücksichtigen sind.

„Gemischte" Abkommen, die nicht die GASP oder eines ihrer Elemente betreffen, müssen anhand einer einzigen Rechtsgrundlage behandelt werden, die direkt mit dem Hauptgegenstand des Abkommens zusammenhängen. Das Parlament wird das Recht auf Anhörung haben, wobei die Teile ausgenommen werden, die ausschließlich die GASP betreffen.

3.3 Neue Kontrollbefugnisse

Mit dem Vertrag von Lissabon wird das Europäische Parlament in Zukunft den Präsidenten der Europäischen Kommission wählen. Der Europäische Rat muss dem Parlament einen Personalvorschlag machen, der die Ergebnisse der Europawahlen berücksichtigt. Der Chefposten in der Europäischen Exekutive wird damit vom Wählerwillen und den daraus gebildeten Mehrheiten im Europäischen Parlament abhängen. Dies ist ein wichtiger Fortschritt für die Personalisierung wie auch die Politisierung der Europapolitik und die Verwirklichung der Europäischen Demokratie. Zur endgültigen Konstituierung der Kommission stellen sich der Präsident, der Hohe Vertreter der Union für Außen- und Sicherheitspolitik und die übrigen Mitglieder der Kommission als Kollegium einem Zustimmungsvotum des Europäischen Parlamentes und sind ihm so gegenüber rechenschaftspflichtig.

Auch wenn die demokratische Kontrolle der Kommission durch das Europäische Parlament sicherlich als eine der wichtigsten Neuerungen des Vertrags von Lissabon gilt, erhält das Parlament auch in anderen Bereichen erweiterte Kontrollrechte. Es wird ein neues Verfahren für die Ernennung von Richtern und Generalanwälten des Gerichtshofs und des Gerichts eingeführt, wonach vor dem Beschluss von einer Gruppe von Sachverständigen, von denen einer vom Europäischen Parlament vorgeschlagen wird, eine Stellungnahme über die Eignung des Bewerbers für die Ausübung des Richteramtes abgegeben werden muss. Auch wird das Parlament bei Veränderungen in der Zusammensetzung des EZB-Rates eine neue beratende Funktion haben. Hinzu kommt die Tatsache, dass Agenturen, vor allem Europol und Eurojust, einer stärkeren parlamentarischen Kontrolle unterliegen werden (Artikel 85 und 88 AEUV).

3.4 Neue Initiativrechte

Das Parlament erhält durch den Vertrag von Lissabon neue Initiativrechte, um Vorschläge zu Änderungen der Verträge einbringen zu können. Damit kann das Europäische Parlament als Bürgerkammer neue Ideen zur Zukunft Europas erarbeiten. Hinzu kommt, dass das Parlament das Initiativrecht in Hinblick auf Vorschläge zu seiner eigenen Zusammensetzung haben wird. Durch den Vertrag von Lissabon wird außerdem ein besonderes Gesetzgebungsverfahren für die Annahme von Bestimmungen zur Festlegung der Befugnisse von Untersuchungsausschüssen eingeführt, bei dem das Parlament verstärkte Partizipationsrechte erhält.

4 Die Demokratisierung der EU wird weiter vorangetrieben

Das Parlament ist auf europäischer Ebene die einzige direkt gewählte Institution. Als solche übernimmt es eine herausgehobene Rolle als Vertreter der Bürgerinnen und Bürger. Zu einer lebhaften europäischen Demokratie gehören auch die nationalen Parlamente. Die EU ist immer auch ein Staatenverbund, in dem die Mitgliedstaaten über den Europäischen Rat und den Ministerrat einen Großteil der maßgeblichen Entscheidungen treffen. Deshalb kommt den nationalen Parlamenten eine herausragende Bedeutung in der europäischen Politik zu. In einem modernen demokratischen System muss auch die Zivilgesellschaft eingebunden werden. Politische Parteien spielen zwar eine überragende Rolle im politischen Geschehen, aber immer mehr Menschen engagieren sich auch in Nichtregierungsorganisationen, um sich für eine bestimmte, oft sehr spezifische Sache einzusetzen.

4.1 Kontrolle durch die nationalen Parlamente

Die Rolle der nationalen Parlamente wird durch den Vertrag von Lissabon weiter gestärkt, indem die Parlamente der Mitgliedstaaten neue Kontrollrechte, insbesondere hinsichtlich der Prüfung der Einhaltung des Subsidiaritätsgrundsatzes erhalten. Diese neuen Rechte folgen nicht nur den Prinzipen der Union, sondern führen auch dazu, dass durch die verstärkte Kontrolle europäischer Politiken seitens der nationalen Parlamente eine stärkere Sensibilisierung der Öffentlichkeit für die Tätigkeiten der Union entsteht. Um ihre Kontrollbefugnisse voll ausüben zu können, werden die nationalen Parlamente in Zukunft über jegliche Gesetzesinitiativen durch die Kommission informiert.[19] Dies wird auch grundsätzlich den Informationsfluss zwischen den europäischen Institutionen und den nationalen Kammern beschleunigen und verbessern. Noch leidet die Zusammenarbeit zwischen den nationalen und den europäischen Institutionen an einem deutlichen Kommunikationsdefizit.

Die nationalen Parlamente werden gemeinsam mit dem Europäischen Parlament die politische Kontrolle über Europol und Eurojust ausüben und sich an der Bewertung der Unionspolitiken im Bereich des Raums der Freiheit, der Sicherheit und des Rechts beteiligen.

Schließlich werden auch die regionalen Gebietskörperschaften über verstärkte Kontrollrechte verfügen. Der Ausschuss der Regionen besitzt nach dem Vertrag von Lissabon das Recht, beim Europäischen Gerichtshof Klage zu erheben, wenn seines Erachtens das Subsidiaritätsprinzip verletzt wurde.[20]

4.2 Stärkung der partizipativen Demokratie

Aufgrund der Größe der Europäischen Union können die gewählten Europaabgeordneten die Aufgabe der Transmission von Bürgerinteressen in die Europapolitik nicht alleine bewältigen. Die Einbeziehung der Zivilgesellschaft in das Agenda-Setting, in die Ausgestaltung europäischer Politik, in ihre Umsetzung und Vermittlung kann einen wichtigen Beitrag zur europäischen Demokratie leisten. Es sind vor allem Nichtregierungsorganisationen (NROs) auf europäischer, nationaler und lokaler Ebene, die dabei eine wichtige Rolle spielen. Im Vertrag von Lissabon ist ein offener, transparenter und regelmäßiger Dialog zwischen EU-Institutionen und Zivilgesellschaft explizit vorgesehen.[21] Derzeit gibt es zwischen den verschiedenen Generaldirektionen der Kommission und zwischen den Ausschüssen des Europäischen Parlaments große Unterschiede in der Einbeziehung von zivilgesellschaftlichen Akteuren. Um eine größere Kohärenz herzustellen und den zivilgesellschaftlichen Dialog zu stärken, ist eine gemeinsame Vereinbarung der Institutionen notwendig, in der Leitlinien zur Benennung von zivilgesellschaftlichen Vertretern, Methoden für die Aus-

19 Vgl. Titel I, Art. 1 des Protokolls Nr. 1 zum EUV.
20 Vgl. Art. 8 Abs. 2 des Protokolls Nr. 2 zum EUV.
21 Vgl. Art. 11 EUV.

gestaltung von Konsultationen und ihre Finanzierung festgeschrieben werden. Es sollte ein Register aufgebaut werden, in der verlässliche Informationen über Repräsentativität und Tätigkeitsfelder von zivilgesellschaftlichen Organisationen enthalten sind. Notwendig ist darüber hinaus eine ausreichende Finanzierung von NROs auf europäischer Ebene und ein Statut für Europäische Vereine. Auf Seiten der zivilgesellschaftlichen Organisationen ist vor allem eine verbesserte Rückkopplung ihrer europäischen Arbeit mit den Mitgliedern an der Basis notwendig.

Notwendig sind auch eine transparentere Arbeit des Ministerrats und der Europäischen Kommission sowie ein direkter Zugang der Bürger zu EU-Dokumenten. Einen echten Schub für die partizipative Demokratie wird das Europäische Bürgerbegehren bringen. Die Bürger in Europa können dadurch die politische Agenda der Europäischen Union beeinflussen und die Europäische Kommission auffordern, Gesetzgebungsvorschläge vorzulegen. In Zukunft ist auch die Einführung eines Europäischen Referendums vorstellbar. Dieses kann aber nur dann einen Beitrag zur europäischen Integration leisten und die Demokratisierung der EU voranbringen, wenn es mehr ist als die Summe von 27 nationalen Referenden. Es muss am gleichen Tag mit der gleichen Fragestellung in allen Mitgliedstaaten der EU durchgeführt werden.

5 Stärkung der Handlungsfähigkeit der EU und mehr Transparenz

Die Europäische Union leidet derzeit noch an einem gravierenden Mangel an Handlungsfähigkeit, der sie daran hindert, eine ihrer Bevölkerungsgröße, ihrer Wirtschaftskraft und ihrer geostrategischen Bedeutung entsprechenden Rolle zu spielen. Der Vertrag von Lissabon wird für das Funktionieren und das Handeln der Europäischen Union in dieser Hinsicht deutliche Verbesserungen bringen. Die Stärkung der Handlungsfähigkeit ergibt sich im Wesentlichen aus Reformen in vier Bereichen. Zum Ersten werden durch die regelmäßige Anwendung der qualifizierten Mehrheit sowie der doppelten Mehrheit bei Abstimmungen im Rat schnellere, bessere und weitergehende Entscheidungen möglich. Damit eröffnen sich auch für das Europäische Parlament neue Möglichkeiten, denn das Risiko, während des Gesetzgebungsprozesses auf das Votum einzelner Ratsmitglieder warten zu müssen, sinkt erheblich. So kann zwischen Parlament und Rat ein effektiverer Diskurs stattfinden, wodurch einerseits schnellere und damit aktuellere, aber vor allem auch einfachere und klarere Rechtsakte möglich werden. Damit steigt auch die Wahrscheinlichkeit, dass die Gesetzgebung der Union in der Öffentlichkeit stärker wahrgenommen wird, wenn die Verfahren zwischen den Institutionen nicht mehr so langwierig sind wie bisher und die Rechtsakte auch verständlicher werden.

Zum Zweiten erhält die Europäische Union eine eigene Rechtspersönlichkeit, wodurch die derzeitige Unterscheidung zwischen Europäischer Union und Europäischer Gemeinschaft wegfällt. Dies hat insbesondere Auswirkungen auf die Außenpolitik der Union und wird ihr ermöglichen, internationale Verträge abzuschließen sowie internationalen Organisationen beizutreten.

Drittens wird das Instrument der verstärkten Zusammenarbeit verbessert. Bei 27 und zukünftig noch mehr Mitgliedstaaten kann nicht immer davon ausgegangen werden, dass einstimmige Entscheidungen getroffen werden und dass in bestimmten Politikbereichen alle zur gleichen Zeit die Integration ausweiten wollen. Wie schon bei der Einführung des

Euro in nur einem Teil der Staaten, wird es in Zukunft für die Mitgliedsländer öfter und einfacher möglich sein, sich für eine verstärkte Zusammenarbeit zu entscheiden. Damit kann die Handlungsfähigkeit der EU gesichert werden, auch wenn nicht alle Mitgliedstaaten sofort an den Integrationsmaßnahmen teilnehmen wollen. Es besteht dadurch auch die Chance, dass diese Gruppe voranschreitender Staaten eine Vorbildfunktion einnimmt und bei Erfolg der Zusammenarbeit sich immer mehr Mitglieder anschließen. Auch hier kann das Beispiel des Euro angeführt werden, den im Laufe der Jahre immer mehr Länder eingeführt haben.

Und schließlich sieht der Lissabon-Vertrag tiefgreifende institutionelle Änderungen vor, die der Politik der EU mehr Konstanz und mehr Handlungsspielraum verleihen werden. Der Europäische Rat wird zu einem eigenständigen, vom Ministerrat unabhängigen Organ der EU. Hier ist von ganz entscheidender Bedeutung, dass sein Vorsitz von einer Persönlichkeit übernommen wird, die für zweieinhalb Jahre gewählt wird. Diese Änderung wird das Profil der Europäischen Union schärfen und zu einem erhöhten Erwartungsdruck beitragen. Die bisherige Regelung der 6-monatigen Präsidentschaft führt oftmals zu einer inkohärenten und zerfahrenen europäischen Politik, weil unter anderem gravierende Unterschiede in den Führungskapazitäten der verschiedenen Mitgliedstaaten bestehen.

Mit dieser neu hinzugewonnen Handlungsfähigkeit wird die EU aber zwangsläufig auch einflussreicher werden. Gerade deswegen ist es besonders wichtig, dass ihr Handeln nachvollziehbarer wird und leichter überprüft werden kann, aber vor allem auch, dass ihre Zuständigkeiten klar geregelt sind. Der Vertrag von Lissabon präzisiert daher die Verteilung der Kompetenzen zwischen der EU und ihren Mitgliedstaaten. Die Union verfügt zwar weiterhin nur über die Befugnisse, die ihr von den Mitgliedstaaten übertragen werden, im Reformvertrag werden diese aber in drei Kategorien eingeteilt: im Bereich ihrer ausschließlichen Zuständigkeiten (Zollunion, Währungspolitik für die Euroländer, gemeinsame Handelspolitik, usw.) ist die Union allein handelsbefugt; im Bereich der geteilten Zuständigkeiten (z.B. Binnenmarkt, Umwelt, Konsumentenschutz, Verkehr, Energie, Raum der Freiheit, der Sicherheit und des Rechts, usw.) können sowohl die Union als auch die Mitgliedsländer Rechtsvorschriften erlassen; im Bereich der unterstützenden, koordinierenden und ergänzenden Maßnahmen (Industrie, Kultur, Tourismus, Bildung, Jugend, Sport, usw.) kann die Union die Mitgliedstaaten unterstützen, ohne dass deren Zuständigkeiten auf die EU übergehen. Diese präzise Verteilung der Kompetenzen wird ergänzt durch die oben bereits erwähnten Kontrollmöglichkeiten der nationalen Parlamente hinsichtlich der Wahrung der Subsidiarität.

Zusätzlich zur eindeutigeren Klärung der Kompetenzen wird durch den Reformvertrag auch die Transparenz der EU erhöht. Dem Grundsatz der Bürgerunion folgend, soll es für die Europäer einfacher werden, nachzuvollziehen, wie die Rechtsakte der Union entstehen. So wie das Parlament heute schon öffentlich tagt, werden in Zukunft auch Sitzungen des Ministerrats nach außen hin offen stattfinden. Selbst wenn nur ein Bruchteil der europäischen Bürgerinnen und Bürger die Sitzungen verfolgen will, so wird doch gewährleistet sein, dass über die Berichterstattung in der Presse und durch die Übertragung der Sitzungen im Internet die Inhalte und Prozesse nach außen getragen werden. Im Sinne der Förderung der Bürgerunion enthält die Grundrechtecharta – die über einen Verweis im Lissabon-Vertrag verbindlich wird – ein Grundrecht auf den Zugang der Bürgerinnen und Bürger zu Dokumenten des Parlaments, des Rates und der Kommission.

6 Zukünftige Herausforderungen für das Europäische Parlament

Der Vertrag von Lissabon enthält viele neue Bestimmungen, die das Funktionieren der Europäischen Union verbessern werden, und das Europäische Parlament hat eine maßgebliche Rolle bei der Ausarbeitung des Vertrages gespielt. Gleichwohl werden das Parlament, der Rat und die Kommission nach dem Inkrafttreten des Vertrags vor neuen Aufgaben und Herausforderungen stehen, die sich aus dem Reformvertrag ergeben. Dazu hat das Europäische Parlament im Mai 2009 einem umfangreichen Bericht „Zu den neuen Aufgaben und Zuständigkeiten des Parlaments bei der Umsetzung des Vertrags von Lissabon“[22] zugestimmt, der auf Stellungnahmen aller Ausschüsse des Europäischen Parlaments aufbaut – damit ist dies ein wohl einzigartiger Bericht für das Europäische Parlament.[23] Dieser Bericht ist in einer Reihe anderer Berichte des Verfassungsausschusses zu sehen, mit denen das Parlament bereits vor der endgültigen Ratifizierung des Lissabon-Vertrages Vorkehrungen für die Zeit danach treffen will, um eine möglichst rasche und reibungslose Umsetzung des Vertrages sicherzustellen.[24] Zunächst gilt es aber, alle Anstrengungen zu unternehmen, damit der Vertrag so schnell wie möglich ratifiziert werden kann.

6.1 Vertrag von Lissabon erfolgreich ratifizieren

In vier Mitgliedstaaten musste zuletzt der Vertrag noch ratifiziert werden: während in Deutschland, Polen und Tschechien die Unterschriften der Staatspräsidenten ausstanden, bestand die größte Herausforderung darin, ein zweites, erfolgreiches Referendum in Irland abzuhalten. Im Vorfeld des Referendums vom Juni 2008 verlief die Kampagne alles andere als glücklich. Der Kernpunkt der Problematik lag in der Kommunikation über den Reformvertrag, der ebenso wie der Verfassungsvertrag nicht ausreichend den Bürgerinnen und Bürgern erklärt wurde. Im Anschluss an die Regierungskonferenz hatten die Europaabgeordneten nicht genug Unterstützung durch die nationalen Politiker, um die Inhalte und die Bedeutung des Vertrages hinreichend zu kommunizieren. Auch in Irland war die Kommunikation über den neuen Vertrag nicht ausreichend, das Scheitern wäre zu verhindern gewesen. In der Tat gilt als einer der entscheidenden Gründe für den negativen Ausgang der Wahl das fehlende Wissen der Wähler über die Inhalte des Vertrages. Dadurch war es für

22 Berichterstatter ist Jo Leinen (2008/2063(INI)).

23 Beteiligt waren: Ausschuss für auswärtige Angelegenheiten, Entwicklungsausschuss, Ausschuss für internationalen Handel, Ausschuss für Wirtschaft und Währung, Ausschuss für Beschäftigung und soziale Angelegenheiten, Ausschuss für Umweltfragen, Volksgesundheit und Lebensmittelsicherheit, Ausschuss für Binnenmarkt und Verbraucherschutz, Ausschuss für Verkehr und Fremdenverkehr, Ausschuss für regionale Entwicklung, Ausschuss für Landwirtschaft und ländliche Entwicklung, Fischereiausschuss, Ausschuss für Kultur und Bildung, Rechtsausschuss, Ausschuss für bürgerliche Freiheiten, Justiz und Inneres, Ausschuss für die Rechte der Frau und die Gleichstellung der Geschlechter und Petitionsausschuss; zudem wurden Schreiben des Haushaltsausschusses, des Haushaltskontrollausschusses und des Ausschusses für Industrie, Forschung und Energie berücksichtigt.

24 Dies sind die Berichte *Duff* zur Einführung allgemeiner unmittelbarer Wahlen der Abgeordneten im EP (2007/2207(INI)), *Kaufmann* zu den Leitlinien für das Europäische Bürgerbegehren (2008/2169(INI)), *Brok* zu den Beziehungen zwischen dem Europäischen Parlament und den nationalen Parlamenten nach dem Vertrag von Lissabon (2008/2120(INI)), *Onesta* zu den Änderungen der Geschäftsordnung in Bezug auf das Petitionsverfahren (2006/2209(REG)).

die Gegner des Vertrages ein Leichtes, bestimmte Passagen für ihre Kampagne umzudeuten. Dies ging sogar so weit, dass bewusst falsche Informationen verbreitet wurden.[25]

Das zweite Referendum war erfolgreich, weil die Bevölkerung in Irland sicher sein kann, dass ihre Sorgen wahrgenommen wurden. Die Garantien, die Irland z.B. zum Abtreibungsrecht und zur Neutralität erhalten hat, sind wichtig und hilfreich, ebenso wie eine proaktive und sichtbare Kampagne. Die irischen Bürgerinnen und Bürger mussten sich im Klaren darüber sein, was ein zweites Nein für Irlands Mitgliedschaft in der EU bedeuten würde. Irland konnte den anderen Mitgliedstaaten nicht die Konsequenzen seiner Ablehnung aufzwingen.

6.2 Den Vertrag von Lissabon schnellstmöglich umsetzen

Der Vertrag von Lissabon ist ein rechtlicher Rahmen. Dieser muss nach der Ratifizierung noch in die Praxis umgesetzt werden. Wenn der Vertrag ratifiziert worden ist, darf es nicht zu weiteren Verzögerungen kommen, nur weil die Umsetzung nicht rechtzeitig vorbereitet wurde. Sowohl die Kommission als auch der Rat haben bereits Beschlüsse gefasst, in denen die Umsetzung der Regelungen des Lissabonvertrages vorbereitet wird. Das Parlament darf hier nicht hinterher hinken, sondern muss schnellstmöglich eigene Richtlinien verabschieden, aber auch darauf drängen, dass die Kommission von ihrem Initiativrecht Gebrauch macht und möglichst schnell Vorschläge für die Implementierung des Vertrages unterbreitet.

Es sollte zunächst das Augenmerk auf die interinstitutionellen Vereinbarungen gelegt werden, damit die Zusammenarbeit zwischen Parlament, Rat und Kommission nicht durch Anpassungsschwierigkeiten blockiert wird. Daher müssten sich die Institutionen darüber verständigen, welche Ziele die Union nach 2009 erreichen will, sowie festlegen, welche Durchführungsmaßnahmen beschlossen werden müssen, die für eine erfolgreiche Umsetzung des Reformvertrages notwendig sind. Weiterhin ist es notwendig, dass sich Parlament und Kommission verbindlich darüber verständigen, in welcher Weise das Parlament in die Vorgänge für den Abschluss eines internationalen Abkommens einbezogen wird. Ihre zukünftige Rechtspersönlichkeit wird es der EU ermöglichen, Abkommen zu unterzeichnen; dabei muss auch gewährleistet werden, dass das Parlament daran ausreichend beteiligt wird, um eine starke demokratische Legitimation zu garantieren. Gegenstand einer weiteren interinstitutionellen Vereinbarung muss auch die Schaffung einer europäischen Informations- und Kommunikationspolitik sein, damit die aus den verstärkten Kompetenzen der Europäischen Union resultierenden Entscheidungen an eine möglichst breite Öffentlichkeit herangetragen werden können.

Das Parlament bemüht sich des Weiteren bereits jetzt darum, die Kommission aufzufordern, Vorschläge zu machen, wie die einzelnen Vorschriften des Reformvertrages umgesetzt werden sollen.[26] Im Zentrum der Aktivitäten sollten hier die Stärkung der partizipativen Demokratie sowie der Handlungsfähigkeit der Union liegen. Zu Ersterer gehört unbedingt die Europäische Bürgerinitiative, die zwar im Vertrag vorgesehen ist, deren Modalitäten dort aber nicht definiert sind. Es muss sichergestellt werden, dass klare, einfache und nutzerfreundliche Bedingungen festgelegt werden, damit dieses Instrument auch tatsächlich

25 So zum Beispiel über die Neutralität Irlands, die nach dem Vertrag angeblich nicht mehr gegeben sein würde.
26 Vgl. dazu den Bericht Leinen (2008/2063(INI)).

angewendet werden kann und nicht wegen zu komplizierter Verfahren abschreckt.[27] Zur aktiven Partizipation der Bürger gehört mittlerweile auch immer mehr das Engagement in Verbänden und Stiftungen. Die Kommission sollte hierzu dringend Vorschläge einreichen, damit auf der Grundlage des Artikels zur partizipativen Demokratie (Art. 11 EUV) eine Satzung für wirklich europäische Verbände und Stiftungen ausgearbeitet werden kann.

Hinsichtlich der Stärkung der Handlungsfähigkeit wird es ebenfalls notwendig sein, dass die Kommission schnellstmöglich die Initiative ergreift und damit die gerade für die Überwindung der Wirtschaftskrise so wichtigen Neuerungen des Vertrages für die Umsetzung vorbereitet. Die Europäische Union wird nach Art. 136 AEUV zukünftig Maßnahmen beschließen können, die dazu dienen sollen, die Koordinierung und die Überwachung der Haushaltsdisziplin der Euroländer zu verstärken, sowie für diese Staaten Grundzüge der Wirtschaftspolitik auszuarbeiten. Es wäre ein starkes Signal für die Handlungsfähigkeit der EU einerseits, aber auch für ihre demokratische Legitimation andererseits, wenn die Kommission nach dem Inkrafttreten des Vertrages diese Instrumente nutzen würde und dabei vor allem das Europäische Parlament umfassend mit einbezöge. Hierbei müssen auch die neuen Möglichkeiten zur multilateralen Überwachung der Konvergenz der Wirtschaftsleistungen (Art. 121 AEUV) und zur Verwaltungszusammenarbeit gemäß Art. 197 AEUV ausgeschöpft werden.

6.3 Reformbedarf in der Zukunft

Der Vertrag von Lissabon ist ein großer Erfolg für Europa und ein riesiger Schritt nach vorne. Aber auch dieser Vertrag wird nicht das Ende der Europäischen Einigung und der Reformen der EU sein. Auch wenn in nächster Zukunft die Implementierung des Vertrages erste Priorität erhalten sollte, ist der Aufbau der Europäischen Union damit noch nicht abgeschlossen. Damit die EU noch demokratischer wird und eine stärkere Rolle in der Welt spielen kann, müssten in Zukunft noch weitere Reformen in Betracht gezogen werden. Es wäre daher wünschenswert, das institutionelle Gleichgewicht der Union zu überdenken. Bisher galt der Grundsatz, dieses institutionelle Gleichgewicht nicht zu verändern. Bei vergangenen Reformprozessen konnte eine der Institutionen nur dann in ihrer Rolle gestärkt werden, wenn auch gleichzeitig alle anderen eine Aufwertung ihrer Position im europäischen Institutionengefüge erhielten. Möglicherweise ist dies heute nicht mehr angebracht. Es müsste analysiert werden, welche Rolle die einzelnen Institutionen in einem demokratischen Europa spielen sollen.

Insbesondere die Stellung der Kommission sollte neu evaluiert werden. Die Kommission fördert laut Vertrag das gemeinsame europäische Interesse. Doch je politischer die Europäische Union mit der Stärkung der Rolle des Parlamentes wird, desto mehr hängt das allgemeine europäische Interesse von den Mehrheitsverhältnissen in der europäischen Bürgerkammer ab. Mit der Ausweitung der Teilhaberechte des Parlaments spiegeln sich auf europäischer Ebene immer stärker die Wünsche und die politischen Vorstellungen der Bürger Europas wider. Die neue Regelung, nach der der Kommissionspräsident abhängig von den Mehrheitsverhältnissen im Parlament sein soll, ist bereits ein erster Schritt zu einer stärkeren Ausrichtung der Kommission an dem politischen Willen der Bürgerinnen und

27 Der Verfassungsausschuss hat dazu einen Bericht mit Empfehlungen an die Kommission erstellt (2008/2169(INI)). Berichterstatterin ist Sylvia-Yvonne Kaufmann.

Bürger. Auch das Initiativmonopol der Kommission muss im Lichte einer weiteren Demokratisierung der EU überdacht werden. Sowohl das Europäische Parlament als auch der Rat sind über eine kürzere Legitimationskette an die Bürgerinnen und Bürger gebunden. Deshalb wäre zumindest ein zusätzliches Initiativrecht für das EP angebracht. Dies wäre auch ein weiterer Schritt zu einer größeren Akzeptanz der europäischen Politik in den Mitgliedsländern.

7 Fazit

Der Vertrag von Lissabon ist das Ergebnis des Verfassungsprozesses, der 2001 mit der Erklärung von Laeken begonnen wurde. Mehr als bei jedem anderen Europäischen Vertrag zeigte sich beim Verfassungsvertrag und schließlich beim Vertrag von Lissabon, wie schwierig es in der EU mittlerweile geworden ist, mit einer solch großen Anzahl an Mitgliedstaaten eine effektive Europäische Union zu erhalten. Mit jedem Beitritt steigen auch die Risiken einer Uneinigkeit über den Weg, den die EU gehen soll. Insofern ist es nur logisch, dass der Reformvertrag sich gerade die Vereinfachung der Arbeit zum Ziel gesetzt hat. Viele entscheidende Impulse sind aus dem Europäischen Parlament gekommen. Die Stärkung der Befugnisse des Parlaments ist einer der zentralen Aspekte des Lissabonner Vertrags. Denn je mehr Kompetenzen die EU erhält und je heterogener sie wird, desto wichtiger wird es, dass die Bürgerinnen und Bürger auf europäischer Ebene ausreichend vertreten sind. Die EU ist an einem Punkt angelangt, an dem sie eine so prominente Stellung in der Politik einnimmt, dass sie es sich nicht leisten kann, losgelöst von den Menschen zu handeln.

Aber der Vertrag von Lissabon wird nicht der letzte Vertrag über die Europäische Union sein. Valéry Giscard d'Estaing sagte zwar, die Verfassung werde 50 Jahre lang Bestand haben[28], jedoch ist dies keine realistische Einschätzung. Die EU basiert immer noch auf sehr vielen Kompromissen, die nicht alle Fragen an die europäische Einigung und die Rolle der EU beantworten können. Zudem werden neue Herausforderungen auch neue Lösungen erfordern. Gerade die Offenheit der EU macht sie zu einem einzigartigen Projekt. Aktuelle Fragestellungen wie der Klimawandel haben bereits Einzug in den Vertrag von Lissabon gefunden. Auch in Zukunft wird es nötig sein, die Grundlagen der EU an das Weltgeschehen anzupassen.

Nichtsdestotrotz täte die EU schlecht daran, allzu vorschnell einen erneuten Reformprozess anzustrengen. Die achtjährige Phase des Verfassungsprozesses und der Ausarbeitung des Vertrags von Lissabon stellte sowohl die Regierungen als auch die Bürgerinnen und Bürger Europas immer wieder vor große Herausforderungen und Anstrengungen. Der Reformvertrag verfolgt ambitionierte Ziele. Der EU sollte die Zeit gelassen werden, die neuen Grundlagen in ihrer täglichen Arbeit zu nutzen und umzusetzen.

28 Vgl. FTD vom 16. Juni 2003.

Christoph Knill und Jale Tosun

Steuerung und Regulierung in der neuen EU

1 Einleitung

Inhalte, Entstehung und Implementation von europäischen Politiken stellen ein zentrales Anliegen der Policy-Forschung dar. Wie löst die Europäische Union (EU) politische Probleme und Herausforderungen in bestimmten Politikfeldern? Wie haben sich die Steuerungs- und Regulierungsaktivitäten der EU im Laufe der zunehmenden Integration entwickelt? Und welchen Einfluss könnte der Vertrag von Lissabon Steuerungsformen und Muster europäischer Politikgestaltung haben? Dies sind die drei zentralen Fragestellungen, denen wir in diesem Beitrag nachgehen möchten.

Hierbei legen wir unseren Untersuchungsfokus besonders auf die Implikationen der Vertragsrevisionen. Diese reformieren die Organe der EU und sichern den supranationalen Institutionen neue Kompetenzbereiche zu, was Rückwirkung auf Politikgestaltung und politische Steuerung hat. Die bisher wichtigsten Vertragsreformen waren die Einführung der Einheitlichen Europäischen Akte (EEA) im Jahr 1987, die Unterzeichung der Verträge von Amsterdam und Nizza in den Jahren 1997 und 2001, sowie der Entwurf des Verfassungsvertrags vom Oktober 2004. Letzteres Reformvorhaben trat jedoch nicht in Kraft, da er nicht von allen Mitgliedstaaten ratifiziert wurde.[1] In dieser Reformtradition steht auch der am 13. Dezember 2007 unterzeichnete Vertrag von Lissabon. Im Kern soll dieser jüngste Vertrag die Handlungsfähigkeit der EU durch eine Ausweitung der Politikfelder, eine effizientere Information der Bürger über die gemeinsam erzielten Ergebnisse und politischen Leistungen, ein einheitlicheres Auftreten nach außen sowie moderne und auf 27 Mitgliedstaaten angepasste Institutionen verbessern.[2]

Angesichts der weitreichenden institutionellen Implikationen scheint daher die Frage nach dem Einfluss des Vertrags von Lissabon auf die politische Steuerung und Regulierungstätigkeit in der EU von höchstem Interesse zu sein. Somit ist das Ziel der folgenden Ausführungen, die wichtigsten Merkmale der Entwicklung und Ausgestaltung europäischer Politiken herauszuarbeiten und diese in Beziehung zu typischen Steuerungsformen zu setzen. Dieses Vorgehen befähigt uns dann einen Trend für die Veränderungen von politischer Steuerung und Regulierung in der „neuen“ EU auszumachen.

Zur angemessenen Behandlung der eingangs vorgestellten Forschungsfragen gehen wir wie folgt vor. Zunächst stellen wir die Ausgestaltung und Entwicklung verschiedener Politiken der EU dar. Anschließend beleuchten wir verschiedene Formen der politischen

---

1 Vgl. dazu *Becker, Peter/Leiße, Olaf* 2005: Die Zukunft Europas. Der Konvent zur Zukunft der Europäischen Union, Wiesbaden.

2 *Amtsblatt der Europäischen Union* 2008: Konsolidierte Fassungen des Vertrags über die Europäische Union und des Vertrags über die Arbeitsweise der Europäischen Union, Brüssel. Der Text kann über folgenden Link bezogen werden: http://www.auswaertiges-amt.de/diplo/de/Europa/Verfassung/vertrag-von-lissabon.pdf.

Steuerung. In einem dritten Schritt gehen wir näher auf den Vertrag von Lissabon ein und stellen jene Aspekte vor, die einen Wandel der Steuerungsformen und Regulierungstätigkeit herbeiführen könnten. Im letzten Abschnitt tragen wir unsere Befunde zusammen und verweisen auf Anknüpfungspunkte für zukünftige Forschungsarbeiten.

2 Politikfelder der EU

Die politische Gestaltungskompetenz der EU – bis 1993 Europäische Gemeinschaften (EG) – hat seit der Unterzeichung der Römischen Verträge 1957 beständig zugenommen. Die politischen Handlungsfelder der EU erstrecken sich mittlerweile auf nahezu alle Bereiche staatlicher Politiken. So reicht das Spektrum von Marktregulierung, Sozialpolitik, Umwelt, Verbraucherschutz, Verkehr, Forschung, Regionalpolitik, Kultur- und Medienpolitik bis hin zu Wirtschafts- und Währungspolitik, innerer Sicherheit sowie Außen- und Verteidigungspolitik.[3] Zwar sind die verschiedenen Politikfelder zu einem unterschiedlichen Grad vergemeinschaftet, aber die umfassenden Policy-Zuständigkeiten verdeutlichen, welche Bedeutung die EU nominell besitzt.

In der politikwissenschaftlichen Literatur finden sich zahlreiche Versuche, die Vielfalt der Inhalte von Policies zu systematisieren. Hierbei erfreut sich die von Lowi[4] vorgeschlagene Einteilung nach den Wirkungen einer Policy nach wie vor großer Beliebtheit.[5] Ausgehend von der These, dass von Politikinhalten (*policies*) charakteristische Rückwirkungen auf politische Prozesse (*politics*) ausgehen, unterschied Lowi zwischen redistributiver, distributiver und regulativer Politik. Diese Policies sind durch spezifische Prozesse der Konflikt- und Konsensbildung gekennzeichnet, deren zentrale Bestimmungsfaktoren die Kosten und Nutzen sind, die von den Betroffenen erwartet werden, sowie die Steuerungsstrategie, mittels derer Kosten und Nutzen vermittelt werden.

Dies impliziert, dass bei einer redistributiven Politik (wie etwa Sozialhilfepolitik), die auf Umverteilung abzielt und Kosten und Nutzen ungleich verteilt, starke Verteilungskonflikte zwischen potentiellen Gewinnern und Verlierern zu erwarten sind. Hingegen kann bei einer distributiven Politik, welche die Bereitstellung allgemein zugänglicher Leistungen beinhaltet und die Kosten- und Nutzenverteilung weitgehend unklar lässt (z. B. Forschungszuschüsse), von eher konsensualen Prozessmustern ausgegangen werden. Ähnliches wird auch von regulativen Politiken angenommen, die typischerweise keine Leistung beinhalten, sondern darauf ausgerichtet sind, rechtliche Regeln zu definieren (so beispielsweise Bereich des Umweltschutzes). Diese Regeln können zwar durchaus Kosten- und Nutzenwirkungen haben, jedoch sind sie meist nur schwer kalkulierbar. Neben der analytischen Hilfestellung bietet Lowis Unterscheidung auch den Vorteil, dass sie eine systematische Erfassung europäischer Politiken ermöglicht.

Im Rahmen von regulativer Politik wird versucht, durch Gebote, Verbote oder Anreize auf das Verhalten von Individuen einzuwirken und damit Verhaltensänderungen bzw. be-

3 Vgl. *Wallace, Helen/Wallace, William/Pollack, Mark* (Hrsg.) 2005: Policy-Making in the European Union, Oxford; *Hix, Simon* 2005: The Political System of the European Union, Basingstoke.

4 *Lowi, Theodore* 1964: American business, public policy, case studies and political theory, in: World Politics, Nr. 4, Jg. 16, S. 677-715.

5 Vgl. hierzu u.a. *Knill, Christoph/Tosun, Jale* 2008: Policy Making, in: Caramani, Daniele (Hrsg.): Comparative Politics, Oxford, S. 495-519, (S. 496).

stimmte Steuerungswirkungen zu erzielen. Im Hinblick auf unterschiedliche Arten regulativer Politik wird in der Literatur zur europäischen Integration eine zentrale Unterscheidung zwischen negativer und positiver Integration getroffen.[6]

Negative Integration bezieht sich dabei auf die Abschaffung von nationalen Barrieren für den Handel und Wettbewerb innerhalb des europäischen Marktes. Den Mitgliedstaaten werden Handlungsoptionen in der Wirtschaftspolitik, welche die Funktionsfähigkeit des gemeinsamen Marktes beeinträchtigen, entzogen. Somit kommt negative Integration in erster Linie bei der Verwirklichung des Binnenmarktes sowie der Wettbewerbspolitik zum Tragen. Da die Policies in beiden Bereichen vornehmlich auf die Abschaffung von Handels- und Wettbewerbsbarrieren abzielen, werden sie teilweise auch als „deregulierend" und weniger als „regulierend" bezeichnet.

Positive Integration bezieht sich hingegen eher auf marktkorrigierende Politiken der EU. Letztere zielen darauf ab, mögliche negative Auswirkungen der Marktintegration, etwa im Hinblick auf Umwelt- und Verbraucherschutz, zu vermeiden. Bestehende nationale Regelungen werden durch neue europäische Regelungen ersetzt bzw. es kommt zu einer Harmonisierung. Somit lässt sich festhalten, dass neben Maßnahmen zur Etablierung eines gemeinsamen Marktes die EU parallel marktkorrigierende Regulierungen – so insbesondere für die Bereiche des Umweltschutzes und der Sozialpolitik – entwickelt hat.

Hierbei ist die Entwicklung der europäischen Umweltpolitik besonders bemerkenswert.[7] Diese war bis zur Verabschiedung der EEA kein vertragsmäßig verankertes Handlungsfeld der EU. Die Kommission musste daher ihre Maßnahmenvorschläge in diesem Bereich mit anderen – in den Römischen Verträgen erwähnten – Zielen rechtfertigen: Umweltpolitische Maßnahmen wurden zunächst mit rein ökonomischen Motiven begründet, insbesondere der Abschaffung von Handelshemmnissen durch national unterschiedliche Umweltstandards. Mit der EEA und den Verträgen von Maastricht und Amsterdam erfolgte eine deutliche Ausweitung umweltpolitischer Kompetenzen der EU. Während mit der EEA Umweltschutz explizit als Aufgabe der Gemeinschaft verankert wurde, kam es im Rahmen der Verträge von Maastricht und Amsterdam zu signifikanten Reformen des Entscheidungsverfahrens in diesem Bereich. Dies führt dazu, dass nahezu alle Bereiche gemeinschaftlicher Umweltpolitik nach dem Mitentscheidungsverfahren beschlossen werden.[8] Die umweltpolitischen Strategien und Leitlinien gemeinschaftlicher Politik werden im Rahmen mehrjähriger umweltpolitischer Aktionsprogramme definiert. Seit Beginn der siebziger Jahre sind sechs solcher Programme verabschiedet worden.[9]

Im Unterschied zur Umweltpolitik enthielten die Römischen Verträge zur Gründung der Gemeinschaft durchaus eigenständige Rechtsgrundlagen für entsprechende politische Initiativen im Bereich der Sozialpolitik. Trotz dieser vertraglichen Kompetenzen sind die Fortschritte in der europäischen Sozialpolitik im direkten Vergleich mit der Umweltpolitik eher als moderat zu bewerten. Dies ist nicht zuletzt darauf zurückzuführen, dass umweltpo-

---

6 Vgl. u.a. *Scharpf, Fritz W.* 1999: Regieren in Europa. Effektiv und demokratisch?, Frankfurt am Main.

7 Vgl. *Knill, Christoph/Liefferink, Duncan* 2007: Environmental Politics in the European Union: Policy-Making, Implementation and Patterns of Multi-Level Governance, Manchester.

8 Vgl. *Holzinger, Katharina* 2005: Institutionen und Entscheidungsprozesse der EU, in: Holzinger, Katharina/Knill, Christoph/Rittberger, Berthold/Schimmelfennig, Frank/Wagner, Wolfgang (Hrsg.): Die Europäische Union, Paderborn, S. 81-152.

9 Vgl. *Knill, Christoph* 2003: Europäische Umweltpolitik. Steuerungsprobleme und Regulierungsmuster im Mehrebenensystem, Opladen.

litische Maßnahmen oft in engem Zusammenhang zur negativen Integration stehen, was bei Sozialpolitik nur selten der Fall ist.

Auch unterscheidet die europäische Sozialpolitik sich fundamental von der klassischen Sozialpolitik des nationalen Wohlfahrtsstaates. Europäische Sozialpolitik ist primär sozialregulative Politik: Sie zielt darauf ab, negative soziale Auswirkungen des Binnenmarktes zu verhindern, ohne dass dabei die zentralen nationalen Kompetenzen im Bereich der Umverteilung tangiert werden.[10] Somit liegt der Fokus der europäischen Sozialpolitik auf Arbeitsmarkt- und Beschäftigungspolitik[11], was auch im Rahmen der sogenannten „Lissabon-Strategie“ – d.h. dem auf dem Sondergipfel der europäischen Staats- und Regierungschefs im März 2000 in Lissabon verabschiedeten Programm – deutlich wurde.

Verglichen mit nationalen politischen Systemen, ist die Kapazität der EU zur Verteilung und Umverteilung finanzieller Ressourcen zwischen verschiedenen gesellschaftlichen Akteuren oder einzelnen Staaten begrenzt. Denn der finanzielle Handlungsspielraum der EU, durch Steuern oder öffentliche Zuweisungen aus dem EU-Haushalt solche Verteilungswirkungen zu erzeugen, ist stark eingeschränkt. Dennoch bedeuten europäische Umverteilungsmaßnahmen für diejenigen Akteure, die hiervon profitieren, wie etwa Bauern, Regionen oder einzelne Mitgliedstaaten, beträchtliche finanzielle Zugewinne.

Die wachsende Bedeutung staatlicher Umverteilungspolitik wird damit begründet, dass demokratische Mehrheitsentscheidungen in politischen Systemen zu einer Verschiebung finanzieller Ressourcen von der Minderheit auf die politische Mehrheit führten. Um ihre Wahlchancen zu verbessern, entwickeln politische Parteien Umverteilungsprogramme, welche ihre wichtigen Wählerschichten überproportional begünstigen. Darüber hinaus wird generell darauf abgehoben, dass politische Entscheidungen über Umverteilungsprogramme einfacher möglich sind, wenn damit gleichzeitig eine Ausweitung des Gesamtbudgets einhergeht. Dies liegt daran, dass Umverteilungsentscheidungen leichter fallen, wenn jeder mehr bekommt, als wenn einer Gruppe zugunsten einer anderen Gruppe etwas weggenommen werden muss. Es besteht auf diese Weise ein impliziter Anreiz zur beständigen Erhöhung staatlicher Ausgaben. Eine solche Entwicklung kann jedoch durch bestimmte institutionelle Regeln beschränkt werden. So ermöglicht es etwa das Einstimmigkeitsprinzip bei der Beschlussfassung über den europäischen Haushalt, dass einzelne Regierungen für sie nachteilige Umverteilungen blockieren können. Aufgrund dieser Struktur hat jedes Mitgliedsland prinzipiell die Möglichkeit durchzusetzen, dass die von ihm in den Haushalt eingebrachten Leistungen durch entsprechende Zahlungen kompensiert werden.[12]

Solche Regeln verhindern jedoch nicht ein weiteres Kennzeichen staatlicher Verteilungspolitik: die überproportionale Begünstigung leicht organisierbarer, konzentrierter Minderheiten zu Lasten schwerer organisierbarer, diffuser Mehrheitsinteressen.[13] So ist beispielsweise der Nutzen aus Agrarsubventionen für jeden einzelnen Bauern weitaus größer als die hieraus entstehenden Kosten für den Verbraucher oder Steuerzahler.

Die angesprochenen Zusammenhänge lassen sich auf europäischer Ebene insbesondere in zwei Feldern redistributiver Politik beobachten: der gemeinsamen Agrarpolitik sowie

10 Vgl. u.a. *Falkner, Gerda/Treib, Oliver* 2005: Europäische Sozialpolitik in der nationalen Praxis, in: Zeitschrift für Sozialreform, Nr. 2, Jg. 51, S. 139-163.

11 Vgl. *Keller, Berndt* 2001: Europäische Arbeits- und Sozialpolitik, München.

12 Vgl. *Hix* 2005 (Fn. 3), S. 275-281.

13 *Olson, Mancur* 1965: The Logic of Collective Action: Public Goods and the Theory of Groups, Cambridge/Massachusetts.

der Strukturpolitik. Die zentrale Rolle dieser Politikbereiche kommt nicht zuletzt darin zum Ausdruck, dass sie etwa 80 Prozent der Haushaltsausgaben der EU beanspruchen.

Die Agrarpolitik ist die wichtigste Politik im Bereich der redistributiven Maßnahmen auf europäischer Ebene. In keinem anderen Feld hat die EU mehr Befugnisse und wurden mehr Rechtsvorschriften erlassen als in der Landwirtschaft. Ihre Grundzüge wurden bereits Anfang der sechziger Jahre beschlossen. Die rechtliche Grundlage hierfür ergab sich aus den Römischen Verträgen zur Gründung der Gemeinschaft, welche die Agrarpolitik als zentrales Politikfeld der EU identifizieren. Konkret wurden in diesem Zusammenhang die folgenden Ziele definiert: Steigerung der Produktivität der Landwirtschaft, Sicherstellung eines angemessenen Lebensstandards für die Landwirte, Stabilisierung der Märkte sowie Sicherstellung einer ausreichenden Versorgung der Verbraucher zu angemessen Preisen.

Das Ergebnis war ein System indirekter Einkommensgarantien für die europäischen Landwirte, welche vom europäischen Steuerzahler und den Verbrauchern finanziert wurden. Dieses ursprünglich vereinbarte System stellte die Gemeinschaft jedoch relativ schnell vor große Probleme. Sie ergaben sich in erster Linie aus der Tatsache, dass mit steigender Produktivität und Marktstabilisierung die EU zu einem Nettoexporteur auf dem internationalen Agrarmarkt wurde.[14]

Aufgrund dieser Entwicklungen erschien die traditionelle Agrarpolitik im Laufe der achtziger Jahre weder weiterhin finanzierbar, noch war sie aufgrund der hohen Belastungen für kleine Betriebe, Steuerzahler und Verbraucher länger politisch legitimierbar. 1992 verständigten sich die Mitgliedstaaten auf eine Reform der gemeinsamen Agrarpolitik. Wesentliche Inhalte waren die schrittweise Reduktion der Garantiepreise in bestimmten Bereichen, direkte Einkommensunterstützung für Bauern sowie Stilllegungsprämien als Anreiz zur Vermeidung von Überproduktion. Im Rahmen der Agenda 2000 legte die Kommission weitere Vorschläge für die künftige Ausgestaltung der europäischen Agrarpolitik vor dem Hintergrund der Osterweiterung vor. Jedoch kann erst die im Juni 2003 von den EU-Agrarministern verabschiedete grundlegende Reform der Gemeinsamen Agrarpolitik als ein weitreichender Vorstoß gewertet werden.[15]

Die tatsächliche Umsetzung dieser Reformen kann jedoch keineswegs als selbstverständlich vorausgesetzt werden. Erstens gilt für Entscheidungen über Reformen der gemeinsamen Agrarpolitik das Einstimmigkeitsprinzip, was eine Abkehr von suboptimalen Politikmustern erschwert.[16] Zweitens bestehen in den meisten Mitgliedstaaten sehr enge Beziehungen zwischen den jeweiligen Landwirtschaftsministern und den nationalen Bauernverbänden. Auch gehören letztere typischerweise politischen Parteien an, die in den Landwirten eine wichtige Wählerschicht haben. Drittens kam der zuständige EU-Kommissar für Landwirtschaft bisher stets aus einem Mitgliedstaat mit wichtigem Agrarsektor und gehört dabei traditionell einer politischen Partei an, die landwirtschaftlichen Interessen nahe steht. Auch die Verwaltung der zuständigen Generaldirektion ist primär mit Vertretern aus Mitgliedstaaten besetzt, die eine starke landwirtschaftliche Tradition haben. Viertens sind die landwirtschaftlichen Interessenverbände sowohl auf nationaler als auch europäischer Ebene sehr einflussreich und gut organisiert. Sie verfügen generell über sehr enge Kontakte zu den jeweiligen Landwirtschaftsministerien und haben auf diese Weise

14 Vgl. *Hix* 2005 (Fn. 3), S. 283.

15 Vgl. *Rieger, E*lmar 1999: Agenda 2000 – Reform der Gemeinsamen Agrarpolitik, Gütersloh.

16 Vgl. *Scharpf, Fritz W.* 1985: Die Politikverflechtungs-Falle. Europäische Integration und deutscher Föderalismus im Vergleich, in: Politische Vierteljahresschrift, Nr. 4, Jg. 26, S. 323-356.

großen Einfluss auf die Politikgestaltung. Diese Konstellation wird vielfach auch als eisernes Dreieck von Mitgliedstaaten, Kommission und Agrarinteressen bezeichnet.[17]

In den letzten Jahren ist diese dominante Position allerdings durch zwei Entwicklungen in Frage gestellt worden. Zum einen ist durch verschiedene wirtschaftliche, politische und soziale Entwicklungen in Europa die Machtposition landwirtschaftlicher Interessen geschwächt worden. Die wirtschaftliche Bedeutung des Agrarsektors in den nationalen Volkswirtschaften hat sich deutlich reduziert. Dies gilt sowohl für den Anteil der in der Landwirtschaft bereitgestellten Arbeitsplätze als auch den Anteil am Bruttoinlandsprodukt. Zum zweiten geht von externen Entwicklungen ein verstärkter Druck zur Reform der europäischen Agrarpolitik aus. Dieser ergibt sich nicht nur im Rahmen der intergouvernementalen Verhandlungen zur Liberalisierung des Welthandels auf der Ebene der Welthandelsorganisation, sondern auch aus der bevorstehenden Osterweiterung der EU. Denn aufgrund der stark landwirtschaftlich strukturierten Beitrittskandidaten würde die Beibehaltung eines Systems der Garantiepreise den finanziellen Bankrott der EU bedeuten.[18] Kurzfristig mögen zwar die landwirtschaftlichen Interessen durchaus noch in der Lage sein, entsprechende Innovationen zu verzögern oder abzuschwächen, langfristig werden diese Entwicklungen jedoch eine grundlegende Marktorientierung in der Agrarpolitik unausweichlich machen.

Im EU-Vertrag wurde die Reduktion wirtschaftlicher und sozialer Ungleichheiten zwischen gesellschaftlichen Gruppen und Regionen innerhalb der Gemeinschaft als zentrales Ziel definiert. Entsprechend wurde und wird seitens der EU ein wachsendes Maß an Transferzahlungen an weniger entwickelte europäische Regionen geleistet. Die konkrete Ausgestaltung der europäischen Strukturpolitik basiert auf vier so genannten Strukturfonds: dem Europäischen Fonds für regionale Entwicklung, dem Europäischen Sozialfonds, dem landwirtschaftlichen Ausgleichs- und Garantiefonds und dem Finanzierungsinstrument für das Fischereiwesen. Neben den vier Strukturfonds wurde mit dem Vertrag von Maastricht noch ein weiteres strukturpolitisches Programm etabliert, der so genannte Kohäsionsfonds. Der Hintergrund für diesen Fonds sind die relativ strengen wirtschaftlichen und fiskalischen Konvergenzkriterien, welche die Mitgliedstaaten für den Beitritt zur Wirtschafts- und Währungsunion erfüllen müssen. Das Ziel des Kohäsionsfonds war die Steigerung des Wirtschaftswachstums in den vier ärmsten Mitgliedstaaten der EU, Griechenland, Irland, Portugal und Spanien, welche neben den ostdeutschen Bundesländern, Süditalien, Nordirland, Schottland und Nordengland sowie die ländlichen Regionen in Frankreich und Finnland auch am meisten davon profitierten.

Allerdings sind sowohl die europäische Landwirtschaftspolitik als auch die europäische Strukturpolitik mit einem zunehmenden Reformdruck konfrontiert. Hierfür ist vor allem die Osterweiterung verantwortlich, mit der die Aufnahme vieler sehr armer Regionen mit besonderen strukturellen Problemen verbunden war. Reformerfordernisse ergeben sich auch aus der Tatsache, dass einige Länder wie Irland und Spanien deutliche ökonomische Fortschritte gemacht haben und nach bisherigen Maßstäben nicht mehr länger förderungswürdig sind.

---

17 *Keeler, John* 1996: Agricultural Power in the European Community: Explaining the Fate of CAP and GATT Negotiations, in: *Comparative Politics*, Nr. 2, Jg. 28, S. 127-149; *Pappi, Franz U./Henning, Christian* 1999: The organization of influence on the EC's common agricultural policy: A network approach, in: European Journal of Political Research, Nr. 2, Jg. 36, S. 257-281.

18 Vgl. *Hix* 2005 (Fn. 3), S. 283.

Betrachtet man nun die Politiken der EU, so fallen drei zentrale Aspekte auf. Erstens zeigt sich eine eindeutige Dominanz regulativer Politik. Zweitens dominiert hierbei ein spezifischer Typus regulativer Politik, welcher auf die Etablierung funktionierender Marktordnungen ausgerichtet ist. Demgegenüber sind marktkorrigierende regulative Policies, welche darauf abzielen, negative Effekte des Marktverhaltens zu reduzieren (z. B. Sozialpolitik) von vergleichsweise geringerer Relevanz. Drittens fällt auf, dass die budgetären Aufwendungen für europäische Policies mit Leistungscharakter durch zwei wesentliche Bereiche redistributiver Politik dominiert werden: der Agrarpolitik und der Strukturpolitik.

Insgesamt verdeutlichen die Ausführungen zur Ausgestaltung verschiedener Politiken der EU, dass deren Entwicklung aus vier generellen theoretischen Perspektiven interpretiert werden kann: der Logik den Präferenzen der Mitgliedstaaten im intergouvernementalen Verhandlungsprozess, der einflussreichen und unabhängigen Rolle der Kommission, den zugrunde liegenden institutionellen Regeln sowie dem jeweiligen Kräfteverhältnis unterschiedlicher gesellschaftlicher Interessen im Hinblick auf die Beeinflussung europäischer Politik. Deutlich wird dabei, dass keine Perspektive für sich allein ausreichend erscheint, eine umfassende Erklärung für die empirischen Entwicklungen zu bieten. Vielmehr sind die verschiedenen Konzepte als einander komplementär zu begreifen. Allerdings zeigt gerade die Entwicklung europäischer Umweltpolitik auch auf, wie wichtig die Vertragsreformen für eine Herausbildung dieses Politikfeldes waren. Welche Entwicklungen der Vertrag von Lissabon nun anstoßen könnte, wird im übernächsten Kapitel herauszuarbeiten sein. Zuvor müssen wir aber noch eine Verbindung zwischen europäischen Politiken und politischen Steuerungsformen herstellen.

3 Muster politischer Steuerung in der EU

Steuerungskonzepte haben wichtige Rückwirkungen auf die konkrete Ausgestaltung europäischer Policies. Ein genauerer Blick auf die verschiedenen Politikbereiche zeigt schnell die hohe Bandbreite an Steuerungsmustern, die sich in diesem Zusammenhang beobachten lässt. Ungeachtet dieser Vielfalt lassen sich allerdings durchaus generelle Entwicklungslinien identifizieren, welche auf Verschiebungen in der politischen Gewichtung von Steuerungsmustern verweisen.[19]

Von Bedeutung sind in diesem Zusammenhang zunächst zwei analytische Dimensionen: die Beziehung zwischen Steuerungssubjekten und -objekten sowie die instrumentelle Ausgestaltung von politischer Steuerung.[20] Inwieweit sind öffentliche und private Akteure an der Formulierung und Implementation von Policy-Instrumenten beteiligt? Wie verbind-

19 Vgl. *Kohler-Koch, Beate/Eising, Rainer* (Hrsg.) 1999: The Transformation of Governance in the European Union, London; *Héritier, Adrienne* 2002: New Modes of Governance in Europe: Policy Making Without Legislating?, in: Héritier, Adrienne (Hrsg.): The Provision of Common Goods: Governance across Multiple Arenas, Boulder, S. 185-206; *Holzinger, Katharina/Knill, Christoph/Schäfer, Ansgar* 2006: Rhetoric or Reality? 'New Governance' in EU Environmental Policy, in: European Law Journal, Nr. 3, Jg. 12, S. 403-420. *Tömmel, Ingeborg* 2008: Das politische System der EU, München.

20 Vgl. *Holzinger, Katharina/Knill, Christoph* 2003: Faktoren des Steuerungswandels: Das Zusammenspiel von Ideen, Bedingungen und Mustern politischer Steuerung, in: Holzinger, Katharina/Knill, Christoph/Lehmkuhl, Dirk (Hrsg.): Politische Steuerung im Wandel: Der Einfluss von Ideen und Problemstrukturen, Opladen, S. 7-27, (S. 9).

lich sind die europäischen Vorgaben? Hieraus ergeben sich vier generelle Formen der Regulierung, die in der folgenden Darstellung zusammengefasst sind.[21]

Abbildung 1: Formen politischer Steuerung

		Beteiligung privater Akteure	
		Niedrig	Hoch
Grad der rechtlichen Verbindlichkeit	Freiwillig	*Private Selbststeuerung*	*Koregulierung;* *Offene Methode der Koordinierung*
	Verpflichtend	*Interventionistische Steuerung*	*Regulierte Selbstregulierung*

Quelle: Knill (2003: 65).

Im Fall der interventionistischen Steuerung liegt die Verantwortung und Entscheidung über die inhaltliche Ausgestaltung von Policies letztlich bei staatlichen bzw. suprastaatlichen Akteuren. Die nationalen Regierungen sowie die suprastaatlichen Akteure der Gemeinschaft, insbesondere Kommission und Europäisches Parlament, entscheiden über die Annahme und Verabschiedung europäischer Richtlinien oder Verordnungen. Ähnliches gilt für die Implementation dieser Maßnahmen. So obliegt die Durchführung gemeinschaftlicher Rechtsakte zwar grundsätzlich den Mitgliedstaaten (Art. 10 [ex-Art.5] EGV), aber für die Kontrolle der Umsetzung des Gemeinschaftsrechts ist wiederum die Kommission als „Hüterin der Verträge" zuständig.[22]

Dies schließt die vorherige Konsultation und Einbeziehung gesellschaftlicher Interessen keineswegs aus.[23] Es gehört zum Alltag der europäischen Politikgestaltung, dass Interessenverbände und Lobbyisten versuchen, ihre Interessen gegenüber den Entscheidungsträgern auf europäischer Ebene zur Geltung zu bringen. Der Zugang privater Akteure zum Entscheidungsprozess unterliegt dabei jedoch nur wenigen formellen Regeln und ist nur in geringem Maße institutionalisiert. Vielmehr bestimmen die am Entscheidungsprozess beteiligten staatlichen und suprastaatlichen Akteure darüber, ob und inwieweit sie private Akteure in den Entscheidungsprozess mit einbeziehen und deren Vorstellungen berücksichtigen.[24]

Diese Konstellation impliziert ein hierarchisches Verhältnis zwischen öffentlichen und privaten Akteuren. Typischerweise kommt dieser „command and control"-Ansatz in der Definition direkter und rechtlich bindender Handlungsverpflichtungen zum Ausdruck. Im

21 Vgl. *Mol, Arthur P./Lauber, Volkmar/Liefferink, Duncan* (Hrsg.) 2000: The Voluntary Approach to Environmental Policy, Oxford; *Knill, Christoph/Lehmkuhl, Dirk* 2002: Private Actors and State: Internationalization and Changing Patterns of Governance, in: Governance, Nr. 1, Jg. 15, S. 41-63; *Knill, Christoph* 2003 (Fn. 9).

22 Vgl. *Knill, Christoph* 2005: Die EU und die Mitgliedstaaten, in: Holzinger, Katharina/Knill, Christoph/Rittberger, Berthold/Schimmelfennig, Frank/Wagner, Wolfgang (Hrsg.): Die Europäische Union, Paderborn, S. 153-180, (S. 166-179).

23 Vgl. *Greenwood, Justin* 1997: Representing Interests in the European Union, Houndsmills.

24 Vgl. *Lenschow, Andrea* 1999: Transformation in European Environmental Governance, in: Kohler-Koch, Beate/Eising, Rainer (Hrsg.): The Transformation of Governance in the European Union, London, S. 39-60.

Rahmen von Geboten, Verboten oder Auflagen werden verbindliche Vorgaben definiert, die von den jeweiligen Adressaten (z. B. Industriebetrieben und den für die Umsetzung zuständigen nachgeordneten Behörden (z. B. nationale Gewerbeaufsichtsämter) beachtet und eingehalten werden müssen.

Hierarchische Strukturen bei der Formulierung und Implementation von Instrumenten sind in der europäischen Politik von zentraler Bedeutung. Der weitaus größte Teil der im vorhergehenden Abschnitt vorgestellten Politiken basiert auf rechtlich bindenden Vorgaben, die von nationalen Regierungen und suprastaatlichen Akteuren definiert und beschlossen wurden. In den letzten Jahren ist dieses dominante Muster jedoch um andere Formen der Steuerung ergänzt worden.

Von Bedeutung ist hierbei zunächst die Form der regulierten Selbstregulierung. Ähnlich wie die interventionistische Regulierung ist diese Form der Steuerung durch rechtlich verbindliche Entscheidungen gekennzeichnet sowie durch die dominante Rolle öffentlicher Akteure im Hinblick auf die inhaltliche Ausgestaltung dieser rechtlichen Vorgaben. Im Unterschied zur interventionistischen Regulierung erfolgt jedoch eine stärker formalisierte und institutionalisierte Einbeziehung privater Akteure in die Politikgestaltung, etwa durch die Delegation bestimmter Kompetenzen auf private Akteure.[25]

Ungeachtet der unterschiedlichen Einbeziehung privater Akteure in die Politikgestaltung sind interventionistische Regulierung und regulierte Selbstregulierung durch die Verabschiedung bindender Vorgaben gekennzeichnet. Darüber hinaus spielen öffentliche Akteure eine dominante Rolle bei der Entscheidung über regulative Vorgaben.

Im Fall der Koregulierung erfolgt die Festlegung und Anwendung von Instrumenten nicht auf der Basis rechtlich bindender Entscheidungen, sondern im Wege von Verhandlungen und Vereinbarungen zwischen öffentlichen und privaten Akteuren. Entscheidungen werden nicht einseitig von Mitgliedstaaten, Europäischem Parlament (EP) und Kommission getroffen und dann gegenüber privaten Akteuren durchgesetzt, sondern basieren auf Verhandlungen, in denen öffentliche und private Akteure gleichberechtigt an der Entscheidungsfindung beteiligt sind.

Anstelle hierarchischer Steuerung durch rechtlich verbindliche Instrumente steht die Kooperation im Vordergrund, die darauf ausgerichtet ist, einen möglichst weiten Kreis unterschiedlicher öffentlicher und privater Akteure mit einzubeziehen. So sind etwa im Bereich der Umweltpolitik auf der Ebene der Kommission zu Beginn der neunziger Jahre verschiedene Netzwerke (z. B. Dialoggruppen) eingerichtet worden, die eine möglichst weite Einbeziehung nationaler und subnationaler Behörden, Industrieverbände, Verbraucher- und Umweltschutzverbände sowie Gewerkschaften bei der Formulierung umweltpolitischer Initiativen ermöglichen sollen. Auch in Bezug auf die Implementation europäischer Politik lassen sich solche Initiativen der Netzwerkbildung beobachten. Ein zweites Muster dieser kooperativen, nicht auf dem Erlass verbindlicher Vorschriften basierenden Form des „joint policy-making“[26] manifestiert sich in freiwilligen Vereinbarungen zwischen der Kommission und einzelnen Industriesektoren. Solche Vereinbarungen sind beispielsweise abgeschlossen worden im Hinblick auf eine effizientere Nutzung von Energie oder zur Reduktion von Kfz-Emissionen.[27]

25 Vgl. *Knill/Lehmkuhl* 2002 (Fn. 21).
26 Vgl. Mol/Lauber/Liefferink 2000 (Fn. 21).
27 Vgl. *Héritier* 2002 (Fn. 19).

Eine spezifische Form politischer Steuerung, die sich ebenfalls durch Freiwilligkeit und die Einbeziehung einer Vielzahl öffentlicher und privater Akteure auszeichnet, ist die in den letzten Jahren auf europäischer Ebene verstärkt angewandte „Offene Methode der Koordinierung“ (OMK). Dieses Steuerungskonzept kommt insbesondere im Bereich der europäischen Arbeitsmarkt- und Beschäftigungspolitik sowie bei der Abstimmung nationaler Finanz- und Wirtschaftspolitiken im Rahmen der Wirtschafts- und Währungsunion zur Anwendung. Im Kern dieses neuen europäischen Steuerungskonzeptes steht die Definition unverbindlicher Leitlinien und Zielvorgaben durch die nationalen Regierungen. Im Rahmen eines Peer Review Prozesses müssen die Mitgliedstaaten in der Folgezeit Bericht erstatten, inwieweit und auf der Basis welcher Maßnahmen sie die Vereinbarungen erfüllt haben. Ziel ist es, auf diese Weise einen generellen Prozess der Diffusion so genannte „Best Practice“ in Gang zu setzen, was auch bestimmte Lernprozesse beinhaltet. Der auf europäischer Ebene organisierte Prozess des Peer Review versucht, das wechselseitige Lernen zwischen den Mitgliedstaaten zu begünstigen und den Transfer von politischen Maßnahmen oder Reforminitiativen zu fördern, die sich in einzelnen Mitgliedstaaten als effektiv erwiesen haben.[28] Substantiell hat die OMK durchaus die Regulierungskompetenzen der EU auch in Bereichen ausgeweitet, in denen der gemeinschaftliche Gesetzgebungsprozess nur schwach ausgeprägt ist oder wo die Mitgliedstaaten die Koordinierung übernehmen müssen, so beispielsweise im Bereich der Wirtschafts- und Währungsunion.[29]

Bei der letzten Steuerungsform, der Selbstregulierung, erfolgt die Ausgestaltung von Policy-Instrumenten allein durch private Akteure. Beispiele hierfür sind etwa freiwillige Selbstverpflichtungen der Industrie, ihre Schadstoffemissionen um eine gewisse Menge zu reduzieren. In der europäischen Politik sind solche Formen der Steuerung bislang allerdings von geringer Bedeutung.

Während politische Steuerung in der EU typischerweise dem Muster hierarchischer Intervention folgte, implizieren die eben beschriebenen neuen Steuerungsansätze, dass doch eine Art Steuerungswandel erfolgt ist. Dieser wurde durch vier Entwicklungen angeregt.

Erstens implizierte die detaillierte Definition inhaltlicher Vorgaben angesichts unterschiedlicher nationaler Bedingungen und Interessenkonstellationen vielfach langwierige Entscheidungsprozesse auf europäischer Ebene. Eine interventionistische Steuerung brachte somit Nachteile für die politische Entscheidungs- und Handlungsfähigkeit der EU mit sich, so dass der komplette Entscheidungsprozess erneut durchlaufen werden musste.[30]

Ein zweites Problem, das mit einer Abkehr von interventionistischer Steuerung bewältigt werden sollte, betrifft das Implementationsdefizit europäischer Politik, das seit Beginn der neunziger Jahre an Bedeutung auf der politischen Agenda gewann.[31] Mit der Entwicklung von Instrumenten, die explizit auf die Berücksichtigung national unterschiedlicher Kontextbedingungen ausgerichtet sind, erhoffte sich die Kommission eine Verbesserung der Implementationseffektivität europäischer Politik. Diese Hoffnung hat sich allerdings als weitgehend falsch erwiesen.[32]

---

28 Vgl. *Eberlein, Burkhard/Kerwer, Dieter* 2004: New governance in the European Union: A theoretical perspective, in: Journal of Common Market Studies, Nr. 1, Jg. 42, S. 121-142.

29 Vgl. *Szyszczak, Erika* 2006: Experimental Governance. The Open Method of Co-ordination, in: European Law Journal, Nr. 4, Jg. 12, S. 486-502.

30 Vgl. *Knill* 2003 (Fn. 9), S. 65.

31 Vgl. *Knill* 2005 (Fn. 22).

32 Ebenda, S. 172.

Ein dritter Faktor ist im Subsidiaritätsprinzip zu sehen, das mit dem Vertrag von Maastricht als generelles Handlungsprinzip der EU verankert wurde. Dieses Prinzip – das letztlich eine Reaktion auf die zunehmende Kritik am Brüsseler Bürokratismus darstellt – hebt auf Steuerungsformen ab, die möglichst „autonomieschonend und gemeinschaftsverträglich" sind.[33] Damit war ein Festhalten an interventionistischen Steuerungsmustern, welche starke Eingriffe in nationale Handlungsspielräume implizieren, politisch schwerer legitimierbar. Insofern begünstigte das Subsidiaritätsprinzip die Entwicklung neuer Steuerungsmuster, bei denen den Mitgliedstaaten lediglich ein Zielrahmen vorgegeben wird, nicht jedoch die Mittel zur Erreichung dieser Ziele.[34]

Die steuerungspolitischen Veränderungen in der europäischen Politik sind viertens vor dem Hintergrund einer globalen Reformwelle zu sehen, welche durch Schlagworte wie Privatisierung, Liberalisierung, Deregulierung, Rückzug des Staates und der Einführung neuer Steuerungsformen in der Verwaltung, wie beispielsweise dem New Public Management, charakterisiert ist.[35] Die sich aus dieser generellen Reformentwicklung ergebenden Zielvorstellungen im Hinblick auf die Entwicklung weniger bürokratischer, flexiblerer und effektiverer Steuerungskonzepte begünstigten und legitimierten die Herausbildung gleichläufiger Muster politischer Steuerung auf europäischer Ebene.

Vor diesem Hintergrund stellt sich die Frage nach dem quantitativen und qualitativen Ausmaß dieser Entwicklung. Inwieweit manifestiert sich mit der Herausbildung „neuer" Instrumente ein genereller Trend? Was sind die konkreten Auswirkungen der Veränderung im Hinblick auf den Erfolg politischer Steuerung in der EU?

Nimmt man die politischen Stellungnahmen und Ankündigungen der Kommission zum Ausgangspunkt, wie sie im 2001 veröffentlichten Weißbuch zur „Governance für die Europäische Union" zu finden sind, so drängt sich der Eindruck eines fundamentalen Wandels politischer Steuerung auf. Allerdings bestätigt sich dieses Bild nicht für alle Politikfelder.

Der Eindruck eines fundamentalen Wandels der Steuerung in der europäischen Umweltpolitik wird durch Hey[36] relativiert, der feststellt, dass in den neunziger Jahren keine generelle Abkehr von typischen Steuerungsinstrumenten hin zu rein prozeduralen Instrumenten stattgefunden hat. Gleiches gilt für die rechtlich unverbindlicheren Formen der Regulierung, wie Koregulierung und private Selbstregulierung sowie ökonomische Instrumente.[37] Angesichts dieser quantitativen Befunde ist es schwer, von einer grundlegenden Transformation umweltpolitischer Steuerung in der EU zu sprechen.

Auch die qualitativen Veränderungen deuten darauf hin, dass die neuen Instrumente die an sie geknüpften Erwartungen nicht erfüllen konnten. So erfolgte die Herausbildung

33 Vgl. *Scharpf, Fritz W.* 1993: Autonomieschonend und gemeinschaftsverträglich. Zur Logik der europäischen Mehrebenenpolitik, MPIFG Discussion Paper 93/9, Köln.

34 Vgl. *Knill, Christoph/Héritier, Adrienne* 1996: Neue Instrumente in der europäischen Umweltpolitik: Strategien für eine effektivere Implementation, in: Lübbe-Wolff, Gertrude (Hrsg.): Der Vollzug des europäischen Umweltrechts, Berlin, S. 209-234.

35 Vgl. *Wright, Vincent* 1994: Reshaping the State. The Implications for Public Administration, in: West European Politics, Nr. 2, Jg. 17, S. 102-137; *Kickert, Walter* (Hrsg.) 1997: Public Management and Administrative Reform in Western Europe, Cheltenham.

36 *Hey, Christian* 2000: Zukunftsfähigkeit und Komplexität. Institutionelle Innovation in der Europäischen Union, in: Prittwitz, Volker von (Hrsg.): Institutionelle Arrangements in der Umweltpolitik. Zukunftsfähigkeit durch innovative Verfahrenskombination?, Opladen, S. 85-101.

37 Vgl. *Héritier* 2002 (Fn. 19); *Holzinger/Knill/Schäfer* 2006 (Fn. 19); *Rittberger, Berthold/Richardson, Jeremy* 2003: Old wine in new bottles? The Commission and the use of environmental policy instruments, in: Public Administration, Nr. 3, Jg. 81, S. 575-606.

„neuer" Steuerungsformen nicht zuletzt vor dem Hintergrund einer geringen Entscheidungsfähigkeit und der Feststellung des Implementationsdefizits. Wie empirische Untersuchungen aufzeigen, gestaltet sich der Entscheidungsprozess für rein prozedurale Maßnahmen, wie beispielsweise im Bereich der Umweltpolitik die Richtlinie zu Umweltinformationen, Verordnungen zum Öko-Audit und Öko-Label, als ähnlich schwierig wie bei konkreten inhaltlichen Zielvorgaben.[38] Auch bezüglich der Implementationseffektivität zeigen vergleichende Analysen, dass „neue" Instrumente den „alten" nicht unbedingt überlegen sind.[39] Zudem sind die Zielvorgaben bei den neuen Instrumenten oftmals nicht ausreichend präzise formuliert, was bestehende Implementationsprobleme zusätzlich verstärkt.

Eine nähere Betrachtung anderer EU-Politikfelder zeigt auf, dass Versuche, einen Steuerungswandel zu vollziehen, ebenfalls durch den fehlenden Erfolg mittels „klassischer Methoden" motiviert waren. Im Bereich der distributiven Politiken der EU hat insofern ein Steuerungswandel stattgefunden, als dass konkrete Vorgaben sowohl inhaltlicher als auch prozeduraler Natur und auch rechtliche Rahmenregelungen zurückgegangen sind.[40] An deren Stelle sind weiche Instrumente getreten, welche von finanziellen Anreizen flankiert werden. Auch im Bereich der Arbeitsmarkt- und Beschäftigungspolitik fand eine Abkehr von klassischen Formen gemeinschaftlicher Politikgestaltung auf der Grundlage von rechtlich verbindlichen Richtlinien und Verordnungen statt. Wie bereits erwähnt, findet in diesem Bereich die OMK bereits vielfach Verwendung.[41]

4 Regulierungs- und Steuerungswandel nach dem Vertrag von Lissabon

Der Vertrag von Lissabon ersetzt die bestehenden Verträge nicht, sondern ändert diese lediglich ab. Dennoch müssen die darin festgeschriebenen Änderungsvorschläge als weitreichend eingestuft werden. Dies kommt nicht zuletzt durch den schwierigen Ratifizierungsprozess in den 27 Mitgliedstaaten zum Ausdruck, dessen Ausgang noch unsicher ist. Hierbei muss die Ablehnung des Vertrags durch die irischen Wähler im Juni 2008 und die daraus resultierenden Unklarheiten über den Fortgang des Ratifikationsverfahrens besonders hervorgehoben werden. Daher spielen wir in diesem Abschnitt die möglichen Auswirkungen des Reformvertrags auf Regulierung und Steuerung in der „neuen" EU unter der Annahme durch, dass trotz des irischen Votums der Vertrag von Lissabon dem Wesen nach umgesetzt wird. So müssen die folgenden Ausführungen vorbehaltlich von Abänderungen betrachtet werden.

Besonders wichtig für die Erörterung unserer Forschungsfrage ist die Aufwertung der Stellung des EP, dessen Kompetenzen in Bezug auf die Gesetzgebung, den Haushalt und

38 *Héritier, Adrienne/Knill, Christoph/Mingers, Susanne* 1996: Ringing the Changes in Europe. Regulatory Competition and the Transformation of the State, Berlin; *Wright, Robert* 2000: Implementing Voluntary Policy Instruments. The experience of the EU Ecolabel Award Scheme, in: Knill, Christoph/Lenschow, Andrea (Hrsg.): Implementing EU Environmental Policy. New Directions and Old Problems, Manchester, S. 87-115.

39 Vgl. *Knill, Christoph/Lenschow, Andrea* (Hrsg.) 2000: Implementing EU Environmental Policy. New Directions and Old Problems, Manchester.

40 Vgl. *Tömmel, Ingeborg* 2003: Herstellung eines institutionellen Kontextes der Steuerung: Strukturierte Interaktion zwischen Steuerungsakteuren, in: Holzinger, Katharina/Knill, Christoph/Lehmkuhl, Dirk (Hrsg.): Politische Steuerung im Wandel: Der Einfluss von Ideen und Problemstrukturen, Opladen, S. 133-149.

41 Vgl. *Bisopoulos, Anastasios* 2003: Die Europäische Beschäftigungsstrategie: Innovative Steuerung durch Peer Review, in: Holzinger, Katharina/Knill, Christoph/Lehmkuhl, Dirk (Hrsg.): Politische Steuerung im Wandel: Der Einfluss von Ideen und Problemstrukturen, Opladen, S. 151-165.

internationale Übereinkommen erweitert werden. Zentral ist hierbei die Ausdehnung des Mitentscheidungsverfahrens, wodurch das EP dem Rat zunehmend gleichgestellt wird. Vor allem in der Innen- und Justizpolitik wären die Parlamentsabgeordneten dann dem Rat gegenüber gleichberechtigt.

Als Konsequenz hieraus wird die Relevanz der Kommission im europäischen Politikgestaltungsprozess gegenüber den beiden anderen supranationalen Organen relativiert – eine Entwicklung, die bereits durch den Vertrag von Amsterdam angestoßen wurde.[42] Dies wird unter anderem dadurch deutlich, dass eine Verkleinerung des Kommissionskollegiums vorgesehen ist. So soll ab 2014 die Zahl der Kommissionsmitglieder zwei Drittel der Zahl der Mitgliedstaaten betragen, was auch eine Verringerung der Portfolios entspräche. Parallel würde für die Besetzung der Kommissarposten ein Mechanismus der gleichberechtigten Rotation eingeführt.

Allerdings wird auch der Rat reformiert, was primär durch die Ausdehnung der Beschlussfassung mit qualifizierter Mehrheit auf neue Politikbereiche geschieht. Auf diese Weise soll eine effizientere Entscheidungsfindung begünstigt werden. Auch wird die qualifizierte Mehrheit nach 2014 nach dem Prinzip der doppelten Mehrheit von Mitgliedstaaten und Bevölkerung berechnet und ist damit Ausdruck der doppelten Legitimität der EU. Eine doppelte Mehrheit ist dann erreicht, wenn 55 Prozent der Mitgliedstaaten, die gemeinsam mindestens 65 Prozent[43] der europäischen Bevölkerung auf sich vereinen, zustimmen.

Was bedeuten diese Änderungen für die Ausgestaltung der Politikfelder der EU? Wie bereits oben dargestellt, hing bisher die Entwicklung europäischer Policies – und hierbei insbesondere die europäische Umweltpolitik – von vier Faktoren ab: den Präferenzen der Mitgliedstaaten, der Rolle der Kommission, den institutionellen Regeln sowie dem Kräfteverhältnis gesellschaftlicher Interessen. Um das Veränderungspotenzial des Vertrags von Lissabon analytisch präziser bestimmen zu können, führen wir die Diskussion nun entlang dieser vier Dimensionen.

Es kann als sicher angenommen werden, dass der Vertrag von Lissabon per se die Präferenzen der Mitgliedstaaten nicht beeinflussen wird. Diese Interessenpositionen der Mitgliedstaaten hängen von einer Vielzahl von Faktoren ab und können sich im Zeitablauf verändern, wie beispielweise nach einem Regierungswechsel. Somit ließe sich auf dieser Dimension keine maßgebliche Änderung erwarten. Konkret bedeutet dies, dass ausgehend von den divergierenden mitgliedstaatlichen Präferenzen die regulative Politik – vor allem im Bereich der negativen Integration – gegenüber anderen Policy-Typen eine dominante Rolle spielen wird.[44]

Ebenso wenig ist zu erwarten, dass der Vertrag von Lissabon die Kräfteverhältnisse gesellschaftlicher Interessen im Hinblick auf die Beeinflussung europäischer Politik beeinflussen wird. Der Vertrag zielt eher allgemein auf die Stärkung von Partizipationsrechten durch Konsultation mit verschiedenen Interessengruppen ab. Allerdings deutet dies nicht darauf hin, dass die Kommission die strukturelle Unterlegenheit bestimmter Interessengruppen kompensieren will. Nach wie vor gibt es in der EU große Unterschiede im Hin-

42 Vgl. *Crombez, Christophe* 2001: The treaty of Amsterdam and the co-decision procedure, in: Schneider, Gerald/Aspinwall, Mark (Hrsg.): The Rules of Integration: The Institutionalist Approach to European Studies, Manchester, S. 101-122.

43 Auf folgender Seite können die neuen Mehrheitsregeln für Ratsentscheidungen simuliert werden: http://www.eu-info.de/static/ratsentscheidungen/.

44 Vgl. *Majone, Giandomenico* (Hrsg.) 1996: Regulating Europe, London.

blick auf die Kräfteverhältnisse der Interessengruppen. So verfügen Wirtschaftsverbände gegenüber Umweltinteressen oder Gewerkschaften nicht nur in numerischen Größenordnungen über ein deutliches Übergewicht, sondern sind – ungeachtet großer Unterschiede zwischen einzelnen Verbänden – auch besser mit personellen und finanziellen Ressourcen ausgestattet.[45]

Die Ursachen für dieses Ungleichgewicht sind einerseits in der ursprünglichen Konstruktion der EU als Wirtschaftsgemeinschaft zu sehen. Entsprechend haben sich Wirtschaftsverbände bereits relativ früh auf europäischer Ebene etabliert. Für umwelt- oder sozialpolitische Interessen ergaben sich entsprechende Anreize, sich auf europäischer Ebene zu organisieren, hingegen erst mit der Entwicklung und Ausweitung entsprechender Kompetenzen der EU, insbesondere durch die EEA und den Vertrag von Maastricht. Auf der anderen Seite ist zu konstatieren, dass umwelt- oder sozialpolitische Interessen grundsätzlich schwerer organisierbar sind als Wirtschaftsinteressen. Während der Nutzen, der sich etwa aus der Verwirklichung umweltpolitischer Ziele ergibt, relativ diffus über eine Vielzahl von Betroffenen verteilt ist, fallen mögliche Kosten von Umweltmaßnahmen relativ konzentriert für eine vergleichsweise geringe Zahl von betroffenen Unternehmen an. Entsprechend unterschiedlich sind die Anreize, sich in einem Umwelt- bzw. Wirtschaftsverband zu organisieren. Für die Organisation von Umweltinteressen ergibt sich hieraus ein so genanntes „free-rider“ Problem: Die Betroffenen profitieren zwar von den Aktivitäten der Umweltverbände (etwa in der Form in eines höheren umweltpolitischen Schutzniveaus), ohne jedoch zu deren Aktivitäten entsprechend beizutragen.[46] Die Kommission hat bereits versucht, die Dominanz wirtschaftlicher Interessen gegenüber Umweltverbänden zu vermindern, aber sie war hierbei nur partiell erfolgreich.[47] Daher ist zu erwarten, dass diese Situation auch nach dem Inkrafttreten der EU-Reform weiter bestehen wird.

Eine direkte Änderung würde sich aber durch die Verkleinerung der Kommission ergeben, auch wenn diese Reform als Zugeständnis an die Iren zunächst auf Eis gelegt ist. Die Kommission hat in Übereinstimmung mit Erklärungsansätzen, die ihre bürokratischen Eigeninteressen betonen, im Lauf der Zeit viele neue regulative Kompetenzen in verschiedenen Politikbereichen (z. B. Umwelt- und Sozialpolitik) dazu gewonnen.[48] Dies spielt sich in der Vielzahl von unterschiedlichen Generaldirektionen wieder. Nun würde aber eine Verkleinerung der Kommission zumindest eine reduzierte Dynamik bei der Politikentwicklung nahe legen. Diese Prognose wird auch durch das erklärte Ziel der EU-Reform gestützt, die Einhaltung des Subsidiaritätsprinzips mit Hilfe einer neu geschaffenen Regelung zu verstärken. Somit soll in Zukunft die EU nur dann tätig werden, wenn auf europäischer statt nationaler Ebene bessere Ergebnisse erzielt werden können. Dies zieht auch eine stärkere Einbeziehung der nationalen Parlamente nach sich, die angeben können, ob ein Regulierungsvorschlag der Kommission ihrer Auffassung nach dem Subsidiaritätsprinzip entspricht oder nicht. Anschließend würde ein Verfahren in zwei Schritten folgen: Spricht sich ein Drittel der Parlamente der Mitgliedstaaten dafür aus, dass ein Vorschlag nicht dem Subsidi-

45 Vgl. *Holzinger, Katharina* 1994: Politik des kleinsten gemeinsamen Nenners? Umweltpolitische Entscheidungsprozesse in der EG am Beispiel des Katalysatorautos, Berlin; *Greenwood* 1997 (Fn. 23); Knill 2003 (Fn. 9), S. 102.

46 Vgl. *Olson* 1965 (Fn.13).

47 Vgl. Mazey, Sonia/Richardson, Jeremy 1993: Lobbying in the European Community, Oxford, S. 18.

48 Vgl. *Eichner, Volker* 1996: Die Rückwirkungen der europäischen Integration auf nationale Politikmuster, in: Jachtenfuchs, Markus/Kohler-Koch, Beate (Hrsg.): Europäische Integration, Opladen, S. 249-280; *Héritier/Knill/Mingers* 1996 (Fn. 38).

aritätsprinzip entspricht, so muss die Kommission ihren Vorschlag überprüfen und kann ihn anschließend entweder beibehalten, abändern oder zurückziehen. Äußert die Mehrheit der Parlamente der einzelnen Mitgliedstaaten Bedenken, und bleibt die Kommission dennoch bei ihrem Vorschlag, wird ein besonderes Verfahren eingeleitet. In diesem Fall müsste die Kommission ihre Gründe darlegen und das EP und der Rat müssten entscheiden, ob das Gesetzgebungsverfahren fortgesetzt wird oder nicht. Dies bedeutet konkret, dass mit Verzögerungen im gesetzgeberischen Handeln zu rechnen ist, da die nationalen Parlamente nun als Vetospieler[49] auftreten können. Im Gegenzug werden allerdings die Kompetenzen der Kommission in den Bereichen Freiheit, Sicherheit und Recht erheblich gestärkt. Hier deutet sich die Herausbildung eines neuen politischen Handlungsfeldes an. Allerdings bleibt abzuwarten, ob und inwiefern eine effektive Koordinierung der stark national geprägten sicherheitspolitischen Interessen der Mitgliedstaaten erfolgt.

Einen deutlichen Einfluss hätte die EU-Reform auch auf die institutionellen Regeln. So wird argumentiert, dass bei Abstimmungen mit qualifizierter Mehrheit die Kommission und das EP in weitaus größerem Maße in der Lage sind, die Agenda zu gestalten und politische Innovationen auf europäischer Ebene zu ermöglichen.[50] Im Fall einstimmiger Entscheidungen ist dieser Spielraum wesentlich geringer, weil jedes EU-Mitglied faktisch ein Vetorecht besitzt und damit den Entscheidungsprozess blockieren kann. Zwar waren in der Vergangenheit Verhandlungen im Rat trotz des Übergangs zu qualifizierten Mehrheitsentscheidungen durch eine stark verwurzelte Kultur der Konsensfindung gekennzeichnet, aber die Möglichkeit, eventuell überstimmt zu werden („the shadow of the vote"), hatte durchaus nachhaltige Auswirkungen auf den Verhandlungsprozess.[51] Auch aufgrund der sinkenden Gefahr eines Scheiterns der Verhandlungen durch die Ausdehnung von qualifizierten Mehrheitsentscheidungen wäre ein durchweg positiver Effekt für die Politikgestaltung auf europäischer Ebene durch den Vertrag von Lissabon zu erwarten. Dennoch sollte man nicht davon ausgehen, dass das EP automatisch eine integrationsfreundliche Haltung an den Tag legt. Die Einstellung der verschiedenen Fraktionen zur europäischen Integration variiert stark, wobei gegenwärtig die Sozialdemokratische Fraktion und die Fraktion der Allianz der Liberalen und Demokraten für Europa die integrationsfreundlichsten Positionen vertreten.[52] Aber solange das EP als ein überwiegend integrationsfreundlicher Entrepreneur agiert, dürfte die EU-Reform die politische Agenda weiter ausbauen.[53]

Im direkten Vergleich zu den Auswirkungen der EU-Reform auf die Politikgestaltung scheinen die Folgen für die politische Steuerung geringer auszufallen. So wird die OMK nicht als Steuerungsinstrument im Vertrag verankert, wodurch „ein Instrument mit wachsender Bedeutung und noch nicht vorhersehbaren Wirkungen für die Mitgliedstaatenebene zumindest offiziell auch weiterhin außerhalb der europäischen Kompetenzordnung ver-

---

49 Vgl. *Tsebelis, George* 2002: Veto Player: How Political Institutions Work, Princeton.

50 Vgl. *Garrett, Geoffrey* 1992: International Cooperation and Institutional Choice: The European Community´s Internal Market, in: International Organization, Nr. 2, Jg. 46, S. 533-560; *Tsebelis, George* 1994: The Power of the European Parliament as a Conditional Agenda-Setter, in: American Political Science Review, Nr. 1, Jg. 28, S. 128-142.

51 Vgl. *Holzinger, Katharina* 1997: The Influence of the New Member States on EU Environmental Policy-Making. A Game-Theoretic Approach, in: Andersen, Mikael S./Liefferink, Duncan (Hrsg.): The Innovation of European Environmental Policy, Kopenhagen, S. 59-82.

52 Vgl. *McElroy, Gail/Benoit, Kenneth* 2007: Party Groups and Policy Positions in the European Parliament, in: Party Politics, Nr. 1, Jg. 13, S. 5-28, (S. 13).

53 Vgl. *Tsebelis, George/Garrett, Geoffrey* 2000: Legislative Politics in the European Union, in: European Union Politics, Nr. 1, Jg. 1, S. 9-36, (S. 32).

bleibt".[54] Somit scheinen auch die jüngsten Reformbemühungen keine Anreize für das Stattfinden eines veritablen Steuerungswandels zu bieten. Dies bedeutet auch, dass ein generelles Problem der Politikgestaltung im europäischen Mehrebenensystem weiter bestehen bleibt. Effektive Steuerung verlangt einen Balanceakt bei der Dosierung der institutionellen Anforderungen europäischer Politik. Die institutionellen Kapazitäten der Mitgliedstaaten müssen gefordert, dürfen jedoch nicht überfordert werden. Sind die Anforderungen europäischer Politik zu gering, mag zwar deren Umsetzung effektiv sein, gleichzeitig stellt sich aber die Frage, welche Probleme mit derart reduziertem Steuerungsanspruch noch gelöst werden können. Ein umgekehrtes Problem liegt vor, wenn institutionelle Anpassungskapazitäten auf nationaler Ebene überfordert werden. Die ehrgeizigsten Steuerungsziele laufen Gefahr, durch eine ineffektive Implementation verwässert oder gänzlich unterlaufen zu werden, wenn europäische Politik die institutionellen Hürden ihrer praktischen Umsetzung nicht nehmen kann.

Die Lösung dieses Dilemmas von entweder zu viel oder zu wenig europäischen Vorgaben verlangt letzten Endes die Gestaltung von europäischer Politik in Abhängigkeit von bestehenden institutionellen Voraussetzungen auf nationaler Ebene. Europäische Vorgaben müssen so gestaltet sein, dass ihre Implikationen einerseits nicht in Widerspruch zu grundlegenden institutionellen Arrangements auf nationaler Ebene stehen, andererseits aber – um überhaupt eine Wirkung zu haben – dennoch eine gewisse institutionelle Dynamik implizieren. Dieser grundlegende Zielkonflikt wird wohl auch in der „neuen" EU noch zu diskutieren sein.

5 Konklusion

Die Zahl der Politikbereiche, in denen die EU Entscheidungskompetenzen besitzt, hat sich beständig ausgeweitet und ist durchaus mit der Bandbreite nationalstaatlicher Zuständigkeiten vergleichbar. Dennoch ergeben sich aus dem spezifischen Charakter der EU wichtige Besonderheiten im Vergleich zur Politikgestaltung auf nationaler Ebene. Diese manifestieren sich etwa in der Dominanz spezifischer Policy-Typen. So ist der größte Teil der auf europäischer Ebene entwickelten Policies regulativer Natur, während aufgrund des begrenzten Budgets der Spielraum für distributive und redistributive Maßnahmen relativ gering ist. Auch begünstigt die Konstellation nationaler Interessen grundsätzlich die Entwicklung marktschaffender Politiken negativer Integration; regulative Policies im Bereich der positiven Integration sind demgegenüber in geringerem Maße entwickelt. Diese Besonderheiten ergeben sich aus verschiedenen Faktoren. Neben der nationalen Interessenkonstellation im Ministerrat, relevanten institutionellen Regeln und Verfahren zählen hierzu auch die jeweiligen Einflussmöglichkeiten der Kommission sowie unterschiedlicher gesellschaftlicher Interessen.

Bezüglich der Steuerungsmuster, die den europäischen Policies zugrunde liegen, manifestieren sich ähnliche Tendenzen wie sie auch auf nationaler Ebene beobachtet werden können. So finden wir eine hohe Bandbreite von Steuerungskonzepten, wobei grundsätzlich eine Dominanz interventionistischer Muster auszumachen ist. Wie auch auf nationaler Ebe-

54 Vgl. *Braams, Beate* 2008: Die Kompetenzordnung im Vertrag von Lissabon, in: Pernice, Ingolf (Hrsg.): Der Vertrag von Lissabon: Reform der EU ohne Verfassung? Kolloquium zum 10. Geburtstag des WHI, Baden-Baden, S. 109-128, (S. 124).

ne sind diese Ansätze allerdings in den letzten Jahren mit neueren Konzepten angereichert worden, die stärker auf private Selbstregulierung und kooperative Beziehungsmuster zwischen staatlichen und privaten Akteuren abheben.

Was den Vertrag von Lissabon angeht, so gibt es verschiedene Aspekte, die sowohl eine gesteigerte als auch verringerte Dynamik in der europäischen Politikgestaltung erwarten lassen. Vor allem die Modifikation der institutionellen Regeln lässt auf größere Veränderungen bei der Politikgestaltung schließen. Hierbei ist vor allem wichtig, dass das Mitentscheidungsverfahren durch den Reformvertrag zum Regelfall wird und dass Abstimmungen im Rat wesentlich öfter mit qualifizierter Mehrheit stattfinden. Grundsätzlich lässt sich hierbei eine dynamischere Politikentwicklung erwarten. Dabei hängt allerdings das konkrete Regulierungsniveau von den Konstellationen im Rat ab. Beispielsweise war es im Bereich der Umweltpolitik so, dass es bei einstimmigen Entscheidungen für umweltpolitisch ambitionierte Saaten möglich war, europäische Regelungen auf niedrigerem Niveau zu verhindern, was bei qualifizierter Mehrheit nicht mehr möglich sein wird, wenn sich eine entsprechende Koalition von Staaten bildet, die dem Umweltschutz eine geringere politische Priorität beimessen. Insbesondere vor dem Hintergrund von EU-Erweiterungsrunden sind solche Szenarien keinesfalls auszuschließen.

Eine Verringerung der Politikentwicklung im Zuge der Lissabon-Reform würde primär aus der zunehmenden Komplexität des Entscheidungsfindungsprozesses in der EU resultieren. Durch die verstärkte Berücksichtigung des Subsidiaritätsprinzips sollen nationale Parlamente die Möglichkeit erhalten europäische Gesetzgebungsprojekte zu blockieren, wenn diese der Auffassung sind, dass hier die EU nicht aktiv werden sollte. Somit werden nationale Parlamente zu institutionellen Vetospielern erhoben, was den Erfolg von Veränderungsvorhaben des politischen Status quo eher unwahrscheinlich macht.

Im Hinblick auf die politische Steuerung bleibt abzuwarten, ob die bereits angestoßene Entwicklung weg von hierarchischen Steuerungsformen greifen wird. Allerdings hat es der Reformvertrag verpasst, die OMK als weiche Steuerungsform zu institutionalisieren. Daher scheint auch der Vertrag von Lissabon nicht die notwendigen Anreize zu setzen, um eine Transformation politischer Steuerung in der EU herbeizuführen.

Literatur

Amtsblatt der Europäischen Union 2008: Konsolidierte Fassungen des Vertrags über die Europäische Union und des Vertrags über die Arbeitsweise der Europäischen Union, Brüssel.

Becker, Peter/Leiße, Olaf 2005: Die Zukunft Europas. Der Konvent zur Zukunft der Europäischen Union, Wiesbaden.

Bisopoulos, Anastasios 2003: Die Europäische Beschäftigungsstrategie: Innovative Steuerung durch Peer Review, in: Holzinger, Katharina/Knill, Christoph/Lehmkuhl, Dirk (Hrsg.): Politische Steuerung im Wandel: Der Einfluss von Ideen und Problemstrukturen, Opladen, S. 151-165.

Braams, Beate 2008: Die Kompetenzordnung im Vertrag von Lissabon, in: Pernice, Ingolf (Hrsg.): Der Vertrag von Lissabon: Reform der EU ohne Verfassung? Kolloquium zum 10. Geburtstag des WHI, Baden-Baden, S. 109-128.

Crombez, Christophe 2001: The treaty of Amsterdam and the co-decision procedure, in: Schneider, Gerald/Aspinwall, Mark (Hrsg.): The Rules of Integration: The Institutionalist Approach to European Studies, Manchester, S. 101-122.

Eberlein, Burkhard/Kerwer, Dieter 2004: New governance in the European Union: A theoretical perspective, in: Journal of Common Market Studies, Nr. 1, Jg. 42, S. 121-142.

Eichner, Volker 1996: Die Rückwirkungen der europäischen Integration auf nationale Politikmuster, in: Jachtenfuchs, Markus/Kohler-Koch, Beate (Hrsg.): Europäische Integration, Opladen, S. 249-280.

Falkner, Gerda/Treib, Oliver 2005: Europäische Sozialpolitik in der nationalen Praxis, in: Zeitschrift für Sozialreform, Nr. 2, Jg. 51, S. 139-163.

Garrett, Geoffrey 1992: International Cooperation and Institutional Choice: The European Community's Internal Market, in: International Organization, Nr. 2, Jg. 46, S. 533-560.

Greenwood, Justin 1997: Representing Interests in the European Union, Houndsmills.

Hix, Simon 2005: The Political System of the European Union, Basingstoke.

Héritier, Adrienne 2002: New Modes of Governance in Europe: Policy Making Without Legislating?, in: Héritier, Adrienne (Hrsg.): The Provision of Common Goods: Governance across Multiple Arenas, Boulder, S. 185-206.

Héritier, Adrienne/Knill, Christoph/Mingers, Susanne 1996: Ringing the Changes in Europe. Regulatory Competition and the Transformation of the State, Berlin.

Hey, Christian 2000: Zukunftsfähigkeit und Komplexität. Institutionelle Innovation in der Europäischen Union, in: Prittwitz, Volker von (Hrsg.): Institutionelle Arrangements in der Umweltpolitik. Zukunftsfähigkeit durch innovative Verfahrenskombination?, Opladen, S. 85-101.

Holzinger, Katharina 1994: Politik des kleinsten gemeinsamen Nenners? Umweltpolitische Entscheidungsprozesse in der EG am Beispiel des Katalysatorautos, Berlin.

Holzinger, Katharina 1997: The Influence of the New Member States on EU Environmental Policy-Making. A Game-Theoretic Approach, in: Andersen, Mikael S./Liefferink, Duncan (Hrsg.): The Innovation of European Environmental Policy, Kopenhagen, S. 59-82.

Holzinger, Katharina 2005: Institutionen und Entscheidungsprozesse der EU, in: Holzinger, Katharina/Knill, Christoph/Rittberger, Berthold/Schimmelfennig, Frank/Wagner, Wolfgang (Hrsg.): Die Europäische Union. Paderborn, S. 81-152.

Holzinger, Katharina/Knill, Christoph 2003: Faktoren des Steuerungswandels: Das Zusammenspiel von Ideen, Bedingungen und Mustern politischer Steuerung, in: Holzinger, Katharina/Knill, Christoph/Lehmkuhl, Dirk (Hrsg.): Politische Steuerung im Wandel: Der Einfluss von Ideen und Problemstrukturen, Opladen, S. 7-27.

Holzinger, Katharina/Knill, Christoph/Schäfer, Ansgar 2006: Rhetoric or Reality? 'New Governance' in EU Environmental Policy, in: European Law Journal, Nr. 3, Jg. 12, S. 403-420.

Keeler, John 1996: Agricultural Power in the European Community: Explaining the Fate of CAP and GATT Negotiations, in: *Comparative Politics*, Nr. 2, Jg. 28, S. 127-149.

Keller, Berndt 2001: Europäische Arbeits- und Sozialpolitik, München.

Kickert, Walter (Hrsg.) 1997: Public Management and Administrative Reform in Western Europe, Cheltenham.

Knill, Christoph 2003: Europäische Umweltpolitik. Steuerungsprobleme und Regulierungsmuster im Mehrebenensystem, Opladen.

Knill, Christoph 2005: Die EU und die Mitgliedstaaten, in: Holzinger, Katharina/Knill, Christoph/Rittberger, Berthold/Schimmelfennig, Frank/Wagner, Wolfgang (Hrsg.): Die Europäische Union, Paderborn, S. 153-180.

Knill, Christoph/Héritier, Adrienne 1996: Neue Instrumente in der europäischen Umweltpolitik: Strategien für eine effektivere Implementation, in: Lübbe-Wolff, Gertrude (Hrsg.): Der Vollzug des europäischen Umweltrechts, Berlin, S. 209-234.

Knill, Christoph/Lehmkuhl, Dirk 2002: Private Actors and State: Internationalization and Changing Patterns of Governance, in: Governance, Nr. 1, Jg. 15, S. 41-63.

Knill, Christoph/Lenschow, Andrea (Hrsg.) 2000: Implementing EU Environmental Policy. New Directions and Old Problems, Manchester.

Knill, Christoph/Liefferink, Duncan 2007: Environmental Politics in the European Union: Policy-Making, Implementation and Patterns of Multi-Level Governance, Manchester.

Knill, Christoph/Tosun, Jale 2008: Policy Making, in: Caramani, Daniele (Hrsg.): Comparative Politics, Oxford, S. 495-519.

Kohler-Koch, Beate/Eising, Rainer (Hrsg.) 1999: The Transformation of Governance in the European Union, London.

Lenschow, Andrea 1999: Transformation in European Environmental Governance, in: Kohler-Koch, Beate/Eising, Rainer (Hrsg.): The Transformation of Governance in the European Union, London, S. 39-60.

Lowi, Theodore 1964: American business, public policy, case studies and political theory, in: World Politics, Nr. 4, Jg. 16, S. 677-715.

Majone, Giandomenico (Hrsg.) 1996: Regulating Europe, London.

Mazey, Sonia/Richardson, Jeremy 1993: Lobbying in the European Community, Oxford.

McElroy, Gail/Benoit, Kenneth 2007: Party Groups and Policy Positions in the European Parliament, in: Party Politics, Nr. 1, Jg. 13, S. 5-28.

Mol, Arthur P./Lauber, Volkmar/Liefferink, Duncan (Hrsg.) 2000: The Voluntary Approach to Environmental Policy, Oxford.

Olson, Mancur 1965: The Logic of Collective Action: Public Goods and the Theory of Groups, Cambridge/Massachusetts.

Pappi, Franz U./Henning, Christian 1999: The organization of influence on the EC's common agricultural policy: A network approach, in: European Journal of Political Research, Nr. 2, Jg. 36, S. 257-281.

Rieger, Elmar 1999: Agenda 2000 – Reform der Gemeinsamen Agrarpolitik, Gütersloh.

Rittberger, Berthold/Richardson, Jeremy 2003: Old wine in new bottles? The Commission and the use of environmental policy instruments, in: Public Administration, Nr. 3, Jg. 81, S. 575-606.

Scharpf, Fritz W. 1985: Die Politikverflechtungs-Falle. Europäische Integration und deutscher Föderalismus im Vergleich, in: Politische Vierteljahresschrift, Nr. 4, Jg. 26, S. 323-356.

Scharpf, Fritz W. 1993: Autonomieschonend und gemeinschaftsverträglich. Zur Logik der europäischen Mehrebenenpolitik, MPIFG Discussion Paper 93/9, Köln.

Scharpf, Fritz W. 1999: Regieren in Europa. Effektiv und demokratisch?, Frankfurt am Main.

Szyszczak, Erika 2006: Experimental Governance. The Open Method of Co-ordination, in: European Law Journal, Nr. 4, Jg. 12, S. 486-502.

Tömmel, Ingeborg 2003: Herstellung eines institutionellen Kontextes der Steuerung: Strukturierte Interaktion zwischen Steuerungsakteuren, in: Holzinger, Katharina/Knill, Christoph/Lehmkuhl, Dirk (Hrsg.): Politische Steuerung im Wandel: Der Einfluss von Ideen und Problemstrukturen, Opladen, S. 133-149.

Tömmel, Ingeborg 2008: Das politische System der EU, München.

Tsebelis, George 1994: The Power of the European Parliament as a Conditional Agenda-Setter, in: American Political Science Review, Nr. 1, Jg. 28, S. 128-142.

Tsebelis, George 2002: Veto Player: How Political Institutions Work, Princeton.

Tsebelis, George/Garrett, Geoffrey 2000: Legislative Politics in the European Union, in: European Union Politics, Nr. 1, Jg. 1, S. 9-36.

Wallace, Helen/Wallace, William/Pollack, Mark (Hrsg.) 2005: Policy-Making in the European Union, Oxford.

Wright, Vincent 1994: Reshaping the State. The Implications for Public Administration, in: West European Politics, Nr. 2, Jg. 17, S. 102-137.

Wright, Robert 2000: Implementing Voluntary Policy Instruments. The experience of the EU Ecolabel Award Scheme, in: Knill, Christoph/Lenschow, Andrea (Hrsg.): Implementing EU Environmental Policy. New Directions and Old Problems, Manchester, S. 87-115.

Helmut Wagner

Wer regiert die Europäische Union? Die Originalität der Europäischen Union

1 Einleitung

Im Folgenden ist es dem Verfasser darum gegangen, nach Möglichkeit zu ergründen, welcher Art einer politischen Organisation die EU eigentlich angehört. Das ist bislang in überzeugender Weise noch niemandem gelungen. Ich habe zunächst dargelegt, weshalb unsere traditionellen, vom modernen Staat her geprägten Begriffe nicht taugen, die wahre Natur der EU zu bestimmen. Danach habe ich den Versuch unternommen, jene Merkmale aufzuzeigen, welche die EU von anderen modernen Großstaaten unterscheiden. Die EU zeichnet sich, wie ich im Einzelnen ausgeführt habe, dadurch aus, dass sie nicht souverän ist, weil sie nicht über das Signum des Staates, die Kompetenz-Kompetenz, verfügt, sondern dass sie subsidiär ist, d. h. nur jene Funktionen wahrzunehmen hat, welche von den Mitgliedstaaten aus eigener Kraft nicht ausgeübt werden können und ihr deshalb übertragen worden sind.

Damit ist eine gänzlich neue, noch nicht dagewesene politische Organisationsform entstanden. Gegenwärtig befindet sich diese neue Verfassungsform in ihrer praktischen Bewährungsprobe. Es wird sich erst noch zeigen, ob sie, wenn sie ihre Entstehungsphase glücklich hinter sich gebracht hat, in der Form, in der sie hier dargestellt worden ist, als internationaler Akteur innen- und außenpolitisch Anerkennung finden und nachgeahmt werden wird.

2 Das Wesen der Europäischen Union: Ihre einzigartige Organisationsform

Was ist die EU? Mit welchem Begriff ist sie zu fassen? Und: Wodurch unterscheidet sie sich von anderen politischen Organisationen? Der Streit darüber hat auch nach siebenundfünfzig Jahren, seit die Urzelle der EU, die „Europäische Gemeinschaft für Kohle und Stahl“ (Montan-Union) am 23. Juli 1952 gegründet wurde, noch kein Ende gefunden. Bislang hat weder der öffentliche Diskurs zu einer befriedigenden Antwort auf die damit aufgeworfenen Fragen geführt, noch hat die Politik sich auf eine verbindliche Begriffsbestimmung geeinigt. Beide, Politiker wie Wissenschaftler, stehen mit leeren Händen da. Sie haben es nicht vermocht, den Bürgern der EU zu vermitteln, was für eine Art politischer Gemeinschaft im Laufe von mehr als einem halben Jahrhundert denn nun geschaffen worden ist, was sie von anderen politischen Organisationsformen unterscheidet und was aus ihr in Zukunft werden wird.

Dieser schwerlich zu leugnende Tatbestand ist, wenn man ihn recht bedenkt, ein einzigartiges intellektuelles Armutszeugnis. Wann und wo hat es das schon einmal gegeben, dass die eigene Verfassung den Bürgern in Demokratien ein unenträtselbares Geheimnis geblieben ist? Den EU-Bürgern nicht zu sagen, in welchem Zug sie sitzen und wohin die Reise geht, das grenzt nachgerade an eine Zumutung. Kein Wunder, dass Teile von ihnen, ja sogar alte, nicht einmal nur neue Mitgliedsvölker gelegentlich den Verdacht hegen, dass sie sich leichtsinnig auf eine Fahrt ins Ungewisse eingelassen haben und allen Ernstes ans Aussteigen denken; jedenfalls schon mal die Notbremse gezogen haben.

Ein Grund für dieses Unvermögen dürfte darin bestehen, dass die EU in aller Regel mit traditionellen Anleihen auf den Begriff zu bringen versucht wird, die ihr nicht gerecht werden. Dazu gehört etwa, sie als Staatenbund oder Bundesstaat bzw. als Übergang von der einen zur anderen Konstitution ausweisen zu wollen. Aber auch Angebote wie die, die EU als „Reich" bzw. als „Imperium" oder auch als „Republik" zu bezeichnen, führen wegen der mit diesen Begriffen verbundenen historischen Konnotationen eher in die Irre, als dass sie zu einer Klärung dessen beitragen, was denn nun das Spezifikum der EU darstellt.

Zu allem Überfluss – das kann zu der Verwirrung der Gemüter ursächlich beigetragen haben – will die EU selbst gar kein Staat sein. Und sie soll das auch, wenn es nach den Intentionen der meisten ihrer Mitgliedstaaten geht, niemals werden. Was diesem gemeinsamen Verlangen entgegensteht, ist, dass die EU aber in aller Regel als Staat gedacht wird. Als solcher aber wird der EU gemäß dem juristischen Verständnis des Staates im Allgemeinen notwendigerweise die Kompetenz-Kompetenz zugesprochen, also das Recht, ihre Zuständigkeiten, wenn auch noch nicht jetzt, wohl aber in der Zukunft, nach eigenem Belieben, entweder zentralisiert oder dezentralisiert, zu bestimmen. Das ist seit Niccolo Machiavelli (1469 – 1527) und Jean Bodin (1529 – 1596) die Auffassung vom Staat gewesen, die auch von Thomas Hobbes (1588 – 1679) und von John Locke (1632 – 1704), ja sogar auch von Immanuel Kant (1729 – 1804) geteilt worden ist und die in jedem Fall unser politisches Denken bis auf den heutigen Tag geprägt hat.

Es gab auch lange Zeit gar keinen Grund, von diesem Staatsbegriff der post-westfälischen Friedensordnung abzulassen, da er in seiner Trag- und Verwendungsfähigkeit weltweit bestätigt und gerechtfertigt worden ist. Wenn nun aber eben dieser Staatsbegriff neuerdings derart in Misskredit geraten ist, dass die EU weder ein Staat sein will noch sein kann, heißt das doch nichts anderes, als dass von dieser Begrifflichkeit wohl oder übel Abschied genommen werden muss, wenn es um die Bestimmung dessen geht, was die EU ausmacht. Das aber fällt naturgemäß schwer. Vor allem dann, wenn man nicht weiß, wodurch der Staatsbegriff denn nun ersetzt werden kann und soll.

Es erscheint deshalb sinnvoll und hoch an der Zeit zu sein, einmal zu erwägen, ob es denn überhaupt nötig ist, den Staatsbegriff insgesamt zu verwerfen. Es könnte sich dabei ergeben, dass es auch weiterhin durchaus gute Gründe gibt, den Begriff, ihn zusätzlich relativierend, im Hinblick auf die EU-Mitgliedstaaten weiter zu verwenden, ihn aber in Bezug auf die EU, weil er ihr Erscheinungsbild verdunkelt und verhüllt, gerade nicht zu gebrauchen. Möglicherweise besteht gerade darin das ganze Geheimnis, welches die Begriffsbestimmung der EU so lange erschwert hat.

3 Das Geheimnis der EU

Wenn es ein Geheimnis der EU gibt, das es zu enthüllen gilt, dann besteht es darin, überzeugend nachzuweisen, dass sie auch ohne den von ihr abgelehnten Souveränitätsanspruch als Staat, ihre Zuständigkeiten selbst zu bestimmen, als supranationaler wie als internationaler Akteur handlungsfähig ist und respektiert wird. Das argumentativ zu tun, will ich in dieser Abhandlung unternehmen.

Das verfassungsrechtlich Neue an der EU sind, wenn ich mich nicht irre, zwei kleine, leicht zu übersehende Verfahrensregeln, die in dem Brüsseler Verfassungsentwurf (BVE) vom 29. Oktober 2004 formuliert und auch im Lissabonner Grundlagenvertrag (LGV) vom 13. Dezember 2007 enthalten sind. Sie lauten: Erstens, dass die Mitgliedstaaten der Union durch „begrenzte Einzelermächtigungen", wie es im deutschen Text heißt[1], die Ausübung bestimmter nationaler Kompetenzen übertragen haben (BVE, Art. I-11,1-4, bzw. LGV, Art. 5,1-4); und zweitens, dass die Union die ihren Zielen dienende Politik der Mitgliedstaaten „koordiniert" und die der Union von den Mitgliedstaaten übertragenen Zuständigkeiten in „gemeinschaftlicher Weise", wie der deutsche Text lautet[2], ausübt (BVE, Art. I-1,1).

Damit ist, gemäß dem Subsidiaritäts- und nicht gemäß dem Souveränitätsprinzip, wie in beiden Verträgen ausdrücklich vermerkt ist (BVE, Art. I-11,3, bzw. LGV, Art. 5,3), das Verhältnis der EU-Mitgliedstaaten zur Union auf eine sehr eigentümliche Art und Weise geregelt worden. Nicht die Teile sind, wie das in allen staatlichen Organisationen ansonsten der Fall ist, dem Diktat oder doch der Garantie der Gesamtheit unterworfen, sondern im Gegenteil: Die Gesamtheit hat von den Teilen nur bestimmte Zuständigkeiten erhalten, die überdies auf „gemeinschaftliche Weise", also in gemeinsamer Regie der Teile, ausgeübt werden. Auf diese Weise ist der Union der Staatscharakter ausdrücklich verwehrt worden: Sie verfügt nur über begrenzte, ihr von den Mitgliedstaaten übertragene Kompetenzen, und deren Ausübung geschieht auf von „unten", von den Mitgliedstaaten kontrollierte Art und Weise.

Das offenbart, dass nicht die Union, sondern ihre Mitglieder die „Herren der Verfassung" sind.[3] Sie haben der EU in Gestalt der Gesamtheit ihrer Mitgliedstaaten und der Gesamtheit der EU-Bürger, die jeweils im Europäischen Rat und im Europäischen Parlament vertreten sind, zwei kollektive Souveräne verliehen und der Union in den EU-Bürgern wie in den EU-Mitgliedstaaten eine doppelte Legitimationsbasis beschafft. Darin manifestiert sich das Neue dieser Organisationsform.

Wie ist es zu dieser „Verkehrung" der Kompetenz-Kompetenz von „oben" nach „unten" gekommen? Die Antwort darauf ist im Grunde ganz einfach. Sie ist das Resultat des Umstandes, dass es keine handlungsfähige Gesamtheit in Gestalt eines europäischen Volkes gegeben hat und gibt, so dass sie durch die allein handlungsfähigen Teile in Gestalt der europäischen Staaten ersetzt werden musste. Sie, die europäischen Staaten, sind es gewesen, welche die Initiative zur Integration ergriffen haben. Sie sind es, welche eine eigene internationale Gemeinschaft gegründet haben. Sie auch sind es, welche sich bemühen, den europäischen Integrationsprozess weiter voranzutreiben. Ohne sie gäbe es keine Europäische Union. Sie sind politisch ihr Rückgrat, ihr A und O. Aber die Vielheit ihrer Souveräne wie ihrer Legitimationsbasen ist zugleich ihr verfassungsrechtliches Problem – und dies vornehmlich in zweierlei Hinsicht.

---

1 Im französischen Text heißt es: «Le principe d'attribution régit la délimitation des compétences de l'Union.» Vgl. Traité établissant une constitution pour l'Europe, Luxembourg 2005, S. 20.

2 Im französischen Text lautet dieser Passus: «L'Union coordonne les politiques des États membres visant à atteindre ces objectifs et exerce sur le mode communautaire les compétences qu'ils lui attribuent.» Vgl. ebda., S. 17.

3 So auch neuerdings im Lissabon-Urteil des Bundesverfassungsgerichts vom 30. Juni 2009 ausführlich begründet. Vgl. <http://www.bverfg.de/entscheidungen/es20090630_2bve000208.html>, S. 1.

Die Verfassungsgebung einer so gearteten, subsidiären Union ist das eine Problem. Während ein Staat sich eine Verfassung durch die Zustimmung einer Mehrheit des Volkes in einem Referendum geben oder aber eine Verfassungsreform durch eine qualifizierte Parlamentsmehrheit beschließen kann, bedarf die Verfassungsgebung einer Union wie ihre Verfassungsreform nicht einer Mehrheit, sondern der Zustimmung eines jeden Mitgliedstaates. Sie muss nicht mit einer einfachen Mehrheit von 50% plus 1 bzw. mit einer Zweidrittelmehrheit von 66,6% plus 1, sie muss, sage und schreibe, zu 100% erfolgen. Das ist in Demokratien ein nahezu unmöglich zu erzielendes Ergebnis. Es macht den Verfassungsprozess einer Union äußerst schwierig – wenn nicht gar unmöglich.

Ob der von mir vorgeschlagene Weg, Verfassungsreformen in einer Union dadurch zu ermöglichen, dass in einem speziellen Verfassungsvertrag einstimmig beschlossen wird, Verfassungsänderungen durch qualifizierte Mehrheiten der Mitgliedstaaten zu ermöglichen, eingeschlagen und in der Zukunft auch begangen werden wird, steht noch dahin.[4] Jedenfalls kann die benötigte Zustimmung aller einzelnen Unions-Mitglieder zu einer Verfassungsgebung und -änderung leicht dazu führen, dass die Union an ihrer selbst verschuldeten Reformunfähigkeit zugrunde geht. Sie hätte sich damit im Voraus selbst ihr Todesurteil ausgestellt.

Nicht minder prekär ist, jedenfalls auf den ersten Blick, noch ein anderes Problem. Was heißt denn nun, dass die Politik der Union in den ihr übertragenen Zuständigkeitsbereichen auf „gemeinschaftliche Weise" erfolgen soll? Wenn das darauf hinauslaufen würde, dass auch die Politik der Union wie ihre Verfassungsgebung einer einstimmigen Billigung durch die Mitgliedstaaten im Sinne der „governance" bedürfte, dann ist die Union in der Tat zur Entscheidungs- und Handlungsunfähigkeit verurteilt. Dem ist aber nicht so. In den Organen der EU, im EU-Ministerrat, im EU-Parlament und in der EU-Kommission, aber auch z. B. im EU-Gerichtshof, in der EU-Zentralbank und im EU-Rechnungshof, gilt, dass Beschlüsse in „vergemeinschafteten" Angelegenheiten, wie in jedem Nationalstaat auch, in der Regel mit einfacher Mehrheit erfolgen. Auf diese und nur auf diese Weise ist die Handlungs- und Entscheidungsfähigkeit der Union in der Praxis gewährleistet. „Governance" ist und bleibt in sich bildenden Unions-Gemeinschaften eine Eigen- oder Unart intergouvernementaler, nicht dagegen supranationaler Entscheidungsfindung.

Wie daraus zu ersehen ist, hat das „Geheimnis" der EU, das in ihr zur Anwendung gelangte Subsidiaritätsprinzip, durchaus seine Tücken. Darauf, auf seine Vorzüge wie Nachteile, wird zurückzukommen sein. Auf welche eigentümliche Weise es Eingang ins Verfassungsrecht gefunden hat, das soll im folgenden Abschnitt dargestellt werden.

4 Die Erfindung der EU

Wenn ich recht sehe, ist die „Erfindung" der EU, ihr subsidiärer Charakter, kein bewusster politischer Akt gewesen, sondern dem Zwang der Verhältnisse geschuldet, praktisch als Nebenprodukt angefallen. Es sind eher handfeste, zwingende Gründe als theoretische Überlegungen gewesen, die am 12. Mai 1951 zum Abschluss dieser völlig neuartigen politischen Organisationsform, der „Europäischen Gemeinschaft für Kohle und Stahl" (Montan-

4 Vgl. dazu u.a. Helmut Wagner, Nationen als „Konstituanten" der Verfassung – Eine Einführung in die beginnende europäische Verfassungsdebatte, in: Heiner Timmermann /Hans Dieter Metz (Hrsg.), Europa – Ziel und Aufgabe: Festschrift für Arno Krause zum 70. Geburtstag, Berlin 2000, S. 221f.

Union), geführt haben. Was damals erfolgte, die Übertragung nationaler Souveränitätsrechte auf die Montan-Union, hat indes Schule gemacht – obwohl ihr Gegenstand, die Regie über die Kohleförderung und die Stahl- und Eisenproduktion, heute, achtundfünfzig Jahre später, bedeutungslos geworden ist.

Was im Jahre 1951 durchaus revolutionär war, die Übertragung nationaler Befugnisse auf ein supranationales Exekutivorgan, die Hohe Behörde[5], wurde seinerzeit von vielen als eine Lappalie wahrgenommen, weil sie als eine geringfügige, nicht wesentliche Souveränitätseinbuße der daran beteiligten Staaten verstanden wurde. Da sie allerdings geeignet schien, dem Frieden unter den daran beteiligten Völkern zu dienen, hat sie seinerzeit Zustimmung gefunden. Wurden doch durch sie den daran beteiligten Staaten zwei, wie man damals glaubte, zur Kriegsführung elementare Faktoren, nämlich Kohle und Stahl, der nationalen Verfügungsgewalt entzogen. Damit war ihnen die Möglichkeit genommen, sich je wieder zu bekriegen. Das wurde als eine weitaus sichere, als eine hundertprozentige Friedensgarantie betrachtet, als es das jede vertragliche Beteuerung vermochte, die jederzeit widerrufbar war.

Es darf bei dieser Argumentation freilich nicht übersehen werden, dass es bei der in Frage stehenden Übertragung von nationalen Souveränitätsrechten in erster Linie um die Kontrolle des deutschen Kriegspotentials, das sich größtenteils im Rhein- und Ruhrgebiet befand, ging. Das war zweifellos die besondere Tücke des Projekts. Die fünf anderen Montan-Mitgliedstaaten, Frankreich, Italien, die Niederlande, Belgien und Luxemburg, waren weit weniger davon betroffen. Weshalb es von ihnen, insbesondere von Frankreich, als großer Gewinn gebucht werden konnte, auf diese relativ unauffällige Art und Weise den in Zukunft wieder gefährlich werden könnenden Nachbarn Deutschland ein für allemal an die Leine gelegt zu haben. Die Ironie der Geschichte hat dazu geführt, dass auch die anderen Montan-Mitglieder – nach dem Motto „mitgefangen – mitgehangen" – durch diesen kleinen, unmerklichen Schritt zu einer gemeinsamen Organisationsform gleichermaßen in die Pflicht genommen worden sind. Doch auch von der damals gerade einmal drei Jahre jungen Bundesrepublik konnte der vereinbarte Deal als ein Erfolg ausgegeben werden. Wurde damit doch die bis dahin, nach dem Kriegsende im Jahre 1945, praktizierte Fremdkontrolle des Ruhrgebiets nicht verewigt, sondern durch eine Gemeinschaftsregie beendet.

Dass die Regie über die bundesdeutsche Kohle- und Stahlproduktion nicht an die Bundesrepublik zurückfiel, sondern in die Hände einer damit geschaffenen supranationalen Sechsergemeinschaft gelegt wurde, war überdies durchaus im Einklang mit den Vorstellungen des ersten deutschen Bundeskanzlers der Nachkriegszeit, Konrad Adenauer (1876 – 1967). Er war seit langem, seit dem Ende der 1920er Jahre schon, für eine enge wirtschaftliche und politische Bindung Deutschlands an Frankreich eingetreten. Jetzt, durch das französische Angebot der Schaffung einer gemeinsamen Montan-Union, sah er sich seinem Ziel nahe und zögerte keine Sekunde, dem Projekt seine Zustimmung zu geben – womit er der Montan-Union überhaupt erst zu ihrer Existenz verholfen und die Dynamik der europäischen Integration in Gang gesetzt hat.

Der vom damaligen französischen Außenminister Robert Schuman (1886 – 1963) am 9. Mai 1950 gemachte Vorschlag, gerichtet an alle europäischen Staaten, eine „Europäische Gemeinschaft für Kohle und Stahl" zu gründen, hatte Jean Monnet (1879 – 1972) zu sei-

5 Vgl. Art. 8 und 9 des EGKS-Vertrags vom 18. April 1951, in: >http://www.politische-union.de/egksv/egksv.htm>. In Art. 13 des Vertrags heißt es: „Beschlüsse der Hohen Behörde werden mit der Mehrheit ihrer (sechs, H.W.) Mitglieder gefasst."

nem „geistigen Vater".[6] Dieser, von dem die Idee und der Plan zur Schaffung der Montan-Union stammt, hat später in seinen Memoiren gesagt, welches seine Motivation zu ihrer Gründung gewesen ist und welchen Weg er für die Integration Europas als allein erfolgversprechend angesehen hat: „Wenn wir nichts unternahmen, stand uns ein neuer Krieg bevor. Deutschland wäre zwar nicht die Ursache, aber der Anlass. Es musste aufhören, ein Anlass zu sein, es musste zu einem Band werden. Nur Frankreich konnte in dieser Lage die Initiative ergreifen. Wer konnte, ehe es zu spät war, Frankreich und Deutschland verbinden, wie konnte man ihnen noch heute ein für beide Länder gemeinsames Interesse einpflanzen, das war die Frage, die ich mir in der Konzentration der schweigsamen Märsche (in den Schweizer Bergen, H. W.) unablässig stellte."[7]

Gedanken darüber, wie ein Krieg zwischen den europäischen Völkern künftig ein für allemal auszuschließen sei, haben sich damals, fünf Jahre nach dem Ende des Zweiten Weltkrieges, viele gemacht. Aber die Idee, dass eben dieses Ziel am ehesten durch das „Einpflanzen" eines gemeinsamen Interesses und durch dessen Institutionalisierung zu verwirklichen wäre, und daraus eine Methode der Integration zu entwickeln, das ist vor allem Jean Monnets Werk gewesen. Nach seiner Methode ging es darum: Im richtigen Moment durch gemeinsame Institutionen gemeinsame Interessen zu schaffen und die so geschaffene Gemeinschaft von Staaten gemeinsam zu verwalten.

Damit ist, meiner Meinung nach, das Erfolgsrezept des europäischen Integrationsprozesses von Jean Monnet auf den Punkt gebracht worden. Es bestand, kurz gesagt, darin, unter den zerstrittenen europäischen Völkern gemeinsame Interessen zu wecken, diesen einen festen institutionellen Rahmen zu geben, sie damit auf Dauer zu stellen, und die Kompetenzen der so geschaffenen Gemeinschaft von Staaten Schritt für Schritt zu erweitern. Auf diese Weise ist es gelungen, die an dem Integrationsvorhaben beteiligten Völker Europas zu versöhnen und ihnen das Gefühl zu geben, dass sie in einem Boot sitzen und aufeinander angewiesen sein würden, während sie vereinzelt in Gefahr ständen, angesichts der sowjetischen Bedrohung um ihre Existenz gebracht zu werden. Die Gemeinsamkeit war zu einer Existenzfrage gemacht worden.

Die an dem Projekt beteiligten Völker haben dabei die Erfahrung gemacht, dass ihr partieller bzw. sektoraler Zusammenschluss – trotz aller wegen der Freiwilligkeit des Prozesses bei ihrer Vertiefung und Erweiterung aufgetretenen Schwierigkeiten und Verzögerungen – erfolgversprechend war und sich ausgezahlt hat. Dass dazu besondere historische Erfahrungen und günstige innen- und außenpolitische Umstände entscheidend beigetragen haben, ist in der „pragmatischen Methode" Monnets stets bedacht worden. Sie zeichnet sich, gemäß der Einschätzung von Matthias Schönwald, „durch große Flexibilität und die Fähigkeit aus, sich auf das Wesentliche zu konzentrieren, ohne das Ziel der Vereinigten Staaten von Europa dadurch aus den Augen zu verlieren."[8] Bezeichnend dafür ist, dass Monnet selbst nie definiert hat, wie das Endprodukt seines Projekts theoretisch einzuordnen wäre. Das kümmerte ihn wenig. Den Weg dahin aufzuzeigen, war ihm wichtiger.

---

6 Vgl. neuerdings Anna Holz, Jean Monnets Europaidee damals und heute – Die Aktualität der Europaidee Jean Monnets im Licht der Integrationsdebatte im Post-Nizza-Prozess, Saarbrücken 2007.

7 Jean Monnet, Erinnerungen eines Europäers, München 1980, S. 368.

8 Matthias Schönwald, The Same – Should I Say – Antenna – Gemeinsamkeiten und Unterschiede im europapolitischen Denken von Jean Monnet und Walter Hallstein (1958-1963), in: Andreas Wilkens (Hrsg.), Interessen verbinden – Jean Monnet und die europäische Integration der Bundesrepublik Deutschland, Bonn 1999, S. 296.

Die europäische Integration ist demnach keineswegs selbstverständlich und schon gar nicht ein Selbstläufer gewesen. Das hat unter anderem das Fiasko mit dem Brüsseler Verfassungsvertrag vor Augen geführt, der von nicht wenigen als ein „Quantensprung“[9] auf dem Weg der Integration und als eine Abkehr von der „Methode Monnet“ angesehen worden ist. Bei der Abfassung des Verfassungsvertrags durch den Europäischen Konvent ist nach der „deliberativen Methode“ verfahren worden, die viel Vorschusslorbeeren erhalten hatte.[10] Bei ihr ging es nicht um mühselige Verhandlungen von Regierungsvertretern hinter verschlossenen Türen, sondern um einen offenen Diskurs von Verfassungsexperten, Parteipolitikern und Vertretern von gesellschaftlichen Gruppen. Die Völker sind dabei offenbar nicht mitgenommen worden. Einige von ihnen fühlten sich hinterher übergangen.

5 Die potentiellen Stärken der EU

Es sind in meinen Augen vor allem drei Vorzüge, welche die EU im Vergleich mit anderen politischen Organisationsformen auszeichnen und sie attraktiv machen: Da ist erstens der Umstand, dass die in ihr vereinigten Staaten nicht zunächst einmal um ihre Existenz gebracht werden, sondern dass in ihrem Rahmen ein „freiwilliger Zusammenschluss“ von kontinentalem Umfang einer Vielzahl von großen und kleinen Staaten möglich gewesen ist. Da ist zweitens das Faktum, dass die EU als Machtzentrum nicht alle Kompetenzen an sich gezogen hat und dadurch in Gefahr gerät, zu einem „Monsterstaat“ zu entarten, sondern dass sie gemäß dem Subsidiaritätsprinzip nur jene Kompetenzen erhalten hat, die von ihren Gliedstaaten nicht weitaus effektiver ausgeführt werden können. Und dazu kommt drittens zwangsläufig noch ein weiterer Effekt, der für die internationalen Beziehungen nicht unerheblich sein dürfte: Als kontinentales Machtzentrum ist die EU an die „Kette ihrer Gliedstaaten“ gelegt worden und kann so eher vor abenteuerlichen „Weltbeglückungsmissionen“ bewahrt werden.

Die Schaffung von Weltreichen bzw. von Imperien ist bislang nur mittels Eroberungen vollzogen worden. Andere Völker wurden gewaltsam gezwungen oder, wie etwa im Falle Österreich-Ungarns, durch Heirat zwischen den Herrschenden dazu gebracht, ein integraler Teil einer größeren Einheit zu werden. Auf diese Weise war sichergestellt, dass sie nicht in der Lage waren, die größere Einheit wieder zu sprengen. Ganz anders geht dagegen eine Union vor. Sie setzt auf die Freiwilligkeit des Zusammenschlusses und eröffnet, wie im BVE im Art. 61 und im LGV in Art. 50 vorgesehen, den Gliedstaaten die verfassungsrechtliche Möglichkeit, die Union jederzeit wieder zu verlassen, wenn die Zugehörigkeit nicht in ihrem Interesse liegt. Die Existenz von lebensfähigen, kraftvollen und selbstbewussten Staaten ist demnach geradezu eine Voraussetzung der Schaffung einer Union. Ihre Erhaltung, ihr Schutz und ihr Gedeihen liegen im Interesse der Union – ganz und gar anders als das bei Imperien, die auf der Unterdrückung von allen separaten Machtzentren in ihrem Innern beruhen, der Fall ist. Die Austrittsklausel aus der EU ist vom Präsidenten des Brüsseler Verfassungskonvents, Valéry Giscard d'Estaing (geb. 1926), mit dem Argument

9 Daniel Göler, Der Gipfel von Laeken: Erste Etappe auf dem Weg zu einer europäischen Verfassung? in: Integration 25 (2005), Nr. 2, S. 106.

10 Daniel Göler, Deliberation – Ein Zukunftsmodell europäischer Entscheidungsfindung? – Analyse der Beratungen des Verfassungskonvents 2002-20003, Baden-Baden 2006.

rechtfertigt worden, dass die EU eine Stätte der Zuflucht, nicht aber das Gefängnis seiner Mitgliedstaaten sei.

Diese Umkehrung von imperialen Verfahren hat ihren Grund darin, dass es in einer Union nicht das Zentrum ist, das die Glieder nach seinen Interessen schafft und erhält, sondern dass es die Glieder sind, welche das Zentrum nach ihren Interessen stiften, organisieren und kontrollieren. Ihm werden nur jene Kompetenzen übertragen, die von den Gliedstaaten nicht selbst ausgeübt werden können, weil sie dadurch überfordert würden. Und überdies findet die Politik der Union unter der Regie der Gliedstaaten statt. Sie wird durch die von ihnen personell besetzten Unionsorgane, dem Europäischen Rat, dem Europäischen Parlament, dem Europäischen Gerichtshof und der Europäischen Kommission, kontrolliert. Das ist nur möglich, wenn eine subsidiäre Machtteilung verfassungsmäßig verankert ist. Nur dadurch, dass die Gliedstaaten und das Zentrum über jeweils eigene Kompetenzen verfügen, im Rahmen derer sie nach eigenem Ermessen frei entscheiden können, ist die Funktionsfähigkeit des Ganzen garantiert.

Wie die horizontale Gewaltenteilung in Legislative, Exekutive und Judikative den Staat nicht handlungsunfähig, wohl aber die Regierenden kontrollierbar gemacht hat; so paralysiert auch die vertikale Gewaltenteilung zwischen den Gliedstaaten und der Union weder zwangsläufig die einen noch die andere, sondern macht die Union zu einem kontrollierten aber gleichwohl selbstständig handelnden supranationalen und internationalen Akteur.

Außer dem Umstand, dass die Union mit der Existenz von Staaten in ihrem Innern vereinbar ist, ihrer sogar in der Vielzahl bedarf, hat die vertikale Gewaltenteilung noch einen anderen Effekt, der für die Union selbst bedeutsam ist. Durch ihre Nichtstaatlichkeit wird verhindert, dass sie in eine Versuchung gerät, der alle Großstaaten, demokratisch wie diktatorisch regierte, ausgesetzt sind: ihre Kompetenzen unbegrenzt zu vermehren und dadurch zu einem „Monsterstaat“ zu werden. Es ist dies ein Schicksal, dem nicht nur totalitäre Großstaaten ausgesetzt sind. Auch in demokratischen Föderationen, wie in den USA und in der Bundesrepublik Deutschland, ist die Tendenz festzustellen, dass sie auf Kosten ihrer Gliedstaaten immer mehr Kompetenzen an sich ziehen. Aus eigenem Vermögen sind Großmächte weder Willens noch in der Lage, dem Machtkonzentrationsprozess Einhalt zu gebieten. Ihre eigene Dynamik, ohne die sie meinen, nicht existieren zu können, erzwingt ihre permanente Besitzvermehrung, sowohl nach innen wie nach außen.

Das Beispiel der Schweiz bestärkt die Vermutung, dass diese Gefahr nur dadurch abzuwenden ist, wenn und insofern die Gliedstaaten verfassungsmäßig das letzte Wort über die Kompetenzverteilung haben. Anderenfalls, wenn eine Föderation sich als Staat versteht und die Kompetenz-Kompetenz für sich in Anspruch nimmt, ist der interne Konzentrationsprozess aufstrebender Großmächte unmöglich zu stoppen. Bei der subsidiären Organisationsform der nichtstaatlichen EU besteht diese Gefahr jedenfalls nicht.

Zu diesem Charakteristikum der EU, ihrer „Monsterstaat-Immunität“, gesellt sich noch ein weiterer Vorzug. Lange haben wir uns eingeredet, dass nur Diktaturen imperialistische Ambitionen haben. Seit kurzem jedoch haben wir gelernt, dass auch Demokratien sich, wenn sie dazu in der Lage sind und dem Drang der „Weltbeglückung“ erliegen, auf gewaltsame außenpolitische Abenteuer einlassen. Eigentlich muss es heißen, dass wir eben dies wieder gelernt haben; denn es darf ja doch nicht vergessen werden, dass die athenische Demokratie zur Zeit des Perikles im 4. Jahrhundert vor und auch die englische Demokratie im 19. Jahrhundert nach der Zeitwende, zur Zeit von Benjamin Disraeli (1804 – 1881) und

William Gladstone (1805 – 1898), imperialistischen Ambitionen ganz und gar nicht abgeneigt gewesen sind. Wie können sie verfassungsmäßig verhindert werden?

Ich fürchte, dass im Falle eines „demokratischen Imperialismus“ nur eine zusätzliche vertikale Gewaltenteilung Rettung versprechen oder doch jedenfalls eine nur schwer zu überspringende Hürde darstellen würde. Ich stelle mir jedenfalls vor, dass es nicht zum Irak-Krieg gekommen wäre, wenn über den Einsatz US-amerikanischer Streitkräfte nicht allein der US-amerikanische Präsident zu entscheiden gehabt, sondern auch der US-Senat, also die Mehrheit der 50 Staaten der USA, ein Wort mitzureden gehabt hätte. Worauf es mir dabei ankommt, ist, dass es durch eine Rückverlagerung der Entscheidungsgewalt über Krieg und Frieden von den Zentren der Weltmächte zu ihren Gliedstaaten bedeutend schwieriger sein würde, internationale Interventionen einzelner Großmächte in Gang zu setzen. Warum? Einfach deshalb, weil die Gliedstaaten andere Prioritäten als Weltmächte haben. Insofern würden subsidiäre Unionen aller Wahrscheinlichkeit nach eher als souveräne Weltmächte in den internationalen Beziehungen friedensstiftende und -erhaltende Wirkungen zeitigen.

Was ansonsten noch, über die hier behandelten Strukturfragen hinaus, zu den Stärken der EU als einer Unions-Organisation neuer Art gezählt werden kann, sind natürlich: ihr einmaliger wirtschaftlicher Erfolg, durch den sie zur größten Handelsmacht der Welt geworden ist, und ihre Währung, der Euro, mit dem sie dem Dollar als internationale Leitwährung erfolgreich Paroli geboten hat; ihre enorme Attraktivität, die sich in ihrer Erweiterung von sechs Mitgliedern im Jahre 1952 auf 27 im Jahre 2007 niedergeschlagen hat; ihre Ausdehnungsmöglichkeit auf nahezu eine halbe Milliarde Bürger sowie ihr positives internationales Ansehen, das ihr, vor allem im Vergleich mit anderen Weltmächten, mit den USA, mit China und Russland, den Ruf eines „benevolent actor“ eingebracht hat.[11] Aber zu diesen und anderen möglichen Vorzügen der EU, die sie weitgehend ihrer spezifischen Organisationsform verdankt, kommen etliche ihrer offensichtlichen Nachteile. Das lässt sich nicht verheimlichen.

6 Die potentiellen Schwächen der EU

Die größten konstitutionellen Nachteile der EU bin ich geneigt, darin zu erblicken, dass sie, erstens, bislang nicht als kraftvoller, sondern vielmehr als blasser, ja, als geradewegs zu „negierender internationaler Akteur“ in Erscheinung getreten ist; und dass sie, zweitens, durch die Vielzahl ihrer Souveräne ein überaus wackliges, um nicht zu sagen, ein „wenig Vertrauen erweckendes Fundament“ besitzt. Was ist zu diesen beiden Mankos zu sagen?

Was die nachweisbare Handlungsunfähigkeit als internationaler Akteur der EU betrifft, so ist darauf hinzuweisen, dass es sich dabei keineswegs um einen angeborenen Geburtsfehler handelt, sondern dass dafür allein die bisherige Unfertigkeit der EU verantwortlich ist. Sie hat zu der internationalen Unmündigkeit der EU geführt. Ihre Unvollendetheit besteht vor allem darin, dass die Außen- und Sicherheitspolitik der EU noch nicht „vergemeinschaftet“ worden, sondern vorerst immer noch in der Kompetenz der europäischen Nationalstaaten verblieben ist. Über dieses Manko können auch alle Beschönigungen, die sich in den bisherigen EU-Verträgen in Form von Wünschen und Forderungen niederge-

11 Vgl. dazu u.a. Dirk Messner, The European Union – Protagonist in a Multilateral World Order or Peripheral Power in the "Asia-Pacific" Century, in: IPG, 1/2007, p. 12ff.

schlagen haben, nicht hinwegtäuschen. Solange gilt, was im Art. I-40,6 BVE und im Art. 31,1 LGV steht, dass Entscheidungen des Europäischen Rates in Bezug auf die EU-Außen- und Sicherheitspolitik prinzipiell „einstimmig" zu beschließen sind, ist die EU unfähig, mit einer Stimme zu sprechen. Das aber heißt, dass die EU-Mitgliedstaaten in diesem sie schlechterdings alle einzeln überfordernden Bereich nach wie vor nach eigenem Ermessen und Belieben handeln können – und das ja auch ganz ungeniert und zum Teil gewohnt rücksichtslos tun.

Die Wirkung ist naturgemäß die gleiche, als wenn die Außenpolitik der USA von ihren 50 Gliedstaaten individuell bestimmt würde. Und das, diese Uneinigkeit, wird im Fall der EU auch so bleiben, bis auch diese Domäne der Mitgliedstaaten „vergemeinschaftet" worden ist. Erst dann wird man im Ernst von einer einheitlichen Außen- und Sicherheitspolitik der EU sprechen können. Das ist genauso sicher, wie dass die von der Europäischen Zentralbank in Frankfurt/Main getroffene Entscheidung über die Höhe des Zinssatzes in allen Euro-Staaten gilt und auch respektiert wird.

Was nun das zweite Manko der EU, ihre Souveränitätsvielfalt, betrifft, so ist zunächst einmal einzuräumen, dass ihre Pluralität in der Tat ungewöhnlich, exzeptionell ist. Wir haben uns dann gewöhnt, dass ein Monarch oder Diktator souverän sein kann. Wir haben es auch dahin gebracht, dass die Souveränität bzw. die oberste Gewalt entpersonalisiert wird, entweder, wie es in vielen Verfassungen der Welt so schön heißt, vom Staat oder aber vom Volk „ausgeht". Was anderes als unsere Gewohnheit und unsere Unerfahrenheit steht dem entgegen, dass die Souveränität nicht nur von einem Volke, sondern auch von mehreren Völkern ausgeübt werden kann? Genauso, wie die horizontale Gewaltenteilung in Exekutive, Legislative und Judikative die Souveränität nicht außer Kraft gesetzt, sondern nur modifiziert und damit kontrollierbar gemacht hat; genauso hebt auch eine vertikale Gewaltenteilung in Zentrum und Gliedstaaten die Souveränität nicht auf, sondern modifiziert sie nur und macht sie auch in Gemeinschaften von kontinentalen Ausmaßen praktizierbar. Alles hängt davon ab, ob und wie die staatliche Souveränität legitimer Weise, d.h. mit der Zustimmung der einzigen Instanz, die es dafür gegenwärtig in der EU gibt, nämlich der in ihr vertretenen Staatsvölker, zusätzlich auch vertikal aufgeteilt wird – mit dem Plazet ihrer verfassungsmäßigen Inhaber.

Die Rechnung aufs Exempel ist in der EU in den politischen Bereichen, in denen eine vertikale Gewaltenteilung zwischen dem Zentrum und den Gliedstaaten vorgenommen worden ist, also in Wirtschafts- und Währungsfragen, erfolgreich gewesen. Es ist schlechterdings nicht einzusehen, weshalb eine solche Gewaltenteilung nicht auch im Hinblick auf die außen- und sicherheitspolitische Kompetenz gelingen sollte. Was insbesondere für eine solche Teilung spricht, ist, dass Großstaaten von kontinentalen Ausmaßen, wenn sie auf der geballten Souveränität bestehen, diese nach innen grundsätzlich nur durch zentrale Maßnahmen umsetzen können, damit aber die ethnischen und spezifischen Interessen der Mitgliedstaaten nicht gebührend berücksichtigen. Das liegt daran, dass bei ihrer Durchsetzung die bestehende Vielfalt zwangsläufig beschädigt, die gesetzliche Gleichmacherei mehr und mehr unerträglich, die ökonomische Effizienz nach und nach erstickt wird und die Dynamik der gesellschaftlichen Entwicklung schließlich ganz zum Erliegen kommt – wie in der imperialen Sowjetunion geschehen und wie unlängst vom neo-imperialen Russland in Tschetschenien vorexerziert; und wie es derzeit auch von der bevölkerungsstärksten Weltmacht, von China, in Tibet und Uigurien vorgeführt wird.

Es ist die Angst vor ihrem Zerfall, meint Heike Holbig, vor ihrer „Balkanisierung“[12], welche imperiale Großmächte multi-ethnischer Facon zwingt, dass einzige Mittel anzuwenden, das ihnen verfassungsmäßig zur Verfügung steht, administrative oder brutale Gewalt, um Auflösungstendenzen im Keime zu ersticken. Sie sind von ihrer Natur, ihrem eigenen imperialen Selbstverständnis her zu Kompromissen in der Souveränitätsfrage nicht in der Lage. Diese ihre Kompromisslosigkeit aber führt früher oder später zwangsläufig zur Sprengung der politischen Einheit, wie an vielen alten und auch jüngsten Imperien zu beobachten gewesen ist, die nur durch Gewalt zusammengehalten werden konnten und können. Dem ist nur zu entgehen, wenn die staatliche Souveränität nicht nur horizontal, sondern auch im Sinne der Subsidiarität vertikal geteilt und entsprechend legitimiert wird. Soviel ist jedenfalls gewiss: Nur wenn die Organisationsform einer subsidiären Union, wie der EU, nach innen besser aufgestellt, also stabiler, und nach außen angemessener, also flexibler, zu reagieren in der Lage ist, als alte Weltmächte es waren und sind, wird ihr die Zukunft gehören.

7 Die subsidiäre Union als Modell supranationaler Organisationsformen

Insofern ist die von der EU praktizierte horizontale wie vertikale Teilung der staatlichen Souveränität das Gebot aller kommenden Weltmächte, wenn sie auf der Suche nach einer zeitgemäßen, praktikablen und legitimen Organisationsform sind. Es gibt, auf lange Sicht gesehen, wohl andere, aber keine bessere. Was auf den ersten Blick hin als abenteuerlich erschien und den Verdacht der Anarchie erweckte, die vertikale Teilung der Souveränität und ihre Aufsplitterung in mehrere Akteure, erweist sich nachgerade als Lebensversicherung für großräumige, supranationale politische Gemeinschaften.

Das dabei zur Anwendung kommende Prinzip der Subsidiarität erfüllt zwei Bedingungen: Es ermöglicht den freiwilligen Zusammenschluss von auch fürderhin ihres Staatscharakters nicht beraubter politischer Gemeinschaften; und es beschafft der Union die erforderliche Legitimität, derer sie zu ihrer Existenz unbedingt bedarf. Diese Voraussetzungen erst gestatten es, wenn man so will, eine Union wahrhaft „Vereinigter Staaten“ zu gründen, ohne die Souveränität ihrer Mitglieder auf dem Altar eines Superstaates, irrtümlich Föderation genannt, zu opfern. Dies eben ist das Schicksal der „Vereinigten Staaten von Amerika“ wider ihrem Willen aber im Einklang mit den Erfordernissen des westfälischen Zeitalters gewesen: Sie, die Gründerstaaten, haben als politische Einheit den Staatscharakter erhalten, den sie als Mitgliedstaaten verloren haben. Die EU kann, wenn sie Glück und die Kraft dazu hat, eine neue politische Organisationsform kreieren und damit ein neues, post-staatliches Zeitalter einläuten, zu dem das französisch-deutsche Gemeinschaftswerk der Montan-Union von Robert Schuman und Konrad Adenauer vielleicht doch nicht ganz zufällig, sondern im Einklang mit den Erfordernissen der Zeit den Anstoß gegeben hat.

12 Heike Holbig, China fürchtet die Balkanisierung, in: Focus, Nr. 14, 31. März 2008, S. 167.

III. Die Reform einzelner Politikfelder

Martin Borowsky

Die Grundrechtecharta als normatives Fundament der Europäischen Union

„Die Völker Europas sind entschlossen, auf der Grundlage gemeinsamer Werte eine friedliche Zukunft zu teilen, indem sie sich zu einer immer engeren Union verbinden.

In dem Bewusstsein ihres geistig-religiösen und sittlichen Erbes gründet sich die Union auf die unteilbaren und universellen Werte der Würde des Menschen, der Freiheit, der Gleichheit und der Solidarität. Sie beruht auf den Grundsätzen der Demokratie und der Rechtsstaatlichkeit. Sie stellt den Menschen in den Mittelpunkt ihres Handelns, indem sie die Unionsbürgerschaft und einen Raum der Freiheit, der Sicherheit und des Rechts begründet."

Präambel der Charta

Die Charta der Grundrechte der Europäischen Union hat seit ihrer Ausarbeitung im Jahre 2000 bereits ein bewegtes Schicksal hinter sich. So gab es etwa – *rarissime* – gleich zwei „feierliche Proklamationen", im Dezember 2000 auf dem Gipfel von Nizza und im Dezember 2007. Die Charta wurde zusammen mit dem Lissabonner Vertrag rechtsverbindlich.

Der dreiteilige Beitrag wendet sich – unter Betonung der normativ-ethischen Aspekte – zunächst den Gründen für die Ausarbeitung der Charta zu, ihrer Entstehung und ihrem wesentlichen Inhalt, um sodann ihre heutige Stellung und ihren Status zu beleuchten. Abschließend wird eine zukunftsweisend besonders brisante Problematik in den Blick genommen, nämlich die Frage nach dem Letztentscheidungsrecht bei Wertkonflikten.

1 Entstehungsprozess und Inhalt der Charta

Wie kam es zu dem Vorhaben, auf europäischer Ebene einen Grundrechtekatalog auszuarbeiten, der zugleich die gemeinsamen europäischen Werte verdeutlichen, „Europa eine Seele geben" soll? Es war und ist unumgänglich, der zunehmenden Machtfülle Brüssels Grenzen zu setzen. Der europäischen Ebene wurden ständig neue Ziele zugeschrieben, mit jeder Vertragsreform gewann sie Kompetenzen hinzu. Ihre Organe und Einrichtungen haben mit jeder Regierungskonferenz immer mehr Aufgaben und Befugnisse erhalten. Dieser dynamische Prozess hat zur Folge, dass neue Gefahren für die Rechte und Freiheiten der Bürger entstehen, etwa im Bereich der polizeilichen und justiziellen Zusammenarbeit in Strafsachen. In der Tat gibt es keine *„secteurs exclus"* mehr, kein Lebensbereich ist von Brüsseler Vorgaben ausgenommen. Dieser Machtfülle waren und sind Grenzen zu setzen.

Die Freiheitsräume der in Europa lebenden Menschen gegenüber der europäischen Hoheitsgewalt zu sichern, diese Aufgabe fiel zunächst dem Gerichtshof der Europäischen Gemeinschaften in Luxemburg zu. Seit Ende der sechziger Jahre hat das Gericht – ausgehend von Einzelfällen und lange Zeit zögerlich tastend – eine ganze Reihe von europäischen Grundrechten entwickelt. Ein wesentliches Motiv war im Übrigen, zu verhindern, dass nationale Verfassungsgerichte den Schutz ihrer Bürger am Maßstab der nationalen Grundrechte übernahmen, eine Gefahr, die insbesondere seitens des deutschen Bundesverfassungsgerichts drohte.

Ausgangspunkt war 1969 ein Urteil zum Fall Stauder. Ein Empfänger von Kriegsopferfürsorge sah es als Verletzung seiner Menschenwürde und des Gleichheitsgrundsatzes an, dass er bei der Registrierung zum Kauf von verbilligter „Weihnachtsbutter" aus europäischen Beständen seinen Namen angeben musste. Der Luxemburger Gerichtshof bekannte sich in seiner Entscheidung erstmalig dazu, dass die Beachtung der Grundrechte zu den allgemeinen Grundsätzen der Gemeinschaftsrechtsordnung gehört, deren Wahrung er zu sichern hat. Da die Gründungsverträge allenfalls rudimentäre Ansatzpunkte für grundrechtsähnliche Verbürgungen enthielten, insbesondere die Grundfreiheiten und Diskriminierungsverbote, wandte sich der Gerichtshof in „wertender Rechtsvergleichung" anderen Erkenntnisquellen zu. Zunächst inspirierte er sich vor allem an den gemeinsamen Verfassungsüberlieferungen der Mitgliedstaaten, später immer stärker an der Europäischen Menschenrechtskonvention. Mehr als eine Inspiration konnte es nicht sein, da zum einen die nationalen Grundrechte ausschließlich die nationale Hoheitsgewalt binden, wie mittlerweile allgemein anerkannt ist, und da zum anderen die Europäische Union der Menschenrechtskonvention bis heute noch nicht beigetreten ist.

Mit seiner durchaus innovativen Grundrechtsrechtsprechung schloss der Europäische Gerichtshof eine empfindliche Lücke im europäischen Rechtsschutzsystem. Im Laufe der Jahre entwickelte er eine stattliche Reihe von Grundrechten, vom Eigentumsrecht über die Religionsfreiheit bis hin zum Schutz der Familie. In der Wissenschaft war gar von einer „Grundrechtscharta des EuGH" die Rede, und das Bundesverfassungsgericht „adelte" bereits 1986 die prätorischen Bemühungen in seiner berühmten „Solange II"-Entscheidung: Der Luxemburger Gerichtshof gewährleiste gegenüber der europäischen Hoheitsgewalt einen Schutz der Grundrechte, der dem deutschen Grundrechtsschutz im Wesentlichen vergleichbar sei.

Warum dann noch eine Grundrechtecharta? Das Problem bestand darin, dass die europäischen Grundrechte für die Unionsbürger nicht in zusammengefasster Form „nachlesbar" und sichtbar waren. Sie wurden daher häufig nicht wahrgenommen, und damit auch nicht hinreichend in Anspruch genommen. Es handelte sich um ungeschriebenes, selbst dem Juristen schwer zugängliches Richterrecht, *judge made law*. Ein weiterer gravierender Nachteil trat hinzu: Der Luxemburger Gerichtshof entwickelte die diversen Grundrechte am jeweiligen Einzelfall. Die Grundrechte blieben daher in ihrer Ausstrahlungskraft beschränkt. Insbesondere war es dem Gerichtshof kaum möglich, Inhalt, Umfang und Grenzen des europäischen Grundrechtsschutzes hinreichend allgemein und zugleich differenziert herauszuarbeiten.

Angesichts dieser Nachteile eines lediglich richterrechtlich entwickelten Grundrechtsschutzes erwuchs schon bald der Wunsch nach einer „Kodifizierung" derjenigen Grundrechte, die auf europäischer Ebene gelten. Immer wieder gab es – lange Zeit vergebliche – Vorstöße und Ansätze zu einer europäischen Kodifikation, etwa 1989 durch das Europäische Parlament. Besonders in Deutschland regten sich Stimmen in dieser Richtung, wobei sich *Jürgen Meyer* – einer der Väter der Charta – hervortat. So forderten 1995 Bundestag wie Bundesrat, zumindest langfristig einen Grundrechtekatalog im Gemeinschaftsrecht zu verankern. Eine deutsche Initiative hatte 1999 schließlich Erfolg.

Drei Gründe dürften für diesen Erfolg ausschlaggebend gewesen sein. So hatte die Europäische Union gerade eine monatelange Glaubwürdigkeitskrise durchlebt, die im Rücktritt der Santer-Kommission gipfelte. Vor dem Hintergrund dieser gravierenden Krise ging es den Staats- und Regierungschefs darum, den Charakter der Union als Wertegemeinschaft zu verdeutlichen, Europa neu zu legitimieren, den Graben zwischen Bürgern und Brüssel zu überwinden. Denn Grundrechte sind zwar in erster Linie Abwehrrechte gegenüber hoheitlichem Handeln. Zugleich und entscheidend sind sie aber auch Ausdruck einer „objektiven Werteordnung". Die angestrebte Kodifizierung der europäischen Grundrechte sollte mithin eine wesentliche Wirkung erzielen: Indem sie den Konsens über die Grundwerte in der Union manifestierte, sollte sie für diesen Konsens werben und in Erinnerung rufen, welche Werte und Traditionen Europa ausmachen. Eine Art Selbstvergewisserung und Selbstverständigung der Europäer.

Zweitens ging es darum, gegenüber den damals zahlreichen Beitrittskandidaten – die Osterweiterung stand noch bevor – Zeichen zu setzen. Die Aspiranten von Polen bis zur Türkei sollten erkennen, dass sie nicht nur einer Wirtschaftsgemeinschaft beitreten, vielmehr einer Wertegemeinschaft angehören. Europa ist mehr als ein großer Markt.

Drittens schließlich veränderte der Integrationsprozess seinen Charakter. Er brauchte neuen Schub, und allenthalben machte man sich auf die Suche nach einem Ziel. Die „Finalitätsdebatte" kam damals in Schwung. Die Charta als solches sollte zwar keine Zielvorgaben liefern, aber das Wertefundament bilden, auf dem neue Ziele zu artikulieren sind.

Alle drei Gründe – Überwindung der Glaubwürdigkeitskrise im Innern, Signalwirkung nach außen, Finalitätsdebatte – bewogen den Europäischen Rat von Köln im Juni 1999 dazu, eine Charta der Grundrechte der Europäischen Union entwerfen zu lassen. Im Beschluss lautete die Vorgabe: „*Die Wahrung der Grundrechte ist ein Gründungsprinzip der Europäischen Union und unerlässliche Voraussetzung für ihre Legitimität. Die Verpflichtung der Union zur Achtung der Grundrechte hat der Europäische Gerichtshof in seiner Rechtsprechung bestätigt und ausgeformt. Im gegenwärtigen Entwicklungsstand der Union ist es erforderlich, eine Charta dieser Rechte zu erstellen, um die überragende Bedeutung der Grundrechte und ihre Tragweite für die Unionsbürger sichtbar zu machen.*"

Dabei vertraute der Rat diese Aufgabe – ein Novum in der Integrationsgeschichte – nicht einer klassischen Regierungskonferenz, sondern einem neuartigen Gremium an, dem Grundrechtekonvent. Die „große Erzählung" des Grundrechtekonvents hat schon lange eingesetzt. Die beteiligten Akteure schildern aus der Rückschau ihre jeweils eigene Geschichte. Auch die Wissenschaft hat sich des Grundrechtekonvents angenommen, zumal das „Konventsmodell" Schule machte und sich bald schon der Verfassungskonvent anschloss. Auf der anderen Seite hat der – letztlich gescheiterte – Verfassungskonvent den überaus erfolgreichen Grundrechtekonvent in den Hintergrund gedrängt. Daher soll hier dem Vergessen entgegen gewirkt und ein knapper Überblick zum ersten Konvent in der europäischen Integrationsgeschichte gegeben werden.

Für das innere Gefüge des Grundrechtekonvents waren das „Mandat" von Köln und die weiteren Vorgaben von Tampere grundlegend. Der recht restriktiv klingende Auftrag lautete, die auf der Ebene der Union bereits geltenden Grundrechte in einer Charta zusammenzufassen und dadurch sichtbarer zu machen. Die „Visibilität" des europäischen Grundrechtekatalogs stand mithin im Vordergrund. Zugleich wurde noch in Köln festgelegt, dass sich das „Gremium" aus Beauftragten der Staats- und Regierungschefs und des Präsidenten der Europäischen Kommission sowie aus Vertretern des Europäischen Parlaments und der nationalen Parlamente zusammensetzen sollte. Bei ihrem folgenden Treffen im finnischen Tampere am 15./16. Oktober 1999 präzisierten die Staats- und Regierungschefs ihre Vorgaben für die Zusammensetzung des „Gremiums", zugleich trafen sie knappe Regelungen zum Vorsitz wie zum Arbeitsverfahren.

Rasch emanzipierte sich der Konvent von einschränkenden oder seine Bedeutung relativierenden Vorgaben des Europäischen Rats. So war bereits die Namensgebung – „Konvent" anstelle des farblosen „Gremium" – ein Signal dafür, dass sich die Versammlung nicht mit der Rolle eines weiteren Expertengremiums begnügen würde. Diese „Chuzpe" war bereits in der innovativen Zusammensetzung angelegt: Zum ersten Mal waren bei einem wichtigen europäischen Integrationsprojekt neben den Regierungen der Mitgliedstaaten sowohl das Europäische Parlament als auch die nationalen Parlamente einbezogen. Die Parlamentarier hatten sogar eine breite Mehrheit von nahezu drei Vierteln – eine starke demokratische Legitimation.

Den Vorsitz trug man auf der ersten Sitzung Roman Herzog an. Er konnte insbesondere in der Anfangszeit wichtige Weichen stellen und prägenden Einfluss nehmen, musste dann aber aus persönlichen Gründen auf eine Mitwirkung weitgehend verzichten. Gleichwohl wird der Grundrechtekonvent nicht zu Unrecht auch „Herzogkonvent" genannt, da die Konventionalen jedenfalls so agierten, „als ob" Roman Herzog anwesend war. So fragte man sich immer wieder „Was würde uns jetzt Roman Herzog raten?".

Insgesamt gesehen verband der Konvent ein hohes Maß an politischer Repräsentativität mit fachlicher Kompetenz, um seine schwierige Aufgabe zu bewältigen. Etliche Mitglieder hatten während ihrer politischen Laufbahn hohe politische Ämter bekleidet und nun eine herausgehobene Stellung in ihren Parlamenten inne. Ein Blick auf den fachlichen Hintergrund zeigt, dass sich nahezu ausschließlich Juristen der Arbeit an den europäischen Grundrechten widmeten, darunter zahlreiche Hochschullehrer, ein „Professorenkonvent". Es sollte bald – trotz aller parteipolitischen Differenzen und kulturellen Unterschiede – eine Art „gruppendynamischer Prozess" stattfinden, dem sich kaum jemand entziehen konnte. Zog sich auch die eine oder andere Sitzung dröge dahin, waren doch die allermeisten Delegierten von der faszinierenden Aufgabe beseelt, an dem Kern einer europäischen Verfassung mitzuwirken. Allerdings besaß der Grundrechtekonvent die Klugheit, den anstößigen Begriff nicht zu verwenden, getreu dem heimlichen Motto „Nie davon reden, immer daran denken."

In dem „*collège improbable*" bildeten sich ein dichtes, partei- und Länder übergreifendes Beziehungsgeflecht und Ansätze eines „*esprit de corps*" heraus, was zur angestrebten Konsensbildung erheblich beitrug. Das Finden von Kompromissen erleichterte auch die Tatsache, dass es kein „imperatives Mandat" gab. Die Delegierten konnten sich frei gerieren, wobei sie natürlich eine intensive Rücksprache mit ihren Herkunftsgremien und mit heimischen Nichtregierungsorganisationen und Experten pflegten. Die enge und ständige Rückkoppelung trug zur späteren Akzeptanz der Charta erheblich bei.

Bei der nachträglichen Beurteilung des Konvents und seiner Leistung sollte man bedenken, dass ein tief greifender fachlicher Diskurs und ein eminent politischer Prozess untrennbar miteinander verwoben waren. Zugleich trafen sich eine parlamentarische und eine zwischenstaatliche „Logik". Dabei gab es keine vorgegebenen „Machtblöcke", vielmehr formierten sich immer neue Koalitionen. Zu einigen Grundanliegen bildeten sich durchaus feste Lager, etwa zu der Frage, wie eng man sich an der Europäischen Menschenrechtskonvention orientieren sollte, oder zu der Frage, inwieweit die Charta soziale Rechte enthalten sollte.

Die Delegierten agierten und argumentierten vor dem Hintergrund dreier unterschiedlicher „Folien“: Jeder Delegierte war zunächst seiner entsendenden Institution „rechenschaftspflichtig“. Zugleich war er von seinen nationalen und regionalen Erfahrungen und Rechtstraditionen geprägt. Schließlich fühlte man sich seinen politischen und nicht zuletzt religiösen Überzeugungen verpflichtet. Im Lichte seiner Zusammensetzung und Verfahrensweise war der Grundrechtekonvent das berufene Gremium, das künftige normative Fundament der Union zu schaffen.

Eine bemerkenswerte Tatsache bedarf in diesem Zusammenhang einmal der Erwähnung. Während des Entstehungsprozesses der Charta hat sich die deutsche Rechts- und Politikwissenschaft ausgesprochen zurückgehalten. Dies wandelte sich erst mit dem folgenden Projekt einer europäischen Verfassung. Diese Zurückhaltung, über deren Gründe sich nur spekulieren lässt, war ausgesprochen bedauerlich, begab sich die deutsche Wissenschaft doch der Möglichkeit, gezielt Einfluss auf den Inhalt der Charta zu nehmen, um etwa das hohe Niveau des deutschen Grundrechtsschutzes auch auf europäischer Ebene zu wahren, was gleichwohl gelungen ist. Allerdings gab es einige Ausnahmen. So hat der Europa- und Verfassungsrechtler Peter Michael Huber den Vertreter des Bundesrates Jürgen Gnauck zu brisanten Fragen beraten, und einige Kölner Wissenschaftler um Peter J. Tettinger herum unterstützten den Europaabgeordneten Peter Mombaur, woraus später der vorzügliche Kölner Kommentar zur Charta erwachsen ist.

Die Charta hat seit ihrer ersten Proklamation eine vielstimmige, überwiegend positive Kritik erhalten. Auf der einen Seite ist von einem „respektablen Ergebnis“, einem „geglückten Kompromiss“, auf der anderen Seite von einer „Formelkompromiss-Gala“ die Rede. Immerhin waren die vielfältigen Verfassungstraditionen und politischen wie weltanschaulich-religiösen Strömungen aller damals beteiligten fünfzehn Mitgliedstaaten auf einen gemeinsamen Nenner zu bringen.

Das Ergebnis lässt sich sehen. So ist die „Architektur“ der Charta durchaus gelungen. Den Auftakt macht eine knappe Präambel, die vor allem die Grundwerte Europas verdeutlicht, was angesichts des kritischen Hinweises auf eine Inflation von Präambeln auf europäischer Ebene nicht selbstverständlich war. Sieben Titel mit insgesamt 54 Artikeln schließen sich an. Dem Mandat von Köln zufolge hatte der Konvent die Aufgabe, in der Charta drei unterschiedliche Gruppen von Grundrechten zu verankern: Freiheits-, Gleichheits- und Verfahrensgrundrechte, dann die Unionsbürgerrechte, schließlich die wirtschaftlichen und sozialen Rechte. In dieser Trias zeigt sich ein großer Schritt nach vorn, denn erstmalig werden in einem Menschenrechtsdokument Freiheitsrechte und soziale Rechte vereint – ein Beleg für die Unteilbarkeit und gegenseitige Bedingtheit der Menschenrechte. Im Einzelnen:

Zunächst sollte die Charta die – gewissermaßen klassischen – Freiheits- und Gleichheitsrechte sowie die Verfahrensgrundrechte umfassen, wie sie in der Europäischen Menschenrechtskonvention gewährleistet sind und wie sie sich aus den gemeinsamen Verfassungsüberlieferungen der Mitgliedstaaten als allgemeine Grundsätze des Gemeinschaftsrechts ergeben. Auftragsgemäß orientierte sich der Konvent bei der Formulierung, insbesondere der Freiheitsrechte und der justiziellen Rechte, eng an der Menschenrechtskonvention. Dabei ging er allerdings immer wieder über deren Gewährleistungen hinaus, so dass die Charta als modernisierte Fassung der Konvention gelten kann.

Die Charta sollte weiterhin solche Grundrechte enthalten, die nur den Unionsbürgern, also den Staatsbürgern der Mitgliedstaaten, zustehen. Der Konvent einigte sich bald darauf, nur wenige, meist genuin politische Mitwirkungs- und Teilhaberechte den Unionsbürgern zu „reservieren". Dies betrifft etwa das kommunale Wahlrecht im Wohnsitzstaat oder die Wahl zum Europäischen Parlament. Die große Masse der Rechte ist jedoch als Menschenrechte formuliert und konzipiert, so dass sie jedermann zustehen, unabhängig von Herkunft und Staatsangehörigkeit.

Als besonders heikel und gewöhnungsbedürftig erwiesen sich die hart umkämpften sozialen Rechte – der Hauptstreitpunkt im Konvent. Für diese dritte Grundrechtskategorie, die Gruppe der wirtschaftlichen und sozialen Rechte, hatten bereits die in Köln versammelten Staats- und Regierungschefs ausgesprochen zurückhaltend und restriktiv formuliert, bei der Ausarbeitung der Charta seien „ferner wirtschaftliche und soziale Rechte zu berücksichtigen, wie sie in der Europäischen Sozialcharta und in der Gemeinschaftscharta der sozialen Grundrechte der Arbeitnehmer enthalten sind (Art. 136 EGV), soweit sie nicht nur Ziele für das Handeln der Union begründen." Diese Restriktionen ließ der Konvent nach heftigen Auseinandersetzungen letztlich hinter sich. Unter dem Leitgedanken der „Solidarität" führt die Charta die elementaren Schutz- und Mitwirkungsrechte der Arbeitnehmer und Gewerkschaften, aber auch den Schutz der Familie und den Gesundheitsschutz auf, um nur einige Beispiele zu nennen.

Auch wenn es oft hieß, die Charta verankere lediglich die auf europäischer Ebene bereits bestehenden Grundrechte, hat sie eine Fülle von wertvollen Neuerungen mit sich gebracht. Die Charta ist weit mehr als ein bloßer „Schaukasten" der bisher vom Gerichtshof anerkannten Rechte. So stellt sie die auf europäischer Ebene bisher kaum thematisierte Menschenwürde – als obersten Wert, Grundsatz und Grundrecht – an die Spitze ihres Grundrechte- und Wertekataloges: „*Die Würde des Menschen ist unantastbar. Sie ist zu achten und zu schützen.*" Aus der Würde des Menschen leiten sich die weiteren fundamentalen Rechte des ersten Titels ab, das Recht auf Leben, das Recht auf Unversehrtheit, sowie die – absoluten und einschränkungslosen – Verbote der Folter und der Sklaverei.

Etliche moderne Grundrechte und Grundsätze treten hinzu, von den biomedizinischen Grundsätzen in Artikel 3 über das Recht auf Datenschutz in Artikel 8 oder ausgefeilte Diskriminierungsverbote in Artikel 21, etwa das Verbot „genetischer Diskriminierung", bis hin zum Recht auf eine gute Verwaltung in Artikel 41. Angesichts dieses „Mehrwerts" kann die Charta mit Fug und Recht für sich in Anspruch nehmen, der modernste und wohl auch umfassendste Grundrechtekatalog der Welt zu sein.

2 Der Status der Charta

Die Charta ist derzeit nicht rechtsverbindlich. Sie ist kein Bestandteil des europäischen Vertragswerks. Gleichwohl sind ihre aktuelle Ausstrahlungskraft und Bindungswirkung nicht zu unterschätzen. Als *soft law* entfaltet die Charta bereits heute – in der Interimszeit zwischen Proklamation(en) und Verankerung im Vertragswerk – erhebliche Ausstrahlungswirkung. So sind Europäisches Parlament und Kommission bereits mit ihrer ersten Proklamation im Dezember 2000 eine Art Selbstbindung eingegangen, und ziehen sie zur präventiven Kontrolle des eigenen Handelns regelmäßig heran. Die in der Charta aufgenommenen Grundrechte dienen vor allem als Prüfungsmaßstab für die Rechtmäßigkeit der europäischen Rechtsakte, was häufig in den jeweiligen Vorsprüchen erwähnt wird. So heißt es etwa explizit in der Asylrichtlinie: *„Die Richtlinie achtet die Grundrechte und befolgt insbesondere die in der Charta der Grundrechte der Europäischen Union anerkannten Grundsätze. Die Richtlinie zielt insbesondere darauf ab, die uneingeschränkte Wahrung der Menschenwürde, des Asylrechts für Asylsuchende und die sie begleitenden Familienangehörigen sicherzustellen."*

Die Charta ist weiter Grundlage und Referenzdokument für das Wirken des Europäischen Bürgerbeauftragten, des Europäischen Instituts für Gleichstellungsfragen, des Europäischen Datenschutzbeauftragten, und insbesondere der vor kurzem neu errichteten Agentur der Europäischen Union für Grundrechte mit Sitz in Wien.

Schließlich gewinnt die Charta zunehmend an Bedeutung für die Rechtsprechung. Dies gilt sogar für nationale Verfassungsgerichte wie das deutsche Bundesverfassungsgericht, den französischen Verfassungsrat oder den Verfassungsgerichtshof Spaniens, die auf die Charta bereits Bezug genommen haben. In erster Linie erschließt sich aber die europäische Jurisdiktionsgewalt die neue Rechtsmaterie. Mittlerweile haben sämtliche Generalanwälte die Charta zitiert und herangezogen. Generalanwalt Ruiz-Jarabo Colomer hat diese Tendenz früh so gedeutet: *„Bezüglich der Charta der Grundrechte der Europäischen Union ... sind es die Generalanwälte, die für den Bereich des Gerichtshofes und ohne zu verkennen, dass ihr keine selbständige Bindungswirkung zukommt, auf ihrer offensichtlichen Bestimmung als wesentlichem Maßstab für alle in der Gemeinschaft Handelnden ... bestehen, sowie darauf, dass die in ihr genannten Rechte dahin beschrieben sind, dass sie die höchste Ebene der Wertmaßstäbe in allen Mitgliedstaaten zusammen einzunehmen haben und ihnen daher die Rechte entnommen werden müssen, anhand deren die Grundrechte von anderen Rechten unterschieden werden können ... oder ferner darauf, dass sie eine wertvolle Quelle zur Bestimmung des gemeinsamen Nenners der rechtlichen Grundwerte aller Mitgliedstaaten darstellt, aus denen wiederum die allgemeinen Rechtsgrundsätze des Gemeinschaftsrechts abgeleitet sind.*"

Vor diesem Hintergrund nimmt es nicht wunder, dass das Gericht erster Instanz die Charta schon bald als zusätzliche Erkenntnisquelle benannt und bekräftigend herangezogen hat. Selbst der Europäische Gerichtshof hat inzwischen seine ursprünglich an den Tag gelegte Zurückhaltung aufgeben können und die Charta ausdrücklich berücksichtigt. Hierfür gibt es zwei Begründungsstränge: Zum einen bietet sich der Rückgriff auf die Charta dort an, wo europäische Rechtsakte ihrerseits auf sie Bezug nehmen, was – wie erwähnt – immer häufiger der Fall ist. In einer Entscheidung aus 2006 stützt sich der Luxemburger Gerichtshof auf dieses Argument: *„Was die Charta anbelangt, so wurde sie am 7. Dezember 2000 in Nizza vom Parlament, vom Rat und von der Kommission feierlich proklamiert. Auch wenn es sich dabei nicht um ein bindendes Rechtsinstrument handelt, wollte der Gemeinschaftsgesetzgeber doch ihre Bedeutung anerkennen, indem er in der zweiten Begründungserwägung der Richtlinie ausgeführt hat, dass diese nicht nur die in Artikel 8 EMRK, sondern auch die in der Charta anerkannten Grundsätze beachtet.*" Zum anderen erübrigt die Charta den bisherigen Prozess wertender Rechtsvergleichung, um Inhalt und Umfang eines europäischen Grundrechts zu bestimmen. Schließlich verkörpert die Charta *par excellence* den „*acquis*", nämlich die gemeinsamen Verfassungsüberlieferungen der Mitgliedstaaten und den Grundrechtsbestand der Europäischen Menschenrechtskonvention. Als Rechtserkenntnisquelle gibt die Charta mithin – wenigstens „bekräftigend" – Aufschluss über die durch die Gemeinschaftsrechtsordnung garantierten Grundrechte. Selbst der Straßburger Gerichtshof für Menschenrechte nimmt dezidiert Bezug auf die Charta, um Überblicke zur Rechtslage in Europa abzurunden oder um eine Entscheidung argumentativ zu unterfüttern. Nach alledem wird deutlich, dass an der Charta – selbst ohne förmliche Rechtsverbindlichkeit – kein Weg mehr vorbeiführt.

Mit dem Vertrag von Lissabon soll die Charta – zehn Jahre nach ihrer Ausarbeitung – endlich auch formelle Geltung erlangen, als oberster Wertmaßstab und als höchstrangiger Grundrechtekatalog in der Union. Der neue Artikel 6 des Vertrages über die Europäische Union lautet:

1. Die Union erkennt die Rechte, Freiheiten und Grundsätze an, die in der Charta der Grundrechte der Europäischen Union vom 7. Dezember 2000 in der am 12. Dezember 2007 in Straßburg angepassten Fassung niedergelegt sind; die Charta der Grundrechte und die Verträge sind rechtlich gleichrangig.
   Durch die Bestimmungen der Charta werden die in den Verträgen festgelegten Zuständigkeiten der Union in keiner Weise erweitert.
   Die in der Charta niedergelegten Rechte, Freiheiten und Grundsätze werden gemäß den allgemeinen Bestimmungen des Titels VII der Charta, der ihre Auslegung und Anwendung regelt, und unter gebührender Berücksichtigung der in der Charta angeführten Erläuterungen, in denen die Quellen dieser Bestimmungen angegeben sind, ausgelegt.
2. Die Union tritt der Europäischen Konvention zum Schutz der Menschenrechte und Grundfreiheiten bei. Dieser Beitritt ändert nicht die in den Verträgen festgelegten Zuständigkeiten der Union.
3. Die Grundrechte, wie sie in der Europäischen Konvention zum Schutz der Menschenrechte und Grundfreiheiten gewährleistet sind, und wie sie sich aus den gemeinsamen Verfassungsüberlieferungen der Mitgliedstaaten ergeben, sind als allgemeine Grundsätze Teil des Unionsrechts.

Artikel 6 normiert somit eine dreifache Säule des Grundrechtsschutzes in der Union. Die in der Charta aufgeführten Grundrechte, die Menschenrechte der Europäischen Menschenrechtskonvention und die – künftig weiterhin geltenden – richterrechtlich entwickelten europäischen Grundrechte bilden ein dichtes, wohl lückenloses Netz, das hinreichenden Rechtsschutz gegen die Hoheitsakte der Europäischen Union ermöglicht.

Gerade die dritte Säule bringt eine notwendige und sinnvolle Flexibilität mit sich. Schließlich ist der Text der Charta mit ihrem Inkrafttreten wohl in Stein gemeißelt. Welches Organ oder welche Instanz sollte auch zur Änderung berufen sein? Ein weiterer Konvent, eine Regierungskonferenz? Jedenfalls sind künftige Änderungen am – im Vorfeld der Rechtsverbindlichkeit immerhin mehrfach überprüften und überarbeiteten – Chartatext kaum zu erwarten.

Viel diskutiert wurde das angebliche *Opt-out* Großbritanniens und Polens. In der Tat ist es beiden Staaten – mit Rücksicht auf innenpolitische Befindlichkeiten und Sorgen – gelungen, eine Ausnahmeregelung zu erwirken. So bestimmt Protokoll Nr. 30 über die Anwendung der Charta der Grundrechte der Europäischen Union auf Polen und das Vereinigte Königreich: „*Die Charta bewirkt keine Ausweitung der Befugnis des Gerichtshofs der Europäischen Union oder eines Gerichts Polens oder des Vereinigten Königreichs zu der Feststellung, dass die Rechts- und Verwaltungsvorschriften, die Verwaltungspraxis oder –*

maßnahmen Polens oder des Vereinigten Königreichs nicht mit den durch die Charta bekräftigten Grundrechten, Freiheiten und Grundsätzen im Einklang stehen.“

Allerdings darf man die Wirkung dieser Ausnahmeregelung nicht überbewerten. Ein grundrechtlicher Sonderweg ist kaum zu befürchten. Dies beruht darauf, dass die richterrechtlich entwickelten und künftig noch zu entwickelnden europäischen Grundrechte als allgemeine Rechtsgrundsätze gleichrangig neben die Chartagrundrechte treten, als dritte Säule des Grundrechtsschutzes, was der zitierte Artikel 6 Absatz 3 des Vertrages über die Europäische Union ausdrücklich bestimmt. Die Grundrechtsrechtsprechung des Luxemburger Gerichtshofes ist durch das *Opt-out* mithin nicht betroffen, das somit weitgehend ins Leere gehen dürfte. Allerdings zeigt das Bestreben Großbritanniens und Polens, grundrechtlich eigene Wege gehen zu können, dass die gemeinsame Wertebasis der Mitgliedstaaten brüchig ist. So betont Polen in einer Erklärung zum Vertrag von Lissabon, die Charta berühre „*in keiner Weise das Recht der Mitgliedstaaten, in den Bereichen der öffentlichen Sittlichkeit, des Familienrechts sowie des Schutzes der Menschenwürde und der Achtung der körperlichen und moralischen Unversehrtheit Recht zu setzen.*“

3 Wertkonflikte und Letztentscheidungsrecht

Die Charta – Wertekanon der Union – wird künftig der Maßstab sein, um Wertkonflikte innerhalb der Europäischen Union zu lösen, sei es auf europäischer Ebene oder zwischen der Union und Mitgliedstaaten. Damit stellt sich die Frage nach dem „Hüter der Grundrechte“ in verschärfter Form. Wem kommt in Zukunft das Letztentscheidungsrecht zu, dem Bundesverfassungsgericht und den anderen nationalen Verfassungsgerichten, dem Luxemburger Gerichtshof oder dem Straßburger Gerichtshof für Menschenrechte? Diese politisch-kompetenzielle Dimension sollte in ihrer Tragweite nicht unterschätzt werden.

Der Begriff des Wertes ist jüngst zu einem Schlüsselbegriff der europäischen Rechtsordnung aufgestiegen, eine Renaissance der Wertedebatte ist unverkennbar. Immerhin ist das „ethische Skript“ der Union in Umrissen erkennbar und wird künftig dabei helfen, innereuropäische Wertkonflikte zu lösen. Ausgangspunkt wird neben der Charta der durch Lissabon neu eingeführte, aus dem Verfassungsentwurf stammende Artikel 2 des Vertrages über die Europäische Union sein: „*Die Werte, auf die sich die Union gründet, sind die Achtung der Menschenwürde, Freiheit, Demokratie, Gleichheit, Rechtsstaatlichkeit und die Wahrung der Menschenrechte einschließlich der Rechte der Personen, die Minderheiten angehören. Diese Werte sind allen Mitgliedstaaten in einer Gesellschaft gemeinsam, die sich durch Pluralismus, Nichtdiskriminierung, Toleranz, Gerechtigkeit, Solidarität und die Gleichheit von Frauen und Männern auszeichnet.*“

Die Risse in der viel beschworenen Wertegemeinschaft Europa sind allerdings nicht zu übersehen, wie bereits das zitierte „moralische Opt-out“ Polens vor Augen führte. Für den aufmerksamen Beobachter zeichnen sich schwere Verwerfungen ab, vergleichbar mit den erbitterten Debatten in den USA über „*God, gays and guns*“. Bioethische Wendezeiten kündigen sich an, etwa mit Blick auf die Sterbehilfe. Der europäische Werteraum ist zerklüftet und von tiefen Schneisen und Gräben durchzogen, denkt man nur an die Fragen und Problemkreise der Abtreibung, der verbrauchenden Embryonenforschung oder der Homosexuellenehe.

Bei allen nicht zu übersehenden europäischen Konvergenzen verbleiben doch erhebliche kulturelle Unterschiede zwischen den nationalen Gesellschaften, bekanntermaßen belegt durch die *European Values Studies*. Abgesehen von Sonderwegen und spezifischen nationalen Entwicklungspfaden beruht dies auf unterschiedlichen Industrialisierungs- und Modernisierungsgraden, weiter auf der Epoche der Weltkriege, die die innereuropäischen Unterschiede verschärfte, und schließlich auf der Ost-West-Teilung Europas. Unterschiedliche religiöse Prägungen vertiefen die Gräben. Mit jeder Erweiterungsrunde nimmt diese Zerklüftung der *cultural map* noch zu. Mit zunehmender Entfernung vom Zentrum der Union und ihren Kernlanden nimmt nämlich die Übereinstimmung mit dem unionalen Werteskript ab.

Besonders aufschlussreich sind in diesem Zusammenhang die Debatten im Grundrechtekonvent, der „europäischen Wertegemeinschaft im Labor", am augenfälligsten bei dem Anliegen, religiöse oder transzendente Bezüge in die Präambel aufzunehmen. Wie erwähnt, verliefen die Bruchlinien in dem „Wertelaboratorium Brüssel" oft quer durch alle politischen und nationalen Lager. War auch eine Verständigung über grundlegende Werte möglich, zeigten sich doch immer wieder Grenzen. Wo ein europaweiter Konsens noch nicht oder nicht mehr möglich erschien, begnügte man sich mit Minimalkompromissen oder verlagerte man die Wertediskussion in die nationalen Gesellschaften zurück. Dies zeigen insbesondere die ethisch unterlegten Debatten über das Klonen von Menschen oder zum Leitbild von Ehe und Familie.

Der Grundrechtekonvent war sich darin einig, dass das reproduktive Klonen von Menschen, also die Erzeugung von Menschen mit identischem Erbmaterial, besonders verwerflich ist. Dieser Konsens hat seinen Niederschlag in den Aufsehen erregenden biomedizinischen Grundsätzen der Charta gefunden. Art. 3 Abs. 2 letzter Spiegelstrich enthält daher das „Verbot des reproduktiven Klonens von Menschen." Zu einem darüber hinaus gehenden Verbot des sog. therapeutischen Klonens, also des Klonens zu Heilzwecken, konnte sich der Konvent letztlich nicht durchringen. Dem stand nämlich entgegen, dass der englische Gesetzgeber damals im Begriff war, diese Form des Klonens – unter engen Voraussetzungen – zu legalisieren. So wird es den Mitgliedstaaten anheim gestellt, andere Formen als das reproduktive Klonen zu verbieten, wie in Deutschland, oder zuzulassen, wie in Großbritannien. Mit anderen Worten: Die entsprechende Wertedebatte wird in die einzelnen nationalen Gesellschaften zurückverlagert.

Unvereinbare Auffassungen prallten auch beim Schutz von Ehe und Familie aufeinander. An ein gemeinsames Leitbild war nicht (mehr) zu denken. So war es schlicht nicht möglich, sich auf eine gemeinsame Definition von „Ehe" zu einigen. Schließlich reichte die Bandbreite während der Diskussion zur Ehe von der traditionellen Gemeinschaft zwischen Mann und Frau bis hin zur Homosexuellenehe, wie sie in den Niederlanden und einigen skandinavischen Ländern anerkannt ist. Dem Grundrechtekonvent blieb nur der Ausweg, von einer europäischen Definition von „Ehe" und „Familie" abzusehen und insoweit auf das – zunehmend zersplitterte – jeweilige Recht der Mitgliedstaaten zu verweisen. Artikel 9 der Charta formuliert daher ausgesprochen zurückhaltend: *„Das Recht, eine Ehe einzugehen, und das Recht, eine Familie zu gründen, werden nach den einzelstaatlichen Gesetzen gewährleistet, welche die Ausübung dieser Rechte regeln.*" Auch hier wird die Entscheidung somit weiterhin den Mitgliedstaaten belassen.

Die deliberativen Auseinandersetzungen im Grundrechtekonvent – und später im Verfassungskonvent – bestätigen den Befund von Habermas, dass der karolingische Hintergrund der konservativen Gründergeneration Europas, nämlich die Berufung auf das christliche Abendland, zerfallen ist.

Angesichts der aktuellen oder bevorstehenden Wertkonflikte in der Union stellt sich die Frage, wer letztverbindlich zur Entscheidung berufen ist. Werteordnungen werden nämlich über Jahrzehnte hinweg durch Richterrecht konkretisiert. Mit der Frage des Letztentscheidungsrechts ist die Frage nach dem Verhältnis von europäischen und nationalen Grundrechten eng verknüpft. Schließlich war das Grundgesetz, dessen 60-jähriges Jubiläum wir gerade begehen, vor allem eine Erfolgsgeschichte der Grundrechte. Mit dem Inkrafttreten der Charta wird sich in Zukunft unausweichlich die Frage stellen, welche Bedeutung und welcher Raum den nationalen Grundrechten verbleiben werden, eine Frage, die Politik und Wissenschaft bislang eher ausweichend beantworten.

Wer ist nun „Hüter" der europäischen Werteordnung? Gerade in ethischen Fragen werden die europäischen Gerichte – Luxemburg und vor allem Straßburg – dereinst das letzte Wort sprechen. Die „ethische Hoheit" verlagert sich allmählich auf die europäische Ebene, und die Entscheidung in ethischen Streitfällen wird im Laufe der nächsten Jahrzehnte auf die europäischen Gerichte übergehen. Diese Europäisierung ethischer Entscheidungen wird durch die Charta als *living instrument* strukturiert und normativ eingehegt, aber zugleich verstärkt und beschleunigt. Damit einher geht auf lange Sicht ein gravierender Bedeutungsverlust der nationalen Verfassungsgerichte.

Damit drohen Verwerfungen und Kollisionskurse. Die Zeichen dafür mehren sich. So fällt gerade in der Rechtsprechung des deutschen Bundesverfassungsgerichts ein neuer Ton nationaler Behauptung auf, jüngst prononciert in der Entscheidung zum Lissabonner Vertrag. Auch das französische wie das spanische Verfassungsgericht haben den Primat der nationalen Verfassungsordnungen in aktuellen Entscheidungen betont.

Um ansonsten drohende Loyalitätsaufsagen zu vermeiden, sollten die europäischen Gerichtshöfe gerade bei ethischen Problemlagen – nach dem „Vorsichtsprinzip" – schonend vorgehen. Bei unüberbrückbaren und schwerwiegenden Wertkonflikten, etwa zum nahezu ausnahmslosen irischen Abtreibungsrecht, zu den strengen deutschen Regelungen zur Embryonenforschung oder zu dem Frankreich teuren Laizitätsprinzip sollte das „Prä" ausnahmsweise bei den Mitgliedstaaten verbleiben.

Zur praktisch-rechtstechnischen Bewältigung bietet sich hierzu die zur Europäischen Menschenrechtskonvention entwickelte Doktrin der *margin of appreciation* an. Diese belässt den Staaten Beurteilungs- und Ermessensspielräume, mithin hinreichend normative wie administrative Freiheit. Gerade wenn es spezifische nationale oder regionale Besonderheiten im rechtlichen oder faktischen Bereich gibt, rechtfertigt dies eine Zurücknahme der europäischen Kontrolle. Dieser Respekt vor der staatlichen Souveränität und den Wertvorstellungen nationaler Gesellschaften ist besonders in Bereichen mit starkem gesellschaftlichem Wandel geboten.

4 Ausblick

Die Charta verdeutlicht und fundiert die europäische Wertegemeinschaft. Zugleich trägt sie zu einer europäischen Identität bei, mithin zu einer normativ und emotional gehaltvollen Bindung der in Europa lebenden Menschen an das Integrationsprojekt und die europäische Idee. Die Charta dient der Selbstverständigung der Europäer in normativer und ethischer

Hinsicht. Mit ihr verbindet sich die Absicht, eine europäische „Werte- und Schicksalsgemeinschaft“ zu begründen, auch und gerade im Gedenken an Auschwitz und Buchenwald. Die Würde des Menschen steigt zum europäischen Leitwert auf, was künftig ein „Denken vom Menschen her“ nahelegt, und nicht mehr ein „Denken vom Staat her“.

Darüber hinaus befördert die Charta wesentlich das „Sozialmodell Europa“. Der Wertekatalog der Charta ermöglicht und schafft eine Balance, ein erstmaliges Gleichgewicht zwischen Marktliberalisierung und nicht-wirtschaftlichen Belangen. Die Charta „zähmt und zivilisiert den Kapitalismus“, und stellt ein auch justiziables Gleichgewicht zu überbordenden neoliberalen Konzepten dar. In seiner textlichen Fixierung, systematischen Anlage und inhaltlichen Breite kann der Werte- und Grundrechtekatalog der Charta zu größerer Ausgewogenheit führen, und insbesondere der spezifischen Asymmetrie entgegen wirken, die sich aus dem Ungleichgewicht von negativer und positiver Integration in der Union ergibt. Auf dem Weg zum freien Binnenmarkt wurden nämlich – mit fortschreitender Liberalisierung – immer mehr nationale Wettbewerbshindernisse beseitigt, während Maßnahmen, die den Markt korrigieren oder soziale und kulturelle Belange schützen sollten, an der Heterogenität der Bedingungen und Interessen in den Mitgliedstaaten scheitern. Dies wird sich in Zukunft dank der Charta ändern, etwa durch den von ihr mehrfach betonten und ausdifferenzierten Grundwert der Solidarität.

Werden mit der Europäischen Union bisher gemeinhin ökonomische Freiheiten assoziiert, während für die bürgerlichen und politischen Freiheiten und die Menschenrechte eher der Europarat und der Europäische Gerichtshof für Menschenrechte als zuständig angesehen werden, wird sich dieses Bild in Zukunft wandeln. So kennzeichnet die Charta die Fortentwicklung von einer Rechts- zu einer Rechtegemeinschaft. Zusammen mit der Europäischen Menschenrechtskonvention und den nationalen Grundrechten entsteht ein beeindruckender Grundrechtsverbund, in dem sämtliche Gerichte – europäische wie nationale – zur fruchtbaren Kooperation aufgerufen sind.

Vor diesem Hintergrund kommt es darauf an, dass die Charta den Standard wahrt, der auf nationaler Ebene bereits erreicht ist. Die Zeichen hierfür stehen gut. Der Text hat immerhin einen dreifachen, wenn nicht fünffachen „Härtungsprozess“ durchlaufen: Grundrechtekonvent, Regierungskonferenz von Nizza mit erster Proklamation, Verfassungskonvent und nachfolgende Regierungskonferenz in Rom, und zuletzt die Regierungskonferenz zur Ausarbeitung des Lissabonner Vertrages mit der Proklamation des überarbeiteten Textes. Zudem war die Charta in den vergangenen zehn Jahren Gegenstand zahlreicher politischer Debatten und wissenschaftlicher Diskurse. Eine Fülle von Publikationen befasste sich mit der Charta bereits im Vorfeld ihrer Rechtsverbindlichkeit, so dass ihre Meriten und Innovationen, ihr Potential, zugleich auch ihre Schwachstellen und Lücken herausgearbeitet werden konnten – ein diskursiver Prozess, der bei einem Rechtstext seinesgleichen sucht.

Die Zeit, die Charta zu kritisieren und sie am Maßstab der Grundrechte des Grundgesetzes zu messen, ein Vergleich, den sie keineswegs zu scheuen braucht, sollte nach alledem vorbei sein. Nunmehr gilt es, sich mit ihren Bestimmungen vertraut zu machen und an ihrer Entfaltung mitzuwirken, zum Wohle der Menschen, denen das europäische Projekt dient.

Literatur

Der Beitrag beruht vor allem auf bisherigen Publikationen des Verfassers zur Charta:

Wertegemeinschaft Europa. Die Charta der Grundrechte der Europäischen Union zwischen politischer Proklamation und rechtlicher Verbindlichkeit – Ziele, Inhalte, Konfliktlinien, in: Deutsche Richterzeitung, 2001, S. 275 ff.

Die Charta der Grundrechte der Europäischen Union. Handreichungen und Sitzungsprotokolle, Baden-Baden 2002. (gemeinsam mit Norbert Bernsdorff)

Grundrechte in Europa. Von der Grundrechtecharta zur Europäischen Verfassung, in: Deutsche Richterzeitung, 2005, S. 188 ff.(gemeinsam mit Norbert Bernsdorff)

Kommentierungen der Kapitel I „Würde des Menschen“ und VII „Allgemeine Bestimmungen über die Auslegung und Anwendung der Charta“, in: Jürgen Meyer (Hrsg.): Charta der Grundrechte der Europäischen Union, 2. Aufl., Baden-Baden 2006.

Wertkonflikte in der Europäischen Union. Eine Problemskizze, in: Hans-Jörg Derra (Hrsg.): Freiheit, Sicherheit und Recht. Festschrift für Jürgen Meyer zum 70. Geburtstag, Baden-Baden 2006, S. 49 ff.

Zur Charta nach dem Lissabonner Vertrag siehe insbesondere die folgenden auch über Internet abrufbaren Veröffentlichungen:

Franzius, Claudio: Der Vertrag von Lissabon am Verfassungstag: Erweiterung oder Ersatz der Grundrechte?, ZERP-Diskussionspapier 4/2008.

Mayer, Franz C.: Schutz vor der Grundrechte-Charta oder durch die Grundrechte-Charta? – Anmerkungen zum europäischen Grundrechtsschutz nach dem Vertrag von Lissabon, in: Der Vertrag von Lissabon: Reform der EU ohne Verfassung? Kolloquium zum 10. Geburtstag des WHI am 25./26. Oktober 2007.

Pernice, Ingolf: The Treaty of Lisbon and Fundamental Rights, WHI-Paper 7/08.

Antonius Liedhegener und Daniel Gerstenhauer

Auf dem Weg zu einem kooperativen Verhältnis Religion und die Vertiefung der Europäischen Union

1 Einleitung

Die Europäische Union befindet sich seit dem Scheitern der vom Konvent ausgearbeiteten Verfassung und dem unlängst in Kraft getretenen Vertrag von Lissabon in einer Phase der Neuorientierung. Die Mitglieder der erweiterten Union stehen vor der Herausforderung, aus dem, was als wirtschaftliches Projekt der Europäischen Gemeinschaften zur Schaffung eines gemeinsamen Binnenmarktes begann, ein neues gesamteuropäisches politisches Gemeinwesen zu schaffen, das zumindest implizit die Frage der Finalität des Integrationsprojekts und damit seines politischen Selbstverständnisses zu beantworten hat. Nicht zufällig dürfte daher die Frage nach der Rolle von Religion in der EU und in der europäischen Politik eine verstärkte Aufmerksamkeit erfahren. Die Reihe religiöser Themen und Konflikte, die mittelbar oder unmittelbar mit der weiteren inneren Entwicklung der Europäischen Union verknüpft waren bzw. sind, ist stattlich. Der Streit um die Kandidatur des konservativ-katholischen Italieners Rocco Buttiglione für das Amt des Vizepräsidenten der Europäischen Kommission und das des Kommissars für Justiz, Freiheit und Sicherheit, die Frage des Umgangs mit religiösen Symbolen im öffentlichen Raum in der EU, der Konflikt um einen Gottesbezug in der Präambel der EU-Verfassung und die Auseinandersetzungen um die Stellung der Kirchen und Religionsgemeinschaften im Rechtsgefüge der Europäischen Union seien hier als prominente Beispiele genannt. Religion hat sich für viele überraschend als ein politisches Konfliktfeld erwiesen, das den Europäischen Rat wie die Öffentlichkeiten der Mitgliedstaaten zu beschäftigen vermag. Auf den ersten Blick lassen sich solche Konflikte als Kontroversen zwischen laizistischen und religionsfreundlichen Akteuren auf der Ebene der Europäischen Union wie in den Mitgliedstaaten scheinbar problemlos einordnen. Eine solche Antwort wäre aber zu kurz gegriffen.

Wenn das Thema Religion im Rahmen der Union konflikt- und politikfähig geworden ist, drängt sich die Frage auf, warum dies so ist und warum das Thema erst in den letzten Jahren virulent geworden ist. Zum Verständnis dieser Veränderung ist es hilfreich zu fragen, wann und warum die Stellung von Kirchen und Religionsgemeinschaften in der Europäischen Union zum Problem geworden ist. Es soll daher im Folgenden aufgezeigt werden, wie die Europäische Union dieses Themenfeld behandelt hat und welchen Stellenwert Fragen von Religion und Kirchen für die europäische Integration und insbesondere für die Vertiefung der Union haben. Dazu wird die Entwicklung des Verhältnisses von EU und Religionsgemeinschaften im Unionsrecht und im politischen Prozess der Institutionen der EU vor allem seit dem für unser Thema einschneidenden Ereignis des Unionsvertrags von Maastricht skizziert werden (III.). Dabei gilt es zu beachten, dass die Politik der Europäischen Union seit geraumer Zeit Rückwirkungen auf die beteiligten Staaten und ihr Recht entfaltet, die wenig spektakulär, aber umso nachhaltiger sind. Mittlerweile betreffen diese als Europäisierung bezeichneten Rückwirkungen auch Aspekte der verschiedenen mitgliedstaatlichen Arrangements der rechtlichen Zuordnung von Staat und Religion. Vor allem aber hat die Union begonnen, vermittelt über ihr Wettbewerbsrecht, die Handlungsmöglichkeiten religiöser Organisationen zu regulieren, insofern letztere etwa als Anbieter von Dienstleistungen im Sozial- und Gesundheitswesen auftreten. Diese Europäisierung im Bereich von Religion ist ebenfalls zu berücksichtigen, wenn das Verhältnis von Union und Religion zutreffend beschrieben werden soll (IV.). Und schließlich spielt Religion auch im Außenverhältnis der Union derzeit vor allem dann eine prominente Rolle, wenn es um das Für und Wider eines Beitritts der Türkei als eines muslimischen Landes geht (V.). Mit den beiden jüngsten Erweiterungen der Jahre 2004 und 2007 ist die EU christlicher, aber auch religiös vielfältiger geworden (II.). Überraschender Weise spielt dies für die hier gestellte Frage – um ein Ergebnis vorwegzunehmen – nach den Ursachen für die Politisierung von Religion im Rahmen der Union nur eine untergeordnete Rolle. Weniger die religiösen Verhältnisse in den Mitgliedstaaten als vielmehr die innere Entwicklungsdynamik der Europäischen Union hat Religion zum Thema der Union gemacht.

Bis vor Kurzem hat die Politikwissenschaft dem hier behandelten Themenkomplex fast keine Aufmerksamkeit geschenkt. Religion und Kirchen waren ein blinder Fleck in der Europaforschung. Dementsprechend findet sich in vielen jüngeren Arbeiten das Urteil, dass wissenschaftliche Untersuchungen zu diesem Themenbereich fehlten bzw. am Anfang ständen (Müller-Graf/Schneider (Hg.) 2003: 7-11; Seeger 2008: 19; Waschinski 2007: 17). De facto hat aber eine Reihe von aktuellen Forschungsbeiträgen den Kenntnisstand zuletzt erheblich erweitert (Ballestrem/Belardinelli/Cornides 2005; Behr/Hildebrandt 2006; Dziedzic 2008; Seeger 2008; Waschinski 2007; Weninger 2007), so dass man von einem wachsenden wissenschaftlichen Interesse und einem mittlerweile deutlich verbesserten Forschungsstand sprechen kann. Außerdem ist auf die stattliche Zahl von rechtswissenschaftlichen Beiträgen zu verweisen, die sich mit dem Verhältnis von Staat und Kirchen/Religion in Europa beschäftigen (Robbers 2001; Robbers 2003; Robbers 2005; Vachek 2000).

2 Religion in den Mitgliedsländern der Europäischen Union heute

Es ist eigentlich undenkbar, die prägende Kraft des Christentums für jenen Raum, den heute die Europäische Union der 27 umschließt, zu übersehen oder gar in Abrede stellen zu wollen. Seit fast zweitausend Jahren stellt das Bekenntnis zum Christentum einen wichtigen, über weite Strecken der Geschichte zentralen Bestandteil Europas dar, dessen Prägekraft über die Überzeugungen und Einstellungen der heute lebenden Generationen weit hinausweist (Buchstab/Uertz 2008; Dziedzic 2008). Ein Blick auf die Bauten und Weichbilder europäischer Städte, auf die Motive europäischer Literatur und Malerei oder auf die Maßstäbe ethischer Debatten zeigt, dass das Christentum und die Traditionen seiner verschiedenen konfessionellen Spielarten tief in die Kultur der europäischen Gesellschaften eingeschrieben sind. Ähnliches gilt auch für die politischen Institutionen Europas und ihre kulturellen Grundlagen. So sprechen politikwissenschaftliche, zum Teil kulturvergleichend angelegte Analysen etwa dafür, dass es einen zwar keineswegs exklusiven, aber empirisch eben doch (noch) eindeutigen Zusammenhang zwischen (lateinischem) Christentum und Demokratie gibt (Brocker/Stein 2006; Werkner/Liedhegener 2009).

Die ursprünglich diskriminierend gemeinte Rede von der Europäischen Union als „Christen-Club" hat rein statistisch betrachtet auch und gerade nach den jüngsten Erweiterungen der Union ein Fundament in der Sache. Zwar lassen sich verlässliche Zahlen zur Religionszugehörigkeit der Bevölkerung in der Europäischen Union flächendeckend nicht beibringen. Aber die Auswertungen verschiedener Meinungsumfragen in der Union zeigen insgesamt ein klares Bild. Auf der Basis der European Values Studies (EVS) 1999/2000 hat Jürgen Gerhards Zahlen für die religiöse Zusammensetzung der Bevölkerung in den Mitgliedsländern vorgelegt (Gerhards 2006: 66).[1] Legt man den Anteil der jeweils größten religiösen Gruppe zugrunde und definiert einen Anteil von mehr als 60 Prozent an der Bevölkerung als „dominante" Religionsgemeinschaft, so gibt es in der Europäischen Union heute sechs Gruppen von Ländern. Dänemark, Finnland und Schweden sind danach dominant protestantische Mitglieder der Union. Zu der Gruppe der religiös-weltanschaulich gemischten Länder der Gegenwart zählen Belgien, Deutschland, Frankreich, Großbritannien, Lettland, die Niederlande und Ungarn, wobei der Anteil derjenigen, die keiner Religionsgemeinschaft angehören, in Frankreich, Lettland, den Niederlanden und Ungarn über 40 Prozent liegt. Christlich-Orthodox sind Griechenland, Bulgarien und Rumänien. Dominant religionslos sind nur Estland und Tschechien.[2] Bei allen übrigen elf Ländern, also Irland, Italien, Litauen, Luxemburg, Malta, Österreich, Polen, Portugal, Slowakei, Slowenien und Spanien, handelt es sich um dominant katholische Staaten.

Beträchtliche Unterschiede zwischen den Mitgliedsländern zeigen sich erwartungsgemäß auch in der religiösen Praxis. Legt man die Häufigkeit der Teilnahme an einem Gottesdienst, einen bewährten Indikator für die Stärke der religiösen Bindung in einer Bevölkerung, zugrunde, reicht die Spannweite des Anteils derjenigen, die einmal im Monat oder öfter einen Gottesdienst besuchen, für alle heutigen EU-Länder von 87 Prozent (Malta) bis 9 Prozent (Schweden) (Gerhards 2006: 68). Im Durchschnitt gaben 31 Prozent jener Befragten, die in Ländern der ehemaligen EU 15 leben, an, einmal oder öfter pro Monat an einem Gottesdienst teilzunehmen. Deutlich unterdurchschnittlich fiel der Gottesdienstbesuch in dieser Ländergruppe vor allem in gemischt-religiösen und dominant evangelischen Ländern aus. Überdurchschnittliche Werte finden sich nur in katholischen Staaten. Gleichwohl gaben auch im katholisch geprägten Frankreich 60 Prozent der Befragten an, nie einen Gottesdienst zu besuchen. Schaut man zum Vergleich zu den westeuropäischen Ländern auf jene Länder, die in den letzten beiden Beitrittsrunden zur EU hinzugestoßen sind, so ist die Spannweite des Gottesdienstbesuchs in dieser Ländergruppe ebenfalls beachtlich. Sie reicht von 87 Prozent in Malta bis 11 Prozent für Estland. Diese Spannweite ist also mit der der Europäischen Union insgesamt nahezu identisch. Und auch der Vergleich der Verteilungen der Gottesdienstbesuchsraten zwischen den alten bzw. neuen Mitgliedsländern der Union zeigt für beide Gruppen eine überraschend große Ähnlichkeit.

1 Die folgende Typologisierung folgt nicht der Auswertung Gerhards, sondern beruht auf einer eigenen Einteilung auf der Basis der Daten Gerhards. Gerhards macht auf die im Einzelfall abweichenden Ergebnisse zwischen verschiedenen Umfragen aufmerksam. Die bei Gerhards mitgeteilten Daten für Bulgarien und Rumänien sind in sich unstimmig; sie summieren sich nicht zu 100 Prozent auf.

2 Differenziert man zwischen West- und Ostdeutschland, so zählen die Bundesländer auf dem Gebiet der ehemaligen DDR mit 66 Prozent der Befragten ohne Religionszugehörigkeit auch zu dieser Gruppe.

Befragt man also den Ist-Zustand der Europäischen Union auf die Veränderungen, die durch die letzten beiden Erweiterungsrunden der Union im Hinblick auf die Religionszugehörigkeit und praktizierte Religion herbeigeführt worden sind, so ist ein dreifacher Befund festzuhalten: Erstens ist die Europäische Union bezogen auf die Religionszugehörigkeit ihrer Einwohner durch die jüngsten Beitritte statistisch insgesamt „christlicher“ geworden. Zweitens ist sie durch den Beitritt von dominant orthodoxen Ländern, von Ländern mit größeren Anteilen „religionsloser“ Menschen sowie im Falle Bulgariens eines Landes mit einer größeren muslimischen Minderheit religiös-weltanschaulich zugleich (noch) vielfältiger geworden (ähnlich, aber weniger differenziert Gerhards 2006: 72-73). Und schließlich haben sich die im nationalen Vergleich großen Unterschiede in der Stärke der religiösen Praxis mit den letzten beiden Erweiterungen anscheinend nicht wesentlich vergrößert bzw. verändert.

Große Unterschiede bestimmen auch das Bild der rechtlichen Beziehungen von Staat und Religion in den Mitgliedsstaaten der Europäischen Union. Gemeinsam ist allen heutigen Staaten der Europäischen Union zunächst, dass sie sich im Sinne der Kopenhagener Kriterien von 1993 und gemäß der Bestimmungen des Amsterdamer Vertrags von 1997 auf die Wahrung der Menschenrechte und damit auch auf die Gewährleistung der Religionsfreiheit verpflichtet haben. Unterhalb dieser grundrechtlichen Ebene gestaltet sich das Verhältnis der beteiligten Staaten zu den einzelnen Religionsgemeinschaften gleichwohl äußerst vielfältig. Im Einzelnen ist es oftmals tief mit der Geschichte, der Kultur und dem staatlich-nationalen Selbstverständnis verwoben. So versteht sich Frankreich als eine laizistische Republik, was in einer sehr strikten Trennung von Staat und Kirche zum Ausdruck kommt. In Polen ist der Katholizismus untrennbar mit einem ungebrochenen Nationalbewusstsein verbunden, das sogar lange Phasen der Nichtstaatlichkeit zu überdauern vermochte. In England spiegeln die religionsrechtlichen Bestimmungen noch heute eine Geschichte wider, in der sich die Krone im Zuge der Reformation des 16. Jahrhunderts der Kirche bemächtigte. Und in der Bundesrepublik Deutschland sind in die für das staatliche Handeln leitenden Grundsätze der Neutralität und Parität in religiösen Fragen die Strukturen einer ehedem konfessionell gespaltenen Gesellschaft eingeschrieben.

Diese historisch gewachsenen und auf Grund der Migrationsbewegungen der jüngeren Zeit vielfach modifizierten rechtlichen Wechselbeziehungen zwischen Staat und Religionsgemeinschaften haben sich bislang als recht sperrig gegenüber Versuchen erwiesen, das Verhältnis von Staat und Kirchen bzw. Religion in der EU zu systematisieren. Zwar lassen sich rein rechtlich durchaus drei Grundtypen des Verhältnisses von Staat und Religion im Religionsrecht der europäischen Staaten ausmachen. So kann man nach politischen Systemen mit Staatskirchen, mit strikter Trennung und mit kooperativer Trennung unterscheiden (Robbers 2003: 140). Diese Kategorien erfassen die sozialen und religiösen Realitäten der Gegenwart aber nur noch recht unzureichend und „verlieren deshalb zunehmend an juristischer Ordnungskraft, sie taugen eher als emotionale Erinnerungstopoi und verstellen den Blick auf faktische Entwicklungen und Problemlagen.“ (Robbers 2003: 141) Von größerer Bedeutung ist heute die Frage, wie Religionsgemeinschaften in den Mitgliedstaaten als Organisationen rechtlich behandelt werden, d.h. ob und wie sie einen gesicherten Rechtsstatus erlangen können, und welchen Religionsgemeinschaften die Anerkennung eines ggf. privilegierten Status offen steht. Insbesondere im Blick auf die wachsenden islamischen Minderheiten sind hier quer durch Europa zahlreiche Einzelfragen zu klären.

Jenseits der überkommenen rein verfassungsrechtlichen Einteilung sind Versuche, die unterschiedlichen Abstufungen von Kooperation und Trennung anhand einer größeren Anzahl von Variablen zu messen und zu klassifizieren, für einen ersten Überblick hilfreich. Im Anschluss an Mark Chaves und David Cann (1992) und Michael Minkenberg (2003: 135) hat etwa Gregor Waschinski jüngst eine Skala des Staat-Kirche-Verhältnisses in 23 Mitgliedstaaten der Union der 25 vorgelegt.[3] Auf einer siebenstufigen Skala sind demnach Irland (0) und die Niederland (0) sowie Frankreich, Lettland, Polen, Slowenien und Ungarn (jeweils 1) der Kategorie „Trennung" zuzuordnen. Eine „volle Etablierung" besteht in Dänemark und Finnland (5). Der Kategorie „partielle Etablierung" werden Estland, Litauen, Österreich, Portugal, die Slowakei, die Tschechische Republik, Zypern (jeweils 2) sowie Belgien, Deutschland, Italien, Luxemburg, Malta, Schweden und Großbritanien (jeweils 3) zugeordnet.[4]

Ob und wie die religiöse Landschaft in den Mitgliedstaaten auf die Entwicklung des Verhältnisses von Religion und Politik auf der Ebene der Europäischen Union Einfluss genommen hat, ist im Folgenden zu erörtern. Anhand verschiedener Schlüsselereignisse wird dargestellt, wie religionspolitische Fragen eine zunehmend wichtigere Rolle im Zuge der Vertiefung und Ausgestaltung der Union als politisches Projekt eingenommen haben.

3 Kirchen und Religionsgemeinschaften im Prozess der Vertiefung der Europäischen Union

In den aktuellen Auseinandersetzungen um das Verhältnis von EU und Religion ist in der breiteren Öffentlichkeit „die intensiv diskutierte Frage nach dem Gottesbezug in der Präambel in den Vordergrund gerückt" (Wall 2007: 311; Diez/Barbato 2008: 25, 29). Im Verfassungskonvent sowie im Europäischen Parlament und in den späteren Regierungskonferenzen entzündete sich der Streit an dem Vorschlag, in die Präambel der zu schaffenden Verfassung einen „Gottesbezug" aufzunehmen, wie er sich in unterschiedlicher Ausgestaltung in den Verfassungen einiger Mitgliedstaaten wie Irland, Polen oder der Bundesrepublik Deutschland findet. Das Anliegen, eine *invocatio* oder *nominatio dei* in die Präambel aufzunehmen, erwies sich im Konvent rasch als nicht mehrheitsfähig (Waschinski 2007: 65-71). In der Folge konzentrierte sich die Auseinandersetzung daher auf die Frage, ob ein expliziter Bezug auf das Christentum unter der Tradition Europas aufgenommen werden solle. Obschon das Thema rückblickend nicht dazu angetan war, die Verfassungsverhandlungen insgesamt in Frage zu stellen, provozierte die „Frage der religiösen Selbstpositionierung […] heftige Auseinandersetzungen." (Waschinski 2007: 73) Dabei blieb die Konstellation von Befürwortern und Gegnern im gesamten Verhandlungsverlauf beinahe unverändert. In den Regierungskonferenzen wechselten nach Neuwahlen lediglich Spanien vom Lager der Befürworter in das der Gegner und Griechenland von einer zunächst ablehnenden

3 Leider hat Waschinski Griechenland und Spanien von seiner Untersuchung ausgeschlossen, weil sie im Verlauf der Regierungskonferenzen zum Verfassungsentwurf ihre Haltung in der Präambelfrage geändert haben. Die Änderung ging jeweils auf einen Regierungswechsel zurück. Dies als Kriterium für einen Ausschluss zu nehmen, scheint uns allerdings nicht überzeugend. Vgl. Waschinski 2007: 74-75.

4 Wünschenswert wäre an dieser Stelle eine Charakterisierung der Mitgliedsländer im Blick auf die Bedeutung religiöser Konfliktlinien für die Regierungsbildung und Regierungsführung im jeweiligen Land. Eine solche, für die hier diskutierten Fragen vermutlich höchst aufschlussreiche Typologisierung steht derzeit aber leider nicht zur Verfügung.

zu einer unklaren Haltung. Am Ende stand eine Formulierung, die auf eine explizite Nennung des Christentums verzichtete[5] und die sich dann auch im Vertrag von Lissabon wiederfindet.[6] Vielfach ist der fehlende ausdrückliche Bezug auf Gott oder das Christentum als ein klarer „Sieg der Säkularisten“ (Pfetsch 2007: 183) in der Union aufgefasst worden.

Bei einem zweiten, genaueren Blick auf die Ergebnisse des Verfassungskonvents ändert sich dieses Bild jedoch erheblich. Dies gilt vor allem für die Frage der Berücksichtigung und Einbeziehung von Religionsgemeinschaften im europäischen Primärrecht. Hier wird eine Linie erkennbar, die von der Gründung der Europäischen Union bis zum Vertrag von Lissabon führt, wobei der Amsterdamer Vertrag von 1997 den wichtigsten Zwischenschritt markiert.

Bereits im Maastrichter Vertrag waren mit der Absicherung des Subsidiaritätsprinzips in der EU auch die in den Mitgliedstaaten unterschiedlichen Arrangements von Staat und Kirche indirekt von Eingriffen durch die EU abgeschirmt worden (Seeger 2008: 45-46). Wichtiger, weil von grundlegender Bedeutung, ist aber die Erklärung Nr. 11 der Regierungskonferenz von Amsterdam. Hierin findet sich erstmals eine explizite Aussage zum Status von Kirchen und Religionsgemeinschaften in der Europäischen Union. Dieser sogenannte „Kirchenartikel“ sichert den bestehenden Status der Kirchen in ihren jeweiligen Mitgliedstaaten ab. Die Kirchen hatten damals Sorge, dass dieser Status durch die fortschreitende europäische Integration auf Dauer gefährdet werden könnte. Mit der Erklärung Nr. 11 verfügte die Union zum ersten Mal über ein Dokument, in dem die Beziehungen der EU zu den Kirchen und Religionsgemeinschaften genauer bestimmt wurden (Seeger 2008: 48-49). Allerdings war (und ist) der Kirchenartikel bislang nur eine politische Erklärung ohne direkte rechtliche Bindungswirkung (Wall 2007: 311). Grund für die weniger prominente Stellung des Artikels im Amsterdamer Vertrag war vor allem die ablehnende Haltung Frankreichs. Als Verteidiger laizistischer Grundsätze sorgten die französischen Vertreter dafür, dass es beim Kirchenartikel zunächst bei einer bloßen politischen Absichtserklärung blieb (Seeger 2008: 51). Jedoch ist zu beobachten, dass in vielen politischen und juristischen Entscheidungen auf Ebene der Union dezidiert auf die Amsterdamer Kirchenerklärung verwiesen wird. Als *soft law* kommt ihr damit also nichtsdestotrotz Bedeutung zu (Weber 2002a: 239).

Der Vertrag von Amsterdam enthält darüber hinaus weitere Aussagen, die für die Kirchen von Bedeutung sind. So ist in Art. 6 des EGV festgelegt, dass die EG Maßnahmen gegen Diskriminierung treffen kann. Das betrifft auch Diskriminierung aus religiösen Gründen. Nach Intervention seitens der Kirchen konnte in die darauf aufbauende Anti-Diskriminierungs-Richtlinie eine Ausnahmeregelung zu Gunsten der Kirchen eingefügt werden (Link 2005: 412). Der ausdrückliche Verweis dieser Richtlinie auf die Kirchenerklärung des Amsterdamer Vertrags zeigt einmal mehr, dass die Erklärung Nr. 11 trotz ihres rechtsunverbindlichen Charakters mittlerweile durchaus rechtliche Wirkung entfaltet hat

5 In der Präambel des Verfassungsvorschlags findet sich in der deutschen Übersetzung folgender Wortlaut: „In dem Bewusstsein ihres geistig-religiösen und sittlichen Erbes gründet sich die Union auf die unteilbaren und universellen Werte der Würde des Menschen, der Freiheit, der Gleichheit und der Solidarität. Sie beruht auf den Grundsätzen der Demokratie und der Rechtsstaatlichkeit. Sie stellt den Menschen in den Mittelpunkt ihres Handelns, indem sie die Unionsbürgerschaft und einen Raum der Freiheit, der Sicherheit und des Rechts begründet.“

6 Im Vertrag von Lissabon wurde gar nicht erst versucht, einen Gottesbezug in der Präambel erneut unterzubringen. Vielmehr konzentrierte man sich auf die Absicherung des im Folgenden beschriebenen Kirchenartikels. Vgl. Schneider (2008).

(Weber 2002a: 238-239). Die Erklärung Nr. 38 der Amsterdamer Schlussakte schließlich würdigt die Bedeutung freiwilliger Dienste für die Entwicklung des Gemeinwohls. Dies kann als eine zumindest implizite Thematisierung kirchlich-karitativer Arbeit gelesen werden. Schließlich ist beim Primärrecht noch auf das Protokoll Nr. 33 des Amsterdamer Vertrags hinzuweisen, welches den Tierschutz auch bei religiösen Riten festlegt.

Die Erklärung Nr. 11 des Amsterdamer Vertrags wurde auch in den Entwurf für eine europäische Verfassung aufgenommen. Als Artikel I-52 findet sich die Kirchenerklärung im Wortlaut nahezu unverändert im Verfassungsentwurf wieder. Sie wurde sogar ergänzt um die Absichtserklärung der EU, regelmäßig mit Kirchen und Religionsgemeinschaften einen offenen und transparenten Dialog zu führen. Schlussendlich gelangte der Kirchenartikel als Art. 16 c in den Reformvertrag von Lissabon, der die Union auf eine neue verfassungsmäßige Grundlage stellen sollte. Der Blick auf die Entwicklung des Primärrechts belegt: Die Regierungen der Mitgliedsländer der Europäischen Union waren entschlossen, den Religionsgemeinschaften einen verfassungsmäßigen Rang einschließlich eines institutionalisierten, kontinuierlichen Dialogs einzuräumen. Insofern könnte man argumentieren, dass die von Jaques Delors unter der bildhaften Wendung „Europa eine Seele geben“ angestoßene Suche nach identitätsstiftenden Werten und Traditionen in Europa die Religion verfassungsmäßig wie praktisch-politisch mit einschließt. Rechtlich ändert sich allerdings ohne Ratifizierung des Verfassungsentwurfs bzw. nunmehr des Lissaboner Vertrags nichts an der bislang fehlenden Rechtsverbindlichkeit der Kirchenerklärung von 1997 (Wall 2007: 311-312, 322).

Vorgelagert ist diesem Kirchenartikel im europäischen Recht das Grundrecht auf Religionsfreiheit. Im Bereich der Religionsfreiheit als Grundrecht war und ist die Europäische Menschenrechtskonvention (EMRK) zu nennen. Hier wurde schon 1950 in Art. 9 EMRK das Grundrecht auf individuelle Religionsfreiheit festgeschrieben. Solcherlei Rechte können vor dem 1999 eingerichteten Europäischen Gerichtshof für Menschenrechte eingeklagt werden (Weber 2002b: 267-268). Auch wenn es sich bei den Festlegungen der EMRK um individuelle Rechte handelt, argumentieren einige Autoren mit dem Verweis auf die Rechtsprechung des EuGH, dass es sich dabei im Kern auch um den Schutz der kollektiven Religionsfreiheit handelt (Christoph 2004: 489). Auf dem Gipfeltreffen des Europäischen Rates 2000 in Nizza wurde zudem eine „Charta der Grundrechte der Europäischen Union“ proklamiert. Diese Grundrechtscharta, die später Teil des Verfassungsentwurfs und dann indirekt auch des Lissaboner Vertrags geworden ist, enthält ebenfalls das Grundrecht auf Religionsfreiheit (Weber 2002b: 278).

Abschließend lohnt hier ein knapper Blick auf die Entscheidungsprozesse und Hintergründe. Die Inhalte und Ergebnisse der Debatte um einen Gottesbezug in der Präambel zur Europäischen Verfassung wurde eingangs dargelegt. Die Idee, Gott in den Verfassungstext aufzunehmen, kam im Verlauf des Verfassungskonvents erst relativ spät auf. Anfangs wurde ein solcher Gottesbezug auch von den Kirchen nicht gefordert (Heinig 2001: 456-457). In der dann aber entschlossen geführten Auseinandersetzung ging es den Vertretern der Kirchen darum, das christliche Erbe des Kontinents sowie einen besonderen Status der Kirchen bei der Mitwirkung an der geistigen und politischen Positionierung Europas herauszustellen (Schneider 2008: 46). Man fand schließlich einen Kompromiss, dem Hans Michael Heinig bescheinigt, typisch europäisch zu sein: In den einzelnen Landessprachen finden sich unterschiedliche Formulierungen, die mal mehr, mal weniger auf das Christentum als prägende Religion hinweisen. So spricht die deutsche Version vom „geistig-religiösen und sittlichen Erbe", wohingegen z.B. die englische Fassung das „spiritual and moral heritage" erwähnt (Heinig 2001: 457-458). An dieser Stelle wird die Prägekraft einzelner Traditionen des Verhältnisse von Staat und Religionsgemeinschaften sichtbar.

Der Durchgang durch zentrale Dokumente des europäischen Primärrechts verdeutlicht, dass Religion ein zunehmend intensiver verhandeltes Thema innerhalb der EU und ihrer Vertragsgrundlagen ist. Themen wie das Verhältnis von Staat und Kirche oder die Bedeutung von Religion für das Gemeinwesen sind im Zuge der jüngsten Phase der europäischen Integration verhandelt und entsprechende Beschlüsse von mehreren Gremien und Institutionen der Union getroffen worden. Hier zeigt sich die Notwendigkeit, sich mit tiefer liegenden Fragen, wie denen nach der Religion in Europa, auseinandersetzen zu müssen, wenn man auf grundlegende Fragen nach der weiteren politischen Integration Europas Antworten geben will.

4 Verhinderte Europäisierung? Kirchen und Religionsgemeinschaften im sekundären Recht der Europäischen Union

Die zunehmende Bedeutung der Aktivitäten der Europäischen Union für die Politiken der Mitgliedsländer stellt auch für die Kirchen und Religionsgemeinschaften seit geraumer Zeit eine Herausforderung dar. Tatsächlich zeitigt aber vor allem das sogenannte Sekundärrecht, also die Verordnungen, Richtlinien und Stellungnahmen der EU, schon seit längerem Folgen, die auch religiöse Institutionen und Einrichtungen betreffen bzw. betreffen können. Tatsächlich gibt es bereits heute auf europäischer Ebene so etwas wie den im Vertrag von Lissabon vorgesehenen strukturierten Dialog der Union mit den Religionsgemeinschaften, allerdings auf einer eher informellen Ebene (Weninger 2007: 176). Kirchen und Religionsgemeinschaften sind de facto in den Diskurs und die Entscheidungsfindung der Institutionen der Europäischen Union eingebunden (Wall 2007: 322). Jedoch fehlen hierfür seitens der Union bislang noch die nötigen rechtlichen und institutionellen Voraussetzungen (Weninger 2007: 177).

Entscheidend sind in diesem Zusammenhang die Vertretungen der großen Kirchen und religiösen Organisationen in Brüssel. Für die Katholische Kirche sind das neben der seit 1970 bestehenden Präsenz des Heiligen Stuhls die beiden europäischen Vertretungen der Bischofskonferenzen *Consilium Conferentiarum Episcopalium Europae* (CCEE) und *Commissio Episcopatuum Communitatis Europaeae* (ComECE). Der Apostolische Nuntius verfügt über diplomatische Rechte, die ihm Zugang zum Europäischen Parlament verschaffen sowie den Zugriff auf für die Katholische Kirche wichtige Dokumente ermöglichen. Er koordiniert die Position des Heiligen Stuhls mit den Anliegen der Ortskirchen in den Mitgliedstaaten. Dafür arbeitet er eng zusammen mit der ComECE (Weninger 2007: 148-151). Laut der Einschätzung Michael Weningers „verfügt die Römisch-Katholische Kirche mit dieser Doppelstruktur über ein geradezu ideales Instrument zur Verbindung von orts- und weltkirchlichen Anliegen" (Weninger 2007: 154). Auf evangelischer Seite wirkt die *Konferenz Europäischer Kirchen* (KEK), die seit 1999 – als eine späte Folge der überwundenen Teilung Europas (Weninger 2007: 156) – auch die *Ökumenische Kommission für Kirche und Gesellschaft* (EECCS) umfasst (Denecke 2007: 303). Daneben existiert mit der *Gemeinschaft Evangelischer Kirchen in Europa* (GEKE), die 2003 aus der *Leuenberger Kirchengemeinschaft* (LKG) hervorging, eine Doppelstruktur. Auf EU-Ebene kooperieren beide Organisationen zwar, aber eine endgültige Aufgabenteilung scheint noch nicht erreicht zu sein (Christoph 2002: 257).

Bemerkenswert sind die besonders in Brüssel zu verzeichnenden ökumenischen Bestrebungen. Diese umfassen die Zusammenarbeit verschiedener evangelischer Kirchen (Denecke 2007) sowie den interkonfessionellen Dialog. In der *Charta Oecumenica* vom April 2001 vereinbarten die ComECE und die KEK eine engere Zusammenarbeit (Seeger 2007: 43), nachdem zuvor nicht nur die Kirchen, sondern auch so genannte single-issue-Organisationen aus dem kirchlichen Bereich voneinander abweichende Positionen in Brüssel vertraten (Christoph 2004: 493). Besonders die ComECE und die KEK leisten als Quasi-Dachorganisationen ein kontinuierliches Monitoring des Gesetzgebungsprozesses auf EU-Ebene sowie eine Vorstrukturierung kirchlicher Argumente im Sinne einer Aggregierung von Interessen (Wall 2007: 322-323). Dies spielt vor allem, aber nicht nur, für die Ausgestaltung des Sekundärrechts eine Rolle.

Daneben sind eine Vielzahl weiterer Vertreter kirchlicher und religiöser Interessen in Brüssel anzutreffen. Dazu gehören kleinere Religionsgemeinschaften genauso wie religiöse Dienstleistungsorganisationen. So sind u.a. die Anglikanische Kirche, die Orthodoxen Kirchen, verschiedene Jüdische Interessenvertreter, die Pfingstgemeinden, Quäker, Buddhisten, verschiedene islamische Dachorganisationen und sogar Scientology mit eigenen Büros in Brüssel präsent. Deren Aufgabe umfasst meist klassische Lobbyisten-Tätigkeiten, wie die Information der eigenen Mitglieder über die Entwicklung relevanter Themen in der Europäischen Union sowie die Einflussnahme auf die Entscheidungsträger in den EU-Institutionen (Weninger 2007: 156-161). Des Weiteren hat die *Caritas Europa* seit 1971 ein eigenes Büro in Brüssel eingerichtet. Deren evangelisches Pendant, die *Eurodiaconia*, verfügt seit 1996 über eine europäische Vertretung (Weninger 2007: 161-163). Aber auch anderen Organisationen, wie die *Kommission der Kirchen in Europa* (CCME), diverse Bildungsorganisationen, Friedensgruppen und Frauenvereinigungen, haben eigene Repräsentanzen in Brüssel (Weninger 2007: 162-176). Eine vollständige Zusammenstellung aller auf Ebene der EU aktiven kirchlichen und religiösen Organisationen liegt wegen der Unübersichtlichkeit des Feldes und ihrer großen Anzahl bislang nicht vor.

Dass die Präsenz dieser Interessenvertreter in der Nähe des Entscheidungszentrums europäischer Politik von Bedeutung ist, soll im Folgenden gezeigt werden. Schon frühzeitig erließ der Rat Verordnungen und Richtlinien, die für Kirchen und Religionsgemeinschaften von hoher Relevanz waren und sind. Die Gleichbehandlungsrichtlinie 2004/113/EG, ursprünglich vom 9.2.1976 und in ihrer aktuellen Version vom 13.12.2004, verbietet die Diskriminierung wegen des Geschlechts. Damit wurde ein für die Kirchen sehr wichtiges Thema berührt, da diese bestimmte Ämter nur für Männer vorsehen und damit potentiell gegen diese Gleichbehandlungsrichtlinie verstoßen würden. Der Konflikt zwischen kirchlicher Praxis und dieser Richtlinie kann unter Verweis auf eine Ausnahmebestimmung in der Richtlinie aufgelöst werden, nach der die Mitgliedstaaten befugt sind, wichtige Bereiche von der Anwendung der Richtlinie auszunehmen (Weber 2002a: 236).

Ein weiteres Beispiel für frühe Regelungen, die direkt die Kirchen betreffen, ist die 6. Mehrwertsteuerrichtlinie 77/388/EWG vom 17.5.1977 bzw. mit ihren jüngsten Veränderungen vom 1.1.2007 als Richtlinie 2006/98/EG. Sie erlaubt Begünstigungen in Form von Steuerbefreiungen für religiöse Einrichtungen (Seeger 2008: 71).

Auch die Verordnung über die Harmonisierung von Sozialvorschriften im Straßenverkehr, die am 20.12.1985 in Kraft getretene Verordnung (EWG) Nr. 3820/85 bzw. die Verordnung (EG) Nr. 561/2006, die seit 15.3.2006 gilt, räumt für religiöse Zwecke die Möglichkeit einer Ausnahme von ihrer Geltung ein. Demgemäß gilt die von der Verordnung festgelegte Regelung in Bezug auf Ruhezeiten für diejenigen Fernkraftfahrer nicht, die Menschen befördern, die im Rahmen ihrer Religionsausübung unterwegs sind (Seeger 2008: 71). Eine weitere Ausnahme ebenfalls in diesem Sinne stellt die Arbeitszeitrichtlinie 93/104/EG dar, die am 23.11.1993 erstmals erlassen wurde und in der aktuellen Form seit 4.11.2003 als Richtlinie 2003/88/EG besteht. So nimmt sie Angestellte von Religionsgemeinschaften auf Grund der auf sie zutreffenden spezifischen Anforderungen von ihrer Geltung aus (Seeger 2008: 72). Auch hier wird deutlich, dass Anliegen von Kirchen und religiösen Organisationen im europäischen Rechtssetzungsprozess Gehör finden. Der Gesetzgeber wurde in der Arbeitszeitrichtlinie ermächtigt, bei der Umsetzung in nationales Recht entsprechende Regelungen in den Gesetzestext aufzunehmen. Der Sonntagsschutz ist somit in einer Weise geregelt worden, die auch kirchliche Interessen berücksichtigt (Weber 2002a: 237).

Eine ganz ähnliches Beispiel für frühe Ausnahmeregelungen zugunsten von Religionsgemeinschaften ist die Fernsehrichtlinie 89/552/EWG vom 3.10.1989 sowie mit aktuellen Änderungen seit 19.12.2007 als Richtlinie 2007/65/EG. Danach dürfen kurze religiöse Sendungen nicht von Werbung unterbrochen werden (Grzeszick 2003: 286). Ebenfalls einen Sonderbereich stellt die Richtlinie über den Schutz von Tieren zum Zeitpunkt der Schlachtung dar. Diese Richtlinie 93/119/EG trat am 22.12.1993 in Kraft und wurde zum letzten Mal am 5.06.2003 durch die Verordnung (EG) Nr. 806/2003 geändert. Zwar stellt dieses Thema einen Randbereich des europäischen Rechts dar, dennoch ist auch hier eine Ausnahmeregelung für Religionsgemeinschaften bedeutsam. Diese sind im vorliegenden Fall von der Geltung der Richtlinie unter der Bedingung ausgeschlossen, dass es sich bei der Schlachtung um einen religiösen Ritus handelt (Seeger 2008: 72).

Ein besonders umstrittenes Thema ist der Datenschutz. Die geplante Datenschutzrichtlinie der EU sollte u.a. sicherstellen, dass die von amtlichen Behörden gesammelten Daten bei ihrer Weitergabe keinen Rückschluss auf die Religionszugehörigkeit zulassen. Dies hätte den Nebeneffekt gehabt, dass die Erhebung der Kirchensteuer in Deutschland in ihrer bisherigen Form nicht mehr möglich gewesen wäre. Nach umgehender Intervention seitens der Kirchenvertreter wurde in die Richtlinie schließlich eine entsprechende Ausnahmeregelung aufgenommen. Danach sind Angaben zur Kirchen- und Religionszugehörigkeit unter bestimmten Umständen von diesem Teil des Datenschutzes ausgenommen. Die Richtlinie 95/46/EG vom 24.10.1995 sieht außerdem vor, dass die Mitgliedstaaten „zur Wahrnehmung einer Aufgabe im öffentlichen Interesse" bei der Umsetzung in nationales Recht weitere Ausnahmen formulieren können. Darüber hinaus wurde in der Präambel der Richtlinie deutlich gemacht, dass die Erhebung von Kirchensteuern durch staatliche Organe ein wichtiges öffentliches Interesse darstellt (Weber 2002a: 230-232). Die Verordnung über dezentralisierte Zusammenarbeit stellt ein weiteres Thema dar, das bedeutsam für die kirchlichen Finanzen ist. In dieser Verordnung (EG) Nr. 1659/98 vom 17.7.1998 ist die finanzielle Förderung von Kirchen im Rahmen bestimmter Konzepte der Entwicklungszusammenarbeit festgeschrieben (Seeger 2008: 72). Seit dem 4.4.2004 gilt statt der bisherigen nun die neue Verordnung (EG) Nr. 625/2004. Ebenfalls einen Teilbereich des sensiblen Themas der kirchlichen Gelder regelt die Bankenrichtlinie 2000/12/EG vom 20.3.2000. Sie wurde durch die Richtlinien 2006/48/EG und 2006/49/EG vom 14.06.2006 erweitert. Die Bankenrichtlinie erlaubt es, steuererhebende Kirchen als risikoarm einzustufen, was letztlich die Gewährung konkreter finanzieller Vorteile durch Finanzinstitute bedeutet (Wall 2005: 390).

Beim Thema des Diskriminierungsverbots wurde zugunsten der Kirchen und Regligionsgemeinschaften ebenfalls eine Ausnahmeregelung eingefügt. Diese Ausnahme in der Antidiskriminierungsrichtlinie 2000/78/EG (oder „Beschäftigungsrichtlinie“) vom 27.11. 2000 wurde auf Grund erfolgreicher Intervention seitens der Kirchen aufgenommen (Link 2005: 411-412). Bei dieser Ausnahmeregelung wurde bewusst auch auf die Kirchenerklärung von Amsterdam verwiesen (Wall 2002: 210-211). Demgemäß stellt die Differenzierung nach Religion oder Weltanschauung keine Diskriminierung dar. Die Mitgliedstaaten können hier eigene Regelungen festlegen, wenn die religiöse Zugehörigkeit der betreffenden Person eine wichtige berufliche Einstellungsvoraussetzung darstellt (Gaertner 2006: 204). Andernfalls hätten die Kirchen im Zuge des Gebots zur Gleichbehandlung ihre Mitarbeiter nicht mehr nach Konfessionszugehörigkeit aussuchen können. Mit der getroffenen Ausnahmeregelung konnte dies jedoch verhindert werden. Diese Ausnahme betrifft nicht nur verkündigungsnahe Tätigkeiten, sondern kann sämtliche Aktivitäten innerhalb der Kirchen bzw. Religionsgemeinschaften umfassen (Wall 2007: 318-319).

Einen zentralen, noch nicht endgültig geklärten Streitpunkt stellen karitative Betätigungen von Kirchen und Religionsgemeinschaften dar. Hier wird seitens der EU vornehmlich die Frage nach dem Beihilfenverbot thematisiert. Staatliche Subventionen könnten dann problematisch werden, wenn Kirchen ihre karitativen Dienste nicht nur im Rahmen ihres religiösen Auftrags anbieten, sondern damit auf einem Markt und in Konkurrenz zu anderen (privaten) Anbietern ähnlicher Dienstleistungen agieren. Die Deutsche Bischofskonferenz und der Rat der Evangelischen Kirche in Deutschland hatten in einer gemeinsamen Stellungnahme 1995 gefordert, die Tätigkeiten von Caritas und Diakonie als religiöse Akte zu werten und nicht als im Rahmen der Sozialwirtschaft erbrachte Dienstleistungen zu behandeln. Bislang ist noch nicht abschließend geklärt, ob es sich bei den staatlichen Geldern um Gegenleistungen des Staates für Dienste handelt, die er andernfalls selbst erbringen müsste, oder ob es tatsächlich wettbewerbsverzerrende Beihilfen im Sinne einer Begünstigung kirchlicher Träger sind (Weber 2002a: 242-244).

In der Tendenz der hier angeführten Beispiele zeigt sich, dass die Europäische Union zunehmend bereit ist, im Rahmen der für alle geltenden Regelungen den spezifischen Wünschen und Problemen religiöser Einrichtungen und Organisationen Rechnung zu tragen. Rechtlich manifestiert sich dies in Ausnahmeklauseln, die die bisherigen Aktivitäten von Kirchen und Religionsgemeinschaften in den verschiedenen Gesellschaften Europas absichern sollen und damit indirekt fördern können. In diesem Sinne verhält sich die Union also zunehmend kooperativ gegenüber religiösen Akteuren.

5 Religion im Außenverhältnis der EU: der Islam als religiös-kulturelles Problem in den Beitrittsverhandlungen mit der Türkei

Wenn es darum geht, die Rolle von Religion in der Politik der Europäischen Union zu umreißen, darf die Frage des Türkeibeitritts nicht fehlen. Der mögliche Beitritt der Türkei, die 2005 den Status eines Beitrittskandidatens erlangte, hat die europäischen Öffentlichkeiten, aber auch die türkische Öffentlichkeit wie nur wenige andere Themen erhitzt. Hans-Ulrich Wehler hat den Beitrittsbefürwortern etwa wiederholt widersprochen und ihnen vorgeworfen, ein Beitritt sei „[v]erblendetes Harakiri“ und das „große Projekt der politischen Einigung Europas würde zerstört“ (Wehler 2004: 6). In der beachtlichen Reihe der kontroversen Punkte eines Beitritts der Türkei spielt der Islam immer wieder eine zentrale Rolle. Der Islam markiert vor allem in der Öffentlichkeit wie kein zweites Thema die kulturelle Differenz der Türkei zu Europa, wird mit mangelnder Demokratiefähigkeit gleichgesetzt und gilt als grundsätzlich des Fundamentalismus' verdächtig.

In der Tat weichen die Werthaltungen und Überzeugungen eines großen Teils der türkischen Bürgerinnen und Bürger gravierend von denen in der Europäischen Union ab. Die Daten der European Value Studies belegen zwar, dass die Idee der Demokratie als Herrschaftsform auch in der Türkei durchweg Unterstützung findet. Immerhin 92 Prozent der Befragten stimmen dieser Aussage zu. Aber gleichzeitig stimmen 66 Prozent der Aussage zu „Man sollte einen starken Führer haben, der sich nicht um Parlament und Wahlen kümmern muss“ und rund 25 Prozent bejahen die Aussage „Das Militär sollte regieren“ (Gerhards 2006: 212-213), was angesichts der wiederholten Militärherrschaft in der Türkei während der zweiten Hälfte des 20. Jahrhunderts Besorgnis erregen muss. Gleiches gilt beim Blick auf die in der Fläche anscheinend kaum vorhandenen Strukturen der Zivilgesellschaft (Gerhards 2006: 233, 235) und die eklatant vom europäischen Verständnis des Verhältnisses der Geschlechter zueinander abweichenden Einstellungen in der Türkei.

Innenpolitisch ist das Verhältnis von Politik und Religion in der Türkei unübersichtlich und konfliktbeladen. Der Verfassung nach ist die Türkei seit den Tagen Kemal Atatürks ein laizistischer Staat. Die strikte Verbannung der Religion bzw. des Islams aus dem öffentlichen Leben ist bis heute ein Kernbestandteil des Kemalismus. Die Ächtung und Abschaffung von Fes und islamischem Schleier in den 1920er Jahren standen für dieses Programm. De facto sind die politischen Eliten der Türkei nach 1945 aber dazu übergegangen, Religion als Herrschaftsinstrument zu betrachten und einzusetzen (Seufert/Kubaseck 2004: 128-130), so dass gegenwärtig in der Türkei ein staatlich dominierter, sunnitischer Islam gleichsam die verdeckte Staatsreligion darstellt. Dass dem so ist, zeigt sich auch daran, dass sich in der Türkei die Konflikte um ethnische Minderheiten und abweichenden Strömungen im Islam bzw. andere Religionsbekenntnisse oftmals vermengen (Seufert 2008). Nimmt man Konflikte und Vorfälle wie der anhaltende Streit um das Verbot der Priesterausbildung im Priesterseminar des orthodoxen Patriachats auf der Insel Halki, die Einschränkung der Eigentumsrechte von Religionsgemeinschaften oder die Übergriffe auf religiöse Minderheiten und die Ermordung von Christen im Frühjahr 2007 hinzu, so kann von einer Gewährleistung der Religionsfreiheit in der Türkei derzeit nicht die Rede sein. Die innenpolitische Unübersichtlichkeit wird durch die Tatsache verstärkt, dass heute gerade die AKP, die als Partei ihren Aufstieg als Sprachrohr des islamischen Fundamentalismus in der Türkei in den 1990er Jahren begann, sich mittlerweile aber von letzterem distanziert, für die Religionsfreiheit, für die Demokratie und für einen Beitritt der Türkei zur EU eintritt. Dieser Reformwille im Namen der Religion hat die Gegner aus dem Lager des Kemalismus auf den Plan gerufen und zum aktuellen Versuch geführt, die regierende, demokratisch gewählte AKP per Gericht als verfassungsfeindlich verbieten zu lassen. Dieses Verbot scheiterte knapp, allerdings wurden der Partei staatliche Zuwendungen um die Hälfte gekürzt. Nach wie vor ist das gesellschaftliche und politische Konfliktpotential von Religion und Islam in der Türkei beachtlich. Darüber darf allerdings nicht in Vergessenheit geraten, dass die meisten Beobachter der Türkei für die zurückliegenden Jahre insgesamt attestieren, dass sie in dieser Zeit, angespornt durch die Beitrittsperspektive, beachtliche Fortschritte im Blick auf Demokratie und Rechtsstaatlichkeit vorzuweisen hat (Seufert/Kubasek 2004, 181-182).

In den Beitrittsverhandlungen der Europäischen Union mit der Türkei spielt das Thema Religion auf den ersten Blick keine prominente Rolle. Unter den 35 Kapiteln der Beitrittsverhandlungen ist keines ausdrücklich der Religion bzw. Religionsfreiheit gewidmet. Gleichwohl werden Diskussionen gerade über diese Fragen von den Vertretern der EU als äußerst heikel eingestuft (Pesch 2009). Dies ist aber keineswegs nur der geschilderten schwierigen innenpolitischen Lage in der Türkei geschuldet. Eine aktuelle kritische Analyse der EU-Beitrittspolitik gegenüber der Türkei zeigt, dass die EU in der Frage der Anwendung der Religionsfreiheit im Fall des Beitrittsgesuchs der Türkei selbst vor inhaltlichen Problemen steht. Im Kern geht es dabei um die Schwierigkeit, zur Frage der Einhaltung der Religionsfreiheit ein klares Kriterienraster vorzulegen. Abgesehen vom Bezug auf den Art. 6 des Unionsvertrags und auf die Rechtsprechung des Europäischen Gerichtshofs für Menschenrechte hat die EU-Kommission nämlich „keine klar und eindeutig definierten Kriterien zur Überprüfung der Religionsfreiheit entwickelt“ (Pesch 2009). Dies wird als wesentliche Ursache für die von Jahr zu Jahr wechselnden Tatbestände in den Fortschrittsberichten der Europäischen Kommission zum Beitrittsprozess der Türkei angesehen. Auffallend ist, dass die Berichte der Kommission der Religionsfreiheit von Muslimen in der Türkei keine Aufmerksamkeit schenken, sondern Religionsfragen ausschließlich als Minderheitenproblem anderer Religionen zur Sprache bringen.[7] Die damit verbundene „Orientierung an spezifischen Einzelproblemen erschwert es zusätzlich zu erkennen, welches die grundsätzlichen Erwartungen an die Adresse der Türkei sind. Zudem können Verbesserungen bei der bisher gewählten Orientierung an den Problemen zu wenig gewürdigt werden. Eine Checkliste mit klar formulierten Prüffragen hinsichtlich Religionsrecht, Rechtsprechung, Verwaltungspraxis und staatlichem Schutz vor Diskriminierung und Gewalt würde die Evaluierungstätigkeit der EU sehr viel transparenter machen. Dann könnten Veränderungen ebenso wie Stagnation systematisch ausgewiesen werden“ (Pesch 2009).

Historisch, kulturell und religionsstatistisch ist die EU wie gesehen zutiefst vom Christentum geprägt. Angesichts wachsender islamischer Minderheiten in den Ländern der EU kann der Islam allein aber kein Grund sein, einen Beitritt der Türkei abzulehnen. Ein zentraler Prüfstein für die EU-Fähigkeit der Türkei muss vielmehr die Anerkennung und Realisierung der Religionsfreiheit sein. Die EU scheint herausgefordert, ihre Maßstäbe der Religionsfreiheit stärker als bisher auch im Außenverhältnis offen zu legen. Religionsfreiheit als individuelles und kollektives Grundrecht aller Türkinnen und Türken könnte dann zum Gegenstand und Ziel der Verhandlungen mit einer Türkei werden, die sich als verfassungsstaatliche Demokratie begreift und entwickelt.

6 Fazit: Auf dem Weg zu einem kooperativen Verhältnis

In der Öffentlichkeit und in der sozialwissenschaftlichen Literatur wird die Europäische Union vielfach als „säkulare Wertegemeinschaft, die keinen konkreten Religionsbezug aufweist“ (Gerhards 2006: 63) aufgefasst. Sie schütze zwar die Religionsfreiheit von Individuen und Religionsgemeinschaften, begreife sich selbst aber als einen „säkularisierten

7 Pesch weist darauf hin, dass diese Uneindeutigkeit der EU-Berichterstattung auch politischen Rücksichtnahmen gegenüber dem Lager der Kemalisten geschuldet sein könnte. Pesch 2009.

Verband von Gesellschaften, die die Trennung von Politik, Gesellschaft und Religion institutionalisiert haben" (Gerhards 2006: 63). Dieses Selbstverständnis bedeute, dass sich „die EU einerseits für eine Trennung der Sphären von Gesellschaft und Religion ausspricht und damit Religion zur Privatsache erklärt, andererseits eine wechselseitige Toleranz zwischen den Religionsgruppen erwartet." (Gerhards 2006: 73)

Im Lichte der vorliegenden Rekonstruktion stellt sich diese These als eine verkürzende Lesart der jüngsten religionspolitischen Entwicklungen in der Union dar. Unstrittig dürfte sein, dass auch die Europäische Union als politische Ordnung dem Ideal der weltanschaulich neutralen, demokratischen Ordnung verpflichtet ist. Zurückgewiesen werden muss aber die Ansicht, die EU erkläre Religion im Sinne eines strikten Laizismus zur Privatsache, dränge Religion in modernen Gesellschaften in die Privatheit bzw. eine sakrale Nische ab. Mit dem Schritt von einem vorwiegend wirtschaftlich ausgerichteten Verbund zum Projekt eines politisch geeinten Europas hat sich in der Tat auch für die Europäische Union als entstehendes politisches Gemeinwesen die Gretchenfrage neu gestellt. Vor dem Hintergrund eines christlichen, aber zugleich auch zunehmend religiös-weltanschaulich vielfältigen Erbes der Mitgliedstaaten ist seit dem Vertrag von Maastricht das Interesse und die Notwendigkeit, die Rolle von Religion im öffentlichen Raum mitzubedenken und auszuformulieren, in der Union deutlich gewachsen. Die beiden hier hervorgehobenen prominenten Fälle – der Gottesbezug in der Präambel und der Kirchenartikel, der vom Verfassungsentwurf in den Vertrag von Lissabon gelangte – haben gezeigt, dass die Politiker und Mitgliedstaaten der Europäischen Union im Blick auf das Verhältnis von Politik und Religion in der EU nicht notwendig in einer gemeinsamen Sprache reden. Der Streit um die Präambel belegt, dass es, angeführt von Frankreich, eine starke laizistische Tradition in der EU gibt. Der Kirchenartikel und der Blick auf die Ausgestaltung des Sekundärrechts der Union machen aber deutlich, dass die Union gewillt und in der Lage ist, die spezifischen Interessen religiöser Akteure etwa im Gesundheits- und Sozialbereich zu berücksichtigen. In der Summe bewegt sich die Europäische Union damit auf eine Trennung von politischer Ordnung und Religion zu, die als eine kooperative bezeichnet werden kann, weil sie das wechselseitige Verhältnis von Union und religiösen Gemeinschaften und deren Organisationen akzeptiert, ausgestaltet und der Intention nach fördert. Im Sinne einer vorläufigen Bilanz steht am Ende der Befund, dass sich für die Europäische Union als eine politische Einheit *sui generis* ein Prozess wiederholt, der von der Politikwissenschaft vor allem für die westeuropäischen und nordamerikanischen Demokratien beobachtet worden ist: Im Rahmen funktionierender demokratischer Systeme kommt es zu einer Konvergenz der religionsrechtlichen Arrangements, die auf der Religionsfreiheit und der religiösen Neutralität des Staates aufbauen und sich in ihrer Ausgestaltung überwiegend in Richtung einer kooperativen Trennung von Staat und Religionsgemeinschaften entwickeln (Monsma/Soper 1997; Monsma 2000; Robbers 2003: 147-148). Eine solche Befriedung von Religion im Rahmen demokratischer Verhältnisse durch Verrechtlichung zu beiderseitigem Nutzen scheint auch die wahrscheinlichste weitere Entwicklungsrichtung einer Europäischen Union zu sein, die mehr denn je auf die Akzeptanz und politische Unterstützung ihrer keineswegs so säkularen Unionsbürgerinnen und Unionsbürger angewiesen sein wird.

Literatur

Ballestrem, Karl Graf/Belardinelli, Sergio/Cornides, Thomas (Hg.) (2005): Kirche und Erziehung in Europa (= Politik und Religion), Wiesbaden: VS-Verlag.

Behr, Hartmut/Hildebrandt, Mathias (Hg.) (2006): Politik und Religion in der Europäischen Union. Zwischen nationalen Traditionen und Europäisierung (= Politik und Religion), Wiesbaden: VS-Verlag.

Brocker, Manfred/Stein, Tine (Hg.) (2006): Christentum und Demokratie, Darmstadt: Wissenschaftliche Buchgesellschaft.

Buchstab, Günter/Uertz, Rudolf (Hg.) (2008): Was eint Europa? Christentum und kulturelle Identität, Freiburg: Herder.

Chaves, Mark/Cann, David E. (1992): Regulation, Pluralism, and Religious Market Structure. Explaining Religion's Vitality, in: Rationality and Society, 4. Jg., H. 3, S. 272-290.

Christoph, Joachim E. (2002): Interessenvertretung der evangelischen Kirchen bei der Europäischen Union, in: Zeitschrift für evangelisches Kirchenrecht, 47. Jg., H. 2, S. 249-263.

Christoph, Joachim E. (2004): Der gemeinsame Rechtsrahmen von Kirche und Diakonie. Bestandsaufnahme und Entwicklungsperspektiven im Blick auf Europa, in: Zeitschrift für evangelisches Kirchenrecht, 49. Jg., H. 2, S. 465-495.

Denecke, Norbert (2007): Ökumene im Umbruch. Arbeitsaufträge und Kooperationen von GEKE, KEK, LWB und ÖRK, in: Zeitschrift für evangelisches Kirchenrecht, 52. Jg., H. 3, S. 295-309.

Diez, Thomas/Barbato, Mariano (2008): Christianty, Christendom, Europe: On the Role of Religion in European Integration, in: Arès 23. Jg., S. 25-35.

Dziedzic, Jan (Hg.) (2008): Religion im gegenwärtigen Europa. Religia we wspólczesnej Europie, Krakau: WN PAT.

Gaertner, Joachim (2006): Der Dienst des juristischen Stellvertreters beim Bevollmächtigten des Rates der EKD bei der Bundesrepublik Deutschland und der Europäischen Union, in: Zeitschrift für evangelisches Kirchenrecht, 51. Jg., H. 2, S. 190-206.

Gerhards, Jürgen (2006): Kulturelle Unterschiede in der Europäischen Union, unter Mitarbeit von Michael Hölscher, Wiesbaden: VS-Verlag 2006.

Grzeszick, Bernd (2003): Die Kirchenerklärung zur Schlußakte des Vertrags von Amsterdam. Europäischer Text, völkerrechtliche Verbindlichkeit, staatskirchenrechtlicher Inhalt, in: Zeitschrift für evangelisches Kirchenrecht, 48. Jg., H. 3, S. 284-300.

Heinig, Hans Michael (2001): Die Religion, die Kirchen und die europäische Grundrechtscharta, in: Zeitschrift für evangelisches Kirchenrecht, 46. Jg., H. 4, S. 440-461.

Link, Christoph (2005): Antidiskriminierung und kirchliches Arbeitsrecht, in: Zeitschrift für evangelisches Kirchenrecht, 50. Jg., H. 4, S. 403-418.

Minkenberg, Michael (2003): Staat und Kirche in westlichen Demokratien, in: Minkenberg, Michael/Willems, Ulrich (Hg.), Politik und Religion (PVS-Sonderheft 33), Wiesbaden: Westdeutscher Verlag, S. 115-138.

Monsma, Stephen V. (2000): Staat und Kirche in den USA und der Bundesrepublik Deutschland: auf dem Weg zur Konvergenz?, in: Meyer, Heinz-Dieter/Minkenberg, Michael/Ostner, Ilona (Red.), Religion und Politik. Zwischen Universalismus und Partikularismus (= Jahrbuch für Europa- und Nordamerika-Studien, Bd.2) Opladen: Westdeutscher Verlag, 81-107.

Monsma, Stephen V./Soper, J. Christopher (1997): The Challenge of Pluralism. Church and State in Five Democracies (= Religious Forces in the Modern Political World) Lanham u.a.: Rowman & Littlefield.

Müller-Graff, Peter-Christian/Schneider, Heinrich (Hg.) (2003): Kirchen und Religionsgemeinschaften in der Europäischen Union, Baden-Baden: Nomos.

Pesch, Andreas (2009): Religionsfreiheit als EU-Beitrittskriterium. Welche Rolle spielt die EU für die Entwicklung religiöser Freiheiten in der Türkei?, in: Liedhegener, Antonius/Werkner,

Ines-Jacqueline (Hg.), Religion, Menschenrechte und Menschenrechtspolitik (= Politik und Religion), Wiesbaden: VS-Verlag (in Vorbereitung).

Pfetsch, Frank R. (2007): Das neue Europa, Wiesbaden: VS-Verlag.

Robbers, Gerhard (Hg.) (2001): Church Autonomy. A Comparative Survey, Frankfurt a.M. u.a.: Peter Lang.

Robbers, Gerhard (2003): Status und Stellung von Religionsgemeinschaften in der Europäischen Union, in: Minkenberg, Michael/Willems, Ulrich (Hg.), Politik und Religion (= PVS Sonderheft, Bd.33) Wiesbaden: Westdeutscher Verlag, S. 139-163.

Robbers, Gerhard (Hg.) (2005): State and Church in the European Union, 2. Aufl., Baden Baden: Nomos 2005. (deutsch: Robbers, Gerhard (Hg.), Staat und Kirche in der Europäischen Union, hg. in Zusammenarbeit mit dem European Consortium for State and Church Research, 2. Aufl, Baden-Baden: Nomos 2005.)

Schneider, Heinrich (2008): Die Europäische Union, Kirchen und Religionen: Rückblicke auf eine Kontroverse, in: Integration, 31. Jg., H. 1, S. 37-47.

Seeger, Bernhard (2008): Europäische Integration und Säkularisierung von Staat und Politik, Baden-Baden: Nomos.

Seufert, Günter (2008): Religiöse Minderheiten in der Türkei, in: APuZ, B23, S. 20-26.

Seufert, Günter/Kubaseck, Christopher (2004): Die Türkei. Politik – Geschichte – Kultur, München: Beck.

Vachek, Marcel (2000): Das Religionsrecht der Europäischen Union im Spannzungsfeld zwischen mitgliedstaatlichen Kompetenzreservaten und Art. 9 EMRK (= Studien und Materialien zum öffentlichen Recht, Bd. 11), Frankfurt am Main u.a.: Peter Lang.

Wall, Heinrich de (2002): Neue Entwicklungen im Europäischen Staatskirchenrecht, in: Zeit-schrift für evangelisches Kirchenrecht, 47. Jg., H. 2, S. 205-219.

Wall, Heinrich de (2005): Das Religionsrecht der EU. Grundstrukturen und Spannungen, in: Zeitschrift für evangelisches Kirchenrecht, 50. Jg., H. 3, S. 383-402.

Wall, Heinrich de (2007): Zur aktuellen Lage des Religionsrechts der Europäischen Union, in: Zeitschrift für evangelisches Kirchenrecht, 52. Jg., H. 3, S. 310-324.

Waschinski, Gregor(2007): Gott in die Verfassung? Religion und Kompatibilität in der Europäischen Union (= Münchener Beiträge zur europäischen Einigung, Bd.16), Baden-Baden: Nomos.

Weber, Hermann (2002a): Geltungsbereiche des primären und sekundären Europarechts für die Kirchen, in: Zeitschrift für evangelisches Kirchenrecht, 47. Jg., H. 2, S. 221-247.

Weber, Hermann (2002b): Die individuelle und kollektive Religionsfreiheit im europäischen Recht einschließlich ihres Rechtsschutzes, in: Zeitschrift für evangelisches Kirchenrecht, 47. Jg., H. 2, S. 265-302.

Weninger, Michael H. (2007): Europa ohne Gott? Die Europäische Union und der Dialog mit den Religionen, Kirchen und Weltanschauungsgemeinschaften, Baden-Baden: Nomos.

Wehler, Hans-Ulrich (2004): Verblendetes Harakiri. Der Türkei-Beitritt zerstört die EU, in: APuZ, B33/34, S. 6-8.

Werkner, Ines-Jacqueline/Liedhegener, Antonius (Hg.) (2009), Religionen und Demokratie. Beiträge zu Genese, Geltung und Wirkung eines aktuellen politischen Spannungsfeldes (= Politik und Religion), Wiesbaden: VS-Verlag(im Druck).

Christiane Dienel und Sabine Overkämping

Der Vertrag von Lissabon und die europäische Sozialpolitik

Der Vertrag von Lissabon[1] löst, soweit er politisch interessierten Bürgerinnen und Bürgern überhaupt bekannt ist, kaum Enthusiasmus aus. Das ist nicht überraschend, denn ihm gingen langwierige Verhandlungen voraus, deren Ziel nicht – wie im Falle des letztlich gescheiterten Vertrages über eine Verfassung für Europa (Verfassungsvertrag)[2] – eine Neugestaltung der Europäischen Union war. Vielmehr musste sich der Vertrag von Lissabon auf eine Änderung der bisherigen vertraglichen Grundlagen der EU beschränken, wenn auch in weiten Teilen die Regelungen des Verfassungsvertrages aufgenommen werden:[3] Der schon seit 1993 geltende und durch die Verträge von Amsterdam und Nizza veränderte Vertrag über die Europäische Union (EUV)[4] wird wiederum lediglich geändert, und der Vertrag zur Errichtung der Europäischen Gemeinschaft (EGV)[5] soll mit zahlreichen Änderungen als Vertrag über die Arbeitsweise der Europäischen Union (AEUV) fortgelten. Während der EUV eher grundsätzliche Bestimmungen enthält, umfasst der mit ihm rechtlich gleichwertige AEUV (vgl. Art. 1 EUV) vorwiegend technische Bestimmungen. Beide Dokumente haben aber Auswirkungen auf die künftige Entwicklung der Europäischen Sozialpolitik. Dies gilt auch für die Charta der Grundrechte der Europäischen Union (Grundrechtecharta, GRC)[6], auf die in Art. 6 EUV Bezug genommen wird. Damit kam der Reformprozess, der am 15. Dezember 2001 vom Europäischen Rat mit der Erklärung – vielmehr dem Fragenkatalog – von Laeken[7] eingeleitet wurde, zu einem vorläufigen Abschluss.

Dass der Vertrag von Lissabon vor diesem Hintergrund nicht die einhellige Zustimmung der europäischen Bürgerinnen und Bürger fand und im ersten irischen Referendum abgelehnt wurde, ist vordergründig nicht völlig überraschend. Man kann den Vertrag von Lissabon mit guten Argumenten kritisieren. In diesem Beitrag wird jedoch eine andere Position vertreten und der Vertrag als Schritt in einem Prozess gesehen. Es mag nur ein kleiner Schritt sein, aber zweifellos ein Schritt in Richtung auf mehr Demokratie und Bürgerfreundlichkeit, durch den eine neue Integrationsstufe erreicht wird.[8]

(Europäische) Sozialpolitik betrifft Bürgerinnen und Bürger. Deshalb kann die geforderte und behauptete größere Bürgerfreundlichkeit der Europäischen Union nach Lissabon

1 Vom 17. Dezember 2007, ABl. Nr. C 306; Text auch unter http://eur-lex.europa.eu/de/treaties/index.htm.

2 Vgl hierzu Möstl, Markus: Verfassung für Europa: Einführung und Kommentierung mit vollständigem Vertragstext, München 2005, S. 116 ff.

3 Mit Verzicht auf alle staatsähnlichen Symbole, so Bergmann, Jan: Bericht aus Europa: Vertrag von Lissabon und aktuelle Rechtsprechung, DÖV 2008, S. 305.

4 Konsolidierte Fassung vom 9. Mai 2008, ABl. Nr. C 115, auch http://eur-lex.europa.eu/de/treaties/index.htm.

5 Ebenda.

6 Vom 7. Dezember 2000, ABl. 2000, Nr. C 364/1 in der am 12. Dezember 2007 in Straßburg angepassten Fassung, ABl. 2007, Nr. C 303/1, auch http://eur-lex.europa.eu/de/treaties/index.htm.

7 Vgl. Anlage 1 der Schlussfolgerungen des Europäischen Rates vom 14./15.12.2001 unter http://www.consilium.europa.eu/ueDocs/cms_Data/docs/pressData/de/ec/68829.pdf.

8 Vgl. Bergmann, 2008.

gerade daran gemessen werden, welche neuen Impulse für die Europäische Sozialpolitik von der neuen Grundordnung der EU ausgehen.

Was die Akzeptanz der Europäischen Sozialpolitik angeht, besteht jedoch ein grundsätzliches Dilemma: Auf der einen Seite wird eine weitgehende Überregulierung durch die EU angeprangert. Damit einher geht eine diffuse Angst, dass gemeinsame europäische Regelungen das gute deutsche Sozialsystem aushöhlen oder zerstören könnten. Gerade die deutschen Länder werden nicht müde, auf mögliche Kompetenzüberschreitungen der EU im Bereich der Sozial- und Gesundheitspolitik hinzuweisen, und agieren insofern leider oft als europapolitische Bremser. Andererseits steht die EU jedoch auch unter dem Verdacht, einseitig wirtschaftsorientiert zu sein und auf die Notwendigkeit der sozialen Absicherung zu wenig einzugehen. Europäische Sozialpolitik galt aus diesen beiden Gründen nicht nur in den Augen der Bürgerinnen und Bürger, sondern durchaus auch in der Sicht der Expertinnen und Experten als vergleichsweise wirkungslos und deshalb bedeutungsarm. Dieses Dilemma wurde und wird von Demagoginnen und Demagogen jeder Couleur genutzt.

Zu fragen ist deshalb, ob und welche grundlegenden Änderungen in dieser Situation durch den Vertrag von Lissabon eintreten werden. Er ist zwar noch nicht in Kraft, aber in den Schlussfolgerungen des Europäischen Rates vom 11./12. Dezember 2008[9] wird ein Weg dorthin aufgezeigt, in dem die Anliegen der irischen Bevölkerung – u.a. zu Fragen der Familien- und Sozialpolitik – aufmerksam zur Kenntnis genommen worden sind und auch den Arbeitnehmerrechten hohe Bedeutung beigemessen wird. Die Staats- und Regierungschefs sind übereingekommen, dass diesen Anliegen zur beiderseitigen Zufriedenheit Irlands und der anderen Mitgliedstaaten Rechnung getragen wird.

In diesem Beitrag werden die institutionellen Reformen und Kompetenzerweiterungen durch den Vertrag von Lissabon im Bereich der europäischen Sozialpolitik untersucht und bewertet. Dazu erfolgt zunächst eine Bestandsaufnahme (1.) dessen, was neu ist, bevor die Neuerungen einer Bewertung (2.) unterzogen werden. Vorab soll jedoch auf die Entwicklung der Europäischen Sozialpolitik seit dem Vertrag zur Gründung der Europäischen Wirtschaftsgemeinschaft (EWGV) aus dem Jahr 1957 zurückgeblickt werden.

Die Europäische Sozialpolitik – nicht nur das Sozialrecht und der soziale Schutz sondern auch das Arbeitsrecht, den Arbeitsschutz sowie die Geschlechtergleichstellung umfassend mit unterstützender und koordinierender Funktion – ist ein vergleichsweise junges Politikfeld, wenn auch im EWGV sozialpolitische Handlungsfelder eindeutig benannt wurden. Aufgewertet wurde die Europäische Sozialpolitik in der Einheitlichen Europäischen Akte von 1987 und – stärker noch – im Vertrag von Amsterdam aus dem Jahre 1997, nachdem bereits dem Vertrag von Maastricht ein Sozialprotokoll, allerdings ohne Unterstützung von Großbritannien, beigefügt wurde.

Die ursprüngliche Version des EWG-Vertrages von 1957 betraf einzelne sozialpolitische Handlungsfelder, wie die Sicherung der Ansprüche der Wanderarbeitnehmerinnen und Wanderarbeitnehmer aus den Sozialversicherungssystemen (Artikel 51 EWGV), die Verbesserung der Arbeits- und Lebensbedingungen (Artikel 117 EWGV), die Förderung der Zusammenarbeit in sozialpolitischen Fragen (Artikel 118 EWGV), gleiches Entgelt für Frauen und Männer bei gleicher Arbeit (Artikel 119 EWGV) und die Förderung der beruflichen und räumlichen Mobilität durch Hilfen des Europäischen Sozialfonds (ESF; Artikel 123 bis 127 EWGV). Diese sozialpolitischen Handlungsfelder dienten im Wesentlichen der

9 Ziff. 1 ff, s. http://www.consilium.europa.eu/showPage.asp?id=432&lang=de&mode=g.

Herstellung von Wettbewerbsgleichheit auf dem Binnenmarkt. Die Zuständigkeit für Sozialpolitik verblieb jedoch bei den Mitgliedstaaten. Sozialpolitisch bedeutsame Richtlinien wurden nur soweit erlassen, wie sie für das Funktionieren des Binnenmarktes notwendig waren, d.h. überall dort, wo Mindeststandards erforderlich waren, um Sozialdumping und insbesondere Wettbewerbsverzerrungen zu vermeiden. Im Vordergrund standen dabei stets die Freizügigkeit der Arbeitnehmerinnen und Arbeitnehmer, die Sicherheit am Arbeitsplatz, die soziale Absicherung der Wanderarbeitnehmerinnen und -arbeitnehmer und die Gleichbehandlung von Frauen und Männern.

Die Pariser Gipfelkonferenz von 1972 und das sozialpolitische Arbeitsprogramm aus dem Jahre 1974 machten aber die Abkehr von der strikten Ausrichtung auf die Belange der Wirtschaft deutlich. Bereits damals wurde erkannt, dass die rein wirtschaftliche Integration nicht zu einem dauerhaftem politischen Zusammenhalt führen kann. Wirtschafts-, Beschäftigungs- und Sozialpolitik sind nicht nur gleichwertig, sondern bedingen sich gegenseitig.

Mit der Einheitlichen Europäischen Akte wurde 1987 erstmals – durch Artikel 118 a EWGV -eine wesentliche Rechtsgrundlage im Mitentscheidungsverfahren mit qualifizierter Mehrheit für den Bereich des Arbeitsschutzes in den Vertrag eingefügt. Danach bemühen sich die Mitgliedstaaten, die Verbesserung insbesondere der Arbeitsumwelt zu fördern, um die Sicherheit und die Gesundheit der Arbeitnehmerinnen und Arbeitnehmer zu schützen, und setzen sich die Harmonisierung der in diesem Bereich bestehenden Bedingungen bei gleichzeitigem Fortschritt zum Ziel. Diese Rechtsgrundlage ist seit 1989 stark genutzt worden und deshalb ist der Arbeitsschutz auch ein gutes Beispiel für einen gelungenen Bereich der Europäischen Sozialpolitik. Die europäischen Regelungen sind umfassend, beginnend mit der Rahmenrichtlinie aus 1989, auf der aufbauend sich heute ein umfassendes System präsentiert. Tatsächlich hat diese europäische Gesetzgebung auch in Deutschland dazu geführt, dass Arbeitsschutzstandards kodifiziert und das Niveau angehoben wurde.

Bis zum Vertrag von Amsterdam von 1997, der die bis heute sozialpolitisch relevanten Vorschriften in den EGV eingeführt hat, bedurfte es noch weiterer Einzelschritte.

Aus dieser Entwicklung wird ersichtlich, dass Fortschritte im sozialpolitischen Bereich nur fragmentiert und anlassbezogen erzielt wurden, häufig nicht wegen, sondern trotz der sozialpolitischen Grundorientierungen der Mitgliedstaaten.

Die Gemeinschaftscharta der sozialen Grundrechte der Arbeitnehmerinnen und Arbeitnehmer von 1989 ist die Grundlage für das Sozialprotokoll zum Vertrag von Maastricht von 1992 mit weiteren Möglichkeiten, im Arbeitsrecht europäisch aktiv zu werden.

Allerdings stellten die beiden genannten Dokumente wiederum nur eine Art „Zwischenschritt" dar. Erst mit dem Vertrag von Amsterdam konnte dieses Sozialprotokoll 1997 in den EGV aufgenommen werden. Seither kann die Gemeinschaft auf der Grundlage von Artikel 137 EGV für alle Mitgliedstaaten verbindliche Mindestvorschriften im Mitentscheidungsverfahren erlassen. Dies gilt in Bereichen, in denen die EU nach Artikel 137 EGV verbindliche Mindestvorschriften erlassen kann, für:

- Verbesserung der Arbeitsumwelt zum Schutz der Gesundheit,
- Sicherheit der Arbeitnehmerinnen und Arbeitnehmer,
- Arbeitsbedingungen,
- Soziale Sicherheit *
- Sozialer Schutz der Arbeitnehmerinnen und Arbeitnehmer,

- Schutz der Arbeitnehmerinnen und Arbeitnehmer bei Beendigung des Arbeitsvertrages,
- Unterrichtung und Anhörung der Arbeitnehmerinnen und Arbeitnehmer,
- Vertretung und kollektive Wahrnehmung der Arbeitnehmer- und Arbeitgeberinteressen,
- Beschäftigungsbedingungen der Staatsangehörigen dritter Länder, *
- Berufliche Eingliederung,
- Chancengleichheit auf dem Arbeitsmarkt,
- Gleichbehandlung von Frauen und Männern am Arbeitsplatz,
- Bekämpfung der sozialen Ausgrenzung
- Modernisierung der Systeme des sozialen Schutzes.

(*=Einstimmigkeit erforderlich)

Neben die erwähnten Befugnisse der Union tritt seit dem Amsterdamer Vertrag von 1997 eine Bestimmung im Zusammenhang mit der Europäischen Unionsbürgerschaft: Auf der Grundlage von Artikel 13 EGV besteht ein umfassender europäischer Diskriminierungsschutz für die Merkmale Geschlecht, Rasse, ethnische Herkunft, Religion oder Weltanschauung, Behinderung, Alter oder sexuelle Ausrichtung.

Dieser kurze Rückblick zeigt: Je stärker die Länder Europas zusammenwachsen und je mehr Menschen sich frei darin bewegen, umso notwendiger sind gemeinsame europäische Sozialstandards, auch wenn dieser Bedarf wegen der Komplexität und Fragmentierung des Politikfeldes in der Öffentlichkeit nicht angemessen wahrgenommen bzw. kommuniziert wird.

Die wichtigsten Bereiche der Europäischen Sozialpolitik bilden derzeit die Beschäftigungspolitik, die Antidiskriminierungspolitik, die Gesundheitspolitik und die Strukturförderung im Bereich des Europäischen Sozialfonds. Andere Bereiche, wie z.B. die Politik für Jugendliche oder Behinderte, spielen nur eine Nebenrolle, kommen jedoch in den zuerst genannten Bereichen stets mit vor. Die Koordinierung der Beschäftigungspolitik durch das Instrumentarium der Offenen Methode der Koordinierung (OMK) macht notwendige Handlungsfelder sichtbar und zeigt Unzulänglichkeiten auf. Dies gilt im Bereich der Sozialpolitik gleichermaßen für die OMK Soziale Eingliederung und Sozialschutz (Rente, Gesundheit und Langzeitpflege). Im Kapitel zu den Sozialvorschriften im EGV wird die Vielfalt der einzelstaatlichen Gepflogenheiten unterstrichen und doch die „Angleichung" der Rechts- und Verwaltungsvorschriften ermöglicht, allerdings zur Unterstützung und Ergänzung der Tätigkeit der Mitgliedstaaten. Von der Harmonisierung der sozialen Sicherungssysteme ist die Europäische Union weit entfernt; sie wird von den Mitgliedstaaten nach wie vor nicht angestrebt und politisch für nicht notwendig gehalten. Deshalb galt die Sozialpolitik lange als „Stiefkind der bisherigen Integration".[10] Die Europäische Union ist ohne soziale Zielsetzung aber nicht denkbar. Das „europäische Sozialmodell" als Gegensatz zu einem unbeschränkten Wettbewerbsmodell amerikanischer Art[11] wird oft beschworen und kann als Leitbild dienen, ohne jedoch im Detail klar konturiert zu sein.

---

10 Platzer, Hans-Wolfgang: Lernprozess Europa – die EG und die neue europäische Ordnung. Eine Einführung, Bonn 1992, S. 117.

11 So Schiffauer, Peter: Zum Verfassungszustand der Europäischen Union nach Unterzeichnung des Vertrages von Lissabon, EuGRZ 2008, S. 1 (9).

Das Konzept sektoraler Integration, beginnend mit der wirtschaftlichen Zusammenarbeit und der Schaffung eines einheitlichen Marktes, prägt bis heute alle sozialpolitischen Bemühungen, die sich dem Primat der Ökonomie oft genug unterordnen müssen. Dennoch ist Optimismus hinsichtlich der Vision eines europäischen Sozialraums angebracht. Denn immerhin bildet die Europäische Union historisch erstmalig eine nichthegemoniale Kooperationsform zwischen den Staaten Europas, die als Zivilisationsmodell den Frieden in Europa gesichert hat. Die Strategie des Gemeinsamen Marktes schuf einerseits einen Raum des Wohlstands, bewirkte aber andererseits einen ökonomischen Deregulierungsschub, mit dessen sozialen Konsequenzen wir zu kämpfen haben[12].

1 Bestandsaufnahme – Was ist neu?

Der Vertrag von Lissabon enthält auf dem Gebiet der europäischen Sozialpolitik nur vereinzelte Änderungen gegenüber dem EGV in der Fassung des Vertrages von Nizza. Auffällig sind in diesem Zusammenhang die Zielbestimmungen (1.1) und Querschnittsklauseln (1.2), während bei den Rechtsgrundlagen u.a. im Titel Sozialpolitik eher geringfügige Änderungen (1.3) vorgenommen wurden. Bemerkenswert ist, dass die OMK (1.4) nunmehr ausdrücklich im Europäischen Recht verankert ist. Eine Aufwertung erfährt die Europäische Sozialpolitik durch die Einbeziehung der Grundrechtecharta in den Bestand des Europäischen Primärrechts (1.5).

1.1 Grundlagen

Bereits die Präambel des Vertrags über die Europäische Union (EUV) überrascht, weil dort im 5. Erwägungsgrund die Bedeutung der sozialen Grundrechte, wie sie in der am 18. Oktober 1961 in Turin unterzeichneten Europäischen Sozialcharta und in der Unionscharta der sozialen Grundrechte der Arbeitnehmerinnen und Arbeitnehmer von 1989 festgelegt sind, bestätigt wird. In Artikel 2 EUV gehört zu den Werten, auf die sich die Union gründet, die Gleichheit und die Wahrung der Menschenrechte einschließlich der Rechte der Personen, die Minderheiten angehören. Dabei wird unterstrichen, dass diese Werte allen Mitgliedstaaten in einer Gesellschaft gemeinsam sind, die sich durch Pluralismus, Nichtdiskriminierung, Toleranz, Gerechtigkeit, Solidarität und die Gleichheit von Frauen und Männern auszeichnet. Auch bei der Beschreibung der Ziele der Union in Artikel 3 EUV fällt die Nennung explizit sozialpolitischer Ziele auf, denen in Absatz 3 der 2. Unterabsatz gewidmet ist. Die Union bekämpft danach soziale Ausgrenzung und Diskriminierungen und fördert soziale Gerechtigkeit und sozialen Schutz, die Gleichstellung von Frauen und Männern, die Solidarität zwischen den Generationen und den Schutz der Rechte der Kinder. Vervollständigt wird diese Aufzählung durch die Gewährleistung des freien Personenverkehrs in Absatz 2 sowie die Nennung einer im hohen Maße wettbewerbsfähigen sozialen Marktwirtschaft, die auf Vollbeschäftigung und sozialen Fortschritt abzielt wie auch die Förderung des sozialen Zusammenhalts (Kohäsion) in Absatz 3, 1. Unterabsatz.

12 Kowalsky, Wolfgang: Europäische Sozialpolitik, Ausgangsbedingungen, Antriebskräfte und Entwicklungspotentiale, Opladen 1999, S. 294.

1.2 Klauseln

Zu Beginn des AEUV (Artikel 7 ff. AEUV) wird ein Titel mit allgemein geltenden Bestimmungen eingefügt, den sogenannten „Klauseln". Sie sind für alle Maßnahmen und Politikbereiche der Union maßgeblich. Einige der Klauseln sind aus den bisherigen Verträgen bekannt, wie beispielsweise die Verpflichtung der Union, darauf hinzuwirken, dass Ungleichheiten beseitigt und die Gleichstellung von Frauen und Männern gefördert (Artikel 8 AEUV, Artikel 3 Absatz 2 EGV) wird. Interessant und neu ist in diesem Zusammenhang Erklärung Nr. 19 zum Vertrag von Lissabon, welche die Bekämpfung der häuslichen Gewalt in den Vertragsrahmen einbezieht. Die Mitgliedstaaten sollen demnach alle erforderlichen Maßnahmen ergreifen, um entsprechende strafbare Handlungen zu verhindern und zu ahnden sowie die Opfer zu unterstützen und zu schützen.

Darüber hinaus werden mit der Sozialklausel (Artikel 9 AEUV) und der Antidiskriminierungsklausel (Artikel 10 AEUV) zwei neue Querschnittsaufgaben eingefügt, die aus dem Verfassungsvertrag übernommen wurden. Die Union trägt danach bei der Festlegung und Durchführung ihrer Politik und ihrer Maßnahmen den Erfordernissen im Zusammenhang mit der Förderung eines hohen Beschäftigungsniveaus, mit der Gewährleistung eines angemessenen sozialen Schutzes, mit der Bekämpfung der sozialen Ausgrenzung sowie mit einem hohen Niveau der allgemeinen und beruflichen Bildung und des Gesundheitsschutzes Rechnung (Art. 9 AEUV). Zudem zielt die Union bei der Festlegung und Durchführung ihrer Politik und ihrer Maßnahmen darauf ab, Diskriminierungen aus Gründen des Geschlechts, der Rasse, der ethnischen Herkunft, der Religion oder Weltanschauung, einer Behinderung, des Alters oder der sexuellen Ausrichtung zu bekämpfen.

1.3 Rechtsgrundlagen

An den auf europäischer Ebene geltenden Prinzipien für ein Tätigwerden hat sich im Grundsatz nichts geändert. Für die Abgrenzung der Zuständigkeiten zwischen der Union und ihren Mitgliedstaaten gilt nach wie vor das Prinzip der begrenzten Einzelermächtigung (Artikel 5 Absätze 1 und 2 EUV): Die Union darf nach diesem Grundsatz des Gemeinschaftsrechts nur dann tätig werden, wenn es die Verträge ausdrücklich vorsehen. Ist demnach eine Zuständigkeit der Union begründet, gelten für deren Ausübung die Prinzipien der Subsidiarität (Artikel 5 Absätze 1 und 3 EUV) sowie der Verhältnismäßigkeit (Artikel 5 Absätze 1 und 4 EUV). Wenn die Union nicht ausschließlich zuständig ist, darf die Union nur tätig werden, wenn unterhalb der Unionsebene keine ausreichende Verwirklichung möglich ist. Auch die nationalen Parlamente sollen auf die Einhaltung des Subsidiaritätsprinzips achten. Zudem sollen die Maßnahmen der Union inhaltlich nicht über das zur Erreichung erforderliche Maß hinausgehen.

Der Vertrag von Lissabon ordnet die Sozialpolitik hinsichtlich der im AEUV genannten Aspekte ausdrücklich der geteilten Zuständigkeit zu (Artikel 4 Absatz 2 lit. b AEUV neu). Damit können die Union und die Mitgliedstaaten in der Sozialpolitik gesetzgeberisch tätig werden und verbindliche Rechtsakte erlassen. Die Mitgliedstaaten nehmen ihre Zuständigkeit wahr, sofern und soweit die Union ihre Zuständigkeit nicht ausgeübt hat; die Mitgliedstaaten nehmen ihre Zuständigkeit erneut wahr, sofern und soweit die Union entschieden hat, ihre Zuständigkeit nicht mehr auszuüben (Artikel 2 Absatz 2 AEUV neu).

Dies ist auch für die gemeinsamen Sicherheitsanliegen im Bereich der öffentlichen Gesundheit hinsichtlich der im AEUV genannten Aspekte der Fall (Artikel 4 Absatz 2 lit. k AEUV).

Für die allgemeine und berufliche Bildung, Jugend und Sport (Artikel 6 lit. e AEUV) sowie einige weitere Bereiche wird eine Zuständigkeit für die Durchführung von Maßnahmen mit europäischer Zielsetzung zur Unterstützung, Koordinierung oder Ergänzung der Maßnahmen der Mitgliedstaaten im Vertrag von Lissabon festgelegt. Die Zuständigkeit der Union für diese Bereiche tritt nicht an die Stelle der Zuständigkeiten der Mitgliedstaaten (Artikel 2 Absatz 5 AEUV).

Der Antidiskriminierungsartikel (Artikel 19 AEUV, ex-Artikel 13 EGV) hat sich hinsichtlich der Gründe nicht verändert. Der Rat beschließt nach wie vor einstimmig. Neu ist das Zustimmungserfordernis durch das Europäische Parlament, das bislang nur angehört werden musste.

Im Bereich der Freizügigkeit der Arbeitskräfte (Artikel 45 ff. AEUV (ex-Artikel 39 ff. EGV) hat sich wenig geändert. Neben der Aufnahme der Selbständigen in die Rechtsgrundlage für die Koordinierung der Sicherstellung der Ansprüche und Leistungen (Artikel 48 AEUV, ex-Artikel 42 EGV) ist hier wiederum eine Verfahrensänderung zu verzeichnen. Das Gesetzgebungsverfahren ist geblieben (ordentliches Gesetzgebungsverfahren nach AEUV, ex-Mitentscheidungsverfahren nach EGV), aber das Einstimmigkeitserfordernis im Rat ist entfallen. Stattdessen ist eine neue Verfahrensgestaltung eingeführt worden, die hier als „Reißleineverfahren“ bezeichnet werden soll. Sind wichtige Aspekte, wie Geltungsbereich, Kosten oder Finanzstruktur des Systems der sozialen Sicherheit eines Mitgliedstaates verletzt, so kann auf Antrag der Europäische Rat befasst werden unter Aussetzung des Gesetzgebungsverfahrens. Damit besteht die Möglichkeit, dass ein rechtlich und/oder politisch umstrittenes Gesetzgebungsverfahren nicht mehr im Rat, d.h. auf der Ebene der Fachministerinnen und -minister der Mitgliedstaaten behandelt wird, sondern an den Europäischen Rat (auf der Ebene der Staats- und Regierungschefs) weitergereicht wird, der innerhalb von vier Monaten reagieren sollte, wenn er Interesse an der konkreten Gesetzgebung hat. Dies zeigt wiederum die Sensibilität der Mitgliedstaaten in sozialpolitischen Fragen, die sich die Möglichkeit, die „Reißleine zu ziehen“, vorbehalten haben.

Im Titel Sozialpolitik (Artikel 151 ff. AEUV) gibt es eine weitere nennenswerte Hervorhebung. Die wichtige Rolle der Sozialpartner auf europäischer Ebene wird durch einen neu eingefügten Artikel 152 AEUV gewürdigt. Der Dreigliedrige Sozialgipfel – Treffen der amtierenden und der beiden nachfolgenden Ratspräsidentschaften mit den Sozialpartnern sowie Vertretern der Europäischen Kommission – wird institutionalisiert und als Teil des Sozialen Dialogs beschrieben. Damit kommt die besondere Stellung der Sozialpartner bei der Durchführung der Wirtschafts- und Sozialpolitik zum Ausdruck.

Die sozialen Ermächtigungsgrundlagen in Artikel 153 AEUV (ex-Artikel 137 EGV) sind unverändert geblieben. Die Union unterstützt und ergänzt die Tätigkeiten der Mitgliedstaaten in der Sozialpolitik und kann dabei Mindestnormen festlegen. Ganz neu ist die Begründung einer Zuständigkeit für die Entwicklung der europäischen Dimension des Sports (Artikel 165 Absatz 2, letzter Spiegelstrich AEUV).

1.4 OMK

Die Mitgliedstaaten koordinieren ihre Wirtschafts- und Beschäftigungspolitik (Artikel 2 Absatz 3 AEUV). Die dafür bislang genutzte Offene Methode der Koordinierung wird im Vertrag von Lissabon ausdrücklich genannt (Artikel 5 Absätze 1 und 2 AEUV). Für die Beschäftigungspolitik erfolgt dies insbesondere durch die Festlegung von Leitlinien. Im Titel Beschäftigung (Artikel 145 ff. AEUV) erfolgen aber lediglich redaktionelle Anpassungen. Für die koordinierte Beschäftigungsstrategie, die mit dem Vertrag von Amsterdam 1997 eingeführt wurde, ergeben sich damit keine Änderungen.

Mit dem Vertrag von Lissabon wird ausdrücklich anerkannt, dass die Union Initiativen zur Koordinierung der Sozialpolitik der Mitgliedstaaten ergreifen kann (Artikel 5 Absatz 3 AEUV). Dies zielt auf die Themenfelder von Artikel 154 AEUV. Für den Gesundheitsbereich enthält Artikel 168 AEUV eine eigenständige Regelung, wonach die Mitgliedstaaten mit dem Ziel der Sicherstellung eines hohen Gesundheitsniveaus im Benehmen mit der Kommission ihre Politiken und Programme untereinander koordinieren, hierzu Leitlinien austauschen und Indikatoren festlegen, bewährte Verfahren sowie erforderliche Elemente für eine regelmäßige Überwachung und Bewertung ausarbeiten können. Das sukzessive, seit 2000 in den Bereichen Bekämpfung der sozialen Ausgrenzung, Rente, Gesundheit, Langzeitpflege, soziale Eingliederung und Sozialschutz angewandte Verfahren der Offenen Methode der Koordinierung erhält durch den Vertrag von Lissabon eine vertragliche Legitimation, die die Anhänger der OMK immer gefordert und deren Fehlen die Gegner als Argument der Kompetenzüberschreitung der OMK genutzt haben.

1.5 Grundrechtecharta

Die Union besitzt – wenn auch nicht für alle Mitgliedstaaten – einen Grundrechtsschutz durch die Grundrechtecharta. Dieser unionsinterne Schutz wird um eine externe Kontrolle am Maßstab der Europäischen Menschenrechtskonvention ergänzt. Dieser doppelte Grundrechtsschutz[13] ist aus den europäischen Verfassungsstaaten bekannt.

Im Folgenden sollen die internen Unionsgrundrechte dargestellt werden:

Die Grundrechtecharta, die 2000 in der erstmalig auf europäischer Ebene angewandten Konventsmethode entstanden ist, ist auf Grund britischer und polnischer Vorbehalte nicht Bestandteil der Verträge[14], allerdings wird in Artikel 6 EUV ihre Geltung und ihre rechtliche Gleichrangigkeit mit den Verträgen festgelegt. Damit handelt es sich um geltendes Primärrecht. Die umfangreichen Rechte in der Grundrechtecharta führen allerdings nicht zu einer Ausweitung der Kompetenzen der Europäischen Union (Artikel 6 EUV, 1. Erklärung zu Bestimmungen der Verträge (Grundrechtecharta), Artikel 52 GRC).

---

13 Vgl. dazu Uerpmann-Wittzack, Robert: Doppelter Grundrechtsschutz für die zukünftige Europäische Union, DÖV 2005, S. 152ff mit kritischer Auseinandersetzung auf der Grundlage des Verfassungsvertrages (Hinweis: auch der Vertrag von Lissabon sieht diesen doppelten Grundrechtsschutz vor). Vgl. zur Fülle vorgesehener grundrechtlicher Bindungen als Sichtbarmachung der Bedeutung und Notwendigkeit eines effektiven Grundrechtsschutzes Pache, Eckhard/Rösch, Franziska: Der Vertrag von Lissabon, NVwZ 2008, S. 473 (475).

14 Vgl. Oppermann, 2008, S. 478; von „opt out" sprechen Pache/Rösch, 2008, S. 474 wegen der Ausnahme von der Zuständigkeit des EuGH und nationaler Gerichte für den Schutz der in Grundrechtecharta anerkannten Rechte (keine Justiziabilität).

Für die Sozialpolitik sind vor allem die Kapitel III (Gleichheit) und IV (Solidarität) von Belang. Alle Personen sind demnach vor dem Gesetz gleich (Artikel 20 GRC). Über diese tradierte formalrechtliche Gleichstellung hinaus thematisieren und verbieten die nachfolgenden Grundrechtsgewährleistungen einzelne Formen von Diskriminierungen, insbesondere wegen des Geschlechts, der Rasse, der Hautfarbe, der ethnischen oder sozialen Herkunft, der genetischen Merkmale, der Sprache, der Religion oder der Weltanschauung, der politischen oder sonstigen Anschauung, der Zugehörigkeit zu einer nationalen Minderheit, des Vermögens, der Geburt, einer Behinderung, des Alters oder sexuellen Ausrichtung (Artikel 21 Absatz 1 GRC). Diskriminierung aus Gründen der Staatsangehörigkeit ist innerhalb der Grenzen der Europäischen Union gleichfalls verboten (Artikel 22 Absatz 2 GRC). Die Gleichheit von Frauen und Männern ist in allen Bereichen, einschließlich der Beschäftigung, der Arbeit und des Arbeitsentgelts, sicherzustellen; die Beibehaltung oder Einführung spezifischer Vergünstigungen für das unterrepräsentierte Geschlecht steht dem nicht entgegen (Artikel 23 GRC). In Artikel 24 GRC werden die Rechte des Kindes ausführlich dargelegt. Die Union anerkennt und achtet das Recht älterer Menschen auf ein würdiges und unabhängiges Leben und auf Teilnahme am sozialen und kulturellen Leben (Artikel 25 GRC). Das Kapitel schließt mit der Anerkennung und Achtung des Anspruchs von Menschen mit Behinderung auf Maßnahmen zur Gewährleistung ihrer Eigenständigkeit, ihrer sozialen und beruflichen Eingliederung und ihrer Teilnahme am Leben der Gemeinschaft (Artikel 26 GRC).

Überraschend ist das umfangreiche Kapitel zur Solidarität mit einem umfassenden Katalog von sozialen Grundrechten. Die Aufnahme sozialer Grundrechte war im Konvent zur Grundrechtecharta höchst umstritten wegen der sehr unterschiedlichen Ausgangsbedingungen[15]. Diese Rechte werden grundsätzlich nach dem Gemeinschaftsrecht nach Maßgabe der einzelstaatlichen Rechtsvorschriften und Gepflogenheiten gewährt.

Die positivrechtliche Verankerung von Unionsgrundrechten in Gestalt der Charta ist bis heute nicht unumstritten. Insbesondere in Großbritannien besteht die Befürchtung, dass die sozialen Grundrechte in der Charta von den Unionsorganen als Kompetenztitel herangezogen werden könnten. Der Europäische Gerichtshof wird oft als Motor der Integration wahrgenommen und erwartet wird, dass er die Grundrechtecharta bei seiner Rechtsprechung heranzieht. Dem meinen sich Großbritannien und Polen durch Ausnahmeregelungen entziehen zu können.

Wenn diese beiden Mitgliedstaaten die Grundrechtecharta nicht anerkennen wollen, so ist es doch interessant, dass Polen in der 62. Erklärung zu dem Protokoll über die Anwendung der Grundrechtecharta auf Polen und Großbritannien erklärt, dass es in Anbetracht der Tradition der sozialen Bewegung der „Solidarnosc" und ihres bedeutenden Beitrags zur Erkämpfung von Sozial- und Arbeitnehmerrechten die im Recht der Europäischen Union niedergelegten Sozial- und Arbeitnehmerrechte und insbesondere die bekräftigten Sozial- und Arbeitnehmerrechte in Kapitel IV uneingeschränkt achtet.

15 Lang, Heinrich in Tettinger, Peter J./Stern, Klaus: Kölner Gemeinschaftskommentar zur Europäischen Grundrechtecharta, München 2006, S. 533 (Kapitel Solidarität).

Soziale Grundrechte im Vertrag von Lissabon (Grundrechtecharta =GRC)	**Artikel**
Recht auf rechtzeitige Unterrichtung und Anhörung der Arbeitnehmerinnen und Arbeitnehmer in Unternehmen auf geeigneter Ebene	Art. 27 GRC
Recht auf Kollektivverhandlungen auf den geeigneten Ebenen und Kollektivmaßnahmen zur Verteidigung der Interessen	Art. 28 GRC
Recht auf Zugang zu einem unentgeltlichen Arbeitsvermittlungsdienst	Art. 29 GRC
Schutz bei ungerechtfertigter Entlassung	Art. 30 GRC
Recht auf gerechte und angemessene und damit gesunde, sichere und würdige Arbeitsbedingungen einschließlich der Arbeitszeit	Art. 31 GRC
Verbot der Kinderarbeit und der Schutz der Jugendlichen am Arbeitsplatz	Art. 32 GRC
Gewährleistung des rechtlichen, wirtschaftlichen und sozialen Schutzes der Familie sowie Schutz vor Entlassung wegen Mutterschaft und Elternzeit, um Familien- und Berufsleben miteinander in Einklang bringen zu können	Art. 33 GRC
Recht auf Zugang zu den Leistungen der sozialen Sicherheit und zu den sozialen Diensten, die in Fällen wie Mutterschaft, Krankheit, Arbeitsunfall, Pflegebedürftigkeit oder im Alter sowie bei Verlust des Arbeitsplatzes Schutz gewährleisten sowie soziale Vergünstigungen	Art. 34 GRC
Recht auf Zugang zur Gesundheitsvorsorge und auf ärztliche Versorgung bei Sicherstellung eines hohen Gesundheitsniveaus	Art. 35 GRC
Recht auf freien Zugang zu Dienstleistungen von allgemeinem wirtschaftlichen Interesse	Art. 36 GRC

2 Wertung – ein Paradigmenwechsel?

Auch wenn auf den ersten Blick im Vertrag von Lissabon Fortschritte der Europäischen Sozialpolitik nicht ins Auge stechen, sind doch Weichenstellungen zu konstatieren. Neu und wichtig am Vertrag von Lissabon ist, dass die soziale Dimension als eine Art „Leitmotiv“ der Unionsaktivitäten erscheint. Der Vertrag von Lissabon nennt in den unterschiedlichen Politikfeldern immer wieder die Ziele der Kohäsion, der Erhaltung der Wettbewerbsfähigkeit, der Verwirklichung der Solidargemeinschaft durch ausdrückliche Verankerung der sozialen Marktwirtschaft und durch die Schaffung einer horizontalen Sozialklausel.[16] Ob damit ein echter Paradigmenwechsel vollzogen wurde oder nur ein Wechsel der „Tonart“, soll im Folgenden untersucht werden.

16 Vgl. Schiffauer, 2008, S. 10.

2.1 Grundlagen

Wenn auch die Bezugnahme auf die Europäische Sozialcharta von 1961 und die Unionscharta der sozialen Grundrechte der Arbeitnehmerinnen und Arbeitnehmer nicht neu ist, so ist doch festzuhalten, dass sie auch nicht weggefallen ist. Im Zusammenhang mit der quantitativen und qualitativen Anreicherung der sozialen Ziele ist ein Mehr an Sozialem zu konstatieren.

Die Zunahme der sozialen Ziele durch den Vertrag von Lissabon ist beachtlich. Wenn Bürgerfreundlichkeit an sozialen Implikationen zu messen ist, liegt es nahe zu behaupten, dass durch die Ausweitung der sozialen Ziele Europa für die Bürgerinnen und Bürger begreifbarer geworden sein muss, da alltägliche Belange und Existenzielles aufgegriffen werden. Ziele müssen mit Leben erfüllt werden und taugen natürlich nur insoweit, als es ausreichende Instrumentarien und Handlungsfelder gibt, um sie auch wirklich zu erreichen. Der Vertrag von Lissabon sieht also eine Stärkung sozialer Aspekte gegenüber den gegenwärtig geltenden Verträgen vor mit dem Bekenntnis zur sozialen Marktwirtschaft, die auf Vollbeschäftigung, sozialen Fortschritt, Förderung der sozialen Gerechtigkeit und sozialen Schutz abzielt.

2.2 Klauseln

Auf die Frage, was sich durch den Vertrag von Lissabon bessern würde, behauptete der luxemburgische Ministerpräsident Jean Claude Juncker im Juni 2008, dass Europa sozialer werde und nannte als Beleg dafür die Sozialverträglichkeitsklausel.[17] Es ist auffällig, dass in den allgemein geltenden Bestimmungen des AEUV die sozialen Klauseln – Gender Mainstreaming, Sozialverträglichkeit und Antidiskriminierungsbekämpfung – an prominenter Stelle verankert sind. Gleichzeitig wurde der Wettbewerb in seiner ursprünglichen Bedeutung konkretisiert; er ist nicht mehr Selbstzweck, der politische Initiativen und Maßnahmen rechtfertigt. Der Wettbewerb ist im Vertrag von Lissabon nicht mehr das bestimmende, sondern ein Politikfeld, das der Sozialverträglichkeitsprüfung unterliegt. Schon jetzt spielen die sozialen Belange bei der Gesetzesfolgenabschätzung eine Rolle.[18] Mit dem Inkrafttreten des Vertrages von Lissabon dürften Maßnahmen, die ein hohes Beschäftigungsniveau nicht fördern, keinen angemessenen sozialen Schutz gewährleisten, die soziale Ausgrenzung nicht bekämpfen sowie einem hohen Niveau der allgemeinen und beruflichen Bildung und des Gesundheitsschutzes nicht Rechnung tragen, vom Kollegium der Kommissarinnen und Kommissare nicht beschlossen werden. Zweifel sind jedoch angebracht, was die Justiziabilität dieser Vorgaben durch den Europäischen Gerichtshof betrifft. Aber in der Praxis der Erarbeitung von Gesetzgebungsvorschlägen wird diese Klausel Fuß fassen können und somit nachhaltig dazu anhalten, über die soziale Dimension von Kommissionsvorschlägen nachzudenken, um diese gegebenenfalls anzupassen.

Die Diskriminierung soll bekämpft werden und verlangt nach Aktivität. Die Sozialverträglichkeitsprüfung ist daneben mehr formal, da sie eine Barriere darstellt, die nur über-

17 Interview geführt von Claus Kleber im Heute Journal am 13. Juni 2008, http://heutejournal.zdf.de/ZDFde/suche.html?pn=1&kw=in+heute-journal+juncker.

18 Vgl. den überarbeiteten Fragenkatalog im Entwurf von Leitlinien für die Gesetzesfolgenabschätzung http://ec.europa.eu/governance/impact/consultation/docs/ia_guidelines_draft_text_final_en.pdf, S. 40.

wunden werden kann, wenn ein Schritt hin zu mehr Sozialem gemacht wird. Diese umfassenden Klauseln sind einerseits Kontrollinstrument, können aber auch Motor für eine stärkere sozialpolitische Aktivität auf europäischer Ebene sein. Ob die soziale Dimension dadurch zum „Leitmotiv“ wird, muss sich jedoch erst in der Praxis erweisen.

2.3 Rechtsgrundlagen

Mit dem Vertrag von Lissabon wird ein Teil „Nichtdiskriminierung und Unionsbürgerschaft“ (Artikel 18 ff. AEUV) eingeführt. Die dezidierte Hervorhebung der Nichtdiskriminierung hat einen politisch-programmatischen Charakter.[19] Nach der Einführung der Antidiskriminierungsklausel durch den Amsterdamer Vertrag wird einmal mehr gezeigt, dass neben der in Europa notwendigen Nichtdiskriminierung wegen der Staatsangehörigkeit auch die Nichtdiskriminierung der Minderheiten und des unterrepräsentierten Geschlechts ein Anliegen sein sollte. Das neu eingeführte Zustimmungserfordernis des Europäischen Parlamentes zu Antidiskriminierungsmaßnahmen sollte nicht als „Bremse“ missverstanden werden, sondern könnte eher fördernd wirken. Bekanntermaßen setzen sich die Europaparlamentarierinnen und Europaparlamentarier für einen umfassenden europäischen Antidiskriminierungsschutz ein.[20] Bislang wurde das Parlament dagegen nur konsultiert, weshalb die Europäische Kommission sich bei der Erarbeitung von Gesetzgebungsvorschlägen in diesem Bereich vornehmlich an den Mitgliedstaaten orientierte, zumal der Rat hier nur einstimmig beschließen kann.

Um die Freizügigkeit von Arbeitskräften zu sichern, bedurfte es von Anfang an der Koordinierung der Systeme der sozialen Sicherheit (Artikel 48 AEUV). Mit dem Vertrag von Lissabon fällt hier endlich das Erfordernis der Einstimmigkeit im ordentlichen Gesetzgebungsverfahren weg. Auch wenn die Befassung des Europäischen Rates im so genannten „Reißleineverfahren“ möglich ist, wird es dadurch in diesem Bereich Bewegung geben können, die dringend notwendig ist. Die Überarbeitung der Regelungen zur Koordinierung der Systeme der sozialen Sicherung stehen jetzt nach vielen Jahren und langwierigen Verhandlungen endlich vor dem Abschluss, aber wohl auch, da mit dem Inkrafttreten des Vertrages von Lissabon die Durchsetzung von singulären Interessen schwerer wird. Vielleicht gibt es ja endlich auch den erwarteten Schub bei der Portabilität von Betriebsrentenansprüchen. Zurzeit sind die Verhandlungen festgefahren und der gegenwärtig diskutierte Vorschlag ist weit davon entfernt, tatsächlich die Mitnahme von Betriebsrentenansprüchen zu ermöglichen. Die Befassung des Europäischen Rates könnte dazu führen, dass dieser die Europäische Kommission bittet, einen Vorschlag vorzulegen, der diesen Namen verdient.

Vielfach wird die große Anzahl der Mitgliedstaaten, die die Union umfasst, als Hemmschuh für die europäische Gesetzgebung gesehen. Sicher ist Einstimmigkeit in einem Europa mit derzeit 27 Mitgliedstaaten, zu denen weitere hinzukommen können und werden, ein Problem, aber ist es wesentlich größer geworden als im Europa der sechs, neun, zwölf

19 Fischer, Klemens H.: Der Vertrag von Lissabon. Text und Kommentar zum Europäischen Reformvertrag, Baden-Baden 2008, S. 195.

20 Zuletzt forderte das Europäische Parlament am 20. Mai 2008 eine umfassende Antidiskriminierungsrichtlinie in Ziff. 35 seiner Entschließung vom 20. Mai 2008 zu den Fortschritten in Bezug auf Chancengleichheit und Nichtdiskriminierung in der EU (Umsetzung der Richtlinien 2000/43/EG und 2000/78/EG) (2007/2202(INI)), http://www.europarl.europa.eu/sides/getDoc.do?pubRef=-//EP//TEXT+TA+P6-TA-2008-0212+0+DOC+XML+V0//DE&language=DE>.

und der fünfzehn? Großbritannien, bekannt für ihre Reserviertheit gegenüber europäischer Gesetzgebung in der Sozialpolitik, gehörte bereits zur ersten Erweiterungsrunde 1972. Die Europäische Aktiengesellschaft hat mehr als 30 Jahre gebraucht, um 2001 einer Regelung zugeführt werden zu können. Manche Dossiers brauchen ihre Zeit.

Auch wenn das ordentliche Gesetzgebungsverfahren mit seiner in der Regel geltenden qualifizierten Mehrheit grundsätzlich vorzuziehen ist, so darf nicht unterschätzt werden, dass immer zunächst ein Konsens angestrebt wird.

Für alle Gesetzgebungsaktivitäten auf europäischer Ebene gilt mit dem Vertrag von Lissabon die öffentliche Verhandlung. Zwar passiert das schon heute[21]; dies ist aber tatsächlich die Vorwegnahme der Umsetzung von Artikel 16 Absatz 8 EUV. Auch die umfangreichen Anhörungen der Betroffenen durch die Europäische Kommission sowie die Verpflichtung der Organe, einen offenen, transparenten und regelmäßigen Dialog mit repräsentativen Verbänden und der Zivilgesellschaft zu führen sowie die grundsätzliche Möglichkeit für Bürgerinnen und Bürger und für repräsentative Verbände, ihre Ansichten in allen Bereichen öffentlich bekannt zu geben und sich auszutauschen (Artikel 11 EUV), sind Schritte hin zu einer größeren Transparenz.

Auch wenn es in der Europäischen Sozialpolitik durch den Vertrag von Lissabon keine Ausweitung der Ermächtigungsgrundlagen und damit keine neuen Tätigkeitsfelder – mit Ausnahme des Sports – gibt, so sind doch die marginal anmutenden Verfahrensänderungen, auch im Politikfeld selbst, kleine, aber entscheidende Schritte, um die Regelung von europäischen Mindeststandards zu erleichtern und transparenter zu gestalten.

Zudem bieten die Rechtsgrundlagen zur Zeit einen ausreichenden Handlungsspielraum. Europäische Sozialpolitik mag nicht erwünscht sein, aber die vorhandenen Instrumentarien sind noch nicht an ihre Grenzen gestoßen. Das zeigt nicht zuletzt die von der Europäischen Kommission am 2. Juli 2008 vorgelegte erneuerte Sozialagenda[22] mit einem großen Strauß auch legislativer Maßnahmen. Der französischen Präsidentschaft ist es beispielsweise in der zweiten Jahreshälfte 2008 gelungen, die Überarbeitung der Europäischen Betriebsräterichtlinie im Einvernehmen mit dem Europäischen Parlament abzuschließen und auch viele andere Gesetzgebungsdossiers voranzutreiben. Es kommt entscheidend auf den politischen Willen an. Das lässt sich sehr gut am Beispiel der Änderung der Arbeitszeitrichtlinie verdeutlichen. Jahrelang waren die Beratungen im Rat festgefahren. Selbst ein Sonderrat im November 2006 unter finnischer Präsidentschaft brachte kein Ergebnis. An der in 137 EGV vorhandenen Rechtsgrundlage zur Regelung scheiterte dies nicht. Erst die Verknüpfung dieses Dossiers mit dem Richtlinienvorschlag zu den Arbeitsbedingungen von Leiharbeitnehmerinnen und -nehmern beim europäischen Gipfel der Staats- und Regierungschefs unter portugiesischer Präsidentschaft im Dezember 2007 ermöglichte es der nachfolgenden slowenischen Präsidentschaft, beim Gipfeltreffen im Juni 2008 einen Gemeinsamen Standpunkt zu beiden Richtlinienvorschlägen zu beschließen. Dann kam das Europäische Parlament zum Zuge, bekannt für die Forderung nach schützenden Regelungen für Arbeitnehmerinnen und Arbeitnehmer, die selbst über den ursprünglichen Vorschlag der Europäischen Kommission hinausgingen. Dies gilt insbesondere für die Regelungen zum Opt-out bei der Änderung der Arbeitszeitrichtlinie. Mit der grundsätzlichen Gleichstellung der Leiharbeitnehmerinnen und Leiharbeitnehmer mit den Festangestellten war das Europä-

21 Abrufbar unter http://www.consilium.europa.eu/showPage.asp?id=1103&lang=de&mode=g live zu verfolgen, aber auch per Video anzusehen.

22 KOM (2008) 412 endgültig, s. auch http://ec.europa.eu/atwork/programmes/index_en.htm.

ische Parlament einverstanden und hat deshalb den Gemeinsamen Standpunkt angenommen. Bei der Änderung der Arbeitszeitrichtlinie wollen sie verhandeln und Verbesserungen für die Arbeitnehmerinnen und Arbeitnehmer durchsetzen, weshalb sie Änderungen am Gemeinsamen Standpunkt vorgeschlagen haben. Damit ist die vom Rat und damit von den Mitgliedstaaten gewollte Verknüpfung aufgebrochen worden. Die diametralen Ansichten des Europäischen Parlamentes und der Mitgliedstaaten prallen aufeinander. Jetzt wird es spannend, ob es gelingen wird, die notwendigen Kompromisse zu erzielen. Falls dies nicht gelingt, bleibt es beim status quo, denn es gibt ja bereits europaweit geltende Mindestregeln zur Arbeitszeitgestaltung.

2.4 OMK

Der Vertrag von Lissabon legt ausdrücklich primärrechtlich fest, dass die Union Initiativen zur Koordinierung der Sozialpolitik der Mitgliedstaaten ergreifen kann. So wird dieser Politikbereich erstmals gemeinsam mit der Wirtschafts- und Beschäftigungspolitik in einer Vertragsbestimmung erwähnt. Damit wird die Bedeutung der Sozialpolitik für die Union unterstrichen. Das Verhältnis zwischen den Politikfeldern wurde im Konvent kontrovers diskutiert und konnte nicht geklärt werden.[23] Auch wenn in den Schlussfolgerungen des Frühjahrsgipfels von Lissabon im März 2000[24] festgestellt wurde, dass Wirtschafts-, Beschäftigungs- und Sozialpolitik nicht nur gleichrangig sind, sondern sich auch gegenseitig bedingen, spiegelt sich dies nicht in den Verträgen wieder. Dass Sozialpolitik auch nach Lissabon vertraglich unterrepräsentiert ist, liegt allerdings an der oben geschilderten Entstehungsgeschichte der Union und dem organischen Wachstum der Vertragswerke. Auch im Grundgesetz der Bundesrepublik Deutschland spielt die Sozialstaatsnorm nur eine Nebenrolle, was nicht verhindert hat, dass sie sowohl legislativ als auch fiskalisch einen Schwerpunkt der nationalen Politikgestaltung darstellt. Letztlich ist für die Frage, welche Rolle die Sozialpolitik in der Europäischen Union spielen darf, weniger die vertragliche Verankerung als der Wille der Mitgliedstaaten und der politisch Handelnden entscheidend.

Ein wichtiges neues Feld für die OMK ist die Bildungspolitik. Der Pisa-Schock steckt noch tief in den Knochen. Um das Hinterherhinken im Bildungsbereich in den Griff zu bekommen, reicht Gesetzgebung nicht aus. Hier müssen die Staaten voneinander lernen, sich über Strategien austauschen und gemeinsam die Leitlinien vorgeben, die zu einem hohen Niveau führen. Die Offene Methode der Koordinierung bietet hierzu die Möglichkeiten, und mit ihrer Verankerung durch den Vertrag von Lissabon dürften weitere Fortschritte zu erwarten sein. Erfreulich ist, dass das Europäische Parlament nunmehr ausdrücklich zu beteiligen ist, auch wenn es bislang schon konsultiert wurde. Das OMK-Verfahren greift insbesondere dort, wo quantifizierbare Ziele vereinbart wurden. So entstehen „evidence-based policies“ und eine neue Qualität bei der Bewertung politischer Strategien. Diese darf

---

23 Vgl. die Zusammenfassung der Konventsdiskussion bei Brusis, Martin: Die soziale Dimension im Verfassungsvertrag, in Weidenfeld, Werner (Hrsg.): Die Europäische Verfassung in der Analyse, 2. Auflage Gütersloh 2005, S. 183 (187).

24 Abrufbar unter http://www.consilium.europa.eu/ueDocs/cms_Data/docs/pressData/de/ec/00100-r1.d0.htm: Ziff. 5: Die Union hat sich heute ein neues strategisches Ziel für das kommende Jahrzehnt gesetzt: das Ziel, die Union zum wettbewerbsfähigsten und dynamischsten wissensbasierten Wirtschaftsraum der Welt zu machen – einem Wirtschaftsraum, der fähig ist, ein dauerhaftes Wirtschaftswachstum mit mehr und besseren Arbeitsplätzen und einem größeren sozialen Zusammenhalt zu erzielen.

sich gerade bei der Sozialpolitik nicht auf Zahlenvergleiche allein verlassen. Das Beispiel der Beschäftigungsquoten zeigt dies deutlich. Im Rahmen der Europäischen Beschäftigungsstrategie einigten sich die Mitgliedstaaten auf eine Gesamtbeschäftigungsquote von mindestens 70%, eine Frauenbeschäftigungsquote von mindestens 60% und einer Beschäftigungsquote von Älteren (55 bis 64-Jährigen) von mindestens 50%, die sie bis 2010 erreichen wollten. Anfangs schien dies unrealistisch zu sein; im Laufe der Jahre aber näherten sich die Mitgliedstaaten diesen Werten zumindest auf dem Papier an. Dabei wurde aber schnell deutlich: Nicht jede Erwerbstätigkeit kann mit guter Arbeit beschrieben werden. Es kommt entscheidend auf die Qualität an.

Die Zurückhaltung der Mitgliedstaaten bei der Festlegung von europaweiten Zielen ist nachvollziehbar, entsteht doch dadurch gerade bei Nichterreichung erheblicher interner Rechtfertigungsdruck. Das politisch gern vorgebrachte Argument, diese oder jene sozial- oder bildungspolitische Maßnahme sei unbezahlbar oder praktisch nicht durchführbar, verliert seine Schärfe, wenn der europäische Vergleich zeigt, dass andere Mitgliedstaaten genau dieses tun und auch finanzieren können. Die Debatte kann dadurch innenpolitisch erheblich Fahrt aufnehmen und zu Veränderungen führen. Der Ausbau der Kinderbetreuung für unter 3-Jährige in Deutschland ist dafür ein gutes Beispiel.

2.5 Grundrechtecharta

Die Grundrechtecharta wurde am 12. Dezember 2007 im Plenum des Europäischen Parlamentes von den Präsidenten der drei Europäischen Institutionen feierlich unterzeichnet. Diese Proklamation hebt den besonderen Charakter der Grundrechtechara hervor und hat ihre Öffentlichkeitswirksamkeit verbessert.[25] Sie wird mit dem Inkrafttreten des Vertrages von Lissabon rechtsverbindlich.

Der umfangreiche Katalog der Grundrechtecharta formuliert erstmals konkrete soziale Grundrechte, die zur Auslegung herangezogen werden können. Für die soziale Dimension ist die Aufnahme sozialer Rechte von Bedeutung.[26] Die Grundrechtecharta beeinflusst schon jetzt die Praxis der Organe der Europäischen Union, vor allem die Gemeinschaftsgerichte, aber auch von Gerichten der Mitgliedstaaten.[27]

Die Union zeichnet in der Grundrechtecharta eine Vision ihrer selbst. Sie will eine Union der Vielfalt sein, mit vielen Sprachen, Kulturen, Bekenntnissen. Eine Union, in der auch die Schwachen und Ohnmächtigen eine Stimme haben, in der die Kinder ebenso das Recht zur freien Meinungsäußerung und zur politischen Partizipation haben wie die Alten auf ein würdiges Leben und Menschen mit Behinderungen auf volle Teilhabe.

Eine solche Grundrechtecharta kann für bloße politische Rhetorik gehalten werden. Und doch hat sie zweifellos etwas Modernistisches – sie greift aktuelle sozialwissenschaftliche Diskurse auf und integrierte bereitwillig vielfältige Forderungen von Interessenverbänden. Gerade darin hat diese Grundrechtecharta etwas anrührend Idealistisches und darin nähert sie sich der Menschenrechtserklärung von 1789 an. Sie versucht zu materialisieren,

---

25 So Schiffauer, 2008, S. (3).

26 So für die Grundrechtecharta als Teil des Konventsentwurfes Becker, Ulrich, in Schwarze, Jürgen (Hrsg.): Der Verfassungsentwurf des Europäischen Konvents, Baden-Baden 2004, S. 201 (213).

27 Streinz, Rudolf/Ohler, Christoph/Herrmann, Christoph: Der Vertrag von Lissabon zur Reform der EU, Einführung mit Synopse, 2. Aufl. München 2008, S. 96.

was an Vorstellungen über das gute, gerechte Leben in der Luft liegt und in der öffentlichen Meinung mitschwingt, und gibt diesen Vorstellungen sprachliche Gestalt. Wenn auch beklagt wird, dass sich der „Dschungel"[28] der Verhältnisse der verschiedenen europäischen Grundrechte kaum gelichtet hat, so haben wir doch mit der Grundrechtecharta einen modernen, insbesondere die sozialen Grundrechte klar formulierenden und transparent zustande gekommenen Katalog, ein Mehrwert und eine Vision für ein soziales Europa.

2.6 Kein Paradigmenwechsel

Der Vertrag von Lissabon macht viele kleine Schritte, aber er schafft nicht den Paradigmenwechsel in Richtung auf ein soziales Europa. Von einer Rückentwicklung kann aber auch nicht gesprochen werden. Doch ein klares Bekenntnis zu einem (auch) sozialen Europa mit seiner identitätsstiftenden Funktion lässt sich herauslesen.[29] Die soziale Dimension der Union ist im Konvent und in der anschließenden Regierungskonferenz umstritten gewesen. Die beteiligten Vertreterinnen und Vertreter der Parlamente und Regierungen vertraten unterschiedliche sozialpolitische Ordnungsmodelle, in den jeweiligen nationalen sozialstaatlichen Traditionen – britisch, kontinentaleuropäisch, skandinavisch – wurzelnd und unterschiedliche Niveaus sozialer Regulierung bzw. marktwirtschaftlicher Freiheit nahe legend.[30] Damit ist auch verständlich, warum die Regelungen im Vertrag von Lissabon, die den sozialpolitischen Regelungen im Konventsentwurf entsprechen, nicht zu einer spektakulären Fortentwicklung geführt haben. Die Veränderungen sind kleine Schritte, aber insbesondere die neuen sozialpolitischen Klauseln sowie die Grundrechtecharta zeigen auf, dass die europäische Sozialpolitik gute Chancen hat und damit auch die Bürgerfreundlichkeit der Europäischen Union.

3 Ausblick

Der Vertrag von Lissabon ist nicht Endstation, sondern ein notwendiger nächster (Zwischen-)Schritt. Und trotzdem sind die umfänglichen und schwierigen siebenjährigen Arbeiten positiv zu bewerten. Aus Sicht der Sozialpolitik enthält der Vertrag von Lissabon viele sehr positive Regeln und Anstöße, die Europa auf dem Weg in eine Sozialunion weiter führen. Damit ist er kein Manifest, aber ein Beitrag auf dem Weg zu einer europäischen Sozialunion. Die europäischen Bürgerinnen und Bürger können aus der Wandlung der bisher eher wirtschafts- und finanzpolitisch orientierten Union in eine Union der Bürgerinnen und Bürger konkreten Nutzen ziehen. Europa ist in der europäischen Sozialpolitik gut aufgestellt für die nächsten zehn Jahre. Der Vertrag von Lissabon wertet die sozialen Ziele merklich auf. Die Rechtsetzungskompetenzen, die sich nur unwesentlich erweitert haben, sehen einen ausreichenden Gestaltungsspielraum vor. Die OMK ist als Handlungsinstrument weitestgehend verankert und wird in der Zukunft noch stärker die Festlegung quantifizierter und qualitativer Ziele befördern.

---

28 Oppermann, 2008, S. 478.
29 So Becker, 2004, S. 218 für die inhaltsgleichen sozialen Regelungen im Verfassungsvertrag.
30 Vgl. Brusis, 2005, S. 183.

Für einen Paradigmenwechsel war die Zeit noch nicht reif. Für Enthusiasmus gibt es keinen Grund. Es hat sich nicht viel verändert, aber die Weichenstellungen sind nach genauerem Hinsehen doch sichtbar. Die soziale Dimension der Europäischen Union wird durch den Vertrag von Lissabon deutlicher herausgestellt. Die Wirtschaftsgemeinschaft hat sich entscheidend weiter entwickelt. Mit dem Vertrag von Lissabon wird das soziale Profil der Union gestärkt. Das ergibt sich aus den vertraglichen Zielen der Union. Den deutlichsten Aufbruch bildet die Chancengerechtigkeit für alle europäischen Bürgerinnen und Bürger ungeachtet ihrer gesellschaftlichen Herkunft oder wirtschaftlichen Stellung. Alle sollen die Chance auf Wohlstand durch Zugang zu allgemeiner und beruflicher Bildung haben. Mit Instrumenten der finanziellen Förderung und leichtem Zugang zu Informationen sollen Nachteile Einzelner oder ganzer gesellschaftlicher Gruppen ausgeglichen werden. Ein ungehemmtes Wirtschaftswachstum schafft nicht Arbeitsplätze und Wachstum. Der Vertrag von Lissabon berücksichtigt komplizierte Zusammenhänge in einer globalisierten Welt. Erfolgreicher wirtschaftlicher Wettbewerb und Beschäftigung sind hier als gleichrangige Ziele verankert. Es gibt keinen Primat für den Wettbewerb, sondern hohe Beschäftigung folgt aus erfolgreicher Wettbewerbsteilnahme auf dem Weltmarkt bei angemessener Entlohnung und guten sozialen Standards. Es geht um Chancengerechtigkeit durch aktive Förderung, damit die Menschen auch in die Lage versetzt werden, ihre Chancen wahrnehmen zu können.

Während bisher die Union insbesondere unter dem Gesichtspunkt der Nichtdiskriminierung von europäischen Ausländerinnen und Ausländern und des Verbots von Handelshemmnissen dafür gesorgt hat, allen europäischen Bürgerinnen und Bürgern gleichen Zugang zu Maßnahmen der sozialen Sicherheit zu gewähren, kann Europa nunmehr eine aktive Rolle unter dem Gesichtspunkt der Gewährleistung der sozialen Sicherheit übernehmen. Neben dem Arbeitsschutz, der von der europäischen Ebene schon bislang stark geprägt wurde, ergeben sich im Bereich der Vereinbarkeit von Berufs-, Familien- und Privatleben interessante Handlungsfelder.

Die Praxis des erweiterten Europa wird erweisen, ob die neu geschaffenen und umgestalteten Instrumente wirklich ausreichen. Es kommt insbesondere auf den politischen Willen an, der in der europäischen Sozialpolitik bislang nicht immer deutlich wurde. Es besteht zurzeit kein Bedarf für eine umfassende Regelungskompetenz auf Unionsebene.[31] Sollte sich dies ändern und die europäischen Regelungen als unzureichend eingestuft werden, kann beruhigen, dass der Vertrag von Lissabon nicht die letzte Überarbeitung der Verträge sein wird. Zumindest die politische Ebene nimmt weiterhin grundsätzlichen Reformbedarf der Union an. Denn der Europäische Rat hat nur einen Tag nach der Unterzeichnung des Vertrages von Lissabon eine Reflektionsgruppe unter Leitung des ehemaligen spanischen Ministerpräsidenten Felipe González eingesetzt, die bis Juni 2010 einen Bericht zur künftigen Entwicklung in Europa erarbeiten soll.[32] Die europäische Sozialpolitik gehört noch nicht explizit zu den Themenschwerpunkten, aber das Europäische Sozialmodell könnte eine der offenen Fragen sein, mit denen sich die Reflektionsgruppe dennoch auseinandersetzt.[33] Das bedeutet aber nichts anderes als: Diese Europäische Union ist in all ihrer prozesshaften Unvollkommenheit als neue, experimentelle Form überstaatlichen Zusammenle-

31 Nicht einmal im Schlussbericht der Gruppe XI „Soziales Europa“ des Verfassungskonvents vom 4. Februar 2003,CONV 516/1/03 REV 1, wird eine solche Forderung aufgestellt.

32 So wertend Pache/Rösch, 2008, S. 480.

33 So die Anregung von Schiffauer, 2008, S. 10 i.V.m. S. 9.

bens- und -arbeitens auf dem Weg. Eine Union, deren höchstes Ziel eine Gesellschaft ohne Diskriminierungen ist, eine Gesellschaft der Freiheit, Gleichheit und Solidarität, ist erstrebenswert. Der Vertrag von Lissabon, der die Gleichrangigkeit der Grundrechtecharta mit den Verträgen konstatiert, ist ein Schritt in diese Richtung.

Die Europäische Kommission hat am 2. Juli 2008 ein umfängliches Sozialpaket[34] und am 3. Oktober 2008 ein beachtliches Vereinbarkeitspaket mit Vorschlägen zur Überarbeitung der Mutterschutz- und der Selbständigenrichtlinie vorgelegt sowie die Sozialagenda als Dach der sozialpolitischen Agenda erneuert.[35] Dies zeigt deutlich, dass die bestehenden Rechtsgrundlagen noch nicht ausgeschöpft wurden. Gehandelt werden soll auch im sozialpolitischen Bereich auf europäischer Ebene mit dem Ziel, ein Gleichgewicht der Wirtschafts-, Beschäftigungs- und Sozialpolitik auf europäischer Ebene zu erreichen. Der Vertrag von Lissabon ist ein weiterer Schritt in die richtige Richtung.

Literatur

Becker, Ulrich, in Schwarze, Jürgen (Hrsg.): Der Verfassungsentwurf des Europäischen Konvents, Baden-Baden 2004, S. 201 ff.

Bergmann, Jan: Bericht aus Europa: Vertrag von Lissabon und aktuelle Rechtsprechung, DÖV 2008, S. 305 ff.

Brusis, Martin: Die soziale Dimension im Verfassungsvertrag, in Weidenfeld, Werner (Hrsg.): Die Europäische Verfassung in der Analyse, 2. Auflage Gütersloh 2005, S. 183 ff.

Fischer, Klemens H.: Der Vertrag von Lissabon. Text und Kommentar zum Europäischen Reformvertrag, Baden-Baden 2008.

Kowalsky, Wolfgang: Europäische Sozialpolitik, Ausgangsbedingungen, Antriebskräfte und Entwicklungspotentiale, Opladen 1999.

Lang, Heinrich in Tettinger, Peter J./Stern, Klaus: Kölner Gemeinschaftskommentar zur Europäischen Grundrechtecharta, München 2006, S. 533.

Möstl, Markus: Verfassung für Europa: Einführung und Kommentierung mit vollständigem Vertragstext, München 2005.

Oppermann, Thomas: Die Europäische Union von Lissabon, DVBl 2008, S. 473 ff.

Pache, Eckhard/Rösch, Franziska: Der Vertrag von Lissabon, NVwZ 2008, S. 473 ff.

Platzer, Hans-Wolfgang: Lernprozess Europa – die EG und die neue europäische Ordnung. Eine Einführung, Bonn 1992.

Schiffauer, Peter: Zum Verfassungszustand der Europäischen Union nach Unterzeichnung des Vertrages von Lissabon, EuGRZ 2008, S. 1 ff.

Streinz, Rudolf/Ohler, Christoph/Herrmann, Christoph: Der Vertrag von Lissabon zur Reform der EU, Einführung mit Synopse, 2. Aufl. München 2008.

Uerpmann-Wittzack, Robert: Doppelter Grundrechtsschutz für die zukünftige Europäische Union, DÖV 2005, S. 152 ff.

34 Vgl. http://ec.europa.eu/social/main.jsp?catId=89&langId=de&newsId=376&furtherNews=yes.

35 Vgl. http://ec.europa.eu/social/main.jsp?catId=547&langId=de.

Internetquellen

Die grundlegenden Texte der Union und der Europäischen Gemeinschaften: die Gründungsverträge (in ursprünglicher und aktualisierter Fassung), die Verträge zur Änderung der Gründungsverträge, die Beitrittsverträge sowie weitere grundlegende Texte sind zu finden unter http://eur-lex.europa.eu/de/treaties/index.htm.

Schlussfolgerungen des Europäischen Rates sind zu finden unter http://www.consilium.europa.eu.

Entschließungen und Berichte des Europäischen Parlamentes sind zu finden unter http://www.europarl.europa.eu.

Siegmar Schmidt

Fortschritte und neue Herausforderungen in der Europäischen Außen- und Sicherheitspolitik

1 Einleitung

Über kaum ein anderes Thema der europäischen Integration klaffen die Einschätzungen und Erwartungen sowohl in der Wissenschaft, der Politik als auch in journalistischen Beiträgen soweit auseinander wie im Falle der Europäischen Außen- und Sicherheitspolitik. Die Uneinigkeit der EU in der Reaktion auf die von den USA geführte Militärintervention im Irak 2003[1] war für viele Beobachter schon Anlass genug, das Ende einer europäischen Außenpolitik oder sogar des gesamten Integrationsprojektes zu prognostizieren. Die schnelle und entschlossene Reaktion auf die Georgien-Krise 2008 hingegen demonstrierte für viele eindrucksvoll die Stimme Europas in der Welt. Knud Erik Joergensen[2] gibt für die häufig diametral entgegen gesetzten Einschätzungen zahlreiche Beispiele und erklärt sie – mit leicht ironischem Unterton – mit drei unterschiedlichen Perspektiven mit quasi doktrinärem Charakter: Die „Existence denied" beschreibt eine Position, die aus vornehmlich neorealistischer Perspektive der EU keine substantielle Außenpolitik zugesteht, da die EU kein wichtiger und handlungsfähiger Nationalstaat sei und daher auch über keine schlagkräftige Armee verfüge. Ein zweiter Argumentationsstrang erkennt zwar die Existenz der EU-Außenpolitik an, betrachtet sie jedoch als Fehlschlag: „Does exist but failure", so betitelt Joergensen diese Einschätzung. Als sichtbare Belege wird vor allem auf das Versagen der EU in den Balkan-Kriegen und angesichts der Irak-Krise verwiesen. Vor allem die mangelnde Einigkeit, das intergouvermentale Prinzip und erneut das Fehlen einer Armee dienen zur Untermauerung der These. Mit „Look how big we are" hebt Joergensen auf das häufig beklagte Missverhältnis zwischen dem weltpolitischen Gewicht der EU – größter kaufkräftiger Binnenmarkt, größter Geber von Entwicklungshilfe etc. – und den dazu vergleichsweise relativ schwachen Institutionen ab. Als Ursache dieses Missverhältnisses wird erstens die Zersplitterung der Entscheidungsfindung zwischen den Institutionen, insbesondere die Konkurrenz zwischen intergouvernementalen und supranationalen Institutionen und zweitens die mangelnde Bereitschaft der Mitgliedstaaten, Ressourcen, z.B. für die Verteidigung bereit zu stellen, gesehen. Allen drei Argumentationsmustern ist gemeinsam, dass sie vor allem, wenngleich nicht ausschließlich, strukturelle Begründungszusammenhänge für die Unvollkommenheit der EU-Außenpolitik verantwortlich machen. Es soll hier keineswegs in Abrede gestellt werden, dass die besondere Struktur der EU-Außenbeziehungen, die Rein-

---

1 Vgl. detailliert Gordon, Philip H./Shapiro, Jeremy, 2004: Allies at War. America, Europe and the crisis over Iraq, Washington.

2 Joergensen, Knud Erik, 2004: Three doctrines on European Foreign policy, in: Welttrends 12, Nr. 42, S. 27-36.

hard Rummel[3] einmal wohlwollend als „zusammengesetzte Außenpolitik“ beschrieben hat, die EU daran hindern kann, eine effektive Außenpolitik zu betreiben. Doch das Kernargument dieses Beitrages lautet, das den strukturellen Hindernissen zum Trotz die EU-Außen- und Sicherheitspolitik in den letzten 15 Jahren deutliche Fortschritte gemacht hat. Die gilt sowohl für die Außenpolitik als auch, und in noch stärkerem Maße, für die Jahrzehnte lang praktisch nicht existente autonome europäische Sicherheitspolitik. Da erst in historischer Perspektive der Fortschritt deutlich wird, erfolgt zunächst ein historischer Überblick im 2. Kapitel. Ohne den Hintergrund der EPZ (Kap. 2.2) ist es schwierig, die besondere Konstruktion europäischer Außen- und Sicherheitspolitik in Form von GASP und ESVP zu verstehen und eine ausgewogene Bewertung vornehmen zu können. Im folgenden Kapitel 3 wird zunächst auf die institutionelle Entwicklung von GASP und ESVP eingegangen. Deutlich wird hier, erstens, wie langwierig und schwierig sich die Herausbildung der EU-Außenpolitik gestaltete. Zweitens ist festzustellen, dass die intergouvermentale Logik die Außenpolitik nach wie vor dominiert, diese in der Praxis aber zumindest abgeschwächt worden ist.

In Kapitel 3.2 wird die Frage nach der Leistungsfähigkeit von GASP und ESVP gestellt. Einleitend wird die die Europäische Sicherheitsstrategie (ESS) vorgestellt, da sie einen allgemeinen, konzeptionellen Rahmen für die Außenpolitik bildet. Anhand von drei kurzen Fallstudien in Kapitel 3.3 zur EU-Balkan-Politik, den EU-Afrika-Beziehungen und zum Agieren der Union in der Georgien-Krise 2008 wird deutlich, dass die EU zu einem handlungsfähigen Akteur geworden ist. Da sich dieser Beitrag in erster Linie auf die Entwicklung der EU-Außenbeziehungen im Rahmen von GASP und ESVP konzentriert, werden vor allem die Teile der Außenbeziehungen, die von der Kommission verwaltet werden, u.a. Außenhandel, humanitäre Hilfe, Entwicklungspolitik und Erweiterungspolitik, nur im Rahmen dieser kurzen Fallstudien erwähnt. Der abschließende Teil (Kapitel 4) zeigt drei wichtige Determinanten für die zukünftige Entwicklung von GASP und ESVP auf. Argumentiert wird erstens in Kapitel 4.1, dass der Lissabonner Reformvertrag zwar keine revolutionären Neuerungen bringt, doch einerseits, wenn auch begrenzte, so doch sinnvolle pragmatische Veränderungen bringt und Möglichkeitsräume für eine Weiterentwicklung bietet. Zweitens wird betont, dass ein strategisches Konzept der EU erforderlich ist, das über die ESS hinausgeht und auch eine Richtschnur für Militäreinsätze beinhalten muss (Kapitel 4.2). Die Frage nach Strategien und Konzepten ist eng verknüpft mit der Diskussion um den Charakter und die Identität der EU als außenpolitischer Akteur. Die akademische Diskussion konzentriert sich dabei auf die Frage, inwieweit die EU aufgrund der Fortschritte in der Verteidigungspolitik und zunehmender Militärinterventionen noch eine „Zivilmacht“ sein kann. Kritiker betrachten die „*Brüsselisierung*“ der Sicherheitspolitik als eine Militarisierung der EU-Außenpolitik. Eine dritte Determinante für die zukünftige Entwicklung der EU-Außenpolitik ergibt sich aus der Mitgliedschaft von 12 Staaten, die mit Ausnahme Maltas und Zyperns andere historische Erfahrungen, unterschiedliche Ziele und Prioritäten als die EU-15-Staaten mitbringen und die Interessenheterogenität zwischen den EU-Mitgliedstaaten noch erhöhen (Kapitel 4.3). Die diplomatisch-politische Anlehnung der mittelosteuropäischen Mitglieder an die NATO und damit die USA kann Fortschritte und Neuausrichtung der GASP/ESVP erschweren und wird Kompromisse erfordern. Eine kurze, abschließende Bewertung erfolgt in Kapitel 5.

3 Rummel, Reinhardt, 1982: Zusammengesetzte Außenpolitik. Westeuropa als internationaler Akteur, Kehl.

2 Von EPZ zu GASP und ESVP

2.1 Die Außenpolitik – Stiefkind europäischer Integration

Die Geschichte der gemeinsamen Außen- und Sicherheitspolitik der Staaten Europas ist über Jahrzehnte die Geschichte vergeblicher Versuche gewesen, eine effektive Außen- oder gar Sicherheitspolitik zu formulieren. Das Scheitern einer gemeinsamen Außen- und Sicherheitspolitik stand am Beginn der Integration in den 50er Jahren. Anfang der 50er Jahre befanden sich die europäischen Staaten in einer prekären Sicherheitslage. Der Wiederaufbau nach dem 2. Weltkrieg mit seinen ca. 55 Millionen Opfern war noch nicht abgeschlossen, auch die Siegerstaaten wie Großbritannien und Frankreich waren ökonomisch geschwächt und auf die Unterstützung der USA angewiesen. Die Berlin-Blockade, die gewaltsame Niederschlagung des Arbeiteraufstandes in der DDR 1953 durch sowjetische Panzer und vor allem der Korea-Krieg führten zu einem Gefühl der unmittelbaren Bedrohung Europas durch die Sowjetunion. An einer Wiederbewaffnung Deutschlands führte, allen Ängsten gerade in Frankreich zum Trotz, letztlich kein Weg vorbei, da Deutschland aufgrund seiner strategischen Lage und seines Potenzials für eine wirkungsvolle Abschreckung nötig war. Insbesondere von amerikanischer Seite wurden Integrationsbestrebungen und die Einbeziehung Deutschlands in die westlichen Strukturen unterstützt. Mit dem Schumann-Plan, der Einbindung Deutschlands in EWG und NATO konnte die „deutsche Frage" gelöst werden.[4] Doch die Pläne für eine europäische Verteidigungspolitik scheiterten in den fünfziger Jahren und die Westeuropäische Union (WEU) entwickelte sich zu keiner handlungsfähigen Organisation. Auch die Fouchet-Pläne vom Anfang der sechziger Jahre, die eine politische Union (unter Führung Frankreichs) vorsahen, waren angesichts der divergierenden Interessen der Mitgliedstaaten nicht realisierbar.

Die Außen- und vor allem die Sicherheitspolitik aller europäischen Staaten wurden daher über Jahrzehnte von der Bündniszugehörigkeit zur NATO mit der Dominanz der USA gerade im Bereich der Sicherheit bestimmt. Das Scheitern der eigenen Anstrengungen einer gemeinsamen Verteidigung bedeutete insbesondere für die als Frontstaat an der Nahtstelle des Ost-West-Konflikts gelegene Bundesrepublik Deutschland eine strategische und politische Abhängigkeit von den USA.

2.2 Die Europäische Politische Zusammenarbeit (EPZ)

Mit dem EU-Gipfeltreffen von Den Haag 1969 begann der lange und steinige Weg zu einer gemeinsamen Außenpolitik.[5] Auf Anregung des Ratstreffens in Den Haag wurde zunächst eine Expertengruppe gegründet, die im Juni 1970 Vorschläge für eine Koordination der Außenpolitiken der Mitgliedstaaten unterbreitete. Die nach dem belgischen Diplomaten Etienne Davignon als ‚Davignon Bericht' bezeichneten Vorschläge mündeten im Novem-

4 Vgl. Gillingham, John R.: The German problem and European integration, in: Dinan, Desmond (Hg.), 2006: Origins and evolution of the European Union, Oxford, S. 55-81

5 Dokumente zur Geschichte der europäischen Außenpolitik finden sich bei: Hill, Christopher/Smith, Karen (Hrsg.), 2000: European Foreign Policy. Key documents. London and New York.

ber 1970 in der Gründung der *Europäischen Politischen Zusammenarbeit* (EPZ).[6] Das bescheidene Ziel war die Koordination der Außenpolitik der Mitgliedstaaten und keine eigenständige gemeinsame Außenpolitik. In den folgenden 23 Jahren bis zur Ablösung der EPZ durch die GASP erweiterte sich der Handlungsspielraum für die Zusammenarbeit – trotz einiger Rückschläge – Schritt für Schritt, ohne dass ein qualitativer Wandel zu einer gemeinschaftlichen Außenpolitik stattgefunden hätte. Die Gründung der EPZ Anfang der Siebziger und ihre weitere Entwicklung lassen sich nach Reinhardt Rummel auf drei Motive zurückführen:[7]

- erstens das Ohnmachtsmotiv,
- zweitens das Verantwortungsmotiv,
- drittens das Integrationsmotiv.

Mit dem Ohnmachtsmotiv ist vor allem die schwache Stellung der Mitgliedstaaten, insbesondere der kleineren Staaten, im internationalen System gemeint. Das internationale System sei, so argumentiert Rummel, immer stärker durch die beiden Großmächte geprägt gewesen und die Potenziale selbst der größeren europäischen Staaten seien im Vergleich dazu zu gering gewesen oder hätten sich gar noch verringert. Weder die Politik der beiden UN-Sicherheitsratsmitglieder Großbritannien und Frankreich, noch diejenige Deutschlands, trotz seiner Wirtschaftskraft, war ohne die Bildung von Koalitionen mit anderen Staaten durchsetzbar. Eine europäische Stimme, die diese Macht- und Einflusspotentiale hätte bündeln können, existierte nicht. Ein Beispiel für die Erfahrung politischer Ohnmacht war die Hilflosigkeit der Europäer während der ersten Ölkrise 1974. Der Lieferboykott der arabischen Staaten traf die Europäer unvorbereitet. Die Politik blieb zum Schaden aller unkoordiniert. Vor allem während der achtziger Jahre traten auch zunehmende Differenzen zwischen dem Schutzpatron Europas, den USA, und den EG-Staaten auf: Konfliktpunkte waren u.a. der Nicaragua-Konflikt in Zentralamerika, die Bekämpfung des internationalen Terrorismus und vor allem das Nahostproblem – der strikte anti-arabische und proisraelische Kurs der USA stieß bereits damals auf Kritik der Europäer, die Nachteile für ihre Energieversorgung befürchteten. Externe, strukturelle Zwänge setzten die EG unter Handlungsdruck, zumindest gemeinsame Positionen der Mitgliedstaaten zu formulieren und damit die Voraussetzung für eine stärkere Koordinierung und wirksamere Interessenvertretung zu erreichen.

Der Begriff der Verantwortung ist dabei mehrdeutig: Einerseits hebt er auf die moralische Verantwortung gegenüber Drittstaaten ab, die sich aus dem europäischen Kolonialismus ergibt und bis heute eine wichtige Triebfeder der europäischen Entwicklungspolitik darstellt. Andererseits geht es um die Übernahme von weltweiter Verantwortung für die internationale Sicherheit. Die Überlegung, dass ohne eine EU-Außenpolitik die Integration nicht vollständig ist, bildet den Kern des Integrationsmotivs. Eine europäische Außen- und Sicherheitspolitik ist vor allem aus Sicht der Föderalisten eine Kernkompetenz einer langfristig zu schaffenden europäischen Zentralinstanz.

Die gemeinsame Formulierung von EU-Positionen gegenüber Drittländern durch die Koordination der Diplomatien wurde zum Ziel der EPZ. Der Abstimmungsmodus blieb rein

---

6 Grundlegend zur EPZ: Pijpers, Alfred/Regelsberger, Elfriede, Wessels/Wolfgang (Hrsg.); 1989: Die Europäische Politische Zusammenarbeit in den achtziger Jahren, Bonn.

7 Rummel, 1982, a.a.O., S. 26-28.

intergouvernemental, die Regierungen gaben bei dieser Form der Zusammenarbeit keine Souveränität ab.[8] Die Basis der EPZ blieben politische Absichtserklärungen, eine Eingliederung der EPZ in die Verträge und damit eine völkerrechtlich verbindliche Verankerung erfolgte nicht. Die bewusst eingeführte Distanz zur EG führte zu Absurditäten: Vormittags fand beispielsweise ein Außenministertreffen im Rahmen der EPZ statt und am Nachmittag dann ein Treffen mit identischer Besetzung wieder als Ministerrat in einer häufig anderen Stadt desjenigen Landes, das die Ratspräsidentschaft innehatte.

Die Federführung der EPZ lag beim Ministerrat, der Vorsitz wechselte halbjährlich mit der Ratspräsidentschaft. 1981 schrieb die EG das sog. Troika-System fest: Die amtierende, vorhergehende und folgende Präsidentschaft führten gemeinsam Initiativen durch. Die Troika wurde zum Sprecher für die EG. Die Institutionalisierung[9] blieb zu Beginn schwach, ein eigenes Sekretariat wurde erst im Zuge der EEA 1986 eingerichtet. Doch im Laufe der Jahre verdichtete sich die Kooperation beträchtlich. Sie umfasste regelmäßige Treffen der Außenminister und der Außenministerien auf hoher Beamtenebene. Ein Politisches Komitee bestehend aus den Politischen Direktoren (den Leitern der politischen Abteilungen der Außenministerien) wurde zum Lenkungsgremium. Es bereitete die Tagungen der Außenminister vor und traf sich zweimal wöchentlich, assistiert von 25 Expertengruppen für bestimmte Regionen. Eine Europäische Korrespondentengruppe, verantwortlich für den Betrieb des vertraulichen COREU-Fernschreibnetzes (*Correspondance Européenne*) wurde ins Leben gerufen.[10] Ein regelmäßiger Informationsaustausch zwischen den Botschaften der Mitgliedstaaten vor Ort wurde vereinbart, wobei kleinere Staaten auf Botschaften anderer Länder zurückgreifen konnten. Die Kommission wurde nach 1983 sukzessive an den Arbeiten beteiligt, um Kohärenz zu den übrigen EG-Politiken herzustellen.

Die häufigen und enger werdenden Kontakte zwischen Diplomaten und den Außenministerien führten dazu, dass Wahrnehmungen und Denkgewohnheiten *europäischer* wurden. Die Sozialisation leistete der Entstehung eines *Koordinationsreflexes* Vorschub: Vor Erklärungen und Entscheidungen konsultierten nationale Behörden routinemäßig die entsprechenden Behörden anderer Mitgliedstaaten.

Die Schwerpunkte der EPZ lagen auf übergeordneten Politikbereichen, die alle Mitgliedstaaten betrafen: Menschenrechten, Flüchtlingspolitik, Abrüstung und regionalen Fragen (z.B. Nahostregion). Erfolgreich war die EPZ durch das gemeinsame Auftreten der EG, auch als *Gruppendiplomatie* bezeichnet, gegenüber einer Region oder innerhalb einer internationalen Organisation. Es gelang ihr im Rahmen der KSZE maßgeblichen Einfluss auf die Inhalte der Schlussakte von Helsinki von 1975 auszuüben. Wirkungsvoll war auch die enge Koordination der EG-Staaten innerhalb der UN, insbesondere bei Abstimmungen. Ambivalent blieben die Resultate bezüglich einer gemeinsamen Nahostpolitik: Zwar gelang es, gemeinsame Positionen zu formulieren, doch entwickelte sich die EG nicht zu einem gestaltenden Akteur.[11]

Auch wenn anfangs, nach Auffassung aller Autoren, die EPZ durchaus Erfolge hatte, so zeigten sich ihre Grenzen in Krisensituationen. So blieb der Tindemanns-Bericht von

8 Hill, Christopher, 1983: Europäische Politische Zusammenarbeit aus nationalen Perspektiven, in: ApuZ B51-52, S. 3-17.

9 Vgl. zu einer Bilanz: Dembinski, Matthias, 1997: Langer Anlauf – kurzer Sprung. Die Außenpolitik der Europäischen Union nach der Reform von Amsterdam, Frankfurt a.M., HSFK-Report 7/1997.

10 Die Anzahl der COREU-Telegramme stieg auf 11000 im Jahr, Dembinski, 1997, S. 16.

11 Vgl. für die europäische Nahostpolitik: Glöckler-Fuchs, Juliane, 1997: Institutionalisierung der europäischen Außenpolitik, München.

1975[12], der eine negative Bilanz der EPZ gezogen hatte und eine Vergemeinschaftung der Außenpolitik forderte, folgenlos.

Den Offenbarungseid leistete die EPZ spätestens nach den einschneidenden Veränderungen nach 1989. Es gelang der EU nicht, eine kohärente Jugoslawienpolitik zu formulieren. Die Worte des damaligen Ratsvorsitzenden, des luxemburgischen Premiers Poos, angesichts der Jugoslawienkrise, nun sei die „Stunde Europas“ gekommen, erwiesen sich als völlig illusionär. Das Gegenteil war der Fall: Es gab zunächst keine gemeinsame Politik gegenüber dem Zerfall Jugoslawiens. Die deutsche Regierung erkannte die Unabhängigkeit Sloweniens und Kroatiens ohne Rücksprache mit den EU-Partnern 1991 an und versuchte dadurch eine Internationalisierung des Konfliktes herbeizuführen. Die zögerliche Haltung der britischen und französischen Regierung gegenüber dem Hauptaggressor Serbien führte zu einer widersprüchlichen Position der EG, die sich als unfähig zum Krisenmanagement erwies und der Fortdauer des äußerst grausamen Krieges mit schätzungsweise bis zu 200.000 Toten nichts entgegenzusetzen hatte. Die EU blieb angesichts des massiven Gewalteinsatzes ohnmächtig, auch da ihre zivilen Instrumente, z.B. das Angebot von Krediten und Handelspräferenzen für Serbien sowie diplomatische Konfliktlösungsversuche, erfolglos blieben. Die Jugoslawien-Krise entwickelte sich daher zum „worst foreign policy failure the EU has ever experienced.“[13] Letztlich blieb Europa auf das militärische Eingreifen der USA angewiesen, um den Bosnienkrieg 1995, fast vier Jahre nach seinem Beginn, zu beenden.[14]Mit dem Kosovo-Krieg wiederholte sich die Ohnmachtserfahrung der Europäer, die weder über ausreichende militärische Kapazitäten als auch über den politischen Willen verfügten, den Konflikt zu beenden. Die Abhängigkeit von den USA wurde insbesondere von Frankreich und Großbritannien als demütigend empfunden. Die Ausdifferenzierung und Weiterentwicklung von GASP/ESVP seit Ende der 90er Jahre kann als Ergebnis kollektiven Lernens der EU-Mitgliedsländer nach den Erfahrungen auf dem Balkan interpretiert werden.

3 Die Entwicklung von GASP und ESVP

3.1 Von Maastricht über Amsterdam nach Nizza

Mit der Begründung der GASP durch den Maastricht-Vertrag verankerte die EU erstmals die Außenpolitik in den Verträgen. Als ihre außenpolitischen Ziele benennt die EU in Art. 2 des EU-Vertrags: „die Behauptung ihrer Identität auf internationaler Ebene, insbesondere durch eine Gemeinsame Außen- und Sicherheitspolitik, wozu […] die schrittweise Festlegung einer Verteidigungspolitik gehört, die zu einer gemeinsamen Verteidigung führen könnte.“ Der Konjunktiv deutet an, dass Fortschritte in der Verteidigungspolitik von der Bereitschaft der Mitgliedstaaten abhängen, ein Mehr an Kooperation zuzulassen oder sogar supranationale Elemente einzuführen. Sicherheit und Frieden, Förderung von Demokratie,

12 Tindemann, Leo, 1975: Report on European Union, 29 December, 1975; abgedruckt in: Hill, Christopher/Smith, Karen (Hrsg.), 2000: European Foreign Policy. Key Documents. London and New York, S. 100-110.

13 Joergensen, 2004: S. 31.

14 Vgl. Giersch, Carsten, 1998: Konfliktregulierung in Jugoslawien 1991-95, Baden-Baden.

Menschenrechten und Rechtsstaatlichkeit (Art. 11) als weitere Ziele unterstreichen den Anspruch der EU einer wertegebundenen Außenpolitik.

Die GASP übernahm einerseits Instrumente der EPZ, wie das Troika-System, und baute auf bereits lange bestehenden Kontakte und Netzwerken auf, andererseits wurden bereits gültige Regelungen im Vertrag erstmals festgelegt und völlig neue Instrumente und Verfahren geschaffen, die deutlich über die EPZ hinausgingen. Allerdings setzt sich die intergouvernementale Funktionslogik der EPZ in der GASP und ESVP fort. Die Dominanz des Rates als intergouvernementale Institution zeigt sich im Entscheidungsverfahren, das die Einstimmigkeit vorschreibt. Maßgeblich sind die allgemeinen Beschlüsse, quasi Richtlinien, des Europäischen Rates, die dann in Form von neu eingeführten Gemeinsamen Aktionen und Standpunkten vom Rat umgesetzt werden. Diese beiden neuen diplomatischen Instrumente erfüllen mehrere Zwecke: Die Haltung der EU soll in der internationalen Politik sichtbarer werden und die Mitgliedstaaten werden verpflichtet ihre Außenpolitik an der GASP auszurichten und damit das oft beklagte Kohärenzdefizit zu mindern. Da die GASP und die ESVP nicht der Jurisdiktion des EUGH unterworfen und damit keine Sanktionen möglich sind, bleibt es letztlich den Mitgliedstaaten überlassen, ihre Außenpolitik an den GASP-Beschlüssen auszurichten. Während die EU-Kommission „in vollem Umfang beteiligt wird" und damit letztlich auch das Recht, politische Initiative zu starten, besitzt, ist das Europäische Parlament lediglich durch seine Anhörungs- und Informationsrechte eingebunden. Das EP nutzt diese Rechte allerdings in hohem Maße und übt dadurch eine, wenngleich institutionell schwache, so doch politische Kontrolle der GASP aus. Inwieweit es dadurch nachweisbaren Einfluss auf die inhaltliche Gestaltung der Außenpolitik ausübt, ist fraglich. Auch im Amsterdamer Vertrag und im Nizza-Vertrag erfolgte keine substantielle Aufwertung des EP in der Außen- und Sicherheitspolitik.

Der Amsterdam-Vertrag brachte wichtige Ergänzungen zur GASP, die den intergouvernementalen Charakter zumindest etwas aufweichten.[15] Mit den Gemeinsamen Strategien wurde ein neues Instrument eingeführt. Sie können vom Europäischen Rat beschlossen werden und legen längerfristige allgemeine Ziele gegenüber einer Region oder einem Land fest. Sie bilden die Grundlage für die Arbeit des Rates, der auf dieser Basis Gemeinsame Standpunkte und Aktionen entwirft. Diese bedürfen, in Abweichung vom bisherigen Verfahren, dann lediglich der qualifizierten Mehrheit.[16] Weiterhin wird das Prinzip der „konstruktiven Enthaltung" eingeführt. Die Stimmenthaltung wird nicht als Veto bewertet. Staaten, die sich bei einer Entscheidung enthalten, müssen die damit verbundenen Kosten und Risiken nicht mittragen, verpflichten sich allerdings auch, Maßnahmen zu unterlassen, die den Zielen der Aktionen zuwiderlaufen.

Beschlossen wurde auch die Einrichtung des Amtes eines Hohen Vertreters, um der GASP ein „Gesicht zu geben". Der Hohe Vertreter ist gleichzeitig Sekretär des Rates. Er unterstützt seit 1999 den Rat bei der Formulierung und Durchführung der Außenpolitik und arbeitet der jeweils halbjährlich rotierenden Präsidentschaft zu. Damit wird ihm letztlich eine Koordinierungs- und Vermittlungsfunktion zwischen Rat, Kommission und den Mit-

15 So auch Müller-Brandeck-Bocquet, Gisela, 2002: Das neue Entscheidungssystem in der Gemeinsamen Außen- und Sicherheitspolitik der Europäischen Union, in: Dies. (Hrsg.): Europäische Außenpolitik. GASP- und ESVP-Konzeptionen ausgewählter EU-Mitgliedstaaten, Baden-Baden, S. 9-27, hier S. 11.

16 Jedoch bleibt einzelnen Mitgliedstaaten die Möglichkeit, eine Abstimmung mit qualifizierter Mehrheit unter Angabe von Gründen abzulehnen. Das Problem wird dann an den Europäischen Rat verwiesen. Letztlich besteht damit das Veto-Recht in der Außenpolitik fort, wenngleich es politisch schwieriger geworden ist, da der diplomatische Druck auf „Blockierer" im Falle von Gemeinsamen Strategien massiv sein dürfte.

gliedstaaten zugewiesen. Zusammen mit dem Kommissar für Außenbeziehungen und dem Außenminister des Staates der jeweiligen Präsidentschaft wird eine neue Troika gebildet.

Die Entwicklung der GASP/ESVP seit dem Amsterdamer Vertrag

Der Amsterdam-Vertrag legte auch den Grundstein für die Entstehung der ESVP und den Aufbau einer eigenen EU-Sicherheitsarchitektur. In Artikel XVII des EU-Vertrages wird die Reichweite der ESVP allerdings auf die auf einem WEU-Treffen 1992 definierten Petersberg-Aufgaben, d.h. humanitäre und friedenserhaltende Maßnahmen einschließlich Kampfeinsätzen, beschränkt.

Der nach dem Scheitern des Verfassungsvertrages bis heute gültige Nizza-Vertrag brachte für die GASP und ESVP keine wesentlichen Veränderungen. Es erfolgten lediglich einige Präzisierungen und Ergänzungen. Mit dem Nizza-Vertrag führte die EU die Möglichkeit ein, „Sondergesandte" für bestimmte Krisenregionen (z.B. für das Gebiet der Großen Seen in Zentralafrika) zu ernennen. Sie sollen die Präsenz der EU erhöhen und gleichzeitig Beobachter vor Ort und Ansprechpartner sein. Angestoßen wurde im Nizza-Vertrag das allmähliche Aufgehen der WEU in der EU und das Politische Komitee wurde zum Politischen und Sicherheitspolitischen Komitee (PSK) aufgewertet. Aus der EPZ übernommen und sukzessive erweitert wurden Arbeitsgruppen aus Experten, die sowohl nach Regionen als auch nach Themenfeldern spezifisch gebildet werden. Elfriede Regelsberger[17] nennt für 2004 bereits die Zahl von 28 Arbeitsgruppen, die dem PSK zuarbeiten. Eine zentrale Bedeutung für die inhaltliche Ausgestaltung der GASP kommt der Policy Unit zu, die aus der Strategieplanungs- und Frühwarneinheit hervorgegangen ist.

Die Regierungskonferenz von Nizza bestätigte mit diesem Beschluss die zentrale Stellung des PK und damit den Aufbau einer Sicherheitsarchitektur, die damit aber außerhalb der Verträge stattfand und zum Teil schon vor der Regierungskonferenz begann.[18] Die Dynamik in der militärischen und sicherheitspolitischen Zusammenarbeit basierte auf einer Fülle von Ratsbeschlüssen, insbesondere nach Unterzeichung des Nizza-Vertrages, die den Ausbau der Sicherheitspolitik bestätigte. Der Europäische Rat und der Ministerrat nutzten dabei auch die Spielräume, die durch die relativ unpräzisen Formulierungen in den Verträgen geschaffen wurden. Einen wichtigen Anstoß für die Weiterentwicklung der ESVP lieferte das französisch-britische Treffen in St. Malo, auf dem Großbritannien vor dem Hintergrund der sich zuspitzenden Krise im Kosovo einen Kurswechsel vollzog, indem es sich bereit erklärte, den Aufbau eigener EU-Kapazitäten im Bereich Krisenbewältigung zu unterstützen. Auf den Ratstreffen von Köln und Helsinki 1999 wurden dann zügig Beschlüsse gefasst, mit der European Rapid Reaction Force (ERRF) eine Kriseninterventionstruppe mit einer Gesamtstärke von 60.000 Mann aufzustellen. Um dieses Headline-Goal zu erreichen, beschlossen die Verteidigungsminister im Jahr 2000 den Ausbau der militärischen Fähigkeiten, da in einigen Bereichen (u.a. Transportkapazität) massive Defizite bestanden. Da die Mitgliedstaaten sich nicht auf gemeinsame Anstrengungen einigen konnten bzw. andere

17 Regelsberger, Elfriede, 2007: Die Gemeinsame Außen- und Sicherheitspolitik der EU – Das Regelwerk im Praxistest, in: Jopp, Mathias/Schlotter, Peter (Hrsg.): Kollektive Außenpolitik – Die Europäische Union als internationaler Akteur, Baden-Baden, S. 59-90, hier S. 69.

18 Vgl. Kremer, Martin/Schmalz, Uwe, 2001: Nach Nizza – Perspektiven der Gemeinsamen Europäischen Sicherheits- und Verteidigungspolitik, in: integration (2) 2001, S. 167-178.

verteidigungspolitische Prioritäten, wie die Modernisierung der eigenen Armee, setzten, blieben die offensichtlichen Defizite bestehen. Auf den Ratstreffen 2004 wurden die bisherigen Absichtserklärungen bestätigt und verschiedene Initiativen zur Verbesserung der militärischen Kapazitäten gestartet.[19] Neben diesem, angesichts der Fähigkeiten der Streitkräfte ambitionierten „Headline Goal 2010“, beschloss die EU auf dem Ratstreffen in Helsinki die Einrichtung eines militärischen Unterbaues, der dem PSK als der zentralen Institution von GASP/ESVP zur Seite stehen sollte. Dazu gehören im militärischen Teil ein aus Repräsentanten der Generalstäbe bestehender Militärausschuss (EUMC- European Union Military Committee), ein ca. 150 Offiziere umfassender Militärstab (EUMS European Union Military Staff) zur Ausarbeitung konkreter Einsatzpläne und ein Analyse- und Lagezentrum (SitCen Joint Situation Centre). Aufgrund der Erfahrungen mit dem Krisenmanagement auf dem Balkan beschloss die EU den Ausbau der zivilen Krisenbearbeitung. So richtete die EU in den folgenden Jahren eine Polizeireserve von 5000 Polizisten ein und beschloss 2004 die Aufstellung eines Pools von Experten für den Katastrophenschutz und den Neu- bzw. Wiederaufbau von Staaten. Hierzu stehen ca. 2000 Fachleute aus den Mitgliedstaaten aus den Bereichen Krisenbearbeitung, Justiz und Verwaltung bereit. Mit CIVCOM (Committee for Civilian Aspects of Crisis Management) wurde ein Ausschuss für den Einsatz dieser Kräfte und generell die zivilen Aspekte des Krisenmanagements eingerichtet. Mit der europäischen Rüstungsagentur (European Defence Agency, EDA) soll die rüstungspolitische Zusammenarbeit insoweit verbessert werden, dass die Eingreifverbände der EU in technischer und logistischer Hinsicht fähig sind, größere Operationen auszuführen. Der Aufbau der Krisenreaktionskräfte verlief bis 2003 nur sehr schleppend und es ist unklar, inwieweit die volle Truppenstärke wirklich erreicht werden konnte. Auch die Mängel im Bereich Transport und Logistik sind bis heute nicht vollständig behoben. Als ein weiteres militärisches Instrument führt die EU die so genannten Battle Groups ein. Die bis zu 14 Battle Groups bestehen aus jeweils ca. 1500 Soldaten, die aus verschiedenen Mitgliedsländern stammen. Sie sind in 1 bis 2 Wochen einsatzbereit und sollen maximal dreimonatige Einsätze durchführen. Battle Groups sind quasi als Feuerwehr für akute humanitäre Notlagen konzipiert. Pate für dieses Modell standen die Militäraktionen Großbritanniens in Sierra Leone und der erste Militäreinsatz der EU im Ostkongo, in der Region Ituri 2003. Die EU betrachtete beide Militäraktionen als äußerst erfolgreich, da es gelungen war, mit einer relativ kleinen Truppenanzahl kurzfristig zumindest regional die Ordnung wieder herzustellen und die Gewalttaten von Milizen und Guerilla gegen Zivilisten einzudämmen.

Die Entwicklung der GASP und der ESVP demonstrieren, dass erstens die intergouvermentale Logik der EPZ weitgehend erhalten geblieben ist. Zweitens ist das Instrumentarium wesentlich ausdifferenzierter geworden und es zeichnen sich drittens Konturen einer EU-Sicherheitsarchitektur ab. Inwieweit die komplizierte und komplexe Struktur von GASP/ESVP leistungsfähig ist, soll im nächsten Abschnitt diskutiert werden.

3.2 Möglichkeiten und Grenzen der Leistungsfähigkeit von GASP und ESVP

Im Hinblick auf eine Bewertung der GASP kann zwischen zwei Phasen unterschieden werden. In der unmittelbaren Folge der Verabschiedung des Maastricht-Vertrages bis zum Ams-

19 Salmon, Trevor, 2005: The European Security and Defence Policy: Built on Rocks or Sand? In: European Foreign Affairs Review, 10, S. 359-379, hier S.372.

terdamer Vertrag (1993-1997) fällt die Bilanz weitgehend negativ aus. Wie bereits erwähnt, blieb die EU im Jugoslawien-Konflikt weitgehend handlungsunfähig. Günter Burghardt, damaliger Generaldirektor der DG Ia, kritisiert die GASP als weitgehend deklamatorisch, substanzlos und sah bis 1997 keine Fortschritte in der Formulierung gemeinsamer Positionen.[20] Statistische Auswertungen der Anzahl der außenpolitischen Akte der EU im Rahmen der GASP bestätigen dieses harte Urteil eines Praktikers: Die Anzahl der außenpolitischen Erklärungen übersteigt bis 1997 nicht dasjenige der EPZ und die Anzahl der Gemeinsamen Standpunkte und Aktionen liegt beispielsweise 1995 noch bei nur 23[21], von denen der Großteil sich auf Erklärungen zu Jugoslawien und die umfangreiche und substantielle Unterstützung des südafrikanischen Demokratisierungsprozesses bezieht.[22] Erst in der zweiten Phase der GASP, nach dem Amsterdamer Vertrag, nehmen die GASP-Aktivitäten der EU deutlich zu. Dies gilt auch für diplomatische Erklärungen zu aktuellen Entwicklungen in der internationalen Politik. Die Basis dafür wurde bereits in der EPZ auf der Basis einer eingeübten Kooperation und dem daraus entstandenen „Koordinationsreflex" gelegt. Diese deklamatorische EU-Politik wird häufiger als eine rein rhetorische Außenpolitik kritisiert, doch markiert sie einen zunehmenden Konsens der EU-Mitglieder und drückt Missfallen oder Zustimmung von mittlerweile 27 Staaten, immerhin knapp ein Sechstel der UN-Mitgliedstaaten aus. Inwieweit diese Deklarationen Wirkungen haben, bedarf genauerer Untersuchung, ist aber angesichts des Gewichts der EU zumindest plausibel. Wolfgang Wessels argumentiert darüber hinaus, dass die Texte der Deklarationen auch zunehmend substantieller ausfallen.[23] Ein weiterer Beleg für die Zunahme des außenpolitischen Konsenses ist das Abstimmverhalten in der UN. In 70-80% aller Abstimmungen in der UN stimmen die EU-Mitglieder im Konsens ab bzw. lassen sich durch die jeweilige EU-Präsidentschaft vertreten. Im Vergleich zu den 70er und 80er Jahren mit durchschnittlich 40-50% gemeinsamen Abstimmungsverhalten in der UN ist dies eine deutliche Zunahme.[24]

Weiterhin hat sich die Sichtbarkeit der EU in der internationalen Politik spätestens seit Mitte der 90er Jahre erhöht.[25] Zu einem wichtigen Teil ist dies Javier Solana zuzuschreiben, der seit seinem Amtsantritt 1999 durch umfangreiche diplomatische Aktivitäten mit einer regen Besuchsdiplomatie und dementsprechenden starken Medienpräsenz zu einer „Erfolgsstory" der GASP geworden ist.[26] Solana erfüllte seine auf den ersten Blick eher bescheiden anmutende Koordinierungsfunktion mit äußerster Geschicklichkeit und es gelang ihm, der ESVP einen organisatorischen Unterbau zu schaffen, der ihm zuarbeitet und nicht beim Kommissar für Außenbeziehungen angesiedelt ist. Aus integrationstheoretischer Sicht ist dies eine Aufwertung der intergouvermentalen Institution des Rates, aber nicht zwangs-

20 Burghardt, Günter, 1997: The potential and limits of CFSP: What comes next?, in: Regelsberger, Elfriede et al. (Hg.): Foreign Policy of the European Union, Boulder, S. 321-334.

21 Die Angaben beruhen auf der tabellarischen Übersicht bei Regelsberger S. 76, vgl. auch Müller-Brandeck-Bocquet S. 13.

22 Schmidt, Siegmar, 2007: The EU Democracy Assistance in Africa: The Cases of South Africa and the Democratic Republic of Congo (DRC), in: Jünemann, Annette/Knodt, Michèle, (Hrsg.), Externe Demokratieförderung durch die Europäische Union. European external democracy promotion, Baden-Baden, S. 33-52.

23 Wessels, Wolfgang, 2004: Theoretical Perspectives. CFSP beyond the supranational and intergouvernmental dichotomy, in: Mahncke, Dieter/Ambos, Alicia/Reynolds, Christopher (Hg.): European Foreign Policy. From Rhetoric to Reality?, Brussels, S. 61-96, hier S. 85-86

24 Ebenda S. 86, andere Quellen geben hier abweichende Zahlenwerte an, die Tendenz ist jedoch identisch.

25 Dazu beigetragen hat ferner die verstärkte Präsenz der EU-Kommission, die über 120 diplomatische Vertretungen in Drittländern unterhält.

26 Regelsberger, 2007, S. 64

läufig eine Aufwertung des Intergouvernementalismusprinzips, da die beteiligten Institutionen durch die Formulierung einer gemeinsamen Außenpolitik in gewissem Maße europäisch sozialisiert werden. Trotz dieser „*Brüsselisierung*" der Außen- und Sicherheitspolitik, verbleibt die Letztentscheidung allerdings bei den Nationalstaaten, insbesondere, wenn es sich nicht um das politische Alltagsgeschäft handelt, sondern Krisen und Konflikte die EU herausfordern.[27]

Neben Personen und Institutionen konnten aber auch in konzeptioneller Hinsicht mit der Europäischen Sicherheitsstrategie (ESS) deutliche Fortschritte in der GASP/ESVP erzielt werden, wenngleich hier noch erhebliche Defizite zu konstatieren sind.

Die Europäische Sicherheitsstrategie

Nur ein halbes Jahr nach dem US-Angriff auf den Irak, im Dezember 2003, verabschiedete der Rat die von Javier Solana vorgelegte erste Europäische Sicherheitsstrategie (ESS). Sie bekräftigt den Anspruch der EU, ein „global player" zu sein und „internationale Verantwortung" zu übernehmen. Begründet wird dies mit der schieren Größe und Wirtschaftskraft der EU –"look, how big we are", wie dies Joergensen nennt – und mit einer zunehmenden Übereinstimmung der Mitgliedstaaten in der Außenpolitik. Die ESS identifiziert Terrorismus, die Weiterverbreitung von Massenvernichtungswaffen, regionale Konflikte mit Eskalationsgefahr, Staatsversagen bzw. Staatszerfall und das organisierte Verbrechen als die wichtigsten fünf Sicherheitsbedrohungen. Diese Gefahrenanalyse unterscheidet sich nicht substantiell von derjenigen der USA, wie sie in den einschlägigen Nationalen Sicherheitsstrategien und den State of the Union-Ansprachen des Präsidenten definiert wurden. Unterschiede zur US-Sicherheitsstrategie der Bush-Administrationen bestehen in der Wahl der Instrumente und der Perspektive: Ausgehend von der Überzeugung, dass kein Staat in der Lage ist, die komplexen Sicherheitsprobleme im Alleingang zu lösen – eine fast schon direkte Kritik der amerikanischen Außenpolitik – betrachtet die EU einerseits die Kombination militärischer und ziviler Instrumente und andererseits einen effektiven Multilateralismus unter dem Dach der UN als Schlüsselelemente ihrer Sicherheitspolitik.

Wenngleich die EU Anspruch auf globale Mitgestaltung erhebt, so konzentriert sich ein Teil der Ausführungen auf die Sicherheit in der geografischen Nachbarschaft. Das Ziel ist dabei die Unterstützung von „gut regierten" Staaten. Hier stellt die EU Bezüge zur „Theorie des demokratischen Friedens" – Demokratien führen keine Kriege gegeneinander – her. Die ESS, auf die hier im Einzelnen nicht weiter eingegangen werden kann, ist ein wichtiges und grundlegendes Dokument. Allein die Tatsache, dass ein derartiges Dokument überhaupt verabschiedet wurde, ist angesichts der unterschiedlichen Traditionen, Perzeptionen und Interessen der Mitgliedsländer, bereits beachtenswert. Allerdings ist die ESS keine Strategie im eigentlichen Sinne, da eine dezidierte Darstellung von Zielen und Mitteln fehlt. Sie stellt eher eine Zusammenfassung der Prinzipien und Zielvorstellungen der EU dar. Gleichzeitig bildet die ESS einen Gegenentwurf zu den US-Sicherheitsstrategien nach 9-11, die Ad-hoc-Koalitionen und „preemptive strikes" als neue Instrumente amerikanischer Sicherheitspolitik definieren. Im Text der ESS wird betont, dass der nächste Schritt in Bezug auf die Sicherheitspolitik der Union die Entwicklung einer strategischen Kultur, vor allem in Hinblick auf militärische Interventionen, sein muss.

27 Müller-Brandeck-Bocquet, 2002, S. 12

3.3 GASP und ESVP in der Praxis: Die EU auf dem Balkan, in Subsahara-Afrika und in der Georgien-Krise

Die institutionellen Fortschritte, die Verabschiedung der ESS und die zunehmende Sichtbarkeit der EU bedeuten keineswegs automatisch, dass die EU eine substantielle und erfolgreiche Außen- und Sicherheitspolitik verfolgt. Der „Praxistest“ erfolgt in der Politik gegenüber Krisen und bewaffneten Konflikten.

Die EU als Stabilisator auf dem Balkan

Ihr bislang umfangreichstes außen- und sicherheitspolitische Engagement zeigt die EU auf dem Balkan. Nachdem die EU zunächst uneinig und hilflos angesichts der Bürgerkriege war, engagiert sie sich seit Ende der 90er Jahre in beispielloser Weise. Kernelement der breit gefächerten EU-Balkanpolitik bildet der Stabilitätspakt für Südosteuropa. Der Stabilitätspakt ist multidimensional angelegt, indem er wirtschaftlichen Wiederaufbau, grenzüberschreitende Zusammenarbeit und demokratische Reformen gleichzeitig mit erheblichen finanziellen Mitteln und intensiver technischer Zusammenarbeit verbindet.[28] Bilaterale Stabilitäts- und Assoziierungsabkommen (SAA) fördern die Anbindung an die EU und beinhalten die Option einer EU-Mitgliedschaft. Die Unterstützung der einzelnen Staaten ist dabei in hohem Maße konditioniert, indem sie an Auflagen gebunden ist, die Prinzipien des Dayton-Abkommens einzuhalten. Doch die EU geht weit über eine Konditionalisierung der Unterstützung, wie sie auch im Cotonou-Abkommen mit den Afrikanisch-Karibisch-Pazifischen (AKP) Staaten verankert ist, hinaus: Über den Hohen Repräsentanten in Bosnien-Herzegowina kann die EU direkt in die Politik des Landes eingreifen, wenn die Politik massiv vom Reformkurs abweicht. Das EU-Engagement wird dabei militärisch abgesichert. 2004 übernahm die EU den SFOR-Einsatz der NATO im Rahmen der Operation Althea und führte den Truppeneinsatz unter der Bezeichnung EUFOR weiter.[29] Die EUFOR stellt mit 7000 Mann die bisher größte Militäraktion der EU dar. Bereits 2003 fand mit der Operation Concordia eine kleinere Militärmission in Makedonien statt. Parallel zu den Militärmissionen unterhält die EU mehrere groß angelegte Polizeimissionen im Rahmen der ESVP.[30] Bosnien- Herzegowina und das Kosovo[31] sind letztlich zu EU-Protektoraten geworden. Die EU unternimmt hier den ambitionierten Versuch, Staatsbildungsprozesse von außen einzuleiten und dauerhaft zu unterstützen. Für die gesamte Region Südosteuropa kommt der EU eine Schlüsselrolle als Stabilisierungs- und Ordnungsmacht zu. Auch wenn es gelungen ist, Frieden zu bewahren, so kann von politischer Stabilität noch nicht ausgegangen werden. Der wirtschaftliche Wiederaufbauprozess verläuft langsamer als geplant und die ethnischen Spannungen sind zumindest in Bosnien-Herzegowina und im Kosovo immer noch vorhanden. Es gelang radikal-nationalistischen Kräften (auch in Serbien) immer wieder Wahlerfolge zu erzielen und Reformen sowie die Zusammenarbeit mit dem

28 Vgl. Bendiek, Annegret, 2007: Komplexität und Kohärenz? – Die Geschichte des Stabilitätspaktes für Südosteuropa, in: Jopp, Mathias/Schlotter, Peter, ebenda, S. 211-237 sowie für einen Überblick Blockmans, Steven, 2004: EU Conflict Prevention in the Western Balkans, in: Kronenberger, Vincent/Wouters, Jan (Hg.): The European Union and Conflict Prevention. Policy and Legal Aspects, S. 293-323.

29 Kupferschmidt, Frank, 2006: Strategische Partnerschaft auf Bewährung, SWP 7, Berlin.

30 Merlingen, Michael/Ostrauskaite, Rasa, 2005: ESDP Police Mission: Meaning, Context and Operational Challenges, in: European Foreign Affairs Review, 10, S. 215-235.

31 Auch nach der umstrittenen formellen Unabhängigkeit des Kosovo ist das Land höchstens teilsouverän.

Internationalen Gerichtshof in Den Haag zu blockieren. Die umstrittene und keineswegs allgemein anerkannte Eigenstaatlichkeit des Kosovo führte bislang auch nicht zu einer Stabilisierung – trotz einer Präsenz von über 16.000 NATO-Soldaten und Kosten von ca. 2 Mrd. Euro. Inwieweit die EU-Mission zum Aufbau eines Rechtsstaates im Kosovo (EULEX) Erfolg haben wird, ist noch nicht absehbar. Das umfassende Engagement der EU zeigt einerseits eindrucksvoll das breite Spektrum der außenpolitischen Instrumente und Strategien bis hin zur weltpolitisch einzigartigen Möglichkeit, die Mitgliedschaft in der EU anzubieten. Andererseits zeigen sich auch Defizite und Reibungsverluste; insbesondere die Logiken der SAA mit ihrem bilateralen Ansatz und der Regionalansatz des Stabilitätspaktes sind nicht aufeinander abstimmt.

Das Engagement der EU in Afrika – mehr als Entwicklungspolitik

Sub-Sahara Afrika ist neben dem Balkan die Region, in der sich die EU stark politisch und zunehmend auch sicherheitspolitisch engagiert.[32] Bereits seit Beginn der europäischen Integration unterhielt die damalige EWG auf Betreiben der Kolonialmächte Frankreich und Belgien Sonderbeziehungen zu afrikanischen Staaten. Nach dem Beitritt Großbritanniens weitete die EU die bestehenden Programme unter dem Dach der Lomé-Kooperation beträchtlich aus. Das 2002 nach langen Verhandlungen unterzeichnete Cotonou-Abkommen mit 78 Afrikanischen, Karibischen und Pazifischen Staaten[33] bildet den Kernpunkt der entwicklungspolitischen Beziehungen zwischen afrikanischen Staaten und der EU. Trotz zurückgehender wirtschaftlicher Bedeutung der afrikanischen Märkte stellt die EU im Rahmen des Cotonou-Abkommen knapp 24 Mrd. Euro für einen Fünfjahreszeitraum zur Verfügung. Damit ist sie weltweit der bedeutendste Geber und kommt auch für den Löwenanteil der humanitären Hilfe nach Afrika durch das von der Kommission geleitete Amt für Humanitäre Hilfe (ECHO) auf. Seit Beginn der 90er Jahre lässt sich eine Politisierung der gesamten Beziehungen beobachten. Themen wie Menschenrechte, Demokratie, Good Governance, aber auch zunehmend Migration und Umwelt- und Ressourcenschutz spielen eine wichtige Rolle. Im Bereich der Menschenrechte und Demokratie fördert die EU durch ein von der Kommission verwaltetes Programm den Aufbau demokratischer Institutionen und der Zivilgesellschaft.[34] Verstoßen afrikanische Regierungen gegen „essentielle Prinzipien der Kooperation", so können Leistungen der EU nach einem Schlichtungsverfahren suspendiert werden. In den 90er Jahren, die eine deutliche Zunahme gewalttätiger Konflikte bis hin zum Völkermord in Ruanda auf den Kontinent sahen, entwickelte die EU ihr sicherheitspolitisches Engagement.[35] Einerseits ist die Union zu einem zentralen Unterstützer der Sicherheitsanstrengungen der bisher nur schwach institutionalisierten Afrikanischen Union (AU) geworden. Allein die African Peace Facility der EU für AU-Friedenseinsätze umfasst 300 Millionen Euro. Andererseits intervenierte die EU militärisch aus humanitären Gründen im Ostkongo 2003 (Operation Artemis) und um den fragilen Friedensprozess im Land

32 Vgl. für eine aktuelle Bestandsaufnahme Müller-Brandeck-Bocquet, Gisela u.a. (Hg.): Die Afrikapolitik der Europäischen Union. Neue Ansätze und Perspektiven, Opladen 2007.

33 Ca. 90% der Mittel fließen nach Afrika.

34 Vgl. Schmidt, Siegmar, 2008: Die Demokratie- und Menschenrechtspolitik der Europäischen Union, in: Ferdowsi, Mir A. (Hg.): Afrika – ein verlorener Kontinent?, München, 2. Auflage, S. 291-320.

35 Schmidt, Siegmar, 2007: Die EU-Sicherheitspolitik gegenüber Subsahara-Afrika, in: Müller-Brandeck-Bocquet u.a., in: Müller-Brandeck-Bocquet, Gisela u.a. (Hg.): Die Afrikapolitik der Europäischen Union. Neue Ansätze und Perspektiven, Opladen, S. 93-126.

abzusichern, entsandte sie neben kleineren Polizeimissionen eine Militärmission im Jahr 2006 zur Unterstützung der ersten demokratischen Wahlen im Kongo nach über 40 Jahren.

Während diese zeitlich und vom Umfang her sehr begrenzten Missionen relativ unproblematisch waren, von der UN übernommen wurden und kaum auf Kritik stießen, ist die 2007 angelaufene EUFOR-Mission im Tschad und der Zentralafrikanischen Republik problematischer. Die Mission soll die Ausweitung des Darfur-Konfliktes auf die Nachbarstaaten unterbinden, die dortigen Flüchtlingslager (mit bis zu 500.000 Flüchtlingen) sichern sowie dort tätige UN-Polizei unterstützen und die Arbeit von Hilfsorganisationen gewährleisten. Die 4000 Soldaten werden ganz überwiegend von Frankreich gestellt und der Oberbefehl liegt in französischen Händen. Das umfassende Mandat ist angesichts des sehr begrenzten Kontingents von zumeist französischen Soldaten und schwierigen logistischen Verhältnissen überambitioniert. Ein noch schwerwiegenderes Problem könnte sich aus der ambivalenten Führungsrolle Frankreichs ergeben. Zwischen Frankreich und den Diktatoren in beiden Ländern bestehen Beistandspakte und die Anwesenheit französischer Truppen in der tschadischen Hauptstadt verhinderte, dass Rebellenorganisationen die Macht übernahmen. Fraglich ist, inwieweit Frankreich neutral bleiben kann und nicht eigene machtpolitische Ziele unter dem Deckmantel der EU verfolgt. Da Frankreich politisch auf der Seite des korrupten und die Menschenrechte verletzenden Regimes des tschadischen Präsidenten Idress Déby steht, besteht darüber hinaus die Gefahr, dass die EU nicht mehr als neutral gilt und der Auftrag der Mission, die Flüchtlinge aus Darfur zu schützen, negativ beeinträchtigt werden kann.

Die EU verstärkte ihr politisches Engagement in Afrika in den letzten Jahren beträchtlich. Ende 2005 wurde zum ersten Male nach fast 50 Jahren entwicklungspolitischer Kooperation eine Afrikastrategie verabschiedet. Inhaltlich unterfüttert wurde die Strategie durch eine Governance- und Infrastruktur Initiative. Ende 2007 folgte dann das mehrfach verschobene 2. Europäisch-Afrikanische Gipfeltreffen in Lissabon, auf dem eine Strategische Partnerschaft und ein 50seitiger Aktionsplan für den Zweijahreszeitraum 2008-2010 verabschiedet wurden. Diese Dokumente stellen den bislang umfangreichsten Rahmen für eine potentiell intensive Zusammenarbeit auf nahezu allen Gebieten dar. Inwieweit die ehrgeizigen Pläne realisiert werden, bleibt abzuwarten, da erstens das europäische Engagement Konkurrenz durch China bekommen hat und die zum größten Teil an zahlreiche Bedingungen gebundene Hilfe der EU sich nicht als attraktiv für afrikanische Regierungen erweisen könnte. Zweitens deutet der jahrelange Streit über die Teilnahme Simbabwes an dem Gipfeltreffen an, dass auch in der für die EU so zentralen Wertefrage durchaus Unterschiede bestehen.

Das umfassende und mit Risiken behaftete EU-Afrika-Engagement demonstriert den Anspruch der EU, ein bedeutender Akteur in Afrika zu sein. Sie ist geradezu ein Paradebeispiel für die unionstypische „zusammengesetzte" Außenpolitik, die sich aus dem Neben- und Miteinander (manchmal auch Gegeneinander) der intergouvermentalen und supranationalen Institutionen und Elemente ergibt. Die Kommission verwaltet die humanitäre Hilfe, die Demokratie- und Menschenrechtsförderung, die Beziehungen zur AU, das umfangreiche Entwicklungsprogramm sowie die damit verbundene Handelspolitik und der Rat ist für die primär politischen Beziehungen und die ESVP-Militär- und Polizeieinsätze zuständig. Die EU verfügt dabei über ein weites Spektrum an Instrumenten und Programmen, die deutlich über die Handlungsmöglichkeiten der einzelnen Mitgliedstaaten hinausgehen. Inwieweit die einzelnen Institutionen kohärent handeln und die Politiken, Programme und Strategien sich komplementär zueinander verhalten, ist von Fall zu Fall sehr unterschiedlich. Reibungsverluste in Form von Kompetenzgerangel und langen Entscheidungszeiten und die fast schon traditionellen Kohärenzprobleme zwischen Handels- und Entwicklungshilfe-Interessen beeinträchtigen die Wirksamkeit der EU-Politik. Hinzu kommt, dass einzelne Mitgliedstaaten Sonderinteressen haben und durchaus von der EU-Linie abweichen oder, wie Frankreich im Tschad, die EU-Politik zu instrumentalisieren versuchen. Diese Kohärenz- und Kooperationsprobleme erschweren die Handlungsfähigkeit und Effektivität der EU-Außenpolitik auf dem Balkan und dem afrikanischen Kontinent.

Die EU in der Georgien-Krise

Im August 2008 brach der seit Anfang der 90er Jahre „tiefgefrorene“ latente Konflikt zwischen Georgien und der abtrünnigen Provinz Südossetien aus. Georgische Militäreinheiten drangen nach Südossetien vor, das sich Anfang der 90er Jahre völkerrechtswidrig für autonom erklärt hatte, woraufhin russische Truppen einen massiven Gegenangriff starteten und militärisch rasch die Oberhand gewannen. Die EU reagierte sehr schnell. Auf einer Sondertagung des Rates legte die EU bereits am 13. August 2008 – fünf Tage nach Beginn der Kampfhandlungen – einen Sechs-Punkte Plan vor, der die Grundlage für die daraufhin einsetzenden Vermittlungsbemühungen der EU bildete.[36] Die Shuttle-Diplomatie des französischen Staatspräsidenten Sarkozy wurde dabei von der Bundesregierung geführt und Großbritannien, das sich im Hintergrund hielt, unterstützt. Es gelang der EU in schwierigen Verhandlungen einen Waffenstillstand zu vermitteln und die Kriegsparteien zu überzeugen, ihren Sechs-Punkte Plan im Großen und Ganzen anzunehmen. Der Sechs-Punkte-Plan enthielt neben anderen Aspekten: Beendigung der Gewalt von beiden Seiten, Gewährung des freien Zugangs für humanitäre Hilfe, Rückzug der georgischen und russischen Streitkräfte und Beginn internationaler Diskussionen über die Sicherheit und Stabilität Abchasiens und Südossetiens. Auf einer Sondertagung des Europäischen Rates beschloss die EU am 1. September 2008, eine Konferenz über den Wiederaufbau einzuberufen und die OSZE mit einer Untersuchung über den Kriegsausbruch zu beauftragen.[37]

Das erfolgreiche Krisenmanagement war ein internationaler diplomatischer Erfolg, der vor allem dem großen Engagement der französischen Ratspräsidentschaft und der engen Zusammenarbeit innerhalb der EU zu verdanken war. Er unterstreicht, dass politischer Wille und entschlossene Persönlichkeiten Voraussetzungen für außenpolitisches Handelns auch im Falle der EU sind. Hier liegt ein struktureller Schwachpunkt der EU-Außenpolitik: Das nach wie vor gültige Prinzip der halbjährlich rotierenden Präsidentschaft in der EU führt dazu, dass auch wenig handlungsbereite und –fähige EU-Mitglieder die EU nach außen vertreten. In der Rückschau und im Vergleich mit der Reaktion gegenüber der Georgien-Krise erscheint die Zerstrittenheit der EU in der Irak-Krise als eine Ausnahme. Andererseits darf der Erfolg der EU in der Georgien-Krise nicht darüber hinwegtäuschen, dass innerhalb der EU über die Frage der künftigen Beziehungen zu Russland und zur Ukraine keine Einigkeit herrscht.

Die Fallstudien zur Stabilisierungspolitik auf dem Balkan und der mehrdimensionalen Außenpolitik in Subsahara-Afrika sowie die Georgien-Krise demonstrieren, dass die EU in

36 Außerordentliche Tagung des Rates für Allgemeine Angelegenheiten und Außenbeziehungen vom 13. August 2008: Schlussfolgerungen des Rates zur Lage in Georgien, Brüssel 13.8.2008, Dok. 12460/08.

37 Extraordinary European Council, Schlussfolgerungen der Präsidentschaft, Brüssel, den 1.9.2008, Dok. Nr. 12594/08.

erster Linie eine regional auf die Nachbarregionen und Nachbarkontinente begrenzte Außenpolitik betreibt.[38] Die Bestandsaufnahme der EU Außenpolitik anhand von Fallstudien in einem neueren Sammelband, von Peter Schlotter und Mathias Joop herausgegeben, kommt zu einem ebenfalls positiven Urteil über GASP/ESVP in der Praxis.[39] Ziel des Bandes ist es, die Akteursqualität und damit die Handlungsfähigkeit der EU zu bestimmen. In den acht Fallstudien untersuchen die Autoren, inwieweit die EU Außenpolitik Kohärenz, und Stringenz besitzt, über ausreichende Kapazitäten und Legitimation verfügt sowie kooperationsfähig ist und durch Akteure anerkannt wird. [40] Das Ergebnis der Untersuchungen lautet verkürzt: Die EU ist auf dem Wege zu einem kollektiven Akteur und geht über intergouvermentale Ansätze hinaus. Der EU-Außenpolitik wird dabei attestiert, „relativ" erfolgreich zu sein, „schon allein deshalb, weil isolierte einzelstaatliche Alternativen häufig nicht vorhanden sind."[41]

Eine Schlüsselrolle sehen die Autoren für die EU-Kommission aufgrund ihres Initiativrechtes und für den Arbeitsstab (Policy Unit) des Hohen Vertreters. Die Effizienz der EU-Außenpolitik wird allerdings in einigen Fällen durch Sonderinteressen einzelner Mitgliedstaaten und bürokratische Reibungsverluste gebremst. Schwierigkeiten bereit es der EU, eine kohärente Politik gegenüber Russland und den USA zu formulieren, da hier die Interessen der Mitgliedstaaten sehr unterschiedlich sind. Dies gilt vor allem für die neuen mittelosteuropäischen Mitgliedstaaten, die ihre Außenpolitik stark auf die USA ausrichten.

4 Aktuelle Entwicklungen und Herausforderungen – wie weiter mit GASP und ESVP?

Die grundlegende These dieses Beitrages lautete, dass die Entwicklung der EU zu einem handlungsfähigen außen- und sicherheitspolitischem Akteur in den zurückliegenden 15 Jahren deutliche Fortschritte erreicht hat, auch wenn nach wie vor Defizite bestehen. Angesichts einer Vielzahl von Faktoren, die auf die EU-Außenpolitik einwirken, darunter sich verändernde internationale Rahmenbedingungen, die Politik der Obama-Administration, die Positionen der Mitgliedstaaten, die Art der Herausforderungen etc., soll hier keine Prognose über den Kurs der EU-Außenpolitik – zwischen den Extremen der Weiterentwicklung zu einem kohärenten Akteur einerseits oder gar der Rückentwicklung zu einer bloßen Koordination wie zu Zeiten der EPZ andererseits – versucht werden. Im Folgenden sollen vielmehr drei wichtige Determinanten für die zukünftige Entwicklung der GASP/ESVP diskutiert werden. Zunächst werden die Bestimmungen des Reformvertrages unter der Frage erörtert, inwieweit sie wichtige, zukunftsweise Veränderungen einleiten können.

38 Andere Autoren hingegen betonen, die EU sei ein globaler Akteur, der vor allem Beziehungen zu Großregionen und weniger zu einzelnen Staaten unterhalte, vgl. Hettne, Björn/Söderbaum, Fredrik, 2005: Civilian Power or Soft Imperialism? The EU as a Global Actor and the Role of Interregionalism, in: European Foreign Affairs Review, 10, S. 535-552. Angemerkt sei hier, dass es zwar durchaus enge Beziehungen z.B. zu Lateinamerika gibt, aber dass die Möglichkeiten der EU mit ihren spezifischen und effektivsten Instrumenten, wie Erweiterung, Nachbarschaftspolitik und Stabilisierung, hier nicht bestehen.

39 Vgl. Jopp, Mathias/Schlotter, Peter (Hrsg.), 2007: Kollektive Außenpolitik – Die Europäische Union als internationaler Akteur, Baden-Baden. Die empirische Analyse der EU-Außenpolitik wäre wahrscheinlich noch positiver ausgefallen, wenn erstens die EU-Reaktion in der Georgien-Krise und die neueren Entwicklungen in der EU-Afrikapolitik noch hätten berücksichtigt werden können.

40 Ebenda. S. 11-12.

41 Ebenda, S. 385.

Zweitens wird die sich abzeichnende Diskussion über die strategische Ausrichtung der ESVP skizziert, die eng mit der Frage nach Charakter und Identität der EU in der internationalen Politik verknüpft ist.

Drittens sollen außenpolitische Positionen der 2004 beigetretenen mittelosteuropäischen Staaten auf ihre Verträglichkeit mit der GASP/ESVP hinterfragt werden.

4.1 Antworten durch den Reformvertrag?

Da der Lissabonner Vertrag endlich in Kraft getreten ist, soll hier der Frage nachgegangen werden, inwieweit der Reformvertrag wichtige Veränderungen für die GASP/ESVP enthält und die Akteursqualität der EU erhöht. Die institutionellen Reformen nehmen sich auf den ersten Blick bescheiden aus: Im Zuge der Ausdehnung der Amtszeit des Präsidenten des Europäischen Rates auf 2,5 Jahre erhält die GASP mehr personelle Kontinuität und damit die Außenvertretung der EU insgesamt. Mit diesem Reformschritt wird eine seit Jahrzehnten erhobene Forderung gerade der außenpolitischen Praktiker erfüllt, die in der bisherigen halbjährlich wechselnden Präsidentschaft ein großes Manko der EU-Außendarstellung sahen. Gleichzeitig zur Aufwertung der Präsidentschaft wird auch das Amt des Hohen Vertreters der GASP aufgewertet. Die ursprünglichen Pläne eines EU-Außenministers scheiterten vor allem am britischen Widerstand. Während die Umbenennung des Amtes in *Hoher Vertreter für die Außen- und Sicherheitspolitik* noch als sprachliche Kleinigkeit bewertet werden kann, sind die Übernahme der Aufgaben des Kommissars für die Außenbeziehungen sowie das Amt des Vizepräsidenten der Kommission substantielle Erweiterungen. Der Hohe Vertreter trägt damit einen Doppelhut als Kommissar und Beauftragter des Rates, womit die Trennung zwischen intergouvernementalen und supranationalen Institutionen weiter verschwimmt. Zusätzlich erhält der Hohe Vertreter auch den Vorsitz im Rat für Auswärtige Angelegenheiten, der zukünftig vom Rat für allgemeine Angelegenheiten getrennt tagt. Weiterhin ist er für die Kohärenz der auswärtigen Beziehungen verantwortlich, wobei unklar ist, was dies in der Praxis bedeuten kann. Nach kontroversen Diskussionen beschloss die EU auf der Lissabonner Ratstagung auch die Einrichtung eines Auswärtigen Dienstes der EU zur Unterstützung des Hohen Vertreters. Er wird sich künftig aus Vertretern der diplomatischen Dienste der Mitgliedstaaten zusammensetzen, wobei die Modalitäten noch geklärt werden müssen.

Mit der Bündelung der Zuständigkeiten beim Hohen Vertreter kann grundsätzlich die Effizienz der EU-Außenpolitik gestärkt werden. Allerdings, so argumentieren Wolfgang Wessels und Andreas Hoffmann, sind die Kompetenzabgrenzungen zum Präsidenten des Europäischen Rates vage und Restrukturierung der Kommission wirft ebenfalls Fragen der Arbeitsorganisation auf.[42]

Abzuwarten bleibt, inwieweit das modifizierte Verfahren der verstärkten Zusammenarbeit, für das nun mindestens 9 Mitgliedstaaten erforderlich sind, die Effektivität der GASP/ESVP erhöhen kann. Für die Zukunft der Sicherheits- und Verteidigungspolitik von hoher Bedeutung ist das dem Vertrag angehängte Protokoll über die Ständige Strukturierte Zusammenarbeit. Die EU bekräftigt hier zunächst, dass durch die Sicherheitspolitik das volle Spektrum der Petersberg-Aufgaben abgedeckt werden soll und dass ein Ausbau der

42 Wessels, Wolfgang/Hoffmann, Andreas, 2008: Kein Konsens über Kohärenz? Auswärtiges Handeln der EU nach Lissabon, in: WeltTrends 42, 16. Jahrgang, S. 21-33.

Fähigkeiten verstärkte Anstrengungen erfordere. Die Teilnahme an der Ständigen Strukturierten Zusammenarbeit stehe allen Mitgliedern offen. Die teilnehmenden Staaten verpflichten sich entweder zur Teilnahme an multinationalen Streitkräften oder dazu, die eigenen nationalen Kapazitäten im Sinne der vereinbarten Rüstungsziele und Truppenbereitstellung auszubauen. Konkretes Ziel bis 2010 ist die Aufstellung der Battle Goups, die bereits weit fortgeschritten ist. Der EDA kommt eine Schlüsselstellung zu, da sie die Koordination der Planungen hinsichtlich Interoperationalität, Aufstellung von Einheiten und Planung von europäischen Rüstungsprogrammen übernimmt. Mit den Bestimmungen des Protokolls versucht die EU, die gravierenden Lücken in den Kapazitäten zu vermindern.[43] Längerfristig wird dafür eine „Europäisierung" der nationalen Streitkräfte – in der Summe über 2 Millionen Soldaten – sowie der zumindest teilweisen nationalen Verteidigungsplanung zugunsten einer stärkeren europäischen Komponente erforderlich sein. Sollte der Vertrag in Kraft treten, bildet das Protokoll eine Chance, die militärische Kooperation auszubauen. Voraussetzung für eine effektive europäische Sicherheitspolitik wird aber eine über das bisherige Berlin-Plus-Abkommen hinausgehende Zusammenarbeit mit der NATO sein. Die bisherige Regelung spricht den USA praktisch eine Vetoposition zu, womit die EU letztlich nur auf NATO-Kapazitäten zurückgreifen kann, wenn keine Interessen der USA berührt sind. Die 1999 beschlossenen Streitkräfte von 60.000 Mann für eine Eingreiftruppe sind getrennt von NATO-Kapazitäten kaum realisierbar.[44]

Der Lissabonner Vertrag sieht wichtige Reformen und Ergänzungen für GASP und ESVP vor, stellt aber keine Revolution in der Außenpolitik dar: GASP/ESVP bleiben als eigene Säule bestehen und damit wird der intergouvermentale Charakter der GASP/ESPV bestätigt. Die Ständige Strukturierte Zusammenarbeit beinhaltet durchaus Potential für eine höhere Effektivität im militärischen Bereich. Der Ausbau der militärischen Zusammenarbeit bedarf jedoch einer Ausformulierung des sicherheitspolitischen bzw. strategischen Konzeptes, wie der folgende Abschnitt argumentiert.

4.2 Die Diskussion über Defizite im strategischen Konzept und die Frage nach der außenpolitischen Identität der EU

Die ESS, so wurde bereits argumentiert, stellt zweifelsohne einen konzeptionellen Fortschritt für die GASP/ESVP dar, doch ist sie keine wirkliche Strategie. Eine Strategie bzw. ein strategisches Konzept muss dabei primär immer politischer Natur sein und schafft dadurch erst den Rahmen für militärische Fähigkeiten und Erfordernisse. Es fehlt, so Trevor Salmon, ein „Defence White Paper" der EU.[45] Das Fehlen eines in der politischen Realität operationalisierbaren und außenpolitische Handlungen legitimierenden Konzepts macht sich immer deutlicher bemerkbar. So ist es auffällig, dass es erst in drei Fällen gelungen ist, Gemeinsame Strategien zu entwickeln. Gemeinsame Strategien verabschiedete der Europäische Rat zu Russland, zur Ukraine und zur Mittelmeerregion. Zumindest die ersten beiden, darunter insbesondere die EU-Russland-Strategie, die 1999 verabschiedet wurde, sind mittlerweile von der Realität völlig überholt worden und bedürfen (auch aufgrund der Energie-

43 Vgl. ausführlich Biscop, Sven, 2008: Permanent Structured Cooperation and the Future of ESDP: Transformation and Integration, in: European Foreign Affairs Review, Vol. 13, S. 431-448.

44 Ebenda, S. 446.

45 Salmon, 2005, S. 378.

abhängigkeit von Russland) einer kompletten Neufassung. In den bereits seit einigen Jahren laufenden Verhandlungen gelang es der EU nicht, eine gemeinsame Linie zu finden. Die baltischen Staaten und vor allem Polen treten dabei für eine härtere Gangart gegenüber Russland ein und forderten während der Georgien-Krise Sanktionen der EU, was von Deutschland und Frankreich kategorisch abgelehnt wurde. Die Verhandlungen mit Russland, die erst nach dem Abzug der russischen Truppen aus Georgien beginnen sollen, werden daher sehr schwierig werden. Wie im folgenden Abschnitt (c) deutlich wird, liegen den Problemen einer Neukonzeption der EU-Russlandpolitik nicht schlichte Meinungsverschiedenheiten zwischen mittelosteuropäischen Staaten und den der Mehrheit der „alten" Mitglieder zugrunde, sondern tief greifende Unterschiede in Bedrohungsperzeptionen und der sicherheitspolitischen Ausrichtung.

Das konzeptionelle Defizit macht sich auch im sicherheitspolitischen Engagement in der EU-Afrikapolitik bemerkbar. Das Beispiel der EUFOR-Mission im Tschad und der Zentralafrikanischen Republik (ZAR) zeigt die Probleme eines fehlenden Konzeptes auf. Erst der Mangel an Konzepten (und Interessen auf Seiten vieler Mitgliedstaaten in diesem Fall) ermöglicht es Frankreich, die Agenda und die Logik des Einsatzes gemäß seinen Zielen zu definieren. Bedenklich für die Glaubwürdigkeit der EU ist auch, dass nach dem Beschluss in diesen Konflikt einzugreifen, Monate vergingen, da auf Seiten der EU kaum Bereitschaft vorhanden war, sich an der Mission mit Truppen zu beteiligen. Verständlicherweise wird daher in einem Diskussionsbeitrag eine „ehrliche Debatte über die Art der Einsätze, welche die EU leisten kann und will" angemahnt.[46] Zweifellos gehört die EU Afrikapolitik zu den weitaus fortgeschrittensten Regionalstrategien der EU, doch fehlt bisher ein konkretes, ausdifferenziertes sicherheitspolitisches Konzept für Militäreinsätze. Inwieweit die Risikobereitschaft und der politische Wille hierfür auf Seiten der Mitgliedstaaten vorhanden sind, wird sich zeigen. Die EU wird den Fragen nach weiteren Militäreinsätzen nicht ausweichen können, denn die sicherheitspolitische „Nachfrage" nach europäischen Ressourcen, inklusive Militäreinsätzen, von afrikanischer Seite und den Vereinten Nationen, die bislang die EU geradezu zu den Einsätzen drängten, wird angesichts der eigenen unzureichenden Kapazitäten von AU und UN anhalten.

Die Fortschritte in militärischen und sicherheitspolitischen Bereich, die zunehmende Sichtbarkeit der EU als globaler Akteur und regionale Ordnungsmacht auf dem Balkan resultiert in der Notwendigkeit, Konzepte und strategische Ziele zu definieren, berührt damit auch das außenpolitische und sicherheitspolitische Selbstverständnis der Union. Diskutiert wird dabei, inwieweit die EU angesichts des Ausbaus militärischer Fähigkeiten noch Zivilmacht sein kann. Das Konzept der Zivilmacht als Charakterisierung der EU-Außenpolitik geht auf Francois Duchêne zurück, der den Begriff in den siebziger Jahren prägte. In der wissenschaftlichen Diskussion wurde er von Hanns Maull wieder aufgegriffen zur Charakterisierung zunächst der deutschen und japanischen Außenpolitik.[47] Vereinfacht ausgedrückt, meint die Charakterisierung der EU als Zivilmacht, dass erstens die EU-Außenpolitik wertgebunden ist und demzufolge aktiv die Einhaltung von Menschenrechten und demokratischen Prinzipien fördert. Zweitens enthält die Zivilmachtsorientierung, dass sie sich zuvörderst ziviler, vor allem außenwirtschaftlicher Instrumente (Handelserleichterungen, Marktzugang, Konditionalität, Wirtschaftssanktionen) bedient. Die EU wird daher auch

---

46 Brockmann, Kathrin/Göler, Daniel, 2008: Europäische Streitkräfte im Treibsand, DGAP Standpunkt Nr. 7, S. 1.

47 Vgl. zusammenfassend Maull, Hanns W., 2007: Deutschland als Zivilmacht, in: Schmidt, Siegmar/Wolf, Reinhard/Hellmann, und Gunther(Hrsg.): Handbuch der deutschen Außenpolitik, Wiesbaden, S. 73-84.

häufig als „soft power“ beschrieben und stellt geradezu eine Antipode zur amerikanischen Außenpolitik der Bush-Administration dar. Die akademische Diskussion über den Charakter und das Selbstverständnis der EU-Außenpolitik ist bereits in vollem Gange. Die Diskussion konzentriert sich weniger auf konkrete Probleme von Militäraktionen oder institutionelle Veränderungen als auf die generelle Ausrichtung der EU-Außenpolitik. In einem provokanten Artikel kritisiert Giovanna Bono[48] vor allem die zunehmende Dominanz einer sicherheitspolitischen Logik („securitization“) und die mangelhafte politische, sprich parlamentarische Kontrolle der ESVP. Die zunehmende *Brüsselisierung* der ESVP stehe dabei im Gegensatz zur bisherigen Zivilmacht-Orientierung. In einer scharfen Erwiderung weist Hanns Maull[49] die Argumente zurück, wobei er hervorhebt, dass die EU-Militäraktionen UN-legitimiert seien, die Kapazitäten höchstens ausreichten, um die Petersberg-Aufgaben zu erfüllen, der Wille zu Militäreinsätzen beschränkt sei und dass die bisherigen Militäraktionen von der Öffentlichkeit unterstützt werden. Die überwiegende Mehrzahl der Diskussionsbeiträge bestätigt Maulls Einschätzung. So argumentiert Richard Whitman, dass die EU Sicherheitspolitik auch nach Militärmissionen auf dem Balkan ihre bisherige Zivilmachtsorientierung beibehalten hätte,[50] dass es aber für ein endgültiges Urteil noch zu früh sei. Jopp/Schlotter bilanzieren: „Das Selbstverständnis des Akteurs EU ist nach wie vor auf eine Zivilmacht hin orientiert, sein militärisches Krisenmanagement bewegt sich auf einem relativ niedrigen Anspruchsniveau überwiegend in Form von friedenserhaltenden und friedensschaffenden Missionen.“[51] Auch wenn die Kritik von Giovanna Bono nicht überzeugen kann, so stellt sie die wichtige Frage nach der Legitimität und damit der Akzeptanz und Unterstützung der veränderten Außen- und Sicherheitspolitik der EU.

Langzeitanalysen des Eurobarometers[52] für die EU-15 zeigen eine anhaltend hohe Unterstützung von durchschnittlich 70% der Befragten für eine gemeinsame Außenpolitik und Sicherheitspolitik: Besonders hoch ist die Unterstützung für eine europäische Terrorismusbekämpfung. Überraschend hoch fällt auch die Zustimmung zu einer schnellen Eingreiftruppe der EU mit ca. 70% der Befragten europaweit aus. Die Bedeutung außen- und sicherheitspolitischer Fragen nahm für die Befragten in den letzten Jahren stetig zu. Zu vermuten ist, dass die Haltung zu Militäraktionen vor allem von ihrem Verlauf abhängt. Die wichtigsten Unterschiede in den Einstellungen der Bevölkerung in den neuen und den alten Mitgliedsländern (EU-15) zeigen sich bezüglich der Einschätzung der regionalen Prioritäten: Deutliche Mehrheiten in den neuen Mitgliedsländern treten für eine enge Kooperation oder sogar die Mitgliedschaft beispielsweise der Ukraine ein.[53] Unterschiede zeigen sich

48 Bono, Giovanna, 2006: The perils of conceiving EU Foreign Policy as a „civilizing” force, in: International Politics and Society (IPG) 1/2006, S.150-163.

49 Maull, Hanns W., 2006: The perils of NOT conceiving European Foreign Policy as a civilian project, in: International Politics and Society (IPG) 1/2006, S.164-172.

50 Whitman, Richard, 2006: Muscles from Brussels: the demise of civilian power Europe? In: Elgström, Ole/ Smith Michael (Hrsg.): The European Union's roles in international politics, London and New York, S. 101-117.

51 Jopp, Mathias/Schlotter, Peter, 2007: Kollektive Außenpolitik – Die Europäische Union als internationaler Akteur, in: dies. (Hrsg.), 2007: Kollektive Außenpolitik – Die Europäische Union als internationaler Akteur, Baden-Baden, S. 390.

52 Alle Angaben beziehen sich auf Oppermann, Kai/Höse, Alexander, 2007: Public Opinion and the Development of the European Security and Defence Policy, in: European Foreign Affairs Review, Vol. 12, no. 2, S. 149-167.

53 Vgl. Eurobarometer Spezial vom September 2007 zur Nachbarschaftspolitik, abrufbar unter http://ec.europa.eu/public_opinion/archives/ebs/ebs_285_en.pdf.

tendenziell in den Einstellungen zu den USA und zur NATO, die von den Bevölkerungen in den neuen Mitgliedstaaten generell weitaus positiver bewertet werden als in den meisten älteren EU-Mitgliedstaaten. Allerdings gingen die positiven Umfragewerte im Verlaufe der amerikanischen Irak-Intervention deutlich zurück und die Intervention wurde nicht von der Bevölkerungsmehrheit in den Staaten unterstützt.[54]

4.3 Schwierige Partner? Die neuen mittelosteuropäischen Mitglieder

Für die Zukunft von GASP/ESVP wird das Verhalten der 2004 und 2007 beigetretenen mittelosteuropäischen Länder von großer Bedeutung sein. Vertreter dieser Länder nahmen zwar schon vor dem offiziellen Beitritt an Ratstagungen als Beobachter sowie am Verfassungskonvent teil, doch waren sie nicht durch die jahrzehntelange Zusammenarbeit EU-sozialisiert. Allerdings ist es sicherlich nicht die fehlende Sozialisation im EPZ- und GASP-Rahmen allein, die für die intra-europäischen Spannungen in der Außen- und Sicherheitspolitik verantwortlich ist, sondern es bestehen auch Interessensunterschiede zwischen den „alten" Mitgliedern in zentralen Fragen des transatlantischen Verhältnisses, der Erweiterungspolitik und bezüglich des Ausbaus der Sicherheits- und Verteidigungspolitik. Dies zeigte sich besonders deutlich in der Irak-Krise. In einem offenen Brief stellten sich die neuen Mitglieder mehrheitlich demonstrativ auf die Seite der „Atlantiker" in der EU, Spanien, die Niederlande und Großbritannien. Die Position der mittelosteuropäischen Staaten, die damals noch keine Mitglieder waren, doch deren Beitrittstermin schon feststand, traf auf die schroffe Ablehnung Frankreich. Präsident Chirac erklärte öffentlich, dass die mittelosteuropäischen Staaten „eine gute Gelegenheit zum Schweigen verpasst hätten." Die vom damaligen US-Verteidigungsminister Donald Rumsfeld vorgenommene provokative Einteilung in „old and new Europe" wurde allerdings von Polen und der Republik Tschechien reserviert aufgenommen.[55] In anderen Bereichen der Außenbeziehungen, wie z.B. der Afrikapolitik, besitzen die neuen Mitglieder weitaus weniger klare Interessen, verhalten sich bislang eher passiv und beginnen erst allmählich damit, Positionen zu besetzen und aktiv an der Politikformulierung mitzuarbeiten. Den im Verhalten der mittelosteuropäischen Staaten in der Irak-Krise und in den folgenden Jahren deutlich gewordenen Interessens- und Perzeptionsunterschieden zwischen einem Teil der alten und den neuen Mitgliedern[56] (ohne Malta und Zypern) liegen zwei Motive zugrunde: Vor allem gilt weiterhin die NATO, und damit die USA, als Garant für Sicherheit der Staaten. Diese Haltung hat einerseits historische Ursachen, andererseits reflektiert sie die grundlegende Skepsis gegenüber den militärischen Möglichkeiten und damit der sicherheitspolitischen Bedeutung der EU. Dissonanzen zwischen den mittelosteuropäischen Staaten und vor allem Frankreich, Italien und Deutschland bestehen vor allem in der Frage des Verhältnisses zu Russland[57]und

54 Bugajski, Janusz/Teleki, Ilona, 2006: New Allies, new challenges, Atlantic Bridges: America's new European allies, Lanham et al., S. 28-29.

55 Edwards, Geoffrey, 2006: The New Member States and the Making of EU Foreign Policy, in: European Foreign Affairs Review, Vol. 11, S. 143-162, hier S. 148.

56 Zwischen den mittelosteuropäischen Staaten bestehen durchaus Unterschiede im Hinblick auf historische Erfahrungen z.B. mit Russland und außenpolitische Interessen. Die folgenden Ausführungen spiegeln daher in erster Linie Tendenzen wider, vgl. zu den einzelnen Ländern Bugajski, Janusz/Teleki, Ilona, 2006: New Allies, new challenges, Atlantic Bridges: America's new European allies, Lanham et al.

57 Ebenda, S. 157-159.

daneben in der Reichweite und Zielsetzung der Europäischen Nachbarschaftspolitik, die sich aus der Perspektive einiger neuer Mitgliedsländer bis zum Kaukasus erstrecken sollte. Geradezu auf Empörung stießen die deutsch-russischen Pläne einer Osteseepipeline. Das phasenweise sehr gespannte Verhältnis zwischen Polen und Deutschland und zwischen anderen mittelosteuropäischen Staaten und Frankreich verweist auf ein weiteres Motiv zur Erklärung für das außenpolitische Verhalten der mittelosteuropäischen Staaten: Mit Misstrauen betrachtet wird die führende Rolle großer Staaten in der EU bzw. die außenpolitische Führung der EU durch ein Direktorium der großen Drei – Deutschland, Großbritannien und Frankreich.[58] Im Falle der von diesen drei Staaten wahrgenommenen Führungsrolle beispielsweise in der EU-Iran-Politik geht es nicht darum, dass die mittelosteuropäischen Staaten deren Position nicht teilen, sondern um die Befürchtung bei Entscheidungsprozessen an Rande zu stehen.

Diese verschiedenen Motive erklären, warum die mittelosteuropäischen Staaten einem Ausbau der ESVP in Richtung auf autonome Handlungskapazitäten auch außerhalb des NATO-Rahmens weitgehend ablehnend gegenüberstehen.[59] Daher wird beispielsweise die britische Ablehnung eines separaten EU-Oberkommandos in Brüssel politisch unterstützt. Die Fixierung der neuen Mitglieder auf eine enge Anbindung an die NATO ist jedoch auch aus Sicht dieser Staaten problematisch, da die NATO nach den Vorstellungen der Bush-Administration von einer Territorialstreitmacht zu einer „Toolbox" mit letztlich globaler Reichweite transformiert werden sollte.[60] Auch werden europäische Strukturen im Hinblick auf die Petersburg-Aufgaben und die Situation auf dem Balkan als durchaus sinnvoll betrachtet. Die Unterstützung der amerikanischen Irak-Politik wurde von klaren Mehrheiten in den mittelosteuropäischen Ländern nicht geteilt. Die Instabilität im Irak, die schlechte Nachkriegsplanung der USA und die Menschenrechtsverletzungen im Abu Ghraib Gefängnis ließen die anfänglich mehrheitliche Unterstützung der amerikanischen Politik stetig zurückgehen.[61] Bislang unklar ist auch, inwieweit sich durch die Georgien-Krise die bisherigen Perzeptionen ändern könnten. Aus der Perspektive der mittelosteuropäischen Staaten demonstrierte die Georgien-Krise die Grenzen amerikanischer Handlungsmöglichkeiten. Ob diese Erfahrung und die Energiekrise anlässlich des im Januar 2009 wieder aufgeflammten russisch-ukrainischen Gasstreites zu einer größeren Unterstützungsbereitschaft für eine *Brüsselisierung* der Sicherheitspolitik führen, bleibt abzuwarten. Die hier in ihrer Komplexität keineswegs erschöpfend dargestellten Interessen, Perzeptionen und Ziele der mittelosteuropäischen Staaten in der Außen- und Sicherheitspolitik lassen keine Prognose im Hinblick auf die GASP/ESVP zu. Die Staaten befinden sich einer schwierigen sicherheitspolitischen Balance zwischen EU und USA. Unwahrscheinlich ist sowohl eine völlige Blockade der GASP/ESVP-Entwicklung als auch eine Prioritätenveränderung einseitig zugunsten einer rein europäischen Sicherheitspolitik. Die bislang schon äußerst schwierige Konsenssuche im GASP/ESVP-Rahmen wird sicherlich schwieriger werden, da Sozialisierungseffekte auf beiden Seiten – die alten EU-Mitglieder müssen dabei sicherlich stärker und früher auf die mittelosteuropäischen Staaten zugehen – Zeit benötigen werden. Ein

58 Ebenda, S. 161.

59 Bugajski, Janusz/Teleki, Ilona, 2006: New Allies, new challenges, Atlantic Bridges: America's new European allies, Lanham et al., S. 11.

60 Ebenda, S. 14.

61 Vgl. hier die diesbezüglichen Umfrageergebnisse in ebd. S. 28.

weiterer wichtiger Faktor wird die NATO-Politik der Obama-Administration sein, die sich wohl bald herauskristallisieren wird.

5 Abschließende Bemerkung

Im Jahr 1993, der Maastricht-Vertrag war gerade von den Mitgliedsländern (mit Ausnahme Deutschlands, da hier das Urteil des Bundesverfassungsgerichts abgewartet werden musste) ratifiziert worden, veröffentlichte Christopher Hill, einer der Doyens der EU-Außenpolitikforschung, einen Beitrag mit der folgenden, der damaligen Europaeuphorie widersprechenden Aussage zur EU-Außenpolitik: „The status-quo in European external policy is clearly unsatisfactory and even dangerous. There is now a large gap between what is expected and what can be achieved.“[62] Er begründete die These unter anderem mit unterschiedlichen Interessen, außenpolitischen Kulturen der Mitgliedstaaten und fehlenden Kapazitäten. Ähnlich Trevor Salmon[63], der allein acht Unterschiede – darunter verschiedene historische Erfahrungen, unterschiedliche Verteidigungsstrukturen – nennt, die einen Fortschritt der ESVP nachhaltig behindern können. In einem kürzlich erschienen Beitrag sieht Hill[64] zwar den so oft zitierten „*expectations-capabilities gap*“ nach wie bestehen, doch gleichzeitig hebt er auf die Fortschritte ab: Mit der ESS seien erstmals konzeptionelle Fortschritte gemacht worden, die EU besitze (beschränkte) militärische Fähigkeiten zur Konflikteindämmung – zur Softpower ist Hardpower hinzugekommen, so Hill – und vor allem sei die EU entschlossen, eine von den USA unabhängige Sicherheitspolitik zu betreiben. Diese – alles in allem – positive Bewertung bestätigt dieser Beitrag. Die Akteursqualität der EU sowohl in institutioneller und konzeptioneller Hinsicht als auch im Hinblick auf den politischen Willen hat in den vergangenen 15 Jahren deutlich zugenommen. Damit ist nicht gesagt, dass es keine Defizite mehr gibt und die EU eine global handlungsfähige Macht, vergleichbar den USA, ist. Sie ist vielmehr eine regionale Ordnungsmacht mit einem breiten Spektrum an Fähigkeiten und gleichzeitig eine globale Wirtschaftsmacht. Wie die pessimistische Einschätzung von Hill demonstriert, sind Aussagen über die Zukunft von GASP und ESVP kaum möglich. Dies hat weniger den Grund, dass Sozialwissenschaften generell wenig Prognosepotential besitzen, sondern dass die EU-Integration insgesamt von einer Vielzahl interner und externer Parameter und Dynamiken bestimmt wird, so dass Prognosen leicht auf Sand gebaut sind.[65] Die EU-Außen- und Sicherheitspolitik bleibt ein Langzeitprojekt, dessen Ausgang oder Zielpunkt offen sind.

---

62 Hill, Christopher, 1993: The Capability-Expectations Gap, or Conceptualizing Europe's International Role, in: Journal of Common Market Studies, Volume 31, no. 3, S. 305-328, hier S. 326.

63 Salmon, 2005, S. 374.

64 Hill, Christopher, 2007: The Future of the European Union as a Global Actor, in: Foradori, Paolo et al. (Hrsg.): Managing a Multilevel Foreign Policy, Lanham u.a., S. 3-21.

65 Vgl. hier mit Rekurs auf den Zusammenbruch des Ostblocks: Mair, Charles, 1995: Die Sozialwissenschaften und die Wende: Grenzen der Prognosefähigkeit, in: Lehmbruch, Gerhard (Hrsg.): Einigung und Zerfall, Opladen, S. 315-326.

Literatur

Bendiek, Annegret, 2007: Komplexität und Kohärenz? – Die Geschichte des Stabilitätspaktes für Südosteuropa, in: Jopp, Mathias/Schlotter, Peter, ebenda, S: 211-237

Biscop, Sven, 2008: Permanent Structured Cooperation and the Future of ESDP: Transformation and Integration, in: European Foreign Affairs Review, Vol. 13, S. 431-448

Blockmans, Steven, 2004: EU Conflict Prevention in the Western Balkans, in: Kronenberger, Vincent/Wouters, Jan (Hrsg.): The European Union and Conflict Prevention. Policy and Legal Aspects, S. 293-323

Bono, Giovana, 2006: The perils of conceiving EU Foreign Policy as a „civilizing" force, in: International Politics and Society (IPG) 1/2006, S.150-163

Brockmann, Kathrin/Göler, Daniel, 2008: Europäische Streitkräfte im Treibsand, DGAP Standpunkt Nr. 7.

Bugajski, Janusz/Teleki, Ilona, 2006: New Allies, new challenges, Atlantic Bridges: America's new European allies, Lanham et al.

Chaban, Natalia/Elgström, Ole/Holland, Martin, 2006: The European Union as Others See it, in: European Foreign Affairs Review, 11, S. 245-262

Dembinski, Matthias, 1997: Langer Anlauf – kurzer Sprung. Die Außenpolitik der Europäischen Union nach der Reform von Amsterdam, Frankfurt a.M., HSFK-Report 7/1997

Edwards, Geoffrey, 2006: The New Member States and the Making of EU Foreign Policy, in: European Foreign Affairs Review, Vol. 11, S. 143-162

Elgstroem, Ole/Smith Michael (Hrsg.): The European Union's roles in international politics, London and New York

Giersch, Carsten, 1998: Konfliktregulierung in Jugoslawien 1991-95, Baden-Baden

Gillingham, John R.: The German problem and European integration, in: Dinan, Desmond (Hg.), 2006: Origins and evolution of the European Union, Oxford, S. 55-81

Glöckler-Fuchs, Juliane, 1997: Institutionalisierung der europäischen Außenpolitik, München.

Gordon, Philip H./Shapiro, Jeremy, 2004: Allies at War. America, Europe and the crisis over Iraq, Washington.

Hettne, Björn/Söderbaum, Fredrik, 2005: Civilian Power or Soft Imperialism? The EU as a Global Actor and the Role of Interregionalism, in: European Foreign Affairs Review, 10, S. 535-552.

Hill, Christopher, 1983: Europäische Politische Zusammenarbeit aus nationalen Perspektiven, in: Aaus Politik und Zeitgeschichte B51-52, S. 3-17

Hill, Christopher, 1993: The Capability-Expectations Gap, or Conceptualizing Europe's International Role, in: Journal of Common Market Studies, Volume 31, no. 3, S. 305-328

Hill. Christopher, 2007: The Future of the European Union as a Global Actor, in: Foradori, Paolo (u.a.) (Hrsg.): Managing a Multilevel Foreign Policy, Lanham u.a., S. 3-21

Hill, Christopher/Smith, Karen (Hrsg.), 2000: European Foreign Policy. Key Documents. London and New York

Joergensen, Knud Erik, 2004: Three doctrines on European Foreign policy, in: Welttrends 12, Nr. 42, S. 27-36

Jopp, Mathias/Schlotter, Peter (Hrsg.), 2007: Kollektive Außenpolitik – Die Europäische Union als internationaler Akteur, Baden-Baden

Jopp, Mathias/Schlotter, Peter, 2007: Kollektive Außenpolitik – Die Europäische Union als internationaler Akteur, in: dies. (Hrsg.), 2007: Kollektive Außenpolitik – Die Europäische Union als internationaler Akteur, Baden-Baden, S. 381-396

Jünemann, Annette/Knodt, Michèle (Hrsg.), 2007: Externe Demokratieförderung durch die Europäische Union. European external democracy promotion, Baden-Baden

Kremer, Martin/Schmalz, Uwe, 2001: Nach Nizza – Perspektiven der Gemeinsamen Europäischen Sicherheits- und Verteidigungspolitik, in: integration (2) 2001, S. 167-178

Kupferschmidt, Frank, 2006: Strategische Partnerschaft auf Bewährung. Siftung Wissenschaft und Politik, SWP 7, Berlin.

Mair, Charles, 1995: Die Sozialwissenschaften und die Wende: Grenzen der Prognosefähigkeit, in: Lehmbruch, Gerhard (Hrsg.): Einigung und Zerfall, Opladen, 315-326.

Maull, Hanns W., 2006: The perils of NOT conceiving European Foreign Policy as a civilian project, in: International Politics and Society (IPG) 1/2006, S.164-172

Maull, Hanns W., 2007: Deutschland als Zivilmacht, in: Schmidt, Siegmar/Wolf, Reinhard/Hellmann, und Gunther(Hrsg.): Handbuch der deutschen Außenpolitik, Wiesbaden, S. 73-84

Merlingen, Michael/Ostrauskaite, Rasa, 2005: ESDP Police Mission: Meaning, Context and Operational Challenges, in: European Foreign Affairs Review, 10, pp. 215-235

Müller-Brandeck-Bocquet, Gisela/Schubert, Klaus (Hrsg.), 2000: Die Europäische Union als Akteur der Weltpolitik, Opladen.

Müller-Brandeck-Boquet, Gisela, 2002 (Hrsg.): Europäische Außenpolitik. GASP- und ESVP-Konzeptionen ausgewählter EU-Mitgliedstaaten, Baden-Baden.

Müller-Brandeck-Bocquet, Gisela u.a. (Hg.), 2007: Die Afrikapolitik der Europäischen Union. Neue Ansätze und Perspektiven, Opladen

Oppermann, Kai/Höse, Alexander, 2007: Public Opinion and the Development of the European Security and Defence Policy, in: European Foreign Affairs Review, Vol. 12 no. 2, S. 149-167.

Pijpers, Alfred/Regelsberger, Elfriede, Wessels/Wolfgang (Hrsg.); 1989: Die Europäische Politische Zusammenarbeit in den achtziger Jahren, Bonn

Rat der Europäischen Gemeinschaften, 2003: Ein sicheres Europa in einer besseren Welt. Europäische Sicherheitsstrategie vom 12. Dezember 2003, abrufbar unter: http://www.consilium.europa.eu/uedocs/cmsUpload/031208ESSIIDE.pdf (letzter Zugriff: 14.9.2008).

Regelsberger, Elfriede, 2007: Die Gemeinsame Außen- und Sicherheitspolitik der EU – Das Regelwerk im Praxistest, in: Jopp, Mathias/Schlotter, Peter (Hrsg.): Kollektive Außenpolitik – Die Europäische Union als internationaler Akteur, Baden-Baden, S. 59-90

Rummel, Reinhardt, 1982: Zusammengesetzte Außenpolitik. Westeuropa als internationaler Akteur, Kehl

Salmon, Trevor, 2005: The European Security and Defence Policy: Built on Rocks or Sand? In: European Foreign Affairs Review, 10, S. 359-379

Schmidt, Siegmar, 2008: Die Demokratie- und Menschenrechtspolitik der Europäischen Union, in: Ferdowsi, Mir A. (Hg.): Afrika – ein verlorener Kontinent?, München, 2. Auflage, S. 291-320

Schmidt, Siegmar, 2007: Die EU-Sicherheitspolitik gegenüber Subsahara-Afrika, in: Müller-Brandeck-Bocquet u.a., ebd. , S. 93-126

Tindemann, Leo, 1975: Report on European Union, 29 December, 1975; abgedruckt in: Hill, Christopher/Smith, Karen (Hrsg.), 2000: European Foreign Policy. Key Documents. London and New York, S. 100-110.

Wessels, Wolfgang, 2004: Theoretical Perspectives. CFSP beyond the supranational and intergouvernmental dichotomy, in: Mahncke, Dieter/Ambos, Alicia/Reynolds, Christopher (Hg.): European Foreign Policy. From Rhetoric to Reality?, Brussels, S. 61-96

Wessels, Wolfgang/Hoffmann, Andreas, 2008: Kein Konsens über Kohärenz? Auswärtiges Handeln der EU nach Lissabon, in: WeltTrends 42, 16. Jahrgang, S. 21-33.

Whitman, Richard, 2006: Muscles from Brussels: the demise of civilian power Europe? In: Elgström, Ole/Smith Michael (Hrsg.): The European Union's roles in international politics, London and New York, S. 101-117.

Stefan Haack

Der Raum der Freiheit, der Sicherheit und des Rechts im Vertrag von Lissabon – Rhetorik oder Integrationsschub?

1 Der „Raum der Freiheit, der Sicherheit und des Rechts" als eigenständiges Integrationsziel unter dem Lissabonner Vertrag

Seit dem Vertrag von Amsterdam 1997 ist die Rede von der Europäischen Union als einem „Raum der Freiheit, der Sicherheit und des Rechts". Dieselbe verheißungsvoll klingende Wendung findet sich nunmehr auch im neuen Lissabonner Vertrag.[1] Unter diesem Oberbegriff des „Raumes der Freiheit, der Sicherheit und des Rechts" werden dabei, wie auch schon bisher, verschiedene Politikbereiche zusammengefasst. Sie umspannen Unionskompetenzen und Modalitäten der mitgliedstaatlichen Zusammenarbeit in den Bereichen von Zivilgerichtsbarkeit und Strafjustiz, Polizei und Grenzsicherung, aber auch auf den Gebieten des Asylrechts und der Einwanderung. Die Gemeinsamkeit jener Aufgabenfelder ergab sich bislang insbesondere aus ihrem Binnenmarktbezug und dem damit zusammenhängenden freien Personenverkehr.[2] Mit dem neu formulierten Art. 3 EUV hebt das Lissabonner Vertragswerk nunmehr den „Raum der Freiheit, der Sicherheit und des Rechts" aus dem Binnenmarktkonzept heraus und erklärt diesen zu einem eigenständigen Integrationsziel[3], das, wie betont zu werden verdient, noch vor der Erwähnung des Binnenmarktes durch Abs. 3 in Art. 3 Abs. 2 EUV aufgeführt wird.

---

1 Die Regeln zum „Raum der Freiheit, der Sicherheit und des Rechts" im Lissabonner Vertrag entsprechen weitestgehend den Bestimmungen des gescheiterten Verfassungsvertrages. Die hierzu veröffentlichte Literatur wird deshalb im Folgenden ohne gesonderte Hinweise zitiert, wo die entsprechenden rechtlichen Regeln von Verfassungsvertrag und Lissabonner Vertrag einander gleichen.

2 Zum Binnenmarktbezug des „Raumes der Freiheit, der Sicherheit und des Rechts" unter dem bisherigen Recht siehe Paul Craig/Gráinne de Búrca, EU Law, 4. Auflage, Oxford 2008, S. 232 ff.; Friedemann Kainer, in: Bodnar/Kowalski/Raible/Schorkopf (Hrsg.), The Emerging Constitutional Law of the European Union, Berlin u.a. 2003, S. 469, 481 ff.; Franz Merli, in: Merli (Hrsg.), Der Raum der Freiheit, der Sicherheit und des Rechts und die Osterweiterung der Europäischen Union, Dresden 2001, S. 17, 20 ff.; Peter-Christian Müller-Graff, in: Müller-Graff (Hrsg.), Der Raum der Freiheit, der Sicherheit und des Rechts, Baden-Baden 2005, S. 11, 16 (der den Raum der Freiheit, der Sicherheit und des Rechts als ein „integrationspolitisches Subkonzept zur Verwirklichung des binnenmarktlichen Raums ohne Binnengrenzkontrollen" versteht – Hervorhebung im Original).

3 Ebenso Jörg Monar, integration 26 (2003), 537, 538; ders., in: Müller-Graff (Hrsg.), Der Raum der Freiheit, der Sicherheit und des Rechts, Baden-Baden 2005, S. 29; Peter-Christian Müller-Graff, in: Hummer/Obwexer (Hrsg.), Der Vertrag über eine Verfassung für Europa, Baden-Baden 2007, S. 283, 284 f.; ders., in: Gaitanides/Kadelbach/Rodriguez Iglesias (Hrsg.), Europa und seine Verfassung, Festschrift für Manfred Zuleeg zum 70. Geburtstag, Baden-Baden 2005, S. 605; abschwächender, tendenziell jedoch in dieselbe Richtung auch Friedemann Kainer, in: Jopp/Matl (Hrsg.), Der Vertrag über eine Verfassung für Europa, Baden-Baden 2005, S. 283, 288 ff.

Die Frage, die sich an diesem Punkt aufdrängt, lautet nun, ob sich mit jener besonderen Hervorhebung des „Raumes der Freiheit, der Sicherheit und des Rechts“ im Lissabonner Vertrag auch inhaltlich eine Verselbständigung und eine Aufwertung dieses Konzeptes verbinden. Oder aber handelt es sich im Vergleich zur bisherigen Rechtslage lediglich darum, die Formulierung noch stärker als bisher zur Geltung zu bringen (um nicht zu sagen: in Szene zu setzen) – um hierdurch die Akzeptanz des Vertragswerkes zu steigern? Soll möglicherweise die anspruchsvolle sprachliche Formel vom „Raum der Freiheit, der Sicherheit und des Rechts“ im Lissabonner Vertrag zuallererst dazu dienen, dem einzelnen Bürger die EU zu vermitteln und durch illustre Begriffe schmackhaft zu machen? „Freiheit“, „Sicherheit“ und „Recht“ besitzen für die meisten, und nicht zuletzt auch für die neuen EU-Bürger in Ost- und Mitteleuropa, eine positive Konnotation – was von anderen Schlüsselbegriffen des Integrationsprozesses wie beispielsweise dem Wort „Binnenmarkt“ nicht von vornherein festgestellt werden kann. Um zu ermitteln, ob sich hinter der gesteigerten Präsenz und Prominenz des „Raumes der Freiheit, der Sicherheit und des Rechts“ im Lissabonner Vertrag mehr als nur Rhetorik verbirgt, sind zunächst die rechtlichen Grundstrukturen dieses Konzeptes in den Verträgen zu untersuchen (2.). Im Anschluss hieran ist zu ergründen, ob mit dem Lissabonner Vertrag auch die konkreten Handlungszuständigkeiten der Union auf diesem Feld ausgebaut worden sind (3.). Ein ganz besonderes Augenmerk ist weiterhin auf die Tätigkeitsformen und die Wirkungen des Unionshandelns zu richten (4.) – wer mit den europarechtlichen Gegebenheiten vertraut ist, weiß einzuschätzen, dass es insbesondere diese Zusammenhänge sind, die letztlich über den Charakter des gesamten Integrationsverbandes entscheiden. Ähnliches gilt auch für die Frage nach dem genauen Beschaffensein des Entscheidungsprozederes in der Union, die viel darüber verrät, welches politische Leitbild das entsprechende Aufgabenfeld determiniert (5.). Ob es sich um Rhetorik handelt oder aber um einen wirklichen Integrationsschub, zeigt schließlich auch ein Blick auf die gerichtlichen Zuständigkeiten des EuGH, die unter der gegenwärtigen rechtlichen Lage sehr oft als unzureichend eingestuft worden sind.

2 Die rechtlichen Grundstrukturen des „Raumes der Freiheit, der Sicherheit und des Rechts“ im Lissabonner Vertrag

Das Konzept des „Raumes der Freiheit, der Sicherheit und des Rechts“ war seit den Vertragswerken von Amsterdam und Nizza durch einen Umstand geprägt, der das Gesamtverständnis dieses Konzeptes und damit auch seine Wahrnehmung als ein Ganzes erschwert hat. Dieser besondere Umstand betraf die Aufteilung der entsprechenden politischen Betätigungsfelder innerhalb der Drei-Säulen-Struktur. Während nämlich die polizeiliche und justizielle Zusammenarbeit in Strafsachen der sogenannten dritten Säule zugeordnet waren und sämtliches Handeln auf diesem Gebiet letztlich intergouvernemental bleiben musste, unterstanden die Bereiche des Asylrechts, der Grenzkontrollen und der ziviljustiziellen Zusammenarbeit dem supranational geprägten Rechtsrahmen der ersten Säule. Mit dem Vertrag von Lissabon entfällt diese bisherige Säulenstruktur.[4] Die Regelungsbereiche, die

4 Hierzu allgemein Jörg Philipp Terhechte, WHI-Paper 3/08, S. 8 ff.; im Zusammenhang des „Raumes der Freiheit, der Sicherheit und des Rechts“ Craig/de Búrca (2008), S. 265; Elspeth Guild/Sergio Carrera, CEPS Working Document No. 231/Oktober 2005, S. 2; Dagmara Kornobis-Romanowska, in: Dann/Rynkowski (Hrsg.), The Unity of the European Constitution, Berlin u.a. 2006, S. 235, 242 ff.; Jörg Monar, in: Neu-

dem „Raum der Freiheit, der Sicherheit und des Rechts“ durch den Vertrag von Amsterdam zugeordnet worden sind, finden sich nunmehr in Titel V des Vertrages über die Arbeitsweise der Europäischen Union (AEUV) zusammengefasst. Inwieweit dies auch inhaltlich eine Abkehr von der früheren Zersplitterung des rechtlichen Handlungsrahmens bedeutet, bleibt im Folgenden zu untersuchen. Die Zusammenführung der verschiedenen Dimensionen des „Raumes der Freiheit, der Sicherheit und des Rechts“ dient jedoch in jedem Fall der rechtlichen Klarheit des gesamten Konzepts[5], das nunmehr als ein Ganzes ausgelegt und praktiziert werden muss. Auseinandersetzungen über die einschlägige Rechtsgrundlage einer Maßnahme, wie sie in der Vergangenheit immer wieder aufgetreten sind[6], können hierdurch zumindest eingedämmt werden.[7]

3 Kompetenzerweiterungen im Bereich des „Raumes der Freiheit, der Sicherheit und des Rechts“ unter dem Lissabonner Vertrag

Die Zuständigkeiten der Europäischen Union im Bereich des „Raums der Freiheit, der Sicherheit und des Rechts“ werden durch den Lissabonner Vertrag in erheblichem Umfang erweitert. Im Folgenden seien lediglich einige besonders bedeutsame Beispiele für einen solchen Ausbau der Unionskompetenzen zusammengestellt:

- Eine neue und inhaltlich bemerkenswerte Rechtsetzungsbefugnis findet sich bereits in Kapitel 1 über die *allgemeinen Bestimmungen* zum „Raum der Freiheit, der Sicherheit und des Rechts“: Art. 75 AEUV erlaubt der Union, zur Terrorismusbekämpfung durch Verordnung einen rechtlichen Rahmen für das „Einfrieren“ von Geldern und Vermögenswerten zu schaffen.
- In den Bereichen von *Grenzkontrollen, Asyl und Einwanderungspolitik* sprechen die Art. 77, 78 und 79 AEUV davon, dass die Union in diesen Bereichen „Politiken“ bzw. „gemeinsame Politiken“ entwickelt.[8] Mittelfristig sollen diese zu einem integrierten Grenzschutzsystem, zu einem gemeinsamen europäischen Asylsystem mit einheitlichem Asylstatus und gemeinsamen Verfahren sowie zu einer gemeinschaftlichen europaweiten Steuerung der Migrationsströme führen.[9] Die bislang mehrfach anzutreffende Begrenzung auf Mindestnormen entfällt.[10] Mögen hierbei auch im Einzelnen noch Einschränkungen bestehen (dies beispielsweise gemäß Art. 79 Abs. 5 AEUV, der die Einwanderungsquoten betrifft), so gehen diese Zuständigkeiten doch deutlich über den bisherigen rechtlichen Rahmen hinaus.[11] Bemerkenswert ist dabei auch die aus-

wahl/Haack (Hrsg.), Unresolved Issues of the Constitution for Europe, Montréal 2007, S. 309, 311; ders. (2003), 536 f.; Thomas Oppermann, Europarecht, 3. Auflage, München 2005, § 24 Rn. 53; vgl. auch (als Statement der Politik) Brigitte Zypries, in: Hofmann/Zimmermann (Hrsg.), Eine Verfassung für Europa, Berlin 2005, S. 105, 110.

5 Guild/Carrera, ebenda, S. 2; aus der Sicht der Politikerin hierzu Zypries, ebenda, S. 110.

6 Dazu Monar (2003), 537.

7 Kornobis-Romanowska (2006), S. 244; Monar (2007), S. 311.

8 Hierzu Craig/de Búrca (2008), S. 265 f. Zum Unterschied von „Politik“ und „gemeinsamer Politik“ in diesem Kontext Monar (2003), S. 540.

9 Dazu Kainer (2005), S. 292 f.; ausführlich Albrecht Weber, ZAR 2008, 55 f.

10 Craig/de Búrca (2008), S. 265 f.; Daniel Thym, WHI-Paper 12/04, S. 11.

11 So auch Thym, ebenda S. 11. Zurückhaltender urteilen demgegenüber Monar (2003), S. 540 und Weber (2008), S. 55.

drückliche vertragliche Fixierung des Solidaritätsgebotes zwischen den Staaten in Art. 80 AEUV, die bisher in dieser Form noch nicht existiert hat.[12] Dass sich diese Solidarität auch auf das Finanzielle erstreckt, stellt Art. 80 Satz 1 AEUV ausdrücklich klar. Insbesondere diese Lastenverteilung hatte in der Vergangenheit immer wieder Spannungen zwischen verschiedenen Mitgliedstaaten verursacht, deren Befindlichkeiten und deren Interessen im Hinblick auf die EU-Außengrenzen der faktischen Lage der Dinge zufolge stark variieren. Der Union wird mit Art. 80 AEUV nunmehr eine wirksame rechtliche Basis geboten, um diese Solidarität deutlicher als bisher einfordern zu können.

- Im Bereich der *justiziellen Zusammenarbeit in Zivilsachen* betont Art. 81 Abs. 1 AEUV den Grundsatz der gegenseitigen Anerkennung gerichtlicher und außergerichtlicher Entscheidungen.[13] Ausdrücklich gestattet werden dabei auch Maßnahmen zur Rechtsharmonisierung. Zu den bisher schon bestehenden weitreichenden Zuständigkeitskatalogen wurden die Sicherstellung des effektiven Zugangs zum Recht, die Entwicklung alternativer Streitschlichtungsmethoden und die Weiterbildung von Richtern und Justizbediensteten hinzugefügt.
- Die gegenseitige Anerkennung von gerichtlichen Entscheidungen und die Angleichung der mitgliedstaatlichen Rechtsvorschriften werden nunmehr durch Art. 82 AEUV auch zur Basis der *justiziellen Zusammenarbeit in Strafsachen* erklärt.[14] Dementsprechend werden die Unionsorgane durch Art. 82 Abs. 1 UAbs. 2 AEUV zu solchen Maßnahmen ermächtigt, die diese gegenseitige Anerkennung absichern sollen und Mindestvorschläge enthalten für die Zulässigkeit von Beweismitteln, für die Rechte der Beschuldigten und für die Rechte der Opfer.[15] Zur Bekämpfung von Straftaten zum finanziellen Nachteil der Union ist der Rat außerdem (gemäß Art. 86 AEUV) dazu berechtigt, eine Europäische Staatsanwaltschaft zu schaffen, die in derartigen Verfahren die Aufgaben der Staatsanwaltschaft vor den Gerichten des Mitgliedstaats übernimmt.[16]
- Im Bereich der *polizeilichen Zusammenarbeit* schließlich werden die Handlungsoptionen der Union insofern erweitert, als es nunmehr gemäß Art. 88 Abs. 2 Satz 1 lit. b AEUV zu den Aufgaben von Europol zählen kann, gemeinsam mit den zuständigen Behörden des Mitgliedstaates zu ermitteln und operativ zu agieren – wovon Zwangsmaßnahmen allerdings nicht mitumfasst sind (Art. 88 Abs. 3 Satz 2 AEUV).[17]

Alles in allem ist damit zu den Zuständigkeiten zu sagen, dass sich die Befugnisse der Union im Rahmen des „Raumes der Freiheit, der Sicherheit und des Rechts" deutlich über den bisherigen Umfang hinaus auf Aufgabenfelder erstrecken, die zu den Kernanliegen jedes neuzeitlichen Staates gehören.[18] Verfassungsrechtlich erscheinen jedoch gerade solche

12 Eingehend dazu Monar (2005), S. 37 f.; ders. (2003), S. 544 f.

13 Vgl. dazu auch Kainer (2005), S. 293 f. und Oppermann (2005), § 24 Rn. 56.

14 Craig/de Búrca (2008), S. 266; Müller-Graff (2007), S. 295 f.; Oppermann (2005), § 24 Rn. 57. Ausführlich dazu Martin Böse, in: Schwarze (Hrsg.), Der Verfassungsentwurf des Europäischen Konventes, Baden-Baden 2004, S. 151, 154 ff.

15 Dazu Müller-Graff (2007), S. 296.

16 Vgl. dazu wiederum Kainer (2005), S. 293; Müller-Graff (2007), S. 297; Monar (2003), S. 542; Thym (2004), S. 13 f.; eingehend hierzu Böse (2004), S. 157 ff.

17 Dazu Monar (2003), S. 542 (wiederum mit größerer Skepsis) und Müller-Graff (2007), S. 297 f.

18 Kainer (2005), S. 287.

Kompetenzzuwächse in hohem Maß problematisch: dies zum einen im Hinblick auf die ganz besondere Grundrechtsrelevanz dieses Bereiches (weil insofern, trotz des Grundrechtsschutzes durch den EuGH, das Risiko steigt, dass europäische Maßnahmen die nationalen Grundrechtsverbürgungen unterlaufen) und dies zum anderen, weil das Straf- und Gewaltmonopol eines Staates ein zentrales Moment seines Staatseins[19] und damit auch ein Gegenstand von Interesse für seine Demokratie ist. Um beide Aspekte zusammenzuführen, lässt sich behaupten, dass die demokratischen Entscheidungsprozesse der Mitgliedstaaten gerade in den Bereichen von höchster Grundrechtsrelevanz an Bedeutung verlieren. Welches Konfliktpotential sich hieraus im Hinblick auf das Zusammenspiel von nationaler Verfassung und europäischen Rechtsetzungsakten ergibt, ist bereits anlässlich des Rahmenbeschlusses zum Europäischen Haftbefehl deutlich geworden.[20]

Umso wichtiger ist es insofern, auch jene Zuständigkeitsbeschränkungen zu berücksichtigen, die aus dem bisherigen Recht in das Lissabonner Vertragswerk überführt worden sind. Insbesondere der Grundsatz der Subsidiarität ist dabei sorgfältig zu prüfen.[21] Zu beachten ist außerdem Art. 72 AEUV, wonach die Kompetenz der Union im Bereich des „Raumes der Freiheit, der Sicherheit und des Rechts" die Zuständigkeit der Mitgliedstaaten für die Aufrechterhaltung der öffentlichen Ordnung und den Schutz der inneren Sicherheit nicht berührt. Dass die Reichweite dieses „ordre-public-Vorbehaltes" in der Praxis höchst problematisch sein wird, zeichnet sich bereits ab: weder ist es eindeutig ersichtlich, welche Zuständigkeiten des Mitgliedstaats damit gemeint sind, noch ist es klar zu bestimmen, wann genau die Union diese Zuständigkeiten „berührt". Der unmittelbare Bezug zur Souveränität des einzelnen Staates, die auf legalem Weg nicht in Frage gestellt werden kann[22], zwingt jedoch dazu, den „ordre-public-Vorbehalt" vom Boden der geltenden Rechtsordnung aus als weitreichend zu interpretieren – es sei denn, dass eine gesamteuropäische Staatlichkeit bewusst entwickelt und die hiermit sich verbindende Ausgestaltung der rechtlichen Ordnung ganz gezielt vorangebracht werden sollen.

4 Die Handlungsformen der Union und ihre rechtliche Wirkung

4.1 Die gegenwärtige Ausdifferenzierung des Handlungsinstrumentariums im Bereich des „Raums der Freiheit, der Sicherheit und des Rechts"

Neben der Frage, was die Union unter dem Lissabonner Vertrag im Bereich des „Raums der Freiheit, der Sicherheit und des Rechts" regeln darf, ist insbesondere zu untersuchen, durch welche rechtlichen Formen sie hierbei agiert. Je mehr die Union dazu befugt ist, unmittelbar geltendes Recht zu erlassen, desto deutlicher löst sich auch das Tätigsein auf diesem Feld von völkerrechtstypischen Mustern. Das Arsenal der Handlungsformen war bislang, je nach Teilbereich, in sich selbst sehr deutlich ausdifferenziert. Das herkömmliche Handlungsinstrumentarium des EG-Rechts stand demnach in den supranational geprägten

19 Siehe dazu Stefan Haack, Verlust der Staatlichkeit, Tübingen 2007, S. 134 ff. und Kainer (2005), S. 287.

20 Vgl. hierzu vor allem die Entscheidungen des BVerfG vom 18. Juli 2005, 2 BvR 2236/04, BVerfGE 113, 273, des polnischen Verfassungstribunals vom 27. April 2005, P1/05 und die Entscheidung des EuGH vom 3. Mai 2007, (Große Kammer), Rs. C-303/05 – Advocaten voor de Wereld ./.Leden van de Ministerraad – , abgedruckt in: EuGRZ 2007, 273.

21 Hierzu (im Hinblick auf den „Raum der Freiheit, der Sicherheit und des Rechts") Monar (2005), S. 38 ff.

22 Dazu ausführlich Haack (2007), S. 387 ff.

Aufgabenfeldern Visa- und Grenzsicherung, Zuwanderung, Asyl und Justizzusammenarbeit in Zivilsachen bereit. Schon bisher wurden also auf diesen Gebieten Verordnungen und Richtlinien erlassen.[23]

Besonderheiten prägten demgegenüber das Handeln der Union im Bereich der polizeilichen und der justiziellen Zusammenarbeit in Strafsachen. Als Gestaltungsinstrumente existierten hierbei bislang gemäß Art. 34 EUV neben gemeinsamen Standpunkten, Beschlüssen und Übereinkommen auch sogenannte Rahmenbeschlüsse. Gekennzeichnet waren diese Rahmenbeschlüsse insbesondere dadurch, dass sie, ähnlich wie die Richtlinien innerhalb der ersten Säule[24], nur hinsichtlich des zu erreichenden Zieles verbindlich sein sollten. Die Wahl der Form und die Wahl der Mittel blieben demgegenüber dem Mitgliedstaat überlassen. Eine unmittelbare Geltung, wie der EuGH sie bei der Nichtumsetzung von Richtlinien annimmt, wird durch Art. 34 Abs. 2 Satz 2 lit. b EUV für Rahmenbeschlüsse ausdrücklich verneint. Was ein solcher Ausschluss jeglicher unmittelbarer Geltung besagt, ist indes nicht vollkommen klar: gesichert erscheint demnach nur, dass Rahmenbeschlüsse keinerlei Rechte und Pflichten für Private begründen[25], sondern ausschließlich für Staaten. Nicht entschieden ist damit jedoch die Frage, welche anderen, mittelbaren Rechtswirkungen sie entfalten. So stellte sich das Problem, ob das nationale Gericht bei der Anwendung mitgliedstaatlichen Rechts Rahmenbeschlüsse berücksichtigen muss. Mit anderen Worten: muss das nationale Recht so ausgelegt werden, dass es den Vorgaben der Rahmenbeschlüsse entspricht – und wenn ja, kann ein Kläger sich *hierauf* berufen?[26] Vom EuGH wurden diese Fragen in der Rechtssache Pupino bejaht.[27] In ihrer rechtlichen Wirkung sind Rahmenbeschlüsse von Richtlinien demnach zuallererst durch den Ausschluss subjektiver Rechtspositionen zu unterscheiden.

4.2 Die Vereinheitlichung des Handlungsinstrumentariums durch den Lissabonner Vertrag

Es zählt zu den großen Leistungen des Lissabonner Vertrages, dass nunmehr auch im Bereich des „Raumes der Freiheit, der Sicherheit und des Rechts" das Handlungsinstrumentarium der Union weitestgehend vereinheitlicht wurde. Gehandelt wird danach in jenen Formen, die Art. 288 AEUV für die gesamte Unionstätigkeit vorsieht – insbesondere also durch Richtlinien, Verordnungen und Beschlüsse.[28] Uneingeschränkt anwendbar sind damit auch die allgemeinen Prinzipien[29], die der EuGH zur Geltung des EG-Rechts aufgestellt hat – wie beispielsweise die Grundsätze der unmittelbaren Anwendbarkeit[30] und des Anwen-

23 Die wichtigsten davon finden sich zusammengestellt bei Oppermann (2005), § 24 Rnrn. 28 ff. und Zypries (2005), S. 108 ff.

24 Volkmar Götz (in: Ipsen/Schmidt-Jortzig [Hrsg.], Recht – Staat – Gemeinwohl, Festschrift für Dietrich Rauschning, Köln u.a. 2001, S. 185, 197) spricht von einer „fast perfekten Kopie".

25 Craig/de Búrca (2008), S. 251.

26 Näher hierzu Craig/de Búrca (2008), S. 250 ff; Götz (2001), S. 197.

27 Rs. C-105/03 – Maria Pupino –, Slg. I-2005, 5285, 5330 ff.; in der Sache ebenso Götz (2001), S. 197; von einem „direct effect for Framework decisions" sprechen (allerdings zu Unrecht) Guild/Carrera (2005), S. 2 f. Kritisch zur Pupino-Entscheidung u.a. Burkhard Hirsch (KritV 2006, 307, 320), der dieses Urteil als „ultra vires" bezeichnet.

28 Craig/de Búrca (2008), S. 265; Müller-Graff (2007), S. 298.

29 Kainer (2005), S. 299.

30 Ständige Rechtsprechung seit EuGH Rs. 26/62 – Van Gend & Loos –, Slg. 1963, 1, 24 ff.

dungsvorrangs[31], aber auch der Auslegungsgrundsatz des effet utile.[32] Ein gravierender Unterschied zwischen den Vorschriften über den Binnenmarkt und den Vorschriften über den „Raum der Freiheit, der Sicherheit und des Rechts" bleibt jedoch erhalten. Begründet liegt dieser Unterschied im rechtlichen Charakter der entsprechenden Normen: auch unter dem Lissabonner Vertrag existieren auf diesem Gebiet im Primärrecht keinerlei subjektive Rechtspositionen. Dies schließt es aus, dass sich auch hier, ähnlich wie im Bereich der Grundfreiheiten, aus der EuGH-Rechtsprechung heraus eine Eigendynamik entwickelt, welche über die subjektiven Rechte die Integration weiter voranbringt.

4.3 Die künftige Rechtsnatur der Rahmenbeschlüsse

Mit diesem neuen und vereinheitlichten Handlungsinstrumentarium verbinden sich indes zwei Sonderprobleme. Das erste dieser Sonderprobleme betrifft die künftige Rechtsnatur der Rahmenbeschlüsse.[33] Was bisher durch Rahmenbeschlüsse zu entscheiden gewesen ist, soll nach dem Lissabonner Vertragswerk nunmehr Gegenstand von Richtlinien sein. Dies wirft jedoch die Frage auf, ob hierdurch auch die bisherigen Rahmenbeschlüsse zu Richtlinien werden (mit der Konsequenz, dass sie bei Nichtumsetzung oder Falschumsetzung unter den bekannten Voraussetzungen[34] unmittelbar anwendbar wären). Abstrakt formuliert, handelt es sich um die theoretisch nicht leicht zu beantwortende Frage, inwieweit ein Rechtsakt seine Rechtsnatur behalten kann und behalten muss, wenn die Möglichkeit, einen derartigen Rechtsakt zu erlassen, nicht mehr besteht. Dies jedoch muss hier nicht beantwortet werden: eine solche, gleichsam automatisch sich ergebende Verwandlung der bisherigen Rahmenbeschlüsse in Richtlinien ist bereits deshalb nicht möglich, weil es seinerzeit auf den entsprechenden Gebieten an einer Legitimation des Rates zum Erlass von Richtlinien gerade gefehlt hat.[35] Diese Legitimation der damals im Rat agierenden Staatenvertreter war ganz bewusst auf Rahmenbeschlüsse und damit auf solche Rechtsakte beschränkt, die keine unmittelbare rechtliche Wirkung entfalten. Die von selbst sich ergebende Umwandlung der Rahmenbeschlüsse in Richtlinien hätte daher, wenn sie gewollt gewesen wäre, im Lissabonner Vertrag deutlich gemacht werden müssen.

4.4 Völkerrechtliche Verträge unter Mitgliedstaaten im Themenbereich des „Raumes der Freiheit, der Sicherheit und des Rechts": Schengen-Abkommen und Prümer Vertrag

Das zweite Sonderproblem, das eine Analyse der künftigen Handlungsformen erschwert, liegt begründet im Verhältnis des unionsrechtlichen Rahmens für den „Raum der Freiheit, der Sicherheit und des Rechts" zu verschiedenen internationalen Verträgen unter den EU-Staaten, die sich mit denselben Gegenständen befassen. In der Vergangenheit betraf dies zuallererst das Schengen-Abkommen und das Schengener Durchführungsübereinkommen, denen auch die Nicht-EU-Staaten Norwegen, Island und in Zukunft die Schweiz angehö-

---

31 Ständige Rechtsprechung seit EuGH Rs. 6/64 – Costa/ENEL – , Slg. 1964, 1251, 1270.
32 Ständige Rechtsprechung; siehe z.B. EuGH Rs. C-46/93 und C-48/93, Slg. I-1996, 1029, 1146.
33 Dazu Müller-Graff (2007), S. 299.
34 Vgl. Craig/de Búrca (2008), S. 279 ff.
35 So im Ergebnis auch Müller-Graff (2007), S. 299.

ren.[36] Vergleichbare Fragen zum Verhältnis und zur Implementierung stellen sich nunmehr auch im Hinblick auf den im Jahre 2005 von sieben EU-Staaten abgeschlossenen Prümer Vertrag, der unter anderem den gegenseitigen Datenaustausch von Sicherheitsbehörden vereinfachen soll.[37] Alle diese Abkommen sind zunächst außerhalb des unionsrechtlichen Rahmens zustande gekommen – und müssen nun, ganz oder zum Teil, in diesen eingebaut werden. Für den Inhalt der Schengen-Abkommen geschieht dies durch ein Protokoll zum EUV, das sich nunmehr auch im Vertrag von Lissabon wiederfindet (obgleich es bereits durch Ratsbeschluss umgesetzt wurde). In diesem Protokoll Nr. 19 wird der Schengen-Besitzstand zum verbindlichen Unionsrecht erklärt.[38] Durch Ratsbeschluss wurde inzwischen auch der Prümer Vertrag an das Recht der Union angenähert.[39] Übernommen wurde dabei zunächst jedoch nur ein Teil der vertraglich vereinbarten Regeln – jener Teil nämlich, der thematisch zur dritten Säule gehört und daher durch eine Rechtsetzungsinitiative der Mitgliedstaaten auf den Weg gebracht werden konnte.

Prüm und Schengen lassen erkennen, dass auch die Abschaffung der Säulenstruktur durch den Lissabonner Vertrag die Komplexität der rechtlichen Regeln im Bereich des „Raums der Freiheit, der Sicherheit und des Rechts“ nur zum Teil zu entschärfen vermag. Der Wegfall der völkerrechtlich ausgerichteten dritten Säule im EUV und die Einbeziehung dieser Politikbereiche in die supranationale Struktur bedeuten nicht notwendigerweise, dass völkerrechtliches Handeln in diesen Bereichen ausgeschlossen sein muss. Im Gegenteil: Abkommen wie der Prümer Vertrag bezeugen, dass sich die Mitgliedstaaten immer dann der völkerrechtlichen Handlungsoptionen bedienen, wenn ihnen dies von Vorteil erscheint und der Gegenstand in ihren Kompetenzbereich fällt – ungeachtet aller Regeln über die Möglichkeit der „Verstärkten Zusammenarbeit“, die im Falle von Prüm gerade nicht genutzt worden sind[40].

4.5 Zwischenbilanz

Alles in allem ist demnach als Zwischenbilanz zu konstatieren, dass die Handlungsinstrumente der Union im Rahmen des „Raums der Freiheit, der Sicherheit und des Rechts“ in beträchtlichem Umfang vereinheitlicht wurden – und damit in die Richtung einer stärkeren supranationalen Integration vorangebracht worden sind. Wenn man hinzunimmt, was bereits oben zu den Regelungszuständigkeiten festgestellt werden konnte, zeichnet sich schon an dieser Stelle ein recht deutliches Bild ab: der „Raum der Freiheit, der Sicherheit und des Rechts“ stellt sich unter dem Lissabonner Vertrag nicht nur rhetorisch, sondern auch inhaltlich als ein zentrales Feld der Integrationspolitik dar, das gegenüber den Verträgen von Amsterdam und Nizza in deutlich höherem Maße supranationale Wesenszüge gewinnt.

---

36 Einen guten Überblick hierüber verschafft Oppermann (2005), § 24 Rn. 22.
37 Dazu eingehend Jacques Ziller, EUI Working Papers, Law, No. 2006/32.
38 Näheres hierzu bei Götz (2001), S. 195 f. und Oppermann (2005), § 24 Rn. 22.
39 Detailliert hierzu Michael Niemeier/Petra Zerbst, ERA-Forum 8 (2007), 535.
40 Kritisch zum Prümer Vertrag deshalb Jacques Ziller (2006).

5 Die Entscheidungsverfahren der Europäischen Union im Bereich des „Raums der Freiheit, der Sicherheit und des Rechts“

5.1 Das „ordentliche Gesetzgebungsverfahren“ als Regelfall der Rechtsetzung unter dem Lissabonner Vertrag

Dieselbe Tendenz hin zur Supranationalisierung des „Raumes der Freiheit, der Sicherheit und des Rechts“ lässt sich verzeichnen, wenn es um die Verfahrensweise der Union bei der Rechtsetzung geht.[41] Hauptsächliches Entscheidungsverfahren wird unter der Geltung des Lissabonner Vertrages auch in diesem Bereich das sogenannte „ordentliche Gesetzgebungsverfahren“, das in allen wesentlichen Punkten dem bisherigen Mitentscheidungsverfahren entspricht.[42] Damit bildet zugleich auch die qualifizierte Mehrheitsentscheidung im Rat den Normalfall[43] – was bisher nur für bestimmte Ausschnitte aus den Bereichen Asyl, Grenzkontrolle und illegale Einwanderung galt.[44]

5.2 Ausnahmen vom ordentlichen Gesetzgebungsverfahren: Einstimmigkeitsentscheidungen im Rat, Vetorechte und mitgliedstaatliches Initiativrecht

Ausnahmen vom ordentlichen Gesetzgebungsverfahren finden sich gleichwohl noch an mehreren Stellen innerhalb des primärrechtlichen Regelungsganzen zum „Raum der Freiheit, der Sicherheit und des Rechts“ – und dies, wenig überraschend, in solchen Zusammenhängen, die im Hinblick auf die Souveränitätsansprüche der Staaten und im Hinblick auf die Verschiedenheit ihrer Rechtstraditionen ganz besonders sensibel erscheinen.[45] Als ein signifikantes Beispiel hierfür sind die Bestimmungen über eine operative Zusammenarbeit von mitgliedstaatlichen Polizeibehörden (Art 87 Abs. 3 AEUV) oder auch die Regeln über die Europäische Staatsanwaltschaft (Art. 86 AEUV) zu nennen, die keinem souveränen Staat oktroyiert werden dürfen.[46] Der Grundsatz der Demokratie in den Mitgliedstaaten setzt der Befugnis Schranken, sich in den Kernbereichen des Staatseins (wozu Justiz und Sicherheit zählen) dem verbindlich wirkenden Rechtsetzungswillen einer fremden Staatenmehrheit ohne Vorbehalt zu unterwerfen.[47] Auch die Mitwirkung des Europäischen Parlamentes wird dementsprechend in diesen Zusammenhängen auf ein Anhörungsrecht reduziert. Offenheit für künftige Vertiefungen der Integration zeigt der Lissabonner Vertrag deshalb nur in einem Kontext, in dem die Bezüge zur nationalen Souveränität weniger stark sind – nämlich im Bereich der justiziellen Zusammenarbeit in Zivilsachen, wenn es um Angelegenheiten des Familienrechts geht. Eine stärkere Integration kann hier gemäß Art.

---

41 Ausführlich zur bisherigen rechtlichen Situation Craig/de Búrca (2008), S. 242 ff.

42 Müller-Graff (2005b), S. 618; Monar (2007), S. 315.

43 Craig/de Búrca (2008), S. 265; Kainer (2005), S. 300; Kornobis-Romanowska (2006), S. 249; Monar (2007), S. 315.

44 Vgl. dazu Müller-Graff (2005a), S. 23 f.

45 Müller-Graff (2005a), S. 24; vgl. auch Kainer (2005), S. 301 ff.

46 Differenzierend hierzu Monar (2003), S. 546.

47 Vgl. dazu Müller-Graff (2005a), S. 24, der jedoch davon ausgeht, dass eine stärkere Beteiligung des Europäischen Parlamentes das Demokratiedefizit ausgleichen kann. Warum dies eine (weit verbreitete) Fehleinschätzung ist, wurde an anderer Stelle erörtert; vgl. Haack (2007), S. 283 ff.

81 Abs. 3 UAbs. 2 AEUV durch einen Übergang zum ordentlichen Gesetzgebungsverfahren herbeigeführt werden. Gehandelt wird dafür durch Ratsbeschluss, der seinerseits wiederum nur mit Einstimmigkeit zustande gebracht werden kann.

Um den soeben erwähnten demokratischen und souveränitätsbezogenen Vorbehalten hinreichend zu entsprechen, enthält der Lissabonner Vertrag darüber hinaus eine neuartige Form des mitgliedstaatlichen Vetos.[48] Zur Verfügung gestellt wird dieses neuartige Veto bei der Etablierung gemeinsamer Mindeststandards in Strafrecht und Strafprozessrecht. Gemäß Art. 82 Abs. 3 UAbs. 1 und Art. 83 Abs. 3 UAbs. 1 AEUV können Richtlinienentwürfe durch die Mitgliedstaaten dem Europäischen Rat vorgelegt werden – was den Rechtsetzungsprozess zunächst unterbricht.[49] In Gang gesetzt wird damit ein besonderes Überprüfungsverfahren. Kommt auch im Europäischen Rat kein Einvernehmen zustande, werden die übrigen Mitgliedstaaten auf die „Verstärkte Zusammenarbeit" verwiesen (Art. 82 Abs. 3 UAbs. 2 und Art. 83 Abs. 3 UAbs. 2 AEUV) – mit der Konsequenz, dass der unwillige Staat außen vor bleibt. In Anspruch nehmen darf ein Mitgliedstaat diese „Notbremse"[50] dann, wenn er durch den Entwurf eines Rechtsetzungsaktes fundamentale Aspekte seiner Strafrechts- oder Strafprozessrechtsordnung berührt sieht. Was in dieser Rechtskonstruktion punktuell noch einmal anklingt, ist die Idee des sogenannten Luxemburger Kompromisses, wonach sehr wichtige Interessen eines Staates nicht durch Mehrheitsentscheidung im Rat negiert werden dürfen.[51]

Eine weitere Verfahrensbesonderheit ist schließlich darin zu sehen, dass innerhalb der Kapitel 4 und 5 (also im Bereich der justiziellen und polizeilichen Zusammenarbeit in Strafsachen) ein Recht der Mitgliedstaaten zur Rechtsetzungsinitiative besteht.[52] Erforderlich hierfür ist das Handeln eines Viertels der Staaten – unabhängig von ihrer Größe und ihrem Gewicht. Die Einleitung des Rechtsetzungsverfahrens soll in den sensiblen Bereichen der Polizei- und Justizzusammenarbeit in Strafsachen somit nicht allein in die Hand der Kommission gelegt werden. Dass nur ein Viertel der Staaten gemeinsam einen Rechtsakt vorschlagen kann, schließt wiederum einen Missbrauch dieser Initiativmöglichkeit aus.

5.3 Die Rolle der nationalen Parlamente innerhalb des europäischen Rechtsetzungsverfahrens

Aus dem Schutz der nationalen Souveränität und damit auch aus dem Schutz der demokratischen Staatsform heraus ist schließlich auch die verstärkte Einflussnahmemöglichkeit der nationalen Parlamente zu interpretieren, die sich einerseits aus der allgemeinen Regelung des Protokolls Nr. 2 über die Anwendung der Grundsätze der Subsidiarität und der Verhältnismäßigkeit und andererseits aus Art. 69 AEUV ergibt. Protokoll Nr. 2 zufolge kann eine Gruppe von nationalen Parlamenten die Überprüfung eines Gesetzesentwurfes erzwingen,

48 Von einem Vetorecht spricht in diesem Zusammenhang auch Kainer (2005), S. 303; zurückhaltender demgegenüber Thym (2004), S. 10. Für einen Kommentar aus politischer Sicht siehe Zypries (2005), S. 115.

49 Monar (2007), S. 315.

50 So Zypries (2005), S. 115.

51 So auch Kainer (2005), S. 303; allgemein zum Inhalt und zur Rechtsnatur des „Luxemburger Kompromisses" siehe statt vieler Johannes Christian Wichard, in: Calliess/Ruffert (Hrsg.), EUV/EGV, 3. Auflage, München 2007, Rnrn. 8 f. zu Art. 205.

52 Dazu Kornobis-Romanowska (2006), S. 247 f.; Monar (2007), S. 315 f.; Müller-Graff (2007), S. 303; Thym (2004), S. 8.

wenn sie diesen für unvereinbar mit dem Subsidiaritätsgrundsatz hält. Dem Wortlaut des Protokolltextes gemäß gilt dieser sogenannte Frühwarnmechanismus für sämtliche interne Felder der Unionspolitik. Um so überraschender erscheint die Bestimmung des Art. 69 AEUV, die ihrem Wortlaut zufolge besagt, dass eine solche Mitwirkung der nationalen Parlamente nur in den Kapiteln 4 und 5 (sprich: auf den Gebieten der justiziellen und der polizeilichen Zusammenarbeit in Strafsachen) stattfinden soll.[53] Im Umkehrschluss muss dies heißen, dass Protokoll Nr. 2 mit seinem Frühwarnmechanismus in den Kapiteln 2 und 3 (sprich: im Bereich von Grenzkontrolle, Asyl und Einwanderung sowie bei der justiziellen Zusammenarbeit im Zivilrecht) gerade nicht anwendbar sein soll. Art. 69 AEUV gehört damit zu den rätselhaftesten Normen des Lissabonner Vertrages. Gründe dafür, weshalb eine Subsidiaritätskontrolle durch die nationalen Parlamente gerade an dieser Stelle begrenzt werden sollte, sind nicht erkennbar. Art. 69 AEUV ist somit als bloße Wiederholung des ohnehin schon Festgelegten zu interpretieren[54] – und gerade nicht als eine Beschränkung des Frühwarnmechanismus auf bestimmte Ausschnitte aus dem Gesamtkonzept des „Raums der Freiheit, der Sicherheit und des Rechts“.

5.4 Zwischenbilanz

Im Hinblick auf die Rechtsetzungsverfahren zeigt sich damit zunächst einmal ein uneinheitliches Bild, das geprägt bleibt von Fragmentierung. Doch dürfen die angesprochenen Ausnahmen und Gegenausnahmen nicht zur Fehleinschätzung verleiten: mit der prinzipiellen Einführung des ordentlichen Gesetzgebungsverfahrens auf dem Gebiet des „Raumes der Freiheit, der Sicherheit und des Rechts“ geht der Lissabonner Vertrag einen höchst bedeutsamen Schritt hin zu einem universellen supranationalen Normgebungsprozess.[55] Weiterhin bestehende Einschränkungen sind den politischen Gegebenheiten, vor allem jedoch dem verfassungsrechtlichen Gebundensein der Mitgliedstaaten geschuldet.

6 Die Rolle des EuGH im „Raum der Freiheit, der Sicherheit und des Rechts“

6.1 Die bisherige Beschränktheit der EuGH-Kompetenzen

Für das beschriebene Spannungsverhältnis von supranationaler Integration und mitgliedstaatlichen Souveränitätsvorbehalten gibt es noch einen weiteren maßgeblichen Prüfstein. Dieser betrifft die juristisch höchst bedeutsame Frage, in welchem Umfang die Einhaltung der rechtlichen Regeln seitens der Union und seitens der Staaten durch den EuGH kontrolliert werden kann. Im Bereich des „Raums der Freiheit, der Sicherheit und des Rechts“, wo es um zentrale Belange der Staatlichkeit geht, verwundert es kaum, dass auch dabei unter dem bisherigen Recht erhebliche Einschränkungen und Sonderregeln bestanden.[56] So galten bislang für die Bereiche der Zuwanderungs-, Grenz- und Asylpolitik gemäß Art. 68 EGV

53 Dazu auch Monar (2003), S. 543.
54 Der Sache nach ebenso Monar (2003), S. 543.
55 Ähnliche Einschätzungen finden sich bei Kainer (2005), S. 300 und bei Monar (2003), S. 546.
56 Dazu ausführlich Andreas Knapp, DÖV 2001, 12; Kornobis-Romanowska (2006), S. 250 f.; Müller-Graff (2005a), S. 25 f.; Oppermann (2005), § 24 Rnrn. 18 ff.

umfassende Besonderheiten im Vorabentscheidungsverfahren. Auch hat Art. 35 EUV die gerichtlichen Kontrollmöglichkeiten des EuGH auf dem Gebiet der polizeilichen und justiziellen Zusammenarbeit in Strafsachen erheblich verkürzt – und diese weitgehend davon abhängig gemacht, ob der einzelne Staat diese Zuständigkeit akzeptiert. Geläufig ist eine solche Zuständigkeit kraft staatlicher Zustimmungserklärung aus dem völkerrechtlichen Kontext. Diese bisherige Zurückhaltung der Verträge bei der Einräumung von gerichtlichen Kontrollkompetenzen ist begreiflich, wenn man sich vor Augen hält, in welchem Umfang der EuGH im Rahmen der ersten Säule rechtschöpferisch, und dabei oft als der eigentliche Motor der Integration, tätig gewesen ist – erinnert sei hierfür nur an die Haftung der Staaten bei Verstößen gegen EG-Recht.[57]

6.2 Die Erweiterung der EuGH-Zuständigkeit unter dem Lissabonner Vertrag

Auch bei den Zuständigkeiten des EuGH zeigen sich im Lissabonner Vertrag gravierende Verschiebungen hin zu einem einheitlichen System – und damit zugleich: hin zu einer nahezu vollständigen Anpassung des „Raumes der Freiheit, der Sicherheit und des Rechts“ an die Spielregeln der supranationalen Integration.[58] Streitigkeiten in diesem Bereich können nunmehr in sämtlichen bekannten Klagearten ausgefochten werden. Dennoch bleibt auch unter dem Lissabonner Vertrag eine Beschränkung erhalten. Diese findet sich in Art. 276 AEUV, wonach der Gerichtshof Maßnahmen der Mitgliedstaaten zum Schutz ihrer inneren Sicherheit und zur Aufrechterhaltung ihrer öffentlichen Ordnung nicht überprüft.[59] Notwendig im Hinblick auf den Fortbestand der mitgliedstaatlichen Demokratie erscheint eine solche ausdrückliche Beschränkung nicht zuletzt auch insofern, als der EuGH in immer stärkerem Umfang dazu tendiert, innerstaatliche Rechtsakte zu kontrollieren, wenn diese – und sei es auch nur irgendwie – den Anwendungsbereich des Unionsrechts berühren. Genannt sei hierzu nur das Urteil in der Rechtssache Karner aus dem Jahr 2004[60], das die Überprüfung mitgliedstaatlichen Rechts am Maßstab europäischer Grundrechte praktisch konturenlos macht. Eine Ausweitung dieser Rechtsprechungslinie auf den Bereich des „Raumes der Freiheit, der Sicherheit und des Rechts“ ist somit nicht ohne weiteres möglich.

7 Gesamtbilanz und Perspektiven

Insgesamt – dies haben die bisherigen Ausführungen gezeigt – ist das Konzept des „Raumes der Freiheit, der Sicherheit und des Rechts“ im Lissabonner Vertrag gegenüber den bisherigen Vertragsregelungen von einer starken Tendenz zur Vereinheitlichung und zur Supranationalisierung geprägt. Wo Zersplitterungen noch existieren, erweisen diese sich als zwingende Konsequenzen aus dem Souveränitätsvorbehalt der einzelnen Staaten – und damit auch aus der Wahrung ihrer demokratischen Staatsform. Der „Raum der Freiheit, der Sicherheit und des Rechts“ erscheint unter dem Lissabonner Vertrag immer weniger als das

57 Detailliert dazu Craig/de Búrca (2008), S. 328 ff.

58 Müller-Graff (2005b), S. 618 f.; vgl. auch Kornobis-Romanowska (2006), S. 251; Monar (2007), S. 317 und Zypries (2005), S. 117 f.

59 Zur bisherigen Bedeutung dieser Klausel siehe Knapp (2001), S. 17.

60 EuGH, Urteil vom 25.03.2004, Rs. C-71/02 – Karner –, Slg. I-2004, 3025, 3070.

„Europe of bits and pieces“, von dem in den neunziger Jahren des Öfteren die Rede gewesen ist. Insofern handelt es sich eindeutig um einen wirklichen Integrationsschub und nicht um bloße Rhetorik. Kurz angemerkt sei an dieser Stelle jedoch, dass jene Entwicklungen auch unter dem Lissabonner Vertrag noch nicht von allen Staaten mitgetragen werden. Wie schon bisher, werden durch die Protokolle Nr. 21 und 22 Großbritannien, Irland und Dänemark von der Geltung der Regeln über den „Raum der Freiheit, der Sicherheit und des Rechts“ weitestgehend befreit.[61] Die Möglichkeit, sich zukünftig hieran zu beteiligen, bleibt diesen Staaten jedoch erhalten.

Die entscheidende Frage für das praktische Funktionieren des „Raumes der Freiheit, der Sicherheit und des Rechts“ wird künftig, noch stärker als bisher, lauten, ob die Staaten in ausreichendem Umfang das nötige Maß an gegenseitigem Vertrauen aufbringen – sei es nun das Vertrauen in die rechtsstaatlichen Standards der jeweils anderen Strafrechtssysteme, wenn es um die Anerkennung von Entscheidungen geht[62], oder sei es das Vertrauen in die Effektivität der Kriminalitätsbekämpfung und in die Zuwanderungspolitik anderer Staaten. Wie schon beim freien Waren- und Dienstleistungsverkehr im Binnenmarkt, bedeutet Integration auch hier zuallererst, sich auf die Wirksamkeit fremder Kontrollmechanismen und Schutzstandards verlassen zu können und verlassen zu müssen.[63] Wenn es gelingt, dieses Vertrauen Schritt für Schritt zu entwickeln, dann könnte es sich bei dem Konzept des „Raumes der Freiheit, der Sicherheit und des Rechts“ in Zukunft um das Herzstück des Integrationsvorgangs handeln, das diesen noch wesentlich stärker als das Konzept des Binnenmarktes voranbringt.

Literatur

Bitter, Stefan, Comment on Dagmara Kornobis-Romanowska: Conceptual Changes in the Area of Freedom, Security and Justice through the Constitutional Treaty, in: Dann/Rynkowski (Hrsg.), The Unity of the European Constitution, Berlin u.a. 2006, S. 255 ff.

Böse, Martin, Die polizeiliche und justizielle Zusammenarbeit in Strafsachen im Entwurf eines Vertrages über eine Verfassung für Europa, in: Schwarze (Hrsg.), Der Verfassungsentwurf des Europäischen Konvents, Baden-Baden 2004, S. 151 ff.

Craig, Paul/de Búrca, Gráinne, EU Law, 4. Auflage, Oxford 2008.

Götz, Volkmar, Ein Raum der Freiheit, der Sicherheit und des Rechts, in: Ipsen/Schmidt-Jortzig (Hrsg.), Recht – Staat – Gemeinwohl, Festschrift für Dietrich Rauschning, Köln u.a. 2001, S. 185 ff.

Guild, Elspeth/Carrera, Sergio, No Constitutional Treaty? Implications for the Area of Freedom, Security and Justice, CEPS Working, Dokument No. 231/Oktober 2005.

Haack, Stefan, Verlust der Staatlichkeit, Tübingen 2007.

Hirsch, Burkhard, Bemerkungen zum Schutz der Grundrechte im „Raum der Freiheit, der Sicherheit und des Rechts“ der Europäischen Gemeinschaft, in: KritV 2006, 307 ff.

Kainer, Friedemann, Der Raum der Freiheit, der Sicherheit und des Rechts nach dem Verfassungsvertrag, in: Jopp/Matl (Hrsg.), Der Vertrag über eine Verfassung für Europa, Baden-Baden 2005, S. 283 ff.

61 Dazu Müller-Graff (2005b), S. 619.

62 Wenig ermutigend sind hierfür die Beispiele, die Böse (2004), S. 155 erwähnt.

63 Diese Parallele behandelt u.a. Stefan Bitter, in: Dann/Rynkowski (Hrsg.), The Unity of the European Constitution, Berlin u.a. 2006, S. 255, 258.

Kainer, Friedemann, The European Concept of Integration and the Area of Freedom, Security and Justice, in: Bodnar/Kowalski/Raible/Schorkopf (Hrsg.), The Emerging Constitutional Law of the European Union, Berlin u.a. 2003, S. 469 ff.

Knapp, Andreas, Die Garantie des effektiven Rechtsschutzes durch den EuGH im „Raum der Freiheit, der Sicherheit und des Rechts", in: DÖV 2001, S. 12 ff.

Kornobis-Romanowska, Dagmara, Developments in the Area of Freedom, Security and Justice Brought About by the Constitutional Treaty, in: Dann/Rynkowski (Hrsg.), The Unity of the European Constitution, Berlin u.a. 2006, S.235 ff.

Merli, Franz, Der Raum der Freiheit, der Sicherheit und des Rechts und die Osterweiterung der Europäischen Union – Eine Einführung, in: Merli (Hrsg.), Der Raum der Freiheit, der Sicherheit und des Rechts und die Osterweiterung der europäischen Union, Dresden 2001, S. 17 ff.

Monar, Jörg, Der Raum der Freiheit, der Sicherheit und des Rechts im Verfassungsentwurf des Konvents, in: integration 26 (2003), 537 ff.

Monar, Jörg, Die politische Konzeption des Raumes der Freiheit, der Sicherheit und des Rechts: Vom Amsterdamer Vertrag zum Verfassungsentwurf des Konvents, in: Müller-Graff (Hrsg.), Der Raum der Freiheit, der Sicherheit und des Rechts, Baden-Baden 2005, S. 29 ff.

Monar, Jörg, The EU's 'Constitutional Crisis' and the Area of Freedom, Security and Justice: Implementing the Constitution through the Back-Door?, in: Neuwahl/Haack (Hrsg.), Unresolved Issues of the Constitution for Europe, Montréal 2007, S. 309 ff.

Müller-Graff, Peter-Christian, Der Raum der Freiheit, der Sicherheit und des Rechts – Der primärrechtliche Rahmen, in: Müller-Graff (Hrsg.), Raum der Freiheit, der Sicherheit und des Rechts, Baden-Baden 2005, S. 11 (zitiert: 2005a).

Müller-Graff, Peter-Christian, Der „Raum der Freiheit, der Sicherheit und des Rechts" im neuen Verfassungsvertrag für Europa – Neuerungen und Notwendigkeit seiner Rekonstruktion, in: Gaitanides/Kadelbach/Rodriguez Iglesias (Hrsg.), Europa und seine Verfassung, Festschrift für Manfred Zuleeg zum siebzigsten Geburtstag, Baden-Baden 2005, S. 605 ff. (zitiert: 2005b).

Müller-Graff, Peter-Christian, Verfassungsvertragliche Neuerungen und Rekonstruktion des „Raums der Freiheit, der Sicherheit und des Rechts", in: Hummer/Obwexer (Hrsg.), Der Vertrag über eine Verfassung für Europa, Baden-Baden 2007, S. 283 ff.

Niemeier, Michael/Zerbst, Petra, Der Vertrag von Prüm – vertiefte grenzüberschreitende Zusammenarbeit zur Kriminalitätsbekämpfung in der EU, ERA-Forum 8 (2007), 535 ff.

Oppermann, Thomas, Europarecht, 3. Auflage, München 2005.

Terhechte, Jörg Philipp, Der Vertrag von Lissabon: Grundlegende Verfassungsurkunde der europäischen Rechtsgemeinschaft oder technischer Änderungsvertrag? WHI-Paper 3/08.

Thym, Daniel, The Area of Freedom, Security and Justice in the Treaty establishing a Constitution for Europe, WHI Paper 12/04.

Weber, Albrecht, Migration im Vertrag von Lissabon, in: ZAR 2008, 55 ff.

Wichard, Johannes Christian, Kommentierung zu Art. 205 EGV, in: Calliess/Ruffert (Hrsg.), EUV/EGV, 3. Auflage, München 2007.

Ziller, Jacques, Le traité de Prüm. Une vraie-fausse coopération renforcée dans l'Espace de sécurité de liberté et de justice, EUI Working Papers, Law, No. 2006/23.

Zypries, Brigitte, Europa als Raum der Freiheit, der Sicherheit und des Rechts, in: Hofmann/Zimmermann (Hrsg.), Eine Verfassung für Europa, Berlin 2005, S. 105 ff.

Peter Becker

Auf dem Weg zu einer neuen Finanzverfassung – Vom Verfassungskonvent zum Vertrag von Lissabon

1 Einleitung

Der Vertrag von Lissabon wird zu weit reichenden Änderungen in der Finanzverfassung und der Haushaltspolitik der Europäischen Union führen. Drei Elemente sind hierbei von herausragender Bedeutung:

1. Mit dem Vertrag von Lissabon wird erstmals das Instrument der Finanziellen Vorausschau unter dem neuen Namen «Mehrjähriger Finanzrahmen» in das europäische Vertragsrecht aufgenommen. Damit wird ein seit 1988 erprobtes und lediglich über eine Interinstitutionelle Vereinbarung der drei EU-Organe Rat, Kommission und EP rechtlich abgesichertes Verfahren in das europäische Primärrecht aufgenommen. Der Finanzrahmen soll eine Mindestlaufzeit von fünf Jahren haben und die Höhe der Einnahmen und Ausgaben der EU festlegen. Die jährlichen Haushalte der Union müssen sich in diesen Rahmen einpassen.
2. Die bisherige Unterscheidung zwischen obligatorischen und nicht-obligatorischen Ausgaben im EU-Haushalt soll durch die Abschaffung der Kategorie „obligatorische Ausgaben"[1] entfallen. Damit wird ein ständiger Konfliktherd zwischen Europäischem Parlament und Ministerrat endgültig beigelegt. Durch die Aufhebung der Unterscheidung wird das Europäische Parlament in seinen Mitwirkungsmöglichkeiten und Mitentscheidungsrechten beim jährlichen Haushaltsverfahren deutlich gestärkt, insbesondere in Bezug auf die Agrarausgaben.
3. Der Vertrag von Lissabon sieht die Einführung eines neuen und vereinfachten Verfahrens zur Verabschiedung der jährlichen Haushalte der EU vor. Das neue Haushaltsverfahren stärkt die Europäische Kommission und das Europäischen Parlament. Kein jährlicher Haushaltsplan kann demnach ohne die Zustimmung des EP angenommen werden.[2]

1 Mit dem Begriff obligatorische Ausgaben, werden die Ausgaben bezeichnet, die sich zwingend aus dem Vertrag oder anderen Rechtsakten der EU ergeben; dies sind vor allem die Ausgaben in der Gemeinsamen Agrarpolitik. Der Rat hatte bei den obligatorischen Ausgaben und das Parlament bei den nichtobligatorischen Ausgaben das letzte Wort.

2 So kann das Parlament nach dem neuen Vermittlungsverfahren sich mit einer 3/5-Mehrheit über das Votum des Rates hinwegsetzen, der Rat kann hingegen ein ablehnendes Votum des Parlaments nicht überstimmen. In diesen Fällen muss die Kommission einen neuen Entwurf für einen Haushaltsplan vorlegen. Das Verfahren wird detailliert in Schaubild 1 dargestellt.

Jedoch ist nicht nur das im Vertrag von Lissabon festgehaltene Ergebnis[3] der Reform der europäischen Haushaltspolitik wichtig – ebenso bedeutend ist, was in dem Reformprozess unangetastet geblieben ist. Mit dem Vertrag von Lissabon bleibt das System der Eigenmittel, also die Finanzierung der Europäischen Union, weitgehend unverändert. Weiterhin dominieren und kontrollieren die Mitgliedstaaten auf der Einnahmenseite. Hier ist ein einstimmiger Beschluss des Rates erforderlich – der sogenannte Eigenmittelbeschluss –, der erst in Kraft tritt, wenn er entsprechend der verfassungsrechtlichen Regeln in allen Mitgliedstaaten ratifiziert wurde. Das vordringliche Interesse der Mitgliedstaaten, bei der EU auf eine strenge Haushaltsdisziplin achten zu können, wurde insofern nicht in Frage gestellt.[4]

Die wichtigste Veränderung im Vertrag von Lissabon ist zweifellos die doppelte Stärkung des Europäischen Parlaments in der europäischen Finanzverfassung und der Budgetpolitik: Das Parlament wird im Verfahren zur Erstellung der jährlichen Haushalte nach dem Inkrafttreten des Vertrags von Lissabon über eine dominierende Rolle verfügen können und es wird durch die Verankerung des Instruments eines europäischen Finanzrahmens in seinen Mitwirkungsmöglichkeiten in den Finanzverhandlungen aufgewertet werden.

Die Stärkung der parlamentarischen Dimension auf europäischer Ebene wird von grundsätzlicher und langfristiger Bedeutung sein. Diese Entwicklung ist umso erstaunlicher, als es die Mitgliedstaaten sind, die bisher die europäischen Finanzverhandlungen dominiert haben. Warum waren also die Mitgliedstaaten mit dem Vertrag von Lissabon bereit das Europäische Parlament in der Haushaltspolitik zu stärken, was sie in drei Regierungskonferenzen zu den Verträgen von Maastricht, Amsterdam und Nizza zuvor abgelehnt hatten? Zur Beantwortung dieser Frage sollen zunächst die Grobstruktur und die zentralen Bausteine des bestehenden Finanzverfassungs- und Haushaltssystems skizziert werden, um anschließend die Verhandlungen im Konvent und den nachfolgenden Regierungskonferenzen nachzuzeichnen. Im abschließenden Fazit soll dann eine Antwort auf die Frage gegeben werden.

2 Der europäische Haushaltsacquis

Seit Mitte der achtziger Jahre hat die Europäische Gemeinschaft bzw. die Europäische Union einen besonderen „budgetary acquis“[5] entwickelt, der von drei zentralen Eckpfeilern getragen wird:

3 Vgl. hierzu das „Arbeitsdokument 1 über den Vertrag von Lissabon: Haushaltsaspekte“ der Berichterstatterin im Haushaltsausschuss des Europäischen Parlaments, Catherine Guy-Quint, Dok. PE404.415v01-00 vom 14.3.2008.

4 Hierzu dient auch die primärrechtliche Verankerung der Haushalts und Finanzierungsgrundsätze im Vertrag von Lissabon, die bisher im EG-Vertrag und der EU-Haushaltsordnung geregelt worden waren. So zum Beispiel der Grundsatz der Jährlichkeit, das Prinzip des Haushaltsausgleichs bzw. das Verbot der Verschuldung, der Grundsatz der Wirtschaftlichkeit der Haushaltsführung, die Festlegung des Euro als Rechnungseinheit sowie regelmäßige Trilogtreffen im Rahmen des jährlichen Haushaltsverfahrens.

5 Brigid Laffan, The big budgetary bargains: from negotiation to authority, in: JEPP, Vol. 7, No 5, 2000, S. 725-743; Joachim Schild, How to shift the EU's spending priorities? The multi-annual financial framework 2007 – 2013 in perspective, JEPP, Vol. 15, No. 4, 2008, S. 531–549; Robert Ackrill, Adrian Kay, Historical-institutionalist perspectives on the development of the EU budget system, Journal of European Public Policy, Vol. 13, No. 1, 2006, S. 113-133.

1. Die Finanziellen Vorausschau und das zu ihrer Implementierung entwickelte Instrument der Interinstitutionellen Vereinbarung (IIV) als Teil des europäische soft laws.

Die Finanzielle Vorausschau bildet einen mittelfristigen Finanzrahmen mit einer derzeit siebenjährigen Laufzeit. In diesen mehrjährigen Finanzplänen wird der verbindliche Rahmen für die maximal zur Verfügung stehenden EU-Budgetmittel sowie deren Verteilung auf die einzelnen Haushaltsrubriken und damit auf die Gemeinschaftspolitiken festgelegt. In der Finanziellen Vorausschau werden somit Struktur und die Gewichtung der EU-Ausgaben für einen Zeitraum von sieben Jahren festgelegt. Die Finanzielle Vorausschau wird in einem langen Verhandlungsprozess zwischen den Mitgliedstaaten ausgehandelt. Sie entfaltet ihre rechtliche Bindungswirkung allerdings nicht in den Schlussfolgerungen des Europäischen Rats, mit denen das Finanzpaket politisch verabschiedet wird, sondern erst mit einer Interinstitutionellen Vereinbarung (IIV)[6] zwischen Rat, Kommission und Europäischem Parlament. Das Europäische Parlament kann lediglich in den Verhandlungen mit dem Rat formellen Einfluss auf die Finanzielle Vorausschau nehmen.[7] Der rechtliche Status, bzw. die Rechtsverbindlichkeit der IIV ist noch ungeklärt, weil bislang kein Urteil des EuGH diese Frage beantwortet hätte. Allerdings hat der EuGH in mehreren Urteilen – zuletzt in seiner Rechtsprechung zur Abgrenzung von obligatorischen und nicht-obligatorischen Ausgaben vom Dezember 1995 – auf die besondere Bedeutung der Einigung zwischen Rat und EP hingewiesen. Auch der EuGH misst dem Konsens aller Organe, wie er sich in der IIV am deutlichsten manifestiert, einen sehr hohen, auch rechtlichen Wert zu.

2. Der Eigenmittelbeschluss nach Art. 269 EG-Vertrag.

Werden mit der Finanziellen Vorausschau in erster Linie die Schwerpunkte der Ausgabenpolitik der Europäischen Union in mittelfristiger Perspektive festgelegt, wird mit dem Eigenmittelbeschluss auf der Einnahmenseite eine Obergrenze für das maximal zur Verfügung stehende Finanzvolumen gezogen. Damit wird von den Mitgliedstaaten eine maximale Obergrenze für die der EU zur Verfügung stehenden Finanzmittel fixiert. Der Eigenmittelbeschluss bietet den Mitgliedstaaten eine gewisse Vorhersehbarkeit und Planungssicherheit für die Gelder, die sie aus ihren nationalen Haushalten an das EU-Budget abführen müssen. Derzeit liegt die Eigenmittelobergrenze bei 1,24% des EU-Bruttonationaleinkommens. Die Mitgliedstaaten verabschieden im Ministerrat einstimmig diese Obergrenze, die anschließend von den nationalen Parlamenten der Mitgliedstaaten ratifiziert werden muss. Damit verfügen die Mitgliedstaaten über eine doppelte Veto-Möglichkeit – die einstimmige Beschlussfassung im Rat und den Ratifizierungsvorbehalt in den nationalen Parlamenten.

---

6 Vgl. Isabella Eiselt, Johannes Pollak, Peter Slominski., (2007) Codifying temporary Stability? The Role of Interinstitutional Agreements in Budgetary Politics, European Law Journal, Jg. 13, No. 1, S. 75-91.

7 Zur Rolle der Europäischen Parlaments in den Finanzverhandlungen sh. Peter Becker, Die EU-Finanzverhandlungen vor der dritten Phase – Die Rolle des Europäischen Parlaments, in: Andreas Maurer, Dietmar Nickel (Hrsg.), Das Europäische Parlament. Supranationalität, Repräsentation und Legitimation, Baden-Baden 2005, S. 179-199.

Die Jahreshaushalte nach Artikel 272 EG-Vertrag.

Der jährliche Haushalt wird von Rat und Europäischem Parlament verabschiedet, die beide gemeinsam die europäische Haushaltsbehörde bilden. Sie müssen sich an den Vorgaben der Finanziellen Vorausschau orientieren und dürfen nicht die in der IIV festgelegten Grenzen für die einzelnen Haushaltsrubriken überschreiten. Von besonderer Bedeutung ist dabei die Unterscheidung zwischen obligatorischen und nicht-obligatorischen Ausgaben[8] im Haushaltsverfahren. Diese Unterscheidung hat verschiedene Entscheidungsverfahren zur Verabschiedung der jeweiligen Rechtsgrundlagen und einen unterschiedlichen Grad der Mitentscheidungsrechte des Europäischen Parlaments zur Folge.

Ursprung des nicht im europäischen Vertragsrecht vorgesehenen Instruments der Finanziellen Vorausschau waren die Haushalts- und Finanzkrisen der Europäischen Gemeinschaft, die für die Eurosklerose in den 70er und 80er Jahren kennzeichnend gewesen waren. In den 80er Jahren konnten zwischen den beiden Teilen der europäischen Haushaltsbehörde, also zwischen dem Rat und dem Europäischen Parlament, vier Jahreshaushalte nur mit halbjähriger Verspätung verabschiedet werden. Überbrückt wurden die Interimsphasen bis zur Verabschiedung eines neuen Jahreshaushalts damals mit der so genannten Zwölftel-Regelung des Nothaushaltsrechts nach Artikel 204 EWG-Vertrag. Danach sind monatliche Ausgaben bis zur Höhe eines Zwölftels des Vorjahreshaushalts erlaubt. Die Haushaltskrisen verursachten einerseits die verspätete Umsetzung europäischer Initiativen und Projekte, weil deren finanziellen Grundlagen nicht ausreichend gesichert waren. Sie waren andererseits für die fehlende Planbarkeit und Vorhersehbarkeit bei den potentiellen Adressaten dieser Projekte verantwortlich; sie führten zu einer insgesamt mangelhaften Steuerungsfähigkeit der gemeinsamen Politiken.

Alle Organe waren sich deshalb in den achtziger Jahre einig, dass dieses krisenanfällige System der Jahreshaushalte reformiert werden musste. Da die technisch-administrativen Konflikte bei der Verabschiedung der Jahreshaushalte aber stets auch mit politischen Machtfragen zwischen Rat und Parlament verknüpft waren, war die Einführung des neuen Instruments der Finanziellen Vorausschau eingebettet in ein umfassenderes Programm zur Reform des EU-Finanzsystems. Diese Umgestaltung bestand aus insgesamt fünf Elementen:

1. der mehrjährigen Finanziellen Vorausschau, dem Delors I-Paket vom Februar 1987;
2. die Gemeinsame Erklärung von 1982 zur Differenzierung zwischen obligatorischen und nicht-obligatorischen Ausgaben;
3. die erste Interinstitutionelle Vereinbarung (IIV) zwischen Rat, Parlament und Kommission zur Finanzplanung;
4. die Verständigung auf den britischen Beitragsrabatt (Verständigung des Europäischen Rats in Fontainebleau 1984) und damit die politische Lösung des Konflikts über das immense britische Haushaltsungleichgewicht;
5. die Reform des EU-Eigenmittelsystems und die Erhöhung der Eigenmittelobergrenze zur Verbreitung der Finanzierungsbasis der Gemeinschaft.

8 Die lange Zeit strittige Abgrenzung zu den nicht-obligatorischen Ausgaben wurde schließlich durch eine gemeinsame Erklärung von Rat, EP und Kommission vom 30. Juni 1982 beigelegt. Der Anteil der nicht-obligatorische Ausgaben lag bislang regelmäßig bei 25 bis 30 Prozent der Gesamtausgaben.

Seit dem ersten Finanzpaket 1988, das nach dem damaligen Kommissionspräsidenten Jacques Delors als „Delors I-Paket“ benannt wurde, bestimmen die Verhandlungen über die „Finanzielle Vorausschau“ die Debatten über die Finanzierung und die Ausgabenprioritäten der EU. Nach dem Delors I-Paket wurden mit dem Delors II-Paket, der Agenda 2000 und der Agenda 2007 inzwischen drei weitere Pakete geschnürt.[9]

Tabelle 1: Die bisherigen Finanzpakete

	Verab-schiedung	Verhand-lungsdauer	Laufzeit des Finanz-rahmens	Gesamtsum-me Verpflich-tungsermäch-tigungen	Gesamtsum-me Zahlungs-ermäch-tigungen	Eigenmittel-obergrenze	Projekte
Delors I-Paket	Februar 1988	12 Monate (Februar 1987 – Februar 1988)	1989-1992 (5 Jahre)	244.838 Mio. ECU	234.679 Mio. ECU	Obergrenze ansteigend von 1,15% des EU-BSP auf 1,20%	Einheitliche Europäische Akte; EG-Binnenmarkt
Delors II-Paket (EU-12 plus drei Kandida-ten)	ER Edinburgh 11./12.Dez. 1992	10 Monate (Februar 1992 – Dezember 1992)	1993-1999 (7 Jahre)	601.428 Mio. €	571.483 Mio. €	Erhöhung der Obergrenze von 1,20% des EU-BSP auf 1,27%	Wirtschafts- und Wäh-rungsunion
Agenda 2000 (EU-15 plus zehn Kandi-daten)	ER Berlin 24./25.3.1999 (Anpassung Februar 2003)	20 Monate (Juli 1997 – März 1999)	2000-2006 (7 Jahre)	745.725 Mio. €	727.277 Mio. €	Beibehaltung der 1,27% EU-BSP Ober-grenze; ledig-lich Umstel-lung auf 1,24% des EU-BNE	EU-Ost-erweiterung
Agenda 2007 (EU-25 plus Rumänien und Bulgarien)	ER Brüssel 16./17. Dezember 2005	24 Monate (Dezember 2003 – Dezember 2005)	2007- 2013 (7 Jahre)	864,364 Mio. €	821,380 Mio. €	Beibehaltung der 1,24% EU-BNE Ober-grenze	EU-Lissabon-Strategie (einge-schränkt)

Seit dem Delors I-Paket hat sich so ein haushaltspolitisches *soft law* entwickelt, dessen zentrales Element, die »Finanzielle Vorausschau«, nicht im europäischen Vertragsrecht vorgesehen ist. Die früheren Budgetkonflikte zwischen Rat und EP konnten seither vermieden werden und zugleich die finanzielle Handlungsfähigkeit der EU gesichert werden. Insofern hat sich dieses System der mehrjährigen Finanzpläne im Vergleich zu dem für Konflikte zwischen Rat und Parlament anfälligen System der Jahreshaushalte bewährt. Das wichtigste politische Instrument der europäischen Budgetpolitik wurde bislang lediglich durch eine Interinstitutionelle Vereinbarung (IIV) zwischen den drei Organen Rat, Europäisches Parlament und Europäische Kommission rechtlich verbindlich.[10] Damit wurde ein

9 Zum Ergebnis der Finanzverhandlungen s. Peter Becker, Fortschreibung des Status Quo – Die EU und ihr neuer Finanzrahmen Agenda 2007, in: integration, 29. Jg., H. 2, 2006, S. 106-112.

10 Für die am 1. Januar 2007 angelaufene Finanzperiode der Jahre 2007 bis 2013 wurde diese IIV zwischen den Vertreter des Europäischen Parlaments, der Ratspräsidentschaft und der Europäischen Kommission am 4. April 2006 vereinbart; s. Interinstitutionelle Vereinbarung zwischen dem Europäischen Parlament, dem Rat und der Europäischen Kommission über die Haushaltsdisziplin und die wirtschaftliche Haushaltsführung, in:

pragmatischer politischer Kompromiss institutionalisiert, ohne die europarechtlichen Verfahren zur Verabschiedung der EU-Jahreshaushalte und die Budgetrechte der Organe zu verändern oder in Frage zu stellen.

Wie in einem Brennglas konzentrieren sich in diesen Finanzverhandlungen alle internen Verteilungskonflikte zwischen den Unionsorganen, den Mitgliedstaaten, zwischen den Politikfedern und den Interessengruppen. Für die Mitgliedstaaten war dabei stets die Entwicklung ihres Nettosaldos das entscheidende Kriterium zur Beurteilung eines möglichen Verhandlungskompromisses.[11] Jede Veränderung auf der Einnahmen- oder Ausgabenseite wird daran gemessen, wie sie sich auf den nationalen Saldo von Zahlungen an und Rückflüssen aus dem EU-Haushalt auswirkt, und damit in eine nationale, von fiskalischen Motiven dominierte Kosten-Nutzenabwägung eingeordnet. Bei den Finanzverhandlungen stehen sich demnach stets die Mitgliedstaaten, die an einer verbindlichen Festschreibung von Haushaltsdisziplin und Beitragsgerechtigkeit interessiert sind, und Länder, die von der EU finanzielle Solidarität sowie ökonomische und soziale Kohäsion einfordern, gegenüber.

3 Der vierte Anlauf zur Reform des Systems der Finanziellen Vorausschau

Dieser europäische Haushaltsacquis ist gekennzeichnet von dem komplizierten Zusammenspiel der beteiligten Akteure während der Verhandlungen zu den drei Eckpfeilern des Systems. Die Mitgliedstaaten dominieren bei den Verhandlungen über die Finanzielle Vorausschau; das Europäische Parlament verfügt bei den Verhandlungen über die Jahresbudgets über eine sehr starke Position; und schließlich verfügen die Mitgliedstaaten und ihre nationalen Parlamente bei der Entscheidung über die Ausstattung der EU mit Finanzmitteln über eine starke Vetoposition. In diesem komplizierten Geflecht unterschiedlicher Akteure mit sich zum Teil widersprechenden Zielen und zum Teil zeitgleich stattfindenden Verhandlungsprozessen treffen also auf einer vertikalen Konfliktlinie europäischen und nationalen Budgetinteressen aufeinander und auf einer horizontalen Konfliktlinie die unterschiedlichen Verhandlungsstrategien der beteiligten Organe Rat, EP und Kommission mit ihren jeweils eigenen Organinteressen. Diese beiden Konfliktachsen und die drei beschriebenen Eckpfeiler des EU-Haushaltsacquis müssen bei jeder Reform des europäischen Haushaltsrechts und der Finanzverfassung in eine neue Balance gebracht werden.

Amtsblatt der Europäischen Union, C 139/1, vom 14.6.2006. Die neue Interinstitutionellen Vereinbarung entsprach dabei weitgehend der Einigung der 25 Staats- und Regierungschefs auf den mittelfristigen Finanzrahmen vom 17. Dezember 2005. Nachdem der Ministerrat im schriftlichen Verfahren zugestimmt hatte, billigte auch das Plenum des Europäischen Parlaments am 17. Mai 2006 mit einer deutlichen Mehrheit (440 dafür, 190 dagegen, 15 Enthaltungen) diese neue Interinstitutionelle Vereinbarung über die Haushaltsdisziplin und die wirtschaftliche Haushaltsführung.

11 S. Peter Becker, Der EU-Finanzrahmen 2007-2013. Auf dem Weg zu einer europäischen Finanzverfassung oder Fortsetzung der nationalen Nettosaldopolitik? SWP-Studie 2005/S 36, November 2005 und Friedrich Heinemann, Das common pool-Problem in der EU-Finanzverfassung, in: Zeitschrift für Staats- und Europawissenschaften, Jg., 4, Nr. 2, 2005, S. 188-213.

3.1 Das Europäische Parlament als Gewinner der Debatten im Verfassungskonvent

Auch wenn die Frage nach einer Reform der europäischen Finanzverfassung keineswegs zu den vorrangigen Aufgaben des EU-Verfassungskonvent gehörte[12], so wurde doch im Konvent schnell deutlich, dass diese Thematik nicht aus den Verhandlungen ausgeklammert werden konnte. Zwar reflektierten die vom Konventspräsidium eingesetzten 11 Arbeitsgruppen[13] des Konvents noch nicht dieses Reformfeld; für die Erörterung der Problematik einer europäischen Finanzverfassung und des EU-Budgets war keine gesonderte Arbeitsgruppe vorgesehen. Aber die Finanz- und Haushaltsfragen wurden intensiv im Plenum und insbesondere in der Arbeitsgruppe IX „Vereinfachung“ des Konvents diskutiert.

Die materiellen Fragen zum EU-Haushalt und der Finanziellen Vorausschau sollten nach der Vorstellung des Konventspräsidiums vorrangig unter dem Gesichtspunkt der Optionen zur Vereinfachung des Verfahrens zur Erstellung und Verabschiedung des jährlichen Haushalts diskutiert werden.[14] Bereits im Arbeitspapier zur bestehenden Systematik der Rechtsetzungsverfahren[15], das das Präsidium vor der Sommerpause 2002 den Konventsmitgliedern vorgelegt hatte, war ein gesonderter Abschnitt dem Haushaltsverfahren gewidmet.[16] Darin wurden verschiedene „Denkansätze“ vorgeschlagen, die zunächst auf eine Vereinfachung des Verfahrens zur Verabschiedung der Jahreshaushalte abstellten, das Instrumentarium des Budget-*soft laws* aber nicht primärrechtlich legalisieren wollte.

Die Arbeitsgruppe IX des Konvents empfahl schließlich folgende Modifizierungen: Die klassischen haushaltsrechtlichen Grundsätze (Art. 268-271 EG-Vertrag) sollten künftig in einem gesonderten Artikel im Verfassungsvertrag zusammengefasst werden. Das Haushaltsverfahren selbst sollte vereinfacht und aktualisiert werden. Im Europäischen Verfassungsvertrag sollte die Unterscheidung zwischen obligatorische und nicht-obligatorische Ausgaben der EU aufgegeben werden und damit verbunden auch die unterschiedliche Kompetenz- und Machtverteilung zwischen Rat und Parlament bei den EU-Ausgaben. Der Rat sollte die Führungsrolle über die Einnahmen übernehmen und das Parlament abschließend über die Ausgaben entscheiden können. Eine neue primärrechtliche Rechtsgrundlage wurde für das Instrument der «Finanziellen Vorausschau» vorgeschlagen.[17]

In ihren Reaktionen auf diese Denkanstöße und Vorschläge machten die Mitglieder des Konvents deutlich, dass eine legalistische Eingrenzung der Modifizierungen auf eine Vereinfachung des förmlichen Jahreshaushaltsverfahrens nicht möglich sein würde.

---

12 In der Erklärung von Laeken zur Zukunft der Europäischen Union vom 14./15.12.2001, dem Mandat des EU-Verfassungskonvents, findet sich kein Auftrag zur Prüfung und kein Hinweis auf eine Notwendigkeit zur Reform der europäischen Finanzverfassung.

13 Hierzu die beiden Vermerke des Präsidiums zur Einsetzung der Arbeitsgruppen: Vermerk des Präsidiums für den Konvent, CONV 52/02 vom 17. Mai 2002 und des Sekretariats des Konvents „Gruppen: Zweite Welle“, CONV 206/02 vom 19. Juli 2002

14 Vgl. hierzu die Kurzniederschrift über die Sitzung der Gruppe IX „Vereinfachung“ vom 2. Oktober 2002, CONV 341/02 vom 11. Oktober 2002.

15 „Die Rechtsetzungsverfahren (einschließlich Haushaltsverfahren): Das derzeitige System, CONV 216/02 vom 24. Juli 2002.

16 Zuvor hatte bereits am 19. April 2002 das stellvertretende Mitglied im Konvent, der spanische Abgeordnete im Europäischen Parlament Carlos Carnero Gonzáles, ein Papier vorgelegt, in dem er die Aufnahme der Finanziellen Vorausschau in das europäische Primärrecht forderte.

17 Schlussbericht der AG IX Vereinfachung des Rechtsetzungsverfahrens und der Verfahren, CONV 424/02 vom 29. November 2002.

Jede Umgestaltung des komplizierten Zusammenspiels zwischen Rat und Parlament im Bereich des Haushaltsverfahrens führt zu einer Veränderung der sensiblen institutionellen Balance zwischen den beiden Organen. Eine Konzentration auf einen einzelnen Reformaspekt verändert den Status Quo im Macht- und Kompetenzgefüge von Rat und Europäischem Parlament und öffnet sofort das Feld für Kompensationsforderungen. Mehrere Redner empfanden deshalb die Vorschläge als inakzeptabel. Im Rahmen der Debatte über die Vorschläge der Arbeitsgruppe „Vereinfachung" brachen somit die bekannten Konfliktlinien[18] früherer Regierungskonferenzen wieder auf: Die Mitgliedstaaten waren zu Stärkung des Europäischen Parlaments nur bereit, wenn sie die Kontrolle über das Gesamthaushaltsvolumen der EU behielten. Das Europäische Parlament seinerseits suchte eine weitere Ausweitung seiner Mitentscheidungsrechte und die gleichberechtigte Mitwirkung in allen Politikbereichen der EU.

Um die strittigen Fragen des institutionellen Gleichgewichts im europäischen Haushaltsverfahren beantworten zu können, wurden in der Schlussphase des Konvents zwei technische Arbeitskreise eingesetzt, die sich mit der Reform des EU-Eigenmittelsystems und des Haushaltsverfahrens befassten. Der Arbeitskreis II «Haushaltsverfahren»[19] prüfte in erster Linie die Fragen, ob die «Finanziellen Vorausschau» in die Verfassung aufgenommen werden sollte und wie ein vereinfachtes Haushaltsverfahren aussehen könnte. Er empfahl dem Konvent zunächst eine Änderung der Begrifflichkeit vorzunehmen und die bisherige «Finanziellen Vorausschau» im Verfassungsvertrag nun als «Mehrjährigen Finanzrahmen» zu bezeichnen. In Teil I der Verfassung sollte dem «Mehrjährigen Finanzrahmen» ein gesonderter Artikel gewidmet werden, um so die verfassungsrechtliche Verankerung zu sichern. Die näheren Bestimmungen der europäischen Finanz- und Budgetverfassung sollten entsprechend der inhärenten Logik des Verfassungsvertrags dann in Teil 3 des EVV ausgeführt werden. Die Mehrheit der Mitglieder des Arbeitskreises sprach sich gegen die Beibehaltung der Einstimmigkeit bei der Verabschiedung des mehrjährigen Finanzrahmens und für eine Stärkung der Rolle des Europäischen Parlaments aus. Das jährliche Haushaltsverfahren sollte vereinfacht und die Unterscheidung zwischen obligatorischen und nichtobligatorischen Ausgaben aufgehoben werden.

Der Arbeitskreis III «Eigenmittel»[20] diskutierte das bestehende EU-Eigenmittelsystem im Hinblick auf die Gerechtigkeit und die Transparenz des Systems sowie das Verfahren zur Einigung auf die Finanzielle Vorausschau. Dabei unterstützte auch dieser Arbeitskreis[21] die Aufnahme eines gesonderten Artikels über die Eigenmittel in den ersten Teil des Verfassungsvertrags. Um eine gerechte Finanzierung der EU zu ermöglichen, sollten die Mitgliedstaaten auf Grund ihres relativen Wohlstands entsprechende Beiträge an das EU-Budget abführen. Das derzeitige einstimmige Beschlussfassungsverfahren sei sehr schwerfällig und sollte reformiert werden. Die Mehrheit der Arbeitskreismitglieder schlug vor, über die Festlegung der Eigenmittelobergrenzen und damit des Haushaltsvolumens sowie die Schaffung neuer Eigenmittelquellen weiterhin einstimmig zu entscheiden. Die konkreten Modalitäten der Eigenmittel sollten künftig aber mit qualifizierter Mehrheit und mit Zustimmung des Europäischen Parlaments verabschiedet werden. Die Frage einer grundle-

18 Vgl. Syntheseberich über die Plenartagung vom 5. und 6. Dezember 202 in Brüssel, CONV 449/02 vom 13. Dezember 2002.
19 Mandat des Arbeitskreis II Haushaltsverfahren, CONV 612/03 vom 13. März 2003.
20 Mandat des Arbeitskreis III Eigenmittel, CONV 654/03 vom 31. März 2003.
21 Abschlussbericht des Arbeitskreis Eigenmittel, CONV 730/03 vom 3. Mai 2003.

genden Reform des Eigenmittelsystems, beispielsweise durch die Einführung einer europäischen Steuer, wurde in dem Arbeitskreis kontrovers diskutiert, allerdings ohne zu einer klaren Empfehlung zu kommen.

Noch vor Abschluss der Beratungen in den beiden Arbeitskreisen legte das Konventspräsidium am 14. März 2003 eigene Vorschläge zur Formulierung des Kapitels „Finanzen der Union“[22] vor. Die insgesamt 141 Änderungsvorschläge der Mitglieder des Konvents zu den Artikeln 52 bis 55 spiegelten erneut das heterogene Meinungsbild innerhalb des Konvents und die gegensätzlichen institutionellen Interessen wider. Einzig das in der praktischen Anwendung bewährte Instrumentarium der Finanziellen Vorausschau und die unumstrittenen Haushaltsgrundsätze des EG-Vertrags waren konsensfähig.[23] Das Meinungsspektrum im Konvent reichte von der Forderung zur Einführung einer EU-Steuer, wie sie der damalige französische Außenminister de Villepin[24] explizit in seinen Stellungnahmen vortrug, bis zur ausdrücklichen Ablehnung einer solchen Steuer. Vorgelegt wurden auch Anträge, in denen vorgeschlagen wurde, sowohl den EU-Jahreshaushalt als auch den in der Verfassung zu verankernden «Mehrjährigen Finanzrahmen» mit qualifizierter Mehrheit im Rat und mit Mehrheit im Parlament anzunehmen. Diese Forderung, die den Verzicht der Mitgliedstaaten auf ihre Vetomöglichkeiten bedeutet hätte, widersprach den Stellungnahmen anderer Konventsmitglieder, die das Festhalten an der einstimmigen Beschlussfassung der Finanziellen Vorausschau und die Konsultation des Europäischen Parlaments zum Inhalt hatten.

Der Vorschlag des Konvents orientierte sich schließlich weitgehend am Status Quo des europäischen Vertragsrechts. Dennoch wurden einige Modifikationen vorgeschlagen, die sowohl das jährliche Haushaltsverfahren als auch die Finanzielle Vorausschau betrafen. In Teil I des EVV wurden in Titel VII „Die Finanzen der Union“ in insgesamt vier Artikeln die Haushalts- und Finanzgrundsätze der Union, der mehrjährige Finanzrahmen sowie der jährliche Haushaltsplan verankert. Aufgelistet wurden die Grundsätze der Einheitlichkeit, der Vollständigkeit, der Jährlichkeit und der Wirtschaftlichkeit des Haushalts, des Ausgleichs von Einnahmen und Ausgaben und damit des Verschuldungsverbots, der hinreichenden Ausstattung der EU mit Finanzmitteln, der vollständigen Finanzierung aus Eigenmitteln und der Notwendigkeit der vorherigen Annahme eines Basisrechtsakts zur Rechtfertigung von Ausgaben. (Art. I-52 ff. EVV-K). Im dritten Teil des EVV wurden diese Grundsätze ergänzt um weitere Bestimmungen, wie die Festlegung des Euro als Rechnungseinheit (Art. III-316 EVV-K) oder die Datierung des Haushaltsjahrs (Art. III-309 EVV-K).[25] Der Vorschlag des Konvents übernahm somit die bereits im EG-Vertrag enthaltenen haushaltsrechtlichen Grundsätze inhaltlich und weitgehend auch wörtlich.

Neu war allerdings die Aufnahme des Grundsatzes der Ausgabenermächtigung durch einen Basisrechtsakt. Diese Verknüpfung der budgetrechtlichen Bewilligung von Ausgaben mit einer materiellen Rechtsgrundlage war bislang lediglich in der IIV verankert. Die Finanzielle Vorausschau sollte unter dem neuen Namen «Mehrjähriger Finanzrahmen» in das

22 „Die Finanzen der Union: Entwurf der Artikel 38 bis 40“, KONV 602/03 vom 14. März 2003.

23 Vgl. auch den Vermerk des Konventssekretariats „Reaktionen auf den Entwurf der Artikel 38 bis 40 des Verfassungsvertrags (Die Finanzen der Union) – Zusammenfassende Darstellung, KONV 643/03 vom 31. März 2003.

24 Vgl. Beitrag des Mitglieds des Konvents Herrn Dominique de Villepin – „Die Reform der Finanzbestimmungen des Vertrags“, KONV 668/03 vom 3. April 2003.

25 Ausführlich Peter Becker, Olaf Leiße, Die Zukunft Europas. Der Konvent zur Zukunft der Europäischen Union, Wiesbaden 2005 und Ines Hartwig, Eine neue Finanzverfassung für die Europäische Union, in: integration, Jg. 26, H. 4, 2003, S. 520-526.

europäische Primärrecht aufgenommen werden (Art. III-308 EVV-K), eine Mindestlaufzeit von fünf Jahren haben und nur die erste Fünfjahres-Periode nach dem Inkrafttreten des Verfassungsvertrags sollte noch einstimmig verabschiedet werden (Art. I-54 Abs. 4 EVV-K). Die Unterscheidung zwischen obligatorischen und nicht-obligatorischen Ausgaben sollte entfallen.[26] Das Verfahren zur Erstellung und Verabschiedung der Jahreshaushalte sollte deutlich vereinfacht und an das übliche Gesetzgebungsverfahren angenähert werden. Demnach sollte zukünftig auf die Vorlage eines Haushaltsvorentwurfs durch die Kommission verzichtet werden; die Kommission sollte stattdessen auf der Grundlage der Haushaltsvoranschläge der Organe einen zusammengefassten Haushaltsentwurf für alle Institutionen der Union vorlegen. Hierzu sollte der Rat einen Gemeinsamen Standpunkt festlegen und diesen dem Europäischen Parlament zur weiteren Beratung zuleiten. Das Parlament könnte dann dem Standpunkt des Rates zustimmen und somit das Verfahren abschließen. Sollte das Parlament jedoch Änderungen beschließen, die vom Ministerrat nicht ausdrücklich gebilligt werden, sollte ein besonderes Vermittlungsverfahren einsetzen. Damit wurde das Entscheidungsverfahren zwischen Rat und Parlament gestrafft und erstmals ein förmliches, primärrechtlich verankertes Vermittlungsverfahren für die Verabschiedung des Jahresbudgets vereinbart. Der Konventsentwurf sah insgesamt eine starke Rolle des Parlaments in diesem Vermittlungsverfahren vor.

3.2 Die Regierungskonferenz und die Rückkehr zum Status Quo in der Regierungskonferenz

Die nachfolgende Regierungskonferenz veränderte den Entwurf des Konvents zur europäischen Finanzverfassung nur ein wenigen Punkten, die allerdings aus Sicht einiger Mitgliedstaaten zur Sicherung ihrer Vetomöglichkeiten entscheidend waren. Zwar war die Gruppe der Mitgliedstaaten nicht homogen und geschlossen; aber die Gruppe derjenigen, die eine weitgehende Veränderung anstrebten, war kleiner als die Gruppe der Mitgliedstaaten, die am rechtlichen und politischen Status quo festhalten wollte.[27] Diese Uneinigkeit schränkte die Reformoptionen ein und führte zur Anpassung des Konventsentwurfes an die Interessen der Mitgliedstaaten. Immerhin übernahm auch die Regierungskonferenz den Vorschlag, dass mit dem Inkrafttreten des EVV das politisch eingeübte Verfahren zur Erstellung des mehrjährigen Finanzrahmens erstmals im EU-Vertragsrecht verankert und damit europarechtlich verbindlich geregelt werden sollte. Zugleich sollte aber das Prinzip der Einstimmigkeit zur Verabschiedung der Finanziellen Vorausschau unbefristet weiter gelten und allenfalls durch ein einstimmiges Votum der europäischen Staats- und Regierungschefs aufgegeben werden können (sog. Passerelle-Klausel nach Art. I-55 Abs. 4 EVV). Das in der politischen Anwendung bewährte Verfahren sollte also im Verfassungsvertrag sichtbar werden, allerdings ohne die Vetomöglichkeiten und die Verhandlungsmacht der Mitgliedstaaten in Frage zu stellen.

Unstrittig war die Aufnahme der Prinzipien und Grundsätze der europäischen Finanz- und Haushaltsverfassung in den Verfassungsvertrag. Der übergreifenden Logik des EVV folgend sollten im ersten Teil die Prinzipien und die Grundlagen der europäischen Finanz-

26 Damit wäre auch das Höchstsatzverfahren aus Art. 272 Abs. 9 EG-V hinfällig.

27 Vgl. Vermerk des Vorsitzes Regierungskonferenz 2003, Nichtinstitutionelle Fragen, einschließlich von Änderungsvorschlägen zum Bereich Wirtschaft und Finanzen, CIG 37/03 vom 24. Oktober 2003, Ziffer 19ff..

verfassung definiert werden (Teil I, Titel VII „Die Finanzen der Union“, Artikel I-53 bis I-56 EVV); die Konkretisierung und die Ausführungsbestimmungen würden hingegen in Teil III aufgeführt (Teil III, Titel VI „Arbeitsweise der Union“, Kapitel II „Finanzvorschriften“, Art. III-402 bis III-414).[28]

Umstritten waren aber die Vorschläge des Konvents, die eine Veränderung des institutionellen Gleichgewichts zwischen Rat und Parlament sowie der Kompetenzverteilung zwischen nationalstaatlicher und gemeinschaftlicher Ebene zur Folge gehabt hätten. In der Schlussphase der Regierungskonferenz war zwischen den Mitgliedstaaten und dem Europäischen Parlament insbesondere das modifizierte Verfahren zur Verabschiedung der Jahreshaushalte umstritten[29]; die Mitgliedstaaten verhinderten schließlich eine zu weitgehende Aufwertung der Rolle des Parlaments. Nach dem Ergebnis der Regierungskonferenz wurde das Letztentscheidungsrecht über den Jahreshaushalt im Konfliktfall zwischen Parlament und Rat offen gelassen. Die Kommission soll in dem Fall einen neuen Haushaltsentwurf vorlegen, wenn im Vermittlungsausschuss keine Einigung möglich war oder wenn ein Vermittlungsergebnis zwar im Rat gebilligt wurde, aber im Parlament scheitert. Nur im umgekehrten Fall, d.h. wenn ein Vermittlungsergebnis im Rat nicht möglich ist aber vom Parlament gebilligt wird, kann das EP abschließend mit einer der Mehrheit seiner Mitglieder und drei Fünftel der abgegebenen Stimmen seine Änderungen am gemeinsamen Standpunkt des Rates durchsetzen (Art. III-404 Abs. 7 EVV).

Der Inhalt und der Wortlaut dieses Verhandlungskompromisses zwischen den Mitgliedstaaten und dem Europäischen Parlament blieben auch nach dem Scheitern des Europäischen Verfassungsvertrags in den beiden Referenden in Frankreich und den Niederlanden unangetastet. Für den Vertrag von Lissabon wurde lediglich die Zweiteilung der Aufnahme des Haushaltsacquis in das europäische Primärrecht aufgegeben. Die Finanzvorschriften finden sich nun zusammengefasst im Vertrag über die Arbeitsweise der Europäischen Union (AEUV) in Teil 6, Titel II, Art. 31ff (in der konsolidierten Fassung).

4 Die widerstreitenden Interessen von Rat und Parlament

Die Konflikte über eine neue Haushalts- und Finanzverfassung der EU, die im Konvent nach der Vorstellung der ersten Formulierungsentwürfe für das Kapitel „Finanzen der Union“[30] im März/April 2003 aufgebrochen waren und die sich auch im Verlauf der nachfolgenden Regierungskonferenz zwischen den Repräsentanten der Mitgliedstaaten und des Europäischen Parlaments fortgesetzt hatten, waren von fundamentalen Macht- und Kompetenzfragen gekennzeichnet.[31] Zum einen ging es bei diesen Kontroversen um die institutionelle Balance zwischen den betroffen Organen, Ministerrat, Parlament und Kommission. Zum anderen waren die Diskussionen über die künftige Finanzordnung der Union stets auch Teil der umfassenderen Debatte über das Verhältnis von mitgliedstaatlicher zu gemeinschaftlicher Entscheidungsebene und damit der Frage über die Richtung und die Dy-

28 S. detailliert hierzu Tabelle 2.

29 Vgl. Vermerk des Vorsitzes zur Regierungskonferenz, RK 2003 – Vorschlag des Vorsitzes zum Haushaltsverfahren, CIG 78/04, vom 24. Mai 2004.

30 „Die Finanzen der Union: Entwurf der Artikel 38 bis 40“, KONV 602/03 vom 14. März 2003.

31 Vgl. Christian Weise, Die Finanzen der Europäischen Union im Verfassungsvertrag, in: Mathias Jopp, Saskia Matl (Hrsg.), Der Vertrag über eine Verfassung für Europa. Analysen zur Konstitutionalisierung der EU, Baden-Baden 2005, S. 275-281.

namik weiterer Integrationsschritte. Im Kern ging es um die Aufwertung der Rolle und die Definition der Mitentscheidungsmöglichkeiten und –rechte des Europäischen Parlaments im europäischen Haushaltsverfahren.[32]

Die bekannten Streitpunkte zwischen dem Rat und dem Europäischen Parlament, die einen Kompromiss bereits bei den früheren Regierungskonferenzen unmöglich gemacht hatten, standen somit auch auf der Tagesordnung des Konvents:

1. Welchem Organ der zweiarmigen EU-Haushaltsbehörde von Rat und Europäischem Parlament sollte das Letztentscheidungsrecht bei der Verabschiedung des jährlichen Budgets zustehen und wie könnte eine Lösung für den Fall aussehen, dass es Parlament und Rat nicht gelingen sollte sich auf ein Jahresbudget zu verständigen? Zumindest über die Frage, dass eine fristgemäße Verabschiedung des Haushalts erforderlich sei, um die Finanzierung der EU-Politiken auch in einer Konfliktsituation sicher zu stellen, gab es Konsens. Umstritten war hingegen die Frage, nach welchem Verfahren künftig der Jahreshaushalt entschieden werden sollte.

2. Welche Konsequenzen hat die Aufgabe der Unterscheidung zwischen obligatorischen und nicht-obligatorischen Ausgaben und die Streichung der damit verbundenen Höchstsatzregelung bei den nicht-obligatorischen Ausgaben für das schwierige institutionelle Gleichgewicht zwischen Rat und Parlament? Die Abschaffung der beiden Ausgabenkategorien hat eine formelle Aufwertung der Mitwirkungsrechte des Europäischen Parlaments zur Folge, das dann auch vertragsrechtlich abgesichert über den größten Ausgabenblock des EU-Budgets, die Ausgaben für die Gemeinsame Agrarpolitik, mitentscheiden dürfte.

3. Wenn die Rechte und die Mitwirkungsmöglichkeiten des Europäischen Parlaments bei der Verabschiedung der Jahreshaushalte gestärkt werden sollten, wie könnte dann der mehrjährige Finanzrahmen, der den verbindlichen Rahmen für die Jahresbudgets vorgeben soll, verabschiedet werden? Sollte auch bei diesem Entscheidungsprozess das Europäische Parlament stärker einbezogen werden? Und würde dies auch eine stärkere Berücksichtigung des Europäischen Parlaments im Bereich der Eigenmittel implizieren?

Mit der Aufnahme der eingeübten Praxis des mehrjährigen Finanzrahmens in den EVV sollte zunächst nur die politische Praxis kodifiziert werden. Aber mit der erhöhten Transparenz und der verstärkten rechtlichen Konsolidierung wären zugleich auch die informellen Verhandlungsspielräume begrenzt. Auch deshalb waren mit der Aufnahme der Finanziellen Vorausschau und der politischen Praxis in das europäische Primärrecht eine Vielzahl von Verfahrensfragen und Umsetzungsproblemen zu beantworten; eine abschließende Verständigung über die alten Budgetkonflikte wurde notwendig. Denn mit dem Budget-*soft law* konnte zwar bis dato ein tragfähiger Modus vivendi entwickelt werden, aber die Ursachen der früheren Haushaltskonflikte waren keineswegs verschwunden. Diese lagen in der unterschiedlichen Verteilung von legislativen und budgetären Kompetenzen und Verantwortlichkeiten zwischen Rat und Parlament. Deshalb wurde die vorgeschlagene Modifizierung des primärrechtlich detailliert vorgegebenen Verfahrens zur Verabschiedung der Jahreshaushalte der Gemeinschaft frühzeitig verbunden mit der primärrechtlichen Verankerung des in der politischen Praxis eingespielten Verfahrens zur Aushandlung der IIV und der Finanziellen Vorausschau. Eine punktuelle Veränderung an dieser Stelle hatte Auswirkungen auf die institutionelle Balance und machte somit Modifizierungen an anderer Stelle notwendig.

32 Vgl. Hartwig, a.a.O., S. 521.

Die Befürchtungen einiger Mitgliedstaaten machte insbesondere die Stellungnahme des britischen Regierungsvertreters Peter Hain im Konvent deutlich.[33] Demnach war die Aufgabe der Unterscheidung zwischen obligatorischen und nicht-obligatorischen Ausgaben und die umfassende Mitentscheidung des Europäischen Parlaments in Haushaltsfragen nur akzeptabel, wenn zugleich eine angemessene Sicherung der Haushaltsdisziplin garantiert sei. Diese Bedingung zeigt, dass einige Mitgliedstaaten die Aufwertung des Parlaments zu Lasten der Rolle des Rates als eine Beschränkung ihrer Kontroll- und Einspruchsmöglichkeiten interpretierten. Die Regierungen erwarteten offensichtlich für diesen Fall eine Ausweitung des EU-Budgets auf Kosten ihrer nationalen Budgets. Umgekehrt befürchtete die französische Regierung eine Verringerung von Zahlungen aus dem EU-Haushalt und verband ihre Zustimmung zu dieser haushaltsrechtlichen Modifikation mit der Bedingung, dass die Finanzierung der Gemeinsamen Agrarpolitik durch die erweiterten Mitwirkungsbefugnisse des Europäischen Parlaments nicht in Frage gestellt werden dürfe.[34] Aus der Sicht der Mitgliedstaaten sollten also potentielle Veränderungen oder Beschränkung ihrer politischen und fiskalischen Besitzstände im Zuge der Modifizierung des prozeduralen und des materiellen Status quo verhindert werden.

Umgekehrt forderten die Parlamentarier die Aufnahme der Finanziellen Vorausschau und der IIV in den Verfassungsvertrag und verbanden damit zugleich eine Ausweitung und Stärkung ihrer Mitwirkungsrechte. Aus der Sicht des Parlaments waren offenbar zwei strategische Ziele entscheidend:

1. Die angestrebte primärrechtliche Verankerung der Finanziellen Vorausschau im EVV bedeutete eine signifikante Aufwertung der formalen Budgetrechte des Europäischen Parlaments gegenüber dem vertragsrechtlichen Status quo des EG-V. Das Parlament ging sogar noch einen Schritt weiter, und versuchte eine Verbesserung seiner Mitwirkungsmöglichkeiten über den eingespielten politischen Status Quo der IIV durchzusetzen. Erst die Verhandlungen der Regierungskonferenz brachten die Rückkehr zum informellen Verfahren der IIV und der Finanziellen Vorausschau – also eine rechtliche Verankerung des politischen Status Quo.
2. Die Mitwirkungsrechte des Parlaments bei der finanziellen Ausstattung aller EU-Politiken sollte an die weitreichenden politischen Gestaltungsmöglichkeiten, die sich das Parlament durch die Einführung des Mitentscheidungsverfahrens sukzessive im Zuge der früheren Regierungskonferenzen erkämpft hatte, angepasst werden. Für die Parlamentarier bedeutet die Aufwertung ihrer Mitwirkung im Haushaltsverfahren die Abrundung ihrer gestärkten legislativen Mitentscheidungsrechte. Die Unterscheidung zwischen obligatorischen und nicht-obligatorischen Ausgaben sollte deshalb abgeschafft werden, um künftig mit dem Rat über den noch immer wichtigsten Ausgabenblock des EU-Haushalts, die Gemeinsame Agrarpolitik, gleichberechtigt verhandeln und mitentscheiden zu können.

---

33 Beitrag des Mitglieds im Konvent Herrn P. Hain: „Haushaltsverfahren", KONV 568/03 vom 19. Februar 2003. Auch die Vertreter der Regierungen der Niederlande und Schwedens im Konvent, Gijs de Vries und Lena Hjelm-Wallén, stellten in ihrem Beitrag diese Verbindung zwischen weitergehenden Rechten für das Parlament und ausreichenden Sicherungsklauseln für die Einhaltung der Haushaltsdisziplin her. Beitrag der Mitglieder im Konvent Frau Lena Hjelm-Wallén und Herrn Gijs de Vries: „Das künftige Haushaltsverfahren der EU", KONV 651/03 vom 28. März 2003.

34 Vgl. den Beitrag von Dominique de Villepin, a.a.O.

Aus dem Blickwinkel der Mitgliedstaaten konnte die Aufnahme der Finanziellen Vorausschau in das europäische Vertragsrecht nur unter der Bedingung erfolgen, dass der politische Status Quo zwischen Rat und Parlament unverändert und neben den Vetomöglichkeiten der Mitgliedstaaten im Rat auch die Einflussnahme der nationalen Parlamente gewahrt bleibt. Gerade die Vertreter einiger nationaler Parlamente im Konvent bestanden auf der Fortdauer der einstimmigen Abstimmungsregeln.[35]

Wenn also die Rechte des EP bei der Erstellung der Jahreshaushalte gestärkt werden sollte, musste die Dominanz der Mitgliedstaaten bei der Erstellung der Finanziellen Vorausschau gesichert werden. Mit der Festlegung der Haushaltsrubriken im mittelfristigen Finanzrahmen könnten die Mitgliedstaaten dem Jahreshaushalt bereits im Vorfeld enge Grenzen setzen und damit den im Budget sichtbaren politischen Gestaltungswünschen der Parlamentarier Fesseln anlegen. Die Mitgliedstaaten achteten deshalb auf eine angemessene Erwähnung des Ziels der strikten Haushaltsdisziplin in den Formulierungen des Verfassungsvertrags. Wenn dann die Parlamentarier forderten, ihre Mitsprachrechte auch auf die Verhandlungen über den Finanzrahmen auszuweiten, kam dies aus der Sicht vieler Mitgliedstaaten einer Lockerung der Fesseln gleich. Deshalb reagierten diese Mitgliedstaaten konsequent und forderten als nächsten Schritt, dass die einstimmige Beschlussfassung bei Abstimmungen über die Definition und die Modalitäten der Eigenmittelquellen des EU-Haushalts erhalten bleiben müsse. Mit einer solchermaßen gesicherten Dominanz der mitgliedstaatlichen Ebene über das EU-Eigenmittelsystem blieben die Mitgliedstaaten die Herren über den Mittelzufluss in das EU-Budget. Den Mitgliedstaaten bliebe also das Letztentscheidungsrecht über das Finanzvolumen, das der EU zur Verfügung gestellt würde; die Entscheidung über die politischen Prioritäten, nach denen dieses Geld ausgegeben werden sollte, würden die Mitgliedstaaten anschließend dann gemeinsam mit dem Parlament treffen. Konsequenterweise lehnten sie die Einführung der Abstimmung mit qualifizierter Mehrheit ab. Dies hätte den Verlust ihrer Vetomöglichkeit bedeutet und damit die fein austarierte Balance zwischen dem Rat und dem Europäischen Parlament, zwischen den Nettozahlern und Nettoempfängern im Kreis der Mitgliedstaaten und zwischen nationalen Haushalten und europäischem Haushalt in Frage gestellt.

5 Fazit

Warum war aber nun eine Verständigung auf die Konstitutionalisierung der Finanziellen Vorausschau möglich, die während der drei vorangegangenen Regierungskonferenzen nicht gelungen war? Als wichtigste Erklärung können

a. das neuartige Verhandlungsumfeld im Europäischen Konvent und
b. die veränderten institutionellen Erfahrungen mit der politischen Praxis dienen.

Die Verhandlungen im Europäischen Konvent unterschieden sich in vielerlei Hinsicht von den üblichen Verhandlungen im Rahmen der Regierungskonferenzen.[36] Die Rolle und die

35 Am deutlichsten äußerte der Vertreter des britischen Parlaments im Konvent, Lord John Tomlinson diese Vorbehalte.

36 Vgl. Andreas Maurer, Daniel Göler, Die Konventsmethode in der Europäischen Union. Ausnahme oder Modell?, SWP-Studie 44, Berlin, November 2004.

Einflussmöglichkeiten der Europaparlamentarier im Europäischen Konvent waren im Vergleich zur Beteiligung von zwei Vertretern des EP bei den üblichen Regierungskonferenzen zweifellos größer. Andrew Duff kommt zu dem Urteil, „dass die Europaparlamentarier die wohl am besten koordinierte Teilgruppe (die Kommission ausgenommen) sind, aber auch, dass viele einzelne Europaparlamentarier zu den engagiertesten Mitgliedern des gesamten Konvents gehören.“[37] Für die Arbeiten und das Ergebnis des Konvents war die Gruppe der Europaparlamentarier damit von herausragender Bedeutung. Die Parlamentarier vertraten dabei häufig vorab abgestimmte institutionelle Interessen des Europäischen Parlaments, denen sie insbesondere bei institutionellen Macht- und Kompetenzfragen ihre parteipolitischen und nationalen Interessen unterordneten. Das institutionelle Interesse des Parlaments an haushaltsrechtlichen Mitentscheidungsrechten fand somit stärker Eingang in die Beratungen des Konvents, als dies bei den früheren Regierungskonferenzen möglich war. Dass bei der anschließenden Regierungskonferenz eine allzu deutliche Stärkung des Parlaments gegenüber dem Rat im Haushaltsverfahren verhindert wurde, kann als Beleg für die außerordentliche Verhandlungssituation und die Stärke der Europaparlamentarier im Konvent gewertet werden.

Die Rückkehr der Regierungskonferenz 2004 in einigen strittigen Punkten zum Status quo des EG-Vertrags belegt umgekehrt die erhöhte Durchsetzungskraft der Mitgliedstaaten im Rahmen der Regierungskonferenz. Wie auch in früheren Regierungskonferenzen konnten sich schließlich die Regierungsvertreter bei den strittigen Punkten gegen die Parlamentarier durchsetzen. Allerdings war der Verhandlungsspielraum der Regierungskonferenz durch den Vorschlag des Konvents insgesamt merklich begrenzt; die komplette Negierung des Konventsergebnisses in der Regierungskonferenz war jedenfalls unmöglich.

Zweifellos war die primärrechtliche Verankerung der Finanziellen Vorausschau im Europäischen Verfassungsvertrag und nunmehr im Reformvertrag mit der vorgeschalteten Konventsmethode leichter als mit der klassischen Methode der Regierungskonferenzen, weil die Rolle und der Gestaltungsspielraum der Europaparlamentarier im Konvent unvergleichlich größer war. Und auch weil die angestrebte umfassende Vertiefung und Konstitutionalisierung der Europäischen Union in einem allzu deutlichen Widerspruch zu einer brüsken Ablehnung von gestärkten parlamentarischen Budgetrechten gestanden hätte. Aber daneben war auch das Instrumentarium reif für die Aufnahme in das Primärrecht. Es zeichnete sich sozusagen deutlich ein „spill-over“ ab – zumal den Regierungsvertretern auch die materielle Argumentationsgrundlage fehlte. Die eingeübte politische Praxis der Finanziellen Vorausschau und das Zusammenspiel mit dem EP hatten sich mehrfach bewährt. Gegen die vertragliche Fixierung dieser Praxis konnten keine grundsätzlichen Bedenken vorgebracht werden, ohne das Verfahren selbst in Frage zu stellen. Aus Sicht der Mitgliedstaaten war demnach eine Veränderung der Vorgaben des Konvents nur dort möglich, wo sie über den politischen Status quo hinausgingen. Also war nicht der EG-Vertrag der Maßstab zur Bemessung des Status Quo, sondern die politische Praxis und das Instrument der Finanziellen Vorausschau.

---

37 Andrew Duff, Der Beitrag des Europäischen Parlaments zum Konvent: Treibende Kraft für einen Konsens, in: integration, Jg. 23, H. 1, 2003, S. 3-9.

Schaubild 1: Das neue Haushaltsverfahren nach Artikel 314 AEUV (konsolidierte Fassung)

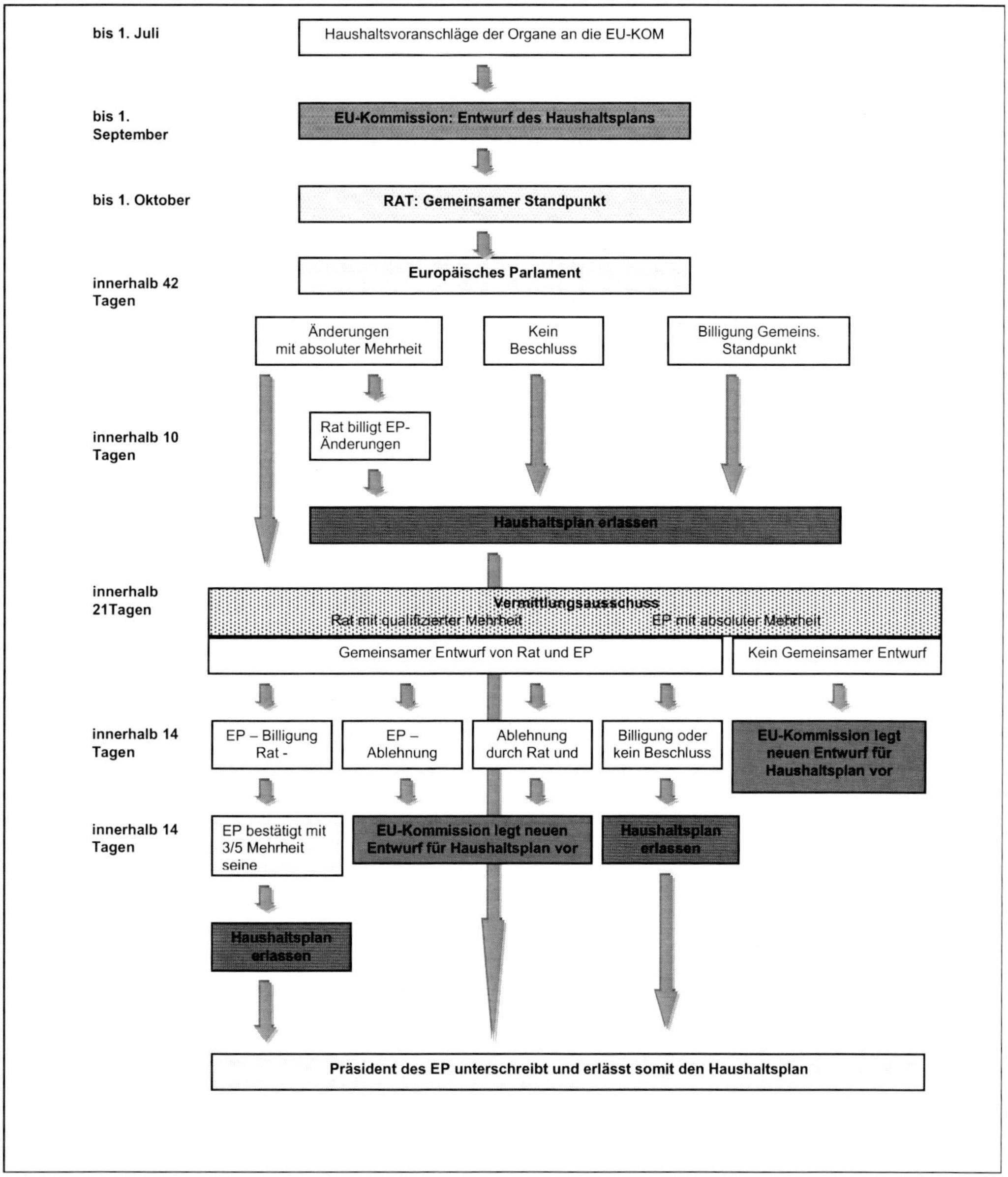

Tabelle 2: Gegenüberstellung von EG-Vertrag, EVV-Vorschlag des Konvents und Ergebnis der Regierungskonferenzen

Haushaltsgrundsätze und Strukturen	**Status Quo** (EG-Vertrag, IIV v. 6.5.1999 u. Haushaltsordnung v. 25.6.2002)	**EVV-Konvent**	**EVV**	**Vertrag von Lissabon & Vertrag über die Arbeitsweise der Europäischen Union (AEUV)**
Grundsatz des Ausgleichs von Einnahmen und Ausgaben; Verschuldungsverbot	Art. 268 EG-V, Kapitel 3 HO	Art. I-52, Abs. 2 EVV-K	Art. I-53, Abs. 2 EVV	Änderungsziffer 257 Art. 310, Abs. 1 AEUV
Grundsatz der Gesamtdeckung	Art. 268 EG-V, Kapitel 5 HO	Art. I-52, Abs. 1 EVV-K	Art. I-53, Abs. 1 EVV	Änderungsziffer 257 Art. 310, Abs. 1 AEUV
Grundsatz der Wirtschaftlichkeit der Haushaltsführung	Art. 270 EG-V, Ziffer 10 IIV, Kapitel 7 HO	Art. I-52, Abs. 5 u. 6 EVV-K	Art. I-53, Abs. 5 u. 6 EVV	Änderungsziffer 257 Art. 310, Abs. 5 AEUV
Grundsatz der hinreichenden Ausstattung der EU mit Finanzmitteln		Art. I-53, Abs. 1 u. III-319 EVV-K	Art. I-54, Abs. 1 EVV	Änderungsziffer 259 Art. 311 u. Art. 323 AEUV
Grundsatz der Jährlichkeit	Art. 271 EG-V, Kapitel 2 HO	Art. I-52 EVV-K	Art. I-53 EVV	Änderungsziffer 257 Art. 310, Abs. 2 AEUV
Datierung des Haushaltsjahrs	Art. 272 Abs. 1 EG-V	Art. III-309 EVV-K	Art. III-403 EVV	Änderungsziffer 265 Art. 313 AEUV
Festlegung des Euro als Rechnungseinheit	Art. 277 EG-V i.V.m. Kapitel 4 HO	Art. III-316 EVV-K	Art. III-410 EVV	Änderungsziffer 272 Art. 320 AEUV
Darstellung des Haushaltsverfahren	Art. 272 EG-V	Art. III-310 EVV-K	Art. III 404 EVV	Änderungsziffer 265 Art. 314 AEUV
Unterscheidung zwischen obligatorischen und nicht-obligatorischen Ausgaben	Art. 272 Abs. 9 EG-V, Ziffer 12 IIV			
Höchstsatzverfahren	Art. 272 Abs. 9 EG-V			
Zwölftelregelung bei Nichteinigung zwischen Rat und EP	Art. 273 EG-V	Art. III-311 EVV-K	Art. III-405 EVV	Änderungsziffer 266 Art. 315 AEUV
Notwendigkeit der vorherigen Annahme eines Basisrechtsakts zur Rechtfertigung von Ausgaben.	Ziffer 36 IIV, Art. 49 HO	Art. I-52, Abs. 4 EVV-K	Art. I-53, Abs. 4 EVV	Änderungsziffer 257 Art. 310, Abs. 3 AEUV
Trilogtreffen im Rahmen des Haushaltsverfahrens		Art. III-320 EVV-K	Art. III-414 EVV	Änderungsziffer 274 Art. 324 AEUV
Eigenmittelbeschluss und vollständige Finanzierung aus Eigenmitteln	Art. 269 EG-V	Art. I-53, Abs. 2 u. 3 EVV-K	Art. I-54, Abs. 2 u. 3 EVV	Änderungsziffer 259 Art. 311 AEUV
Beschlussfassung über die Modalitäten der Eigenmittel		Art. I-52, Abs. 4 EVV-K	Art. I-54, Abs. 4 EVV	Änderungsziffer 259 Art. 311 AEUV
Beschlussfassung auf eine „Finanzielle Vorausschau“ bzw. „mehrjährigen Finanzrahmen“	Ziffer 8ff. IIV	Art. I-54 u. III-308 EVV-K	Art. I-55 u. III-402 EVV	Änderungsziffer 261 Art. 312 AEUV
Beachtung der Obergrenzen des Finanzrahmens	Ziffer 11 IIV	Art. I-52, Abs. 3 EVV-K	Art. I-55, Abs. 3 EVV	Änderungsziffer 261 Art. 312 AEUV
Laufzeit des Finanzrahmens	Laufzeit der IIV	Art. III-308 Abs. 1 EVV-K	Art. III-402, Abs. 1 EVV	Änderungsziffer 261 Art. 312 AEUV

Literatur

Ackrill, Robert; Kay, Adrian, Historical-institutionalist perspectives on the development of the EU budget system, Journal of European Public Policy, Vol. 13, No. 1, 2006, S. 113-133.

Becker, Peter, Leiße, Olaf, Die Zukunft Europas. Der Konvent zur Zukunft der Europäischen Union, Wiesbaden 2005.

Becker, Peter, Die EU-Finanzverhandlungen vor der dritten Phase – Die Rolle des Europäischen Parlaments, in: Andreas Maurer, Dietmar Nickel (Hrsg.), Das Europäische Parlament. Supranationalität, Repräsentation und Legitimation, Baden-Baden 2005, S. 179-199.

Becker, Peter, Der EU-Finanzrahmen 2007-2013. Auf dem Weg zu einer europäischen Finanzverfassung oder Fortsetzung der nationalen Nettosaldopolitik? SWP-Studie 2005/S 36, November 2005.

Becker, Peter, Fortschreibung des Status Quo – Die EU und ihr neuer Finanzrahmen Agenda 2007, in: integration, 29. Jg, H. 2, 2006, S. 106-112.

Duff, Andrew, Der Beitrag des Europäischen Parlaments zum Konvent: Treibende Kraft für einen Konsens, in: integration, Jg. 26, H. 1, 2003, S. 3-9.

Eiselt, Isabella; Pollak, Johannes, Slominski, Peter, Codifying temporary Stability? The Role of Interinstitutional Agreements in Budgetary Politics, European Law Journal, 13. Jg., 2007, No. 1, S. 75-91.

Hartwig, Ines, Eine neue Finanzverfassung für die Europäische Union, in: integration, Jg. 26. H. 4, 2003, S. 520-526.

Heinemann, Friedrich, Das common pool-Problem in der EU-Finanzverfassung, in: Zeitschrift für Staats- und Europawissenschaften, Jg., 4, Nr. 2, 2005, S. 188-213.

Laffan, Brigid, The big budgetary bargains: from negotiation to authority, in: JEPP, Vol. 7, No 5, 2000, S. 725-743.

Maurer, Andreas; Göler, Daniel, Die Konventsmethode in der Europäischen Union. Ausnahme oder Modell?, SWP-Studie 44, Berlin, November 2004.

Schild, Joachim, How to shift the EU's spending priorities? The multi-annual financial framework 2007 – 2013 in perspective, JEPP, Vol. 15, No. 4, 2008, S. 531–549.

Weise, Christian, Die Finanzen der Europäischen Union im Verfassungsvertrag, in: Mathias Jopp, Saskia Matl (Hrsg.), Der Vertrag über eine Verfassung für Europa. Analysen zur Konstitutionalisierung der EU, Baden-Baden 2005, S. 275-281.

IV. Die Europäische Union im nationalen und internationalen Kontext

Otto Schmuck

Die deutschen Länder und der europäische Reformprozess

1 Der Rollenwandel der Länder und Regionen von Objekten zu Mitgestaltern

Seit Beginn der europäischen Einigungsbestrebungen vor mehr als fünfzig Jahren haben sich die deutschen Länder engagiert und konstruktiv am europäischen Aufbauwerk beteiligt.[1] Der EWG-Vertrag von 1958 hatte der regionalen Ebene nur wenig Bedeutung gewidmet. In wissenschaftlichen Beiträgen war deshalb eine „Regionenblindheit" der europäischen Gründungsverträge konstatiert worden.[2] Der einzige regionale Bezug findet sich in der Präambel des damals noch so bezeichneten EWG-Vertrags. Dort war vereinbart worden, die Gemeinschaft werde von den beteiligten Staaten gegründet „...in dem Bestreben, ihre Volkswirtschaften zu einigen und deren harmonische Entwicklung zu fördern, indem sie den Abstand zwischen einzelnen Gebieten und den Rückstand weniger begünstigter Gebiete verringern". Hierzu wurden in der Folge verschiedene Instrumente geschaffen, deren bedeutsamstes der Europäische Fond für regionale Entwicklung (EFRE) ist.

Mit der zwischen 1980 und 1992 im Vorfeld der Verwirklichung des europäischen Binnenmarktes erfolgten Ausweitung der politischen Aktivitäten der damaligen Europäischen Gemeinschaft auch in Bereichen, die zu den klassischen Aufgabengebieten der regionalen Ebene gezählt werden, sahen Länder und Regionen zunehmend die Notwendigkeit, sich mit Europafragen intensiver zu befassen.[3] Beispiele hierfür waren die europäischen Programme im Bildungsbereich, wie etwa ERASMUS und LINGUA, Kulturförderprogramme oder auch Aktivitäten der EG im Medienbereich oder in der Umweltpolitik.

Nach 1985 fanden mehrere Tagungen und Kongresse statt, bei denen regionale Vertreter ihre Positionen diskutierten und gemeinsame Forderungen ausarbeiteten.[4] Von besonderer Bedeutung war in diesem Zusammenhang die 1985 erfolgte Gründung der Versammlung der Regionen Europas (VRE) mit Sitz in Straßburg.[5] Hier fanden die europäischen Regionen erstmals die Gelegenheit zu regelmäßiger Beratung und wirksamer Interessenvertretung.

Länder und Regionen verfolgten nach 1985 in Europaangelegenheiten die folgenden vorrangigen Ziele:

---

1 Siehe u.a. Schmuck, Otto: Länder und Regionen in Europa: Mitwirkung – Meinungsbildung – Selbstverständnis, in: Franz H. U. Borkenhagen (Hrsg.), Europapolitik der deutschen Länder. Bilanz und Perspektiven nach dem Gipfel von Amsterdam, Opladen 1998, 215-228, bes. S. 218ff. sowie Hrbek, Rudolf und Sabine Weyand: Betrifft: Das Europa der Regionen, München 1994.

2 Siehe u.a. Schick, Gerhard: Doppelter Föderalismus in Europa, Frankfurt am Main u.a. 2003, S. 55.

3 Hrbek, Rudolf und Sabine Weyand: betrifft: Das Europa der Regionen, München 1994, S. 82ff.

4 Siehe für die deutschen Länder: Bauer, Joachim: Europa der Regionen. Aktuelle Dokumente zur Rolle und Zukunft der deutschen Länder im europäischen Einigungsprozess, Berlin 1991.

5 Werner Weidenfeld und Wolfgang Wessels (Hrsg.): Europa von A bis Z, Baden-Baden 2006, S. 451.

- Zuerkennung von institutionalisierten Informations- und Mitwirkungsrechten sowohl innerstaatlich als auch auf der EU-Ebene,
- Verankerung des Subsidiaritätsprinzips als Grundlage des Handelns der EU,
- Beteiligung der Regionen an der Überwachung dieses Prinzips durch ein Klagerecht beim Europäischen Gerichtshof,
- eindeutigere Kompetenzabgrenzung auch zur besseren Wahrung der regionalen Einflussmöglichkeiten,
- Anerkennung der regionalen und auch der kommunalen Selbstverwaltungsrechte durch die EU.

Auf dieser Grundlage beteiligten sich die deutschen Länder zusammen mit anderen europäischen Regionen engagiert an den Vorbereitungen und an den Verhandlungen der Regierungskonferenz, deren Ergebnis der später so bezeichnete Vertrag von Maastricht war. Spätestens seit der Aushandlung dieses Maastrichter Vertrages wurde auch für Außenstehende deutlich, dass die Regionen in der Europäischen Union eine gestaltende Rolle übernehmen wollten und auch konnten. Sie verstehen sich seither nicht mehr als Objekte von Politik sondern zunehmend als Subjekte politischen Handelns, als Akteure, die an der Zukunft der europäischen Einigung aktiv mitwirken wollen. Die deutschen Länder haben bei diesem Engagement Mitstreiter auch in vielen anderen EG-Staaten gefunden, vor allem in Belgien, in Österreich, in Spanien und auch in Italien.

Von besonderer Bedeutung im Hinblick auf die große Durchsetzungskraft der deutschen Länder in Europaangelegenheiten war und ist ihre starke innerstaatliche Stellung im föderalen deutschen System. Der Bundesrat als Vertretungsorgan der Länder muss allen wichtigen europäischen Verträgen – in der Regel sogar mit Zweidrittelmehrheit – zustimmen. Die deutschen Länder können an vorbereitenden Ressortabstimmungen teilnehmen und sind bei den Sitzungen der Regierungskonferenz selbst mit einem oder – falls über konkrete Länderanliegen verhandelt wird und dies räumlich möglich ist – mit zwei Ländervertretern als Teil der deutschen Delegation vertreten.

Vertreter der nachfolgend genannten Länder wurden als Verhandlungsführer der Ländergesamtheit für die Aushandlung der EU-Reformverträge benannt:

- Vertrag von Amsterdam (1998): Bayern und Rheinland-Pfalz,
- Vertrag von Nizza (2000): Baden-Württemberg und Rheinland-Pfalz,
- Vertrag über eine Verfassung für Europa (2001/2002): Baden-Württemberg und Nordrhein-Westfalen,
- Vertrag von Lissabon (2007): Baden-Württemberg und Rheinland-Pfalz.

Der Hinweis auf die notwendige nachfolgende Ratifizierung der Verhandlungsergebnisse durch den Bundesrat bewirkte bei der Bundesregierung eine erhebliche Bereitschaft, auf die Forderungen der Länder einzugehen. Ergebnis waren weit reichende Zugeständnisse der Bundesregierung im Hinblick auf institutionalisierte Mitwirkungsrechte der Länder bei Europaangelegenheiten sowohl innerstaatlich als auch im EU-Entscheidungsprozess.

Von besonderer Bedeutung für die Weiterentwicklung Rechte der Länder in Europaangelegenheiten waren die Vereinbarungen im Maastrichter Vertrag. Im Zusammenhang mit der Ratifizierung des Vertrages von Maastricht 1992/1993 wurde im Rahmen der damals vereinbarten innerstaatlichen Begleitgesetze auch der „Europaartikel 23“ neu in das

Grundgesetz eingefügt, der für die Mitwirkung der Länder in Europaangelegenheiten festlegt, dass diese über den Bundesrat erfolgt. In diesem Zusammenhang wurde zur Konkretisierung eine Vielzahl von Mitwirkungsrechten mit der Bundesregierung vereinbart. Diese Vorschriften wurden in dem Gesetz über die Zusammenarbeit des Bundesrats und der Bundesregierung in Europaangelegenheiten (EUZBLG) sowie nachfolgend in einer Bund-Länder-Vereinbarung hierzu konkretisiert.[6]

Die nachfolgenden Überarbeitungen der vertraglichen Grundlage durch die Einheitliche Europäische Akte sowie die Verträge von Amsterdam und Nizza brachten für Länder und Regionen lediglich kleinere Positionsverbesserungen, die mit den im Vertrag von Maastricht erzielten Fortschritten nicht vergleichbar sind.[7]

2 Ländermitwirkung in EU-Angelegenheiten: Eine Doppelstrategie

Die Interessenvertretung der Länder im europäischen Rahmen ist auf eine Doppelstrategie angelegt:

- Zum einen nehmen die Länder in Brüssel über den Ausschuss der Regionen und durch unmittelbare Kontakte, etwa über ihre Verbindungsbüros, Einfluss auf die Entscheidungen der Europäischen Union.
- Zum anderen wirken sie innerstaatlich auf verfassungs- und sekundärrechtlicher Grundlage (Art. 23 GG sowie das EUZBLG und die Bund-Länder-Vereinbarung) an der Entscheidungsfindung des Bundes mit.

Unter dem Gesichtspunkt der Einflussnahme ist die innerstaatliche Ebene bedeutsamer. Doch kommt der Mitwirkung der Länder auf der Ebene der Europäischen Union im Hinblick auf Informationsgewinnung und regionale Vernetzung zumindest eine flankierende Bedeutung zu.

2.1 Die regionale Mitwirkung auf der EU-Ebene

Der im November 1993 in Kraft getretene Vertrag von Maastricht enthielt eine Reihe von Positionsverbesserungen für die Regionen auf der europäischen Ebene. Diese Übereinkunft stellt nach Auffassung der Vertragsstaaten „eine neue Stufe bei der Verwirklichung einer immer engeren Union der Völker Europas dar, in der die Entscheidungen möglichst offen und bürgernah getroffen werden“ (Artikel 1, Absatz 2). Diese Formulierung sowie weitere Regelungen beinhalten aus Sicht von Ländern und Regionen eine deutliche Stärkung der regionalen Ebene.

6 Das EUZBLG und die Bund-Länder-Vereinbarung sind abgedruckt in: Läufer, Thomas: Vertrag von Nizza, Lizenzausgabe für die Bundeszentrale für politische Bildung, Bonn 2002, S. 386-403; die noch nicht in Kraft getretene Neufassung der Bund-Länder-Vereinbarung findet sich in: http://www.europaminister.de/imperia/md/content/europaminister/blv.pdf

7 Siehe zum Vertrag von Nizza Hrbek, Rudolf: Die deutschen Länder und das Vertragswerk von Nizza, in: Integration, 24. Jahrgang, H. 2/2001, S. 102-113.

Konkret wurden mit dem Maastrichter Vertrag zwei sehr bedeutsame Mitwirkungsrechte und Positionsverbesserungen der regionalen Ebene in der EU vereinbart:

- Im Ausschuss der Regionen wirken seit 1994 Vertreter der Regionen und der kommunalen Ebene beratend an der europäischen Rechtsetzung mit.
- Mit der Verankerung des Subsidiaritätsprinzips ist auch die Bedeutung der regionalen und lokalen Ebene in der Gemeinschaft unterstrichen worden.

Zudem können durch die geänderte Formulierung von Art. 203 EG-Vertrag heute Ministerinnen und Minister der regionalen Ebene für die Mitgliedstaaten im Rat handeln.

Der Ausschuss der Regionen (AdR)

Der mit dem Vertrag von Maastricht geschaffene Ausschuss der Regionen (AdR) hat sich am 9. März 1994 konstituiert. Der AdR gewährleistet die Vertretung der Interessen der regionalen und lokalen Gebietskörperschaften in der EU und deren Mitwirkung am Integrationsprozess. Seine Entstehung als unabhängiges Gremium geht wesentlich auf die Forderungen der deutschen Länder und der Versammlung der Regionen Europas zurück.

Der AdR hat gegenüber dem Rat, der Europäischen Kommission und dem Europäischen Parlament Beratungsfunktionen.[8] In ihm werden die regionalen und lokalen Interessen gebündelt und die Auswirkungen von EU-Regelungen auf der regionalen und lokalen Ebene geprüft und mögliche negative Auswirkungen für die lokalen und regionalen Gebietskörperschaften aufgezeigt. Der AdR wird vom Rat oder von der Kommission in den im EG-Vertrag vorgesehenen und in allen anderen Fällen gehört, „in denen eines dieser beiden Organe dies für zweckmäßig erachtet".

Der Ausschuss ist u.a. in folgenden Bereichen zu beteiligen:

- allgemeine und berufliche Bildung und Jugend,
- Kultur,
- Gesundheitswesen,
- Festlegung der Leitlinien transeuropäischer Netze,
- Festlegung der Aufgaben, Ziele und allgemeinen Regelungen der Strukturfonds und die Errichtung eines Kohäsionsfonds,
- Fortschritt bei der Verwirklichung des wirtschaftlichen und sozialen Zusammenhalts,
- Durchführungsbeschlüsse des Regionalfonds.

Von wesentlicher politischer Bedeutung ist auch das Selbstbefassungsrecht des AdR. Er kann so über den zugewiesenen Katalog hinaus – wenn er dies für zweckdienlich erachtet – von sich aus Stellungnahmen abgeben. Damit verfügt er über ein eigenes Initiativrecht im Rahmen seiner Beratungs- und Unterstützungsbefugnis.

Der AdR besteht aus derzeit 344 nicht an Weisungen gebundenen politischen Repräsentanten und ihren jeweiligen Stellvertretern.[9] Diese müssen seit dem Vertrag von Nizza über ein Wahlmandat verfügen bzw. gegenüber einem gewählten Gremium politisch verantwortlich sein. Sie werden auf Vorschlag der Mitgliedstaaten vom Rat der Europäischen

8 Art. 263 - 265 EG-Vertrag.
9 Art. 263 EG-Vertrag.

Union mit qualifizierter Mehrheit für vier Jahre ernannt. Die deutsche Delegation umfasst 24 Mitglieder, von denen 21 aus den Ländern und drei aus den Kommunen kommen.

Bei der Bewertung der institutionellen Stellung und der Arbeit des AdR ist darauf hinzuweisen, dass die hier vertretenen Regionen – und Kommunen – hinsichtlich ihrer Größe und Kompetenzausstattung sehr unterschiedlich sind und entsprechend vielfältig auch der Status und die Qualifikation der dort vertretenen Repräsentanten der Regionen sind. Die Bandbreite reicht vom deutschen Ministerpräsidenten bis hin zu einem Gewerkschaftsvertreter aus einem englischen County-Council.

Der AdR hat in den nunmehr 15 Jahren seines Bestehens vielfältige Aktivitäten entfaltet, die deutlich über seine Beratungsfunktion hinausgehen.[10] Von besonderer Bedeutung ist es dabei, dass der AdR eine Plattform zur regionalen Vernetzung und zum Austausch von „best practice“ Projekten bietet. Seit nunmehr fünf Jahren finden jeweils im Oktober die vom AdR in Kooperation mit der Kommission organisierten „Open Days“ in Brüssel statt. In Workshops und Podiumsdiskussionen tauschen dabei Vertreter von Regionen und Kommunen Erfahrungen aus und knüpfen Kontakte, die zur Durchführung gemeinsamer Projekte genutzt werden können. In der inhaltlichen Arbeit des AdR stellt die Reform der EU traditionell einen Arbeitsschwerpunkt dar neben den obligatorischen regionalpolitischen Fragen.

Das Subsidiaritätsprinzip

Das Subsidiaritätsprinzip wurde im Vertrag von Maastricht erstmals in allgemeiner Form zur Grundlage des politischen Handelns der Europäischen Union erhoben. Zuvor hatte es lediglich für Teilbereiche der Umweltpolitik gegolten. Das Prinzip der Subsidiarität bezieht sich seither auf alle Bereiche des europäischen Handelns, die nicht in die ausschließliche Zuständigkeit der EU fallen. Hier soll die EU nur in den Fällen tätig werden, in denen die Ziele einer in Betracht gezogenen Maßnahme auf der Ebene der Mitgliedstaaten nicht ausreichend und auf Gemeinschaftsebene besser erfüllt werden können, so dass eine Regelung auf Gemeinschaftsebene geboten ist. Um der wachsenden Bedeutung des Subsidiaritätsprinzips Rechnung zu tragen und definitorische Defizite zu beseitigen, wurde dem Vertrag von Amsterdam zudem ein ausführliches „Protokoll über die Anwendung der Grundsätze der Subsidiarität und der Verhältnismäßigkeit” beigefügt.

Aus regionaler Sicht endet das Subsidiaritätsprinzip nicht auf der Ebene der Mitgliedstaaten. Der Subsidiaritätsgedanke ist vielmehr Ausgangspunkt für eine partnerschaftliche Zusammenarbeit aller politischen Ebenen. Damit werden die Regionen ihrer wichtigen Brückenfunktion als bürgernahen, politischen Einheiten in einem zunehmend komplexer werdenden europäischen Gesamtsystem gerecht. Zudem sind sie vielfach für die Umsetzung und für die Kontrolle des Gemeinschaftsrechts zuständig. Dies betrifft vor allem Vorschriften der EU in den Bereichen Umweltschutz und Verbraucherschutz.

Im Zuge der fortschreitenden Integration hat das Prinzip der Subsidiarität als Verfassungsgrundsatz der Gemeinschaft zunehmend an Bedeutung gewonnen. Die Gemeinschaft ist mit wachsenden Zuständigkeiten gehalten, diese fortwährend zurückhaltender auszuüben. Länder und Regionen verstehen sich dabei gerne als „Hüter des Subsidiaritätsprinzips“. Sie verweisen in diesem Zusammenhang jedoch vielfach darauf, dass es ihnen bis-

10 Siehe hierzu Schmuck, Otto: Der Ausschuss der Regionen, in: Werner Weidenfeld/Wolfgang Wessels: Jahrbuch der Europäischen Integration 2008, Baden-Baden 2008.

lang verwehrt ist, vor dem EuGH mögliche Verstöße gegen das Subsidiaritätsprinzips prüfen zu lassen.

2.2 Die innerstaatliche Mitwirkung der Länder in Europaangelegenheiten

Das veränderte europapolitische Rollenverständnis der deutschen Länder schlug sich auch im innerstaatlichen Rahmen nieder. Im Zusammenhang mit der Ratifizierung des Vertrages von Maastricht im Dezember 1992 konnten die deutschen Länder ihre rechtliche Stellung in Europaangelegenheiten innerstaatlich deutlich verbessern. Artikel 23 des Grundgesetzes sieht vor, dass sie durch den Bundesrat an der europapolitischen Entscheidungsfindung zu beteiligen sind. Auf der Grundlage des Gesetzes zur Zusammenarbeit zwischen Bund und Ländern und einer nachfolgenden Vereinbarung mit der Bundesregierung wirken Vertreterinnen und Vertreter der Länder heute als Bundesratsbeauftragte in zahlreichen EU-Gremien mit und sind Teil der deutschen Delegation.[11] Hinzu kommen zahlreiche weitere Instrumente der Mitwirkung.

Ländermitwirkung über den Bundesrat

Der deutsche Bundesrat hat bereits in den fünfziger Jahren einen Ausschuss eingerichtet, der sich ausschließlich mit Europaangelegenheiten befasst.[12] Seine Mitwirkungsrechte in Europaangelegenheiten wurden mit dem Vertrag von Maastricht und den dazu gehörenden Begleitgesetzen deutlich gestärkt. Von besonderer Bedeutung ist dabei die Vorgabe von Artikel 23 GG, wonach die Länder in Europaangelegenheiten über den Bundesrat mitwirken. Diese Festlegung bietet den Vorteil, dass die effizienten Bundesratsverfahren zur Beschlussfassung genutzt werden können. Denn in vielen Fällen ist eine rasche und effiziente Willensbildung zur Durchsetzung von Länderanliegen erforderlich. Diesem Erfordernis wäre die mögliche Alternative einer Nutzung der Verfahren der Ministerpräsidentenkonferenz oder einer Fachministerkonferenz nicht gerecht geworden, da dort im Gegensatz zum Bundesrat in der Regel mit Einstimmigkeit abgestimmt wird.

Europapolitische Fragen werden im Bundesrat im zuständigen Fachausschuss beraten, bevor sie ins Plenum zur Beschlussfassung gelangen. Der Europaauschuss berät in der Regel am Ende einer Ausschusswoche und prüft dabei – im Sinne einer „Clearing-Stelle“ auch die Voten der anderen Fachausschüsse, die dann bereits getagt haben, im Hinblick auf Widersprüche oder aus europapolitischer Sicht problematische Positionen. Die im Zusammenhang mit der Ratifizierung des Vertrags von Maastricht eingerichtete Europakammer, die in Eilfällen in kleinerer Besetzung Beschlüsse für das Plenum des Bundesrats fassen kann, hat in der Praxis kaum Bedeutung erlangt. Der übliche Dreiwochenturnus der Plenarsitzung reicht in aller Regel zu einer fristgemäßen Beschlussfassung aus.

11 Siehe Fußnote 6.

12 Bereits im Dezember 1957 richtete der Bundesrat einen Sonderausschuss "Gemeinsamer Markt und Freihandelszone" ein, der 1965 zu einem Ständigen Ausschuss für Fragen der Europäischen Gemeinschaften wurde. Seine heutige Bezeichnung trägt der Ausschuss seit dem In-Kraft-Treten des EU-Vertrages vom 1. November 1993, dem so genannten Maastricht-Vertrag. Der Ausschuss berät federführend alle Dokumente des Rates und der Kommission, die für die Länder von Bedeutung sind. Siehe http://www.bundesrat.de/cln_090/nn_9076/DE/organe-mitglieder/ausschuesse/eu/eu-inhalt.html

Die Länder haben unter bestimmten Voraussetzungen auch die Möglichkeit, nach Art. 203 EGV mit einem Landesminister den Mitgliedstaat Deutschland im Rat zu vertreten. Diese Übernahme der Verhandlungsführung ist nach den 2006 abgeschlossenen Reformen der Föderalismuskommission nach Art. 23 Abs. 6 nur noch in den Bereichen Kultur, schulische Bildung und Rundfunk möglich. Voraussetzung ist es hierbei, dass im Schwerpunkt eines EU-Vorhabens die ausschließlichen Zuständigkeiten der Länder betroffen sind. Die Benennung dieser Minister erfolgt ebenso wie die Festlegung der Verhandlungsposition über den Bundesrat.

Auch in vielen anderen Fällen werden die Länder bei Gesetzgebungsprozessen auf EU-Ebene beteiligt. Der Bundesrat hat hierzu rund 300 Bundesratsbeauftragte benannt. Die Benennung derartiger Bundesratsbeauftragter ist laut § 6 Abs. 1 EUZBLG in den Fällen möglich, bei denen der Bundesrat an einer entsprechenden innerstaatlichen Maßnahme mitzuwirken hätte, oder bei denen die Länder innerstaatlich zuständig oder sonst wesentliche Länderinteressen berührt worden wären. Allerdings bleibt die Verhandlungsführung in diesen Fällen bei der Bundesregierung, während die Ländervertreter lediglich beratende Funktion haben und dem Bundesrat über den Gesetzgebungsprozess Bericht erstatten. Grundlage für das Handeln der Bundesratsbeauftragten sind die zu den entsprechenden EU-Vorhaben gefassten Bundesratsbeschlüsse.

Europaministerkonferenz (EMK)

Neben der formellen Zusammenarbeit koordinierten die für Europafragen zuständigen Minister und Senatoren in einer informellen Runde die Länderinteressen. Um der anwachsenden Bedeutung der Europäischen Union für die Länder Rechnung zu tragen, wurde diese Runde durch die Einrichtung einer eigenen Fachministerkonferenz im Oktober 1992 formalisiert: Die Europaministerkonferenz (EMK) wurde am 01./02.10.1992 in Wildbad Kreuth als eigene Fachministerkonferenz der Länder konstituiert. Zum ersten Vorsitzland wurde Rheinland Pfalz bestimmt. Die EMK ist eine von 18 Fachministerkonferenzen neben der Ministerpräsidentenkonferenz (MPK).[13]

Die EMK hat seither im Prozess der europäischen Integration eine wichtige Funktion im Bereich der Koordinierung der Europapolitik der Länder übernommen. Im Konstituierungsbeschluss vom Oktober 1992 wurde ihr Wirkungskreis wie folgt bestimmt:

- Teilhabe an der Interessenvertretung der Länder in Europaangelegenheiten gegenüber den Organen des Bundes und der Europäischen Gemeinschaft,
- Abstimmung der europapolitischen Aktivitäten der Länder,
- Koordinierung der Informationspolitik der Länder zur Förderung des europäischen Gedankens.

Die EMK tagt mindestens dreimal im Jahr auf Einladung des Vorsitzenden. Die EMK hat das in den Fachministerkonferenzen übliche 1-Land-1-Stimme-Prinzip gewählt. Der Vorsitz rotiert jährlich (Juli bis Juni des Folgejahres) in alphabetischer Folge zwischen den 16

13 Gerster, Florian: Die Europaministerkonferenz der deutschen Länder: Aufgaben – Themen – Selbstverständnis, in: Integration. 16. Jg., H. 2/1993. S.61-67 sowie Pahl, Marc-Oliver: Regionen mit Gesetzgebungskompetenzen in der Europäischen Union. Eine rechtsvergleichende Analyse ihrer Mitwirkung an der EU-Rechtsprechung, Baden-Baden-2004, S. 252-262.

deutschen Ländern und nimmt überwiegend moderierende und administrative Funktionen wahr. Der EMK-Vorsitz verfügt nicht über einen eigenen Verwaltungsunterbau. Er kann sich zur wissenschaftlichen und fachlichen Beratung nur auf den Apparat seiner jeweiligen Landesexekutive stützen.

Der große europapolitische Konsens der Länder über die parteipolitische Ausrichtung der jeweiligen Landesregierungen hinweg hat in der Vergangenheit zu einer sehr fruchtbaren Zusammenarbeit geführt und hat das Gewicht der Länder gegenüber der Bundesregierung erkennbar gestärkt. Die Zusammenarbeit mit dem Bundeskanzleramt, dem Auswärtigen Amt, dem Bundeswirtschafts- und dem Bundesfinanzministerium als Ansprechpartner der EMK innerhalb der Bundesregierung gestaltet sich überaus kollegial.

Länderbeobachter

Eine Quelle zur Informationsbeschaffung ist der Beobachter der Länder bei der Europäischen Union. Der Länderbeobachter ist eine gemeinsame Einrichtung der deutschen Länder, den der Bund ihnen seit den Römischen Verträgen von 1957 zugesteht. So informiert der Länderbeobachter ausführlich vor allem über die Entscheidungen von besonderem Interesse für die Länder, die in den ca. 80 Sitzungen des Ministerrats jährlich fallen. Finanziert wird er von den Ländern nach ihrer Finanzkraft, dem so genannten Königsteiner Schlüssel. Die Europaministerkonferenz beschließt im Zusammenwirken mit der Finanzministerkonferenz über seine Ausstattung.[14]

Ländervertretungen in Brüssel

Alle Länder verfügen über eigene Büros in Brüssel, die in der Gründungsphase allgemein „Informationsbüros“ oder „Verbindungsbüros“ genannt wurden. Nach und nach übernahmen jedoch nahezu alle Länder die Bezeichnung „Vertretung“. Die Personalstärke dieser Büros liegt zwischen fünf (Mecklenburg-Vorpommern) und 25 (Baden-Württemberg) bzw. 31 (Bayern) Mitarbeiterinnen und Mitarbeitern. Die Ländervertretungen ergänzen die Informationsbeschaffung durch den Länderbeobachter, koordinieren Besuche aus dem jeweiligen Land in Brüssel und dienen zugleich als Lobby-Agenturen für spezifische Landesinteressen.

In Deutschland verfügen die Länder somit in der Europapolitik über beachtliche innerstaatliche Mitwirkungsrechte, die jedoch in erster Linie von den Landesregierungen bzw. Landesverwaltungen, nicht aber von den Landesparlamenten ausgeübt werden. Letztere werten dies häufig kritisch als Demokratiedefizit.

3 Die neue Reformrunde: Von der europäischen Verfassung zum Vertrag von Lissabon

Um den veränderten Anforderungen einer erweiterten Europäischen Union gerecht werden zu können, verabschiedete der Europäische Rat im Dezember 2000 den Vertrag von Nizza. Damit sollten die Institutionen und Entscheidungsverfahren der EU im Hinblick auf die

14 Siehe M.O. Pahl (Fußnote 13), a.a.O., S. 262-266.

bevorstehende Erweiterung der EU von 15 auf 27 Mitgliedstaaten angepasst werden. Nach allgemeiner Einschätzung konnte dieses Ziel jedoch nicht in hinreichendem Maße erreicht werden.

Die Länder und die Regionen hatten sich im Vorfeld und während der Regierungskonferenz von Nizza für eine angemessene Beteiligung der regionalen (und kommunalen) Ebene eingesetzt und frühzeitig ihre politischen Ziele formuliert.[15] Dabei gelang es ihnen auch, besondere Impulse zu setzen.

Inhaltlich ging es ihnen damals vorrangig um eine verbesserte Abgrenzung der Kompetenzen der EU von denen der Mitgliedstaaten, auch um die eigenen Einflussmöglichkeiten gegen Übergriffe der EU besser verteidigen zu können. Mit den Ergebnissen der Verhandlungen zum Vertrag von Nizza waren sie in dieser Hinsicht keineswegs zufrieden.[16] Dort war entgegen der Vorstellungen der Länder lediglich über wenig weitreichende – und letztlich nicht überzeugende – institutionelle Reformen im Hinblick auf die EU-Erweiterung verhandelt, die Kompetenzfrage jedoch ausgeklammert worden. In der Schlussphase der Verhandlungen signalisierten die in Nizza anwesenden Ländervertreter deshalb der deutschen Verhandlungsführung, dass eine Zustimmung des Bundesrates nur dann in Aussicht gestellt werden könne, wenn der Vertrag eine Absichtserklärung für eine neue Reformrunde, die auch eine bessere Kompetenzabgrenzung vorsehen müsse, enthalten würde. Dieser Vorstoß trug mit dazu bei, dass dem Vertrag von Nizza die „Erklärung zur Zukunft der EU“ angefügt wurde, in dem dieses Ziel neben drei weiteren vereinbart wurde.

Diese Erklärung zur Zukunft der EU gab den Anstoß für die nächste wichtige Etappe des Reformprozesses, den Konvent zur Zukunft der EU. Dieser war im Jahr 2001 durch die Erklärung des Europäischen Rates von Laeken einberufen worden und tagte von Februar 2002 bis Juli 2003 unter Vorsitz des Präsidenten Valéry Giscard d'Estaing. Sein Ergebnis, der Entwurf eines Vertrages über eine Verfassung für Europa, war am 29. Oktober 2004 von den Staats- und Regierungschefs der EU-Staaten in einer leicht veränderten Fassung angenommen und den Mitgliedstaaten zur Ratifizierung übermittelt worden. Das damals vereinbarte Ziel, die Europäische Verfassung zu Beginn des Jahres 2006 in Kraft treten zu lassen, konnte jedoch wegen des negativen Ausgangs von Referenden in Frankreich und in den Niederlanden im Mai/Juni 2005 nicht erreicht werden.

Bei der Vorbereitung der Verhandlungen des Europäischen Konvents wurden die Forderungen der deutschen Länder im Rahmen der Europaministerkonferenz ausgearbeitet und nachfolgend von der Ministerpräsidentenkonferenz sowie vom Bundesrat bestätigt.[17] In den hierzu gefassten Beschlüssen des Bundesrates vom 20. Dezember 2001 sowie vom 12. Juli 2002 wurden die folgenden Schwerpunkte gesetzt:

---

15 Siehe unter anderem den Beschluss des Bundesrates vom 20. Dezember 2001 zur „Kompetenzabgrenzung im Rahmen der Reformdiskussion zur Zukunft der Europäischen Union“, Drucksache 1081/01 (Beschluss).

16 Siehe hierzu: Hrbek, Rudolf: Die deutschen Länder und das Vertragswerk von Nizza, in: Integration, 24. Jahrgang, H. 2/2001, S. 102-113.

17 Siehe u.a. die Entschließung des Bundesrates zur Kompetenzabgrenzung im Rahmen der Reformdiskussion zur Zukunft der Europäischen Union, Beschluss vom 20.12.2001, Drucksache 1081/01 in: http://www. bundes rat.de/cln_099/nn_8696/SharedDocs/Downloads/DE/uebersetzungen/1081-01b-de,templateId=raw,property= publicationFile.pdf/1081-01b-de.pdf sowie die Entschließung des Bundesrates zu den Themen des Konvents zur Zukunft der Europäischen Union, Drucksache 586/02, Beschluss vom 12.7.2002, in: http://www.bundes rat.de/cln_099/nn_8696/SharedDocs/Downloads/DE/uebersetzungen/0586-02b-de,templateId=raw,property=publicationFile.pdf/0586-02b-de.pdf

- Vordringlich sei die Ausarbeitung eines Europäischen Verfassungsvertrags, der klar und verständlich aufgebaut sein müsse und die konstitutiven Grundsätze, die Institutionen, Entscheidungsverfahren und Zuständigkeiten der EU in einem konsolidierten Text zusammenführen müsse.
- Die Grundrechtscharta müsse rechtsverbindlich werden und explizit in den Verfassungsvertrag aufgenommen werden. Ein bloßer Verweis werde der Bedeutung dieses Textes nicht gerecht.
- Besonders wichtig sei eine klare und präzise Zuständigkeitsverteilung in Europa. Notwendig seien Kompetenzkategorien, denen Einzelermächtigungen an die EU differenziert zugeordnet werden sollten.
- Generell sollten Demokratie, Transparenz und Effizienz in der EU gesteigert werden, wobei zu beachten sei, dass die Legitimation der EU als Staatenverbund auf zwei Legitimationsquellen – der europäischen und der mitgliedstaatlichen – beruht.
- Weiterhin wurde auch eine Stärkung der Stellung der Regionen gefordert. Hierzu gehöre der Ausbau der institutionellen Stellung des AdR durch Verleihung eines ausdrücklichen Organstatus, die Einräumung des Klagerechts beim EuGH zur Überwachung des Subsidiaritätsprinzips und zur Wahrung seiner eigenen Rechte und die Zuerkennung eines Fragerechts gegenüber der Kommission.
- Auch einzelne Regionen sollten ein Klagerecht zum EuGH erhalten.
- Schließlich wurde im Hinblick auf die bereits verankerte Achtung der nationalen Identität der Mitgliedstaaten durch die EU eine Klarstellung gefordert, dass diese ausdrücklich auch das kommunale Selbstverwaltungsrecht umfassen solle.

Der damalige baden-württembergische Ministerpräsident Erwin Teufel sowie der nordrhein-westfälische Justizminister Wolfgang Gerhards wurden zu Vertretern der Länder für den Konvent benannt. Zudem wurden über den AdR weitere sechs Vertreter von Regionen und Kommunen als Beobachter mit Rederecht in den Konvent entsandt.

Ministerpräsident Teufel setzte bei seinen Interventionen einen besonderen Akzent bei der aus Ländersicht vordringlichen Forderung nach einem Kompetenzkatalog.[18] Zu Beginn wurden seine Vorstellungen eher als abwegig und in der EU als kaum realisierbar abgetan und belächelt. Doch gelang es Teufel, durch sein beharrliches Werben allmählich Zustimmung und Unterstützung zu organisieren. Vorteilhaft war es dabei, dass er eine besondere Vertrauensbeziehung zum Präsidenten des Konvents Giscard D'Estaing aufbauen konnte, die es ihm ermöglichte, die Länderpositionen in bilateralen Gesprächen zu erläutern. Die im Verfassungsvertrag und nachfolgend auch im Vertrag von Lissabon vereinbarte Einteilung der EU-Kompetenzen in ausschließliche, geteilte und ergänzende Zuständigkeiten kommt den ursprünglichen Ländervorstellungen sehr nahe.[19]

Eine weitere wesentliche Länderforderung zielte auf die Stärkung des Subsidiaritätsprinzips. Diese sollte vorrangig durch die Einführung eines Klagerechts des Ausschusses

---

18 Siehe das Statement von Erwin Teufel, Ministerpräsident des Landes Baden-Württemberg (Mitglied des Konvents; Vertreter des deutschen Bundesrates) in der Generaldebatte „Erwartungen an die Europäische Union" bei der Tagung des Konvents zur Zukunft Europas am 21./ 22. März 2002 in Brüssel, in: http://european-convention.eu.int/docs/speeches/106.pdf sowie Pahl, Marc-Oliver: Die Rolle der Regionen mit Gesetzgebungskompetenzen im Konventsprozess, in: Europäisches Zentrum für Föderalismus-Forschung (Hrsg.): Jahrbuch des Föderalismus 2003. Föderalismus, Subsidiarität und Regionen in Europa, Baden-Baden 2003, S. 462-479.

19 Vgl. hierzu die Forderungen des Bundesrates in den in Fußnote 17 aufgeführten Entschließungen.

der Regionen und auch der einzelnen Regionen beim EuGH erreicht werden. Der Konvent einigte sich auf ein umfangreiches Protokoll zur Stärkung des Subsidiaritätsprinzips. Dieses sieht ein neuartiges „Frühwarnsystem" zur Subsidiaritätsüberwachung sowie ein Klagerecht der nationalen Parlamente und des AdR vor. Das Frühwarnsystem gibt den Parlamenten der Mitgliedstaaten – in Deutschland dem Bundestag und dem Bundesrat – die Möglichkeit, vermutete Subsidiaritätsverstöße zu rügen mit der Folge, dass die Kommission ihre Vorhaben erneut überprüfen und begründen muss. Auch regionale Parlamente – in Deutschland die Landtage – können dabei einbezogen werden. Dieses Protokoll übernimmt die Forderungen der Länder in weiten Teilen. Allerdings konnte das Klagerecht für einzelne Länder und Regionen nicht erreicht werden.

Im Konvent fanden somit wesentliche Länderforderungen Unterstützung und fanden Eingang in den ausgearbeiteten Verfassungsentwurf. So einigte man sich darauf, dass das Subsidiaritätsprinzip gestärkt und eine klarere Aufgabenverteilung zwischen der EU und ihren Mitgliedstaaten und Regionen im Verfassungsentwurf erreicht werden sollte. Darüber hinaus wurde das Recht auf kommunale und regionale Selbstverwaltung verankert. Deshalb wurde das Ergebnis des Konvents und auch der nachfolgenden Regierungskonferenz von den Ländern begrüßt und mit einer sehr breiten Mehrheit im Bundesrat unterstützt.[20]

Die deutschen Länder bedauerten den negativen Ausgang der Referenden in Frankreich und in den Niederlanden und unterstützten das damalige Ziel der deutschen EU-Präsidentschaft, die Substanz des Verfassungsvertrags in einem Reformvertrag ohne Verfassungscharakter zu erhalten. Der in der Folge ausgehandelte Vertrag von Lissabon wurde – auch wenn nicht alle Länderziele darin verwirklicht werden konnte – erneut mit einer überaus breiten Mehrheit in der EMK und im Bundesrat begrüßt.[21]

Auch der Ausschuss der Regionen hatte sich mit Nachdruck für das Inkrafttreten des Vertrages über eine Verfassung für Europa eingesetzt, der deutliche Verbesserungen seiner institutionellen Stellung vorgesehen hatte.[22] Nach dessen Scheitern unterstützte er auch nachdrücklich den Versuch der deutschen EU-Ratspräsidentschaft, die Substanz des europäischen Verfassungsvertrages in einem im Hinblick auf das Ziel der Verfassungsgebung weniger ambitionierten „Reformvertrag" zu retten.

Der Vergleich der Regelungen des nach dem Ort der Unterzeichnung so benannten Vertrags von Lissabon[23] mit den denjenigen des Europäischen Verfassungsvertrags zeigt, dass die Bestimmungen zur institutionellen Stellung des AdR nahezu unverändert übernommen worden sind:

- Der Reformvertrag sieht vor, dass der AdR erstmals ein Klagerecht zur Wahrung seiner eigenen Rechte erhalten soll.

---

20 Lediglich Berlin stimmte aus koalitionspolitischen Gründen nicht zu, siehe die Stellungnahme des Bundesrates, Entwurf eines Gesetzes zu dem Vertrag vom 29. Oktober 2004 über eine Verfassung für Europa Bundesrat Drucksache 983/04 (Beschluss) vom 18.02.05.

21 Entwurf eines Gesetzes zum Vertrag von Lissabon vom 13. Dezember 2007, Drucksache 928/07 (Beschluss vom 15. Februar 2008), siehe hierzu die Pressemeldung des Bundesrates „Bundesrat würdigt Vertrag von Lissabon" in: http://www.bundesrat.de/cln_099/nn_971006/DE/presse/pm/2008/020-2008.html?__nnn=true

22 Siehe u.a. die Stellungnahme des AdR vom 17./18.11. 2004, in ABl. C 71 vom 22.3.2005, S. 2.

23 Konsolidierte Fassungen des Vertrags über die Europäische Union und des Vertrags über die Arbeitsweise der Europäischen Union sowie der dazugehörigen Protokolle und Anhänge mit den Änderungen aufgrund des am 13. Dezember 2007 in Lissabon unterzeichneten Vertrags von Lissabon, veröffentlicht in der Fassung des Rates der EU vom 15. April 2008, in: http://www.auswaertiges-amt.de/diplo/de/Europa/Verfassung/Vertraege Konsolidiert.pdf

- Zudem soll er künftig über ein Klagerecht beim EuGH zur Überprüfung etwaiger Subsidiaritätsverstöße verfügen können.
- Die Mandatsperiode des AdR soll auf fünf Jahre verlängert und damit an die Amtszeit anderer wichtiger EU-Institutionen wie Europäisches Parlament und Kommission angeglichen werden.
- Ein neues System zur Festlegung der Zahl und zur Ernennung der Mitglieder des AdR soll eingeführt werden, wobei die Zahl der AdR-Mitglieder 350 nicht überschreiten darf.

Darüber hinaus werden die Bedeutung und damit auch die Mitsprachemöglichkeiten der regionalen und kommunalen Ebene in der EU durch aus dem Verfassungsvertrag übernommene, in einigen Punkten jedoch modifizierte Regelungen des Vertrags von Lissabon in vielfacher Weise gestärkt: Dies betrifft vor allem die Verankerung der territorialen Kohäsion als Ziel der EU, das erstmals in den EU-Rahmen eingeführte Recht auf kommunale und regionale Selbstverwaltung sowie das neuartige System zur Überwachung des Subsidiaritätsprinzips, bei dem den nationalen Parlamenten besondere Bedeutung eingeräumt werden soll.

Dieses neue Verfahren zur Überwachung des Subsidiaritätsprinzips bildet die Grundlage für ein neuartiges „Frühwarnsystem", bei dem den nationalen Parlamenten, auch dem Bundesrat, eine aktive Rolle zukommt. So macht die Europäische Kommission künftig schon frühzeitig ihre Vorschläge für Rechtsakte den nationalen Parlamenten zugänglich, die bei der Überprüfung der Vorlagen auch die regionalen Parlamente konsultieren können. Binnen acht Wochen vor Beginn des eigentlichen Rechtsetzungsverfahrens können die nationalen Parlamente eine begründete Stellungnahme an die Präsidenten der EU-Organe abgeben und einen vermuteten Verstoß gegen das Subsidiaritätsprinzip rügen.

Wird ein Kommissionsvorschlag von mehr als einem Drittel der Parlamente gerügt, muss die Kommission ihren Vorschlag überprüfen; bei Materien im Bereich Inneres und Justiz ist bereits ein Viertel ausreichend. Allerdings kann die Kommission auch weiter an ihrem Vorschlag festhalten, doch muss sie dieses entsprechend begründen. Dies ist insofern von besonderer Bedeutung, als die nationalen Parlamente, in Deutschland auch die Länder über den Bundesrat, ein Klagerecht bei Verletzungen des Subsidiaritätsprinzips beim Europäischen Gerichtshof erhalten.

Auch dem Ausschuss der Regionen wird in den Fällen, in denen seine Anhörung vertraglich vorgeschrieben ist, ein Klagerecht zur Prüfung des Subsidiaritätsprinzips zugestanden. Zudem kann er auch Klagen zur Wahrung seiner eigenen Rechte beim EuGH einreichen. Ein Klagerecht für einzelne Regionen bzw. Länder, wie dies u.a. im Bundesratsbeschluss vom 12.7.2002 gefordert worden war, konnte jedoch nicht erreicht werden.

Die Gesamtbilanz war indes aus Ländersicht eindeutig positiv. Deshalb konnte der Bundesrat – erneut mit einer sehr großen Mehrheit – dem Gesetz zum Vertrag von Lissabon zustimmen.[24]

---

24 Siehe die Entschließung des Bundesrates zur Zukunft der Europäischen Union vom 06.07.2007, Drucksache 462/07, in: http://www.bundesrat.de/cln_099/nn_8696/SharedDocs/Downloads/DE/uebersetzungen/0462-07b-de,templateId=raw,property=publicationFile.pdf/0462-07b-de.pdf.

4 Die EU auf dem Weg zu einem „Europa der drei Ebenen"?

Der Rückblick auf die zurück liegenden 25 Jahre zeigt, dass die europäischen Regionen sich seit Beginn der achtziger Jahre in der Diskussion um die Zukunft Europas verstärkt zu Wort gemeldet und eine Weiterentwicklung der damaligen EG zu einem „Europa der drei Ebenen" gefordert haben. Die Europäische Union hat hierauf reagiert. Seit Mitte der achtziger Jahre hat sie den Regionen größere Beachtung geschenkt.

Die deutschen Länder haben – wie auch viele andere europäische Regionen – den Reformprozess der EU intensiv begleitet und in verschiedener Weise Einfluss genommen. Der größte Fortschritt wurde dabei im Hinblick auf die regionalen Mitwirkungsrechte in der EU mit dem Vertrag von Maastricht erreicht. Die nachfolgenden Verträge von Amsterdam und Nizza brachten lediglich kleinere Weiterentwicklungen und Konsolidierungen.

Der Vertrag von Lissabon enthält hingegen für die europäischen Regionen und somit auch für die deutschen Länder erkennbare weitere Fortschritte: Positiv zu bewerten sind aus regionaler Sicht vor allem die verbesserte Kompetenzabgrenzung durch die Einführung von Kompetenzkategorien sowie das deutlich verbesserte Verfahren zur Subsidiaritätsprüfung. Die Kommission muss künftig sehr genau darlegen, warum die EU tätig werden soll. Dabei sind auch die finanziellen und verwaltungsmäßigen Auswirkungen nicht nur für die EU selbst, sondern auch für Mitgliedstaaten, Regionen und Kommunen zu berücksichtigen.

Der Bundesrat – und damit indirekt auch die Länder – sowie der Ausschuss der Regionen sollen künftig ein Klagerecht in Subsidiaritätsfragen erhalten. Dies stellt einen verbesserten Schutz gegen eine mögliche ausufernde Einmischung der EU-Organe in ihre Zuständigkeiten dar. Zudem wurde durch die klare Abgrenzung der Kompetenzkategorien auch eine Sicherung der Länderzuständigkeiten erreicht. Die Bilanz ist auch für die Kommunen eindeutig positiv: Das Recht auf kommunale Selbstverwaltung wird durch den Verfassungsvertrag erstmals im europäischen Primärrecht verankert.

Regionalvertreter weisen häufig darauf hin, Europäisierung und Regionalisierung seien in Europa in einem engen Zusammenhang – als zwei Seiten einer Medaille – zu sehen.[25] Die Erfahrungen der letzten Jahre haben gezeigt, dass immer mehr Entscheidungen – auch in Kernbereichen der regionalen Kompetenzen, wie Kultur, Bildung, Medien oder auch bei der Daseinsvorsorge – aus durchaus nachvollziehbaren Gründen zunehmend von den EU-Gremien in Straßburg und Brüssel getroffen oder zumindest beeinflusst werden. Dies beinhaltet aus Sicht vieler Bürger und Bürgerinnen die Gefahr einer unerwünschten Zentralisierung von Macht auf der europäischen Ebene und führte zu einer Abwehrhaltung und zu einem Akzeptanzverlust der Europäischen Union.

In dieser Situation war und ist es verständlich, dass vielfach in einer stärkeren Regionalisierung der Europäischen Union ein Gegengewicht zu den beschriebenen Zentralisierungstendenzen gesehen wird. Eine in vielen Bereichen als notwendig erachtete Europäisierung von politischen Entscheidungen und eine regionale Mitwirkung stehen somit unter dem Gesichtspunkt der Machtbalance in einem engen Zusammenhang. Dabei ist jedoch zu beachten, dass trotz der Stärkung der regionalen Ebene den Mitgliedstaaten auf absehbare Zeit in der Europäischen Union eine zentrale politische Bedeutung zukommt. Dies hat nicht

25 So in vielen Reden der damalige nordrhein-westfälische Ministerpräsident Johannes Rau; siehe z.B. dessen Geleitwort zu Ulrich von Alemann u.a. (Hrsg.): Nordrhein-Westfalen in Europa, Bonn 1990, S. 11-13.

zuletzt das Bundesverfassungsgericht in seinem Urteil zum Maastrichter Vertrag vom 12. Oktober 1993 unterstrichen.[26]

Die stärkere Regionalisierung Europas ist sicherlich kein Allheilmittel zur Überwindung der vielfältigen Krisenerscheinungen, denen wir uns gegenwärtig in der EU gegenübersehen. Doch kann ein wohldurchdachtes Konzept „Europa der Regionen" sehr wohl einen Beitrag zur stärkeren Akzeptanz des europäischen Einigungswegs bei den Bürgern leisten. Doch ist bei allen regionalen Mitwirkungsansprüchen auch zu beachten, dass die Handlungsfähigkeit der EU gewahrt bleibt.

Literatur

Bauer, Joachim: Europa der Regionen. Aktuelle Dokumente zur Rolle und Zukunft der deutschen Länder im europäischen Einigungsprozess. Berlin 1991.

Borkenhagen, Franz (Hrsg.): Europapolitik der deutschen Länder. Bilanz und Perspektiven nach dem Gipfel von Amsterdam. Opladen 1998.

Bullmann, Udo (Hrsg.), Die Politik der dritten Ebene. Regionen im Europa der Union, Baden-Baden 1994.

Gerster, Florian: Die Europaministerkonferenz der deutschen Länder: Aufgaben – Themen – Selbstverständnis. In: integration. 16. Jg. 2/93. S.61-67.

Hrbek, Rudolf und Sabine Weyand: Betrifft: Das Europa der Regionen. München 1994.

Hrbek, Rudolf: Die deutschen Länder und das Vertragswerk von Nizza, in: Integration, 24. Jahrgang, H. 2/2001, S. 102-113.

Hrbek, Rudolf: Die deutschen Länder und der Verfassungsentwurf des Konvents, in Integration, 26. Jahrgang, H. 4/2003, S. 357-370.

Pahl, Marc-Oliver: Regionen mit Gesetzgebungskompetenzen in der Europäischen Union. Eine rechtsvergleichende Analyse ihrer Mitwirkung an der EU-Rechtsprechung. Baden-Baden-2004.

Schick, Gerhard: Doppelter Föderalismus in Europa, Frankfurt am Main u.a. 2003.

Schmuck, Otto: Länder und Regionen in Europa: Mitwirkung – Meinungsbildung – Selbstverständnis, in: Franz H. U. Borkenhagen (Hrsg.), Europapolitik der deutschen Länder. Bilanz und Perspektiven nach dem Gipfel von Amsterdam, Opladen 1998, 215-228.

Schmuck, Otto: Die Diskussion um die europäische Verfassung, in: Zeitschrift für Politikwissenschaft, Heft 1/01, S. 105-124.

Schmuck, Otto: Auf dem Weg zur Europäischen Union: Bundeszentrale für politische Bildung (HG.): Europäische Union, (= Informationen zur politischen Bildung, Heft 279), Bonn 2006, S. 58-67.

Schmuck, Otto: Europa der Regionen, in: Weidenfeld/Wessels: Europa von A bis Z, Berlin, 2006, S. 136-13.

Zoller, Alexandra: Die Weiterentwicklung der Bund-Länder-Zusammenarbeit in EU-Angelegenheiten vor dem Hintergrund des Vertrags von Lissabon, in: Europäisches Zentrum für Föderalismus-Forschung, Jahrbuch des Föderalismus 2008, Baden-Baden 2008, S. 570-581.

26 Siehe http://www.servat.unibe.ch/dfr/bv089155.html.

Henrik Scheller

Zur Europäisierung des deutschen Föderalismus – zwischen Synchronisierung und Strukturbruch?

1 Einleitung

Nimmt man einen Abgleich zwischen dem internationalen Diskurs über Europäisierungstheorien einerseits und den Schwerpunkten der politischen und wissenschaftlichen Diskussion in Deutschland andererseits vor, so stellt man fest, dass sich die Auseinandersetzung hierzulande auf wenige, sehr spezielle Aspekte beschränkt.[1] Von einer Europäisierung des deutschen Föderalismus wird in diesem Kontext kaum gesprochen – am ehesten noch von einer Europäisierung des Regierungssystems der Bundesrepublik.[2] Gebräuchlicher sind hingegen Begriffe wie „Europafähigkeit" bzw. „Europatauglichkeit" von Bund und Ländern. Grundlage entsprechender Analysen bilden vor allem institutionalistische und politikfeldbezogene Untersuchungsansätze. Die föderale Dimension verschränkter Politikgestaltung von Bund und Ländern im Wechselspiel mit europäischen Verfahren und Institutionen wird auf diese Weise nur implizit gewürdigt. Von Ausnahmen abgesehen, fokussiert die deutsche Europa-Debatte im Kern vor allem innerdeutsche Kompetenzkonflikte zwischen Bund und Ländern. Denn immer wieder dominiert die Frage, welche Ebene in welchen Politikfeldern oder Sachfragen gegenüber der EU verhandlungs- und abstimmungsberechtigt ist. Auch die breite Diskussion über das Subsidiaritätsprinzip ist letztlich Ausdruck kompetenzrechtlicher Schutz- und Abwehrreflexe. Dass die unterschiedlichen Akteure des europäischen Mehrebenensystems mit Verweis auf dieses Prinzip zum Teil gänzlich konträre Interessen verfolgen, ist dabei nachrangig.[3]

Die beständige Auseinandersetzung über politische Kompetenz- und Einflussbereiche bildet ein Charakteristikum von Mehrebenensystemen und bestimmt deren natürliche Dynamik. Nichtsdestotrotz bleibt bei einer Konzentration auf diese Aspekte des Europäisie-

---

1 Stellvertretend: Kenneth Dyson & Klaus H. Goetz 2004: Germany, Europe and the Politics of Constraint. Oxford University Press; Ian Bache 2008: Europeanization and multi-level governance: Empirical findings and conceptual challenges, ARENA Working Papers 16; Paolo Graziano & Maarten P. Vink (Hrsg.) 2007: Europeanization – New Research Agendas, Houndmills and New York: Palgrave Macmillan.

2 Wegweisend nach wie vor: Roland Sturm & Heinrich Pehle 2005: Das neue deutsche Regierungssystem –Die Europäisierung von Institutionen, Entscheidungsprozessen und Politikfeldern in der Bundesrepublik Deutschland, Wiesbaden: VS Verlag für Sozialwissenschaften; Markus Jachtenfuchs & Beate Kohler-Koch 2003: Regieren und Institutionenbildung, in: Markus Jachtenfuchs & Beate Kohler-Koch (Hrsg.) 2003: Europäische Integration, 2. Aufl.; Opladen: Leske und Budrich, S. 11-46; Christoph Knill 2001: The Europeanisation of National Administrations. Patterns of Institutional Change and Persistence, Cambridge: Cambridge University Press.

3 Wolfram Hilz 1999: Bedeutung und Instrumentalisierung des Subsidiaritätsprinzips für den europäischen Integrationsprozeß, in: Aus Politik und Zeitgeschichte (APuZ), B 21-22, S. 28-38; Christian Calliess 1999: Subsidiaritäts- und Solidaritätsprinzip in der Europäischen Union, 2. Aufl., Baden-Baden.

rungsprozesses ein ganzes Bündel von Fragen ausgespart: Inwieweit sind innerdeutsche Verhandlungs- und Abstimmungsprozesse in den einzelnen Politikfeldern in rechtlicher, institutioneller und zeitlicher Hinsicht mit europäischen Verfahren kompatibel? Inwieweit kann von wechselseitigen und mehrebenenübergreifenden Lern- und Anpassungsprozessen gesprochen werden? Was sind die Gründe für Anpassungsprozesse dieser Art und in welchen Situationen kommen sie zustande? Wie vollzieht sich die „Synchronisierung" von nationalstaatlichen und europäischen Verfahren und Funktionslogiken? Handelt es sich dabei um schleichende Prozesse oder werden diese (aktiv) mit Verweis auf eine notwendige Europäisierung vollzogen? Gehen solche Prozesse zwangläufig mit der vielfach gefürchteten Harmonisierung oder Konvergenz einher?[4] In der Summe ist mit diesen Fragen ein Perspektivwechsel verbunden. Denn es geht weniger darum, inwieweit die EU mit ihren Politiken die nationale Gesetzgebung einschließlich entsprechender Verfahren und Institutionen prägt (Top-down-Perspektive). Vielmehr richtet sich der Blick bottom-up auf die Bemühungen der einzelnen Nationalstaaten und ihrer Gliederungen, eigene Verfahren mit Mechanismen und Funktionslogiken der EU *abzustimmen*. Inwieweit fügen sich also nationalstaatliche Verfahren in das europäische Mehrebenensystem ein und wo sind „Strukturbrüche" festzustellen? Dahinter verbirgt sich die Frage nach Effizienz und Legitimität europäischer Politikgestaltung. Diese ist nicht nur Sache der EU-Institutionen. Sie hängt auch maßgeblich von der „Synchronisierung" mit (föderalen) Governanceformen und -mechanismen in den Mitgliedstaaten ab.

Die kontroverse Auseinandersetzung zwischen Bund und Ländern über den Art. 23 GG in den Verhandlungen zur Föderalismusreform I sind Beleg für die innerdeutschen Kompetenzkonflikte in der deutschen Europa-Debatte. Konkret ging es dabei um die Problematik des „German Votes" bei Entscheidungen auf europäischer Ebene. Dies führt angeblich regelmäßig zu einer erzwungenen Stimmenthaltung der Bundesrepublik im Rat der Europäischen Union, da sich Bund und Länder aufgrund von Uneinigkeit wechselseitig paralysieren. In den Verhandlungen zur Föderalismusreform I haben insbesondere die Länder verschiedentlich dargestellt, dass es diese Form der Blockade in der Verfassungspraxis gar nicht gäbe bzw. nicht zu nennenswerten Nachteilen führe. Auch der Bund konnte auf mehrfache Nachfrage nicht wirklich nachweisen, dass er in seinen Gestaltungsspielräumen auf EU-Ebene in substanzieller Weise behindert würde. Deshalb bleibt abzuwarten, inwieweit der neue Art. 23 GG konfliktminimierend in einem Streit über die Streitanfälligkeit der bundesstaatlichen Kompetenzwahrnehmung in Brüssel sein kann.[5] Ein zweiter Diskussionsstrang zur Europäisierung des deutschen Föderalismus fokussiert die Europapolitik der Bundesländer.[6] Im Mittelpunkt des Interesses stehen dabei insbesondere die Strategien, die

4 Tanja A. Börzel & Thomas Risse 2003: Conceptualizing the Domestic Impact of Europe, in: Kevin Featherstone & Claudio M. Radaelli (Hrsg.) 2003: The Politics of Europeanization, Oxford: Oxford University Press, S. 63 f. Kritisch dazu: Sturm/Pehle: 2005, S. 13 (Fn. 2).

5 Müller-Graff, Peter-Christian 2007: Die Europatauglichkeit der grundgesetzlichen Föderalismusreform, in: Rainer Pitschas & Arnd Uhle (Hrsg.) 2007: Wege gelebter Verfassung in Recht und Politik, Berlin: Duncker & Humblot, S. 705 – 727; Stoiber, Edmund 2007: Die Mitwirkungsrechte der Länder in EU-Angelegenheiten gemäß Art. 23 GG unter Berücksichtigung der Debatte in der Föderalismusdiskussion, in: Rainer Pitschas & Arnd Uhle (Hrsg.) 2007: Wege gelebter Verfassung in Recht und Politik, S. 747 – 764; Huber, Peter M. 2007: Die Europatauglichkeit des Art. 23 GG, in: Merten, Detlef 2007: Die Zukunft des Föderalismus in Deutschland und Europa, Berlin: Duncker & Humblot, S. 209 – 223.

6 Martin Große Hüttmann „Föderalismus taugt nicht für Europa": Politikverflechtung und Europapolitik in Deutschland, in Henrik Scheller & Josef Schmid 2008: Föderale Politikgestaltung im deutschen Bundesstaat, Baden-Baden: Nomos, S. 127 – 147.

die Länder anwenden, um europäische Politikgestaltungsprozesse zu beeinflussen und EU-Fördermittel zu erhalten. Das europapolitische Engagement der Länder wird dazu u. a. an den finanziellen und personellen Aufwendungen gemessen, die sie für ihre Landesvertretungen in Brüssel bereitstellen.

Diese beiden hier nur skizzierten Diskussionsstränge kommen weitgehend ohne eine qualitative Aussage zum Europäisierungsgrad des Bund-Länder-Verhältnisses in Deutschland aus. Zudem implizieren beide Ansätze im Kern innerdeutsche Kompetenzkonflikte zwischen Bund und Ländern, die nur schwerlich mit den gängigen Europäisierungstheoremen zu erklären sind. Bereits in semantischer Hinsicht unterscheiden sich die in der deutschen Diskussion häufig verwendeten Begriffe der „Europatauglichkeit" bzw. „Europafähigkeit" von Bund und Ländern vom Terminus der „Europäisierung". Denn die Hervorhebung der „Tauglichkeit" bzw. „Fähigkeit" einer Gebietskörperschaft impliziert immer auch eine Dimension der „Selbstbehauptung" und „Bewahrung des Eigenen" im europäischen Mehrebenensystem. Zugespitzt ließe sich daraus ableiten: Die Finalitätsfrage der Europäischen Union gilt allgemein als nicht beantwortbar, die Frage nach der Finalität eines europäisierten Föderalismus in der Bundesrepublik wird gar nicht erst gestellt. Denn die Erhaltung der eigenen Kompetenzen als treibendes Movens von Bund und Ländern begünstigt allenfalls eine „negative Integration".

Diese Perspektive ist überzogen und enthält zwei problematische Aspekte: Zum einen stellt sich die grundsätzliche Frage, wie „Europäisierung" definiert wird. Zum anderen kann die Finalitätsfrage bereits mit Verweis auf föderalismustheoretische Erkenntnisse ad absurdum geführt werden, da sie der inhärenten Eigendynamik von Mehrebenensystemen nicht gerecht wird. So ist es kaum möglich, ein bereits in sich dynamisches Ordnungsgefüge wie den deutschen Föderalismus im europäischen Mehrebenensystem verorten zu wollen, das seit dem gescheiterten EU-Verfassungsgebungsprozess selber mehr denn je ein „moving target" darstellt. Gleichwohl stellt sich die Frage nach der wechselseitigen Anschlussfähigkeit zwischen beiden Systemen sowie der Rolle der einzelnen Ebenen in der EU. Die Anschlussfähigkeit setzt immer auch Anschluss*bereitschaft* der politischen Akteure und Ebenen voraus. Inwieweit sind dabei unterschiedliche politische Verfahren, Mechanismen sowie Ordnungs- und Gestaltungsprinzipien, die meist historisch gewachsen sind, nicht nur in institutioneller, sondern auch in prozessualer und zeitlicher Hinsicht mit einander vereinbar? Im Kern geht es damit sowohl aus einer Top-down- als auch einer Bottom-up-Perspektive um die Kompatibilität von nationalstaatlichen und europäischen Verfahren. Dass eine solche „Synchronisierung" vor allem im deutschen Föderalismus einen zweiten „Strukturbruch" begründen kann, soll im Folgenden am Beispiel der deutschen Finanz- und Haushaltspolitik aufgezeigt werden.[7] Denn in einzelnen Politikfeldern entsteht durch die von der EU präferierten Politikgestaltungsinstrumente wie Monitoring, Benchmarking und Peer Review einerseits die Notwendigkeit zur Abstimmung von politischen Verfahren und Mechanismen, um so einen Vergleich sowohl zwischen Bund und Ländern als auch der Länder untereinander zu ermöglichen. Dies kollidiert in der Bundesrepublik allerdings andererseits mit der grundgesetzlich verbürgten Eigenstaatlichkeit und Autonomie von Bund *und* Ländern. Dieser „zweite Strukturbruch" begründet eine natürliche Spannung

7 Zur zeitlichen Dimension von Europäisierungsprozessen sowie zum Begriff der „Synchronisierung" siehe insbesondere Abschnitt 2 mit weiteren Verweisen. Zum Begriff des „Strukturbruchs" vgl.: Gerhard Lehmbruch 2000: Parteienwettbewerb im Bundesstaat – Regelsysteme und Spannungslagen im politischen System der Bundesrepublik Deutschland. Opladen: Westdeutscher Verlag (3).

zwischen der Wahrung gliedstaatlicher Kompetenzen und den europapolitischen Vergleichsanforderungen. Auf diese Weise wird – so die These – die Synchronisation von nationalen und europäischen Verfahren behindert. Der Europäisierungsprozess wird somit durch einen föderalen Kompetenzstreit zwischen Bund und Länder gebremst.

2 Europäisierung zwischen Synchronisation und Strukturbruch

Den Ausgangspunkt der folgenden Analyse bildet die Definition des Europäisierungsphänomens von Dyson und Goetz, die feststellen: „Europeanization denotes a complex interactive 'top-down' and 'bottom-up' process in which domestic polities, politics and public policies are shaped by European integration and in which domestic actors use European integration to shape the domestic arena. It may produce either continuity or change and potentially variable and contingent outcomes'.[8] Diese Begriffsklärung vereinigt in einer Synthese verschiedene Definitionen, die sich in der Literatur finden.[9] Sie hebt auf die vielfältigen Facetten des Europäisierungsphänomens ab und unterstreicht explizit die wechselseitige Responsivität zwischen europäischer und nationaler Ebene. Die analytische Perspektive richtet sich dabei auf die Top-down- und Bottom-up-Interaktion sowie entsprechende Outcomes. Es geht so nicht nur um eine institutionalistische Sicht, mit der im Zuge des europäischen Erweiterungs- und Vertiefungsprozesses rein strukturelle Veränderungen der nationalen Instutionengefüge beschrieben werden. Vielmehr impliziert der Hinweis auf die *drei* Politikebenen bei Dyson und Goetz, dass Europäisierung – neben institutionellen Änderungen – auch immer 'Processes of (a) construction, (b) diffusion, and (c) institutionalization of formal and informal rules, procedures, policy paradigms, styles, 'ways of doing things' and shared beliefs and norms (…)" einschließt, wie es Radaelli in seiner Definition von Europäisierung etwas ausführlicher beschreibt.[10]

Über dieses Verständnis von „Europäisierung" hinausgehend, soll im Folgenden auf einen vergleichsweise jungen Ansatz zurückgegriffen werden. Dieser setzt sich mit „political time", „timescape" und „EU Timescape" auseinander – also der Zeit als Einflussvariable des Politikgestaltungsprozesses in der EU.[11] Danach wird politische Zeit („political time") definiert „as a convenient shorthand for a very diverse range of rules, norms, conventions and understandings that relate to time as a resource and constraint for political institutions and actors; in political decision-making; and in the structuring of public policies".[12] Darüber hinaus wird „Timescape" – mit Bezug auf soziologische Ansätze – verstanden als „'a cluster of temporal features each implicated in all others, but not necessarily of equal importance in each instance' (…). Its key dimensions include time frames, temporality, timing, tempo, duration, sequence and temporal modalities (past, present, future)

8 Kenneth Dyson & Klaus H Goetz 2004, S. 20 (Fn. 1).

9 Für eine Übersicht siehe: Johan P. Olson 2002: The Many Faces of Europeanization, ARENA Working Papers 01/02.

10 Claudio M. Radaelli (2003): 'The Europeanization of Public Policy', in: Kevin Featherstone & Claudio M. Radaelli (Hrsg.) 2003: The Politics of Europeanization; Oxford: Oxford University Press, S. 30.

11 Siehe hierzu insbesondere: Klaus H. Goetz & Jan-Hinrik Meyer-Sahling (Hrsg.) 2009: EU Timescape, in: Journal of European Public Policy, 16 (2), Special Issue, mit weiteren Verweisen.

12 Klaus H. Goetz & Jan-Hinrik Meyer-Sahling 2009: EU Timescape: From Notion to Research Agenda, in: Journal of European Public Policy, 16 (2), Special Issue, S. 326.

(…)."[13] Der Ansatz, den Goetz und Meyer-Sahling aufbauend auf diesen Definitionen entwickeln, fokussiert speziell das Zeitmanagement der EU-Institutionen und die differierenden Zeithorizonte entsprechender Verfahren.

So besteht z. B. ein Unterschied zwischen der Handlungsweise von Akteuren in direktdemokratisch legitimierten Institutionen wie dem EU-Parlament einerseits und Vertretern von mittelbar legitimierten Organen wie der Zentralbank, dem EuGH und der EU-Kommission andererseits. Parlamentarier verfügen aufgrund ihres Wiederwahlinteresses und der (durch Wahlkampfzeiten) begrenzten Legislaturperiode nur über einen bestimmten Zeithorizont, um politische Vorhaben umzusetzen. Die Einbindung in ein formalisiertes Parlamentsprocedere, das durch Deliberation, Kompromisssuche und Prüfung in verschiedenen Ausschüssen bestimmt wird, beansprucht naturgemäß mehr Zeit als Entscheidungsverfahren im Rat der Europäischen Union, der als „impatient legislator" bezeichnetet wird.[14] Angehörige von „'non-majoritarian' political institutions" haben zudem meist eine einmalige, dafür aber längere Amtsdauer, „to take the ‚longer view' and to operate at least partly outside the constraints of electoral terms that provides their key functional justification".[15] Dies trifft auch auf das Timing der EU-Kommission einschließlich der Generaldirektionen und der Komitologie zu. Bestimmend ist hier eine Mischung aus vertikalen und horizontalen Verfahrensabläufen. Top-down-Verfahren dürften dabei meist eine andere „Timescape" aufweisen, als Bottum-up-Procedere. In diversen Bereichen der EU-Administration erkennt man zudem in der Institutionalisierung einer steigenden Zahl unabhängiger Agenturen den Versuch, Langfristigkeit, zeitliche Konsistenz und damit implizit auch Glaubwürdigkeit des politischen Handelns der EU zu erhöhen. Allerdings ist mit solchen exekutivisch geprägten Beratungseinrichtungen auch immer eine Beschneidung parlamentarischer Gestaltungsmöglichkeiten verbunden.

Bisher waren diese hier nur skizzierten Erkenntnisse scheinbar zu banal, um daraus in einer systematischen Zusammenschau nicht nur die Frage nach verhaltensbestimmenden Handlungsmustern und Verfahren der verschiedenen Akteure, sondern auch nach Kontinuitäten und Brüchen in der EU-Politikgestaltung abzuleiten. Inwieweit sind EU-Politiken vor diesem Hintergrund eher linear oder zyklisch angelegt? Wie lassen sich Regelmäßigkeiten, „Eigenzeiten" und vermeintliche Irrationalitäten z. B. im Integrationsprozess oder in einzelnen Politikfeldern unter Berücksichtigung des Faktors Zeit sowie differierender Zeithorizonte der institutionellen Akteure der EU erklären?[16] Welcher Konnex besteht mit Blick auf konkrete politische Sachfragen zwischen der Variable „Zeit" und der „Raum-Dimension"? Welche machtpolitischen Implikationen hat der Faktor „Zeit" für die demokratische Legitimität und wie prägt er die politische Performanz?[17] Im Rahmen dieser ersten systematischen Konzeptionalisierung bleiben zwei Aspekte noch weitgehend unberücksichtigt. Zum einen fehlt es – im Sinne der oben problematisierten „Synchronisierung" zwischen europäischen und nationalen Verfahren – an einer Übertragung und Anwendung

13 Ebenda, S. 326.

14 Rittberger 2000 zitiert in: Klaus H. Goetz & Jan-Hinrik Meyer-Sahling 2009: Political Time in the EU: dimensions, perspectives, theories, in: Klaus H. Goetz & Jan-Hinrik Meyer-Sahling (Hrsg.) 2009: EU Timescape, in: Journal of European Public Policy, 16 (2), Special Issue, S. 187.

15 Ebenda, S. 186.

16 Zum Begriff der „Eigenzeiten" in diesem Kontext vgl. Nowotny zitiert in: Klaus H. Goetz 2009: How Does the EU Tick? Five Propositions on Political Time, in: Klaus H. Goetz & Jan-Hinrik Meyer-Sahling (Hrsg.) 2009: EU Timescape, in: Journal of European Public Policy, 16 (2), Special Issue, S. 212.

17 Ebenda (Fn.14), S. 181.

des Ansatzes auf das Verhältnis zwischen EU und einzelnen Mitgliedstaaten. Zum anderen bedarf es noch einer vertieften Klärung des Verhältnisses zwischen zeitlicher und institutioneller Dimension.

Mit Blick auf die hier interessierende Europäisierung des deutschen Föderalismus würde sich dann die zentrale Frage stellen, inwieweit die „Timescapes" nationalstaatlicher und europäischer Verfahren und Institutionen wechselseitig anschlussfähig sind.[18] Dann ließe sich auch der eingangs formulierten Annahme Rechnung tragen, wonach Europäisierungsprozesse nicht nur eine Top-down-, sondern immer auch eine Bottom-up-Dimension aufweisen. „Synchronisierung" soll hier – im Unterschied zu Goetz und Meyer-Sahling – nicht lediglich als „eine (zeitweise) Koordination verschiedener Aktivitäten zur Sicherstellung von politischer Handlungsfähigkeit" verstanden werden. Denn diese Definition erweckt den Eindruck einer sehr behelfsmäßigen und mühsamen Aufrechterhaltung der politischen Steuerungs- und Gestaltungsfähigkeit im europäischen Mehrebenensystem. Im Folgenden soll unter dem Prozess der „Synchronisierung" vielmehr die wechselseitige zeitliche und institutionelle Anpassung von europäischen und nationalen Verfahren und Mechanismen verstanden werden. Mit der damit verbundenen Fokussierung der entsprechenden Schnittstellen wird deutlich, dass den Nationalstaaten und ihren Gliedstaaten hinreichende Spielräume für die konkrete Ausgestaltung eigener Verfahren bleiben. Entscheidend sind folglich die Effizienz und Effektivität sowie die demokratische Legitimität der auf einander abgestimmten Politikgestaltung. Eine „Harmonisierung" bzw. „Konvergenz" von Verfahren ist damit nicht notwendigerweise verbunden. Zudem muss im Einzelfall untersucht werden, inwiefern es sich bei solchen Prozessen um ein „Policy-Learning" handelt.[19] Eine zeitliche *und* institutionelle Synchronisation von Verfahren ist umso anspruchsvoller, je mehr ein „dominant time-setter" fehlt. Mit Blick auf die Kompatibilität von europäischen und nationalstaatlichen Verfahren scheint diese Feststellung von besonderer Bedeutung. Denn völkerrechtlich setzt sich das europäische Mehrebenensystem aus zwei autonomen Subjekten zusammen, die aufgrund einer Teilübertragung von nationalstaatlichen Souveränitätsrechten an die EU zwar partiell miteinander verwoben, aber eben nicht ineinander aufgegangen sind. So gibt es auf allen Ebenen dieses Mehrebenensystems Mechanismen, die entsprechende Verfahren zeitlich determinieren. Keine dieser Ebenen ist allerdings berechtigt, die anderen Ebenen auf den jeweils eigenen zeitlichen und institutionellen modus vivendi zu verpflichten.

Erhebt man die Anschlussfähigkeit bzw. Kompatibilität zwischen europäischen und nationalen Verfahren und Institutionen zur Maßeinheit des Europäisierungsgrades z. B. des deutschen Föderalismus, so stellt sich die Frage nach möglichen Brüchen und „Interaktionsbarrieren". Hier liefert Lehmbruchs bereits 1976 entwickelte „Strukturbruchthese" nach wie vor wertvolle Hinweise. Sie gilt auch heute noch als einer der zentralen Erklärungsansätze für die Funktionsweise des deutschen Föderalismus. Im Mittelpunkt steht die „potentielle Inkongruenz zweier zentraler Arenen": der Konkurrenzdemokratie im Parteiensystem einerseits und der Konkordanzdemokratie des Bundesstaates mit einer spezifischen Aus-

18 Goetz und Meyer-Sahling werfen die Frage auf, „how political actors may seek to influence the temporal structure of decision-making both *within* and *between institutions*". Ebenda (Fn.14), S. 187 (kursiv nur hier).

19 Zur Bedeutung und zum Wechselverhältnis zwischen „Harmonisierung", „Konvergenz" und „Policy-Learning" vgl. u. a. Claudio M. Radelli 2008: Europeanization, Policy Learning, and New Modes of Governance, in: Journal of Comparative Policy Analysis, Vol. 10, No. 3, S. 244.

handlungs- und Kompromisslogik andererseits.[20] Während das Parteiensystem durch einen natürlichen Wettbewerb geprägt wird, in dem unterschiedliche Parteien um die auf Zeit verliehene Macht ringen, ist in der bundesstaatlichen Arena ein „Modell des Aushandelns von Kompromisslösungen" dominant.[21] Zwischen beiden Merkmalen – so Lehmbruch – bestehe eine Asymmetrie, da sie in ihrer entwicklungsgeschichtlichen Herausbildung durch Kontinuitäten bzw. Diskontinuitäten geprägt worden seien. Lehmbruch betont – auch in klarer Abgrenzung zu anderen Autoren –, dass nicht von einer grundsätzlichen „Unvereinbarkeit" zwischen beiden Strukturprinzipien gesprochen werden könne. Zwar sei es durchaus möglich, dass es „in bestimmten Konstellationen zu schwerwiegenden Funktionsstörungen" komme. Allerdings gälte es in gleicher Weise zu berücksichtigen, dass das Parteiensystem „unter günstigen Bedingungen (…) Aushandlungsroutinen entwickelt, die dem Föderalismus institutionell angepasst sind".[22] Eine entscheidende Rolle spielen dabei die politischen Akteure, die auf sich verändernde Rahmenbedingungen mit der Entwicklung einer neuen bzw. der Anpassung bestehender Handlungslogiken reagieren. Eine andere Möglichkeit stellt der Rückgriff auf frühere Erfahrungen und strategische Repertoires dar. Unter bestimmten Umständen kommt es dabei zu Lernprozessen.

Lehmbruch fokussiert also die Interaktion sowie mögliche Anpassungsprozesse und Verwerfungen zwischen zwei Arenen des politischen Systems der Bundesrepublik. Dabei beschränkt er sich auf die institutionelle Dimension und die Frage, wie sich das Zusammenwirken von zwei konträren Strukturprinzipien – Konkurrenzdemokratie und föderales Verhandlungssystem – unter dem Einfluss verschiedener Faktoren verändert hat. Wie wirken sich Veränderungen in der Parteienlandschaft oder eine Vergrößerung/Verkleinerung der programmatischen Distanz auf die Wettbewerbssituation im Parteiensystem aus? Welche Folgen hat dies für die Interaktion mit dem föderalen Verhandlungssystem? Umgekehrt stellt sich die Frage nach den Konsequenzen einer zunehmenden Unitarisierung bzw. der Einführung hierarchischer Steuerungsinstrumente in föderale Bund-Länder-Verhandlungen. Wie wirkt sich dies auf das Wechselspiel zwischen beiden Arenen aus?

Mit Blick auf die Frage nach der Europäisierung des deutschen Föderalismus – verstanden sowohl als eine Top-down- als auch eine Bottom-up-Entwicklung – besteht die unzweifelhafte Herausforderung nun in der Zusammenführung der beiden theoretischen Ansätze. Von Interesse ist dabei, inwieweit sich eine Synchronisierung zwischen Bund-Länder-Verhandlungssystemen einerseits und Governance- und Steuerungsmechanismen der EU andererseits vollzieht. Inwieweit kommt es in institutionell-prozeduraler *und* zeitlicher Hinsicht zu einer (wechselseitigen) Anpassung der Verhandlungslogiken und was sind die Ursachen dafür? Mit Blick auf offene Koordinierungsverfahren sowie Governancemechanismen wie „Monitoring", „Benchmarking" und „Peer Reviewing", auf die die EU in vielen Bereichen zurückgreift, stellt sich die Frage nach der Kompatibilität mit nationalstaatlich-föderalen Verhandlungsmustern. Der begrenzte Rahmen des vorliegenden Beitrags macht es erforderlich, die Dimension des Parteienwettbewerbs zu vernachlässigen. Untersuchungsobjekt bildet die Finanz- und Haushaltspolitik von Bund und Ländern. Dabei ist es nicht unproblematisch, von einem einzelnen Fallbeispiel Rückschlüsse auf den Europäisierungsgrad des deutschen Föderalismus ziehen zu wollen. Umgekehrt bleibt allerdings die häufig anzutreffende Aussage, dass die EU inzwischen rund 70 bis 80 Prozent aller

20 Gerhard Lehmbruch 2000, S. 19 (Fn. 7).
21 Ebenda (Fn. 7), S. 18.
22 Ebenda (Fn. 7), S. 11.

nationalen Gesetzesvorlagen initiiert und beeinflusst, mindestens ebenso vage, was den qualitativen Aussagegehalt zum Europäisierungsgrad des deutschen Föderalismus betrifft. Die nachfolgende Analyse versteht sich deshalb auch mehr als eine exemplarische Analyse. Um das abstrakte Europäisierungsphänomen mit Leben zu füllen, bedarf es – so die hier vertretene These – einer beispielhaften Betrachtung politikfeldbezogener Schnittstellen zwischen beiden Systemen. Von einer Synchronisation ganzer Politikfelder ist dabei auch in Zukunft nicht auszugehen. Für eine möglichst konkrete Bestimmung des Europäisierungsgrades dürfte vielmehr die Summe institutioneller und zeitlicher Gleichzeitigkeiten und Ungleichzeitigkeiten in einzelnen Politikfeldern entscheidend sein.

3 Europäisierung der deutschen Finanz- und Haushaltspolitik?

Zu den Kernbereichen nationalstaatlicher Souveränität zählt die Finanz- und Haushaltpolitik. Sie ist damit einer europäischen Harmonisierung weitgehend entzogen. Ausnahmen – vor allem im Bereich der Steuerpolitik – bestätigen die Regel.[23] Trotzdem ist es im Rahmen der Föderalismusreform I und II zu bemerkenswerten Bezugnahmen auf den europäischen Referenzrahmen gekommen. Mit Blick auf die hier diskutierte Synchronisierung von nationalstaatlichen und europäischen Verfahren als Ausdruck einer Europäisierung des deutschen Föderalismus ist dabei die Debatte über eine Reform der Verschuldungsregeln des Grundgesetzes besonders interessant. Dieses Thema dominierte die Verhandlungen zur Föderalismusreform II (2006 bis 2009).

Im Rahmen der Föderalismusreform I, die von 2003 bis 2006 auf der Agenda der Kommission von Bundestag und Bundesrat zur „Modernisierung der bundesstaatlichen Ordnung“ stand, wurden finanzverfassungsrechtliche Themen weitgehend ausgeklammert. Eine Ausnahme bildete die Frage zur Einführung eines „Nationalen Stabilitätspaktes“ zur Einhaltung und Umlage der Maastricht-Kriterien des Europäischen Stabilitäts- und Wachstumspaktes. Diese bestimmen für sämtliche Mitgliedstaaten der Euro-Zone einheitliche Verschuldungsobergrenzen. Schon vor den Beratungen zur Föderalismusreform I hatte es eine Vereinbarung von Bund und Ländern zur gemeinsamen Einhaltung von Art. 104 EG-Vertrag (Nizza) gegeben.[24] Ein neuer § 51a im Haushaltsgrundsätzegesetz (HGrG) sah seit dem 1. Juli 2002 die Festlegung gemeinsamer Ausgabenlinien von Bund und Ländern durch den Finanzplanungsrat vor. Eine ergänzende Vereinbarung zur Aufteilung der zulässigen Defizitobergrenzen auf Bund und Ländergesamtheit im Verhältnis von 45 zu 55 traf allerdings keine Aussagen zur zulässigen Neuverschuldung der einzelnen Länder (einschließlich ihrer Kommunen). Die Regelungen hatten deshalb mehr einen allgemeinen Bekenntnischarakter. Schon die Formulierungen waren deutlich schwächer gewählt, als die des europäischen Stabilitätspakts.[25] Auch in den Verhandlungen zur Föderalismusreform I konnte die Frage län-

23 Philipp Genschel & Susanne Uhl 2006: Der Steuerstaat in der Globalisierung, in: Stephan Leibfried & Michael Zürn (Hrsg.) 2006: Transformationen des Staates?, Frankfurt: Suhrkamp; Henrik Scheller 2008: Finanzpolitik von Bund und Ländern – zwischen Konvergenz und Erhalt der Haushaltsautonomie, in: Henrik Scheller & Josef Schmid (Hrsg.) 2008: Föderale Politikgestaltung im deutschen Bundesstaat – Variable Verflechtungsmuster in Politikfeldern, Baden-Baden: Nomos.

24 Als Referenz an den vorliegenden Band wird hier – wenn nicht anders angegeben – auf die neue Nummerierung des EG-Vertrages von Lissabon Bezug genommen.

25 Vgl. dazu § 51a Abs. 1 HGrG: „Bund und Länder kommen ihrer Verantwortung zur Einhaltung der Bestimmungen in Artikel 104 des Vertrages zur Gründung der Europäischen Gemeinschaft und des europäischen

derspezifischer Verschuldungsobergrenzen nicht geklärt werden. Stattdessen verständigten sich Bund und Länder auf einen neuen Art. 109 Abs. 5 GG. Dieser trat zum 1. September 2006 in Kraft. Er sieht vor, dass „Sanktionsmaßnahmen der Europäischen Gemeinschaft" im Zuge einer wiederholten Nichteinhaltung der Maastricht-Defizitkriterien von Bund und Ländergesamtheit im Verhältnis 65 zu 35 zu tragen sind. Der Länderanteil wird dabei zu 35 % nach der Einwohnerzahl und zu 65 % nach dem Verursacherprinzip getragen.[26] Da seit Bestehen des EU-Stabilitäts- und Wachstumspaktes – trotz mehrfacher unter Verzugsetzung einzelner Mitgliedstaaten – noch nie eine unverzinsliche Finanzeinlage oder Geldbuße nach Art. 126 Abs. 11 EGV (Lissabon) verhängt worden ist, dürfte die Wirkung dieses neuen Art. 109 Abs. 5 GG vorerst von begrenzter Bedeutung sein.

Für die Beratungen zur Föderalismusreform II wurde im Oktober 2006 eine „Kommission zur Modernisierung der Bund-Länder-Finanzbeziehungen" eingesetzt. Dort avancierte die Verschuldungsproblematik sehr schnell zum zentralen Thema.[27] Grund dafür war nicht nur die prekäre Verschuldungssituation von Bund, Ländern und Gemeinden. Die Thematik erlangte zusätzliche Bedeutung durch zwei Urteile des Bundesverfassungsgerichts, die in dieser Zeit ergingen. Dabei handelte es sich zum einen um die Frage einer „extremen Haushaltsnotlage" des Landes Berlin, die das Gericht verneinte.[28] Zum anderen hatten die Karlsruher Richter über die Verfassungskonformität des Bundeshaushaltes 2004 zu entscheiden.[29] Beide Urteile nutzte das Gericht zu grundsätzlichen Aussagen zum Staatsschuldenrecht. Die Beratungen zur Verschuldungsproblematik in der Föderalismusreform II konzentrierten sich im Kern deshalb auf folgende Punkte:

- verfassungsrechtliche Neufassung der bestehenden Verschuldungsregeln für Bund und Länder nach Art. 109 und 115 GG,
- Ausformung des „Nationalen Stabilitätspaktes" zur gemeinsamen Einhaltung der EU-Defizitkriterien durch Bund und Länder,
- Institutionalisierung eines Frühwarnsystems und Verfahrens zur Vorbeugung und Behebung von Haushaltsnotlagen einschließlich der Frage eines finanzstatistischen Benchmarkings,
- mögliche Gewährung von Konsolidierungshilfen für besonders verschuldete Bundesländer.

Die Palette der Reformvorschläge zu diesen Fragen war beträchtlich und soll hier im Einzelnen nicht nachgezeichnet werden. Von besonderem Interesse für den vorliegenden Kontext

Stabilitäts- und Wachstumspaktes nach und streben eine Rückführung der Nettoneuverschuldung mit dem Ziel ausgeglichener Haushalte an".

26 Vgl. dazu auch § 2 des Gesetzes zur innerstaatlichen Aufteilung von unverzinslichen Einlagen und Geldbußen gemäß Artikel 104 des Vertrags zur Gründung der Europäischen Gemeinschaft (Sanktionszahlungs-Aufteilungsgesetz – SZAG) vom 5. September 2006, in: BGBl. I, S. 2098, 2104.

27 Neben der Verschuldungsfrage, waren auch verschiedene Verwaltungsthemen Gegenstand der Beratungen zur Föderalismusreform II, auf die hier allerdings nicht weiter eingegangen werden soll. Zu den Rahmenbedingungen und inhaltlichen Einzelheiten vgl. u. a.: Henrik Scheller 2007: Perspektiven für die Föderalismusreform II aus verhandlungstheoretischer Sicht, in: Ralph T. Baus, Annegret Eppler & Ole Wintermann (Hrsg.) 2007: Zur Reform der föderalen Finanzverfassung – Perspektiven für die Föderalismusreform II im Spiegel internationaler Erfahrungen, Baden-Baden.

28 Vgl. dazu: BVerfG, 2 BvF 3/03 vom 19.10.2006.

29 BVerfG, 2 BvF 1/04 vom 09.07.2007.

sind die Vorschläge des Bundesministeriums der Finanzen (BMF), die auch die Basis für das Kompromisspaket zur Reform des Grundgesetzes bildeten, das am 5. März 2009 von der Bundesstaatskommission mit großer Mehrheit abschließenden verabschiedet worden ist. Das BMF hatte sich bereits früh für eine neue Schuldenregel sowie ein Frühwarnsystem zur Vormeidung von Haushaltsnotlagen nach Vorbild des Europäischen Stabilitäts- und Wachstumspaktes ausgesprochen. In der Bundesstaatskommission bestand ein breites Einvernehmen über diesen Ansatz – trotz stark divergierender Einzelinteressen im Detail.[30] Im Folgenden soll der auf den BMF-Vorschlägen basierende Kompromiss der Föderalismuskommission II hinsichtlich seiner Kompatibilität mit dem EU-Defizitverfahren analysiert werden. Das Gesetzgebungsverfahren wurde erst nach Abschluss dieses Beitrages eröffnet. Grundlage der Untersuchung sind damit nicht die Gesetzentwürfe, sondern die entsprechenden Unterlagen der Kommission. Ausgangspunkt bildet die Frage, inwieweit die gefundene Regelung zur institutionellen und zeitlichen Synchronisierung von nationalen und europäischen Verfahren beiträgt und wo mögliche Strukturbrüche zu erwarten stehen.

3.1 Die neue Schuldenregel des Grundgesetzes

Ausgangspunkt der Beratungen in der Föderalismuskommission II bildete die weitgehend unstrittige Einschätzung, dass die bisherigen Verschuldungsregeln nach Art. 115 und 109 GG Schwächen aufwiesen. So habe die Ausnahmeklausel des Art. 115 Abs. 1 GG, wonach Ausnahmen von der regulären Kreditermächtigung nur „zur Abwehr einer Störung des gesamtwirtschaftlichen Gleichgewichts" zulässig sind, in den vergangenen Jahrzehnten „die Möglichkeit zu einer weitgehend unlimitierten Kreditaufnahme" eröffnet.[31] Die gesamtstaatliche Verschuldung von fast 1,6 Billionen Euro sowie eine Schuldenquote von 65 % im Jahr 2007 seien nicht zuletzt Ergebnis dieser Verfassungsbestimmung. Angesichts veränderter Rahmenbedingungen, zu denen die immer stärkeren weltwirtschaftlichen Verflechtungen, die sich abzeichnenden Folgen des demographischen Wandels und die Maßgaben des europäischen Stabilitäts- und Wachstumspaktes zählen, sei eine Reform der grundgesetzlichen Verschuldungsregeln erforderlich. Dazu wurde vom BMF eine neue Schuldenregel für Bund *und* Länder[32] vorgeschlagen, die sich „am Grundkonzept des europäischen Stabilitäts- und Wachstumspaktes" orientieren und folgende Elemente beinhalten sollte:

- eine strukturelle Verschuldungskomponente, die mit sehr eng definierten Verschuldungsobergrenzen dem Grundsatz der intergenerativen Gerechtigkeit Rechnung trägt,

30 Kommission von Bundestag und Bundesrat zur Modernisierung der Bund-Länder-Finanzbeziehungen 2008: Arbeitsgruppe 1, AG 1 – 25: Frühwarnsystem (einschließlich finanzstatistisches Benchmarking), Konsolidierungshilfen, Schuldengrenze – Strukturierte Zusammenstellung der in der AG 1 vertretenen Positionen.

31 Vgl. dazu Kommissionsdrucksache 096 vom 25. Februar 2008, S. 2. Grundsätzlich gilt gemäß Art. 115 Abs. 1 GG, dass „die Einnahmen aus Krediten (…) die Summe der im Haushaltsplan veranschlagten Ausgaben für Investitionen nicht überschreiten (dürfen)".

32 Die Frage, inwieweit der Bund befugt ist, eine Verschuldungsregel grundgesetzlich zu normieren, die auch für die Bundesländer verbindlich gilt, war umstritten. Die im März 2009 in der Bundesstaatskommission verabschiedete Lösung muss von allen Ländern jeweils in Landes(verfassungs)recht umgesetzt werden. Der Bund selber war entsprechenden Einwänden mit einem Kurzgutachten dreier Bundesministerien entgegen getreten. Vgl. dazu: Kommissionsdrucksache 096 vom 25. Februar 2008, Anlage 2.

- eine konjunkturelle Verschuldungskomponente, die „eine symmetrische Berücksichtigung der konjunkturellen Situation“ erlaubt,
- ein sog. Ausgleichskonto als Kontroll- und Sanktionsmechanismus sowie
- eine Ausnahmeregel für den Fall etwaiger Sondersituationen.[33]

Die „strukturelle Verschuldungskomponente“, die gemäß des Abschlusspapiers der Bundesstaatskommission ins Grundgesetz eingefügt werden soll, knüpft explizit an den europäischen Stabilitäts- und Wachstumspakt an.[34] Zum obersten Grundsatz wird dabei mit einem neuen Art. 109 Abs. 3 GG der Haushaltsausgleich erhoben, wenn es dort heißt: „Die Haushalte von Bund und Ländern sind grundsätzlich ohne Einnahmen aus Krediten auszugleichen“. Dies deckt sich mit Art. 126 Abs. 1 EGV (Lissabon), der feststellt: „Die Mitgliedstaaten vermeiden übermäßige öffentliche Defizite“. Unter Hinweis auf die „Vorgaben des reformierten Europäischen Stabilitäts- und Wachstumspaktes, der die Mitglieder der Eurozone zur Einhaltung des Prinzips ‚annähernd ausgeglichener oder einen Überschuss aufweisender Haushalte“ (...) verpflichtet“ sieht die neue Regelung nun eine Obergrenze für die strukturelle Neuverschuldung des Bundes in Höhe von 0,35 Prozent des BIPs pro Jahr vor. Damit auch die Länder dem Grundsatz des Haushaltsausgleichs entsprechen, dürfen sie in Zukunft keine Kredite mehr aufnehmen. Die vom Bund forcierte Abstimmung mit den europarechtlichen Vorgaben war offenkundig: Selbst mit Blick auf die Berechnungsmethoden soll eine entsprechende Synchronisierung vollzogen werden. Denn in Einklang mit Art. 2 des „Protokolls über das Verfahren bei einem übermäßigen Defizit“ soll es nicht mehr zulässig sein, das Ausmaß der strukturellen Neuverschuldung durch die Gegenrechnung von Vermögensveräußerungen zu senken.[35] Auch wenn der Haushaltsausgleich von Einnahmen und Ausgaben den Normalfall bilden soll und Defizite damit zu vermeiden sind, sieht die neue Schuldenregel eine „konjunkturelle Verschuldungskomponente“ für Bund und Länder vor, da der neue Art. 109 Abs. 3 Satz 2 GG feststellt: „Bund und Länder können Regelungen zur im Auf- und Abschwung symmetrischen Berücksichtigung der Auswirkungen einer von der Normallage abweichenden konjunkturellen Entwicklung (...) vorsehen“. In wirtschaftlichen Abschwungphasen sollen die öffentlichen Haushalte also die Möglichkeit zur Erhöhung ihrer Kreditaufnahmen erhalten, um Konjunkturstabilisierende Wirkungen entfalten zu können. Umgekehrt soll in wirtschaftlichen Hochphasen nur eine eingeschränkte Kreditaufnahme möglich sein. Damit diese Effekte wirksam werden können, muss ein Referenzpunkt definiert werden, der die wirtschaftliche „Normallage“ indiziert. In Relation dazu bildet die „Konjunkturkomponente“ einen absoluten Wert, der vor der Haushaltsaufstellung zu ermitteln ist. Unter Berücksichtigung der jeweiligen Wirtschaftslage gibt er an, um welchen Betrag die Nettokreditaufnahme von Bund und Ländern erhöht oder vermindert werden darf bzw. werden muss (Art. 115 Abs. 2 Satz 3 und 4 GG n. F.). Zur Berechnung soll „das auf europäischer Ebene vereinbarte und genutzte Konjunkturbereinigungsverfahren“ angewendet werden.[36]

33 Kommissionsdrucksache 096 vom 25. Februar 2008, S. 3 ff.

34 „Vorsitzendenpapier“, FV Dr. Peter Struck und MP Günter H. Oettinger für die abschließende Sitzung der Kommission von Bundestag und Bundesrat zur Modernisierung der Bund-Länder-Finanzbeziehungen am 5. März 2009 im Bundesrat, Arbeitsunterlage 052, S. 9 (im Folgenden nur noch: Arbeitsunterlage 052).

35 Ebenda, S. 10, aber auch bereits Kommissionsdrucksache 096, S. 4 und 5.

36 Kommissionsdrucksache 096, S. 5. Aber auch: Arbeitsunterlage 052, S. 19.

Die verfassungsrechtliche Verankerung einer „Konjunkturkomponente“ impliziert gemäß dem neuen Art. 115 Abs. 2 Satz 3 und 4 GG n. F. die Ermächtigung zu einer moderaten Verschuldung einschließlich eines verpflichtenden Haushaltsausgleichs über den Konjunkturzyklus hinweg. Im Kern handelt es sich dabei ebenfalls um einen antizyklischen Verschuldungsansatz, den die bisherige Regel mit der Formel von der „Abwehr einer Störung des gesamtwirtschaftlichen Gleichgewichts“ auch schon vorsah. Diesen Satz – die einzige und über Jahrzehnte hinweg zentrale Begründung für das wirtschaftliche Handeln des Staates – hat man nun aber aus dem Grundgesetz gestrichen. Ähnlich wie Art. 126 Abs. 2 EGV (Lissabon), sieht auch der neue Art 115 Abs. 2 GG vor, dass die definierten Verschuldungsobergrenzen nicht nur – wie in der Vergangenheit – bei der Haushaltsaufstellung, sondern auch beim Vollzug eingehalten werden müssen. Dazu wird für den Bund ein sog. „Kontrollkonto“ eingerichtet. Darauf sollen Abweichungen von der strukturellen Neuverschuldung verbucht werden, die sich am Jahresende als Differenz zu den im Haushalt veranschlagten Kreditermächtigungen ergeben. Eine höhere Verschuldung wird dabei negativ verbucht, eine geringere Inanspruchnahme wird gutgeschrieben. Wird bei der Kreditaufnahme ein Schwellenwert von 1,5 % im Verhältnis zum nominalen Bruttoinlandsprodukt überschritten, tritt eine automatische Ausgleichsverpflichtung ein. Dann ist der Bund verpflichtet, Maßnahmen zu ergreifen, um die Kreditaufnahme zu reduzieren. Unabhängig davon sieht die Neuregelung eine Ausnahmeregel für eine erhöhte Schuldenaufnahme von Bund und Ländern bei „Naturkatastrophen oder außergewöhnliche(n) Notsituationen (vor), die sich der Kontrolle des Staates entziehen und die staatliche Finanzlage erheblich beeinträchtigen“ (Art. 109 Abs. 3 GG n. F.). Auch der EG-Vertrag sieht für diesen Fall besondere Vorkehrungen im zwischenstaatlichen Verhältnis vor.[37] Eine solche Kreditaufnahme soll allerdings ausdrücklich an ein erhöhtes Zustimmungsquorum im Parlament und an einen Tilgungsplan gebunden werden.

Der Automatismus, den die Neuregelung vorsieht, weist nicht nur Parallelen, sondern auch deutliche Unterschiede zum „repressiven Arm“ des Stabilitäts- und Wachstumspaktes der EU nach Art. 126 Abs. 3 ff. EGV (Lissabon) auf. Das EU-Verfahren zeichnet sich durch einen klar strukturierten Verfahrensablauf aus, in den Kommission, Wirtschafts- und Finanzausschuss sowie Rat involviert sind. Außerdem sieht es Sanktionsmaßnahmen vor. Der Automatismus des deutschen Verfahrens hingegen beschränkt sich auf eine Anzeige auf einem „unpersonifizierten“ Kontrollkonto sowie eine Ausgleichspflicht bei einem möglichen Überschreiten entsprechender Obergrenzen. Die derzeit vorliegenden Ausarbeitungen zeigen allerdings nicht auf, wo und von wem dieses Konto eigentlich geführt werden soll und welche Institution im Falle eines Falles Druck aufbaut, damit der Ausgleichspflicht nachgekommen wird. Angesichts der Komplexität der Materie dürfte für die Führung des Ausgleichskontos nur das Bundesfinanzministerium in Frage kommen. Im Wechselspiel mit dem Bundestag wäre dies aber zugleich auch für die Entwicklung und Umsetzung nachhaltiger Gegenmaßnahmen verantwortlich, um die Kreditaufnahme wieder unter den definierten Referenzwert zu drücken.

Die neue Schuldenregel des Grundgesetzes ist nur in der Zusammenschau mit dem „Verfahren zur Vermeidung und Behebung von Haushaltsnotlagen“ zu verstehen, das in einem neuen Art. 109 a GG und einem entsprechenden Ausführungsgesetz normiert worden ist. Denn auffällig ist, dass es dem Verfahren zur neuen Schuldenregel – im Gegensatz zum

37 Vgl. hierzu: Artikel 122 Abs. 2 EG-Vertrag (Lissabon).

EU-Verfahren – an einem externen Dritten wie der Kommission fehlt. Diese erstellt bei Verstößen auf europäischer Ebene entsprechende Berichte und entwickelt Empfehlungen zu Konsolidierungsmaßnahmen für einzelne Staaten. Genau dieses Procedere ist nun für einen sog. „Stabilitätsrat" vorgesehen, der als Monitoring-Instanz zur Überwachung der jährlichen Haushaltsentwicklung von Bund und Ländern eingerichtet werden soll, um Haushaltsnotlagen vorzubeugen.[38] Wie unten zu zeigen sein wird, soll der Stabilitätsrat u. a. die „Einhaltung der verfassungsmäßigen Kreditaufnahmegrenzen" von Bund und Ländern überwachen (§ 3 Abs. 2 Ausführungsgesetz zu Artikel 109 a GG). Das BMF hatte ursprünglich eine getrennte Darstellung beider Reformvorschläge vorgenommen. Schon in dieser Vorgehensweise zeigte sich, dass mit der Reform ein äußerst sensibler Eingriff in eines der zentralen „Hausgüter" der Länder verbunden ist. Denn indem ein regelmäßiges Monitoring durch den Stabilitätsrat zum festen Bestandteil des Haushaltsnotlagenverfahrens wird, sollte ursprünglich auch ein stückweit kaschiert werden, dass in Zukunft alle Länder – unabhängig von einer drohenden Hauhaltsnotlage oder nicht – jährlich rechenschaftspflichtig sein werden. Auf diese Weise wacht die Gesamtheit aller Bundespartner über die Einhaltung der Verschuldungsregeln seitens des Bundes und der einzelnen Länder.

Die Definition von verbindlichen Verschuldungsobergrenzen dient dazu, dass „Bund und Länder (…) gemeinsam die Verpflichtungen der Bundesrepublik Deutschland aus Rechtsakten der Europäischen Gemeinschaft auf Grund des Artikels 104 des Vertrages zur Gründung der europäischen Gemeinschaft zur Einhaltung der Haushaltsdisziplin (erfüllen) …", wie es der neue Art. 109 Abs. 2 GG vorsieht.[39] Die Frage nach der *ökonomischen* Sinnhaftigkeit eines solchen innerstaatlichen Defizitkriteriums, wie sie verschiedentlich bei Einführung der Maastricht-Kriterien diskutiert wurde, ist letztlich obsolet. Denn mit der „neuen Haushaltsregel" soll „Konsistenz" mit den Maßgaben des EU-Stabilitäts- und Wachstumspaktes hergestellt werden, aus denen sie sich zugleich rechnerisch ableitet.[40] Der wiederholte Verweis auf das formaljuristisch höherrangige Europarecht durch den Bund stellt nicht nur ein Instrument zur innerstaatlichen Durchsetzung eigener Interessen dar. Vielmehr zeigt sich in diesem Verfahren, wie in einem extrem vielschichtigen Interessenkonflikt zu einer Sachfrage, in der über Parteigrenzen und über die Ebenen des Bundesstaates hinweg Einigkeit besteht, der Versuch einer überfälligen Synchronisierung von europäischen und nationalen Regeln und Verfahren vorgenommen wird.[41] Dies scheint umso schwieriger, da der Bund aufgrund der Haushaltsautonomie von Bund *und* Ländern lediglich „primus inter paris" ist. Die Anleihe beim europäischen Stabilitäts- und Wachstumspakt stellt damit auch den Versuch einer Verhandlungslösung „im Schatten der Hierarchie" (Scharpf) bzw. im „Schatten der Autorität des Europarechts" dar.

38 Siehe dazu unten den entsprechenden Abschnitt 3.2.

39 Vgl. dazu: Arbeitsunterlage 052, S. 5.

40 Kommissionsdrucksache 096, S. 5.

41 Ulrich Häde 2008: Divergenz oder Konvergenz? Zur Vereinbarkeit von deutschem und europäischem Haushaltsrecht, in: Ralph T. Baus, Annegret Eppler & Ole Wintermann (Hrsg.) 2007: Zur Reform der föderalen Finanzverfassung – Perspektiven für die Föderalismusreform II im Spiegel internationaler Erfahrungen, Baden-Baden: Nomos, S. 67 ff.

3.2 Das neue Haushaltsnotlagen-Verfahren nach Art. 109 a GG

Ein zweiter Themenblock, der in der Bundesstaatskommission zur „Modernisierung der Bund-Länder-Finanzbeziehungen" prominente Bedeutung erlang, bildete die Frage nach der Institutionalisierung eines Verfahrens zur Vermeidung und Behebung von Haushaltsnotlagen. Anlass war die dramatische Finanzlage der beiden Stadtstaaten Bremen und Berlin sowie des Saarlandes als kleinstem Flächenland. Alle drei Länder weisen im Ländervergleich extrem hohe Schuldenstände auf. Von 1994 bis 2004 erhielten Bremen und das Saarland Sonderbedarfs-Bundesergänzungszuweisungen zur Haushaltssanierung. Zurzeit sind noch zwei Klagen der beiden Länder beim Bundesverfassungsgericht anhängig, mit denen sie weitere Finanzhilfen des Bundes einfordern. Ein ähnliches Begehren Berlins wurde im Oktober 2006 allerdings abschlägig beschieden, sodass die Erfolgschancen für die beiden Länder eher gering sein dürften.

Der im März 2009 erzielte Kompromiss zu einem Haushaltsnotlagen-Verfahren sieht ein dreistufiges Procedere vor, das noch stärkere Parallelen zum Europäischen Stabilitäts- und Wachstumspakt aufweist als die neue Schuldenregel. Das Verfahren basiert zum einen auf einer kontinuierlichen Haushaltsüberwachung. Zum anderen sieht es zwei Stufen zur Sanierung eines Haushaltsnotlagen-Landes vor. Zur allgemeinen Überwachung der Haushaltsentwicklung von Bund und Ländern wird ein neuer „Stabilitätsrat" eingerichtet. In diesem sollen der Bundesminister für Finanzen und die Finanzminister der Länder sowie der Bundesminister für Wirtschaft vertreten sein. Die kommunalen Spitzenverbände und die Bundesbank können mit Experten als Gäste hinzugezogen werden (§ 1 Ausführungsgesetz zu Artikel 109 a GG). Der Stabilitätsrat stellt damit im Prinzip einen Ausbau sowie eine Aufwertung des bereits bestehenden Finanzplanungsrates dar. Auf der Grundlage von Berichten soll dort jährlich die Finanzlage von Bund und Ländern „beraten" werden. Die Berichte sollen anhand einheitlicher und verbindlicher Kennziffern Darstellungen zur aktuellen Haushaltslage und zur Finanzplanung, zur Einhaltung der verfassungsmäßigen Kreditaufnahmegrenzen sowie eine Projektion der mittelfristigen Haushaltsentwicklung enthalten.[42]

Dieses neue Monitoring- und Benchmarking-Verfahren weist bis in die Formulierungen des Gesetzentwurfes Parallelen zum „präventiven Arm" des Europäischen Stabilitäts- und Wachstumspaktes nach Art. 121 Abs. 3 EGV (Lissabon) auf. Dieser sieht vor: „Um eine engere Koordinierung der Wirtschaftspolitik und eine dauerhafte Konvergenz der Wirtschaftsleistungen der Mitgliedstaaten zu gewährleisten, *überwacht* der Rat *anhand von Berichten* der Kommission die wirtschaftliche Entwicklung in jedem Mitgliedstaat und in der Union sowie die Vereinbarkeit der Wirtschaftspolitik mit den in Absatz 2 genannten Grundzügen und nimmt *in regelmäßigen Abständen eine Gesamtbewertung* vor. Zum Zwecke dieser *multilateralen Überwachung* übermitteln die Mitgliedstaaten der Kommission Angaben zu wichtigen einzelstaatlichen Maßnahmen auf dem Gebiet ihrer Wirtschaftspolitik sowie weitere von ihnen für erforderlich erachtete Angaben".[43] Der neu zu schaffende Stabilitätsrat soll danach die Rolle eines „Nationalen Ecofin" übernehmen. Die entsprechenden Finanzberichte von Bund und Ländern werden dabei allerdings nicht – wie im EU-

---

42 Vgl. dazu: § 3 Ausführungsgesetz zu Artikel 109 a GG, in: Arbeitsunterlage 052, S. 14. Nahezu wortgleich bereits: BMF 2008: Eckpunkte eines Verfahrens zur Vermeidung und Behebung von Haushaltsnotlagen einschließlich eines Entwurfes für ein „Gesetz zur Vermeidung und Behebung von Haushaltsnotlagen", Arbeitsgruppe 1, AG1 – 06, S. 1.

43 Vgl. dazu: Amtsblatt der Europäischen Union (DE) vom 09.05.2008, C 115/97 (kursiv nur hier).

Verfahren von der Kommission – von einer unabhängigen Institution, sondern von Bund und Ländern selber erstellt. Mit der Einzelbetrachtung der Haushalte aller Länder und des Bundes ist ein Paradigmenwechsel verbunden. Denn bisher war im Finanzplanungsrat eine „Ebenen-Betrachtung" üblich, bei der der Bund einerseits und die Ländergesamtheit andererseits jeweils als eine Ebene betrachtet wurden. Die Kritik an einzelnen Ländern galt dabei als unbotmäßig. Dies belegt der Fall der beiden Haushaltsnotlagen-Länder Bremen und Saarland. Über die sachgemäße Verwendung der Bundesergänzungszuweisungen, die sie in den Jahren 1994 bis 2004 erhalten haben, hatten sie jährlich im Finanzplanungsrat Bericht zu erstatten. Erst in den Jahren danach entbrannte eine – auch öffentlich geführte – Debatte, in der die anderen Länder eine Fehlverwendung dieser Finanzhilfen kritisierten und sich gegen weitere Bundeszuschüsse an die beiden Länder aussprachen.

Die zweite Stufe des Verfahrens dient der Prüfung sowie möglichen Feststellung einer drohenden Haushaltsnotlage. Diese soll im Normalfall durch das betreffende Land oder den Bund selber angezeigt bzw. durch Stabilitätsrat festgestellt werden, wenn „bei der Mehrzahl der Kennziffern (...) die Schwellenwerte" überschritten wurden (§ 4 Abs. 2 Ausführungsgesetz zu Artikel 109 a GG). In die Prüfung sollen „alle relevanten Bereiche des betroffenen Haushalts umfassend einbezogen" werden. Dazu ist „der Bund oder das Land (...) verpflichtet, die für die Prüfung erforderlichen Auskünfte zu erteilen", wie es § 3 des Ausführungsgesetzes zu Artikel 109 a GG vorsieht. Nachdem eine drohende Haushaltsnotlage auf dieser zweiten Stufe des Verfahrens durch den Stabilitätsrat förmlich festgestellt worden, soll im nächsten Schritt ein fünfjähriges Sanierungsprogramm zwischen dem Stabilitätsrat sowie dem betreffenden Land oder dem Bund vereinbart werden. Dies kann auch kürzer oder länger ausgestaltet werden. Im Mittelpunkt dieser jährlichen Zielvereinbarung sollen ein- und ausgabenseitige Konsolidierungsmaßnahmen zur Rückführung der Nettoneuverschuldung stehen. Für die Umsetzung dieses Programms ist das jeweilige Land oder der Bund eigenständig verantwortlich. Dem Stabilitätsrat muss jedoch halbjährlich über die Konsolidierungsfortschritte berichtet werden.[44] Wird vom „Defizitabbaupfad" in negativer Weise abgewichen, indem die vereinbarten Ziele nicht erreicht oder eingehalten werden, besteht zunächst noch einmal die Möglichkeit, mit dem Stabilitätsrat geeignete Gegenmaßnahmen zu vereinbaren. Andernfalls kann der Rat „eine Aufforderung zur verstärkten Haushaltssanierung an den Bund oder das Land" beschließen – eine Maßnahme, die in früheren Vorlagen der Kommission auch als „blauer Brief" bezeichnet wurde.[45] Diese Möglichkeit deckt sich mit Art. 121 Abs. 4 EGV (Lissabon). Dort heißt es: „Wird im Rahmen des Verfahrens nach Absatz 3 festgestellt, dass die Wirtschaftspolitik eines Mitgliedstaats nicht mit den in Absatz 2 genannten Grundzügen vereinbar ist oder das ordnungsgemäße Funktionieren der Wirtschafts- und Währungsunion zu gefährden droht, so kann die Kommission *eine Verwarnung* an den betreffenden Mitgliedstaat *richten*. Der Rat kann auf Empfehlung der Kommission die erforderlichen Empfehlungen an den betreffenden Mitgliedstaat richten. Der Rat kann auf Vorschlag der Kommission beschließen, seine Empfehlungen zu veröffentlichen". Öffentlichkeit soll in Zukunft auch das gesamte innerdeutsche Verfahren prägen, da alle Beschlüsse des Stabilitätsrates frei zugänglich gemacht werden sollen. Dahinter steht die Intention, den Finanz- und Haushaltspolitikern von Bund und Ländern ein wirksames Druckmittel gegenüber den jeweils eigenen Fachpolitikern zu verschaffen, da diese normalerweise für eine größere Ausgabenfreudigkeit bekannt sind.

44 Vgl. dazu: § 5 Abs. 2 Ausführungsgesetz zu Artikel 109 a GG, in: Arbeitsunterlage 052, S. 14.
45 Ebenda, S. 16.

Die ursprüngliche Fassung dieser dritten Stufe des Haushaltsnotlagenverfahrens war deutlich strenger gefasst. Danach sollte nach einem möglichen Scheitern des fünfjährigen Sanierungsprogramms das betreffende Land durch ein zustimmungspflichtiges Gesetz „verpflichtet und ermächtigt" werden, „durch Landesgesetz von finanzwirksamen bundesgesetzlichen Regelungen abzuweichen". Dies sollte „in Form von Aufschlägen zu bundesgesetzlich geregelten Steuern und/oder in Form von Abschlägen bei bundesgesetzlich geregelten Leistungsgesetzen" erfolgen.[46] Diese Ausnahmeregeln sollten im Ernstfall für einen Zeitraum von maximal fünf Jahren gelten und in einem weiteren Sanierungsprogramm zwischen Stabilitätsrat und betreffendem Land festgeschrieben werden. Die dadurch erhofften Mehreinnahmen sollten ausschließlich dem Schuldenabbau dienen.[47] Damit wäre auch eine weitere Umdeutung des bisherigen „Prinzips der bündischen Solidarität" verbunden gewesen. Einen ersten Schritt in diese Richtung hat bereits das Verfassungsgericht mit seinem Urteil zur Haushaltslage des Landes Berlin vom 19. Oktober 2006 vorgenommen: Denn der Anspruch auf Sonderbedarfs-Bundesergänzungszuweisungen zur Haushaltssanierung wurde auf den Fall eines „bundesstaatlichen Notstandes" beschränkt. Im Gegensatz zu diesen ursprünglichen Überlegungen des Bundesfinanzministeriums sieht der abschließende Kompromissvorschlag der Föderalismuskommission II nun aber lediglich ein Recht zur zweimaligen Aufforderung zur verstärkten Haushaltssanierung durch den Stabilitätsrat an das betreffende Land bzw. den Bund vor. In dieser deutlichen Abschwächung wird erkennbar, dass der „zweite Strukturbruch" zwischen föderaler Haushaltsautonomie und übergeordneten Konsolidierungs- und Vergleichsanforderungen eine weitergehende Synchronisierung von europäischem und nationalem Recht verhindert hat.

Das anvisierte Haushaltsnotlagen-Verfahren ist – noch stärker als das Modell zur neuen Schuldenregel – auf die *einheitliche* Verwendung geeigneter Indikatoren angewiesen. Denn die Feststellung, wann ein Bundesland die gesetzlich festgeschriebenen Defizitobergrenzen überschreitet und ggf. in der Gefahr steht, in eine Haushaltsnotlage abzudriften, setzt den Vergleich mit den anderen Bundesländern voraus. Eine solche Inbezugsetzung verlangt allerdings, dass Gleiches mit Vergleichbarem verglichen wird. Das Bundesverfassungsgericht hat mit seinem Urteil zur Haushaltslage des Landes Berlin eindringlich darauf hingewiesen, dass dies zurzeit nur unter erschwerten Bedingungen möglich ist. Denn die finanzstatistische Datenerhebung in den Bundesländern sei äußerst heterogen. Grund dafür sind differierende Buchungs- und Schlüsselungstechniken, die eine uneinheitliche Anwendung von Haushaltsplänen und -systematiken zur Folge haben. Aber selbst in diesen auf den ersten Blick vergleichsweise unpolitisch und verwaltungstechnisch anmutenden Fragen des deutschen Haushaltsrechts verweisen die Länder immer wieder auf ihre eigene Haushaltsautonomie. Dass das Haushaltsgrundsätzegesetz (HGrG) bereits einheitliche Maßgaben für Teilbereiche der Haushaltsführung von Bund *und* Länder vorsieht, wird dabei vernachlässigt. Ein empirisch valider Vergleich zentraler Haushaltskennziffern von Bund und Ländern ist vor diesem Hintergrund kaum möglich. Nicht umsonst hat deshalb auch das

46 Ebenda, S. 3 f. und 5.

47 Damit wurden Reformvorschläge aufgegriffen, die schon lange in der deutschen Föderalismusdiskussion artikuliert werden. Um eine gewisse Form des Wettbewerbs zwischen den Ländern zu befördern, schlagen Kritiker des bestehenden Systems in diesem Zusammenhang immer wieder Zu- und Abschläge auf die Einkommen- und Körperschaftsteuer vor. Ähnliche Überlegungen sind verschiedentlich auch im Zusammenhang mit der Förderung der fünf neuen Bundesländer und Berlins unter dem Stichwort „Sonderwirtschaftszone Ost" thematisiert worden. Der Rekurs auf diese Ansätze im Rahmen des anvisierten Haushaltsnot-lagenverfahrens hätte hingegen mehr den Charakter von „Strafsteuern bzw. -abgaben" gehabt.

Bundesverfassungsgericht angemahnt, dass es an verlässlichen Kriterien fehle, mit denen eine Haushaltsnotlage bestimmt werden könne.

Als Antwort auf das Urteil des Bundesverfassungsgerichts hat die Finanzministerkonferenz in Zusammenarbeit mit der Zentralen Datenstelle der Länderfinanzminister (ZDL) sowie dem Bundesministerium der Finanzen (BMF) und dem Statistischen Bundesamt einen Prozess angestoßen, mit dem die Hauhalts- und Buchungspraxis der Länder einer kritischen Prüfung unterzogen worden ist.[48] Gegenstand dieser Analyse war die Frage nach Möglichkeiten und Grenzen einer vergleichbaren Erfassung der Ausgabenseite der öffentlichen Haushalte. Seit der großen Finanzreform von 1967/69 war die statistische Erfassung der Ausgaben darauf angelegt, einen vertikalen Gesamthaushalt darzustellen, in dem es darauf ankam, die Leistungsfähigkeit des Fiskus gegenüber bestimmten Ausgabearten oder -sektoren (Bildung, Verkehr, Personal) darzustellen. Regionale Besonderheiten bei einzelnen Haushaltstiteln fielen dabei nicht sonderlich ins Gewicht. Spätestens seit dem nun anvisierten Haushaltsnotlagen-Verfahren sind aber horizontale Ländervergleiche bzw. Benchmarkings erforderlich. Angesichts eines öffentlichen Wahrnehmungswandels des Themas „Staatsverschuldung“ dürfte der politische Rechtfertigungsdruck für das öffentliche Ausgabeverhalten steigen. Die finanz- und haushaltspolitischen Berichtspflichten von Bund, Ländern und Gemeinden werden sich deshalb verschärfen. Auch der Druck zur Vergleichbarmachung und einheitlichen Anwendung der Haushaltssystematiken von Bund und Ländern wird sich mittel- und langfristig erhöhen.

4 Zusammenfassung und Ausblick

Die Analyse hat gezeigt, dass sich in einem der ureigensten Bereiche bundesstaatlicher Souveränität – der Finanz- und Haushaltspolitik von Bund und Ländern – eine Synchronisierung von europäischen und nationalen Regelsystemen vollzieht. Die treibende Kraft dieses Anpassungsprozesses ist aber ganz offenkundig *nicht* die EU selber. Vielmehr dürfte die notwendige innerstaatliche Bewältigung der öffentlichen Verschuldungsfrage einem allgemeinen politischen und gesellschaftlichen Wahrnehmungswandel geschuldet sein. Die stetig steigende Gesamtverschuldung der öffentlichen Hand in den letzten Jahrzehnten gilt – mit Blick auf zukünftige Generationen – allgemein als nicht mehr hinnehmbar. Da es sich bei dieser Verschuldung um die Summe der Schulden von drei föderalen Ebenen handelt, ist der politische Interessenkonflikt entsprechend groß. Zudem gilt die Kreditaufnahme als Ausdruck haushaltswirtschaftlicher Autonomie und Eigenstaatlichkeit. Weder der Bund noch die Länder sind damit berechtigt, der jeweils anderen Ebene Vorgaben für eine restriktive Kreditaufnahme zu machen. In dieser Situation ist der europäische Stabilitäts- und Wachstumspakt zu einer „Blaupause“ geworden. Neben der Funktion als „Orientierungsrahmen“ genießt dieses Verfahren inzwischen eine eigene „Autorität“, die in der innerdeutschen Verschuldungsdiskussion, die nun in der Föderalismuskommission II geführt worden ist, nur schwer anfechtbar war. Die Analyse dieses Synchronisierungsprozess macht deutlich, dass es sich dabei aber nicht um eine umfassende Harmonisierung oder Konvergenz zweier Regelsysteme handelt. Das neue innerstaatliche Verschuldungsregime zielt auf eine Abstimmung der Schnittstellen in Form einer verbesserten Einhaltung der Maastricht-

48 Ein entsprechender Untersuchungsbericht der Zentralen Datenstelle der Länderfinanzminister (ZDL) liegt inzwischen vor.

Defizit-Kriterien von Bund und Ländern. Nichtsdestotrotz trägt es in verschiedenen Punkten unverkennbar der innerstaatlichen Kompetenzverteilung Rechnung und weist institutionelle Abweichungen vom europäischen Vorbild auf.

In zeitlicher Hinsicht fügt sich das innerstaatliche Monitoring-Verfahren im Stabilitätsrat in das europäische Verfahren ein: Jeweils im Dezember eines jeden Jahres ist die Bundesregierung verpflichtet, die Aktualisierung ihres Stabilitätsprogramms für das folgende Jahr einschließlich der mittelfristigen Finanzplanung für die nächsten vier Jahre bei der EU-Kommission einzureichen. Darin werden auch Aussagen zur Finanz- und Haushaltsentwicklung der einzelnen bundesstaatlichen Ebenen getroffen. Mit einer kontinuierlichen Beobachtung und Koordinierung der Haushalte von Bund und Ländern dürften entsprechende Aussagen an Präzision gewinnen. Der Finanzplanungsrat kam bisher zwei bis drei Mal im Jahr zu Beratungen zusammen. Im Herbst handelt es sich dabei meist um die zweite November-Woche, so dass eine entsprechende Abstimmung mit der Erstellung des deutschen Stabilitätsprogramms schon in der Vergangenheit erfolgen konnte. Problematisch ist allerdings, dass im November natürlich noch nicht der Haushaltsabschluss und die Rechnungslegung vorliegen. Verbindliche Aussagen zum Haushaltsverlauf sowie der tatsächlichen Kreditaufnahme von Bund und Ländern, die zukünftig auf dem beschriebenen Kontrollkonto verbucht werden müssen, lassen sich erst mit einem erheblichen „time-lag" treffen. Damit wird das deutsche EU-Stabilitätsprogramm auch in Zukunft gewisse Ungenauigkeiten enthalten, die sich im Jahresverlauf durch unvorgesehene Ereignisse noch verstärken können. Neben der dramatischen Zuspitzung der Finanzmarktkrise 2008, die gerade auch in zeitlicher Hinsicht ganz kurzfristige politische Handlungsbedarfe erzeugt hat, können z. B. auch regionalwirtschaftliche Ereignisse zu erheblichen Beeinträchtigungen in der haushaltswirtschaftlichen Entwicklung von Bund und Ländern beitragen.

Durch die Synchronisierung des deutschen und europäischen Haushaltsüberwachungsverfahrens entsteht für Bund und Länder ein Dilemma, obwohl über die politische Notwendigkeit eines nachhaltigen Schuldenabbaus weitgehende Einigkeit besteht. Dies lässt sich als „Strukturbruch" beschreiben. Denn die im März 2009 verabschiedete Reform setzt eine einheitliche und verbindliche Schuldenregel für Bund *und* Länder voraus. Das bundesstaatliche Autonomieprinzip wird dabei durch einen föderalen Monitoring- und Benchmarking-Mechanismus ein stückweit beschnitten. Denn Voraussetzung dafür bilden einheitlich anzuwendende Indikatoren und Techniken zur Haushaltsführung. Das neue Defizitverfahren wird in Zukunft vor allem in fiskalischen Krisenphasen die Gründe der öffentlichen Verschuldung fokussieren und den Blick verstärkt auf die Ausgabenseite der Haushalte von Bund und Ländern richten. Dies impliziert die Frage nach dem Zweck, der Notwendigkeit und dem Grad der Mittelverwendung. Als Folge dürften die Effizienz und Effektivität der staatlichen Leistungserstellung stärker ins Zentrum der politischen und öffentlichen Debatte rücken. In der Vergangenheit bestand auf der Ausgabenseite der Haushalte von Bund und Ländern immer noch am ehesten autonome Gestaltungsmöglichkeiten. Dies betraf vor allem auch die Zuordnung und Buchung von Ausgaben in den jeweiligen Haushaltsplänen. Mit Verweis auf die eigene Haushaltsautonomie eröffnete dies den Ländern Möglichkeiten zur „kreativen Buchführung" bis hin zur Verschleierung einzelner haushaltswirksamer Transaktionen. Es verwundert deshalb kaum, dass es – im Gegensatz zur Einnahmenseite – bisher auf der Ausgabenseite an einem vergleichbaren Maß an Transparenz im Ländervergleich fehlte. Im Zuge des massiven Verschuldungsanstiegs von Bund, Ländern und Gemeinden infolge der deutschen Wiedervereinigung stößt diese bedenkliche Haushaltspraxis nun immer mehr an ihre Grenzen. Denn nicht nur mit Blick auf die Synchronisierung der nationalen Verschuldungsregel mit dem EU-Stabilitäts- und Wachstumspakt, sondern auch hinsichtlich innerstaatlicher Belastungswirkungen und Ausgleichsverpflichtungen bedarf es valider und vergleichbarer Haushaltsdatendaten.

Nichtsdestotrotz enthalten diese auf den ersten Blick vergleichsweise unpolitisch und verwaltungstechnisch anmutenden Fragen des deutschen Haushaltsrechts nicht zu unterschätzende Implikationen hinsichtlich der Kompetenzverteilung zwischen Bund und Ländern. Denn der immer stärker werdende Druck zur Vereinheitlichung und gleichgerichteten Anwendung der Haushaltssystematiken von Bund und Ländern stellt nicht nur eine technische Voraussetzung für ein Haushaltsmonitoring und Benchmarking dar. Vielmehr ist damit auch ein Eingriff in die finanz- und haushaltspolitische Autonomie verbunden, den vor allem die finanzstärkeren Bundesländern fürchten: Bund und Länder müssen den Nachweis erbringen, dass sie – unabhängig von ihrer jeweiligen Haushaltsautonomie – den Maßgaben der selbstgesetzten Verschuldungsobergrenze sowie den EU-Grundsätzen Rechnung tragen. Eine Offenlegung und ein Vergleich des Ausgabeverhaltens beider Ebenen sind dazu unerlässlich. Bei einer verstärkten Betrachtung der Ausgabenseite könnte ein Maßstab immer mehr an Gewicht gewinnen, der bereits zur vergleichenden Analyse der Einnahmenseite der Länderhaushalte genutzt wird: „der Einwohner“ stellt einen Indikator dar, der kaum manipulationsanfällig ist. Inwieweit es dann im Zuge einer Vereinheitlichung der Haushaltspraxis auch zu einer immer stärkeren Konvergenz der Ausgabepraxis der Länder kommt, bleibt abzuwarten.

Mit dem neuen Berichtswesen und der Einzelbetrachtung der Haushalte von Bund und Ländern im neu zu schaffenden Stabilitätsrat soll eine Form der „Peer Review“ institutionalisiert werden. Ort dieses Verfahrens ist eine mittelbar legitimierte und exekutivisch geprägte Institution. Als „ewiges Organ“ soll der Stabilitätsrat Kontinuität mit Blick auf eine maßvolle und generationengerechte Kreditaufnahme gewährleisten. Dem parlamentarischen Haushaltsgesetzgeber auf Bundes- und Länderebene wird auf diese Weise eine Kontrollinstanz gegenübergestellt. Durch eine empirische Objektivierung in Form einheitlich und verbindlich definierter Indikatoren zur Haushaltsüberwachung soll eine neue Rationalität die jährlichen Haushalts- und Finanzplanungen von Bund und Ländern prägen. Letztlich wird mit der neuen Schuldenregel und dem Haushaltsnotlagenverfahren ein „hierarchisches Element“ in das System eingezogen.[49] Denn der sonst üblichen föderalen Aushandlungs- und Kompromisslogik, die auch in Finanzfragen auf eine Berücksichtigung möglichst vieler Interessen angelegt ist, soll mit dem Verfahren im Stabilitätsrat ein „Governing by Numbers“ gegenübergestellt. Heintz stellt mit Blick auf diese Governanceform und unter Bezugnahme auf Luhmann fest: „Während Sprache immer eine Ja- und eine Nein-Fassung bereitstellt und insofern ein Satz seine Negationsmöglichkeit bereits in sich trägt (…), muss Negation im Falle von Zahlen aktiv erzeugt werden. Um numerische Aussagen zu relativieren, braucht man alternative Zahlen bzw. ein Wissen darüber, auf welche Weise sie zustande kamen“.[50] Dass sich Bund und Länder in der Vergangenheit sehr wohl versucht haben, mit der „Macht der Zahlen“ gegeneinander auszuspielen, hat sich in den äußerst kontroversen Haushaltsvergleichen in den Verfahren zur Feststellung der „extremen Haushaltsnotla-

49 Gerhard Lehmbruch 2000, S. 18 (Fn. 7)

50 Bettina Heintz 2008: Governance by Numbers – Zum Zusammenhang von Quantifizierung und Globalisierung am Beispiel der Hochschulpolitik, in Gunnar Folke Schuppert & Andreas Voßkuhle (Hrsg.): Governance von und durch Wissen, Baden-Baden: Nomos, S. 117 und 122.

gen" der Länder Berlin, Bremen und Saarland gezeigt. Dort wurde mit jeweils unterschiedlichen Daten und Berechnungsmethoden operiert, um entsprechende Ansprüche geltend zu machen. Die neue Schuldenregel folgt in ihrer Logik hingegen dem europäischen Defizitverfahren und der grundsätzlichen Annahme, dass durch ein „Peer Reviewing" öffentlicher Handlungsdruck aufgebaut wird: Eine Verletzung der festgesetzten Defizitgrenzen gilt als „Vertragsbruch". Problematisch könnte sich allerdings ein wiederholter Verstoß gegen diese Kriterien durch mehrere Beteiligte auswirken: In der öffentlichen Wahrnehmung könnte damit ein politischer Vertrauensverlust einhergehen. Angesichts der Auswirkungen der gegenwärtigen Finanzmarktkrise, die 2008 und 2009 zum Teil massive Korrekturen in den Haushalten der deutschen Bundesländer erforderlich gemacht hat, scheint eine solche Gefahr nicht unwahrscheinlich. Die Erfahrungen mit dem europäischen Stabilitäts- und Wachstumspakt, der erstmals 2005 gelockert wurde, belegen Ähnliches. Beide Ereignisse zeigen, dass die staatliche Kreditaufnahme als ein notwendiges politisches Steuerungsinstrument auch in Zukunft einer gewissen Flexibilität in der Nutzung bedarf.

Jenseits aller Kritik an den neuen Governance- und Steuerungsinstrumenten der EU, die oben in ihrem Wechselspiel mit einem nationalen Verfahren beispielhaft untersucht worden sind, impliziert diese hier beschriebene Form der Synchronisierung auch Vorteile: Die vergleichende Betrachtung der Haushaltsentwicklung von Bund und Ländern wird auf der Basis einer ländereinheitlichen Berichterstattung mit streitfreien Indikatoren eine stärker inhaltliche, auf das Gemeinwesen bezogene, empirische Ausrichtung erfahren können. Daneben ermöglicht ein solches Peer-Review-Verfahren auch Lernprozesse: „It can socialize actors – socialization effects are important in thick learning (…). It can also provide the preconditions for ideational convergence, that is, convergence of policy makers around a set of criteria that define good policy".[51] Wenn sich aber in einer entsprechenden Übergangsphase dieses „Synchronisierungsprozesses" Widerstand gegen ein solches Peer-Review-Verfahren rührt, so dürfte ein solcher Lernprozess aufgrund des europarechtlich definierten Bezugsrahmens erleichtert werden. Die hier beschriebene Synchronisierung zwischen europäischem und nationalem Recht im Rahmen der langwierigen Beratungen zur Föderalismusreform II belegt, wie solche Prozesse durch föderale Kompetenzkonflikte überlagert und verzögert werden können. Grund dafür ist der „zweite Strukturbruch" in den Bund-Länder-Beziehungen, der offenbar insbesondere für die Länder so groß war, dass die erforderliche Zustimmung nur unter äußersten Kraftanstrengungen und zwei Zugeständnissen möglich war: finanziellen Konsolidierungshilfen an die am höchsten verschuldeten Länder sowie sehr langen Übergangsfristen bis zum Inkrafttreten der Neuregelung im Jahr 2016 bzw. 2020. Dies zeigt, dass eine Synchronisierung zwischen europäischen und nationalen Regelsystemen – im Sinne einer Abstimmung der Schnittstellen zwischen beiden Ebenen – Zeit benötigt. Zudem weisen solche Prozesse nicht nur eine „Top-down-", sondern immer auch eine „Bottom-up-Dimension" auf, bei der die eigentlichen Europäisierungsmotive eine marginale Rolle spielen können und – wie im vorliegenden Fall – allenfalls als Mittel zum Zweck dienen.

51 Claudio M. Radelli 2008: Europeanization, Policy Learning, and New Modes of Governance, in: Journal of Comparative Policy Analysis, Vol. 10, No. 3, S. 247.

Literatur

Bache, Ian 2008: Europeanization and multi-level governance: Empirical findings and conceptual challenges, ARENA Working Paper 16, http://www.arena.uio.no/publications/working-papers 2008/papers/wp08_16.pdf.

BMF 2008: Eckpunkte eines Verfahrens zur Vermeidung und Behebung von Haushaltsnotlagen einschließlich eines Entwurfes für ein „Gesetz zur Vermeidung und Behebung von Haushaltsnotlagen“, Arbeitsgruppe 1, AG1 – 06.

BMF 2008: Formulierungshilfe für die gesetzliche Ausgestaltung einer neuen Schuldengrenze in Abweichung vom Vorschlag des BMF (AG 1-07) auf der Grundlage des Schreibens der Vorsitzenden vom 10. September 2008, Berlin: 2. Oktober 2008, AG 1 – 18.

Börzel, Tanja A. & Thomas Risse 2003: Conceptualizing the Domestic Impact of Europe, in: Featherstone, Kevin & Claudio M. Radaelli (Hrsg.) 2003: The Politics of Europeanization, Oxford: Oxford University Press, S. 57-80.

Calliess, Christian 1999: Subsidiaritäts- und Solidaritätsprinzip in der Europäischen Union, Baden-Baden, 2. Aufl..

Dyson, Kenneth & Klaus H Goetz 2004: Germany, Europe and the Politics of Constraint, Oxford University Press.

Genschel, Philipp & Susanne Uhl 2006: Der Steuerstaat in der Globalisierung, in: Leibfried, Stephan & Michael Zürn (Hrsg.) 2006: Transformationen des Staates? Frankfurt: Suhrkamp.

Goetz, Klaus H. & Jan-Hinrik Meyer-Sahling (Hrsg.) 2009: EU Timescape, in: Journal of European Public Policy, 16 (2), Special Issue.

Goetz, Klaus H. 2009: How Does the EU Tick? Five Propositions on Political Time, in: Goetz, Klaus H. & Jan-Hinrik Meyer-Sahling (Hrsg.) 2009: EU Timescape, in: Journal of European Public Policy, 16 (2), Special Issue, S. 202 – 220.

Goetz, Klaus H. & Jan-Hinrik Meyer-Sahling 2009: EU Timescape: From Notion to Research Agenda, in: Goetz, Klaus H. & Jan-Hinrik Meyer-Sahling (Hrsg.) 2009: EU Timescape, in: Journal of European Public Policy, 16 (2), Special Issue, S. 325 – 336.

Goetz, Klaus H. & Jan-Hinrik Meyer-Sahling 2009: Political Time in the EU: Dimensions, Perspectives, Theories, in: Goetz, Klaus H. & Jan-Hinrik Meyer-Sahling (Hrsg.) 2009: EU Timescape, in: Journal of European Public Policy, 16 (2), Special Issue, S. 180 – 201.

Graziano, Paolo & Maarten P. Vink (Hrsg.) 2007: Europeanization – New Research Agendas, Houndmills and New York: Palgrave Macmillan.

Häde, Ulrich 2008: Divergenz oder Konvergenz? Zur Vereinbarkeit von deutschem und europäischem Haushaltsrecht, in: Baus, Ralph T., Eppler, Annegret & Ole Wintermann (Hrsg.) 2007: Zur Reform der föderalen Finanzverfassung – Perspektiven für die Föderalismusreform II im Spiegel internationaler Erfahrungen, Baden-Baden: Nomos, S. 67 – 73.

Heintz, Bettina 2008: Governance by Numbers – Zum Zusammenhang von Quantifizierung und Globalisierung am Beispiel der Hochschulpolitik, in: Schuppert, Gunnar Folke & Andreas Voßkuhle (Hrsg.): Governance von und durch Wissen, Baden-Baden: Nomos, S. 110 – 128.

Hilz, Wolfram 1999: Bedeutung und Instrumentalisierung des Subsidiaritätsprinzips für den europäischen Integrationsprozeß, in: Aus Politik und Zeitgeschichte (APuZ), B 21-22, 28-38.

Huber, Peter M. 2007: Die Europatauglichkeit des Art. 23 GG, in: Merten, Detlef 2007: Die Zukunft des Föderalismus in Deutschland und Europa, Berlin: Duncker & Humblot, S. 209 – 223.

Jachtenfuchs, Markus & Beate Kohler-Koch 2003: Regieren und Institutionenbildung, in: Jachtenfuchs, Markus & Beate Kohler-Koch (Hrsg.) 2003: Europäische Integration, 2. Aufl.; Opladen: Leske und Budrich, S. 11-46.

Knill, Christoph 2001: The Europeanisation of National Administrations. Patterns of Institutional Change and Persistence. Cambridge: Cambridge University Press.

Kommission von Bundestag und Bundesrat 2009: „Vorsitzendenpapier“, FV Dr. Peter Struck und MP Günter H. Oettinger für die abschließende Sitzung der Kommission von Bundestag und Bundesrat zur Modernisierung der Bund-Länder-Finanzbeziehungen am 5. März 2009 im Bundesrat, Arbeitsunterlage 052, S. 9.

Kommission von Bundestag und Bundesrat 2008: Kommissionsdrucksache 096 vom 25. Februar 2008.

Lehmbruch, Gerhard 2000: Parteienwettbewerb im Bundesstaat – Regelsysteme und Spannungslagen im politischen System der Bundesrepublik Deutschland. Opladen: Westdeutscher Verlag, 3. Aufl.

Müller-Graff, Peter-Christian 2007: Die Europatauglichkeit der grundgesetzlichen Föderalismusreform, in: Pitschas, Rainer & Arnd Uhle (Hrsg.) 2007: Wege gelebter Verfassung in Recht und Politik, Berlin: Duncker & Humblot, S. 705 – 727.

Olson, Johan P. 2002: The Many Faces of Europeanization, ARENA Working Papers 01/02.

Radaelli, Claudio M. 2003: The Europeanization of Public Policy, in: Featherstone, Kevin & Claudio M. Radaelli (Hrsg.) 2003: The Politics of Europeanization, Oxford: Oxford University Press.

Radelli Claudio M. 2008: Europeanization, Policy Learning, and New Modes of Governance, in: Journal of Comparative Policy Analysis, Vol. 10, No. 3, S. 239-254.

Scheller, Henrik 2008: Finanzpolitik von Bund und Ländern – zwischen Konvergenz und Erhalt der Haushaltsautonomie. In: Scheller, Henrik & Josef Schmid (Hrsg.) 2008: Föderale Politikgestaltung im deutschen Bundesstaat – Variable Verflechtungsmuster in Politikfeldern. Baden-Baden: Nomos.

Stoiber, Edmund 2007: Die Mitwirkungsrechte der Länder in EU-Angelegenheiten gemäß Art. 23 GG unter Berücksichtigung der Debatte in der Föderalismusdiskussion, in: Pitschas, Rainer & Arnd Uhle (Hrsg.) 2007: Wege gelebter Verfassung in Recht und Politik, Berlin: Duncker & Humblot, S. 747 – 764.

Sturm, Roland & Heinrich Pehle 2005: Das neue deutsche Regierungssystem – Die Europäisierung von Institutionen, Entscheidungsprozessen und Politikfeldern in der Bundesrepublik Deutschland, Wiesbaden: VS Verlag für Sozialwissenschaften.

Julia Galaski und Markus Kaim

Die Europäische Union als Militärmacht

1 Einleitung

Zehn Jahre nach den Europäischen Ratstreffen von Köln und Helsinki, die der Europäischen Sicherheits- und Verteidigungspolitik (ESVP) Gestalt und Richtung gegeben haben, liegt es nahe, eine Bilanz derjenigen Entwicklung zu ziehen, die der Europäischen Union die Fähigkeit zu autonomem militärischen Handeln in der internationalen Politik verliehen hat. Die Union hat die notwendigen Planungs-, Entscheidungs- und Operationsstrukturen für Militäroperationen geschaffen und die EU ist mit der ESVP mittlerweile in über 20 Missionen weltweit engagiert gewesen oder noch engagiert. Dennoch bleiben eine Reihe von Problemen erkennbar: Die verfügbaren militärischen Kapazitäten sind begrenzt und leiden unter der Duplizierung zahlreicher Beschaffungsprogramme in den Mitgliedstaaten; der politische Entscheidungsprozess bezüglich einzelner Missionen leidet unter den intergouvernementalen Handlungsprinzipien und trotz einer Europäischen Sicherheitsstrategie leidet das sicherheitspolitische Handeln der EU unter einem Mangel an Kohärenz und ist weitgehend reaktiv.

Im Folgenden wollen wir eine Bestandsaufnahme der Integration in diesem Politikfeld leisten und dabei in einem ersten Schritt die politischen Motive herausarbeiten, die die ESVP ausgelöst haben. In einem zweiten Schritt werden wir die erreichten institutionellen wie rechtlichen Entwicklungen diskutieren, um anschließend die militärischen und zivilen Ressourcen der ESVP zu untersuchen. Im vierten sowie fünften Abschnitt diskutieren wir einige Spezifika der bislang erfolgten Operationen und das Verhältnis der ESVP zur Europäischen Sicherheitsstrategie. Schließlich betten wir dieses Politikfeld analytisch in das System von *Global Security Governance* ein, wie es in den vergangenen Jahren in der internationalen Politik entstanden ist.

2 Die politischen Motive für die Genese der ESVP

Mit dem Ende des Ost-West Konflikts brachen in der europäischen Peripherie scheinbar neuartige, letztlich jedoch bis 1989/90 nur durch die bipolare Weltordnung überlagerte Konflikte hervor. Die miteinander verwobenen Kriege, die den staatlichen Zerfall Jugoslawiens zur Folge hatten, unterstrichen, dass die Grundannahme des europäischen Integrationsprozesses, nämlich die Überwindung des Krieges in Europa, lediglich auf die Mitglieder der EU anzuwenden war, nicht jedoch auf deren Peripherie. Die brutale Austragung ethno-territorialer Konflikte war nach Europa zurückgekehrt und die EU erwies sich als militärisch handlungsunfähig. Gleich zweimal mussten die Vereinigten Staaten militärisch auf dem Balkan eingreifen, um die Krisen einzudämmen und politische Regelungen zu erzwingen.

Infolge der Balkankriege musste sich die EU einerseits damit auseinandersetzen, dass eine in ihren Instrumenten weitgehend zivil ausgerichtete Union den Herausforderungen einer krisenreichen Peripherie nicht gerecht werden konnte. Eine Schlussfolgerung der Balkan-Kriege war, dass Diplomatie nur von glaubwürdigen militärischen Drohungen begleitet effektiv sein könne. Andererseits musste die EU einsehen, dass die USA sich nach dem Ende des Ost-West-Konfliktes nicht dauerhaft für ein militärisches Engagement in Europa verpflichten ließen und es daher in ihrem eigenen Interesse läge, autonome militärische Fähigkeiten aufzubauen.[1] Zudem stimmten die europäischen Ordnungsvorstellungen im internationalen System nicht immer mit denen Washingtons überein – ohne militärischen Einfluss war es jedoch nahezu unmöglich, das strategische Vorgehen der Amerikaner in Europa und der europäischen Peripherie zu beeinflussen. Das Verhältnis zum amerikanischen Bündnispartner stand daher von Anfang an im Mittelpunkt der ersten Überlegungen für eine europäische Sicherheits- und Verteidigungspolitik.

Eine besonders große Rolle in der Genese der ESVP kommt den drei EU-Großmächten Großbritannien, Frankreich und Deutschland zu, einerseits durch ihre Stimmgewichte im Europäischen Rat als auch durch ihre beständige Rolle als Integrationsinitiatoren und -motoren (als Beispiele seien die britisch-französische Initiative von St. Malo und der Begriff der „deutsch-französischen Achse" erwähnt). Die politischen Motive, die den Aufbau der europäischen Sicherheits- und Verteidigungspolitik ermöglicht haben, konnten dabei jedoch kaum verschiedener sein.

Für Großbritannien waren die Erfahrungen des Zweiten Golfkrieges, des britischen Militäreinsatzes in Bosnien und der Eskalation des Kosovo-Konflikts in den Jahren 1998/99 ausschlaggebend, insbesondere nachdem sich diplomatische Bemühungen und Embargo-Maßnahmen gegen Serbien als wirkungslos erwiesen hatten.[2] So orientierte sich die Regierung Blair während der Zuspitzung zum zweiten Balkankrieg sicherheitspolitisch neu.[3] Zwar erschien nunmehr eine militärische Stärkung der EU unumgänglich. Mittelpunkt dieser Neuorientierung blieb jedoch weiterhin das enge Verhältnis zum amerikanischen Bündnispartner. Die ESVP sollte daher nicht im Gegensatz bzw. als Alternative zur US-dominierten NATO formuliert werden, sondern vielmehr die Verpflichtung des amerikanischen Bündnispartners für Europa durch eine ausgeglichenere Lastenteilung fördern und somit die ESVP als flexiblen und glaubwürdigen europäischen Teil des atlantischen Bündnisses herausbilden. In den britischen Ordnungsvorstellungen jener Zeit dominierte die Annahme eines europäischen sicherheitspolitischen Pfeilers innerhalb der NATO, der Ausdruck einer europäischen Identität innerhalb des Bündnisses sei.[4]

---

1 Margarita Mathiopoulos/ István Gyarmati: „Saint Malo and Beyond: Toward European Defense", in: Washington Quarterly, 22 (1999) 4, S. 73.

2 Zur Wirkung der Jugoslawien-Erfahrung auf die britische Politik vgl. James Sherr: „Die zukünftige Sicherheit Europas aus britischer Sicht", in: Reinhard C. Meier-Walser (Hrsg.): Transatlantische Partnerschaft. Perspektiven der amerikanisch-europäischen Beziehungen, Landsberg 1997, S. 173-185 (178ff), sowie konkret für die ESVP: Jolyon Howorth: „Britain, France and the European Defence Initiative", in: Survival, 42 (2000) 2, S. 33.

3 Vgl. dazu Rede von Sir Michael Jay, damaliger britischer Botschafter in Frankreich, am 29. März 2001 vor der Cicero Foundation in Paris, S. 2 : <www.cicerofoundation.org/p4jay.html>. Zur Analyse des sicherheitspolitischen Umfeldes Großbritanniens nach dem Ost-West-Konflikt vgl. auch Michael Clarke: „Britain", in: Michael Brenner (Hrsg.) NATO and Collective Security, Houndmills/London 1998, S. 6-38.

4 Vgl. Biscop, Sven: The UK's change of course: A new chance for the ESDI, in: European Foreign Affairs Review (London), 4 (Summer 1999) 2, S. 253-268 sowie Hunter, Robert E.: ESDI and the future of transatlantic relations, in: Studia diplomatica (Bruxelles), 51 (1998) 1-2, S. 175-181

Auf französischer Seite kam dem Projekt der ESVP die Vorstellung eines multipolaren internationalen Systems des damaligen Präsidenten Chirac zugute. Dieser griff dabei traditionelle französische Vorstellungen auf, denen zufolge die Kooperation und schließlich Integration der nationalen Sicherheits- und Verteidigungspolitiken eine notwendige Voraussetzung für die Schaffung einer politischen Union Europas sei, die wiederum die Vorbedingung für eine weltpolitische Rolle der EU sei. Durch die Vereinigung Deutschlands war die französische Führungsrolle in Europa, die dem traditionellen gaullistischen Großmachtsanspruch unterliegt, allerdings nicht mehr garantiert.[5] Die französischen Prioritäten verschoben sich vor diesem Hintergrund und die Notwendigkeit einer Vertiefung des europäischen Integrationsprozesses, um das Nachbarland einzubinden, stand wieder im Vordergrund.[6] Das Verhältnis zur NATO blieb dabei problematisch, stellte sich doch weiterhin die Frage nach der Integration der Kommandostrukturen und der politischen Kontrolle militärischer Operationen.[7] Die letztlich unangefochtene Stellung der USA führte jedoch unter Chiracs Nachfolger Sarkozy zur Annäherung Frankreichs an den amerikanischen Partner und die atlantische Allianz.

In Deutschland nahmen die politischen Eliten das Ende des Ost-West-Konflikts als Gelegenheit wahr, die Europäisierung der deutschen Außenpolitik weiter zu vertiefen, um so stärker Verantwortung in der internationalen Politik übernehmen zu können. Dies entsprach einer Fortführung der wichtigsten Leitlinien deutscher Außenpolitik seit 1945: die Einbindung in multilaterale Institutionen und (nach dem BVerfG-Urteil von 1994) die Verwendung der Bundeswehr für Missionen im Rahmen eines Systems der kollektiven Sicherheit. Früh wurden daher auch schon zivile und militärische Elemente zur Krisenprävention, Krisenintervention und Krisennachsorge miteinander verknüpft. Diese Ansätze, die auch Niederschlag im deutschen Verteidigungs-Weißbuch von 1994 gefunden haben, wurden entsprechend in die konzeptionelle Grundlage der Europäischen Sicherheitsstrategie von 2003 übernommen.[8] Die deutsche ESVP-Debatte musste dabei immer die Beziehungen zu den zwei wichtigsten Partnern, den USA und Frankreich, und damit die atlantische und europäische Orientierung der deutschen Sicherheitspolitik zu balancieren suchen.

Letztendlich ist mit dem Ende des Ost-West-Konflikts und den destabilisierenden Folgen in der europäischen Peripherie allen Mitgliedstaaten bewusst geworden, dass es einer eigenständigen europäischen Sicherheits- und Verteidigungspolitik bedarf, wenn das Ziel einer „Ordnungsmacht EU" erreicht und die sicherheitspolitischen Herausforderungen des 21. Jahrhunderts effektiv gemeistert werden sollen. Dabei zielt die ESVP auf die Krisenintervention – mittlerweile im globalen Maßstab –, die kollektive Verteidigungsfunktion der NATO bleibt trotz der im Begriff ESVP angesprochenen verteidigungspolitischen Dimension unangetastet.

---

5 Vgl. dazu ausführlich Ingrid Betram: „Frankreichs Reaktionen auf den Zusammenbruch des Warschauer Paktes und der Sowjetunion", in: Hans Maull/Michael Meimeth/Christoph Neßhöver: Die verhinderte Großmacht: Frankreichs Sicherheitspolitik nach dem Ende des Ost-West-Konflikts, Opladen 1997, S. 54-67.

6 Vgl. Valerie Guérin-Sendelbach: Frankreich und das vereinigte Deutschland. Interessen und Perzeptionen im Spannungsfeld, Opladen 1999, S.43ff.

7 Vgl. Michael Brenner/Guillaume Parmentier: Reconcilable Differences. US-French Relations in the New Era, Washington 2002, S. 62ff, sowie Michel Formann/Hélène Viau: „A Model Ally? France and the US during the Kosovo Crisis of 1998-99" in: David G. Haglund (Hrsg.): The France-US Leadership Race: Closely Watched Allies, Kingston 2000, S. 87-110.

8 Bundesministerium der Verteidigung: Weißbuch 1994. Weißbuch zur Sicherheit der Bundesrepublik Deutschland und zur Lage und Zukunft der Bundeswehr, Bonn 1994.

3 Institutionelle und rechtliche Entwicklungen

Die Erfahrungen der 1990er Jahre schufen die Voraussetzungen für das historische Treffen von St. Malo, mit dem der damalige britische Premier Minister Tony Blair seine Unterstützung für eine europäische Sicherheits- und Verteidigungspolitik zusicherte. Mit dieser Zusage wurde die Grundlage für eine Institutionalisierung dieses Politikfeldes auf europäischer Ebene geschaffen.

Nach der Ablehnung der Pleven- und Fouchet-Pläne in den 1960er Jahren, hatte sich die EU im Bereich der Sicherheits- und Verteidigungspolitik erst einmal mit der 1970 im Davignon-Bericht beschlossenen Europäischen Politischen Zusammenarbeit (EPZ) begnügen müssen. Erst nach der Institutionalisierung dieser Zusammenarbeit in der Einheitlichen Europäischen Akte 1986 konnte die EPZ 1993 innerhalb der zweiten Säule des Maastricht-Vertrages durch die Gemeinsame Außen- und Sicherheitspolitik (GASP) weiterentwickelt werden, in der Sicherheit und Verteidigung jedoch nur eine untergeordnete Rolle spielten. Der im Mai 1999 in Kraft getretene Amsterdamer Vertrag legte dann gemeinsame Instrumente fest, die aus gemeinsamen Strategien, Standpunkten und Aktionen bestanden. Zeitgleich mit einer Reorganisierung des Rats durch den Einsatz von Strategieplanungs- und Frühwarneinheiten im Generalsekretariat wurde der Posten des Hohen Vertreters, zugleich Generalsekretär des Rats, geschaffen, der dem noch jungen Politikfeld ein Gesicht verleihen sollte. Auch die 1992 von der WEU beschlossenen Petersberg-Aufgaben („humanitäre Aufgaben und Rettungseinsätze, friedenserhaltende Aufgaben sowie Kampfeinsätze bei der Krisenbewältigung einschließlich friedensschaffender Maßnahmen") wurden im Amsterdamer Vertrag verbindlich in die EU überführt.

Das definitive Startzeichen für eine europäische Politik im Bereich der Sicherheit und Verteidigung wurde mit St. Malo gegeben, als mit Großbritannien auch derjenige Mitgliedstaat einer sicherheitspolitischen Entwicklung der EU beipflichtete, der bis dahin die größten Vorbehalte dagegen artikuliert hatte und seine traditionelle Haltung, die Nordatlantische Vertragsorganisation (NATO) sei allein Garant für die Sicherheit und Verteidigung Europas, aufgab. Auf dem französisch-britischen Gipfeltreffen im Dezember 1998 erklärten Frankreich und Großbritannien, Europa benötige eigene militärische Fähigkeiten, um eigenständig Operationen durchführen zu können. Dazu seien nicht nur Streitkräfte notwendig, sondern auch effektive Entscheidungsprozesse, die über ihren Einsatz bestimmten. Die kollektive Verteidigung hingegen solle weiterhin von der NATO garantiert und Duplikationen von politisch-militärischen Strukturen dementsprechend vermieden werden. In St. Malo wurde damit zum ersten Mal seit den 1960er Jahren auf politischer Ebene der Bedarf an starken, frühzeitig reaktionsfähigen, durch wettbewerbsfähige Rüstungsindustrien und –technologien unterstützten europäischen Streitkräften anerkannt.

Nach diesem Startschuss war der Weg für die politischen Entscheidungen auf der EU-Ebene geebnet. Mit der „Erklärung des Europäischen Rats zur Stärkung der GASP" auf dem Kölner Gipfel im Juni 1999 wurde der Aufbau einer operativen und eigenständigen ESVP als integraler Bestandteil der GASP eingeleitet. Ziel war es, der EU in Bezug auf internationale Konfliktverhütung und Krisenbewältigung Handlungsfähigkeit zu verleihen. Vor allem sollte ein autonomes militärisches Eingreifen bei internationalen Krisen ermöglicht werden, allerdings einschränkend nur „in den Fällen, in denen die NATO als Ganzes nicht beteiligt ist", um eine Konkurrenzsituation zu vermeiden.

Noch im selben Jahr wurde auf dem Helsinki-Gipfel das *Helsinki Headline Goal* beschlossen. Demnach sollten die EU-Mitglieder bis 2003 die Fähigkeit erlangen, aus nationalen Kontingenten eine Schnelle Eingreiftruppe der EU zur internationalen Krisenbewältigung im Rahmen des gesamten Spektrums der Petersberg-Aufgaben aufzustellen. Diese Truppe sollte etwa 60.000 Mann umfassen und innerhalb von 60 Tagen und mindestens für ein Jahr einsatzfähig sein. Dabei handelte es sich nicht um eine integrierte Truppe, sondern vielmehr um einen so genannten „Pool“ aus nationalen Streitkräften, auf den im Bedarfsfall – unter Voraussetzung der Zustimmung der Mitgliedstaaten – zurückgegriffen werden kann. Bereits im November 2000 verpflichteten sich die Mitgliedstaaten auf freiwilliger Basis zu nationalen Beiträgen. Auf einer Beitragskonferenz wurde die erforderliche Anzahl von Truppen von den Mitgliedstaaten zugesagt (100.000 Soldaten, 400 Luftfahrzeuge, 100 Schiffe) und im Helsinki-Streitkräfte-Katalog aufgelistet.

Die Aufbau der Institutionen der ESVP fand jedoch erst auf dem Europäischen Rat von Nizza im Jahr 2000 mit der Gründung permanenter politischer und militärischer Strukturen statt. Die seit dem Kölner Gipfel 1999 angedachten ständigen politischen und militärischen Gremien, die die politische und strategische Leitung von Operationen im Rahmen der ESVP gewährleisten sollen, wurden „innerhalb des Rates“ eingerichtet. Ein Politisches und Sicherheitspolitisches Komitee (PSK), mit Vertretern möglichst auf Botschafterebene, befasst sich mit allen Fragen der GASP – einschließlich der ESVP – und soll die politische Kontrolle und strategische Leitung von Operationen zur Krisenbewältigung unter der Verantwortung des Rates wahrnehmen. Ein EU-Militärausschuss (die Generalstabschefs der Streitkräfte bzw. die militärischen Vertreter der Mitgliedstaaten) berät das PSK in militärischen Fragen des Krisenmanagements und soll alle militärischen Aktivitäten leiten. Ein EU–Militärstab (EUMS), der als Teil des Generalsekretariates dem Hohen Vertreter für die GASP untersteht, befasst sich mit der Frühwarnung, der Lagebeurteilung und der strategischen Planung. Allerdings verfügt die EU nicht über eine eigene integrierte Kommandostruktur zur operativen Planung und Durchführung von militärischen Operationen. Diese Aufgabe wird entweder von fünf durch einige Mitgliedstaaten zur Verfügung gestellten nationalen Oberkommandos oder aber von Führungsstrukturen der NATO wahrgenommen, auf die im Rahmen des so genannten Berlin–Plus–Abkommens (2003) zurückgegriffen werden kann. Zur Verbesserung der Vorbereitung von EU-Operationen unter Rückgriff auf NATO-Mittel und -Fähigkeiten wurden zudem eine EU-Zelle beim NATO-Hauptquartier SHAPE sowie NATO-Verbindungselemente beim EUMS eingerichtet. Um dem dualen Ansatz von zivilen und militärischen Elementen der Krisenintervention der EU gerecht zu werden und die beiden Dimensionen miteinander zu verknüpfen, wurde 2005 beim Militärstab eine zivil-militärische Planungszelle eingerichtet. Sie soll – als Schnittstelle – Sachkompetenz für die Zusammenführung des militärischen und zivilen Bereichs von EU-Operationen entwickeln sowie die Fähigkeit der EU zur strategischen Planung für das Krisenmanagement stärken. Zur Planung und Durchführung von autonomen zivilen Operationen bzw. Operationen mit einer zivilen Komponente und für militärische Operationen in zahlenmäßig begrenztem Umfang, für die keine nationalen Hauptquartiere identifiziert werden können, hat der Europäische Rat im Dezember 2004 außerdem die Einrichtung eines EU-Operationszentrums innerhalb der zivil-militärischen Zelle beschlossen. Dieses ist seit dem 01. Januar 2007 wirksam.

Die letzte rechtliche Grundlage mit Folgen für die ESVP war der, nach den negativen französischen und niederländischen Referenden zum Lissabon-Vertrag modifizierte, europäische Verfassungsvertrag. Durch den Vertrag sollen die Handlungsoptionen der Europäischen Union im Bereich der ESVP erweitert und konzeptionell angepasst werden. So wurden im Vertrag angelegte neue Instrumente für eine größere operative Wirksamkeit der europäischen Verteidigung geschaffen. Die im Vertrag vorgesehene Europäische Verteidigungsagentur (EDA) wurde bereits 2004 eingerichtet. Die ebenfalls vorgesehene Solidaritätsklausel zur gegenseitigen Unterstützung bei der Bewältigung der Folgen von terroristischen Anschlägen und Katastrophen wurde unter dem Eindruck der Anschläge in Madrid im März 2004 vorab aktiviert. Sie ist bis zum Inkrafttreten des Vertrages politisch, aber nicht rechtlich bindend. Die getroffenen Neuregelungen zur GASP und ESVP waren und sind von breiter Zustimmung getragen. Künftige Überlegungen, konsensuale Teilbereiche des Vertrages in der einen oder anderen Form umzusetzen, werden diesen Bereich umfassen. Deshalb lohnt ein kurzer Ausblick auf die beabsichtigten Regelungen: Auch wenn der Lissabon-Vertrag keine gemeinsame europäische Verteidigung etabliert, so eröffnet er – wie bereits das geltende Recht in Art. 17 Abs. 1 EUV – die Option, dass der Europäische Rat einen Beschluss über die Festlegung einer gemeinsamen Verteidigungspolitik fasst, den die Mitgliedstaaten gemäß ihren verfassungsrechtlichen Vorschriften annehmen. Die Union könnte sich so längerfristig zu einem kollektiven Sicherheitssystem entwickeln. Darüber hinaus sind die Mitgliedstaaten grundsätzlich verpflichtet, zivile und militärische Fähigkeiten als Beitrag zur Verwirklichung der vom Rat festgelegten Ziele zur Verfügung zu stellen. Für Ratsbeschlüsse über militärische Missionen gilt wie bisher das Prinzip der Einstimmigkeit. Der Verfassungsvertrag sieht darüber hinaus neue Flexibilisierungsinstrumente im sicherheitspolitischen Bereich in Form der „Ständigen Strukturierten Zusammenarbeit" und der „Gruppenbildung" vor. Im Rahmen des ersten Instruments können jene Staaten, die anspruchsvollere Kriterien in Bezug auf ihre militärischen Fähigkeiten erfüllen, weitergehende Verpflichtungen eingehen. Letzteres sieht die Kooperation einer Gruppe von Mitgliedstaaten bei der Durchführung von Missionen vor. Eine Beistandsklausel ist wegen ihres Verhältnisses zu den Beistandsklauseln im NATO- und WEU-Vertrag im Verfassungskonvent kontrovers diskutiert worden. Da der besondere Charakter der Sicherheits- und Verteidigungspolitik einiger Mitgliedstaaten ausdrücklich unberührt bleibt, kommt der EU-Beistandsklausel primär politische Bedeutung zu.

Innerhalb von weniger als zehn Jahren hat die EU somit eine eigenständige Sicherheits- und Verteidigungspolitik errichtet, mit politischen, militärischen und zivilen Strukturen. Dennoch sind diese an sich bemerkenswerten Errungenschaften sowohl auf operativer als auch auf strategischer Ebene unzureichend, wenn man sie mit den seit St. Malo wiederholt gesetzten Zielen vergleicht.

4 Ressourcen

Im Laufe der 1990er Jahre haben die militärischen Fähigkeiten der EU-Mitgliedstaaten beständig abgenommen.[9] Vor allem ist dies auf das Ende des Ost-West-Konflikts und der sowjetischen Bedrohung zurückzuführen. Bis heute bleiben die militärischen Fähigkeiten der EU weit unter denen der USA. Fünfzehn der siebenundzwanzig Mitgliedstaaten geben weniger als die empfohlenen 2% des Bruttoinlandsproduktes für Verteidigungsgausgaben

9 Vgl. Nato-Verteidigungsausgaben, 1963-2003: http://www.nato.int/issues/defence_expenditures/index.html.

aus – die Armeen von dreizehn von ihnen sind zahlenmäßig der Londoner Polizei unterlegen.[10] Auf der Planungsebene sind militärische und zivile Einheiten noch weit davon entfernt, koordiniert vorzugehen. Auch leidet die militärische Effizienz der EU an der unnötigen Duplizierung militärischer Programme, was vor allem auf einen nicht vergemeinschafteten und zersplitterten Rüstungssektor zurückzuführen ist. Letztlich fehlt auf politischer Ebene sowohl die Vision als auch der Wille, die notwendigen Ressourcen zur Verfügung zu stellen, damit die EU wirklich eine autonom handelnde Militärmacht in der internationalen Politik werden kann.

4.1 Militärische Ressourcen

Der Aufbau militärischer Fähigkeiten hat sich bei der Implementierung der ESVP als sowohl quantitative als auch qualitative Herausforderung erwiesen: einerseits stellen die Mitgliedstaaten nicht genügend Ressourcen bereit, andererseits sind die bereits vorhandenen Kapazitäten oftmals ungeeignet, um den Herausforderungen des 21. Jahrhunderts gerecht zu werden.

Nur zwei der siebenundzwanzig europäischen Mitgliedstaaten sind fähig, eine Mission am oberen Ende der Petersberg-Aufgaben eigenständig durchzuführen: Frankreich und Großbritannien.[11] Streitkräfte anderer Mitgliedstaaten sind vor allem für Friedenserhaltung geeignet, nicht aber für robuste militärische Operationen der Konfliktintervention.

Die „Helsinki Headline Goals 2003" haben deshalb erstmals ein gemeinsames Ziel zur Bereitstellung von Fähigkeiten gesetzt: Innerhalb von 60 Tagen sollen zwischen 50.000 und 60.000 Mann entsendet werden können, die den Anforderungen aller Petersberger Aufgaben Genüge tun. Auch müssten diese Streitkräfte autonom sein, das heißt über die notwendigen Kommandostrukturen sowie nachrichtendienstlichen und logistischen Strukturen verfügen. Innerhalb dieser Streitkräfte sollte eine kleinere Anzahl von schnell verlegefähigen Gefechtsverbänden für rasche und robuste Einsätze bereitstehen.

Im Jahr 2003 wurden die Helsinki Headline Goals jedoch trotz entsprechender nationaler Zusagen und europäischer Aktionspläne nicht erreicht.[12] Konflikte niedriger und mittlerer Intensität konnten zwar mittlerweile eingedämmt werden, aber der strategische Transport der Truppen und deren Unterstützung vor Ort, um nur zwei Beispiele zu nennen, bereiteten weiterhin Probleme. Für Konflikte hoher Intensität blieb die EU gänzlich ungenügend ausgestattet.[13]

Die im Jahr 2004 festgelegten „Helsinki Headline Goals 2010" konzentrieren sich demnach insbesondere auf die schnell verlegbaren Kampftruppen, die so genannten EU Battle Groups.[14] Dieses Konzept ist als Schritt zur Verwirklichung der militärischen Handlungsfähigkeit und Baustein des Headline Goal 2010 zu betrachten. Die Battle Groups stel-

10 Vgl. Liam Fox: „NATO: Finding a Way Ahead", in: Heritage Lectures, Nr. 1083, Delivered April 7, 2008.

11 Jean-Pierre Maulny/Fabio Liberti: Pooling of EU member states assets in the implementation of ESDP, Institut de Relations Internationales et Stratégiques (ISIS), European Parliamentary Study, February 2008, S. 2.

12 Declaration on EU Military Capabilities. 19. Mai 2003, S. 2: <http://consilium.europa.eu/uedocs/cmsUpload/Declaration%20on%20EU%20Military%20Capabilities%20-%20May%202003.pdf>.

13 Sven Biscop: „Able and Willing? Assessing the EU's Capacity for Military Action", in: European Foreign Affairs Review, 9 (2994), S. 515.

14 Vgl. Yves Boyer: Battlegroups: Catalyst for a European Defence Policy. Institut de Relations Internationales et Stratégiques (ISIS), European Parliamentary Study, October 2007.

len eine besondere Form von schnellen Eingreifkräften für die Krisenreaktion dar. Konzeptionell handelt es sich um zwei innerhalb von fünf bis zehn Tagen einsatzfähige hochmobile Einheiten in der Stärke eines Bataillons (etwa 1500 Mann) plus Unterstützungskräfte, die über einen Zeitraum von bis zu 120 Tagen operieren können. Gedacht für unabhängige Einsätze oder für die erste Phase einer größeren Operation, sollen sie hauptsächlich, aber nicht ausschließlich, auf Anfrage der Vereinten Nationen eingesetzt werden. Im Jahr 2004 erklärten 13 EU-Staaten, Kapazitäten für Battlegroups zur Verfügung stellen zu wollen, weitere Staaten wollten so genannte Nischenkapazitäten beisteuern.

Seit Jahresbeginn 2007 ist sichergestellt, dass die EU die Fähigkeit hat, zwei Battle Group- Operationen nahezu gleichzeitig durchzuführen. Eingesetzt und damit auf die Probe gestellt wurden die Battle Groups bislang nicht.

Erschwerend tritt das Problem der Interoperabilität der europäischen Streitkräfte hinzu. Die militärischen Praktiken und Kulturen der verschiedenen Mitgliedstaaten sind bislang oft inkompatibel. Das Eurokorps unter Beteiligung von sechs Nationen bleibt in Bezug auf gemeinsames Training von Truppen verschiedener Mitgliedstaaten die einzige nennenswerte Ausnahme. Daneben orientiert sich die Beschaffung von Ausrüstungen – wie bereits angedeutet – entlang nationaler industrieller Interessen, was die Aufwertung der Truppen regelmäßig kostspieliger macht, als sie das bei einer Zusammenlegung der Rüstungsindustrien wäre.

4.2 Zivile Ressourcen

Das Charakteristikum der ESVP ist der parallele Aufbau von militärischen wie auch nichtmilitärischen Fähigkeiten. So wurde vom Europäischen Rat in Feira (Juni 2000) und ergänzt in Göteborg (Juni 2001) die Ausgestaltung der zivilen Fähigkeiten der ESVP beschlossen. Hintergrund dieser Ausrichtung ist die Hybridität zahlreicher Konflikte, in denen entweder parallel oder aufeinander folgend militärische und zivile Instrumente angewandt werden müssen, um sie einer dauerhaften und umfassenden Friedensregelung zuzuführen.

Ein Ausschuss für die zivilen Aspekte der Krisenbewältigung (CIVCOM), der das Politische und Sicherheitspolitische Komitee berät, wurde eingerichtet. Damit ist zivile Dimension endgültig in diese Planungsvorgänge einbezogen. Aus Vertretern der Mitgliedstaaten und der Kommission bestehend, lässt der Ausschuss sich von Experten zu den verschiedensten Themen des zivilen Krisenmanagements beraten. [15] Die Berichterstattung der zivilmilitärischen Planungszelle, die für die Koordinierung von zivilen und militärischen Operationen zuständig ist, wird dabei mit einbezogen.[16] Bis zum Jahr 2003 zu erreichende zivile Planziele in Form bestimmter Einsatzreserven in den Bereichen Polizei, Rechtsexperten, Zivilverwaltung und Katastrophenschutz wurden beschlossen. Zur weiteren Verbesserung und Ausweitung der zivilen Fähigkeiten wurde im Juni 2004 ein ziviler Aktionsplan verabschiedet. Im Dezember 2004 formulierte der Europäische Rat als neues ziviles Planziel das *Civilian Headline Goal 2008*. Das zivile Aufgabenspektrum der ESVP wird durch die Fähigkeit zum Monitoring von Krisen und durch neue Handlungsfelder, wie z.B. um Bereiche wie Demobilisierung und Reform des Sicherheitssektors, ergänzt. Zur Verbesserung der

15 Unter zivilem Krisenmanagement versteht man hier den Wiederaufbau von Polizei, nationalen Behörden, des Rechtsstaates und den Schutz der Zivilbevölkerung.

16 Die genauen Verantwortungen dieser Zelle bleiben noch ungenau. Studie 3, S.4

Qualität ziviler Fähigkeiten wurden Anforderungen an Personal und Ausrüstung der Mitgliedstaaten formuliert, eine zukünftig engere Zusammenarbeit und Abstimmung mit dem militärischen Bereich gefordert sowie die Beschleunigung der Reaktionszeiten angestrebt. So beschlossen die Mitgliedstaaten im Juni 2005 die Bereitstellung so genannter *Civilian Response Teams*, um die Entsendegeschwindigkeit zu erhöhen. Außerhalb des ESVP-Rahmens kann die EU auf die *European Gendarmerie Force*, gebildet von Italien, Frankreich, Spanien, Portugal und Griechenland, zurückgreifen.

Seit 2003 arbeiten die EU-Mitgliedstaaten daran, bis zu 5000 Polizisten innerhalb von 30 Tagen bereitzustellen zu können, entweder für EU-Beiträge zu von internationalen Organisationen (VN, OSZE) geführten Missionen oder aber für EU-autonome Einsätze.[17] Zudem haben sie sich bereit erklärt, bis zu 200 Experten im Rechtsstaatsbereich, d. h. Richter, Staatsanwälte und Strafvollzugsbeamte bereitzustellen, einen Personalpool von Zivilverwaltungsexperten zu bilden und schließlich kurzfristig entsendbare Katastrophenschutz-Teams von bis zu 2000 Personen aufzustellen.

Für die Entwicklung neuer ziviler Fähigkeiten knüpft das *Civilian Headline Goal 2010* an das von 2008 an. Seit 2007 werden notwendige und vorhandene Fähigkeiten identifiziert, die für ein vollständig integriertes Krisenmanagement benötigt werden. Dabei wird auf eine Datenbank der 2000 entstandenen Generaldirektion des Ratssekretariats für Außenpolitik und politisch-militärische Angelegenheiten zurückgegriffen, die vorhandene und einsatzbereite zivile Fähigkeiten aller Mitgliedstaaten sammelt.[18]

Entscheidende Hürden auf dem Weg zu einem integrierten, die zivile und militärische ESVP-Dimension berücksichtigenden Planungsprozess sind jedoch geblieben: Das zivile Personal ist häufig die Arbeitsweise der militärischen Institutionen nicht gewohnt, und auch dem militärischen Personal fehlt es in weiten Teilen an Expertise im zivilen Bereich. Die versäulte Struktur der EU und die daraus folgenden unterschiedlichen Verantwortungen und Rivalitäten erschweren zudem die Koordinierung. Während zivile Planungen teilweise in der Kommission entworfen werden, planen militärische Einheiten im Sekretariat des Rates das Konzept der Operation. Dabei erschwert auch die zeitliche Planungsperspektive die interinstitutionelle Kooperation, da sich die Kommission im Gegensatz zur kurzfristigeren Perspektive des Rates eher mit mittel- und langfristigen Herausforderungen befasst.[19]

4.3 ESVP und NATO

Die ESVP soll die EU befähigen, die im Amsterdamer Vertrag erstmals festgelegten Petersberg-Aufgaben bewältigen zu können. Dabei kann und soll sie die NATO nicht ersetzen, sondern lediglich ergänzen. Die Atlantische Allianz bleibt bis auf weiteres zuständig für die kollektive Verteidigung (Art. 5-Einsätze) ihrer Mitglieder[20], aber auch für zahlreiche

17 Vgl. Tardy, Thierry: EU-UN Cooperation in Peacekeeping: A Promising Relationship in a Constrained Environment, in: Ortega, Martin (Hrsg.): The European Union and the United Nations. Partners in Effective Multilateralism (Chaillot Papers, Nr. 78), Paris 2005, S. 49-68.

18 Fabien Terpan: „ESDP in the first half of 2008", Revue Défense nationale et sécurité collective, Nr. 8-9, 2008, S. 13.

19 Hans-Georg Ehrhart: Civil-Military Co-Operation and Co-Ordination in the EU and in Selected Member States, Plattform Zivile Konfliktbearbeitung, European Parliament Study, October 2007, S. 10-11.

20 Trotz dieser bislang geltenden Festlegung ist auf vereinzelte Stimmen in Politik und Politikwissenschaft hinzuweisen, die die Fortentwicklung der ESVP zu einer europäischen Verteidigungsunion mit einer kollekti-

Aspekte des internationalen Krisenmanagements (Nicht-Art. 5-Einsätze) wird das Bündnis neben der EU unerlässlich bleiben. Denn politisch und militärisch sind die Vereinigten Staaten als Führungsmacht der NATO ein unverzichtbarer Partner der EU, und autonom wird diese militärisch nur in jenen Fällen handeln, in denen die NATO als Ganzes nicht beteiligt ist. Ziel der ESVP ist daher bislang auch nicht die Schaffung einer europäischen Armee. Die für entsprechende Einsätze designierten Streitkräfte bleiben ihrem jeweiligen nationalen Kommando untergeordnet und werden nur im Falle einer EU-Operation dem militärischen Oberbefehlshaber für den Einsatz unterstellt.

Zwar ist das Hauptziel der ESVP die Fähigkeit der EU zu autonomem Handeln in Krisensituationen, doch wird gerade an diesem Anspruch eines der Grundprobleme der ESVP deutlich, nämlich die weitgehende politische und militärische Abhängigkeit dieses Politikfeldes von der NATO und damit indirekt von den USA. Somit befindet sich die EU in einer Dilemmasituation: Einerseits soll die ESVP das seit mehr als fünfzig Jahren existierende Netz der transatlantischen Sicherheitsbeziehungen nicht beeinträchtigen und keiner sicherheitspolitischen Abkopplung Europas von den USA Vorschub leisten. Andererseits ist aber eine wirklich autonome Handlungsfähigkeit nicht ohne eine minimale Duplizierung der institutionellen Strukturen und militärischen Kapazitäten der NATO denkbar.

Die Haltung der Vereinigten Staaten gegenüber der ESVP ist vor diesem Hintergrund ambivalent und widersprüchlich. Das prinzipielle Problem Washingtons mit einer vertieften europäischen Kooperation im Bereich der Sicherheits- und Verteidigungspolitik ist ein Dilemma zwischen zwei auf den ersten Blick unvereinbaren Zielen: Einerseits fordern die USA seit Jahren eine effektivere Lastenteilung in der Sicherheitspolitik zwischen den Vereinigten Staaten und den Europäern, nachdem Washington die sicherheitspolitische Hauptverantwortung für die Verteidigung des nordatlantischen Raumes während des Ost-West-Konfliktes getragen hatte. Dies betrifft vor allem militärische Operationen in Europa und läuft in amerikanischer Perspektive auf eine Verbesserung bzw. Erhöhung der militärischen Kapazitäten der Europäer hinaus. Die nationalen Verteidigungsausgaben sind zwar zwischen 2001 und 2006 um 3% gestiegen, die siebenundzwanzig EU-Mitgliedstaaten bringen gemeinsam nur rund ein Viertel des amerikanischen Verteidigungsbudgets auf. Damit ist die EU militärisch weiterhin auf die USA angewiesen.[21] Andererseits soll diese gestiegene Verantwortung der Europäer jedoch nicht ein erster Schritt für die Abkopplung der Europäer von der nordatlantischen Allianz sein. In besonderer Weise verdächtigen Entscheidungsträger in Washington dabei Frankreich, die amerikanische Führungsrolle in der NATO zu unterminieren und die Loslösung Europas von den USA zu betreiben.

Ein wichtiger Hebel für die amerikanische Politik ist dabei das "Berlin-Plus-Abkommen" zwischen der Union und der NATO, das die Zusammenarbeit der beiden Organisationen regelt und der EU bei Bedarf den Zugriff auf die militärischen Fähigkeiten der Allianz erlaubt.[22] Im Falle einer internationalen Krise eröffnen sich gemäß „Berlin-Plus" drei Wege: Erstens kann die NATO, wie z. B. in Bosnien und im Kosovo, selbst das Kommando

---

ven Verteidigungsklausel fordern. Vgl. Herolf, Gunilla/ Huldt, Bo: The European Union and the Inclusion of a Collective Defense Clause, in: Reiter, Erich/ Rummel, Reinhardt/ Schmidt, Peter (Hrsg.): Europas ferne Streitmacht. Chancen und Schwierigkeiten der Europäischen Union beim Aufbau der ESVP (Forschungen zur Sicherheitspolitik, Bd.6), Hamburg/ Berlin/ Bonn 2002, S. 60-85.

21 Wan-Jung Chao/Gregory Sanders/Guy Ben-Ari: Trends in European Defense Spending 2001-2006. A Report of the Center for Strategic and International Studies (CSIS) Defense-Industrial Initiatives Group, April 2008, S. 2.

22 <www.nato.int/shape/news/2003/shape_eu/se030822a.htm>.

übernehmen. Sofern sie darauf verzichtet, kann die EU die Mission an sich ziehen und dabei zwei Optionen verfolgen: Entweder schickt sie ihre Truppen mit logistischer Hilfe der NATO in den Einsatz, wie z. B. im Falle der Operation *Concordia* in Mazedonien. Oder aber sie greift autonom ein, wie z. B. mit der Mission *Artemis* zur Schlichtung des Bürgerkrieges im Norden des Kongo, und überlässt dabei dem Oberkommando eines Mitgliedstaates die militärische Führung. Indem bei den ersten beiden Optionen die NATO involviert ist, gewinnen die Vereinigten Staaten als deren Führungsmacht einen unmittelbaren Einfluss auf die operative Ausgestaltung der ESVP.

Neben den Verteidigungsausgaben gibt es noch weitere ressourcenbedingte Probleme, die das Verhältnis zwischen ESVP und NATO bestimmen. Das sind die Risiken einer Konkurrenz sowohl auf Planungs- als auch auf Einsatzebene, die dann entstehen, wenn zum Beispiel Mitgliedstaaten ihre Truppen sowohl in der einen als auch der anderen Organisation als verfügbar verzeichnen. Zudem gilt auf transatlantischer Ebene, was bereits auf europäischer Ebene einen Mangel darstellt: die Interoperabilität der Einsatztruppen.

Ein Beispiel für gelungene Kooperation sind die angesprochenen EU Battle Groups, die ausdrücklich komplementär zur *NATO Response Force* gegründet wurden. Das Ziel einer strategischen Partnerschaft wird hier am deutlichsten. Dennoch mangelt es weiterhin an Koordinierung, sowohl auf der Ebene der militärischen Planungs- und Kommandostrukturen, als auch in der politischen Willensbildung und Entscheidungsfindung: *„... wenn man sich anschaut, wie vielfältig und komplex die Herausforderungen für unsere Sicherheit heute geworden sind, dann ist es schon erstaunlich, wie schmal die Bandbreite der Zusammenarbeit zwischen der NATO und der Union geblieben ist. Trotz vieler Versuche, die beide Institutionen näher aneinander heranzuführen – es bleibt eine merkwürdige Distanz zwischen ihnen."*[23]

5 ESVP-Operationen

Am 01. Januar 2003 ist die ESVP mit der *European Union Police Mission* (EUPM) in Bosnien-Herzegowina zum ersten Mal operativ umgesetzt worden. Die Operation sollte durch Überwachung, Beratung und Inspektionen beim Aufbau professioneller Polizeikräfte in Bosnien helfen. Im März 2003 hat die EU mit der Operation *Concordia* bzw. seit Dezember 2003 mit der Anschlussoperation *Proxima* die militärische Dimension der ESVP zum ersten Mal aktiviert und die zuvor von der NATO geführte Mission in Mazedonien mit dem Ziel übernommen, bis Dezember 2005 die Umsetzung des Friedensvertrages zwischen der mazedonischen Regierung und den Rebellen der albanischen UCK zu überwachen.[24] Bei dieser Operation sind die Vereinbarungen zwischen EU und NATO („Berlin-Plus-Abkommen") über den gesicherten Rückgriff der EU auf die Planungskapazitäten und andere Mittel des Bündnisses zum ersten Mal genutzt worden. Schließlich hat die ESVP mit der Operation *Artemis* im Sommer 2003 zum ersten Mal den europäischen Kontinent als Einsatzgebiet verlassen. Im Auftrag der Vereinten Nationen und unter französischer Füh-

23 Rede des NATO-Generalsekretärs Jaap de Hoop Scheffer am 29. Januar 2007 in Berlin: http://www.eu2007.de/de/News/Speeches_Interviews/January/0120AÄSVPScheffer.html.

24 Vgl. Council Joint Action on the European Police Mission in the Former Yugoslav Republic of Macedonia v. 29. September 2003, abgedruckt in: Missiroli, Antonio (Hrsg.): From Copenhagen to Brussels. European Defence: Core Documents, Bd. IV (Chaillot Papers, Nr. 67), Paris 2003, S. 222-230.

rung verlegte die EU Truppen in die Provinz Bunia im Kongo, um bis zur Ankunft von VN-Truppen einen Waffenstillstand zwischen rivalisierenden Bürgerkriegsparteien zu gewährleisten und die Belieferung der Zivilbevölkerung mit Hilfsgütern sicherzustellen.[25]

Insgesamt lassen sich die europäischen Missionen in vier Kategorien einteilen: die militärischen, zivil-militärischen, und zivilen Missionen, sowie solche, die im Rahmen der Nachbarschaftspolitik an der Sicherung von Grenzen beteiligt sind. Die militärischen Missionen sind dabei weitaus in der Minderheit. Die zivil-militärischen Missionen befassen sich im Vergleich zu den militärischen Operationen mit Aufgaben wie der Sicherheitssektorreform, wo es nicht nur darum geht, mit militärischen Mitteln den Frieden in einer Region zu gewährleisten, sondern auch darum, die verschiedenen sicherheitspolitisch relevanten Sektoren wiederaufzubauen. Dazu gehören Polizei, Justiz- und Verwaltungsbehörden. In rein zivilen Missionen stehen diese Aufgabenfelder ausschließlich im Mittelpunkt.

Die beiden größten militärischen Operationen sind zur Zeit EUFOR Althea in Bosnien-Herzegowina mit dem Ziel, die Umsetzung des Dayton-Abkommens zu unterstützen sowie EUFOR Tchad/RCA mit dem Ziel, Flüchtlinge und Binnenvertriebene zu schützen, humanitäre Hilfe sowie die Bewegungsfreiheit von Personal zur humanitären Hilfe durch Verbesserung der Sicherheitslage zu unterstützen und schließlich Personal, Ausrüstung und Einrichtungen der UNO zu schützen und die Bewegungsfreiheit von UNO-Personal zu gewährleisten.

Im zivil-militärischen Bereich laufen gegenwärtig zwei Missionen. In Guinea-Bissau ist die EU seit Februar 2008 mit der Sicherheitssektorreform beschäftigt und versucht diese mit den Stabilitätsinstrumenten und dem Entwicklungsfonds der EU zu verbinden. Die zweite zivil-militärische Mission erfolgte bis September 2009 im Kongo. Die EUSEC RD Kongo ist für die Reform des Sicherheitssektors, aber auch für Abrüstung, Demobilisierung und Reintegration nach dem Ende des Bürgerkriegs zuständig.

Dominiert wird das Aufgabenspektrum der EU jedoch weiterhin von den zivilen Missionen. Dabei liegt der Schwerpunkt vorwiegend auf Polizeieinsätzen und dem Aufbau staatlicher Institutionen. Zurzeit dominieren drei Polizeimissionen die Agenda der EU. Die erste bereits angesprochene Operation startete am 1. Januar 2003 in Bosnien-Herzegowina. Die umfangreichste Mission, mit bis zu 1800 Anwälten, Polizisten, Richtern und Zollbeamten, ist im Februar 2008 mit EULEX Kosovo angelaufen. Schließlich will EUPOL Afghanistan mit 400 Polizisten die Polizeiausbildung in diesem zentralasiatischen Land bis zum Jahr 2010 unterstützen.

Trotz Fortschritten in der Planung und der Umsetzung dieser vielseitigen Missionen, werden auch immer wieder Mängel festgestellt. Vor allem bleibt die Koordinierung mit anderen lokalen wie internationalen humanitären Akteuren problematisch. Hinzu kommen die schon genannten Hindernisse bei der Koordinierung von zivilen und militärischen Akteuren.

Schließlich reflektiert die Vielfalt der europäischen Missionen sehr unterschiedliche politische Prioritäten, so dass sich bei einer Gesamtschau der Operationen der Eindruck aufdrängt, dass die EU bei der Auswahl weniger ihrem eigenen strategischen Kalkül sondern lediglich unterschiedlichen Anstößen von außen wie auch aus dem Kreis ihrer Mitglieder gefolgt ist. Letzten Endes wird bei den ungleichen Prioritäten und auch den Ausstat-

25 Vgl. ebenda, S. 99-105.

tungen der verschiedenen Missionen das Fehlen einer europäischen Strategie deutlich, in die sich das volle Aufgabenspektrum der EU einreihen könnte.

6 Die ESVP und die Europäische Sicherheitsstrategie

Die Europäische Sicherheitsstrategie (ESS) ist im Jahr 2003 aus der Notwendigkeit heraus entstanden, die durch den Irak-Krieg entstandene interne Krise der EU zu beheben, indem sich die EU-Staaten auf einen sicherheitspolitischen Konsens verpflichteten.[26] Gleichzeitig sollte die gemeinsame Strategie der gesamten Welt signalisieren, dass die EU sich nicht mehr mit vereinzelten Missionen zufrieden geben, sondern ernst zunehmende Ansprüche auf „Einfluss im Weltmaßstab" stellen würde.[27]

Das Dokument setzt sich aus insgesamt drei Teilen zusammen. Im ersten Teil wird das globale Sicherheitsumfeld beschrieben. Die Strategie nennt als Hauptbedrohungen Europas den Terrorismus, die Verbreitung von Massenvernichtungswaffen, regionale Konflikte, gescheiterte Staaten und organisierte Kriminalität. Diesen Herausforderungen und Bedrohungen stellt das Papier in einem zweiten Teil strategische Ziele gegenüber. Das ist einmal die Abwehr von den genannten Bedrohungen: Sie fordert Stabilität und gute Staatsführung in der direkten Nachbarschaft der Europäischen Union. Dies umfasst auch die sicherheitspolitische Stärkung der europäischen Nachbarschaft durch Integration der beitretenden Staaten, verstärkte wirtschaftliche und politische Zusammenarbeit und strategische Partnerschaften. Dabei weist die ESS darauf hin, dass die Verteidigung Europas heute nicht mehr an den Grenzen der EU erfolgt, sondern auch weitab davon stattfindet. Schließlich verweist das Dokument auf einen „effektiven Multilateralismus". Die Charta der Vereinten Nationen soll die internationalen Beziehungen grundlegend prägen und präventive Aktionen gegen die neuen, so genannten dynamischen Bedrohungen rahmen. Auch die Rolle regionaler Organisationen wird hervorgehoben.

Der dritte und letzte Teil der gemeinsamen Strategie führt aus, welche Handlungsoptionen sich der EU bieten, wenn sie die Weltordnung aktiv mitgestalten möchte: Die EU solle mehrere ESVP-Operationen gleichzeitig durchführen und auch frühzeitig und robust eingreifen können. Flexibilität und Mobilität seien zwei Anhaltspunkte, nach denen sich die europäischen Streitkräfte zukünftig richten müssten. Fähigkeiten müssten aufgestockt, Duplizierungen vermieden werden. Zudem fordert die ESS zu verstärktem Informationsaustausch auf, um eine gemeinsame Bedrohungsanalyse zu ermöglichen, auf die sich dann gemeinsame Maßnahmen stützen könnten. Die existierenden europäischen Instrumente sollten besser gebündelt und unter den Mitgliedstaaten abgestimmt werden.

Zwar sollte die ESS eine Art strategischen Überbau für die ESVP leisten. Sie hat jedoch niemals handlungsleitenden Charakter entfalten können. Aus den im Dokument genannten Bedrohungen lässt sich nicht schlüssig ableiten, warum sich die EU mit einer spezifischen ESVP-Operation engagiert, warum aber in einer ähnlich gelagerten Konfliktsituation keine Mehrheit für eine Mission zustande kommt. Auch finden sich die genannten fünf

26 Vgl. Steven Everts/Heather Grabbe: Why the EU needs a security strategy, Center for European Reform, Briefing paper, London, Mai 2003.

27 Ein sicheres Europa in einer besseren Welt. Europäische Sicherheitsstrategie. Brüssel, 12. Dezember 2003. S. 14. Vgl. auch die Bilanz im Bericht über die Umsetzung der Europäischen Sicherheitsstrategie – Sicherheit schaffen in einer Welt im Wandel. Brüssel, 11. Dezember 2008.

Hauptbedrohungen nur bedingt in den laufenden Missionen wieder. Zwar sind ESVP-Operationen immer Reaktionen auf Krisen, daher liegt es in der Natur der Sache, dass in der Gesamtschau der ESVP-Missionen ein eher disparates Bild entsteht und Kohärenz nicht wirklich erwartet werden kann. Die fehlende Kongruenz von ESS und ESVP reflektiert aber vor allem die mangelnde Kohärenz im außenpolitischen Entscheidungsprozess der EU, die vorwiegend auf externe Anforderungen und Erwartungen reagiert. Die Instrumente, mit denen die EU vorgehen kann bzw. sollte, um die verschiedenen Herausforderungen anzugehen, werden nicht explizit benannt. Es fehlen sowohl Angaben zu den Fähigkeiten, die die EU noch erlangen muss, als auch, wie diese aufgebracht werden sollen. Zudem sind auch die Kriterien eines gemeinsamen Einsatzes nicht konkretisiert. Insgesamt fehlt ein präzises Zeitraster, in das sich das Dokument einfügen könnte, mit klaren Prioritäten und identifizierten Risiken. Letztlich bleibt es den Mitgliedstaaten überlassen, inwieweit sie die Strategie implementieren.

7 Die ESVP als Teil der Global Security Governance

Ein zentraler Punkt der europäischen Sicherheitsstrategie ist die Kooperation mit internationalen und regionalen Organisationen als auch nichtstaatlichen Akteuren. Der Sicherheitsrat und damit die Vereinten Nationen tragen für die EU die Hauptverantwortung für Frieden und Sicherheit weltweit. Unter den regionalen Organisationen wird sowohl die Rolle der OSZE als auch unter anderem der Afrikanischen Union hervorgehoben. Schließlich nennt die ESS nichtstaatliche Organisationen als entscheidende Partner bei der Konfliktbekämpfung vor Ort.

Dies reflektiert die Vielfalt der sicherheitspolitischen Herausforderungen des 21. Jahrhunderts, bei deren Bewältigung zum einen eine klare Trennung in zivile und militärische Instrumente zumeist nicht mehr angemessen ist und zum anderen eine enge Koordination aller vor Ort präsenten Akteure für den Erfolg der Mission unumgänglich ist. Die EU kann also gar nicht anders, als sich in dieses multilaterale Geflecht verschiedener Akteure einzubinden. Unvermeidlich ist dabei die Überschneidung von Mitgliedschaften, Fähigkeiten und Kompetenzen. Koordiniertes Handeln erweist sich dabei oftmals als genauso dringend und notwendig wie schwierig.

Vor diesem Hintergrund scheint es selbstverständlich, dass sich die EU um ein enges Arbeitsverhältnis mit den Vereinten Nationen bemüht. Ausgelöst vor allem durch die Operation *Artemis* im Kongo forderten einige EU-Mitglieder, dass die militärischen Kapazitäten der ESVP den Vereinten Nationen auf Anfrage als Instrument zur Durchsetzung eines Mandats nach Kap. VII der VN-Charta zur Verfügung gestellt werden solle und dass sich die EU daher bei ihren militärischen Planungen an der daraus resultierenden Notwendigkeit einer globalen und zügigen Verlegefähigkeit orientieren müsse.[28] Zwei gemeinsame Erklärungen aus den Jahren 2003 und 2007 sollen zur Vertiefung dieser Kooperation beitragen. Beide Male standen Überlegungen im Vordergrund, wie die EU größere militärische Beiträge im Rahmen der VN leisten und wie man die zivilen Aspekte der Kooperation verbessern könnte.

28 Vgl. dazu die Abschlusserklärung des britisch-französischen Gipfeltreffens am 24. November 2003, abgedruckt in: Missiroli, Antonio (Hrsg.): From Copenhagen to Brussels. European Defence: Core Documents, Bd. IV (Chaillot Papers No. 67); Paris 2003, S. 280-282.

Indem die EU sich bereit erklärt hat, die ESVP als sicherheitspolitischen „Subunternehmer“ der VN weiterzuentwickeln, kommt es den Forderungen zahlreicher Mitglieder nach, die Vereinten Nationen als globales sicherheitspolitisches Forum mit dem ausschließlichen Mandat zur Gewaltanwendung anzuerkennen bzw. aufzuwerten.

Dieselben Koordinations- und Kooperationsnotwendigkeiten ergeben sich im Verhältnis der EU zur Organisation für Sicherheit und Zusammenarbeit in Europa (OSZE). Trotz schwindender Relevanz durch die Errichtung der ESVP bleibt die OSZE ein wichtiger Ansprechpartner in der europäischen Peripherie, insbesondere auf dem Balkan und im Kaukasus. Gerade in Zentralasien kann die OSZE Erfahrungen vorweisen, die der EU zugute kommen können. Zudem bietet sie ein gutes Forum für eine Annäherung mit Moskau.[29]

Dies hat die beiden Organisationen im Februar 2003 dazu veranlasst, ein erstes Dokument über ihre Zusammenarbeit zu erstellen.[30] Fünf Prioritäten werden darin aufgeführt, die von Informationsaustausch, gemeinsamen Untersuchungskommissionen, über die Koordinierung von Erklärungen bis hin zu Absprachen beim Training und dem operativen Ablauf der Missionen reichen. Einerseits konnten erste Erfolge verzeichnet werden, so z.B. in Wahlbeobachtungs- und Polizeimissionen im Kosovo sowie in Mazedonien. Die Bündelung ziviler Fähigkeiten in diesen Regionen gilt hier als feste Grundlage für die weitere Zusammenarbeit. Andererseits bleiben Probleme wie die des ungleichen Informationsaustauschs jedoch erhalten. Grundsätzlich sind solche Asymmetrien darauf zurückzuführen, dass der OSZE viele Staaten angehören, die weder Mitglied der EU noch der NATO sind und mit denen es weitaus schwieriger sein kann, europäische Sicherheitsfragen zu entscheiden.[31]

Abgesehen von der Zusammenarbeit mit internationalen und regionalen Organisationen, setzt die EU zunehmend auf die Rolle nicht-staatlicher Akteure, wenn es um die Gewährleistung von Sicherheit im internationalen System geht. Der EU-Aktionsplan für zivile Aspekte der ESVP und Planungsorgane wie die CIVCOM setzten sich hiermit vertieft auseinander. Auch wenn der Austausch zwischen der EU und nichtstaatlichen Organisationen auf der Planungsebene mittlerweile formalisiert ist, so bleibt er mit Blick auf einzelne Missionen begrenzt.[32]

8 Fazit

Je nach politischem Standpunkt und analytischem Fokus werden Betrachter im Falle der ESVP das Glas für halb voll oder für halb leer halten, wobei die diesem Politikfeld Wohlgesonnenen vor allem auf die geschaffenen Institutionen auf europäischer Ebene verweisen und auf die bereitgestellten Finanzmittel verweisen. Dieser Sicht liegt implizit die Annahme zugrunde, dass die Institutionenbildung für die ESVP bereits als operativer Politikfortschritt zu begreifen sei. Institutionen sind jedoch keine Politik. Sie sind das Ergebnis politi-

---

29 Emma J. Stewart: „Restoring EU-OSCE Cooperation for Pan-European Conflict Prevention“, in: Contemporary Security Policy, 29 (2008) 2, S. 275-276.

30 Council Conclusions on EU-OSCE cooperation in conflict prevention, crisis management and post-conflict rehabilitation, 17 November 2003.

31 Sven Biscop: „The EU, the OSCE and the European Security Architecture: Network or Labyrinth?“, in: Asia Europe Journal, 4 (2006) 1, S. 27.

32 Catriona Gourlay: Partners Apart: Enhancing Cooperation between Civil Society and EU Civilian Crisis Management in the Framework of ESDP, Civil Society Conflict Prevention Network, Crisis Management Initiative, European Peacebuilding Liaison Office, 2006, S. 11.

scher Aushandlungsprozesse und damit das Ergebnis von Politik sowie die notwendige Voraussetzung für die Formulierung und Implementierung derselben – *Polity* ist eben nicht *Policy*.

Entscheidend für die kommenden Jahre sind daher weniger die ohnehin begrenzten institutionellen und rechtlichen Veränderungen, die sich nach dem möglichen Inkrafttreten des Lissabonner Vertrages ergeben, sondern der politische Wille in den Mitgliedstaaten, der ESVP die notwendigen militärischen Kapazitäten zur Verfügung zu stellen und diese auch zum Einsatz zu bringen. Dies ist in demokratischen Verfassungsstaaten nicht immer einfach, unterliegt doch auch die ESVP innenpolitischen Legitimationszwängen, nämlich spätestens dann, wenn die politischen Willensbekundungen mit militärischen Verpflichtungen unterfüttert werden müssen und dies in Zeiten angespannter Haushaltssituationen in vielen EU-Mitgliedstaaten zu einer Debatte über die Erhöhung der Verteidigungsausgaben führt.

Dieser Legitimationszwang steigt noch, wenn neben den hohen finanziellen Kosten für die europäischen Gesellschaften der Verlust von Menschenleben als Kosten der ESVP zu akzeptieren ist.[33] Angesichts der Tatsache, dass die ESVP bislang keine kollektive Verteidigung umfasst, sondern auf verschiedene Formen der globalen Krisenintervention beschränkt ist, ist leicht ein Szenario vorstellbar, in dem europäische Soldaten im Rahmen einer ESVP-Mission ihr Leben in einem Einsatz verlieren, der von Teilen der Gesellschaften der EU-Mitgliedstaaten nicht als prioritär empfunden wird und der in den Augen einer nationalen Öffentlichkeit zugleich nur einen begrenzten Nutzen in Aussicht stellt. Ob und wie dauerhaft die Regierungen der EU-Mitglieder diese innenpolitischen Beschränkungen überwinden bzw. ob sie ihre jeweiligen Öffentlichkeiten dauerhaft für die ESVP gewinnen können, wird vor allem darüber entscheiden, ob die EU ihrem selbst gesteckten Ziel gerecht wird, mit der ESVP ein wirksames Krisenreaktionsinstrument zur Verfügung zu haben und die Gestaltungsmacht der EU im internationalen System zu stärken.

Literatur

Betram, Ingrid: „Frankreichs Reaktionen auf den Zusammenbruch des Warschauer Paktes und der Sowjetunion“, in: Hans Maull/Michael Meimeth/Christoph Neßhöver: *Die verhinderte Großmacht: Frankreichs Sicherheitspolitik nach dem Ende des Ost-West-Konflikts*, Opladen 1997, S. 54-67.

Biscop, Sven: „Able and Willing? Assessing the EU's Capacity for Military Action", in: *European Foreign Affairs Review*, 9 (2004), S. 509-527.

Biscop, Sven: The UK's change of course: A new chance for the ESDI, in: *European Foreign Affairs Review*, 4 (1999) 2, S. 253-268

Biscop, Sven: „The EU, the OSCE and the European Security Architecture: Network or Labyrinth?", in: *Asia Europe Journal*, 4 (2006) 1, S. 25-29.

Boyer, Yves: *Battlegroups: Catalyst for a European Defence Policy*. Institut de Relations Internationales et Stratégiques (ISIS), European Parliamentary Study, October 2007.

Boyer, Yves/Lindley-French, Julian: *Euro-Interoperability: the Effective Military Interoperability of European Armed Forces*, Fondation pour la Recherche Stratégique, European Parliamentary Study, November 2007.

33 So Gordon, Philip H: Europe´s Uncommon Foreign Policy, in: International Security 22 (1997-98), Nr. 3, S. 74-100.

Brenner, Michael/Parmentier, Guillaume: Reconcilable Differences. US-French Relations in the New Era, Washington 2002.

Bundesministerium der Verteidigung: Weißbuch 1994. Weißbuch zur Sicherheit der Bundesrepublik Deutschland und zur Lage und Zukunft der Bundeswehr, Bonn 1994.

Chao, Wan-Jung/Sanders, Gregory/Ben-Ari, Guy: *Trends in European Defense Spending 2001-2006.* A Report of the Center for Strategic and International Studies (CSIS) Defense-Industrial Initiatives Group, April 2008.

Clarke, Michael: „Britain", in: Michael Brenner (Hrsg.) NATO and Collective Security, Houndmills/London 1998, S. 6-38.

Doyle, Dermot: „EU and OSCE, Natural Born Partners?", in: *European Security Review*, Nr. 14, September 2002, S. 6-7.

Ein sicheres Europa in einer besseren Welt. Europäische Sicherheitsstrategie. Brüssel, 12. Dezember 2003.

Ehrhardt, Hans-Georg: *Civil-Military Co-Operation and Co-Ordination in the EU and in Selected Member States*, Plattform Zivile Konfliktbearbeitung, European Parliament Study, October 2007.

Everts, Steven/ Grabbe, Heather: *Why the EU needs a security strategy*, Center for European Reform, Briefing paper, London, Mai 2003.

Formann, Michel/Viau, Hélène: „A Model Ally? France and the US during the Kosovo Crisis of 1998-99" in: HAGLUND, David G. (Hrsg.): *The France-US Leadership Race: Closely Watched* Allies, Kingston 2000, S. 87-110.

Fox, Liam: „NATO: Finding a Way Ahead", in: *Heritage Lectures,* Nr. 1083, Delivered April 7, 2008.

Gordon, Philip H: Europe´s Uncommon Foreign Policy, in: International Security 22 (1997-98), Nr. 3, S. 74-100.

Goulay, Catriona: *Partners Apart: Enhancing Cooperation between Civil Society and EU Civilian Crisis Management in the Framework of ESDP*, Civil Society Conflict Prevention Network, Crisis Management Initiative, European Peacebuilding Liaison Office, 2006.

Gürin-Sendelbach, Valerie: Frankreich und das vereinigte Deutschland. Interessen und Perzeptionen im Spannungsfeld, Opladen 1999.

Herolf, Gunilla/ Huldt, Bo: The European Union and the Inclusion of a Collective Defense Clause, in: Reiter, Erich/ Rummel, Reinhardt/ Schmidt, Peter (Hrsg.): Europas ferne Streitmacht. Chancen und Schwierigkeiten der Europäischen Union beim Aufbau der ESVP (Forschungen zur Sicherheitspolitik, Bd.6), Hamburg/ Berlin/ Bonn 2002, S. 60-85.

Howorth, Jolyon: „Britain, France and the European Defence Initiative", in: *Survival*, 42 (2000) 2, S. 33-55.

Hunter, Robert E.: ESDI and the future of transatlantic relations, in: Studia diplomatica (Bruxelles), 51 (1998) 1-2, S. 175-181.

Luif, Paul: „Die neutralen/bündnisfreien EU-Mitgliedstaaten und die Europäische Sicherheits- und Verteidigungspolitik: Eine kritische Analyse", in: Ralph Rotte/Tanja Sprungala (Hrsg.): *Probleme und Perspektiven der Europäischen Sicherheits- und Verteidigungspolitik (ESVP)*, Münster 2004 (Arbeiten zur Europäischen Sicherheits- und Verteidigungspolitik, Bd. 1), S. 86-118.

Mathiopoulos, Margarita/Gyarmati, István: „Saint Malo and Beyond: Toward European Defense", in: *Washington Quarterly*, 22 (1999) 4, S. 65-76.

Meiers, Franz-Josef: *Europäische Sicherheits- und Verteidigungsidentität*, Bonn 2000 (ZEI Discussion Paper 79).

Sherr, James: „Die zukünftige Sicherheit Europas aus britischer Sicht", in: Reinhard C. Meier-Walser (Hrsg.): *Transatlantische Partnerschaft. Perspektiven der amerikanisch-europäischen Beziehungen*, Landsberg 1997, S. 173-185.

Steweart, Emma J.: „Restoring EU-OSCE Cooperation for Pan-European Conflict Prevention", in: *Contemporary Security Policy*, 29 (2008) 2, S. 266-284.

Terpan, Fabien: „ESDP in the first half of 2008", *Revue Défense nationale et sécurité collective*, Nr. 08-09, 2008, S. 9-16.

Tardy, Thierry: EU-UN Cooperation in Peacekeeping: A Promising Relationship in a Constrained Environment, in: Ortega, Martin (Hrsg.): The European Union and the United Nations. Partners in Effective Multilateralism (Chaillot Papers, Nr. 78), Paris 2005, S. 49-68.

Truscott, Peter: European Defence. Meeting the Strategic Challenge, London 2000.

Stefan Fröhlich

Zwischen den USA, Russland und anderen regionalen Vormächten: Zur Rolle der EU in der Welt

1 Einleitung

Für die EU ist es bei ihrem Streben nach einem effektiven Multilateralismus entscheidend, ihr Krisenmanagement nicht nur mit den zentralen Sicherheitsinstitutionen wie den Vereinten Nationen und der NATO zu koordinieren, sondern auch und vor allem mit den mächtigsten staatlichen Akteuren, allen voran den USA und den beiden regionalen Vormächten Russland und China. Die Gründe hierfür liegen in den Herausforderungen durch die globalen Entwicklungen seit Ende des Kalten Krieges. Die EU unterliegt dabei einem doppelten Dilemma: Nicht nur haben sich die Parameter im transatlantischen Verhältnis verändert, es droht auch zunehmend eine Machtauseinandersetzung vor allem mit Russland um die Gestaltung und Stabilisierung einer veränderten Peripherie nach der Erweiterung der Union; an der Entwicklung des Verhältnis der Gemeinschaft zu Moskau entscheidet sich maßgeblich auch die Frage nach der künftigen Rolle der Union als regionale Großmacht. China stellt demgegenüber für die Union weniger eine sicherheitspolitische denn eine ökonomische Herausforderung dar und ist daher auch nur am Rande Gegenstand dieses Beitrags.[1]

Vor diesem Hintergrund geht es für die Union weniger darum, sich als dritte Kraft zwischen diesen Polen zu positionieren; dazu fehlen ihr weniger die Ressourcen als der politische Wille. Auf die globale Entwicklung dürfte die EU nur dann Einfluss nehmen können, wenn es ihr gelingt, der Politik der neuen und alten regionalen Vormächte (vor allem deren Streben und Positionierung in internationalen Organisationen) durch mit Washington abgestimmte Positionen gegenüberzutreten. Dies heißt keinesfalls blinde Gefolgschaft und Anpassung an die Vorgaben aus den USA, sondern die Formulierung, wo immer möglich, eigenständiger und von einer möglichst großen Zahl der Mitgliedstaaten getragener Positionen; nur so hat die Gemeinschaft Aussicht, in Washington auch Gehör zu finden. Es heißt aber das klare Bekenntnis, auf welcher Seite man letztendlich steht, und das Signal, gegebenenfalls zwar als Korrektiv und *balancer* in einer zunehmend multipolareren Welt aufzutreten, sich aber durch die neuen Akteure nicht auseinanderdividieren zu lassen.

2 Die transatlantischen Beziehungen

Die Ereignisse des 11. September 2001 und die daraus resultierenden militärischen Interventionen in Afghanistan und im Irak haben die USA zweifelsohne viel tief greifender

1 Vgl. dazu ausführlich Stefan Fröhlich, Die EU als globaler Akteur, Wiesbaden 2008, S. 217 ff.

verändert als es Europa bisweilen wahrhaben will und damit auch zu einem Paradigmenwechsel in den transatlantischen Beziehungen geführt. Dessen Ursachen aber liegen bereits in den Umbrüchen der Jahre 1989/90 begründet. Mit dem Wegfall der sowjetischen Bedrohung entfiel der über jede systeminterne Krise erhabene Zwang zur Zusammenarbeit. Gleichzeitig hinterließen die Umbrüche Amerika als einzig global handlungsfähige Weltmacht und gaben Washington auf Grund seiner überragenden Machtstellung die Chance, die Welt nach seinen Vorstellungen, sprich unilateral zu gestalten – frei von „überseeischen Verstrickungen" und mit der Perspektive des weltweiten Friedens, aber jederzeit fähig zur globalen Machtprojektion, wenn die nationalen Interessen es nahe legten. In dieser neuen Weltordnung verlor das weitgehend befriedete Europa für die USA zugunsten Asiens und (später bzw. heute) des „Größeren Mittleren Ostens" („Broader Middle East") an Bedeutung. Europa als ebenbürtige Wirtschaftsmacht wiederum schickte sich zögerlich an, durch die Entwicklung der GASP/ESVP sein Gewicht in der Welt nunmehr auch außenpolitisch zu verstärken, zumindest einen bestimmten Grad an Unabhängigkeit von Washington zu erzielen oder gar von einer Politik der Gegenmachtbildung zu träumen, der zufolge auch das NATO-Bündnis bereits in den 1990er Jahren in die Bedeutungslosigkeit zu versinken drohte.

Der auch in Europa viel gescholtene Unilateralismus der Amerikaner setzte also keinesfalls erst mit dem Amtsantritt von George Bush ein und er war im Übrigen auch nicht ausschließlich ein Phänomen der Exekutive; viele politischen Projekte (Teststop, Landminen, Strafgerichtshof) scheiterten bereits in den neunziger Jahren am Widerstand im Kongress. Allerdings verschärfte sich der unilaterale Reflex unter der neokonservativen Regierung Bush nach den Terroranschlägen noch einmal beträchtlich. Und seither stellt sich eben die Frage, ob der in der Unipolarität der 1990er Jahre angelegte Wandel in der amerikanischen Außenpolitik durch den Präemptivschlag im Irak nicht einen weiteren Paradigmenwechsel erfahren hat. Jedenfalls sehen Skeptiker in Europa und dem Rest der Welt die Gefahr des Umschlagens in das unangefochtene Imperium USA, welches der Weltordnung einen neuen Stempel jenseits einer seit fünf Jahrzehnten mehr oder weniger erfolgreichen Ordnungsgewalt universaler Autorität (UN) aufdrückt.

Worin liegen die zunehmenden Differenzen, auch in den Wertvorstellungen, begründet, in welchen Bereichen äußern sie sich am deutlichsten und inwieweit werden sie durch die bestehenden Machtasymmetrien im transatlantischen Verhältnis verstärkt?[2] Drei Punkte sind in diesem Zusammenhang zentral: die Debatte um die Rolle von Werten in der Außenpolitik im Allgemeinen und der Religion im Besonderen; die ökonomischen Beziehungen bzw. den unterschiedlichen Entwicklungen beider Wirtschaften in den vergangenen Jahren; und schließlich der jeweilige geostrategischen Aktionsradius.

2.1 Wertedifferenzen und Machtasymmetrien

Bushs Wiederwahl im November 2004 wurde in der EU mehrheitlich als Triumph der Christlichen Rechten in Amerika betrachtet; in diesem Zusammenhang beschwören viele eine seit längerem zu beobachtende Wertedifferenz im transatlantischen Verhältnis, die sich

2 Zum Stand der Beziehungen: Thomas Jäger/Alexander Höse/Kai Oppermann (Hg.), Transatlantische Beziehungen, Wiesbaden 2005; Stefan Fröhlich, Die EU als globaler Akteur, Wiesbaden 2008, S. 178 ff.

auch in Umfragen niederschlägt.[3] Fest steht, das säkularisierte Europa tut sich zusehends schwerer mit der Tatsache, dass die modernste Industrie- und Dienstleistungsgesellschaft ihre Vitalität nicht zuletzt auch aus ihrem Glauben und ihrer Religiosität schöpft.[4] Aber ist der Graben zwischen einer von der Philosophie der Aufklärung und den Erkenntnissen der Geschichtswissenschaft geprägten modernen Theologie in Europa und der Christlichen Rechten in den USA tatsächlich so tief und schlägt er auf so unterschiedliche Weise auf die jeweilige Politik durch? Das Bild ist bei genauerer Betrachtung ambivalent.[5]

Zunächst ist mit Blick auf die noch amtierende Administration in den USA dreierlei zu berücksichtigen: Erstens, hinter aller revolutionär bis fundamentalistisch anmutenden Rhetorik des amerikanischen Präsidenten steht auch dessen Überzeugung von einem liberalen und pluralen Amerika, das die Ideale aller Weltreligionen vereint: nämlich Gerechtigkeit, Freiheit und ein guter Lebenswandel, nicht zuletzt im Sinne eines friedfertigen Umgangs miteinander. Zweitens, entgegen allen Erwartungen hinsichtlich eines Bedeutungswandels religiöser Konfliktlinien in modernen westlichen Gesellschaften entstand in den USA bereits in den 1970er Jahren die Protestbewegung der so genannten Christlichen Rechten und löste Besorgnisse vor einer bibelbasierten Revision zentraler liberaler Verfassungselemente aus. Drittens, Bush ist keinesfalls der Exponent des politisierten Fundamentalismus in den USA, für den er in Europa gerne gehalten wird. Sein Verhältnis zur Christlichen Rechten war und ist in erster Linie wahlstrategisch bestimmt. Neben Wirtschaftsliberalen – in soziomoralischen und religionspolitischen Fragen eher moderat eingestellt – sowie Privatleuten aus Hochfinanz und Ölindustrie dienten ultrakonservative Religionsführer im regierenden „rechten Netzwerk" vor allem als Stimmenbeschaffer.[6] Persönlich unternahm der Präsident keine konkreten Schritte, um etwa die Abtreibung zu verbieten, das Schulgebet wieder einzuführen oder gegen die Stammzellforschung vorzugehen. In der Außenpolitik vermied der Präsident jeden Eindruck eines „religiös motivierten Kreuzzugs" gegen den Islam, wie ihn Vertreter der Bewegung skandierten, und distanzierte sich deutlich von pauschalen Verurteilungen. Vielmehr war seine Außenpolitik zunächst realpolitisch motiviert, standen amerikanische Sicherheits- und Wirtschaftsinteressen im Vordergrund seiner konservativen Berater.

Auf der anderen Seite steht die große Bedeutung der Religion in Alltag und Politik der US-Gesellschaft. Nicht erst seit dem Amtsantritt von Bush bezeichnen mehr als 60% aller Amerikaner Religion als einen wichtigen Bestandteil ihres Lebens (zum Vergleich: Frankreich 11, Deutschland 21, Italien 27 und Großbritannien 33%), zählt sich fast jeder zweite US-Amerikaner zu den „wiedergeborenen Christen" und denkt jeder dritte regelmäßig über das Ende der Welt nach. Die Freiheit, seine Religion in egal welcher Ausprägung zu praktizieren, gehört nun mal zum Grundkanon der individuellen Freiheiten und hat im berühmten First Amendement seinen Platz. Dieses Grundverständnis lässt auch in die politische Sphäre hinein sehr viel religiöse Symbolik finden – momentan im Übrigen auch bei den demokratischen Präsidentschaftsbewerbern – und hat zum Zusammenhalt der aus dem beständi-

3 Marta Dassù, Robert Menotti, Europe and America in the age of Bush, in: Survival, $7, 1 (Spring 2005), S. 105-122.

4 Grace Davie, chair in the Sociology of Religion, Director for the Centre for European Studies, University of Exeter, comments made at „Believing Without Belonging: Just How Secular is Europe" seminar, Dec. 5, 2005, Key West, FL.

5 Marcello Pera, Europe, America, and the Continental Drift, Heritage Lectures, No. 978 (delivered October 25, 2006), November 30, 2006, S. 2.

6 Al Gore, Angriff auf die Vernunft, München 2007.

gen Strom an Einwanderern unterschiedlichster Herkunft konstituierten amerikanischen Nation beigetragen. Indessen definierte sich im Europa des 18 und 19 Jahrhunderts Freiheit häufig in Opposition zu Religion. Vereinfacht könnte man sagen, dass in Amerika, auch wenn dort Kirche und Staat stärker getrennt sind als in den meisten westlichen Nationen, der Staat die Kirche bzw. freie Religionsausübung schützt, während diese Trennung in Europa zum Schutze des Staates vor der Kirche institutionalisiert wurde.

Insofern hat Bush mit der normativen Grundorientierung an der christlich-angelsächsischen Kultur und den in ihr aufgehobenen Werten in der Tat entscheidende identitätspolitische Bezüge für sein Handeln geschaffen und dabei geschickt die Erwartungen der Christlichen Rechten und anderer Interessengruppen bedient und sich so deren Unterstützung gesichert. Und insofern nahmen diese Gruppen indirekt durchaus auch Einfluss auf die außenpolitischen Staatspräferenzen.

Die EU sollte daher keine Illusionen hegen, dass die von der jetzigen amerikanischen Regierung ausgegebene Losung von der „Freiheit für alle", die mit allen Mitteln gegen die „Tyrannei" zu verteidigen sei, mit einem Wechsel im Weißen Haus grundsätzlich aufgehoben würde, auch wenn die Mehrheit der Demokraten das Projekt der Demokratisierung des Nahen und Mittleren Ostens vorerst für gescheitert erklärt. Das Konzept der Demokratisierung bleibt vorläufig auf der Agenda der amerikanischen Außenpolitik.[7] An Amerikas Grundüberzeugung, wonach es auf Grund seiner überragenden Machtposition die internationale Ordnung gestalten kann und wonach die Gestaltung der inneren wie äußeren Ordnung zentrale „Aufgabe aller Staatlichkeit" (Karl Deutsch) ist, wird sich auch künftig nichts ändern. Und da dieser Gestaltungswille wesentlich von den religiösen Fundamenten und Werten (Freiheit, Demokratie, Menschenrechte, Toleranz, Respekt, Solidarität, Ziel- und Ergebnisorientiertheit) seiner Gesellschaft mitgetragen wird, welche wiederum als quasi natürlicher Wunsch aller Zivilgesellschaften vorausgesetzt werden, ist man bereit, diese mit Nachdruck – im Falle des Iraks gar mit Gewalt durchzusetzen.

Zusätzlich verstärkt wird dieser Reflex gerade aus amerikanischer Sicht durch das o.e. Gefühl eines generellen normativen Konflikts zwischen dem demokratischen Amerika auf der einen und undemokratischen Regimen, die die Sicherheit des Landes bedrohen oder die eigene Ordnung herausfordern, auf der anderen Seite.[8] Differenzen bleiben insofern in dieser Frage vorprogrammiert: Die Tatsache, dass in den USA die liberale Tradition nicht selten als Rechtfertigung einer Interessen- und Machtpolitik dient, die das Ziel des Schutzes der inneren Freiheit lediglich zum Zweck der Stärkung der äußeren Macht des Staates instrumentalisiert, kollidiert in diesem Zusammenhang fundamental mit Europas historisch bedingter Auffassung, wonach aus der viel beschworenen gemeinsamen liberalen Grundlage eher die Notwendigkeit vom Rechtsprimat und von der Kooperation auch mit Nichtdemokraten abzuleiten ist – eben diese Grundauffassung prägt auch die Debatte um die „Innere Sicherheit" (die Frage nach dem Primat von Freiheit über Sicherheit und vice versa).[9] Jedenfalls missbilligt die europäische Öffentlichkeit mehrheitlich die Ausprägung einer bisweilen zur Zivilreligion überhöhten amerikanischer Außenpolitik und die mit ihr auch heute noch anzutreffende Idee von der Ausgewähltheit der „exceptional nation" (Seymour Martin Lipset) und der

7 Zoé Nautré, Die Demokratieförderung der arabischen Welt. Nichtstaatliche Demokratieförderung der USA, Fokus Amerika, 4 (2008), Friedrich Ebert-Stiftung (Büro Washington).

8 Vgl. Robert Litwak, Regime Change, Washington: Woodrow Wilson Center 2007.

9 Gert-Joachim Glaeßner, Sicherheit in Freiheit. Die Schutzfunktion des demokratischen Staates und die Freiheit der Bürger, Opladen 2003.

ihr auferlegten Mission zur Verbreitung des Guten und der Freiheit in der Welt. Selten zuvor schlug diese Idee so dezidiert durch wie unter der jetzigen Administration, selten zuvor sind der moralische Rigorismus Wilsons (die Demokratisierung des Irak) und der militärische Interventionismus im Jacksonschen Sinne eine solche Interessenliaison eingegangen, aber unabhängig davon müssen Europäer sich daran gewöhnen, dass sich seit den Umbrüchen der Jahre 1989/90 die Werte hier und dort zwar kaum unterscheiden, wohl aber ihre Hierarchisierung und vor allem die Bereitschaft, diese auch durchzusetzen.

2.2 Wirtschaftsasymmetrie

Transatlantische Differenzen erwachsen auch aus der ungleichen Wirtschaftsentwicklung beider Seiten in der vergangenen Dekade.[10] Geringere Beschäftigungsquote wie durchschnittliche Arbeitsproduktivität in der EU haben in der Vergangenheit dazu beigetragen, dass die amerikanische Wirtschaft ungleich stärker gewachsen ist als die europäische (natürlich mit entsprechenden Unterschieden zwischen den Mitgliedstaaten) und dass sich die Kluft zwischen Europa und den USA hinsichtlich der durchschnittlichen Kaufkraft zugunsten der USA vergrößert hat. Der Erfolg ist auch das Ergebnis größerer Flexibilität der amerikanischen Wirtschaftspolitik im Vergleich zur EU (einer Mischung aus angebotsorientierten und moderaten Keynesischen Elementen, undogmatischer Geldpolitik zur Inflationskontrolle, geringerer Regulierung der Arbeitsmärkte und sozialer Sicherungssysteme, niedrigerer Steuersätze etc.), einer Flexibilität, die auch auf den außenwirtschaftlichen Kurs der USA durchschlägt. Noch immer wird das internationale Währungs- und Finanzsystem von Washington bestimmt, beherrscht der US-Dollar – trotz momentaner Stärke des Euro – den größten Währungsraum der Welt und profitiert von seiner traditionellen Rolle als Leitwährung, weil Finanzdisponenten ihr Kapital nach wie vor ungemindert nach den USA verschieben, in der Erwartung, dass Kapital dort höher oder sicherer verzinst wird als im Euroraum. Und natürlich schlägt sich die überragende Wirtschafts- und Finanzmacht der USA auch in ihrem politischen Einfluss nieder und sorgt spätestens seit der Asienkrise 1997/98, da Europa Washington offen in Bezug auf seine Strategie des ungehinderten Marktzugangs („Washington Consensus“) kritisierte, für Konfliktstoff im transatlantischen Verhältnis.

Als Ergebnis dieser Entwicklungen kann man – ganz unabhängig von der überragenden Verflechtung beider Märkte, die jede andere Handelsbeziehung alternativlos erscheinen lässt – seit spätestens Mitte der neunziger Jahre des 20. Jahrhunderts durchaus von einer transatlantischen Systemauseinandersetzung sprechen.[11] Diese wird – vereinfacht gesprochen – bestimmt vom Überlegenheits- und Gestaltungsanspruch des amerikanischen marktwirtschaftlichen Modells (liberalen Kapitalismus) gegenüber dem sozialdemokratischen europäischer Provenienz (Modell der sozialen Demokratie) einerseits und Europas beharrlichem Festhalten – Stichwort: Lissabon-Agenda 2000 – an genuin europäischen Werten und Standards in einer globalisierten und unübersichtlichen Welt andererseits – so etwa geringe-

10 Christopher Pissarides, Lisbon Five Years Later. What Future for European employment and growth? Occasional Paper, 6, 2006, Centre for Economic Performance, London School of Economics; Stefan Fröhlich, Europas wirtschaftliche Schwäche. Die Halbzeitbilanz der Lissabon-Strategie, in: Internationale Politik, 60, 7 (Juli 2005), S. 40-46.

11 Barry Eichengreen, The Art of Adaptation: Globalization and the European Model, in: Current History (December 2006), S. 430-434 (433).

ren Einkommensunterschieden, gut ausgebauten Systemen sozialer Sicherung mit Rechtsansprüchen auf sozialstaatliche Leistungen, oder der Bereitschaft, die individuelle Freiheit zugunsten von sozialer Gleichheit zu beschneiden. Deutlich wird dies auch mit Blick auf die Handelskonflikte im transatlantischen Verhältnis. Auch hier gibt es Anzeichen dafür, dass hinter amerikanischen Sanktionsmaßnahmen gegen europäische Importrestriktionen und umgekehrt europäischen Drohungen von Vergeltungsmaßnahmen für unerlaubte amerikanische Exporthilfen zunehmend unterschiedliche Wettbewerbspolitiken und -praktiken im Speziellen und Ordnungsvorstellungen im Allgemeinen stehen, welche die transatlantischen Beziehungen zusätzlich belasten (Umwelt, Regulierungsfragen, Finanz- und Bilanzierungsfragen, Unternehmenssteuersysteme).

Auffällig dabei ist: Europa definiert diese Werte in Abgrenzung zu den USA, nach dem Motto: wer sich schon durch einzelne Reformen anpassen muss, möchte zumindest die zivilisatorische Höherwertigkeit seines Staatssystems behaupten. Dem steht der amerikanische Verdacht gegenüber, Europa ziehe aus der Geschichte die falschen Schlüsse, setze auf Anti-Amerikanismus zur europäischen Identitätsstiftung (so wie die USA es umgekehrt selbst über das 19 und weite Strecken des 20 Jahrhunderts getan haben), verheddere sich zwischen Minderwertigkeitsgefühlen, Zaghaftigkeit und bisweilen Verweigerung einerseits und moralischem Lehrmeisteranspruch andererseits. Paradox ist dabei, dass die faktische Amerikanisierung europäischer Realitäten schon längst nicht mehr wegzuleugnen ist. In zahlreichen Mitgliedstaaten (auch der Bundesrepublik) existieren längst die so genannten Zwei-Drittel-Gesellschaften analog zu den USA, hat sich ein soziologisch vergleichbarer Unterbau aus Dauerabhängigen von Transferleistungen, Migranten und Personen gebildet, die am Rande des Systems entlang balancieren. In der Bildungspolitik sind Probleme und Lösungsansätze teilweise inzwischen durchaus kongruent zur US-Debatte: Betonung der Muttersprache statt zweisprachigen Unterrichts, Vorgabe zentraler Leistungsstandards, die Flucht des oberen Mittelstandes in Privatschulen, das immer offenere Ja zur Notwendigkeit von Eliten, Studiengebühren etc. In der Sozialpolitik herrscht kein Status quo, ist aber die generelle Richtung identisch: Kapitaldeckung statt Umlagefinanzierung, Teilprivatisierung der Risiken, Wettbewerb der Anbieter. Schließlich die Hypermobilität von Unternehmen und der Arbeiterschaft: Die Realitäten auf beiden Seiten des Atlantiks haben sich längst einander angenähert. Und die jüngsten wirtschaftlichen Erfolgsmeldungen aus dem Euroraum, und speziell aus der Bundesrepublik, scheinen die Richtigkeit dieses Anpassungsprozesses zu bestätigen.

Die Gründe hierfür liegen auf der Hand. Im Zeitalter der Globalisierung entziehen sich die Abläufe menschlichen Handelns zunehmend der politischen Steuerbarkeit und wächst der Druck auf die staatlichen Exekutiven, ein transnationalen Akteuren überlegenes Repertoire an vernetzten Fähigkeiten und den entsprechenden Ordnungsrahmen zum Erhalt ihrer Wettbewerbsfähigkeit zur Verfügung zu stellen. Europa tut sich mit der Erkenntnis des Primats der Ökonomie über die Politik in dieser neuen Ordnung nach wie vor ungleich schwerer. Aus diesem Grund haben sich im transatlantischen Verhältnis trotz mehr oder weniger paralleler Entwicklung moderner Industriegesellschaften und korrespondierender Wertekodizes in den vergangenen Jahren insgesamt Unterschiede im jeweiligen nationalen Normenprofil herausgebildet und zu einer Verstärkung von Selbstverwirklichungswerten geführt, die beide Seiten ihre jeweils eigenen Ordnungsvorstellungen zum mehr oder weniger verbindlichen Maßstab erheben lässt. Auch hier können wir somit durchaus von einer unterschiedlichen Hierarchisierung der zentralen Wertvorstellungen und Prinzipien in beiden Wirtschaftsmodellen sprechen.

2.3 Militärische Machtasymmetrie und geostrategische Differenzen

Etwas anders sieht es beim letzten Punkt aus: Unzweifelhaft entwickeln beide Seiten mit Blick auf die eigenen Werte nicht nur ein bestimmtes Sendungsbewusstsein nach außen, sondern verfolgen auch die gleichen Interessen. Ob die Sicherung der Ölzufuhr aus dem Golf, die Kontrolle des Terrorismus bzw. Fundamentalismus, Demokratisierung, die Verhinderung der Proliferation oder die Eindämmung von Regionalkonflikten – wir teilen die Bedrohungseinschätzung, die EU und die USA teilen die ökonomische Abhängigkeit (die EU ist gar noch mehr betroffen) und sie teilen die Auffassung, dass die internationale Erdölversorgung neben dem dominanten wirtschaftlichen Aspekt zwei weitere Aspekte hat, nämlich einen ideologischen des Islam und einen geopolitisch-strategischen der islamischen Länder im Verhältnis zu ihren Abnehmern. Washington und die EU teilen aber erstens nicht die Methoden/Instrumente zur Durch- bzw. Umsetzung ihrer Ziele, und auch hier geht es im weitesten Sinne um die unterschiedliche Hierarchisierung: Eindämmung vs. Dialog; Unilateralismus vs. Multilateralismus; Gewalt vs. Diplomatie etc. Und sie teilen zweitens nicht den geostrategischen Aktionsradius. Beides ist wiederum auch Ausdruck der erwähnten kulturellen Differenzen wie normativen Prozesse, zu allererst aber der Machtasymmetrien: Nirgendwo sind diese so deutlich wie im militärischen Bereich und nirgendwo schlägt sich das amerikanische Übergewicht so gravierend auch in Differenzen über den daraus abgeleiteten Anspruch zur Gestaltung der internationalen Ordnung nieder.[12] Amerikas Grundhaltung, wonach der Kampf gegen den Terrorismus die alles zentrale außenpolitische Aufgabe bleibt, die man gegebenenfalls auch unilateral und präventiv angeht, ist eben zunächst Ausdruck jener überragenden militärischen Stärke. Sie hat entscheidend zum momentanen Relevanzverlust der NATO aus der Sicht Washingtons zugunsten einer flexiblen, auf funktionale ad-hoc-Koalitionen setzenden amerikanischen Weltpolitik beigetragen. Washington wähnt das Bündnis schon seit geraumer Zeit im Übergang von einem Defensivbündnis zu einer Interventionsallianz mit globaler Verantwortung.[13] Dieser Übergang mag auch nach Ansicht der Europäer in Afghanistan und um das Horn von Afrika bis in die Arabische See und den Persischen Golf eingeleitet sein – vollzogen ist er damit aber noch nicht, und „globalisiert" ist die NATO auch noch nicht. Für die meisten Europäer wird im Gegensatz zu der Ansicht der Bush-Doktrin die Sicherheit der NATO nicht von fremden Kontinenten her permanent bedroht, etwa von islamistischem Terrorismus oder „Schurkenstaaten" auf einer Achse, die in Washington beliebig weiter gezogen werden könnte; der Schwerpunkt des sicherheitspolitischen Interesses liegt nun mal auf dem eigenen Kontinent bzw. an der unmittelbaren Peripherie. Mit anderen Worten, es geht auch nicht mehr um den alten Grundsatzstreit Miltär- versus Zivilmacht, also um die Frage, ob die EU überhaupt zum Einsatz militärischer Macht bereit ist – diesen haben beide Seiten längst hinter sich gelassen; es geht vielmehr um die Frage, wann, wo, unter welchen Bedingungen und in welchem Umfang sie dazu bereit ist.

12 Stephen J. Coonen, The Widening Military Capabilities Gap between the United States and the Europe: Does It Matter?, in: Parameters (Autumn 2006), S. 67-84.

13 Johannes Varwick, Die NATO. Vom Verteidigungsbündnis zur Weltpolizei, München 2008, S. 119 ff.

Und eben an diesem Punkt scheiden sich die transatlantischen Geister: Europas Bedenken gelten der Gefahr einer einseitigen und wahllosen Ausdehnung der Geltung des amerikanischen Rechtsverständnisses über die eigenen Grenzen hinaus in den internationalen Beziehungen; auch amerikanische Beobachter sprechen in diesem Zusammenhang von der Gefahr der Entwicklung eines internationalen „parallelen Universums". Nichts hat dies deutlicher gemacht als der Irak-Krieg, in dem Washington die in der NSS formulierte Doktrin der „antizipatorischen Selbstverteidigung" zur Anwendung brachte und damit gegen alle Prinzipien eines regelbewährten Rechtsregimes verstieß, gleichzeitig aber der Welt das Dilemma der unverändert großen Legitimationsprobleme und Handlungsunfähigkeit der VN vor Augen führte. Insofern sind die kulturellen Differenzen natürlich nicht allein Ursache für die Spannungen im transatlantischen Verhältnis, sondern verstärken sie allenfalls. Die entscheidende Ursache ist der Faktor Macht und die unterschiedliche Bereitschaft auf beiden Seiten, die jeweiligen Ressourcen zur Durchsetzung der eigenen Interessen einzusetzen, ja sie überhaupt zu entwickeln.[14]

Beides führt dazu, dass die von beiden Seiten offiziell propagierte „strategische Partnerschaft" im Sinne der gegenseitigen Ergänzung (Komplementarität) im Rahmen der NATO in der Praxis sehr rasch an ihre Grenzen stößt. Für Europa impliziert dies, dass man sich entweder mit einer Abhängigkeit von der NATO in Teilbereichen abfindet – was dem vorherrschenden französischen Verständnis von Autonomie, das keine Beschränkungen der europäischer Handlungsoptionen zulässt, widerspricht – oder die Fähigkeiten zu raschem Krisenmanagement zulegt. Da die EU letzteres mit ihrem Planziel 2010 längstens beschlossen hat und da im Grunde auch die NATO auf eine solche Befähigung setzt, ist die logische Konsequenz aus diesen Bemühungen eigentlich ein gewisses Maß an Duplikation militärischer Fähigkeiten in den Schlüsselbereichen Logistik, strategische Aufklärung und Planung. Von diesem Maß an Duplikation hängt wiederum die Frage nach einem größeren politischen Einfluss der Union auf die USA ab. Schon jetzt allerdings ist absehbar, dass das militärische Gefälle zwischen beiden Seiten auf absehbare Zeit kaum geringer werden dürfte. Die mangelnde Bereitschaft, den eindeutigen politischen Erklärungen die entsprechenden Taten folgen zu lassen, deutet vielmehr darauf hin, dass die Union bei ihren Operationen noch längere Zeit auf eine substantielle Unterstützung der Allianz angewiesen bleiben wird.

2.4 Szenarien für das künftige transatlantische Verhältnis

Das transatlantische Verhältnis befindet sich seit Ende des Ost-West-Konflikts, und nicht erst seit den Terroranschlägen und dem Irak-Krieg, in einem tief greifenden Umbruch; beide Seiten konkurrieren derzeit mehr oder weniger um die Begründung wie Reichweite der internationalen Ordnung. Dabei setzt sich zumindest vordergründig diejenige Ordnungsmacht durch, die über die wirkungsmächtigeren Fähigkeiten (Machtressourcen) verfügt – in diesem Fall die USA. Richtig ist, dass in Washington mittlerweile – und dies mit Nachdruck – über die Methoden zur Durchsetzung von Zielen und Interessen debattiert wird. Und natürlich wird Amerika Verpflichtungen sukzessive zurückfahren und in Einklang mit seinen verringerten Mitteln bringen müssen – weitere Truppenbindungen, etwa

14 Robert Kagan, Ivo Daalder, Bridging the Foreign Policy Divide. America and the use of Force: Sources of Legitimacy. The Stanley Foundation, Muscatine, IA (June 2007).

im Iran sind angesichts der enormen Mittel (ca. 200 Mrd. US-Dollar), die der Irak wie Afghanistan binden, kaum vorstellbar.

Keiner täusche sich jedoch hinsichtlich der parteiübergreifenden Grundüberzeugung im Lande, wonach der Irak und Afghanistan im Speziellen und die künftige Ordnung im „Größeren Mittleren Osten" im Allgemeinen auch künftig die zentrale sicherheits- und ordnungspolitische Aufgabe Amerikas bleibt. Das hat zum einen damit zu tun, dass auch Demokraten wissen, dass ein überstürzter Abzug vor allem eine Ermutigung für die gefährlichsten Gegner in der Region wäre, nämlich Iran und Syrien; das demokratisch kontrollierte Repräsentantenhaus hat noch im September 2007 mit der deutlichen Mehrheit von 397 zu 16 Stimmen für zusätzliche Sanktionen gegen Iran plädiert und dabei die Regierung aufgefordert, die iranischen Revolutionsgarden in ihrer Gesamtheit auf die amerikanische Liste der zu bannenden Terrororganisationen zu setzen. Der Druck aus Washington auf die Europäer, intensiver als bisher über einschneidendere Sanktionen auch außerhalb der VN nachzudenken, um eine größere militärische Konfrontation zu verhindern, wird zunehmen, ebenso ist die Gefahr kleinerer „chirurgischer Eingriffe" durch Washington oder Israel für die Zukunft nicht auszuschließen. Und das hat zum anderen etwas damit zu tun, das mittlerweile fast drei Viertel der Amerikaner der Ansicht sind, dass die UN zur Aufrechterhaltung des dortigen wie globalen Friedens nicht in der Lage sind, der Verzicht auf einseitige Gewaltausübung aber nur insoweit Legitimität hat, als das kollektive System dem einzelnen Staat auch verlässlichen und effektiven Schutz bieten kann. Die Hälfte der US-Bevölkerung ist gar der Überzeugung, die UN untergrüben die nationalen Sicherheitsinteressen des Landes.

Amerika wird daher auch künftig selektiv, und unter Abwägung seiner ordnungspolitischen Ziele und Interessen, über den Einsatz seiner überragenden Mittel in der Welt und mögliche Bündnispartner im Sinne „flexibler Koalitionen" entscheiden. Größere Selektivität heißt dann aber für das transatlantische Verhältnis auch mehr Lastenteilung mit den Europäern, Bündnissen und internationalen Organisationen, für die Europäer konkret, sicherheitspolitisch mehr Verantwortung zu übernehmen – im Falle eines Wechsels zu den Demokraten wohl umso mehr.

Die EU hat in dieser Situation keine andere Wahl, als einen solchen pragmatischen Kurs zu unterstützen. Eine Politik, die gleichzeitig Identität komplementär und in Abgrenzung zu den USA herzustellen sucht, ist nicht zu bewältigen – allerdings eine, die bemüht ist, komplementär zu handeln, aber nicht in jedem Fall bereit ist, Washington bedingungslos zu folgen („agree that we may disagree", so könnte die Losung für eine pragmatische transatlantische Agenda lauten). Eine solche Strategie ist vorerst aus vier Gründen alternativlos: Erstens, effektives multilaterales Vorgehen, wie in der Europäischen Sicherheitsstrategie (ESS) gefordert, ist wenn überhaupt in den meisten Fällen nicht ohne und schon gar nicht gegen den mächtigsten Staat der Welt möglich; dies gilt für alle aktuellen Krisenherde im „Größeren Mittleren Osten", einschließlich des Nahostkonflikts als Dauerproblem, und dies gilt für alle Stabilisierungsbemühungen im postsowjetischen Raum und in Ost- und Südasien. Die Kosten jeder Form der Gegenmachtbildung zu den USA übersteigen bei weitem den aus der Anerkennung der Ordnung stiftenden Supermacht abgeleiteten Nutzen für die Union. Umgekehrt gilt, dass Amerikas überragende Macht in den vergangenen drei Jahren ebenso wenig auf die irakischen Aufständischen und die arabischen Terroristen wirken konnte wie auf den Besatzungskrieg in Palästina oder auf die innere Entwicklung in Afghanistan. Zweitens liefert die EU nicht nur entscheidende Impulse (Greater Middle East-Initiative 2004; Proliferationspolitik; Iran-Politik; Afghanistan), sondern genießt weltweit derzeit weit höheres Ansehen als Washington. Drittens teilt man bei allen Differenzen nach wie vor Werte und Interessen in weitaus stärkerem Maße als mit anderen regionalen Vormächten. Viertens, und für die Zukunft entscheidend, Amerikaner wie Europäer werden durch die gleichen Entwicklungen herausgefordert und sind von diesen betroffen; das gilt für die wachsende Konkurrenz um Energieressourcen, Währungsturbulenzen und den Welthandel ebenso wie für das Konfliktmanagement oder die sich wandelnden Rollen internationaler Organisationen. Bei Zunahme der Differenzen im transatlantischen Verhältnis im Zusammenhang mit der Lösung dieser Herausforderungen besteht auch die Gefahr, dass beide Seiten zum Spielball der Interessen ihrer Antagonisten werden. Insofern wird das künftige transatlantische Verhältnis keinesfalls konfliktfrei sein, aber doch alternativlos bleiben. Die Spannung zwischen dem umfassenden globalen Führungsanspruch der USA und den Erfordernissen einer multilateral und auf Interdependenz bestehenden Ordnungspolitik werden fortbestehen. Strategische Differenzen aber sind nicht gleichsam naturwüchsig, sondern vor allem auf bestimmte Situationen, Konflikte, äußere Herausforderungen und die internationalen Kräfteverhältnissen bezogen, also relativ.

3 Das Verhältnis zu Russland

Russland ist allein wegen seiner geostrategischen Rolle an der Peripherie der seit 2004 erweiterten Union und nicht zuletzt aufgrund seiner zunehmenden energiepolitischen Bedeutung für die Union gewiss die zentrale Variable und ein unabdingbarer Partner für die Gestaltung der europäischen Außen- und Sicherheitspolitik im Allgemeinen, vor allem aber die Nachbarschaftspolitik der EU im Speziellen.[15] Dennoch gestaltet sich das bilaterale Verhältnis zunehmend schwieriger und bei weitem nicht frei von Spannungen. Jüngstes Beispiel dafür war die polnische Blockade im Vorfeld des Treffens der Staats- und Regierungschefs der EU und Russlands im November 2006. Warschau forderte die Solidarität der anderen EU-Mitglieder im bilateralen Konflikt mit Moskau um das von der sowjetischen Führung bereits 2005 verhängte Importverbot für polnische Fleischwaren. Gleichzeitig verlangte Polen von Russland die Ratifizierung der Energiecharta und des Zusatzprotokolls, wodurch europäischen Firmen der Zugang zu russischen Rohstoffvorkommen und zum russischen Leitungssystem gewährt würde. Die polnische Führung drohte damit, die Zustimmung zu einem gemeinsamen Mandat für die Verhandlungen der EU mit Russland über ein neues Partnerschaftsabkommen zu verweigern, wenn diese Forderungen nicht erfüllt würden. Moskau wiederum beklagte die mangelnde Geschlossenheit der EU, verwies auf das Fehlen einer gemeinsamen Energiepolitik und die Notwendigkeit, daher mit einzelnen Staaten bilateral zu verhandeln. Hinter dem gegenseitigen Misstrauen stand das unverändert schwelende Trauma der Europäer von der ein Jahr zuvor erlebten konzertierten Aktion von Kreml und Gasprom gegen die Ukraine, die ihnen schmerzlich vor Augen führte, wie groß die Abhängigkeit von russischen Energieträgern mittlerweile ist.

Die Probleme im russisch-europäischen Verhältnis zeigten sich deutlich auch bei den letzten Gipfeltreffen, auf denen man nicht in der Lage war, die im Mai 2003 vereinbarten „Gemeinsamen Räume", in denen die bilaterale Zusammenarbeit vertieft werden sollte, vor allem in den Bereichen „Freiheit, Sicherheit und Justiz" sowie „äußere Sicherheit" mit

15 Dov Lynch, Struggling with an indispensable partner, in: Ders. (Hrsg.), What Russia sees, European Union Institute for Security Studies (EUISS) Paris: Chaillot Papers, No. 74 (November 2005), S. 115-143.

konkreten Inhalten und Zielen zu füllen. Die Ursache dafür liegt zunächst darin, dass Russlands Kurs als eigenständiger internationaler Akteur in Europa und in der Welt nicht zuletzt aufgrund der widersprüchlichen inneren Entwicklungen, aber auch der veränderten internationalen Kräftekonstellation alles andere als klar bestimmt ist. Fest steht lediglich, dass die offizielle Politik der Kremlführung seit 1999 nicht mehr auf eine europäische Integration hin ausgerichtet ist und dass seither auch die Union eine insgesamt eher zurückhaltende Position gegenüber Moskau einnimmt, die wiederum das Ergebnis einer wachsenden Desillusionierung in Brüssel bezüglich der Perspektive für eine Annäherung Russlands an das kulturelle und zivilisatorische Konzept Europas ist. Befördert wird die zunehmend kritische Haltung der Europäer schließlich durch den nicht nur von der Warschauer Führung, sondern auch anderen Ostmitteleuropäern signalisierten Willen, bei der Ausarbeitung der Russland-Politik der EU stärker mitwirken zu können. Dabei bleibt bei allen die Erfahrung mit dem großen Nachbarn im Osten, der sie immer wieder das Fürchten gelehrt hat; sie trägt maßgeblich dazu bei, dass seit der Erweiterung die Beziehungen zu Russland insgesamt schwieriger geworden sind.

3.1 Die Gemeinsame Strategie gegenüber Russland und Moskaus Antwort - Paradigmenwechsel in den bilateralen Beziehungen

Am deutlichsten lässt sich der Paradigmenwechsel in der russischen Außenpolitik bereits in der „Mittelfristigen Strategie für die Entwicklung der Beziehungen zwischen der Russischen Föderation und der Europäischen Union im Zeitraum von 2000 bis 2010" aus dem Jahr 1999 ablesen, jenem Dokument, das als Antwort von Putin in seiner damaligen Funktion als russischer Premierminister auf die „Gemeinsame Strategie" der EU aus dem gleichen Jahr formuliert wurde.[16] Mit dem Dokument meldete sich Russland unter dem Druck unverändert starker eurasischer und slawischer Fraktionen im Lande als Großmacht auf der Weltbühne zurück, suchte seinen internationalen Status in direkter Nachbarschaft zur chinesischen Herausforderung im Osten, neun mehrheitlich muslimischen Staaten einschließlich der Türkei im Süden und der EU im Westen zu festigen, und trägt schließlich seither mit seinen Mitteln zum Ausbau einer multipolaren Weltordnung bei, in der die grundsätzlich pro-europäische Position doch erheblich abgeschwächt wird. Die Idee der Multipolarität hatte der frühere Außenminister Jewgenij Primakov (1996-1998) bereits unter Jelzin propagiert.[17] Ziel war danach eine klassische Gleichgewichtspolitik Russlands in der internationalen Arena: Gegenüber dem Westen (einschließlich der USA) war das Verhältnis zunächst von der Maxime einer pragmatischen Kooperation geprägt; gleichzeitig unterhielt Moskau im Sinne der „Diversifizierung" „strategische Partnerschaften" mit China und Indien, festigte den Schulterschluss mit dem slawischen Bruderstaat Belarus, übte politischen Druck auf andere GUS-Staaten (Georgien, Aserbaidschan, die Ukraine) aus und suchte über ausgewählte Beziehungen (so bspw. das 1998 konzipierte Dreiergipfeltreffen

16 European Council, Common Strategy of the European Union on Russia, Cologne June 4, 1999, 1999/414/ CFSP. http://europa.eu.int/comm/external_relations/russia/common_strategy. Medium-term Strategy for Development of Relations between the Russian Federation and the European Union (2000-2010). http://www.europa.eu.int/comm/external_relations/russia/russian_medium_term_strategy/index.htm.

17 Hiski Haukkala, A problematic „strategic partnership", in: Dov Lynch (Hrg), EU-Russian security dimensions, EUIIS: Occasional Papers, No. 46 (July 2003), S. 8-19.

von Moskau, Paris und Bonn, welches allerdings nur einmal stattfand) eine annähernd gleiche, unverbindliche Nähe zu allen Machtzentren herzustellen. Später wurde aus dieser Politik eine vor allem anti-amerikanische Geisteshaltung im Sinne der Gegenmachtbildung insbesondere in Eurasien, wo sich Washington in den neunziger Jahren anschickte, eine dominierende Rolle zu spielen. Dieser „Eurasianismus" zielte darauf, erstens die NATO und deren Erweiterung weiterhin als Bedrohung zu stilisieren, und zweitens die Amerika-kritischen Länder wie eben China, Indien und Iran als Partner einzubinden.

Vor dem Hintergrund dieses seither gültigen außenpolitischen Kurses stellt sich für die Union zunehmend die Frage nach der künftigen Gestaltung der Beziehungen zu Russland. Für Brüssel reicht die allein auf die geo-ökonomischen Interessen und die praktische institutionelle Einbindung in die zentralen internationalen Organisationen/Institutionen (WTO, G7/8) fixierte Haltung der sowjetischen Führung für ein partnerschaftliches Verhältnis nicht aus, so lange sich die Bereitschaft zur Übernahme des europäischen Wertekanons lediglich auf Lippenbekenntnisse beschränkt, Moskau aber ansonsten nach den Prinzipien vom „starken Staat" und der „Rezentralisierung der Macht" handle. Hinzu kommt die im Schatten der Bedrohungen durch den internationalen Terrorismus erkennbare Tendenz zu einer wachsenden Militarisierung der russischen Außenbeziehungen, wie sie am deutlichsten im zweiten Tschetschenienkrieg und in der Reaktion Moskaus auf den Terroranschlag von Beslan vom September 2004 wurde. Sie bestätigt Brüssel, dass trotz aller Bekundungen der wechselseitigen Wertschätzung Moskau am Großmachtanspruch in Europa festhält und die Beziehungen zur Union von einer durchweg pragmatischen und realistischen Haltung geprägt sind. Entsprechend verurteilte der Europäische Rat bereits im Dezember 1999 in einer Erklärung das russische Vorgehen auf das Schärfste und markierte damit den Wendepunkt in einer bis dato gegenüber Moskau eher konzilianten Politik der EU; noch zwei Jahre zuvor, im Dezember 1997, war das bereits 1994 unterzeichnete Partnerschafts- und Kooperationsabkommen (PKA) mit Russland, welches die Beziehungen erstmals institutionalisierte und visualisierte (halbjährliche Treffen der Präsidenten Russlands, der Kommission und des Europäischen Rates, eine oder mehrere Sitzungen des Kooperationsrates auf Ministerebene pro Jahr, jährliche Versammlung des parlamentarischen Kooperationsausschusses), einen breiten politischen Dialog u.a. in den Bereichen Energie, Transport, Wissenschaft und Technologieaustausch initiierte und den Handel auf der Basis von Meistbegünstigung und WTO-Regelwerk ausweitete, trotz Moskaus aggressiver Tschetschenienpolitik und pro-serbischer Position im Kosovo ratifiziert worden.[18]

3.2 Wechselseitige Abhängigkeiten und Herausforderungen

Für die EU bietet Russland gleichermaßen positive wie negative Herausforderungen. Dabei sind die geostrategischen wie ökonomischen Rahmenbedingungen klar: Die Union und Russland sind unmittelbare Nachbarn und die zentralen politischen Akteure auf dem europäisch-eurasischen Kontinent. Mit keinem anderen Drittstaat pflegt die Union so intensive Beziehungen wie mit der Russischen Föderation, keinem Staat kommt außenpolitisch eine annähernd vergleichbare Sonderrolle zu; dabei wird die multilaterale Russland-Politik der Union immer wieder von den bilateralen Beziehungen der Mitgliedstaaten ergänzt, aber

18 Agreement on Partnership and Cooperation, December 1, 1997, abrufbar unter http://europa.eu.int/comm/external_relations/ceeca/pca/pca_russia.pdf.

auch konterkariert.[19] Die EU ist Russlands wichtigster Handelspartner (mit einem Außenhandelsanteil von etwa 40%) und Direktinvestor (die meisten ausländischen Direktinvestitionen kommen aus der Union), während Russland bis zur großen Finanzkrise 1998 für die Union immerhin der drittgrößte Handelspartner nach Japan und den USA war. Danach haben sich die Relationen – auch auf Grund der wachsenden Bedeutung Chinas als Exportmarkt – zwar vorübergehend zu Ungunsten Russlands verschoben; mit der Erholung der russischen Wirtschaft aber nahm auch die Bedeutung ihrer Märkte für die Union als wichtigster Lieferant von Technologien wieder zu. Die EU-25 beziehen derzeit rund 40 Prozent aller Gas- und 25 Prozent aller Ölimporte aus Russland; bereits 2010 wird der Westen seinen Energiehaushalt nicht mehr aus eigenen Quellen decken können und etwa doppelt so viel Öl und Gas aus Russland importieren müssen. Im Jahr 2030, so schätzt die EU-Kommission, wird die Union 70 Prozent ihres Gasverbrauchs durch Einfuhren decken (derzeit sind es 40 Prozent) müssen. Russland wird von diesem Trend besonders profitieren. 60 Prozent der Gaseinfuhren werden dann aus Russland kommen, längerfristig könnten es bis zu 80 Prozent werden. Das liegt nicht etwa daran, dass die Europäer immer mehr Energie verbrauchen, sondern daran, dass die heimische Energieproduktion stetig zurückgeht. Die EU-Kommission hat ausgerechnet, dass die Öl- und Gasvorkommen in der EU und in Norwegen in 25 Jahren weitgehend erschöpft sein dürften.

Umgekehrt sind 50% des russischen Außenhandels Energielieferungen in die EU, wobei der Verkauf von Rostoffen wiederum allein 40% des russischen Haushalts ausmacht.[20] Damit besteht eine große und annähernd symmetrische Interdependenz im Produzenten-Konsumenten-Verhältnis, auch wenn Moskau derzeit zu meinen scheint, auf Grund der Veränderungen im machtpolitischen Kräfteverhältnis am längeren Hebel zu sitzen – nicht zuletzt durch die fehlende Geschlossenheit der Europäer in der Energiepolitik bzw. in der Politik gegenüber Russland.[21]

Auf der Habenseite ist sicherlich zu vermerken, dass Russland heute für die Union tatsächlich mehr ist als ein reiner Rohstofflieferant. Nicht zuletzt begünstigt durch die hervorragende Konjunktur auf dem Weltenergiemarkt, sprang die russische Wirtschaft um die Jahrtausendwende wieder an – im Mai 2001 verabschiedete die Regierung die liberalsten Wirtschaftsreformen der jüngsten Geschichte – und wurde so auch für die Union wieder zu einem attraktiveren Investitionsstandort. So entstand 2004 im Zuge der Osterweiterung die Idee der Schaffung von vier „Gemeinsamen Räumen“, Moskaus Antwort auf die „Wider Europe“-Initiative der Union, mit der man den besonderen Charakter der Partnerschaft zwischen der Union und Russland zu betonen suchte. Über die Zusammenarbeit in Sicherheitsfragen, bei der Bekämpfung des internationalen Terrorismus, in der Energieversorgung und bei der Schaffung einer Freihandelszone sollte die Integration Russlands in das übrige Europa forciert werden.[22] Dabei entwickelte sich der Wirtschaftsraum als der bislang effizienteste Kooperationsbereich: Die gemeinsamen Entscheidungen bezüglich der WTO-

19 Vgl. hierzu Katrin Bastian, Die Europäische Union und Russland. Multilaterale und bilaterale Dimensionen in der europäischen Außenpolitik, Wiesbaden 2006.

20 EU-Russland Energiedialog, 19. Dezember 2005. www.euractiv.com/de/energie/eu-russland-energiedialog/article-151074-48k.

21 Frank Umbach, Europas nächster Kalter Krieg. Die EU braucht endlich ein Konzept zur Versorgungssicherheit, in: Internationale Politik, Februar 2006, S. 6-14.

22 Wegekarten zur Schaffung von vier Gemeinsamen Räumen: Wirtschaft; Freiheit, Sicherheit und Justiz; äußere Sicherheit; Forschung, Bildung und kulturelle Aspekte. EU-Russland-Gipfel in Moskau, Mai 2005. http://europa.eu.int/comm/external_relations/russia/summit_05_05/index.htm.

Verhandlungen und des Kyoto-Protokolls zur Minderung der Treibhausgasemissionen vom Mai 2004, mit denen Russland einerseits einwilligte, seinen Gaspreis auf dem russischen Markt bis 2010 schrittweise zu erhöhen und die Abgaben für Fluggesellschaften auf den Überflug von Sibirien sowie spezifische Zolltarife zu senken, andererseits das Kyoto-Protokoll zu ratifizieren (so geschehen im Oktober 2004), ebneten den Weg in Richtung WTO-Mitgliedschaft sowie zum Inkrafttreten des Kyoto-Protokolls im Februar 2005.[23]

Russland und die EU teilen auch weitgehend den Glauben an die Notwendigkeit einer starken Weltorganisation (VN) und eines effizienten Multilateralismus (so z.B. als Mitglied des so genannten Quartetts, bestehend aus den USA, Russland, der EU und den VN, zur Lösung des Nahost-Konflikts), wenn auch unter verschiedenen Vorzeichen; so hat Moskau ein eher instrumentelles Verständnis von der Rolle der VN, nicht zuletzt im Sinne eines möglichen Hebels gegenüber Washington. Schließlich ist die russische Zusammenarbeit mit Brüssel auf den Gebieten der Terrorismusbekämpfung, der Non-Proliferation, Umwelt oder Organisierten Kriminalität von zentraler Bedeutung für die europäische Sicherheit.

Auf der anderen Seite stellen das mögliche Übergreifen von Konflikten auf dem russischen Territorium wie die im GUS-Raum auf die Union erhebliche Risiken für die EU dar. Wie das Strategiepapier zur Russischen Föderation der Kommission von 2001 bereits feststellte, sind es die so genannten „weichen Sicherheitsbedrohungen" – nukleare Sicherheit, organisierte Kriminalität einschließlich Drogenhandel, illegale Immigration, Umweltverschmutzung etc. – die Russland auch zu einer sicherheitspolitischen Herausforderung für die Union machen.[24] Daneben wird das unterschiedliche Verständnis von vermeintlich gemeinsamen Werten zunehmend zu einem Problem im Verhältnis zu Moskau. Die Frage scheint nicht, ob Russland diese Werte nicht anerkennt oder sich von einer solchen Anerkennung mittlerweile wieder losgesagt hat, sondern ob Moskau sie nicht grundsätzlich anders versteht. Eben die Interpretation der gemeinsamen Werte fällt so unterschiedlich aus, dass für Brüssel der Eindruck einer faktischen Absage an diese entsteht. Schließlich stellt die neue Nachbarschaftspolitik der Union für Moskau eine strategische Herausforderung in einer vitalen Interessenzone dar, auf die auch Russland mit einer Anpassung an die neue Ausgangslage nach der Erweiterung reagierte. Markantestes Beispiel hierfür war die Ernennung von Sergej Jastrzhemskij vom März 2004 zum Sonderbeauftragten Putins für EU-Angelegenheiten.[25]

Im Ergebnis erschweren diese Ambivalenzen eine kohärente Unionspolitik gegenüber Russland. Abgesehen davon, dass, wie auch in anderen Beziehungen der EU zu Drittstaaten, gerade im Fall Russlands die unterschiedlichen institutionellen Voraussetzungen (Russlands Pochen auf staatlicher Souveränität und territorialer Integrität) den politischen Dialog besonders belasten und dass die Union – zumindest aus Moskauer Perspektive – über die Erweiterung lange Zeit die Beziehungen zu Moskau nur halbherzig entwickelte, konterkariert der von Moskau betriebene Bilateralismus insbesondere mit Großbritannien und der Bundesrepublik, aber auch mit Frankreich und Italien jede einheitliche Russland-Politik der Union. Bewusst setzt der Kremls auf den Ausbau wichtiger historischer und strategischer

23 Vgl. Presseerklärung zum EU-Russland-Gipfel vom 21. mai 2004 in Moskau, abrufbar unter http://www.delrus.cec.eu.int/en/news_582.htm.

24 Russian Federation, Country Strategy Paper 2000-2006, National Indicative Programme, 2002-2003, European Commission, Brussels, 27 December 2001.

25 Anne de Tinguy, Konkurrenten statt Partner: Die russische Sicht auf die EU und die Nachbarschaftspolitik, in: Martin Koopmann, Christian Lequesne (Hrsg.), Partner oder Beitrittskandidaten? Die Nachbarschaftspolitik der Europäischen Union auf dem Prüfstand, Baden-Baden 2006, S. 85-110 (90).

Beziehungen im Sinne realistischer Großmachtpolitik und spaltet und schwächt damit zugleich die europäische Staatenwelt.

Prominentestes Beispiel in diesem Zusammenhang ist Moskaus derzeitige Haltung in der Energiepolitik. Nicht zuletzt unter dem Eindruck eines wachsenden Einflusses des Westens im postsowjetischen Raum (Amerikas Pipeline-Politik, Brüssels „neue Nachbarschaftspolitik") begann Moskau in den beiden vergangenen Jahren, seine Energieträger gezielt als politischen Hebel einzusetzen und an die GUS-Republiken zu marktgerechten Preisen zu verkaufen. Aus dem russisch-ukrainischen Gasstreit im Dezember 2005 wurde rasch ein globaler Konflikt, in dem die Union um ihre Versorgungssicherheit fürchtete, polnische Politiker alsbald nach einer „Energie-NATO" zur Eindämmung Russlands riefen und die USA den mittelosteuropäischen Ländern gar die Schaffung eines neuen Bündnisses für „Demokratie und wirtschaftliche Entwicklung" auf postsowjetischem Territorium anbot, welches Georgien, Ukraine, Aserbaidschan und Moldau den Weg in die NATO und die EU ebnen sollte. Der Kreml aber reagierte auf die von ihm eigens provozierten Pläne Brüssels für eine engere Kooperation auf dem Energiesektor zwischen der EU und Zentralasien nicht nur mit der Drohung einer Umorientierung der strategischen Energieallianz mit der Union zugunsten Asiens, sondern auch mit einer spezifischen Offerte an Deutschland. So entschied Putin einerseits, westsibirische Gasressourcen, die eigentlich für den Export in die Union vorgesehen waren, nunmehr stattdessen u.a. China zugänglich zu machen; genährt wurden solche Diversifizierungspläne von dem Energiehunger der wachsenden Volkswirtschaften Chinas, Indiens, Japans und Pakistans, aber auch von der ohnehin schon engen energiepolitischen Zusammenarbeit mit den zentralasiatischen Staaten, die Moskau auch auf den Iran und Algerien auszudehnen gedachte. In diesem Zusammenhang betonte Moskau den weitaus pragmatischeren Umgang mit solchen asiatischen und islamischen Staaten, denen moralische Skrupel (aus Gründen des Fehlens von „good governance") weniger wichtig waren als handfeste ökonomische Interessen.

Andererseits suchte Putin Deutschland über die geplante Ostsee-Pipeline zur Drehscheibe für russische Gasexporte nach Europa und damit zum exklusiven Partner von Russland im eurasischen Energiepoker zu machen; im Gegenzug erwirkte der deutsche Energiekonzern Winterhall eine größere Direktbeteiligung an der russischen Energieförderung als andere ausländische Firmen. Moskau signalisierte damit unmissverständlich, dass es sowohl im Bereich der Transportsysteme wie in der Energiewirtschaft gewillt ist, eigene Marktvorteile über privilegierte Partnerschaften zu Lasten einer einheitlichen EU-Energiepolitik zu erzielen. Gleichzeitig etabliert sich Moskau auf den Weltmärkten als begehrter Energielieferant, für den Europa auf Grund der starken ökonomischen Verflechtung derzeit sicherlich noch der interessanteste Partner ist. Zwar scheint auch die Idee der „Gemeinsamen Räume" bislang eher von großer Unverbindlichkeit denn tatsächlicher Zusammenarbeit geprägt zu sein; immerhin scheiterte diese zunächst an der Kompromisslosigkeit Moskaus in Sachen Grenzverträge mit Lettland und Estland.[26] Dennoch kommen beide Seiten um eine enge Zusammenarbeit nicht herum. Für die EU ist Russland ein unverzichtbarer Exportmarkt mit hohen Wachstumsraten. Russland wiederum benötigt die Union bei der Modernisierung seiner Wirtschaft und weiß, dass weder die USA noch Japan oder China aus verschiedenen Gründen diese Funktion übernehmen können.

26 Heinz Timmermann, Der Moskauer EU-Russland-Gipfel, in: Russlandanalysen, 66, 2005.

Das größte Problem stellt dabei ausgerechnet die zugleich wichtigste Einnahmequelle des Landes dar – der Energiesektor. Obwohl der staatliche Erdgasmonopolist Gasprom über die größten Gasreserven der Welt verfügt und seine Reserven eigentlich für einige Generationen reichen müssten (legt man die derzeitige Fördermenge zugrunde), wird Erdgas in Russland zunehmend knapp. Der Grund dafür liegt in der raschen Zunahme der Nachfrage im eigenen Land. So ist die zuletzt 2003 präsentierte Energiestrategie der Regierung bereits Makulatur, nachdem das für 2020 angesetzte Niveau des Binnenverbrauchs an Erdgas bereits 2005 erreicht war. Russlands Wirtschaft wuchs schneller als erwartet, und das unter Beibehaltung des ausgiebigen Einsatzes von billig angebotener Energie im eigenen Lande. Ebenso hält die hohe Nachfrage aus dem Ausland, vor allem aus Europa, trotz Preissteigerungen an. Gleichzeitig aber geht die Förderung von Gasprom zurück und es wird Jahre dauern und bedarf gewaltiger Investitionen, bis aus dem riesigen Erdgasvorkommen im Schtokman-Feld in der Barentssee Nachschub kommt, was es Gasprom wiederum erschweren wird, seine Lieferverpflichtungen im kommenden Jahrzehnt einzuhalten. Das russische Energieministerium geht mittlerweile davon aus, dass Gasprom und die unabhängigen russischen Gaskonzerne gemeinsam bis 2011 rund 600 Milliarden Dollar in die Förderung und Erschließung von Ergasfeldern investieren müssten, um die steigende Nachfrage zu decken. Gleichzeitig ist auch der Investitionsbedarf zur Modernisierung der Stromerzeugung im Lande extrem hoch. Dennoch begegnet die Regierung allen Vorschlägen zur Bildung eines freien Strom- und Gasmarktes unverändert mit großer Skepsis, obwohl nur dies Chancen auf eine Modernisierung beider Branchen brächte.

Moskau benötigt somit dringend neue Technologien vor allem aus Europa zur Erschließung neuer Gasvorkommen und lockt entsprechend mit neuen Sonderwirtschaftszonen und Steuervergünstigungen Investoren ins Land. Gleichzeitig hat Moskau mittlerweile seinen aus den Energieeinnahmen der vergangenen Jahre gebildeten Stabilitätsfonds geöffnet und investiert die Petrodollars nun in Großprojekte nicht nur der Atom- und Luftfahrtindustrie, sondern auch seiner Infrastruktur, des Wohnungsbaus und des Gesundheitswesens. Im Widerspruch dazu aber steht unverändert die Weigerung zur Ratifizierung der Energiecharta mit Europa, die den Zugang von europäischen Unternehmen zu russischen Erdgaslagern und zum Transportsystem erleichtern würde.

Ebenso ambivalent ist die gemeinsame Außen- und Sicherheitspolitik von Union und Russland zu bewerten. Moskau unterstützt die diplomatischen Bemühungen der Union im Atomstreit mit Iran auf Grund eigener lukrativer Projekte im Energiesektor mit Teheran nur bedingt und spricht sich bislang gegen Sanktionen aus. Im Nahost-Quartett zur Lösung des Dauerkonflikts zwischen Israel und der palästinensischen Seite bewegt sich Moskau aus den gleichen Interessen nur in dem Maße, wie auch Syrien und Iran bei der Suche nach einer umfassenden Lösung für die Region eingebunden werden. Dieser Linie entspricht der Versuch Moskaus, auch sein Verhältnis zu anderen Großmächten autonom zu gestalten und nicht von einer Verständigung mit Europa oder den USA abhängig zu machen. Russland forciert nicht nur seine bilateralen Beziehungen zu China, Indien und Japan, sondern bemüht sich darüber hinaus auch um den Ausbau multilateraler Allianzen. Prominentestes Beispiel hierfür ist die „Shanghaier Organisation für Zusammenarbeit“ (SOZ), in der Russland und China lose mit den zentralasiatischen Republiken Kasachstan, Kirgisien, Tadschikistan und Turkmenistan verbunden sind.[27] Mit dieser Organisation suchte Moskau im

27 Margarete Mommsen, Russland – nur virtuelle Großmacht in einer multipolaren Welt?, in: M. Piazolo, Macht und Mächte in einer multipolaren Welt, Wiesbaden 2006, S. 79-106.

Sinne der Gegenpolbildung Druck auf Washington auszuüben, seine nach 2001 aus geostrategischen Gründen eingerichteten Militärbasen wieder aufzulösen.

Ähnlichen Druck bekommt auch die Union im Zusammenhang mit ihrer Nachbarschaftspolitik (ENP) zu spüren. Zwar stellt die ENP ein Dokument dar, welches die Partnerschaft zwischen Russland und der Union der neuen Ausgangslage bereits unmittelbar vor der Erweiterung anzupassen versuchte: In der „Wider Europe"-Erklärung vom 11. März 2003 forderte die Kommission die Präzisierung der vorrangigen Ziele der Union zu Russland und in der Europäischen Sicherheitsstrategie trat sie für eine noch engere Beziehung zu Moskau als zentrale Variable für „unsere Sicherheit und unseren Wohlstand" ein.[28] Andererseits bringt die von der ENP angestrebte Lösung der „eingefrorenen" ethnisch-territorialen Konflikte im postsowjetischen Raum (Abchasien, Südossetien – Georgien; Berg-Karabach – Armenien/Aserbaidschan; Transnistrien – Moldawien) die Union in einen offenen Konflikt mit Moskau.

Moskau sieht die im Rahmen der ENP forcierte Zusammenarbeit der Union mit den südkaukasischen Ländern zur Förderung von Demokratie und Rechtsstaatlichkeit, gezielten Krisenprävention und Lösung dieser Konflikte mit großer Skepsis, auch wenn damit ein konkretes Angebot an Moskau zur Zusammenarbeit in der Region verbunden ist. Die Kremlführung betont in diesem Zusammenhang ihren Anspruch als Führungsmacht in der Region und befürchtet, die EU wolle ein alternatives Integrationszentrum im GUS-Raum etablieren. Versuche der russischen Führung, über eine Art EU-Russland-Rat nach dem Modell des gleichnamigen NATO-Russland-Rates eine größere Kontrolle über die EU-Politik (und damit eben auch über einen Teil des GUS-Raumes als zentralen russischen Einflussbereich) zu erhalten, scheitern an dem Vorbehalt Brüssels, dass Moskau zwar grundsätzlich an EU-Missionen, nicht jedoch an der Entwicklung des präventiven Krisenmanagements teilnehmen kann.[29] Umgekehrt ist es für Moskau undenkbar, die EU an einer wie immer gearteten Aktion zur Lösung dieser Konflikte zu beteiligen bzw. Brüssel ein Mitspracherecht einzuräumen. So wies die russische Führung einen entsprechenden Vorstoß der Union in der Transnistrien-Frage im Juli 2003 zurück und schlug wenig später die Errichtung einer moldawischen Föderation vor, die praktisch auf eine Konföderation hinauslaufen sollte – ein Plan, der einzig am Widerstand des vermeintlich Russland-freundlichen moldawischen Präsidenten Wladimir Woronin scheiterte. Ebenso unversöhnlich präsentierte sich Moskau in der Georgien-Frage, indem es 2004 nicht nur die Initiative Tiflis zur Erhöhung der OSZE-Präsenz in Südossetien ablehnte, sondern sich auch mit Nachdruck gegen eine Vermittlung der EU in diesem russisch-georgischen Konflikt verwahrte. In beiden Fällen bewirkte die Intransigenz Moskaus allerdings eine deutliche Annäherung der Regierungen in Chisinau und Tiflis an die Union.[30]

Im Bereich der Sicherheit haben beide Seiten in der Gemeinsamen Erklärung nach dem Gipfel in Paris vom Oktober 2000 den Wunsch nach einer engeren Zusammenarbeit bekundet. Moskau „begrüßte" bei dieser Gelegenheit ausdrücklich auch die Fortschritte bei der Entwicklung der ESVP und die sich daraus ergebenen Chancen für eine Vertiefung der

---

28 Europäische Kommission, „Größeres Europa – Nachbarschaft: Ein neuer rahmen für die Beziehungen der EU zu ihren östlichen und südlichen Nachbarn", KOM (2003) 104 endgültig, abrufbar unter http://europa.eu.int/comm/world/enp/pdf/com03_104_de.pdf; ESS, 12. Dezember 2003. http://www.auswaertiges-amt.de/www/de/infoservice/download/pdf/friedenspolitik/ess.pdf, S. 14.

29 Vgl. EU-Russian Security Dimensions (hrsg. von Dov Lynch), EU Institute for Security Studies, Occasional Paper, 46, Paris 2003, S. 24 ff.

30 Dov Lynch, What Russia sees, a.a.O., S. 71.

Partnerschaft auf der Basis gemeinsamer Herausforderungen – nicht zuletzt als Gegengewicht zur NATO als dominierender Sicherheitsorganisation in Europa, deren Erweiterung und Einsatz im Kosovo-Krieg in Moskau unverändert mit Unbehagen zur Kenntnis genommen wird.[31] Seit Ende 2001 finden monatliche Treffen der Troika des Politischen und Sicherheitspolitischen Komitees (PSK) und des russischen EU-Botschafters in Brüssel sowie regelmäßige Beratungen zwischen dem Hohen Vertreter für die GASP und dem russischen Außenminister statt, um die Proliferation von Massenvernichtungswaffen und technischem Wissen in Russland einzudämmen; so bietet die Union russischen Wissenschaftlern finanzielle Unterstützung zur Fortsetzung ihrer Arbeit im zivilen Bereich an.[32] Im Juni 2002 einigte man sich auf die Einführung eines Konsultationsmechanismus mit der Perspektive konkreter Zusammenarbeit in inneren wie äußeren Krisensituationen. Russland wurde darauf eingeladen, an der ersten Polizeimission der EU in Bosnien-Herzegowina (seit 2003) teilzunehmen, und gleichwohl dieser Einsatz begrenzt blieb, hatte er doch große symbolische Bedeutung für die weitere Zusammenarbeit. Schließlich einigten sich beide Seiten auf ein Abkommen im Bereich der polizeilichen Zusammenarbeit zwischen Russland und Europol im November 2003, in dessen Rahmen vor allem Visa- (Schengen) und Rücknahmefragen verhandelt werden.

Belastet werden die Beziehungen schließlich durch die Frage, ob Moskaus Kurs an dem liberalen westlichen Modell angelehnt sein soll oder ob Russland unter Berücksichtigung seiner historischen, geopolitischen und anderen Besonderheiten einen eigenen Transformationsweg (etwa nach dem chinesischen Modell einer erfolgreichen Marktwirtschaft im autoritären System) wählen kann bzw. sollte. Die EU ist grundsätzlich den Prinzipien des Rechtsstaates nicht nur abstrakt, sondern auch mit Blick auf ihr Handeln verbunden. Deutlich wurde dies zuletzt während der so genannten „bunten" Revolutionen in Georgien (2003), der Ukraine (2004) und Kirgisien sowie der gescheiterten Revolution in Weißrussland (2006), als die EU unmissverständlich an der Seite derjenigen Kräfte stand, die den Stabilitäts- und Demokratietransfer der Union in die östliche Nachbarschaft unterstützten. Die Konditionierung der EU-Politik ist nicht nur Kernelement der ENP, sondern manifestiert sich auch in den verschiedenen Initiativen gegenüber Russland seit der Formulierung der Gemeinsamen Strategie 1999. So hält die Kommission in der „Wider Europe"-Erklärung ausdrücklich fest, Zugeständnisse an Russland nur in Abhängigkeit von der Verwirklichung der vereinbarten Reformziele zu machen. Allerdings spricht sie sich im gleichen Dokument auch für eine Differenzierung und ein schrittweises Vorgehen in Bezug auf Russland aus. Damit trägt sie nicht nur der strategischen Bedeutung Russlands Rechnung, sondern auch den besonderen Umständen innerhalb der Union, wonach längst nicht abschließend geklärt ist, bis zu welchem Grad ein starker Staat im Widerspruch zur Demokratie nach westlicher Vorstellung stehen darf. So mahnen die einen die Beachtung europäischer Werte an, selbst wenn dies zu Lasten der Wirtschaftsbeziehungen gehen sollte. Andere wiederum warnen vor einer solchen Zuspitzung, da dies die konkrete Zusammenarbeit gefährde, und plädieren stattdessen für eine stärkere Orientierung an den gemeinsamen Interessen.

---

31 Gemeinsame Erklärung, EU-Russland-Gipfel am 30. Oktober 2000 in Paris, abrufbar unter http://europa.eu.int/comm/external_relations/russia/summit_30_10_00/statement_en.htm.

32 Vgl. dazu Gemeinsame Aktion des Rates über ein Kooperationsprogramm der Europäischen Union für Nichtverbreitung und Abrüstung in der Russischen Föderation, 1999/878/GASP, abrufbar unter http://europa.eu.int/eur-lex/pri/de/oj/dat/1999/l_331/l_33119991223de00110016.pdf.

3.3 Perspektiven für das russisch-europäische Verhältnis

Mit der EU-Erweiterung rückt Russland geographisch näher an die Union, zugleich aber droht der derzeitige Kurs Moskaus, das Land wirtschaftlich und gesellschaftlich weiter von der Union zu entfernen. Innenpolitisch nimmt Russlands „gelenkte Demokratie" immer mehr autoritäre Züge an mit Praktiken und Gesetzen, die sich von westlichen Maßstäben und Standards der Rechtsstaatlichkeit zunehmend entfernen. Gleichzeitig nutzt Moskau vor allem den energiepolitischen Hebel als Garanten für internationalen Einfluss, sei es im erfolgreichen Übernahmepoker um die Mehrheitsanteile von Shell (2006) an dem größten und technisch schwierigsten Off-shore-Projekt zur Gas- und Ölförderung sowie zur Gasverflüssigung, „Sachalin 2", sei es im Preiskampf mit den neuen Mitgliedsländern oder früheren Sowjetrepubliken, von dem man selbst den slawischen Verbündeten Weißrussland nicht ausnimmt. Beide Entwicklungen zeigen, wie sich russische Außenpolitiker eine Renaissance ihrer Groß- und Vormachtrolle vorstellen: nicht auf Waffen gestützt, sondern auf die eminente Bedeutung, die ihr Land als Energie- und Rohstofflieferant gewonnen hat, besonders für die Union.

Dennoch kann Russland einer Marginalisierung auf dem Kontinent nur vorbeugen, wenn es sich bewusst für Europa entscheidet. Moskau fehlen schlicht die Kapazitäten für einen revisionistischen Kurs. Die makroökonomischen Möglichkeiten entsprechen auch nach Einschätzung russischer Experten allenfalls denen eines Schwellenlandes mit „mittelmäßigem Entwicklungsniveau", dessen natürliche Ressourcen zwar enorm, dessen Mittel zu ihrer Förderung und Vermarktung jedoch begrenzt sind.[33] Hinzu kommt, dass jede Form einer politischen „Reimperialisierung Russlands" angesichts der Abwendung der nunmehr unabhängigen Staaten unrealistisch erscheint.[34] Die Option Richtung Westen bedeutet dabei keinesfalls, dass damit die Perspektive einer Mitgliedschaft verbunden sein muss. Moskau dürfte eine solche auf mittlere Sicht ohnehin ausschließen, wird aber nicht umhin kommen, die eigenen wirtschaftlichen, politischen und gesetzlichen Bedingungen denen der Union sukzessive anzupassen. In den kommenden Jahren wird sich der Charakter der Union weiter verändern, sei es durch die Heranführung einiger früherer Sowjetrepubliken oder durch die Integration orthodoxer Länder wie Bulgarien, und Russland somit automatisch kulturell näher rücken. Trotz der wieder gewonnenen Stärke wird auch Moskau realisieren müssen, dass sein Platz in Europa vor allem von seiner Integrationsfähigkeit und nicht von seinem politisch-militärischen Einfluss beruht.

Die innere Konsolidierung der Union, ihre Erweiterung und der Ausbau der GASP/ESVP werden in Moskau heute mehr denn je als ernste Herausforderung für die eigene Position auf dem eurasischen Kontinent gesehen. Der einstige Handelsblock ist längst zu einem ernst zu nehmenden geopolitischen Akteur geworden, der spätestens seit dem zweiten Tschetschenienkrieg erkennen lässt, dass er bereit ist, sowohl die russischen Menschenrechts- und Minderheitenpraktiken wie auch die Rückschritte im Fall der weiteren Demokratisierung und Öffnung des Landes sogar schärfer zu kritisieren als die USA. Der damit verbundene Bedeutungsgewinn der Union in Moskau sollte aktiv dazu genutzt werden, Russland bei Bedarf auch mit politischem Nachdruck in den Westen zu integrieren. Dies

33 Dimitri Trenin, Russland. Die gestrandete Weltmacht. Neue Strategien und die Wende zum Westen, Hamburg 2005, S. 268.

34 Den Begriff „Reimperialisierung" gebrauchte Henry Kissinger bereits 1994 in: Diplomacy, New York 1994, S. 80.

erfordert durchaus pragmatische (wie im Falle der Anti-Terror-Koalition), aber auch mutige Schritte (wie im Falle der europäischen Nachbarschaftspolitik, die sich nicht von russischen Vorgehalten bezüglich eines mittlerweile verstärkten europäischen Engagements im GUS-Raum abhalten lässt, gleichzeitig aber erkennt, dass die Einbindung Russlands bei der Befriedung der von ethnischen Konflikten zerrissenen Länder von eminenter strategischer Bedeutung ist). Die EU muss mit dem russischen Partner zurechtkommen. Sie weiß auch, dass es mit russischer Hilfe leichter ist, die derzeit größten internationalen Krisen – Nahost, Iran, Nordkorea – zu lösen; in allen Fällen spielt Moskau, ob als Mitglied des Nahost-Quartetts oder als Atomtechniklieferant, eine zentrale Rolle. Schon aus diem Grund scheidet eine Strategie der Eindämmung bzw. Isolation ebenso aus wie die bislang praktizierte allzu selektive und nicht immer partnerschaftliche Zusammenarbeit. Viel versprechender scheint die Strategie einer sukzessiven Integration Russlands außerhalb der Institutionen, die Moskau als gleichwertigen Partner bei der Verwaltung Zentralasiens und, in größerem Maßstab, des globalen Systems betrachtet. Diese sollte vor allem eine umfassende sicherheitspolitische Kooperation umfassen sowie konkrete Schritte bei der Zusammenarbeit und beim Zusammenwirken von Produzenten-, Transit- und Abnehmerstaaten; letztere könnte durch die Schaffung eines verlässlichen internationalen Regelwerks initiiert werden, in dessen Rahmen die Kombination von Hochtechnologien auf Seiten der EU und die enormen, teil noch unerschlossenen Energievorräte Russlands eine wesentliche Basis für eine Energiepartnerschaft bilden. Voraussetzung dafür ist allerdings, dass einige europäische Mitgliedstaaten (u.a. die Bundesrepublik) erkennen, dass die Uneinigkeit in der Energiefrage die gravierendste Bedrohung der wirtschaftliche Stärke und der politischen Rolle Europas ist. Das Maß der Abhängigkeit von politisch schwer berechenbaren Regionen des Nahen und Mittleren Ostens und von den Lieferungen des leichter, aber keinesfalls mit Erleichterung berechenbaren Russland ist dramatisch. Schon aus demographischen Gründen wird daher die Union alles daran setzen müssen, Europas Wirtschaft auf einen Kurs hoher Intensität des Energieeinsatzes durch ein größtmögliches Energieangebot zu wettbewerbsfähigen Preisen zu setzen. Ob eine solche Zusammenarbeit im Sinne der von der Bundesregierung vorgeschlagenen „Politik der Verflechtung" auf Dauer auch zu einer weiteren gesellschaftlichen Pluralisierung und Liberalisierung sowie Demokratisierung der politischen Ordnung in Russland führen kann, ist nach den Duma- und Präsidentschaftswahlen vom Dezember 2007 bzw. März 2008 noch nicht absehbar.

4 Ausblick

So oder so sollte sich die Union mit Blick auf Russland und andere Aufsteiger in der Weltpolitik wie China oder Indien von zwei zentralen Grundsätzen leiten lassen: Trennung von Politik und Wirtschaft; konsequentes Eintreten für Demokratie und Menschenrechte, nicht nach europäischem, sondern universalem Maßstab, wie er in den relevanten VN-Konventionen definiert ist. Im Fall von EU-Beitrittskandidaten ist es legitim, eine solche rechtliche wie reale Verfasstheit zu verlangen, wie sie dem eigenen, seit dem 18. Jahrhundert entwickelten Leitbild entspricht: der parlamentarischen, gewaltenteiligen Demokratie und dem auf Achtung der Menschenrechte gegründeten Rechtsstaat. In ihrer globalen Ausrichtung aber sollte die Union bedenken, dass allenfalls der Grundsatz der Achtung der Menschenrechte und Grundfreiheiten im Sinne des Völkerrechts über alle Grenzen der Länder und

Kontinente hinweg weltweit Geltung beanspruchen kann. Die in zahlreichen EU-Dokumenten anzutreffende Ausdifferenzierung von Konditionalitäten aber wirkt oft kontraproduktiv, da sie jeder legitimen europäischen Interessenpolitik (schon aus Legitimitätsgründen) zusätzliche Fesseln anlegt und von den verstärkt auf ihre eigenen (außenpolitischen) Identitäten pochenden Regionalmächten als Adressaten nicht anerkannt wird. Wenn denn überhaupt, dann sollte die EU in den entsprechenden internationalen Gremien geschlossen den Mindestanspruch vertreten, der diese Foren trägt; eine solche Politik nimmt im Zweifelsfall auch das Handeln der Supermacht USA nicht von Kritik aus, schafft ansonsten aber vor allem im Konsens mit Washington die Voraussetzung für ein kooperatives Verhalten der aufstrebenden Regionalmächte.

Dieser Ansatz entspricht der Logik des Erfolgs einer integrativen Gleichgewichtspolitik der EG/EU im Innern einerseits und der hohen Akzeptanz der Union weltweit auf Grund seiner anti-imperialen Politik nach außen andererseits; letztere hat gerade in jüngster Zeit Europas diplomatischen Handlungssielraum und Einfluss in der gemäßigten islamischen Welt erheblich vergrößert.[35] Nach wie vor liegt der entscheidende Unterschied zu den anderen Großmächten im Fall der Union in der Wahl der Mittel. Noch immer folgt die EU in ihren Außenbeziehungen dem Konzept der Zivilmacht; auch in der ESS betont die Union ihren Charakter als „Friedensmacht", die sich zur strikten Einhaltung des Völkerrechts als alleinige Grundlage von Zwangsmaßnahmen verpflichtet und die „zivile" Ansätze zur Konfliktbewältigung in Zusammenarbeit mit anderen Organisationen (UN, NATO oder OSZE) präferiert. Gleichwohl folgt die Union auch einer machtpolitischen Logik, welche die Frage aufwirft, ob sie die Einordnung als Zivilmacht nicht bereits hinter sich gelassen hat. Dieser Logik entspricht nicht nur die wachsende Bereitschaft zum Einsatz militärischer Mittel, sondern auch der geopolitische Zwang zum Ausbau der eigenen Machtposition. Dieser Zwang ergibt sich weniger aus dem prozesshaften Charakter der europäischen Integration als vielmehr aus den zentralen Herausforderungen der heutigen Zeit (neben dem internationalen Terrorismus, der Proliferationsproblematik und der Organisierten Kriminalität vor allem Staatsscheitern und Energiesicherheit), welche im Falle von Nichthandeln der Union enorme immaterielle wie materielle Kosten verursachen.

Scheiternde bzw. gescheiterte Staaten sowie Organisierte Kriminalität verursachen erhebliche immaterielle Kosten durch sie begleitende Vertreibung, Menschenhandel oder Zwangsprostitution. Gleichzeitig zwingen Staatversagen und regionale Konflikte die Union zunehmend zum Eingreifen, auch fernab des eigenen Kontinents, und erheblichen materiellen Investitionen. Der mit dem ökonomischen Aufstieg anderer Regional- bzw. Großmächte verbundene Anstieg der Energiepreise hat unmittelbare Auswirkung auf die wirtschaftliche Entwicklung der Union und damit letztendlich auch auf die sozialen Sicherungssysteme. Für die Union als heute weltweit größter Energieimport bedeutet dies, dass sie die zunehmenden Abhängigkeiten und Unsicherheiten der Versorgung mit Öl und Gas auf ein kalkulierbares Maß reduzieren muss. Geopolitik tritt an die Stelle der Geologie, diese aber leitet die Geopolitik und erfordert von der Union vor allem eine Konzentration auf die Golfregion und (mit rund zwei Drittel aller Ölvorkommen) und verstärkt auch auf die Region um das Kaspische Becken. Um im Verteilungskampf mit den Aufsteigern und den USA zu bestehen, benötigt die EU dringend eine gemeinsame Energiepolitik. Den Anstoß dazu gab das

35 Werner Link, Auf dem Weg zu einem neuen Europa. Herausforderungen und Antworten, Baden-Baden 2006, S. 78 f.

Grünbuch der Kommission zur Energieeffizienz vom Juni 2005.[36] Ihm folgten ein weiteres Grünbuch im März 2006 mit Vorschlägen für eine nachhaltige, wettbewerbsfähige und sichere Energieversorgung sowie eine Mitteilung der Kommission vom Januar 2007, in der die Union erstmals die sicherheitspolitische Relevanz ihrer Abhängigkeit von Energieimporten betont und explizit von der Notwendigkeit einer „kohärenten Energieaußenpolitik" spricht. Obwohl eine solche für die Union von zentraler Bislang zur Stärkung internationaler Energiepartnerschaften ist, erschöpft sie sich jedoch bislang eher in Absichtserklärungen denn konkreten Projekten. Nach wie vor gilt in Brüssel der Grundsatz, wonach es das legitime Recht der Mitgliedstaaten ist, zur Gewährleistung einer sicheren Energieversorgung eigene äußere Beziehungen zu pflegen und den internen Energiemix selber zu bestimmen.

Wie immer man die Chancen für eine gemeinsame Energiepolitik im Speziellen und eine Gemeinsame Außenpolitik gegenüber Drittstaaten und anderen Regionen im Allgemeinen bewerten mag, fest steht, dass die Union auch diesbezüglich längst einen qualitativen Sprung in Richtung eines eigenständigen sicherheits- und außenpolitischen globalen Akteurs getan hat. Ob die Union es will oder nicht, sie ist sowohl der Globalisierung mit all ihren Facetten wie auch der durch den (Wieder-)Aufstieg Russlands, Chinas, Indiens oder anderer Regionalmächte bedingten Diffusion der Macht unweigerlich ausgeliefert. Damit wird sie gezwungen, pragmatisch europäische Interessen zu formulieren und gemeinsam zu vertreten – als eigenständige Regionalmacht, die global ausstrahlt, wie als „strategischer Partner" insbesondere mit den USA. Die Bedeutung der Union wächst vor allem dann, wenn ihr in ihren Außenbeziehungen zweierlei gelingt: Sie muss einerseits die USA von ihrem „positiven Beitrag zu einer stabilen Weltordnung regionaler Balancen" überzeugen[37] – eben als regionale Ordnungsmacht in Europa und seiner Nachbarschaft; durch enge Beziehungen mit anderen Regionalverbänden und Großmächten; und durch entschlossenes Handeln, wo vitale europäische Interessen unmittelbar tangiert sind – und sich gleichzeitig als verlässlicher Partner Washingtons präsentieren, wo immer dies die machtpolitischen Interessen der neuen Aufsteiger erforderlich machen. Und sie muss andererseits gleichzeitig eine Alternative zu einer präemptiven Interventionspolitik der USA anzubieten, die die Union in bestimmten Situationen auch besagten Drittstaaten und Regionen als gewünschter Kooperationspartner erscheinen lässt.

Literatur

Bastian, Katrin, Die Europäische Union und Russland. Multilaterale und bilaterale Dimensionen in der europäischen Außenpolitik, Wiesbaden 2006.

Coonen, Stephen J., The Widening Military Capabilities Gap between the United States and the Europe: Does It Matter?, in: Parameters (Autumn 2006), S. 67-84.

Dassù, Marta; Menotti, Robert, Europe and America in the age of Bush, in: Survival, $7, 1 (Spring 2005), S. 105-122.

Eichengreen, Barry, The Art of Adaptation: Globalization and the European Model, in: Current History (December 2006), S. 430-434 (433).

36 European Commission, Green Paper on Energy Efficiency. Doing more with less, Brüssel, COM (2005) 265 final, 22. Juni 2005.

37 Link, a.a.O., S. 115.

Europäische Kommission, „Größeres Europa – Nachbarschaft: Ein neuer rahmen für die Beziehungen der EU zu ihren östlichen und südlichen Nachbarn", KOM (2003) 104 endgültig, http://europa.eu.int/comm/world/enp/pdf/com03_104_de.pdf.
Europäische Sicherheitsstrategie, 12. Dezember 2003, http://www.auswaertiges-amt.de/www/de/infoservice/download/pdf/friedenspolitik/ess.pdf.
European Commission, Russian Federation, Country Strategy Paper 2000-2006, National Indicative Programme, 2002-2003, Brussels, 27 December 2001.
European Commission, Green Paper on Energy Efficiency. Doing more with less, Brüssel, COM (2005) 265 final, Brussels, 22. Juni 2005.
European Council, Agreement on Partnership and Cooperation, December 1, 1997, abrufbar unter http://europa.eu.int/comm/external_relations/ceeca/pca/pca_russia.pdf.
European Council, Common Strategy of the European Union on Russia, Cologne June 4, 1999, 1999/414/CFSP. http://europa.eu.int/comm/external_relations/russia/common_strategy.
European Council, Medium-term Strategy for Development of Relations between the Russian Federation and the European Union (2000-2010). http://www.europa.eu.int/comm/external_relations/russia/russian_medium_term_strategy/index.htm.
EU-Russland Energiedialog, 19. Dezember 2005. www.euractiv.com/de/energie/eu-russland-energiedialog/article-151074-48k.
Fröhlich, Stefan, Die EU als globaler Akteur, Wiesbaden 2008.
Fröhlich, Stefan, Europas wirtschaftliche Schwäche. Die Halbzeitbilanz der Lissabon-Strategie, in: Internationale Politik, 60, 7 (Juli 2005), S. 40-46.
Gemeinsame Aktion des Rates über ein Kooperationsprogramm der Europäischen Union für Nichtverbreitung und Abrüstung in der Russischen Föderation, 1999/878/GASP, http://europa.eu.int/eur-lex/pri/de/oj/dat/1999/l_331/l_33119991223de00110016.pdf.
Gemeinsame Erklärung, EU-Russland-Gipfel am 30. Oktober 2000 in Paris, abrufbar unter http://europa.eu.int/comm/external_relations/russia/summit_30_10_00/statement_en.htm.
Glaeßner, Gert-Joachim, Sicherheit in Freiheit. Die Schutzfunktion des demokratischen Staates und die Freiheit der Bürger, Opladen 2003.
Gore Al, Angriff auf die Vernunft, München 2007.
Haukkala, Hiski, A problematic „strategic partnership", in: Dov Lynch (Hrsg.), EU-Russian security dimensions, EUIIS: Occasional Papers, No. 46 (July 2003), S. 8-19.
Jäger, Thomas; Höse, Alexander; Oppermann, Kai (Hrsg.), Transatlantische Beziehungen, Wiesbaden 2005.
Kagan, Robert; Daalder, Ivo, Bridging the Foreign Policy Divide. America and the use of Force: Sources of Legitimacy. The Stanley Foundation, Muscatine, IA (June 2007).
Link, Werner, Auf dem Weg zu einem neuen Europa. Herausforderungen und Antworten, Baden-Baden 2006.
Litwak, Robert, Regime Change, Washington: Woodrow Wilson Center 2007.
Lynch, Dov, EU-Russian Security Dimensions, EU Institute for Security Studies, Occasional Paper, 46, Paris 2003.
Lynch, Dov, Struggling with an indispensable partner, in: Ders. (Hrsg.), What Russia sees, European Union Institute for Security Studies (EUISS) Paris: Chaillot Papers, No. 74 (November 2005), S. 115-143.
Mommsen, Margarete, Russland – nur virtuelle Großmacht in einer multipolaren Welt?, in: M. Piazolo (Hrsg.), Macht und Mächte in einer multipolaren Welt, Wiesbaden 2006, S. 79-106.
Nautré, Zoé, Die Demokratieförderung der arabischen Welt. Nichtstaatliche Demokratieförderung der USA, Fokus Amerika, 4 (2008), Friedrich Ebert-Stiftung (Büro Washington).
Pera, Marcello, Europe, America, and the Continental Drift, Heritage Lectures, No. 978, November 30, 2006.
Pissarides, Christopher, Lisbon Five Years Later. What Future for European employment and growth? Occasional Paper, 6, 2006, Centre for Economic Performance, London School of Economics.

Timmermann, Heinz, Der Moskauer EU-Russland-Gipfel, in: Russlandanalysen, 66, 2005.

Tinguy, Anne de, Konkurrenten statt Partner: Die russische Sicht auf die EU und die Nachbarschaftspolitik, in: Martin Koopmann, Christian Lequesne (Hrsg.), Partner oder Beitrittskandidaten? Die Nachbarschaftspolitik der Europäischen Union auf dem Prüfstand, Baden-Baden 2006, S. 85-110.

Trenin, Dimitri, Russland. Die gestrandete Weltmacht. Neue Strategien und die Wende zum Westen, Hamburg 2005.

Umbach, Frank, Europas nächster Kalter Krieg. Die EU braucht endlich ein Konzept zur Versorgungssicherheit, in: Internationale Politik, Februar 2006, S. 6-14.

Varwick, Johannes, Die NATO. Vom Verteidigungsbündnis zur Weltpolizei, München 2008.

Wegekarten zur Schaffung von vier Gemeinsamen Räumen: Wirtschaft; Freiheit, Sicherheit und Justiz; äußere Sicherheit; Forschung, Bildung und kulturelle Aspekte. EU-Russland-Gipfel in Moskau, Mai 2005. http://europa.eu.int/comm/external_relations/russia/summit_05_05/index.htm.

Ernst Piehl

Europäische Nachbarschaftspolitik – Genesis, Bestandsaufnahme und Perspektiven

Vorbemerkungen

Die Beziehungen der Europäischen Union (EU) zu seinen Nachbarn haben zwei Dimensionen:

- Bilaterale Beziehungen der EU zu den sechzehn Nachbarländern und
- Multilaterale Beziehungen der EU zu regionalen Plattformen der Zusammenarbeit im Süden und im Osten der erweiterten EU.

Zu den Ländern der Europäischen Nachbarschaftspolitik (ENP) gehören weder die Schweiz, Liechtenstein, Norwegen und Island, mit denen bilaterale Verträge und der „Europäische Wirtschaftsraum" vereinbart sind, noch die Kandidatenstaaten Kroatien, Makedonien und Türkei, noch die „potentiellen Kandidaten" im westlichen Balkan: Bosnien-Herzegowina, Serbien, Montenegro, Kosovo und Albanien.

Zu den ENP-Staaten werden zehn Länder im südlichen Mittelmeerraum von Marokko bis Syrien gerechnet ebenso wie die sechs östlichen Nachbarn von Weißrussland bis Aserbaidschan. Angesichts der Verschiedenheiten zwischen den Sechzehn und der Vielfalt an vertraglichen Beziehungen mit der EU konzentriert sich dieser Beitrag auf drei Fragenkomplexe:

- In welchem Kontext haben die entscheidenden Akteure die ENP entwickelt, mit welchen Zielen und Mitteln aufgestellt? (Antworten in Kapitel 1)
- Wie fällt die gegenwärtige Bestandsaufnahme der ENP sowohl im Süden als auch im Osten der EU aus? (Kapitel 2)
- Was sind die absehbaren Perspektiven insbesondere angesichts der jüngst geschaffenen neuen multilateralen Plattformen „Union für das Mittelmeer" und der „Östlichen Partnerschaft" sowie der Vorbereitungsetappe zu einer „Union für das Schwarze Meer"? (Kapitel 3)

Aus Platzgründen können in diesem Aufsatz die Beziehungen der 27 Mitgliedstaaten der EU zu den 16 Ländern dieser drei geopolitischen Räume nur angedeutet werden. Vor allem die größeren EU-Staaten haben seit langem enge Beziehungen und eigene bilaterale Verträge zu den ENP-Ländern. Namentlich Frankreich und Spanien im Mittelmeerraum sowie Polen und Deutschland betreffend Osteuropa. Einige größere Mitgliedsländer sind gleichzeitig auch auf multilateraler Ebene sehr aktiv, was im Schlusskapitel sichtbar wird.

1 Genesis, Ziele und Instrumente der Europäischen Nachbarschafts-Politik

1.1 Geopolitischer Hintergrund und Entwicklungsetappen der ENP

Die Ursprünge der ENP sind eng verknüpft mit den Prozessen der Erweiterung der EU nach Osten und nach Süden Europas. Die dabei entstehende Frage, welche Art von Beziehungen die erweiterte EU zu ihren neuen Nachbarstaaten im Osten und den alten Nachbarn im Süden entwickeln könnte, wurde zunächst mit variablen Konzepten eines „Wider Europe“[1] in den Jahren 2002-2004 beantwortet. Im Hintergrund dieser Überlegungen und Anregungen stand die Befürchtung, die EU könne mit neuen Erweiterungsrunden ihre innere Kohärenz und Effizienz verlieren bzw. diese in den Politikfeldern mit Einstimmigkeitsgebot überhaupt nicht erreichen. So stellt die ENP trotz mancher anderslautender Verlautbarungen der EU-Organe im Kern den seinerzeitigen Versuch dar, alternative Wege zum Beitritt aufzuzeigen und in der Praxis zu erproben. Dabei wurde hervorgehoben, dass mit der ENP in erster Linie „ein Ring verantwortungsvoll regierter Staaten entsteht, mit denen wir enge, auf Zusammenarbeit gegründete Beziehungen pflegen können“.[2]

Die Reichweite des Gründungsdokuments der ENP vom Frühjahr 2003 war im ursprünglichen Entwurf auf die neuen Nachbarn im Osten der EU begrenzt. Sie wurde jedoch im Herbst namentlich auf Wunsch einiger EU-Mittelmeer-Anrainerstaaten (namentlich Italien, Frankreich und Spanien) und seitens des seinerzeitigen EK-Präsidenten Romano Prodi auf das südliche Mittelmeer ausgeweitet. Dieser politisch-konjunkturelle Kompromiss im Interesse des inneren Friedens in der EU ist ursächlich für die politisch-strukturelle Hypothek der ENP nach Außen. So sind im gleichen Politikrahmen sehr unterschiedliche Länder zusammengefasst: Sowohl diejenigen, die wie die Ukraine und Moldau unbestritten zu Europa gehören und sich auf der Grundlage von Art. 49 des geltenden EU Vertrages seit Jahren bereits um einen „Fahrplan“ zur Beitrittsvorbereitung bemühen. Dagegen haben die nicht-europäischen Länder in Nordafrika und in Vorderasien auch mit dem Lissabonner Reformvertrag keine Beitrittsperspektive.[3]

Die Europäische Kommission (EK) legte im Mai 2004 Länderberichte über sieben ENP -Länder vor: Ukraine und Moldau im Osten, Marokko, Tunesien, Israel, Palästina und Jordanien. Die 25 Staats- und Regierungschefs billigten im Juni 2004 die vorgeschlagene Nachbarschaftsstrategie der EU. Danach handelten die EK und die Regierungen der genannten sieben ENP-Länder die „Aktionspläne“ (AP) aus, in denen kurz- bis mittelfristige Reformprioritäten der Länder festgelegt wurden. Diese ersten AP wurden zwischen Januar und Juli 2005 verabschiedet und die Durchführung der Reformen und der anderen im AP vorgesehenen Maßnahmen begann.

1 Vgl. die beiden grundlegenden Mitteilungen der *Europäischen Kommission (EK)* „Wider Europe-Neighbourhood: A New Framework for Relations with our Eastern and Southern Neighbours, Brüssel vom 11. 3. 2003, KOM (2003)104 final und das Strategiepapier der *EK* „Europäische Nachbarschaftspolitik“, Brüssel vom 12.5.2004, KOM (2004) 373 endg. sowie die entsprechenden Stellungnahmen des Europäischen Parlaments (EP) zu beiden Kommissionsdokumenten. Alle wichtigen Dokumente zur ENP finden sich auf der Website http://ec.europa.eu/world/enp/index_de.htm

2 So der Kernsatz bezüglich der ENP in der Mitteilung der *EU* zur „Europäischen Sicherheitsstrategie: Ein sicheres Europa in einer besseren Welt“ vom Dezember 2003 (bekannt als sog. „Solana-Papier“).

3 So wurde bereits ein Beitrittsersuchen Marokkos von der EU abgelehnt. Im Wortlaut des Art. 49 betreffs „alle europäische Staaten“ des Nizza-Vertrages und im Reformvertrag von Lissabon wird in einem Sonderabschnitt der ENP nur für die europäischen Staaten die Beitrittsperspektive verankert.

Nach Vorlage von fünf weiteren Länderberichten über die drei südkaukasischen Länder Georgien, Armenien und Aserbaidschan sowie über Ägypten und den Libanon bis Ende 2004 wurden auch mit diesen Ländern Verhandlungen über die AP aufgenommen, die bis Ende 2006 nach in einigen Ländern schwierigen Verhandlungen abgeschlossen wurden.

Im Dezember 2006 veröffentlichte die EK ihren ersten „Fortschrittsbericht" über die ENP, in dem über die erreichten Fortschritte und Defizite pro Land berichtet wurde. Im gleichzeitigen länderübergreifenden Papier „Stärkung der ENP" waren Empfehlungen zur Verbesserung der Lage in den verschiedenen Aktionsbereichen aufgelistet. Daraufhin beauftragte der ER im gleichen Monat die deutsche Präsidentschaft im Rat, einen Vorschlag zur verbesserten Nachbarschaftspolitik auszuarbeiten, der als „ENP plus paper" dem EU-Gipfel im Juni 2007 zur Aussprache vorgelegt wurde, deren Ergebnisse in die Schlussfolgerungen des deutschen Vorsitzes eingingen. Diese wurden dann bis zum Dezember 2007 von der EK in die längere Mitteilung „A strong ENP" eingearbeitet. Im April 2008 wurde ein „ENP Paketvorschlag"[4] vorgelegt, der seinerseits Stellungnahmen des Europäischen Parlaments (EP) sowie der europäischen Beratungsorgane Europäischer Wirtschafts- und Sozialausschuss und Ausschuss der Regionen im ersten Halbjahr 2008 auslöste.

1.2 Hauptziele und Erwartungen

Die wesentlichen Gründzüge der 2003/2004 konzipierten ENP sind im *„Strategiepapier"* der EK vom Mai 2004 verankert. Darin sind die Ziele, die Grundsätze, die geografische Reichweite und weitere wichtige Wesenszüge der ENP festgelegt. Auszumachen sind *drei Hauptziele*, die in der Folgezeit in der Formulierung variiert wurden, aber in der Substanz von den Entscheidungsorganen der EU bis heute als gültig angesehen werden:

- *„Sicherheit"*: An die erweiterte EU angrenzende Staaten sollen in einem „Ring von Freunden" um die EU gruppiert, bilateral mit vergleichbaren Abkommen versehen und in einem multilateralen Rahmen zusammen gebracht werden, um Trennlinien zu vermeiden.
- *„Stabilität"*: Durch bilaterale Abkommen mit den Regierungen im gesamten die EU umspannenden Raum soll ein „ring of well-governed partners" geschaffen werden, mit dem Versuch, eigene Reformprozesse in Staat und Gesellschaft zu unterstützen, allerdings ohne Einbeziehung zivilgesellschaftlicher Akteure.
- *„Wohlstand"*: Durch die Förderung möglichst vieler Schritte zur Modernisierung und zu marktwirtschaftlichen Reformen soll zumindest den fortgeschrittenen Ländern – wie Ukraine oder Marokko – die stufenweise Einbeziehung in den europäischen Binnenmarkt ermöglicht werden.

All dies lag und liegt im wirtschaftlichen Interesse der meisten Mitgliedstaaten der EU. Politisch sollte die ENP im Kern eine Art Dritten Weg anzeigen, eine Orientierung zwischen der seit den Neunziger Jahren existierenden Kooperation und Partnerschaft und einer als überwiegend unrealistisch angesehenen Mitgliedschaft in der EU. Überdeckt wurden dabei freilich die beiden unterschiedlichen Leitmotive seitens der Nachbarländer: Die ost-

4 Vgl. EK Vorlagen zur ENP vom 3. April 2008.

europäischen Länder, insbesondere die Ukraine, Moldau und Georgien, wollen in der Perspektive des EU-Beitritts die ENP als Instrument zur Heranführung an die Kopenhagener Normen und Standards nutzen. Die nordafrikanischen und vorderasiatischen Länder, alle Mitglieder der Arabischen Liga außer Israel, wollen hingegen von den EU-Ländern vor allem eine Anerkennung ihrer eigenständigen Identitäten und gleichberechtigten Interessen in kultureller, politischer und wirtschaftlicher Dimension. Ihr vorrangiges Interesse bei den schwierigen Verhandlungen um die Nachbarschaftspolitik liegt auf der wirtschaftlichen Kooperation, da die meisten arabischen Länder Vorbehalte gegenüber den „grundlegenden europäischen Werten" haben, beispielsweise gegenüber der Gleichberechtigung der Geschlechter.

Als wichtigste *Grundsätze* in der kommenden Entwicklung der ENP sind bei allen Nachbarländern, mit denen in der Folgezeit Aktionspläne ausgehandelt wurden, folgende hervorzuheben:

- *„Gemeinsame Verantwortung"* bei der Konzipierung und Umsetzung der gemeinsam vereinbarten Ziele.
- *„Umfassende Politik"* mit Einbeziehung der drei „Pfeiler" im EU-Vertrag (Gemeinschaftspolitik, Außen- und Sicherheitspolitik, Justiz und Inneres) sowie der wichtigen Förderprogramme, die von mehreren Generaldirektionen der EK, die weitgehend nationalen Fach-Ministerien entsprechen, umzusetzen ist.
- *„Differenzierung"*, ein Prinzip, das länderspezifisches Vorgehen anzeigt, sowohl bei der Konzertierung als auch bei der Umsetzung der ENP pro Land.

Wesentliches Element bei der Konzipierung wie bei der Fortentwicklung der ENP sind die jeweiligen *Länderberichte* am Beginn der Nachbarschaftsstrategie pro Land und die späteren *Fortschrittsberichte,* in denen sich die EK bemüht, sowohl die generellen Entwicklungen als auch die jeweils spezifische Implementierung knapp darzustellen. Da dabei im Sinne der „Gemeinsamen Verantwortung" die beiden Hauptakteure die Verfasser sind, können darin kaum kritische Einschätzungen zu finden sein. Gleichwohl sind beide Dokumente bei Kenntnis der diplomatisch-technokratischen Sprachpraxis auch dem unabhängigen Beobachter und dem Wissenschaftler hilfreich, was an den vier ausgewählten ENP-Ländern Marokko und Ägypten im Süden sowie Ukraine und Georgien im Osten im zweiten Teil dieses Beitrags aufgezeigt wird.

1.3 Hauptinstrumente und -akteure

Das wichtigste Mittel der ENP sind die länderspezifischen *„Aktionspläne/AP",* die die EK und die jeweiligen Regierungen nach meist langwierigen Verhandlungen aushandeln und die im Prinzip für beide Seiten verbindlichen Prioritäten in der Zusammenarbeit festlegen. Die erste Gruppe von AP im Rahmen der Nachbarschaftspolitik wurde im 2004/2005 vorgelegt, in der Regel für eine Laufzeit von fünf Jahren. Gegenwärtig gibt es zwölf AP dieser ersten Generation. Für einige Länder, wie Marokko und die Ukraine, haben kontrovers diskutierte Vorbereitungen für eine zweite Generation eingesetzt, meist in Verbindung mit der Neuverhandlung der *„Euro-Mediterranen Partnerschaft/Euromed"* für die südlichen Nachbarn und mit den *„Partnerschafts- und Kooperations-Abkommen/PKA"* für die östlichen Nachbarn. Diese Vorbereitungen laufen im Falle der Ukraine seit längerem unter dem programmatischen Titel „Verstärktes Abkommen“ zur Verstärkung des 1998 auf zehn Jahre vereinbarten PKA, wobei die zweite Generation dieser Grundlagenverträge sicher auch Konsequenzen für die Aktionsvereinbarungen haben müsste.

Das Spektrum der Themenfelder in den bisherigen AP reicht von der Unterstützung politischer, wirtschaftlicher und sozialer Reformen über die angestrebte Verstetigung der Zusammenarbeit in der Außen- und Sicherheitspolitik bis zu den besonders sensiblen Fragen in den Bereichen Justiz und Inneres und damit über die gesamte Spannweite der drei Pfeiler-Architektur der EU, was wohl nicht zufällig und von einigen ENP-Ländern, wie der Ukraine, sogar ausdrücklich gewünscht wurde. Die Schwerpunkte in den zwischen ca. 30 bis 100 Seiten dicken AP-Dokumenten sind in bis zu zehn *Aktionsbereichen* strukturiert, die beispielsweise für die drei südkaukasischen Nachbarn wie folgt zusammengefasst werden können:

- „Stärkung des Rechtstaates“, insbesondere durch Reform des Justizwesens und des Strafvollzugs;
- „Stärkung der Demokratie“ durch Schutz der Menschenrechte ebenso wie durch Förderung der lokalen Selbstverwaltung und „einer Vielfalt unabhängiger Medien“;
- „Stärkung der Wirtschaftskraft“ durch Verbesserung des Geschäfts- und Investitionsklimas, durch Reform des Steuer- und Zollwesens sowie durch Eindämmung der Korruption;
- „Mehr Nachhaltigkeit“ durch Unterstützung einer wirtschaftlich nachhaltigen Entwicklung und des sozialen Zusammenhalts insbesondere durch Abbau der Armut;
- „Verstärkte Zusammenarbeit“ im Bereich Justiz, Freiheit und Sicherheit insbesondere durch Reform und Stärkung des Grenzmanagements;
- „Förderung friedlicher Lösungen“ bei inneren Konflikten, seien sie innergesellschaftlich oder zwischenstaatlich bedingt;
- „Intensivierte Zusammenarbeit“ in der Außen- und Sicherheitspolitik insbesondere durch regelmäßigen politischen Dialog;
- „Verstärkte regionale Kooperation“ mit jeweils spezifischen Hinweisen auf die bestehenden multilateralen Strukturen in der südlichen bzw. östlichen Dimension.[5]

Gleichzeitig mit den AP werden seit 2006 ausführliche „Country stategy papers 2007-2013“ und „National Indicative Programs 2007-2010“ verabschiedet, in denen pro Land und pro Aktionsbereich die kurz- und mittelfristigen prioritären Maßnahmen detailliert niedergeschrieben sind. So handelt es sich wohl nicht nur um eine Auflistung ehrenwerter Absichtserklärungen, wie kritische Stimmen teilweise zu Recht anmerken, sondern zumindest auch um die Rechtsgrundlage für die jeweilige Umsetzung durch die verantwortlichen Akteure auf Seiten der EU und in den jeweiligen Drittstaaten.

Das formell entscheidende Gremium für Konzipierung und Umsetzung der ENP-AP ist der *„Kooperations-Rat“*, der auf Außenministerebene mindestens einmal jährlich pro

5 Zusammenfassung der wesentlichen Ziele und Absichtserklärungen in den ENP-AP basierend auf der Auswertung der Aktionspläne, vereinbart mit den drei südkaukasischen Staaten, s. *Ernst Piehl*, Organisierte Zivilgesellschaft in Georgien, Armenien und Aserbaidschan insbesondere im Kontext der Europäischen Nachbarschaftspolitik“. Studie für den Europäischen Wirtschafts- und Sozialausschuss der EU, Brüssel 2008, S. 121 ff.

Land tagt, meist in Luxemburg, wobei die EU von der jeweilige Ratspräsidentschaft und von dem in der EK für die Außenbeziehungen zuständigen Mitglied der EK repräsentiert wird. Seit 2005 trug in der Mandatszeit bis Ende 2009 Außenkommissarin Benita Ferrero-Waldner die Verantwortung für das Portfolio „External Relations and European Neighbourhood Policy", was offensichtlich die ENP politisch aufwerten sollte. Auf Seiten der ENP-Länder trägt der jeweilige Außenminister die politische Verantwortung. Für einige besonders wichtige Länder, wie Marokko und die Ukraine, gibt es jährliche Gipfeltreffen auf der Ebene der Staats- und Regierungschefs, in denen vermutlich weniger über die AP und deren Umsetzung im Detail geredet wird, sondern über die wechselseitigen Erwartungen und politischen Perspektiven der betroffenen ENP-Länder hinsichtlich der EU.

Im Alltag der ENP sind die Zusammenkünfte hoher Beamten beider Seiten, die sich in der Amtssprache *„Unterausschüsse"* nennen, die wichtigste Institution. In diesem regelmäßig tagenden Gremium wird die gesamte Spannbreite der oben summarisch genannten Aktionsbereiche für das jeweilige Land behandelt. Freilich müssen laut Fortschrittsbericht der EK vom April 2008 „die noch nicht tätig gewordenen Partnerstaaten" dazu bewegt werden, diese „operativen Ausschüsse oder ähnliche Gremien" ins Leben zu rufen. In der Umsetzungsarbeit der AP arbeiten bereits „Hunderte von Experten aus der ganzen EU täglich mit Kollegen in den Partnerländern zusammen".[6]

In der institutionellen Architektur der ENP ist aber nicht nur die Zusammenarbeit zwischen den Regierungen und deren Verwaltungen, sondern gleichermaßen auch die *parlamentarische Zusammenarbeit* wichtig, die in den grundlegenden PKA vorgesehen ist und auch vom Europäischen Parlament nach Kräften gefördert wird. Die für die östlichen Nachbarn eingerichteten „Parliamentary Cooperation Committees/PCC" tagen seit langem jeweils halbjährlich in dem betroffenen Land und in Brüssel. Im Falle der südkaukasischen Länder sind die Europaparlamentarier für alle Drei bestimmt, während die gleiche Zahl an Parlamentariern jeweils aus den nationalen Parlamenten entsandt wird. In Bezug auf die südliche Dimension gibt es über die bilaterale Zusammenarbeit hinaus die parlamentarische Versammlung im multilateralen EUROMED mit Unterausschüssen und permanentem Sekretariat.

Leider berichten die Fortschrittsberichte der EK wenig über die entsprechenden Kooperationsstrukturen der nicht-staatlichen Akteure, die der Europäische Wirtschafts- und Sozialausschuss mit seinen wirtschaftlichen, sozialen und zivilgesellschaftlichen Akteuren seit Jahren aufgebaut hat, insbesondere im Rahmen der Euro-Mediterranen Zusammenarbeit. Von der Exekutive auf Seiten der EU und noch weniger von den nationalen Regierungen fanden bisher auch die wichtigen Ansätze der Kooperation im Rahmen des Ausschusses der Regionen als dem jüngeren Beratungsorgan der EU Beachtung, in dem die Kontakte zwischen regionalen und lokalen Gebietskörperschaften im ENP-Raum gefördert werden.

Wie überall ist nicht zuletzt das Finanzinstrument von besonderer Bedeutung, d.h. im Zeitraum des gemeinschaftlichen Finanzrahmens 2007 – 2013 das *„European Neighbourhood and Partnership Instrument/ENPI",* das die vorher bestehenden Förderprogramme MEDA für die südlichen und TACIS für die östlichen Länder ablöste. Im ENPI sind auch die für die „Strategische Partnerschaft" mit Russland vorgesehenen Fördermittel eingefasst, auch wenn Russland selbst nicht als ENP-Land von der EU betrachtet werden will. So umfasst das ENPI die Fördermittel für insgesamt siebzehn Staaten für den laufenden

6 Alle Zitate aus dem Fortschrittsbericht der EK vom 3. April 2008, S. 2ff.

Siebenjahreszeitraum rund 12 Milliarden Euro, von denen rund 95 % für länder- und mehrländerspezifische Programme in den genannten Aktionsbereichen vorgesehen sind, während von den restlichen 5% länderübergreifende Zusammenarbeit gefördert werden soll. In der von der EK beschlossenen „Indikativen Mittelverteilung“ 2007-2010 sind für die zehn südlichen rund 70% des ENPI (ca. 840 Millionen EUR) vorgesehen, während für die sechs östlichen ENP-Länder und Russland die restlichen 30% (ca. 360 Millionen EUR) bestimmt sind.

Im Rahmen des finanziell bescheidenen, aber politisch wichtigen *„Europäischen Instruments für Demokratie und Menschenrechte“,* sind von 2007 bis 2013 etwas mehr als eine Milliarde Euro im EU-Budget für entsprechende Projekte weltweit vorgesehen. Dabei ist freilich wichtig, dass unter diesem Budgettitel die EU Projekte fördert, die prinzipiell von der Zustimmung der Regierungen oder anderen staatlichen Organen in den betroffenen Ländern unabhängig sind. Dies ist von keinem anderen Instrument der Außenhilfe bekannt. Unter den EU-Instrumenten sind für die ENP folgende auch für die ENP-Länder von Bedeutung: Die „Governance facility“ (zusätzliche Förderung der Länder, die besonders große Fortschritte bei politischen Reformen erzielt haben, wie die Ukraine und Marokko als Erstempfänger), die „Nachbarschafts-Investitions-Fazilität“ (zusätzliche Förderung für wirtschaftliche Reformen ab 2008), TAIEX und TWINNING (technisch-fachliche Förderinstrument) sowie die Öffnung zumindest einiger der über 20 EU-Agenturen und Programme, wie „ERASMUS Mundus“ zur weltweiten Förderung des Studentenaustausches.

Generell wird bei den großen Projekten zum Auf- und Ausbau der Infrastruktur oder anderer Maßnahmen des „Capacity Building“ erwartet, dass sich die Partnerländer mit mindestens rund einem Viertel der jeweiligen Projektkosten beteiligen, beispielsweise bei der „Cross Border Cooperation“ (CBC) angrenzender Gebietskörperschaften. Seit Ende 2007 liegt ein CBC-Strategiepapier der EK vor, das fünfzehn an den Außengrenzen der EU durchzuführende Programme beinhaltet. Diese Programme wurden von gemischten Arbeitsgruppen aus Vertretern der Mitglied- und Partnerstaaten und von den betroffenen Grenzregionen erarbeitet und sollen jetzt gemeinsam vor Ort umgesetzt werden. Damit will die EU der trennenden Wirkung an ihren Außengrenzen entgegen wirken.

Im Finanzrahmen der EU 2007-2013 bemühen sich die verantwortlichen Akteure gerade im Bereich der Nachbarschaftspolitik auch die Zusammenarbeit mit der Europäischen Bank für Wiederaufbau und Entwicklung, der EBRD mit Sitz in London, und mit der Europäischen Investitionsbank mit Sitz in Luxemburg zu verbessern, ebenso wie mit den weltweiten Finanzinstituten, die freilich in der gegenwärtigen Finanzkrise wohl andere Prioritäten in ihrem Engagement haben könnten.

1.4 Fazit

Vor dem Hintergrund der geschichtlich-kulturellen, der politischen und sozio-ökonomischen Vielfalt ist die Spannweite der ENP mit seiner südlichen und östlichen Dimension enorm und meines Erachtens überdehnt.

Im Süden reicht die Bandbreite von den ressourcenarmen Ländern, wie Ägypten oder Marokko, zu ressourcenreichen Ländern, wie Algerien oder Syrien. Das Spektrum der politischen Systeme umfasst Monarchien, wie in Marokko, die sich für gesellschaftliche Reformen öffnen, über Republiken mit autoritären Präsidialregimen, wie Ägypten, in dem sich

Familiendynastien andeuten, bis zum parlamentarisch-demokratischen Israel, in dem religiös-fundamentalistische Kräfte einflussreich sind.

Im Osten ist Aserbaidschan das einzig ressourcenreiche Land mit autoritärem Präsidialregime, in der sich die Familiendynastie des ehemaligen KP-Chefs Alijew etabliert hat. In den weitgehend von Energietransit lebenden Ländern Ukraine und Georgien haben sich nach langwierigen Kämpfen parlamentarische Systeme mit wechselnden Mehrheiten durchgesetzt, freilich aus unterschiedlichen Gründen mit politischer Instabilität. In den wirtschaftlich schwachen Ländern Armenien und Moldau wird der demokratische Aufbau, auch wegen der Konfliktherde Berg-Karabach und Transnistrien, noch lange Zeit brauchen. Der Sonderfall Weißrussland wird seit 1996 vom autoritären Präsidialregime Lukaschenkos geführt, aus dem freilich in den letzten Monaten Zeichen der Annäherung an die EU kommen.

Eine freilich wenig erfreuliche Gemeinsamkeit gibt es im südlichen wie im östlichen Nachbarschaftsraum der EU, nämlich in der reichlichen Zahl an Konflikten, die auch die ENP negativ beeinflussen: Vor allem der Nahost-Konflikt mit weltpolitischer Dimension, der um die Jahreswende 2008/2009 erneut im Gazakrieg ausgebrochen ist, und der regionale Konflikt zwischen Algerien und Marokko im Süden ebenso wie die vier Regionalkonflikte im Osten: Transnistrien, Berg-Karabach, Abchasien und Südossetien, die spätestens seit dem georgisch-russischen Krieg im August 2008 leider überregionale Dimensionen angenommen haben.

Eine weitere bedauerliche Übereinstimmung in allen Nachbarländern scheint es im Vergessen der Beteiligung der Zivilgesellschaftlichen Organisationen (ZGO) zu geben: Erstens in den Entstehungsprozessen der ENP-Aktionspläne, abgesehen von den diesbezüglich positiven Ausnahmen Ukraine und Israel. Zweitens hat die EK auf die notwendige Beteiligung der zivilgesellschaftlichen Organisationen wohl erst bei der Umsetzung der AP gedrängt, worauf im nächsten Kapitel an jeweils zwei Ländern im Süden und im Osten hingewiesen wird.

2 Aktuelle Bestandsaufnahme

2.1 Generelle Feststellungen

Da die ENP auf den bestehenden Partnerschaft- und Kooperations-Abkommen (PKA) aufbaut und es solche völkerrechtlichen Verträge für Libyen, Syrien und Weißrussland noch nicht gibt, wurden mit diesen Ländern bisher auch keine AP erarbeitet. So konnten weder mit diesen drei ENP-Ländern noch mit Algerien bisher ein AP vereinbart werden, obgleich mit diesem nordafrikanischen Staat ein Partnerschaftsabkommen besteht. Gleichwohl stellt die EK auch zu diesen vier Ländern einige Fortschritte in den bilateralen Beziehungen mit der EU fest:

- Mit *Algerien* kommt die „Umsetzung des Assoziationsabkommens gut voran“, das Ende 2005 abgeschlossen wurde; nach offizieller Lesart „vertiefen sich die Beziehungen rasch“ und im März 2008 beschloss der „Assoziationsrat“, ein gemeinsames Arbeitsprogramm mit Schwerpunkt auf den beiderseits wichtigen Bereichen Energie und Migration vorzulegen.

- In den Beziehungen zur islamischen Volksrepublik und Energiemacht *Libyen* sieht die EK in den vergangenen Jahren derartige Verbesserungen, auch wenn das Regime von Oberst *Gaddhafi* weitgehend undurchsichtig und despotisch bleibt, dass sie „die Aushandlung eines ehrgeizigen, umfassenden Abkommens insbesondere mit diesem wichtigen Land" im Februar 2008 vorschlägt. Freilich mehren sich kritische Stimmen insbesondere im EP dagegen, dass das Interesse an Energielieferungen nicht die anhaltenden Verstöße universaler Werte außer Acht lassen darf.
- Ein Ausbau der Beziehungen zu *Syrien*, die weiterhin auf dem „Kooperationsabkommen" von 1977 basieren, wäre laut der EK auf der Grundlage des 2008 im Entwurf vorliegenden Assoziationsabkommens möglich, wenn „die politischen Umstände dies zulassen".
- In den Beziehungen der EU zu *Weißrussland* ist nach Jahren der Funkstille in den letzten Monaten Bewegung gekommen. Nachdem der autoritäre Präsident Lukaschenko politische Häftlinge freigelassen hat, wurde das Einreiseverbot für weißrussische Führungspersonen seitens der EU aufgehoben. Im Herbst 2008 kam es zum Besuch des Außenministers von Belarus in Brüssel. Nachdem die EK seit jüngerem auch in Minsk eine eigenständige Delegation unterhält, kann sie die seit den 1990er Jahren bestehenden „Beziehungen zur belarussischen Zivilgesellschaft vertiefen".[7]

Mit den anderen zwölf ENP-Ländern hat die EU seit 2005 Aktionspläne abgeschlossen, wobei der AP mit Ägypten bisher (Frühjahr 2009) noch nicht ratifiziert ist. In der Regel wurde ein Zeithorizont von drei Jahren für die Umsetzung der AP vereinbart. In den seit 2006/2008 vorgelegten Fortschrittsberichten über die bisherige AP-Umsetzung bescheinigt die EK einerseits sichtbare Verbesserungen, insbesondere in den wirtschaftlichen Beziehungen, andererseits werden sensible politische Bereiche nur lapidar oder gar nicht erwähnt. Das liegt sowohl am genannten Grundsatz der gemeinsamen Verantwortung, der offensichtlich auch die gemeinsame Redaktion der Evaluationsberichte einschließt, als auch am diplomatischen Interesse der EU, mit allen ENP-Ländern gute Beziehungen im Sinne des Konzepts „Ring von Freunden" aufzubauen bzw. zu erhalten, weitgehend unabhängig von den innenpolitischen Entwicklungen in den betroffenen Ländern.

Die im September 2007 in Brüssel abgehaltene Konferenz der EK mit den Regierungen aller ENP-Länder, an dem das EP und die nicht-staatlichen Akteure symbolisch beteiligt wurden, machte im Ergebnis deutlich, dass „die EU entschlossen ist, mit ihren Partnerländern zusammenarbeiten, die entschlossen sind, die Europäische Nachbarschaftspolitik auf ihre Weise mitzugestalten".[8]

Von Beginn an standen die Vertreter des ENP vor einem Dilemma: Entweder haben die in den AP eingeleiteten Maßnahmen keine bzw. recht schwache Wirkung, dann werden die von Anfang an vorhandenen Kritiker, insbesondere in den osteuropäischen Nachbarländern, wie in der Ukraine, in Moldau und in Georgien, Oberwasser erhalten. Oder die ENP-Maßnahmen zeitigen erfolgreiche Wirkungen und verstärken den Ruf nach spezifischen und „verstärkten" Abkommen mit der EU. Und dies mit dem erklärten Ziel seitens der osteuropäischen Staaten baldmöglichster Mitgliedschaft. Im Kern ist in der fast fünfjährigen Geschichte der ENP der Versuch unter den Hauptakteuren der EU zu erkennen, einen Mittelweg zu finden. Es geht darum, die Balance zwischen politischer Glaubwürdigkeit in

7 Ebenda, Seite 18.
8 So die EK in ihrer Mitteilung vom 5.12.2007 und ausführlich im zitierten Fortschrittsbericht vom 3.4.2008.

Bezug auf den EU-Vertrag einerseits und der Abwehrfront gegenüber neuer Mitglieder unter den Gründungsmitgliedern der EU zu halten, die sich aus ökonomischen und politischen Gründen seit 2004 formiert hat. Demgegenüber formiert sich seit 2007 unter den neuen EU-Mitgliedern, namentlich in Polen, der Gegendruck, den osteuropäischen Ländern zumindest der Ukraine und Moldau eine erkennbare Beitrittsperspektive einzuräumen.

Alle östlichen Nachbarländer sind als Mitglieder des Europarates (einschließlich Weißrussland, allerdings ist dessen Mitgliedschaft angesichts Lukaschenkos autokratischem Regime „eingefroren“) und der OSZE seit einem Jahrzehnt Verpflichtungen gerade in Bezug auf Menschenrechte, Grundfreiheiten und Rechtsstaatlichkeit eingegangen. Folgerichtig konzentrieren sich die EU-Prioritäten in den AP auf diese Bereiche im Sinne der gemeinsamen europäischen Werte und Standards. Im Süden orientiert sich die Reformagenda in den AP an den universellen Erklärungen der Vereinten Nationen, die alle ENP-Länder ratifiziert haben. Freilich gibt es im System dieser zwischenstaatlichen Institutionen weder ein politisches Monitoring noch im Falle von Regelverstößen finanzielle Sanktionsmöglichkeiten. Bei den ENP-Ländern im Nahen Osten (Israel, Besetzte palästinische Gebiete, Libanon und Syrien) wird der gesamte Prozess der Entstehung und Umsetzung der AP von den anhaltenden übergreifenden Konflikten und gewaltsamen Auseinandersetzungen überschattet, so dass es trotz erheblicher Anstrengungen seitens der EU kaum gelungen ist, die vereinbarten AP-Reformen tatsächlich voranzubringen.

Für die ENP-Länder, zumindest für die zwölf Staaten, mit denen bisher ein AP abgeschlossen wurde, liegt das allgemeine Interesse wohl darin, in größtmöglichem Maße an den Errungenschaften der EU teilzuhaben, insbesondere an wirtschaftlicher Stabilität und an größeren Märkten, an Erfahrungen mit Reformen sowie an kulturellen und zivilgesellschaftlichen Kontakten zwischen den Bevölkerungen.

Auf der bisher einzigen ENP-Konferenz der Außenminister im September 2008 und bei anderen Anlässen werden von der für die ENP verantwortlichen Außenkommissarin Ferrero-Waldner die Erfolge der ENP als „maßgeschneiderte Reformagenda“ gepriesen, bei der die EU die „ganze Bandbreite“ ihrer Außenpolitik einsetzen kann: “Von der Finanzhilfe zum Freihandel mit der Ukraine, von der Energiepolitik und der Justizreform zur inneren Sicherheit im Südkaukasus, von dem Einsatz für die Menschenrechte in Tunesien zur Vernetzung der Zivilgesellschaft in Marokko“.[9] Diese selbst attestierte Erfolgsbilanz wird an den nachfolgenden Bestandsaufnahmen der ausgewählten Länder im Einzelnen zu überprüfen sein: Im Süden an Ägypten und Marokko als die beiden bevölkerungsreichsten südlichen Nachbarn. Im Osten an der Ukraine als das mit Abstand größte Land der östlichen ENP-Länder und an Georgien, das spätestens seit August 2008 im Fokus des europäischen Interesses und darüber hinaus steht.

2.2 Bestandsaufnahme der bilateralen Beziehungen der EU mit den ENP-Ländern im Süden an ausgewählten Beispielen: Marokko und Ägypten

In der Einschätzung der politischen Entwicklungen seit Beginn der ENP gehört Ägypten zusammen mit Tunesien, Libyen und Syrien nach Auffassung der offensichtlichen Mehrheit der Analysten zu den autoritären Gesellschaften, die von Einparteien-Regimen oder

9 So Benita Ferrero-Waldner laut der Pressemitteilung der EK vom 16.11.2007.

von absolutistischen Monarchien regiert werden. Hingegen werden Marokko, Algerien, Jordanien und der Libanon zu den offeneren Gesellschaften gezählt, deren gegenwärtigen Autoritäten schrittweise Reformen einführen. Deshalb können diese Länder auch die stärksten Fortschritte in der tatsächlichen Umsetzung der ENP-Aktionspläne vorweisen. Israel und die besetzten palästinischen Gebiete sind bei dieser Bewertung als Sonderfälle aus unterschiedlichen Gründen ausgeklammert, zumal sie in regelmäßigen Abständen in kriegerische Gewalt verwickelt sind.

2.2.1 Ägypten

Mit nahezu 75 Millionen Einwohnern hat sich die Bevölkerung bei einem Wachstum von jährlich 2% seit 1980 verdoppelt. Ägypten ist das bevölkerungsreichste Land im gesamten Mittelmeerraum.[10] Die Ägypter sind zu 99% Araber, während unter den kleinen ethnischen Minderheiten die Nubier gewisse Bedeutung haben, weil sie um den Staudamm Nasser im Süden konzentriert leben. 80 bis 90% der Ägypter werden in divergierenden Statistiken als Muslime angegeben (weit überwiegend als Sunniten) und schätzungsweise 5 bis 15% als Kopten, einer relativ starken christlichen Gemeinschaft, was immer wieder zu Konflikten führt. Zu den verbleibenden Prozenten gehören andere Religionen, wie die Juden.

Ägypten mit einer der reichsten Kultur der Weltgeschichte wurde 1922 nach längerer Beherrschung durch Großbritannien politisch zwar unabhängig, blieb allerdings ökonomisch weiter in der Einflusszone der rivalisierenden Kolonialmächte Europas. In der formal geltenden Verfassung von 1971 ist eine Präsidialrepublik mit einer „Volksversammlung" festgeschrieben, in der freilich der direkt gewählte Staatspräsident mit Stützung seiner „Nationaldemokratischen Partei" als zentrales Machtinstrument autoritär regiert. Von Menschrechtsorganisationen aufgedeckte Grundrechtsverletzungen sind Folter in Polizeistationen, rechtsstaatswidrige Gerichtsverfahren und Pressezensur. Seit 1981 ist *Mohamed Mubarak* Staatspräsident, zuletzt 2005 auf sechs Jahre gewählt. Im November 2007 wählten die Delegierten seiner „Partei der Macht", in der wie anderswo Vetternwirtschaft und Korruption unleugbar sind, Sohn *Gamal Mubarak* in den neu gegründeten „Obersten Parteirat", was die Vermutung verdichtet, dass Präsident Mubarak der Etablierung einer Familiendynastie nicht abgeneigt zu sein scheint, wie dies Vater und Sohn Alijew in Aserbaidschan vormachten, ohne dass sein Land die Zugehörigkeit zum „Ring der Freunde" der ENP seitens der EU verloren hätte.

In den offiziellen Bestandsaufnahmen stellt Ägypten sein seit 2006 hohes Wachstum (über 7% für 2007) heraus, das insbesondere vom boomenden Tourismus und vom Transit durch den Suezkanal sowie von Öl- und Gasvorkommen getragen wird. Allerdings erscheinen die seit 2007 enormen Inflationsraten von geschätzten 29% für 2008 nur kleingedruckt, denn sie verringern die Kaufkraft der übergroßen Mehrheit einkommensschwacher Ägypter. Die seit 2004 eingeleiteten Wirtschaftsreformen haben bisher wenig an der anhaltenden sozialen Ungleichheit, Armut und an den Versorgungsengpässen geändert, die in den letzten Jahren zu heftigen Protesten, Streiks und Verhängung eines zweijährigen Ausnahmezustandes geführt haben. Daran haben kaum die staatlich kontrollierten, zahlenmäßig starken

10 Vgl. für aktuelle Basisdaten Fischer Weltalmanach 2009 (S. 47ff.), entsprechend auch für die drei andern analysierten Länder, ohne dies aus Platzgründen jeweils in den Fußnoten anzuführen. Wichtige Quelle zur aktuellen Bestandsaufnahme war die Konsultationssitzung der EK mit im ENP-Raum aktiven internationalen ZGO am 9.12.2008 in Brüssel, an dem der Autor als Beobachter beiwohnte.

Gewerkschaften mitgewirkt, die eher mithelfen, unabhängige Gewerkschaften im Keim zu ersticken. Die offizielle Arbeitslosenrate wird mit unter 10% beziffert, die allerdings eine hohe reale Arbeitslosigkeit verdeckt, was jedem interessierten Beobachter offensichtlich ist. Auffallend hoch ist der Anteil der Kinderarbeit, was die extremen Islamisten als Teil ihrer Kultur betrachten. Das gesamte Wirtschaftsleben Ägyptens spielt sich fast ausschließlich im schmalen Niltal, im breiten, ebenfalls fruchtbaren Nildelta mit der Hauptstadt Kairo, mit über 22 Millionen Einwohnern eine der größten Weltmetropolen, in der schmalen Suezkanalzone und in den Tourismuszentren am Roten Meer ab. Während politische Reformen nur sehr schleppend vorankommen, was von der kleinen, aber wachsenden Gruppe an kritischen Wissenschaftlern und zivilgesellschaftlichen Organisationen beklagt wird, ist eine wirtschaftliche Öffnung nach Europa und dem Westen durchaus erkennbar. So erreichten die ausländischen Direktinvestitionen 2007 eine Rekordhöhe. Ägypten hat ein Potential bei der Entwicklung erneuerbarer Energien, insbesondere Solar- und Windenergie, aufzuweisen und beteiligt sich in jüngst wachsendem Maße aktiv an der Energiezusammenarbeit zwischen der EU und den Ländern des Mittelmeerraums.[11]

Die Beziehungen Ägyptens zur EU basieren auf dem Assoziationsabkommen von Juni 2004 und auf dem im März 2007 gemeinsam vereinbarten Aktionsplan im Kontext der ENP. In dessen Finanzinstrument ENPI erhält Ägypten von 2007 bis 2013 die höchste Unterstützung unter allen südlichen Mittelmeerländern (für 2007-2010 sind 558 Mio. EUR zugeteilt), was auf Grund seiner Bevölkerung und seiner geostrategischen Bedeutung für die gesamte Großregion gerechtfertigt ist. In dem 2007 von der EK beschlossenen Strategiepapier sind die Prioritäten der Unterstützung bis 2011 aufgeführt. Laut diesen Basisdokumenten sind die ZGO als „wichtige Akteure" bei Entstehung und bei Umsetzung des ENP-AP auch in Ägypten anerkannt. Allerdings gab es tatsächlich bisher nur eine sehr geringe Beteiligung, vor allem weil das autoritäre Präsidialregime dies in der Praxis nicht wünscht und weil unabhängige NGO's nicht stark genug sind, um sich Gehör zu verschaffen, was auch in den Berichten seitens der EK bestätigt wird.[12] In den letzten Jahren sind laut dieser Zwischenberichte bei den politischen Reformprojekten bestenfalls Stagnation, meist sogar Rückschritte festzustellen. Fortschritte sind dagegen bei gesellschaftlichen Projekten, beispielsweise zur Verbesserung der Lage von Frauen und Kindern, zu verzeichnen, da diese das autoritäre Regime nicht in Frage stellen, im Gegenteil es objektiv gegenüber den Protesten aus der verarmten Teilen der Gesellschaft stabilisieren. Bei den wirtschaftlichen Großprojekten, wie in der Umgebung des Nasser-Staudamms im Süden, wird von den ägyptischen Autoritäten ein radikal-neoliberales Vorgehen gegenüber den Interessen der lokalen Bevölkerung, wie der nubischen Minderheit, an den Tag gelegt und deren Proteste mit dem unbewiesenen Verdacht islamisch-terroristischer Aktivitäten in Verbindung gebracht. Die in den Touristenzentren tatsächlich verübten Gewaltakte werden gerade in Ägypten seit dem 11. September 2001 als Begründung für Reformverweigerung und gegen gesellschaftliche Öffnung instrumentalisiert, woran das verstärkte Engagement der EU im Rahmen der ENP bisher nichts Wesentliches ändern konnte. Auf den polischen Baustellen Rechtsstaatlichkeit mit unabhängigen Gerichten und transparenten Verfahren,

11 So der Bericht der EK im entsprechenden Kapitel vom 3.4.2008, S. 7, vgl. auch die Presseerklärung der EK vom 2.12.2008 und den aktuellen Hintergrundbericht in LIBERATION vom 23.11.2008.

12 Vgl. Zwischenbericht von EUROSTEP zu Ägypten auf seiner Tagung „Towards a peoples Partnership in the ENP", Brüssel, November 2008, S. 3ff.; vgl. auch die Schlussfolgerungen im „Progress report" der EK zum AP, Brüssel April 2008, S.15.

Schutz der Menschenrechte auch für oppositionelle Minderheiten, tatsächliche Versammlungs- und Meinungsfreiheit sowie zumindest gradueller Abschaffung von Folter und barbarischer Vollstreckung von Todesstrafen kann auch die wohlwollend-diplomatische Redaktion in den EK-Berichten keine Fortschritte, sondern eher Rückschritte vermelden.

Freilich gibt es im politischen Dialog betreffend außenpolitischer Fragen Erfolge zu verzeichnen: Im Nahost-Konflikt spielt Ägypten seit längerem eine vermittelnde, auf friedliche Lösungen drängende Rolle, gegenwärtig vor allem zwischen den verfeindeten palästinensischen Fraktionen El Fatah und Hamas.

2.2.2 Marokko

Mit rund 32 Millionen Einwohnern ist Marokko das drittgrößte Land (nach Ägypten und knapp hinter Algerien mit 33 Millionen) unter den südlichen Nachbarstaaten der EU. Diese sind zu ca. 60% arabischsprachige Marokkaner und zu 30-40% Berber. Unter den ca. 60.000 ständig ansässigen Ausländern ist die ehemalige Kolonialmacht Frankreich am stärksten vertreten. Neben den offiziellen Sprachen Arabisch und Berbersprachen in deren mehrheitlich bewohnten Gebieten ist Französisch Verkehrssprache, zumindest in den Bildungsschichten. In religiöser Hinsicht sind die Marokkaner zu 99% Muslime (davon zu 90% Sunniten) und das verbleibende Prozent teilen sich Christen und Juden. In der geltenden Verfassung von 1992 ist die parlamentarische Monarchie verankert, in dem das Parlament mit einer alle fünf Jahre gewählten Abgeordnetenkammer und einer alle neun Jahre indirekt gewählten „Ratskammer" wachsende Bedeutung erhält. Der seit 1999 amtierende König Mohammed VI. hat sich mehr und mehr für politische Reformen offen gezeigt, was ihm vergleichsweise hohes internationales Ansehen verschafft hat. In der seit 2007 amtierenden Regierung aus 34 Kabinettsmitgliedern sind sieben weiblichen Geschlechts, was in einer islamischen Monarchie ungewöhnlich ist, ebenso wie die Einrichtung eines „Versöhnungs- und Fairnesskomitees" in einer mehr und mehr pluralistisch werdenden Gesellschaft. In der Innenpolitik steht der Kampf gegen islamische Fundamentalisten seit Jahren an oberer Stelle der Regierungsagenda, ohne aber so demonstrativ-autoritäre Formen anzunehmen wie in Ägypten. Offenkundig bemüht sich vor allem der König darum, „die Ausbreitung des islamischen Fundamentalismus in seinem Land herunterzuspielen".[13]

Außenpolitisch ist das Hauptproblem die seit langem anhaltenden Differenzen mit dem algerischen Nachbarn einschließlich der seit 1994 anhaltenden Grenzschließung wegen dessen Unterstützung der Polisario – Befreiungsfront in Westsahara, das Marokko beansprucht. Hinter diesem Konflikt um eine von Nomaden besiedelte Region der Sahara (mit insgesamt ca. 300.000 Einwohnern) steht die tief verwurzelte Rivalität zwischen den beiden arabischen Bruderländern um die regionale Vormacht im Maghreb und wohl auch über die Sahara.

Das wirtschaftliche Wachstum von ca. 5-8% in den letzten Jahren basiert auf einem relativ großen Anteil an Dienstleistungen, insbesondere in den breiten touristischen Angeboten, und auf Rücküberweisungen aus der ansehnlichen Diaspora auf dem europäischen Kontinent. Im Außenhandel dominieren weiterhin Agrarprodukte. Wie in den meisten Entwicklungsländern ist auch die Vermögens- und Einkommensverteilung in Marokko sehr ungleich. Wachsende Arbeitslosigkeit von gegenwärtig ca.15% nach offizieller Statistik

13 Fischer Weltalmanach, Frankfurt 2009, S. 322. Vgl. auch die laufenden Berichte in den Tageszeitungen mit ständigen Korrespondenten, wie der Süddeutschen Zeitung vom 3.12.2008.

und real schätzungsweise in doppelter Prozentzahl sowie krasse Armut führten zu Protesten und Blockaden mit gewaltsamen Auseinandersetzungen in mehreren Städten Marokkos.

Das immer enger werdende marokkanisch-europäische Verhältnis geht zurück auf das erste Kooperations-Abkommen von 1976. Die gegenwärtigen Beziehungen basieren auf dem Assoziations-Abkommen, unterzeichnet 1996 und von allen EU-Ländern der EU bis März 2000 ratifiziert sowie auf dem ENP-AP mit 12 Aktionsbereichen vom Juli 2005, ausgelegt zur Umsetzung auf 3 bis 5 Jahre. Im ENPI sind von 2007-2010 für Marokko 654 Mio. EUR zugeteilt. Bei der Unterstützung politisch-institutioneller Reformschritte kann die Mitgliedschaft Marokkos in der „Venedig-Kommission" (Expertenorgan zur Unterstützung konstitutioneller Reformen) des Europarates von Bedeutung sein, zumindest als Signal zur Annäherung an europäische Werte und rechtsstaatliche Verfahren. Jüngst hat Marokko auch die Europäische Konvention der Menschenrechte und Grundfreiheiten unterzeichnet, was das wichtigste Dokument des Europarates ist. In Bezug auf die aktuellen Beziehungen zur EU bescheinigen selbst kritische Beobachter, die durchaus noch Nachholbedarf bei der tatsächlichen Respektierung der Menschenrechte sehen, der gegenwärtigen Führung Marokkos eine vergleichsweise sehr konstruktive Haltung. Diese anerkennende Einschätzung wird selbst von den oppositionellen linken Parteien und Gewerkschaften sowie von den gemäßigten islamischen Gruppierungen geteilt. Bei der Umsetzung von ENP-Projekten wirken auch die selbstbewussten Marokkaner aus der europäischen Diaspora mit, insbesondere diejenige in Frankreich und Spanien. Mehr als 60% des Außenhandels wickelt Marokko mit der EU ab, vor allem mit Nahrungsmitteln und Textilien. Vom Assoziationsrat EU-Marokko im Oktober 2008 wurde ein Maßnahmenpaket verabschiedet, das die Ausarbeitung eines umfassenderen Freihandelsabkommen (durch Ausbau des im Februar 2004 in Agadir unterzeichneten Abkommens, das seinerzeit als wirtschaftliches Integrationsmodell für die gesamte Region galt), die schrittweise Einbindung Marokkos in mehrere sektorale Politiken der EU und die Intensivierung des Austauschs zwischen den Bürgern der EU und Marokkos vorsieht. In politischer Hinsicht betreffen die Vorschläge vor allem das Abhalten von ad hoc einberufenen Gipfeltreffen, die Mechanismen zur Abstimmung auf Ministerebene und die Aushandlung eines Rahmenabkommens über die Beteiligung Marokkos an Krisenbewältigungsmaßnahmen der EU. Deren Zahl wächst seit einiger Zeit stark, insbesondere auf dem afrikanischen Kontinent.

Im Fazit stellt die EK im Fortschrittsbericht vom April 2008 einerseits eindeutige rechtliche Fortschritte fest, wie die Rechenschaftspflicht von Regierungsmitgliedern gegenüber der Justiz und beim Ausbau der kommunalen Selbstverwaltung fest, andererseits gibt es weiterhin erhebliche Spannungen in der Gesellschaft, insbesondere seitens traditioneller islamischer Kreise im Königreich gegenüber den europäisch orientierten Reformkräften und ZGO's, vor allem wenn diese vom westlichen Ausland unterstützt werden.[14] Das zwischen den Exekutiven der EU und Marokkos oben zusammengefasste Reformpaket zur Intensivierung ihrer Beziehungen kann zwar in bürokratischen Gremien professionell vereinbart werden, bedarf aber zur gesellschaftlichen Akzeptanz zusätzlicher Anstrengungen, wie der Intensivierung der Beziehungen zwischen Parlamentariern, von lokalen Gebietskörperschaften sowie von Wirtschafts- und Gewerkschaftsvertreten und von unabhängigen ZGO's. Insgesamt kann man das gegenwärtige Marokko als Avantgarde der südlichen

14 Siehe „Fortschrittsbericht" der EK zu Marokko vom 3.4.2008, S. 4 und aus zivilgesellschaftlicher Sicht *Annegret Bendiek*, Visibility and perception in ENP countries, Brussels 2008, S. 95.

ENP-Länder bezeichnen, dessen Ausstrahlungskraft in Europa noch wachsen würde, wenn Marokko seine nachbarlichen Konflikte insbesondere mit Algerien lösen könnte.

2.3 Bestandsaufnahme der multilateralen EU-Beziehungen mit den ENP-Ländern im Süden: Euro-Mediterrane Partnerschaft/Barcelona-Prozess

Die EU fängt bei der Zusammenarbeit mit den ENP-Ländern im Süden nicht bei Null an. Insbesondere in Bezug auf den westlichen Mittelmeerraum blickt sie, wie am Beispiel Marokkos in bilateraler Beziehung gesehen, auf eine lange Vorgeschichte zurück: von der Mittelmeerpolitik seit Anfang der Siebziger Jahre bis zur Entwicklung des Barcelona-Prozesses seit Mitte der 1990er Jahre in mehreren Etappen. Allen südlichen Mittelmeerländern wurde von der EG/EU Assoziationsabkommen angeboten und mit den meisten auch zwischenzeitlich abgeschlossen.[15] Darin und in den Gründungsdokumenten der Euro-Mediterranen Partnerschaft (EMP) wurde stets von EU-Seite auf die Notwendigkeit der regionalen Kooperation hingewiesen, also auf die Gleichzeitigkeit von bilateralem und multilateralem Handeln. Freilich schien in der Praxis des Barcelona-Prozesses für die regionale Zusammenarbeit unter den südlichen Mittelmeer-Staaten selbst wenig Enthusiasmus aufzukommen. Die 1995 in Barcelona ins Leben gerufene EMP umfasste neben der EU zunächst zehn, wenig später zwölf Länder des südlichen Mittelmeerraums: Acht arabische Länder von Marokko über Ägypten bis Syrien sowie Israel, die Türkei, Zypern und Malta. Libyen und Mauretanien wurden Beobachter. Mit dem Beitritt der beiden letztgenannten Mittelmeerinselstaaten und der Aufnahme von Beitrittsverhandlungen mit der Türkei schrumpfte die Partnerschaft auf die arabischen Länder und Israel zusammen. Die mit der EMP beabsichtigte Schaffung eines „Raumes des Friedens, der Stabilität und des gemeinsamen Wohlstandes“ stieß schon bald an ihre Grenzen: Die Ausgangsprämisse, wonach der Nahostkonflikt einer friedlichen Lösung zusteuere, geriet schon 1996 ins Wanken und mit dem Ausbruch der zweiten Intifada im Jahre 2000 brach sie zusammen. So zeigte sich die Störanfälligkeit der euro-mediterranen Partnerschaft durch die wechselhafte Entwicklung der Beziehungen zwischen dem vom Westen mehrheitlich unterstützten Israel und dem Palästina im Werden, das seinerseits von der Arabischen Liga und allen arabischen Staaten unterstützt wurde.

Auch die zweite Prämisse des Barcelona-Prozesses, dass es „ohne Demokratie im Mittelmeerraum weder Frieden noch Stabilität noch wirtschaftliche Entwicklung geben kann“[16], kam nicht zum Tragen. Mit den Terroranschlägen vom 11. September 2001 änderte sich die politische Großwetterlage auch im Mittelmeerraum. Der von den USA geführte Kampf gegen den Terrorismus, von George W. Bush mit einer anti-islamischen Note versehen, trat in den Vordergrund. Damit war die EU auf die Kooperation mit den mehr oder weniger autoritären Präsidialregimen oder Monarchien angewiesen und das ursprüngliche Ziel der Demokratisierung, auch als Bedingung für dauerhaften Frieden, trat in den Hintergrund.

---

15 Einzelheiten bei Eberhard Rhein, Die EU und der Mittelmeerraum, in: *Werner Weidenfeld* (Hrsg.): Die Europäische Union – Politisches System und Politikbereiche, Bonn 2004, S. 521-538.

16 Siehe Gründungsdokumente der Europa-Mittelmeer-Partnerschaft, Barcelona 1995 und die Begleittexte zur Mitteilung der Kommission betreffend die „Verstärkung der Europäischen Nachbarschafts-Politik“ vom 4.12.2006.

Bei dem Gipfeltreffen von 2005 zum zehjährigen Geburtstag der EMP in Barcelona wurde ein Arbeitsprogramm für die kommenden fünf Jahre, also bis 2010 beschlossen, das die multilaterale Zusammenarbeit in allen Bereichen neu beleben sollte. Zur Unterstützung des Barcelona-Prozesses hat die EU seit 1995 mehr als 16 Milliarden EUR bereitgestellt, ohne die zusätzlichen Mittel aus den Haushalten anderer EU-Organe einzurechnen. Zu den Erfolgen der Zusammenarbeit im Rahmen dieses Prozesses zählt weniger die intergouvernementale Architektur mit ungezählten Treffen von Ministern, hohen Beamten und von beiden Seiten bestellten Experten aus fast allen Ressorts, die wohl oft als leidige Routinetreffen ohne konkrete Folgen verkamen. Vielmehr sind die nicht-gouvernementalen Aktivitäten hervorzuheben, insbesondere:

- Die Berichte und Debatten in der Parlamentarischen Versammlung Europa-Mittelmeer (APEM = "Assembly for the Partnership Europe-Mediterranean"), mit einer Vielzahl von Berichten und Arbeitspapieren zu den Schwerpunktbereichen.
- Die vielfältige Zusammenarbeit im Rahmen des Europäischer Wirtschafts- und Sozialausschusses, in dem inzwischen ein „Netz von Wirtschafts- und Sozialräten" aufgebaut wurde. Selbst in autoritär geführten Staaten, wie Tunesien, gibt es im regelmäßigen Turnus multilaterale Treffen der nicht-staatlichen Akteure aus dem sozialen und wirtschaftlichen Sektor.
- Im Rahmen des Ausschusses der Regionen als dem zweiten formellen EU-Beratungsorgan gibt es ebenfalls wachsende Kooperationen zwischen den lokalen und regionalen Gebietskörperschaften im Mittelmeerraum.
- Erwähnenswert ist auch die reichhaltige Fülle von mehr informellen Arbeitsstrukturen, wie den vielfältigen NGO's, Think tanks, Plattformen wie das „GO-Euromed Consortium" der Freien Universität Berlin mit wissenschaftlichen Experten aus praktisch allen EMP-Ländern oder von EUROSTEP im Rahmen der „Social NGO Platform" in Brüssel.
- Die Forschungs-, Bildungs- und jugendpolitischen Einrichtungen, z.B. das „Euromed Youth Forum", in dem die politischen Eliten der kommenden Generation regelmäßig sich austauschen, was namentlich in den konservativ geführten arabischen Ländern heiße Kontroversen auslöste.
- Nicht zuletzt sei die „Europa-Mittelmeer-Fazilität für Investitionen und Partnerschaft" (FEMIP) angeführt, aus deren Mitteln den Mittelmeerpartnern Darlehen von bisher mehr als zwei Milliarden EUR gewährt wurden.[17]
- Gleichermaßen sei die Arbeit der EU geförderten Anna-Lindh-Stiftung mit Sitz in Alexandria gewürdigt, in deren Rahmen ein multilaterales Netzwerk von mindestens 1500 zivilgesellschaftlichen Organisationen in wenigen Jahren aufgebaut wurde, das inzwischen in allen an der EMP beteiligten Länder vertreten ist.

In der Gesamt-Bewertung des Barcelona-Prozesses bis Mitte 2008 gibt es auch in der Schar unabhängiger Analysten unterschiedliche Stimmen. Für die einen hat die EMP und die mit ihr verknüpften bilateralen ENP-Länderabkommen „die Region des Nahen/Mittleren Os-

17 Siehe EK-Bericht vom 11.7.2008, S. 2f. Vgl. auch den EWSA-Bericht über den „Euromediterranean Summit of Economic and Social Councils and similar institutions", Rabat 14-16. Oktober 2008, an dem die "Union of Mediterranean Confederations of Enterprises" und das "Trade Union Forum" beteiligt waren.

tens und Nordafrikas bislang künstlich getrennt".[18] Sie legen eine geopolitische Ausdehnung der EU-Mittelmeer-Kooperation nahe, aufgenommen in der Totalkritik seitens der Sarkozy-Berater, die im letzten Kapitel zu dem neu angelaufenen Konzept der „Union für das Mittelmeer" behandelt wird. Demgegenüber sehen andere Beobachter, zu denen auch der Autor gehört, die Überdehnung mit 39 Regierungen aus sehr unterschiedlichen Staaten mit zusammen mehr als 750 Millionen Einwohnern als Ursache für die Schwächen im Barcelona-Prozess. Zudem überschattet der kriegerische Nahostkonflikt als Hauptproblem seit Jahrzehnten alle Kooperationen im EMP-Raum. In Zeiten verschärfter Krise wurde die Beziehungen auf arabische Veranlassung sogar kurzzeitig ausgesetzt, und die verschärften Auseinandersetzungen zwischen den verfeindeten Führern von El Fatah und der vom Iran unterstützten Hamas-Bewegung hat auch Gräben unter den arabischen Staaten aufgerissen. Darüber hinaus kann man als weitere Ursache der Defizite im bisherigen Barcelona-Prozess eine institutionelle Asymmetrie festhalten, d.h. dass von europäischer Seite die EU-Organe in den Begegnungen mit den südlichen Mittelmeerländern als Block auftreten. Bei näherer Betrachtung werden freilich unterschiedliche Interessen und Prioritäten zwischen den 27 EU-Mitgliedstaaten sichtbar. Gleichwohl ist richtig, dass die südlichen Partnerländer in vielfacher Hinsicht zersplittert sind und bisher keine einheitliche Strategie entfaltet haben. Letztlich scheint mir, dass die südlichen Mittelmeerländer vor allem am Ausbau der bilateralen Wirtschaftsbeziehungen mit der EU interessiert sind, um ein jeweiliges Maximum an Vorteilen für ihr Land heraus zu holen. Dieses oft in den offiziellen Erklärungen und Vereinbarungen unausgesprochene Primat ist so stark, dass sie auch die subregionale Zusammenarbeit, wie zwischen den drei relativ entwickelten Maghrebländern, dominiert.

2.4 Bestandsaufnahme der bilateralen Beziehungen zum Osten an ausgewählten Beispielen: Ukraine und Georgien

2.4.1 Ukraine

Die Ukraine ist mit rund 47 Millionen Einwohnern der mit Abstand größte Staat unter den östlichen Nachbarn der EU, fast mit doppelter Bevölkerungszahl als die anderen fünf Länder im Osten zusammen (natürlich mit Ausnahme Russlands, das sich nicht zu den ENP-Staaten zählt). Statistiken nach ethnischer Zugehörigkeit weisen ca. 78% der Einwohner als Ukrainer und 17% als Russen aus, wobei viele Ukrainer im Osten und auf der Halbinsel Krim eher Russisch sprechen. Unter den kleinen Minderheiten sind vor allem Weißrussen und Polen zu erwähnen.[19] Nach der Unabhängigkeit 1991 und der Verfassung von 1996 hat vor allem die „Orangene Revolution" zur Jahreswende 2004/2005 die gegenwärtige politische Wirklichkeit geprägt, in der die drei politischen Blöcke "Partei der Regionen" (Janukowytsch), Block Tymoshenko und „Bündnis Unsere Ukraine" (Juschtschenko) um die Vormachtstellung rivalisieren und zwei kleinere Abgeordnetengruppen, die Kommunistische Partei und „Block Lytwyn", Zünglein an der Wage sein können. Im innenpolitischen

18 So *Andrä Gärber* in der FES-Publikation, Der Nahe/Mittlere Osten und Nordafrika – Die blockierte Region am Scheideweg, Berlin 2007, S. 24.

19 Vgl. *Ernst Piehl*, Die Ukraine, in: *Piehl/Schulze/Timmermann,* Die offene Flanke der Europäischen Union, Berlin 2005, S. 333 ff.. Aus den vielen aktuellen Berichten wurden neben den regelmäßigen Berichten der EK Stimmen aus der Ukraine zu Rate gezogen, wie *Mykola Riabchuk* in der „Zeit" vom 20. November 2008.

Befund kann man einerseits Unübersichtlichkeit und unglaubliche Turbulenzen feststellen, die bisweilen zu mehrwöchigen Blockaden und Schlägereien im Parlament führen, also wenig Anlass zur Bescheinigung von „good governance" geben. Andererseits gehört die heutige Ukraine zu den wenigen Ausnahmen unter den ENP-Ländern, in denen tatsächlich faire, freie und transparente Wahlen sowie danach friedliche Machtwechsel stattfinden. Zu den politischen Erfolgen des demokratischen Aufbruchs 2004 gehören unbestritten die Meinungs- und Versammlungsfreiheit sowie nicht zuletzt die Vielfalt unabhängiger Medien. All dies hat zumindest seit fünf Jahren Bestand, was bisher kein anderes der östlichen Nachbarländer aufweisen kann. In diesem für postsowjetische Länder bisher einzigartigem Politikrahmen (abgesehen natürlich von den baltischen Republiken, die seit 2004 Mitglieder der EU sind) ist erklärlich, dass trotz aller innen- und außenpolitischen Turbulenzen zur Jahreswende 2008/2009 eine Konsolidierung des demokratischen Prozesses konstatiert werden kann.

Wirtschaftlich hat die Ukraine infolge seiner Größe an Einwohnern und Fläche, seiner trotz vieler Krisen enormen Agrarproduktion, die freilich nur zu einem Achtel exportfähig sind, und als wichtiges Transitland für Öl und Gas starke Potentiale, die in den letzten Jahren zu hohen Wachstumsraten von durchschnittlich rund 7% beigetragen haben. Freilich sind diese Wachstumsraten mit den höchsten Inflationsraten (über 16% 2007 und vermutlich über 25% 2008) im mittel-osteuropäischen Raum gepaart und nach Schätzungen fast zur Hälfte in der Schattenwirtschaft entstanden, also ohne Steuern und Sozialabgaben, was verheerende Wirkungen in mangelnder Infrastruktur sowie im Sozial- und Gesundheitswesen der Ukraine hat. Zu den wirtschaftlichen Hauptproblemen gehören in der Ukraine wie anderswo die hohe Arbeitslosigkeit und die damit verbundene wachsende Armut. Beides trägt zur Arbeitsemigration von Millionen Ukrainern bei. Diese meist jungen und vergleichsweise gut ausgebildeten Emigranten verteilen sich gegenwärtig laut ukrainischen Schätzungen wie folgt: Rund 3-5 Millionen nach Russland, von denen viele aus Jahrhunderten gemeinsamer Geschichte familiäre Beziehungen haben; 1,5 bis 3 Millionen in die EU, insbesondere in Polen, Spanien und Portugal. Gegenwärtig gehört die Ukraine zu den Ländern, die am stärksten unter der globalen Finanz- und Wirtschaftskrise leiden: Der Aktienmarkt ist um 80% eingebrochen. Die Landeswährung hat in diesem Jahr bereits über 40% gegenüber dem Euro verloren. Die Teuerung bei den Energiepreisen hält an, wozu auch die seit Jahren im Winter wieder kehrenden Konflikte mit Russland beiträgt.

Trotz einiger Fortschritte und vieler Absichtserklärungen hat die weit verbreitete Korruption laut vergleichenden Erhebungen von Transparency International nicht substantiell abgenommen. Insbesondere sind die oligarchischen Industrie- und Finanzgruppen in Wirtschaft und Politik weiterhin stark, zumal jetzt einige der reichsten Oligarchen ins Parlament gewählt wurden und als deren Mitglieder parlamentarische Immunität genießen.

Außenpolitisch dauern die seit dem Regimewechsel 2004 ausgebrochenen Auseinandersetzungen mit Russland an, gegenwärtig vor allem um die russische Schwarzmeerflotte, die bis 2017 im Hafen von Sewastopol auf der Halbinsel Krim stationiert ist. Völkerrechtlich gehört die Krim seit den 1950er Jahren zur Ukraine, aber de facto sind weder die zahlreich in der Hafenstadt lebenden Russen noch einflussreiche Kräfte in Moskau bereit, dies tatsächlich zu akzeptieren.

Die Beziehungen zur EU basieren auf dem im 1994 unterzeichnetem und 1998 in Kraft getretenem Partnerschafts- und Kooperationsabkommen (PKA) und auf der im Juni 1999 vereinbarten „Gemeinsamen Strategie", die durch die nachfolgenden politischen Ereignisse überholt wurden und weitgehend in Vergessenheit gerieten. Immerhin konnten auf dieser Rechtsbasis bis 2006 rund 1,2 Milliarden Fördergelder in eine Vielfalt von Projekten in der Ukraine investiert werden. Im ENPI sind für die Ukraine von 2007-2010 ca. 494 Mio. EUR vorgesehen. Die weltweit beachtete „Orangene Revolution" und die daraus entstandenen neuen Mehrheiten haben grundsätzlich die politischen Weichen für die Priorität der europäischen Perspektive der Ukraine gestellt, ohne normal nachbarschaftliche Beziehungen zu Russland zu vernachlässigen. Freilich haben einerseits die persönlichen Rivalitäten im Reformlager, namentlich zwischen den beiden orangenen Führungspersönlichkeiten Staatspräsident Juschtschenko und Ministerpräsidentin Timoschenko, den Annäherungsprozess verzögert, ebenso wie die Widerstände in einigen Mitgliedstaaten der EU, namentlich seitens der Mittelmeerländer, gegenüber einer ukrainischen EU-Integrationsperspektive. Gegenwärtig ist der im Februar 2005 in Kraft gesetzte Aktionsplan im Rahmen der ENP das Basisdokument, das aber aus ukrainischer Sicht so bald wie möglich von einem „verstärkten Abkommen" eingerahmt werden muss, das sowohl das PKA von 1998 ersetzt als auch den politischen Fortschritten in der Ukraine, wie den demokratischen Wahlen und Medienfreiheit, Rechnung trägt, die bisher in keinem anderen ENP-Land erreicht worden sind. Dieser neuen Lage soll im neuen bilateralen „Assoziations-Abkommen (AA)" für eine Vertiefung der Integration auf allen gemeinsam mit der EU festgelegten Feldern entsprochen werden. Die Bezeichnung „Assoziations-Abkommen" ist identisch mit Titel und Struktur der Abkommen, die die EU in den 1990er Jahre den Ländern Mitteleuropas gegeben hat, bevor sie 2004 und 2007 Mitglieder wurden. Nach gemeinsamer Auffassung der Ukraine und der EK kann das AA im 2. Halbjahr 2009 unter schwedischer EU-Ratspräsidentschaft unterzeichnet und danach von allen EU-Staaten ratifiziert werden, was freilich angesichts anhaltender Reserven von den südlichen EU-Staaten kein Selbstläufer sein wird.[20]

Unbestritten ist wohl, dass die Ukraine der seit 2004 unmittelbar an die EU angrenzende größte Nachbar ist und dass sie in der östlichen Dimension der ENP die meisten Schritte der Annäherung an den gemeinschaftlichen Rechtsbesitzstand vollzogen hat bzw. gut vorbereitet ist, wie die im Herbst 2008 begonnenen Verhandlungen zum Beitritt in den „Gemeinschaftlichen Energie-Vertrag" beispielhaft belegen.. Gleichermaßen sieht sich die gegenwärtige ukrainische Europapolitik im Unterschied zu jahrelanger, mehr oder weniger offener Opposition zur ENP jetzt als Vorreiter in der Umsetzung der AP und für dessen substantielle Weiterentwicklung. Dabei wird die Ukraine seit 2004 von Polen gezielt unterstützt, z.B. in dem dreijährigen Projekt „Support to sectoral reforms in Ukraine", dessen Ergebnisse im Dezember 2008 in Brüssel vorgestellt wurden, zeitgleich mit der Veröffentlichung des Vorschlags einer „Eastern Partnership" (EaP) durch die EK.

All dies ist Teil der europapolitischen Perspektive der gegenwärtigen Ukraine, die ihren Anspruch, gemäß Art. 49 Beitrittskandidat zu werden, in allen EU-Mitgliedstaaten befördern kann. Dies ist eine oft vergessene Bedingung für die Beitrittsperspektive, da für die Aufnahme von Beitrittsverhandlungen Einstimmigkeit notwendig ist. Möglicherweise würde das langwierige Bemühen um Zustimmung der politischen Mehrheiten in 27 Demokratien dadurch befördert, dass die ZGO in der Ukraine wie in der EU stärker an Erarbei-

20 So übereinstimmend der stellv. Ministerpräsident *Hryhoriy Nemyria*, der seit Jahren als Vertrauter der Ministerpräsidentin *Julija Timoshenko* für die gesamte Europapolitik die Weichen stellt und der stellv. Generaldirektor *Hughes Mingarelli*, der in der GD Auswärtige Beziehungen auf der Konferenz „European Opportunity for Ukraine-Future of the Eastern Partnership", Brüssel 8.12.2008.

tung und Umsetzung des neuen „verstärkten Abkommens“ beteiligt werden, auch um Mehrheiten für die langfristige Integration der Ukraine in die EU zu gewinnen. Bemerkenswert ist auch, dass sich in der Ukraine die Stimmen insbesondere in der jüngeren Generation mehren, die durch umfassende Reformierung, konsequente Umsetzung des Aktionsplans und durch aktive Beteiligung an beiden multilateralen Plattformen ihr Land einer „europäischen Perspektive“ näher bringen wollen. Freilich haben die technokratischen Kräfte in der politischen Elite der Ukraine noch keine tatsächliche Beteiligung der organisierten Zivilgesellschaft ermöglicht, um die gesellschaftlichen Umbruchprozesse angesichts der gerade im Transformationsland Ukraine gewaltigen Finanzkrise in gesellschaftlicher Solidarität zu bewältigen.

2.4.2 Georgien

Georgien ist überwiegend ein touristisch interessantes Gebirgsland mit Häfen am Schwarzen Meer mit wenig eigenen Ressourcen. Die Bevölkerung betrug 1991 etwa 5,4 Millionen und gegenwärtig schätzungsweise real rund 4 Millionen Menschen (nach offizieller Angabe 4,6 Millionen), einschließlich der beiden abtrünnigen Gebiete Abchasien (ca. 230 000) und Süd-Ossetien (ca. 70 000 Einwohner). Auf dem gesamten Territorium schrumpft die Bevölkerung sowohl wegen der sinkenden Geburtenrate als auch wegen der seit Jahren anhaltender Emigration. Laut aktueller Statistik teilt sich die Bevölkerung nach ethnischer Herkunft im Kernland ohne die beiden faktisch seit 1992 unabhängigen Gebiete etwa wie folgt auf: 84 % Georgier, 7% Aserbaidschaner und 6% Armenier; die übrigen 3% setzten sich aus etlichen Minderheiten zusammen, darunter 1,5% Russen.[21]

Die 1991 unabhängige Sowjetrepublik Georgien gab sich 1995 eine Verfassung als Präsidialrepublik mit Einkammer-Parlament, in der die bisherigen drei Staatspräsidenten, direkt vom Volk gewählt, zunehmend die gesamte Staatsgewalt beim Staatsoberhaupt und seiner Präsidialadministration konzentrierten. Im seit 2004 von Präsident *Saakaschwili* geführten Georgien, deren junge im Ausland ausgebildete Politikerelite ihr Land als Modell postsowjetischer Transformation preist, liegen die Reformerfolge vor allem im Bereich der Infrastruktur, in Polizei, Armee und Sicherheitsdiensten sowie der Stärkung der hierarchisch aufgebauten Administration. Dagegen sind in Bezug auf tatsächliche Gewaltenteilung, demokratische Transparenz und auf die Achtung von Menschen- und Minderheitenrechten Stagnation oder gar Rückschritte festzustellen. Insgesamt konnte man vor Ausbruch des Krieges festhalten, dass das gegenwärtige Georgien sicherlich effizienter, aber (noch) nicht demokratischer geworden ist. Die radikale Deregulierungs- und Privatisierungspolitik unter dem im Januar 2008 wieder gewählten Präsidenten, wenn auch mit deutlich schwächeren Ergebnis trotz einiger Wahlmanipulationen, hat in der Hauptstadt Tiflis zum Bauboom geführt. Zugleich wuchsen freilich die sozialen Disparitäten und die innergesellschaftlichen Auseinandersetzungen mit Massenprotesten im November 2007, die mit brutaler Gewalt seitens der Staatsmacht niedergeknüppelt wurden.[22] Bei den danach stattfinden Präsidentschaftswahlen und bei den Parlamentswahlen 2008 wurden von den internationalen Wahlbeobachtern einerseits einige Fortschritte im Vergleich zu vorangegangenen Wahlen attestiert. Andererseits wurden im „Georgien-Bericht“ der EK vom April 2008 verschiedene Defizite bemängelt, insbesondere die unausgewogene Darstellung der Kandida-

21 Vgl. Fischer Weltalmanach 2009, S. 188ff.
22 Belege im Einzelnen in meiner zitierten Studie für den EWSA, Fußnote 5, insbesondere S. 31 ff.

ten in den Medien, die Nutzung öffentlicher Mittel durch dem Präsidenten nahe stehenden Kandidaten, Versuche der Wählereinschüchterung und Unregelmäßigkeiten bei der Stimmenzählung und –auswertung. Insgesamt haben europäische Beobachter Mitte 2008 den Eindruck, dass die Staatsführung vorwiegend rhetorisch die Reformen zur Annäherung an die EU betreibt, während gleichzeitig medienwirksame, überwiegend patriotisch-nationalistische Auftritte des Präsidenten erfolgen, der sich als Akteur in der Weltpolitik nicht mit den Umsetzungen der zehn Aktionsbereiche im ENP-AP aufhält, was als eurokratischer Kleinkram abgetan wird.

Nach kräftigen Wachstumsraten von rund 10% in den Jahren 2006 und 2007, insbesondere dank ausländischer Investitionen, ist das Wachstum im Jahre 2008 vor allem wegen des August-Krieges und seinen Folgen deutlich geringer ausgefallen. Die ohnehin schon vorher hohe Arbeitslosigkeit von mindestens 14% 2006 und über 17% 2007 ist 2008 weiter gestiegen, insbesondere wenn man die von offizieller Statistik nicht erfassten Personen in der Schattenwirtschaft einrechnet. Die Inflation von 6% im Jahre 2007 wird vermutlich ebenfalls deutlich anwachsen, was die Kaufkraft der ärmeren Schichten besonders schrumpfen lassen wird. Abseits vom glitzernden Zentrum der Hauptstadt ist Armut und Verfall sowohl von privaten Betrieben als auch von öffentlicher Infrastruktur anzutreffen. Das in den vergangenen Jahren formal reformierte, tatsächlich aber verschärfte Arbeitsrecht, wonach Arbeitnehmer wegen ihrer Hautfarbe, Schwangerschaft oder Gewerkschaftszugehörigkeit entlassen werden können, fällt weit hinter europäische Werte und internationale Standards zurück, wie sie in den Konventionen der Internationalem Arbeitsorganisation in Genf und dem Europarat in Straßburg für alle Mitgliedsstaaten, darunter auch Georgien, verbindlich sind.

Die Beziehungen Georgiens mit der EU basieren auf dem 1999 in Kraft getretenen PKA und auf dem im November 2006 unterzeichneten AP im Rahmen der ENP. Trotz mancher Kritik namentlich am europapolitischen Verhalten des amtierenden Staatspräsidenten sollten die positiven Entwicklungen der ENP für Georgien wie für seine beiden Nachbarn nicht vergessen werden: Erstmals in der Geschichte dieser Länder ist ein politischer Dialog über alle wichtigen Herausforderungen für Staat und Gesellschaft entstanden, an der jetzt und partiell auch die ZGO beteiligt sind. In Georgien ist seit Mitte der 1990er Jahre eine lebendige NRO-Szene entstanden und die traditionellen Verbände, namentlich die Gewerkschaften, nähern sich europäischen Standards an, mehr als in Armenien und Aserbaidschan.

Im Spätherbst 2007 wurde mit der Umsetzung eines von der EU geförderten Pakets vertrauensbildender Maßnahmen in Abchasien und in Südossetien begonnen, doch sind nur sehr geringe Fortschritte in Richtung einer Beilegung dieser schwelenden Konflikte zu verzeichnen. Offenkundig fehlte bei den beteiligten Akteuren beider Seiten der politische Wille dafür, was am 7. August 2008 in die Tragödie des Krieges mit weit reichenden Folgen führte.

Im ENPI waren von 2007 bis 2010 ca. 120 Mio. EUR vorgesehen. In Folge des Georgien-Krieges seit August 2008 und im Lichte der internationalen Geberkonferenz vom 22.Oktober 2008 in Brüssel, auf der die enorme Summe von insgesamt ca. 3,5 Mrd. EUR vereinbart wurde, könnte stärkeres Interesse für Kontrolle der Mittelumsetzung entstehen, die von den Gebern koordiniert werden. Effiziente und kontinuierliche Begleitung und Beobachtung von unabhängigen Nicht-Regierungsorganisationen ist dringend notwendig. Dabei kann die EK-Delegation in Tiflis ihre erfreulicherweise schon begonnene Plattformfunktion für die ZGO's aufbauen, um eine flächendeckende und alle Aktionsbereiche umfassende Überwachung zu unterstützen.

2.5 Bestandsaufnahme der multilateralen EU- Beziehungen mit den ENP-Länder im Osten

Im Unterschied zum südlichen Nachbarschaftsraum konnte die Zusammenarbeit der EU mit den osteuropäischen Nachbarn erst später beginnen, nämlich nach den Wendeereignissen 1989/1991 und nach dem Entstehen unabhängiger Staaten aus den ehemaligen Sowjetrepubliken. Die ab Mitte der 1990er Jahre mit der Ukraine, Weißrussland (später suspendiert) und Moldau und die nach 2000 abgeschlossenen Abkommen für Kooperation und Partnerschaft waren weniger ehrgeizig und von geringerer Intensität, sowohl in Bezug auf die gemeinsamen Aktionsbereiche als auch auf die institutionellen und verfahrensmäßigen Vorkehrungen.[23]

Politisch umfasst die ENP im Osten die Ukraine, die Republik Moldau und Weißrussland sowie Georgien, Armenien und Aserbaidschan. Die drei südkaukasischen Länder waren ursprünglich von der EK und der Mehrheit der EU-Staaten nicht einbezogen. Erst nach politischem Druck namentlich von der Mehrheit im EP wurden sie einbezogen. Weißrussland ist geografisch Teil des ENP-Raumes, die Umsetzung der Maßnahmen ist jedoch seit 1997 ausgesetzt, solange dieses Land politisch vom undemokratischen Regime unter Präsident Lukaschenko beherrscht wird. Gleichwohl wurde im Rahmen der „Demokratie-Programme" der EU versucht, die demokratischen Komponenten in der weißrussischen Zivilgesellschaft durch das Demokratie-Programm der EU so intensiv wie möglich zu fördern und mit dem politischen Regime bei Fortschritten in Bezug auf Menschenrechte partiell zu kooperieren, insbesondere im wirtschaftlichen Bereich.

Nach dem im Januar 2007 erfolgten Beitritt Rumäniens und Bulgariens zur EU, die beide unmittelbare Anrainerstaaten am Schwarzen Meer sind, verstärkte sich der Wunsch, der namentlich von Griechenland seit längerem eingebracht worden ist, dass sich die EU stärker am Schwarzen Meer engagiert, ähnlich wie sie es seit den 1990er Jahren im Rahmen der „Nördlichen Dimension" rund um die Ostsee tut. Im April 2007 veröffentlichte die EK die Mitteilung „Black Sea Synergy", die mit diesem Titel die komplementäre Funktion zu den bilateralen Beziehungen mit allen zehn Schwarzmeerstaaten und auch die koordinierende Aufgabe andeuten will. Multilaterale Koordinierung ist unter den Schwarzmeerländern zwingend nötig, denn es gibt verschiedene Kategorien: Drei Mitgliedstaaten der EU (Griechenland, Bulgarien und Rumänien); die Türkei in Beitrittsverhandlungen mit der EU; Russland als Energieweltmacht in beginnenden Verhandlungen für eine „Strategische Partnerschaft" sowie die fünf ENP-Länder Ukraine, Moldau, Georgien, Armenien und Aserbaidschan. Die Schwarzmeer-Kooperation sieht bisher keinerlei institutionelle Architektur vor, sondern die EK baut auf die bisher schwache Zusammenarbeit mit zwischenstaatlichen Organisationen am Schwarzen Meer, insbesondere auf die „Black Sea Economic Cooperation/BSEC", die sich seit 1992 mit Sitz in Istanbul bemüht, ihre zwölf Mitgliedstaaten zu gemeinsamen Projekten zu führen. Wegen der unterschiedlichsten Interessen unter den Mitgliedern, die jeweils mit Vetos drohen können, gibt es de facto kaum Fortschritte, ebenso wenig wie in der Kooperation mit der EU. Außer vielen Studien und Projektvorschlägen

23 Vgl. *Barbara Lippert*, Die Europäische Nachbarschaftspolitik: viele Vorbehalte – einige Fortschritte – unsichere Perspektiven, Studie für die Friedrich Ebert Stiftung, Berlin 2008, S. 2 ff.

sowie einigen gemeinsamen Erklärungen, wie die der Außenministerkonferenz im Februar 2008 in Kiew, gibt es wenig Konkretes festzuhalten. So mehren sich die Stimmen, namentlich im Europäischen Parlament, eine „Union für das Schwarze Meer" zu schaffen, was als Zukunftsperspektive im letzten Kapitel behandelt wird. Und dies im Vergleich zu den beiden anderen neuen multilateralen Rahmenveranstaltungen mit den ENP-Ländern, nämlich zur „Union für das Mittelmeer" und zur „Östlichen Partnerschaft".

Auch die neue Generation der bilateralen Abkommen im Rahmen der ENP, insbesondere zur Ukraine, bietet keine unmittelbare Beitrittsperspektive, was namentlich von den gegenwärtigen Eliten der Ukraine, Moldaus und Georgiens bedauert wird. Gleichwohl wird diese auch nicht ausgeschlossen, sondern jetzt mit der Vorbereitung auf neue Assoziations-Abkommen implizit als längerfristige Möglichkeit angedeutet. Wie in den Jahrzehnten nach dem Fall der Berliner Mauer in den mitteleuropäischen Ländern wird jetzt bi- und multilateral eine zunehmende Unterstützung für den Aufbau immer enger werdenden Beziehungen in so viel wie möglichen Kooperationsfeldern angestrebt. Ein entscheidender Schritt könnte die im Dezember 2008 von der EK vorgeschlagene Östliche Partnerschaft werden, die einen multilateralen Rahmen in Ergänzung zur Kooperation um das Schwarze Meer schafft, der im Einzelnen im abschließenden Kapitel 3 untersucht werden wird.

2.6 Vergleichendes Fazit

Wie gesehen konnte das am Beginn der ENP sehr breite und diffuse Angebot – „Alles außer Institutionen" (EK-Präsident *Prodi* 2002) – differenziert gemäß der unterschiedlichen Ausgangsbedingungen und der Kooperationsbereitschaft der Nachbarländer und konzentriert auf jeweils spezifischen Bereichen weiter entwickelt werden, insbesondere bei der schrittweisen Liberalisierung im Handel mit Waren und Dienstleistungen, Energie sowie Bekämpfung von Korruption und organisierter Kriminalität.

Der offenkundig größte Erfolg der ENP ist, dass dieser noch vor wenigen Jahren kaum wahrgenommene außenpolitische Politikbereich zum integralen Bestandteil der europäischen Politik spätestens 2008 mit den Kriegen in Georgien und im Nahen Osten geworden ist. Praktisch sind alle EU-Institutionen sowohl in seiner südlichen wie in der östlichen Dimension zu den Problemlösungen in der ENP gefordert. Trotz beachtlicher Fortschritte, insbesondere in den Vorzeigeländern Ukraine und Marokko, scheint es bis Ende 2008 nicht gelungen zu sein, die ENP in ihrer bisherigen Architektur zu einem tatsächlichen Erfolgskonzept für alle oder zumindest für die meisten Länder zu entwickeln, ähnlich wie es der EU durch die Erweiterungsstrategie von Estland bis Zypern gelang. Bisweilen werden diese Defizite freilich durch politisch motivierte Rhetorik übertrieben, sowohl seitens etlicher Regierungen der Nachbarländer als auch seitens einiger selbsternannter EU-Führer wie von dem im 2. Halbjahr 2008 amtierenden Ratspräsidenten. In die Gesamtbilanz der bisherigen ENP gehören auch die aus Geschichte und geopolitischer Interessenlage verschiedenen Prioritäten, beispielsweise zwischen Deutschland und Polen einerseits, gegenüber Frankreich und Spanien andererseits, im mehr oder weniger offen ausgetragenen Wettstreit zwischen südlicher und östlicher Orientierung. Hinzu kommen die traditionellen Reflexe der Protektion jeweils nationaler Handelsströme, Verteilungskonflikte unter den EU-Budgetposten und nicht zuletzt persönliche Ambitionen der jeweils beteiligten Staats- oder Regierungschefs.

Im anfänglichen Konzept der ENP wurden offenkundig die geografische Dimension und die politischen Unterschiede zwischen den 16 Nachbarländern sowie die Interessendivergenzen unter den EU-Staaten unterschätzt: Mit ihrer Erweiterung nach Osten im Mai 2004 erhielt die EU zunächst zwei neue Nachbarn, die Ukraine und Weißrussland. Nach dem Beitritt Rumäniens im Januar 2007 wurde auch die Republik Moldau zum neuen Nachbar. Die gemeinsame Grenze mit den drei Ländern erstreckt sich über 2 400 km. Zum Südkaukasus gibt es die Seegrenze über das Schwarze Meer. Zu den sechs Nachbarn im nördlichen Afrika von Marokko bis Ägypten und für die vier Nachbarn in Vorderasien gibt es Tausende von Seekilometern im südlichen und östlichen Mittelmeer.

Trotz alledem gilt es, auch wenige Gemeinsamkeiten in der vergleichenden Bilanz festzustellen, vor allem den gemeinsamen „Reichtum" an regionalen Konflikten: Einerseits zwischen Nachbarstaaten wie im Nahen Osten zwischen Israel und den besetzten palästinensischen Gebieten, unterstützt von allen anderen Nachbarstaaten oder im Karabach-Konflikt zwischen Armenien und Aserbaidschan. Andererseits zwischen ethnischen Gruppen innerhalb eines Staates, wie Abchasien und Südossetien im Territorialstaat Georgien oder wie Transnistrien in Moldau. Grundsätzlich gemeinsam haben wohl alle ENP-Länder die mehr oder weniger wachsende Kluft zwischen Arm und Reich sowie das in einigen Ländern dramatisch zunehmende Anwachsen von Armut und Ausgrenzung.

Unter dem gleichen Dach der ENP sind die zehn Länder im südlichen und südöstlichen Mittelmeerraum einbezogen, deren Heterogenität geografisch und politisch enorm ist, zwischen den sechs Staaten Nordafrikas von Marokko bis Ägypten wie zwischen den vier Länder Vorderasiens, die vom Konfliktherd Israel-Palästina belastet werden.

Abgesehen von diesem seit langem anhaltenden und den gesamten Mittelmeerraum überschattenden Konflikt ist es schwierig, mit autoritären Präsidialregimen längerfristige Umsetzungen nach rechtsstaatlichen Verfahren durchzuführen, insbesondere wenn sie von unberechenbaren „Führern", wie Gaddafi in Tripolis, beherrscht werden. Bei der Bewertung der Beziehungen zu den südlichen Nachbarn bei Ausklammerung des Sonderkonflikts Israel-Palästina sind durchaus Erfolge in den ökonomischen Beziehungen festzustellen, während in Bezug auf mehr Rechtsstaatlichkeit, Schutz von Menschen- und Minderheitenrechte sowie anderer politischer Reformen bisher weniger Fortschritte zu verzeichnen sind.

Angesichts der Unterschiede bei den konkret vereinbarten Zielen und bei den tatsächlich umgesetzten Maßnahmen lassen sich die „Fortschrittsberichte" nicht unmittelbar miteinander vergleichen, wie die EK selbst in ihrer bereits mehrfach zitierten Zwischenbilanz vom April 2008 einräumt. Nichtsdestotrotz legt sie in dieser Mitteilung ein umfangreiches Paket an länderübergreifenden Befunden und Schlussfolgerungen zur weiteren Entwicklung der bilateralen Beziehungen zwischen der EU und allen ENP-Ländern vor.

Die großen historischen und geopolitischen Unterschiede zwischen den 43 beteiligten Staaten brachten den transkontinentalen Versuch der ENP, sechs nordafrikanische, vier vorderasiatische, drei osteuropäische und drei südkaukasische Staaten unter ein konzeptionelles Dach einer EU mit 25 bzw. 27 Mitgliedstaaten zu bekommen, zum Scheitern. So konnte unter diesem enorm weiten Dach weder eine kohärente Politik für den Mittelmeerraum noch für Osteuropa entwickelt werden. Stattdessen entwickelten sich spätestens seit 2007 die regionalen Konzepte der „Union für das Mittelmeer" für den Süden und für den Osten dasjenige der Östlichen Partnerschaft in Ergänzung zur Kooperation rund um das Schwarze Meer in der angelaufenen Perspektive zu einer „Union für das Schwarze Meer".

Die Vorschläge für diese drei neuen multilateralen Rahmenstrukturen sind Gegenstand des folgenden Kapitels.

3 Absehbare Perspektiven und eigene Anregungen

3.1 Perspektiven der ENP als loser EU-Rahmen bis 2013 und im Blick auf 2014-2020

Die ENP als eigenständiger Titel im EU-Budget wurde 2006 im Finanzrahmen der EU für die sieben Jahre 2007 – 2013 festgeschrieben. Dieser unter den Bedingungen der Einstimmigkeit für 27 Länder mit ihren oft gegensätzlichen Finanzinteressen schwierig zu erzielende Kompromiss kann erst zum Ende der Laufzeit geändert werden, dann für die kommende Budgetrahmenperiode 2014 – 2020. So ist es sehr wahrscheinlich, dass die ENP in ihrer bilateralen Dimension, d.h. in Form von „verstärkten Partnerschafts- oder Assoziationsabkommen" und „vertieften Aktionsplänen", differenziert pro Land, bis 2013 fortgeführt wird, wahrscheinlich auch darüber hinaus. Auf jeden Fall werden die bilateralen AP pro Land differenziert fortgeführt werden, um der geschilderten Vielfältigkeit der Länder und den jeweils unterschiedlichen „Fortschritten" in den bisherigen AP Rechnung zu tragen. Für die nächste Generation der AP wird entscheidend sein, wie stark der politische Wille und die Bereitschaft der jeweiligen Staatsführungen ist, sowohl die wirtschaftlich-soziale als auch die politisch-institutionelle Reformagenda voranzubringen. Gleichermaßen ist auf EU-Seite wichtig, welche politische und budgetäre Bedeutung sie den unmittelbaren Nachbarn einräumt. Die EK wird die seit Ende 2007 begonnenen Bemühungen vermutlich entschiedener als bisher fortführen, die neue Generation der AP für die fortgeschrittenen Länder wie Ukraine und Marokko zu vertiefen, zumindest in vier Kernbereichen: Erstens wirtschaftliche Integration insbesondere durch bilaterale Freihandelszonen, zweitens verstärkte Mobilität durch schrittweise ausgeweitete Visa-Erleichterungen für Unternehmer, Wissenschaftler, Studenten und andere Personengruppen, soweit das Einstimmigkeitsgebot der 27 Innenminister der EU dies zulässt, drittens Ausbau der „Energiepartnerschaften" je nach den spezifischen Gegebenheiten des Partnerlandes und viertens engere politische Zusammenarbeit insbesondere im Blick auf die schwelenden, zahlreichen Konflikte im ENP-Raum.[24] Insgesamt bleibt die ENP eher ein budgettechnischer Rahmen als ein politischer Raum, in dem konkrete Aktionen entwickelt werden.

Vor diesem Hintergrund ist es in den Entscheidungsorganen schwierig, kohärente Nachbarschaftspolitik in einem Raum von 43 souveränen Staaten zu entwickeln, zu beschließen und diese auch dauerhaft umzusetzen. Großes Handicap für eine kohärente ENP in der absehbaren Zukunft bleiben die Interessenunterschiede zwischen den Mitgliedstaaten der EU in Bezug auf den gesamten ENP-Raum: Einerseits wünschen die EU-Anrainerstaaten die Konzentration auf den Mittelmeerraum, seit Mitte 2007 vom französischen Präsidenten Sarkozy angeführt, der eine ursprünglich gegenüber der EU eigenständige „Mittelmeer-Union" mit geradezu missionarischem Eifer in kurzer Frist durchsetzen wollte. Diese sollte weitestgehend unabhängig von den EU-Institutionen sein, aber gleichwohl von ihnen finanziert werden. Andererseits pochen die meisten mitteleuropäischen EU-Länder,

24 Alle Zitate stammen aus einer Grundsatzrede zur ENP von Außenkommissarin *Ferrero-Waldner* vom 16.11.2007, S.3-5, die später im zitierten Fortschritts-Bericht vom 05.03.2008 der EK im Einzelnen ausgeführt wurden.

angetrieben von der politischen Elite Polens seit 2004, auf einen entsprechenden Aufbau einer „Östlichen Partnerschaft", die ursprünglich eine deutlich antirussische Note enthielt und so auch Gräben innerhalb der EU aufgerissen hätte.

In den beiden neuen multilateralen Konzepten (Union für das Mittelmeer und Östliche Partnerschaft) sind weiterhin Widersprüche unübersehbar, insbesondere in dem nur auf EU-Druck eingegrenzten Hegemoniestreben des seit Juni 2007 amtierenden Präsidenten Frankreichs für eine eigenständige Mittelmeer-Union, das erst am Ende des zweiten Halbjahrs 2008 zur „Union für das Mittelmeer" der EU mutierte. Insgesamt hat die EU jetzt drei Komponenten für eine „neue Nachbarschaftspolitik" vorgeschlagen bzw. im Grundsatz beschlossen. In chronologischer Reihenfolge: Die „Black Sea Synergy" im April 2007 für die zehn Staaten im Schwarzmeer-Raum, die „Union für das Mittelmeer" im Juli 2008 für alle Anrainerstaaten im Mittelmeerraum und die „Östliche Partnerschaft" für die sechs osteuropäischen Nachbarn im Dezember 2008.

So vermute ich, dass die jeweiligen Protagonisten in der EU für diese drei Räume, im Blick auf den künftigen Budgetrahmen 2014-2020, verschiedene Budgettitel und die darauf aufbauenden, eigenständige Aktionen in den drei Räumen anstreben, was freilich die Einstimmigkeitsfindung zwischen den so untereinander offen rivalisierenden Gruppen um das künftige EU-Budget erschweren könnte.

3.2 „Union für das Mittelmeer" als neuer multilateraler Rahmen der EU-Mitgliedstaaten mit den Anrainerländern im gesamten Mittelmeerraum

3.2.1 Genesis

Der dynamische Präsidentschaftskandidat Nicolas Sarkozy hat den Mittelmeerraum bereits in seiner Wahlkampagne im Frühjahr 2007 und nach seiner Wahl in mehreren Reden zu seinem außenpolitischen Topthema ausgewählt. Dabei half ihm namentlich der seinerzeitige Hauptberater Henri Guaino, der durch seine Gegnerschaft zum EU-Vertrag von Maastricht 1992, durch seine Ablehnung des Euro und durch seine Kampagne gegen den Entwurf für eine Europäische Verfassung bekannt geworden war. Dessen ursprünglich offen national-neoimperialen Vorstellungen verstanden sich als Alternative zur EMP und zur gesamten Mittelmeerpolitik der EU. Gleichzeitig waren sie auch als Offensive französischer Großunternehmen und als neues diplomatisches Parkett für den französischen Präsidenten angelegt, besonders geeignet für seine zusätzliche Rolle als EU-Ratspräsident im 2. Halbjahr 2008. Das ursprüngliche Guiano-Sarkozy-Konzept sah eine „Mittelmeer-Union" (MU) aus zwölf Ländern vor: Frankreich, Spanien, Portugal, Italien, Malta und Griechenland als nördliche Anrainer sowie Marokko, Mauretanien, Algerien, Tunesien, Libyen und Ägypten. Später wurden auf der „Nordseite" Monaco, Slowenien, Kroatien, Bosnien-Herzegowina, Montenegro, Zypern und die Türkei ebenso einbezogen wie zusätzlich auf der Südseite des Mittelmeeres Jordanien, Israel, Palästina, Libanon und Syrien. Für diese 25 Länder der MU mit nur sechs EU-Staaten, wurden eine „neue institutionelle Struktur", eine „paritätische Beteiligung von beiden Ufern des Mittelmeeres" und die Durchführung „innovativer Großprojekte" vorgeschlagen, für die gleichwohl auch Mittel aus dem EU-Haushalt über das

ENPI fließen sollten.[25] Nach wachsender Kritik an diesem Pariser Plan, vor allem aus Berlin und aus Brüssel, änderte die damalige französische Ratspräsidentschaft der EU ihre Vorstellungen, vor allem in folgender Hinsicht:

- Nicht nur die unmittelbaren Anrainer, sondern alle Mitgliedstaaten der EU sind in das Projekt einzubeziehen, das jetzt „Union für das Mittelmeer" (UfM) genannt wird (auf Französisch in Großbuchstaben abgekürzt UPM = „Union Pour la Méditerranée", im Englischen wieder UfM = „Union for the Mediterranean").
- Die UfM soll jetzt den erreichten Stand der EMP im „Barcelona-Prozess" fortführen, wobei freilich der insbesondere auf spanischen Wunsch aufgenommene Zusatz in der Pariser Gründungserklärung vom Juli im Ausführungsbeschluss der Außenministerkonferenz vom November 2008 von der französischen Präsidentschaft vergessen wurde.

Hinter dem scheinbar nur linguistischen Streit um Worte in zwischenstaatlichen Abschlusserklärungen verbergen sich die grundsätzlichen Konflikte um die UfM, insbesondere um den tatsächlichen Mehrwert gegenüber der EMP, um die geopolitische Ausdehnung auf alle Mittelmeerstaaten einschließlich der Türkei, die aber selbst alle Priorität dem Beitrittsprozess zur EU gibt, sowie nicht zuletzt um die institutionelle Architektur und die Finanzierung der UfM, die vermutlich noch einige Zeit anhalten werden.

3.2.2 Aktuelle Beschlusslage

Am von Präsident Sarkozy am Vortag des französischen Nationalfeiertages veranstalteten Gipfeltreffen nahmen alle eingeladenen Staats- und Regierungschefs aus 43 Ländern teil, mit Ausnahme von Präsident Gaddafi aus Libyen, was weithin als Erfolg gewertet wurde. Freilich war das wohl wichtigste diplomatische Signal die in Paris vereinbarte Ankündigung, dass Syrien und der Libanon diplomatische Beziehungen aufnehmen wollen.

Die komplexe institutionelle Struktur lässt sich wie folgt zusammenfassen:

- An der Spitze stehen zwei Staatspräsidenten, einer aus der EU (selbstverständlich als erster Sarkozy) und der andere aus den südlichen Anrainerländern (Mubarak aus Ägypten), um für die neue Union den gemeinsam umzusetzenden Besitz „joint ownership" zu symbolisieren. Die von ihnen präsidierten Gipfeltreffen sollen alle zwei Jahre stattfinden; nach Paris 2008 also wieder 2010 in einer südlichen Hauptstadt, vermutlich in der marokkanischen Hauptstadt Rabat.
- Alle Staaten treffen sich jährlich auf der Ebene der Außenminister: Das erste Mal im November 2008 in Marseille, wo nach heftigen Auseinandersetzungen im und außerhalb des Konferenzsaals versucht wurde, die anstehenden Entscheidungen zu treffen.

25 Die französischen Vorstellungen sind übersichtlich in der Fachzeitschrift DIPLOMATE sowohl in der Sonderausgabe zur französischen Wahlen Mars-Avril 2007, S. 57ff., als auch in der Ausgabe zur französischen Rats-Präsidentschaft in der EU Mars-Avril 2008, S. 54ff., dargestellt. Unter den offiziellen Dokumenten sind die Erklärung des französischen Vorsitzes vom 13. Juli und die Schlussfolgerungen des ersten UfM-Treffens der Außenminister vom 4. November 2008 hervorzuheben. Von den zahlreichen, meist kritischen Berichten wurden insbesondere folgende zu Rate gezogen: *Eduard Soler*, Why Sarkosy's Mediterranean plan is arousing suspicions, in: Europe's World, Summer 2008, S. 107 ff. sowie *Ferdinando Riccardi* in seinen Editorials im Bulletin der „Agence Europe" vom 1. und 8. 11. 2007 sowie vom 5.11.2008.

- Ein „Gemeinsamer Ständiger Ausschuss" in Brüssel soll den entsprechenden EMP-Ausschuss ersetzen, der aus hohen Beamten aller beteiligten Regierungen besteht und die laufenden Aktivitäten zu koordinieren hat.
- Ein „gemeinsames Sekretariat" führt die Verwaltung von Barcelona aus, wobei sich die katalanische Hauptstadt im Tauziehen hinter den Kulissen gegen Tunis und La Valetta (Malta) durchsetzte. Spanien verpflichtete sich, die Infrastruktur des Sekretariats zu stellen. Der Generalsekretär soll aus einem südlichen UfM-Land kommen. Neben ihm wird es mindestens fünf stellvertretende Generalsekretäre geben, worunter stets ein Israeli und ein Palästinenser sein sollen. Die weiteren Stellvertreter sollen aus Griechenland, Italien und Malta kommen. Offen scheint noch, ob die Türkei auf einem sechsten Stellvertreter bestehen wird. Angestrebt wird eine dreijährige Amtszeit der Generalsekretäre, mit der Möglichkeit einmaliger Wiederernennung.
- Mehrere Arbeitsausschüsse aus hohen Beamten und Experten, die ähnlich wie bei der EMP regelmäßig oder ad hoc je nach Bedarf zusammen treten.
- In der künftigen UfM mit 43 Mitgliedstaaten wird die Arabische Liga an allen Sitzungen auf den oben genannten Ebenen teilnehmen (als Beobachter war sie bereits in der EMP eingeladen), was wohl die wichtigste Änderung gegenüber der EMP mit 39 Mitgliedern im bisherigen Barcelona-Prozess werden könnte, auch wenn sie kein formelles Stimmrecht erhält, was im UfM-Gefüge ein Vetorecht bedeuten würde.
- Die im EMP stark ausgebaute Rolle der parlamentarischen Beteiligung wird ebenso wenig übernommen wie die Begleitung durch zivilgesellschaftliche Akteure, insbesondere in Form der Wirtschafts- und Sozialräte in vielen Mittelmeerländern sowie im Rahmen des EWSA seitens der EU.

Bei der Finanzierung geht es erstens um die noch ungeklärte Verteilung der im EU-Haushalt bis 2013 vorgesehenen Summe von 16 Mrd. EUR, d.h. um deren multilateralen Anteil, da darin auch die jeweilige Finanzierung der bilateralen AP enthalten ist. Zweitens um noch unbestimmte Beiträge seitens der Mitgliedsländer in der UfM. Daraus wird vermutlich der finanzielle Grundstock für die in Paris beschlossenen sechs Großprojekte gelegt werden:[26]

- Reinigung des verschmutzten Mittelmeeres,
- Schaffung „neuer See- und Landautobahnen",
- Aufbau eines Zivil- und Katastrophenschutzes;
- Förderung der Solartechnik als im Mittelmeerraum besonders nahe liegende Energiequelle, die erneuerbar und klimafreundlich ist. Als konkretes Ziel wird eine „Solarbrücke" angestrebt, was namentlich von Deutschland begrüßt wurde.
- Gründung einer Mittelmeer-Universität mit Sitz in Slowenien und eine
- „Industrielle Mittelmeerinitiative zur Unternehmens-Entwicklung".

Die meisten Projekte, wie der Ausbau der Infrastruktur, sind unter anderen Namen seit Jahren in den EMP-Organen seit längerem diskutiert worden, aber wegen der bekannten

26 Aus den zahlreichen Berichten und Kommentaren zur angelaufenen Umsetzung der UfM seien folgende genannt: *Günter Gloser,* Neue Dynamik für konkrete Ergebnisse, Barcelona-Prozess: Union für den Mittelmeerraum, in: Integration 4/2008 (Oktober), S. 399 ff. mit sehr optimistischer Einschätzung bis zu kritisch-skeptischen Bewertungen, z.B. in der FAZ vom 5.11.2008 und in LIBERATION vom gleichen Tag.

politischen Konflikte und aus finanziellen Gründen im Sande verlaufen. Laut bisheriger UfM-Beschlüsse sollen diese jetzt nach dem Grundsatz der variablen Geometrie voran gebracht werden, wozu nur der Konsens unter den sich finanziell beteiligenden Länder nötig wäre. Gleichwohl müssen enorme zusätzliche Finanzierungen für die Umsetzung der inter-kontinentalen Großprojekte mobilisiert werden, sowohl zusätzliche „freiwillige Beiträge“ der Mitgliedstaaten als auch Investitionen von Großunternehmen. Beides wird vermutlich seit der Finanz- und Wirtschaftskrise noch schwerer als bisher zu realisieren sein. Realistischerweise hat die französisch-ägyptische Ko-Präsidentschaft bereits die gegenwärtig allenthalben geschätzte Europäische Investitionsbank der EU aus Luxemburg zur Beteiligung an den UfM-Projekten auf ihre Sitzung in Kairo 2009 eingeladen und es ist auch von der Gründung einer „Euro-Mediterranen Investment and Development Bank“ die Rede.

3.2.3 Fazit und Ausblick

Bisher scheint der Erfolg der UfM mehr in politisch-diplomatischen Signalen als in konkreten Ergebnissen zu bestehen. Einerseits hat das politisch-publizistische Talent von Präsident Sarkozy durch die pompöse Inszenierung des Mittelmeer-Gipfels am Beginn der französischen EU-Ratspräsidentschaft im 2. Halbjahr 2008 die Aufmerksamkeit auf das Mittelmeer gelenkt, die freilich bald darauf von anderen Ereignissen verdrängt wurde. Andererseits ist in der neuen UfM eine zwischenstaatliche Institutionspyramide errichtet worden, die augenscheinlich mehreren diplomatischen Wünschen gerecht werden will, insbesondere der Parität zwischen nördlichen und südlichen Anrainern sowie der Gleichbehandlung zwischen Israel und Palästina. Aber so entstand bereits in der Anfangsphase eine komplizierte politische Struktur, in der ein Generalsekretär und mindestens sechs Stellvertreter aus verfeindeten Ländern ein Sekretariat leiten sollen, das laut eigener Ankündigung ursprünglich ein eher technisches Sekretariat zur Koordinierung der konkreten Projekte werden sollte. Vor allem, weil die multilateralen Komponenten aus dem Barcelona-Prozess, wie insbesondere die parlamentarische und die zivilgesellschaftliche Zusammenarbeit, in den bisherigen Beschlüssen von der UfM vergessen zu sein scheint.

Mit der neuen multilateralen Architektur für den Mittelmeer-Raum sind die alten Probleme nicht verschwunden. Der Nahost-Konflikt hält an und wird vermutlich nicht kurzfristig gelöst werden können, auch nicht von einer französisch-ägyptischen Ko-Präsidentschaft der UfM. Die inneren Konflikte unter den arabischen Partnern, wie insbesondere zwischen den verfeindeten Bewegungen Hamas und Fatah in Palästina, scheinen sich eher zu verschärfen. Ein Abbau der Spannungen zwischen Algerien und Marokko scheint auch nicht in Sicht. Die in der UfM verstärkte Einbeziehung der Arabischen Liga, die seit 1945 als Regionalinstitution mit gegenwärtig 21 Staaten in Kairo residiert, soll offenkundig zur Lösungsfindung der zahlreichen Konflikte beitragen. Freilich wird dies von unabhängigen Analysten deshalb bezweifelt, weil die Arabische Liga im Nahostkonflikt einseitige Partei und in Bezug auf den innerpalästinensischen Konflikt zerstritten ist.

Aus politisch-institutioneller Sicht verstärkt die UfM mit intergouvernementaler Struktur die Tendenz zum Abbau gemeinschaftlichen Vorgehens in der EU zugunsten der Aufwertung von Kooperationen zwischen Regierungen. Dies bedeutet in der Praxis ein Zurückdrängen der Motorfunktion der EK und der Gestaltungs- und Kontrollfunktion seitens des EP. Während der französischen EU Ratspräsidentschaft drängte sich für aufmerksame Beobachter, wie dem Chefredakteur von „Agence Europe“, der Eindruck auf, dass im Konzept von Präsident Sarkozy die Kommission als finanziell großzügiges Sekretariat und das Parlament als geeignete Bühne für rhetorisch durchaus beachtliche Auftritte des Präsidenten angesehen werden.

Weniger kritische Beobachter, wie der deutsche Staatsminister Gloser, loben noch vor einigen Monaten überschwänglich die Konzentration in der UfM auf sechs Großprojekte, die von hohem praktischen Nutzen sein könnten, ohne die Fragen nach politischer Machbarkeit und nach tatsächlicher Finanzierung dieser gewaltigen Vorhaben zu stellen:

Werden die betroffenen Staaten, wie Marokko oder Ägypten, von den ihnen über die bilateralen AP im ENP zugesprochenen Mitteln Anteile an den multilateralen UfM-Fonds abgeben?

Wer soll die zusätzlichen freiwilligen Beiträge staatlicherseits aufbringen, wo überall in Zeiten der Finanz- und Wirtschaftskrise die öffentlichen Kassen knapp sind und andere Prioritäten gesetzt werden?

Wer soll im UfM-Gefüge unter den Bedingungen der variablen Geometrie, in dem jeder kommen und gehen kann, wann er will, die sechs gewaltigen Projekte dauerhaft und effizient leiten?

Welche privaten Investoren, die angeblich vor allem aus den energiereichen Staaten um den Persischen Golf kommen, werden tatsächlich den Interessen des Mittelmeerraumes, wie Wasserreinigung oder besserer Infrastruktur, verpflichtet sein und nicht andere Interessen bedienen?

Mit welcher Rechtfertigung kann die EIB als eine Einrichtung der EU zur (Mit-)Finanzierung von Projekten der UfM als nicht-gemeinschaftliche Institution verpflichtet werden, während zu der Bewältigung der Finanz- und Wirtschaftskrise viele andere Prioritäten der EU-Organe zu finanzieren sind?

Auf diese und andere Fragen sind entgegen aller Ankündigung von Präsident Sarkozy bis Frühjahr 2009 keine Antworten gefunden worden. Zweifel an der tatsächlichen Entscheidungsfähigkeit der UfM haben sich nach dem Gazakrieg an der Jahreswende 2008/2009 bestätigt: Zunächst kündigte Sarkozys Chefberater Guaino beschönigend an, dass „alle von der UfM programmierten Sitzungen bis auf Weiteres verschoben sind“[27], tatsächlich sind die Tätigkeiten der wichtigsten Organe der UfM im Frühjahr 2009 eingefroren. Hauptgründe sind nicht nur die genannten institutionellen Streitigkeiten und Widersprüche, sondern der Mangel an politischem Willen zum gemeinsamen Handeln, um die tief verwurzelten Konflikte und Gegensätze im kulturell-politisch stark divergierenden Mittelmeerraum.

3.3 Multilaterale Rahmen in der östlichen Dimension

Im Unterschied zur südlichen Dimension sind die Bemühungen, multilaterale Rahmen für die östlichen Nachbarländer der EU zu schaffen, erst jüngeren Datums. Dabei ist festzustellen, dass es unterschiedliche Ansätze zur geopolitischen Größenordnung dieses Raumes gab und gibt. Gleichwohl haben sich seit 2007/2008 zwei weitgehend komplementäre Rahmen konkretisiert, und zwar in chronologischer Reihenfolge: Die multilaterale Zusammenarbeit der EU mit den zehn Schwarzmeerstaaten im Rahmen der „Black Sea Synergy“

27 So Henri Guaino in einer Presseerklärung vom 07.01.2009, obgleich sein Name in keinem Organigramm der UfM zu finden ist.

vom Frühjahr 2007 und die „Eastern Partnership“ mit den sechs osteuropäischen Nachbarn, die im Mai 2009 von einem EU-Sondergipfel in Prag beschlossen wurde.

3.3.1 Auf dem Weg zu einer„Union für das Schwarze Meer (UfSM)“der EU

Genesis

Kurz nach dem Zusammenbruch der Sowjetunion wurde 1992 die Regionalorganisation „Black Sea Economic Cooperation/BSEC“ in Istanbul gegründet. Die Initiativrolle der Türkei wird in der Tatsache deutlich, dass der Sitz dieser zwischenstaatlichen Institution bis heute in Istanbul ist. Von Gründung an gehören der BSEC die sechs unmittelbaren Anrainer Türkei, Bulgarien, Rumänien, Ukraine, Russland und Georgien an und gegenwärtig weitere sechs Staaten, die sich zum Raum um das Schwarze Meer (SM) rechnen: Griechenland, Moldau, Armenien und Aserbaidschan sowie Serbien und Albanien. Neben den zwölf Mitgliedern werden dreizehn weitere Länder als Beobachter eingeladen, einschließlich Ägypten, Tunesien und die USA. Die EU folgt der entsprechenden Einladung erst seit Mitte 2007 regelmäßig. Das oberste Organ ist der Rat der Außenminister, der zweimal jährlich alle wichtigen Entscheidungen zu treffen hat und von einem halbjährlich wechselnden „Chairman-in-office“ geleitet wird. Das „Ständige Internationale Sekretariat“ in Istanbul koordiniert die Entscheidungsfindung des Rates und die Aktivitäten der gegenwärtig 13 Arbeitsgruppen unter Leitung von Leonidas Chrysanthopoulos aus Griechenland.

Bei aller Fülle von wohlmeinenden Erklärungen des Rates und trotz aller Bemühungen des Sekretariats und weiterer verbundener Gremien, wie vor allem des „BSEC Business Council“ und der „Black Sea Trade and Develoment Bank“ mit Sitz in Thessaloniki, konnte die BSEC wenig konkrete Erfolge vorweisen. Zu den Gründen zählen sicher die anhaltenden Konflikte in der Region. Allerdings ebenso die Rivalitäten zwischen ihren Mitgliedstaaten, wegen der Vetodrohung als Lähmung des Entscheidungsprozesses zwischen den zwölf Regierungen und wegen scheinbar kleiner Geburtsfehler wie der Mitgliedschaft von Serbien und Albanien, was das Kosovoproblem zum jahrelangen Topthema machte und das Schwarze Meer betreffende Themen in den Hintergrund drängte. Auch die Einflussnahme einiger Beobachter wie namentlich aus den USA war wenig friedensstiftend, denn mit deren Förderung des antirussischen Bündnis GUAM („Georgia-Ukraine-Azerbaijan-Moldova Association“) wurde die multilaterale Kooperation zwischen allen Schwarzmeeranrainern untergraben.

Neben der BSEC gibt es vor allem noch die „Schwarzmeer-Kommission“ der sechs direkten Anrainerländer, die gegen die Verschmutzung des Schwarzen Meeres im Sinne der „Bukarester Konvention“ seit Jahren tätig ist, und das jüngst auch auf rumänische Initiative gegründete „Black Sea Forum for Dialogue and Partnership“, in dem zusätzlich die vier mittelbaren Anrainer eingeladen werden. Dieses „Forum“ ist offenkundig bisher nicht über das Stadium ehrenwerter Absichtserklärungen und vereinzelter Veranstaltungen hinaus gekommen.

Trotz all dieser regionalen Initiativen mit manchen Teilerfolgen und mancher darüber hinaus gehender Visionen, beispielsweise für eine weit gefasste Großregion „Schwarzes-Kaspisches Meer“ mit viel Schrifttum, blieb der Schwarzmeerraum faktisch von den Eigeninteressen der Anrainerstaaten und den strategischen Interessen der globalen Akteure USA und Russland dominiert. Das bis Ende 2006 einzige EU-Mitgliedsland Griechenland bemühte sich vergeblich um ein stärkeres Interesse der EU an diesem Raum. Alle EU-Organe inklusive des EP konzentrierten sich auf die Verbesserung der verschiedenen bilateralen Beziehungen und sahen keine Notwendigkeit eines multilateralen Engagements; beispielsweise wurde die Einladung, als Beobachter an der Parlamentarischen Versammlung der BSEC teilzunehmen, ausgeschlagen.

Aktuelle Bestandsaufnahme

Seit dem Beitritt Rumäniens und Bulgariens am 1. Januar 2007 nimmt der politische Druck zu, über die bilateralen Beziehungen der EU mit den Schwarzmeerstaaten hinaus einen kohärenten und umfassenden Rahmen zu schaffen, auch wenn die zehn Anrainer vier verschiedenen Kategorien im Verhältnis zur EU angehören:

- Rumänien, Bulgarien und Griechenland erhalten als Mitgliedstaaten Förderungen im Rahmen der Struktur- und Kohäsionsfonds;
- Die Türkei hat als Beitrittskandidat Anspruch auf Vorbeitrittshilfen;
- Die drei südkaukasischen Länder sowie die Ukraine und Moldau haben als ENP-Staaten vergleichbare AP mit der EU vereinbart;
- Mit Russland hat die EU seit kurzem die Verhandlungen für ein strategisches Partnerschafts-Abkommen wieder aufgenommen.

Gerade wegen dieser starken Verschiedenheit der bilateralen Beziehungen bedarf es eines übergreifenden multilateralen Rahmens. In Vorbereitung desselben wurden während der deutschen Ratspräsidentschaft im ersten Halbjahr 2007 grundsätzlich eine „Schwarzmeerinitiative der EU“ vereinbart und die EK beauftragt, eine ausführliche Mitteilung hierfür vorzulegen. Diese wurde im April 2007 unter dem Titel „Schwarzmeer Synergie“ veröffentlicht.[28]

Im Februar 2008 fand in Kiew die erste gemeinsame Konferenz der Außenminister der 27 Mitgliedstaaten der EU mit ihren 10 Kollegen aus den Schwarzmeerländern statt. In der von den 34 Ministern (37 minus 3, da Rumänien, Bulgarien und Griechenland zu beiden zählen) beschlossenen Abschlusserklärung wird bei Stimmenthaltung Russlands die „Synergy Initiative“ der EU begrüßt. Weitergehende Vorschläge für prioritäre Zusammenarbeit sind angekündigt, insbesondere für ein „Cross Border Cooperation Programme“. Damit will die EK die nachbarschaftliche Zusammenarbeit zwischen allen Städten und Regionen rings um das Schwarze Meer in Gang bringen, die bisher kaum stattfindet. In der Kiewer Erklärung wird aber die Wichtigkeit einer parlamentarischen und zivilgesellschaftlichen Begleitung kaum erwähnt, und im Zwischenbericht über das „erste Umsetzungsjahr der Schwarzmeersynergie“ vom Juni 2008 weiß die EK auf zwölf Seiten auch nichts Konkretes zu diesem Defizit in der bisherigen Schwarzmeer-Kooperation mitzuteilen.

Im Juli 2008 fordert das EP in seiner jüngsten Entschließung zur Schwarzmeer-Kooperation die Ausarbeitung einer umfassenden Strategie der EU, die „über die derzeitige Synergieinitiative hinausgeht und die Schaffung einer „Union für das Schwarze Meer/ UfSM“ vorsieht. Diese multilaterale Kooperationsinitiative will die bilateralen Beziehun-

28 EK, Mitteilung zur Schwarzmeer-Synergie vom 17.04. 2007; vgl. *Frank-Walter Steinmeier*, Eine neue Phase der Ostpolitik der EU, in: Internationale Politik, 3/2007, S.6 ff. und die Resolution des EP „A Black Sea Regional Policy Approach“ vom 17.1.2008.

gen ebenso ergänzen wie die bestehende Mittelmeer-Union und die vorgeschlagene Plattform der Östlichen Partnerschaft, auch wenn die fünf ENP-Länder Mitglied in beiden multilateralen Kooperationen im Osten der EU sind. Die künftige UfSM soll sowohl „die Zusammenarbeit aller beteiligten Länder mit der EU intensivieren" als auch der EU ermöglichen, für „die Konflikte der Region friedliche Lösungen zu finden und so positiv zur Sicherheit in der Region beizutragen".[29] Konkret sollen vertrauensbildende Initiativen zu den vier regionalen Konfliktherden (Transnistrien, Berg-Karabach, Abchasien und Süd-Ossetien) eingeleitet werden, im Verbund mit den im Herbst 2008 in Genf begonnenen Gesprächen der betroffenen Länder mit Vertretern der EU, der OSZE und der Vereinten Nationen.

Im EP wird auch an der Vorbereitung einer eigenständigen Parlamentarischen Versammlung gearbeitet, in der eine Delegation des EP mit den delegierten Abgeordneten aus den nationalen Kammern der zehn Schwarzmeerländer regelmäßig zusammen kommen, aufbauend aus den positiven Erfahrungen aus der Euro-Mediterranen Parlamentarischen Versammlung. Freilich sind konkrete Schritte einschließlich Budgettitel erst in der neuen Legislaturperiode des EP 2009-2014 zu erwarten.

Fazit und Ausblick

Für kenntnisreiche Beobachter liegt das wichtigste Potential der intensivierten Schwarzmeerkooperation in der Tatsache, dass Russland direkt beteiligt sein könnte und dass durch eine pragmatische Zusammenarbeit die unterschiedlichen Vorstellungen über die EU-Russland-Politik als Sprengstoff zwischen den EU-Staaten entschärft werden. Die neuen Mitgliedstaaten in Ostmitteleuropa gehen überwiegend von einem Hegemonieanspruch Russlands aus, während die Mehrheit der alten Mitgliedstaaten am bei der Wiedervereinigung Deutschlands und Europas bewährten Konzept der Ostpolitik „Wandel durch Verhandeln" festhält.

Für die künftige Schwarzmeer-Union ist gleichermaßen chancenreich, dass die Türkei Motor der regionalen Wirtschafts-Kooperation seit den 1990er Jahre sein könnte und dass es zwischen Russland und der Türkei eine funktionierende Zusammenarbeit über die Erklärungen als Mitglieder der BSEC hinaus seit Jahren gibt, insbesondere in Form der gemeinsam betriebenen „Blue Stream Pipeline" durch das Schwarze Meer und durch die bereits lancierten „Stabilitätsinitiativen" in Bezug auf die Entschärfung der Regionalkonflikte im Südkaukasus. Dazu wird sicherlich auch die jüngst begonnene Entspannung zwischen der Türkei und Armenien beitragen. Wenn die bilateralen Kontakte nach Jahrzehnten der Abschottung, einschließlich der Schließung der Grenzübergänge, in einen multilateralen Rahmen eingebettet werden, in dem auch Russland und Aserbaidschan am Tisch sitzen, dann wächst auch die Chance für dauerhaften Frieden und Zusammenarbeit.

Die Ukraine könnte – neben der Türkei und Russland – zum dritten Hauptakteur auf dem weiteren Weg zu der „Union für das Schwarze Meer" werden, falls nicht weiter große Teile der politischen Energie in die innenpolitischen Konflikte und in den fast jeden Winter wiederkehrenden Streit um die Gaspreise mit Russland gehen werden. So würde die Ukraine auch ihrer Brückenfunktion in der multilateralen Zusammenarbeit mit der EU gerecht

29 Alle Zitate aus der Resolution des Europäischen Parlaments vom 10. Juli 2008, S. 8f. Vgl. *Gernot Erler,* Das Schwarze Meer – Schicksalsregion für Europa, in: Der Donauraum, 3-4/2007, S. 187 ff. sowie Panagiota Manoli/Stelios Stavridis, An emerging Euro-Black Sea Parliamentary Dimension? Contribution to the Black Sea Synergy, Policy Brief of the International Centre for Black Sea Studies, Athen, December 2008.

werden, da sie als einziges großes Land sowohl in der Schwarzmeer-Union als auch in der Östlichen Partnerschaft integriert ist.

Die bisherige Schwäche des Schwarzmeer-Vereinigungs-Konzepts ist die offenkundige Tatsache, dass die drei größten Anrainer: Russland, Türkei und die Ukraine bisher nur potentielle und nicht tatsächliche Akteure für mehr Integration am Schwarzen Meer sind. Rumänien, Bulgarien und Griechenland haben gerade in der EU mehr politische Aufmerksamkeit für dieses südöstliche Binnenmeer in Gesamteuropa erreicht, aber sie können die drei geografischen und virtuell politischen Hauptakteure nicht ersetzen.

3.3.2 „Östliche Partnerschaft" der EU

Genesis

Erste Vorstellungen zu einer eigenständigen Zusammenarbeit zwischen den östlichen ENP-Ländern einschließlich Weißrussland sind in Studien von Think Tanks aus den Visegrad-Staaten (Polen, Tschechien, Slowakei und Ungarn) ab 2006 zu finden, die auf drei Experten-Konferenzen (Bratislava 2006, Warschau 2007 und Budapest 2008) sowie auf begleitenden Seminaren in Brüssel, Berlin und Paris in den letzten drei Jahren diskutiert und jeweils weiter entwickelt wurden.[30] Auf dieser Basis hat die polnische Regierung in enger Kooperation mit der Regierung Schwedens im Mai 2008 ein Initiativpapier vorgelegt. Der Europäische Rat vom Juni 2008 billigte grundsätzlich diese Initiative, allerdings nach kontroverser Diskussion, in der Vorbehalte seitens einiger EU-Mittelmeeranrainer zum Ausdruck kamen, mit der Auflage, dass die EK eine ausführliche Mitteilung vorlegen müsste, bevor darüber weiter entschieden wird. Die so ins Stocken geratene Initiative wurde von zwei externen Ereignissen wieder belebt bzw. mit politischer Schwungkraft versehen. Einmal durch die medienwirksame Inszenierung der Gründungsakte der UfM durch die französische Präsidentschaft im Juli 2008. Zum anderen durch den am 7. August 2008 entfachten Südossetien-Konflikt und dessen Folgen für die EU-Beziehungen zum Südkaukasus ebenso wie zu Russland. Vor diesem Hintergrund beauftragte der Sondergipfel der EU vom 1. September 2008 die EK schneller als im Juni vorgesehen, ein ausführliches Konzept zur Östlichen Partnerschaft vorzulegen.

Aktuelle Bestandsaufnahme

Am 3. Dezember 2008 wurde in Brüssel von EK-Präsident Barroso und Außenkommissarin Ferrero-Waldner die EK-Mitteilung zur „Östlichen Partnerschaft" vorgestellt, die von der internationalen Presse ungewohnt ausführlich kommentiert wurde. Die Essentials im Vorschlag für die Östliche Partnerschaft vom 3. Dezember 2008 beziehen sich sowohl auf die bilaterale als auch auf die multilaterale Verbesserung der Beziehungen zu den sechs EaP-Staaten. Unter dem Titel „Verstärkung der *bilateralen Kooperation* mit den östlichen Partnerländern" wird vor allem vorgeschlagen:

30 *Jiri Schneider*, Central European contribution to the Eastern Policy of the EU, Prague, vorgestellte Studie betrifft die Mitteilung „Östliche Partnerschaft" der EK vom 3. Dezember 2008, die eingehend mit dessen Hauptautor *Hughues Mingarelli*, stellv. Generaldirektor in der DG RELEX der EK, auf einer internationalen Konferenz am 8. Dezember 2008 in Brüssel diskutiert wurde.

- „Neue Assoziierungs-Abkommen", einschließlich „weitreichender und umfassender Freihandelsabkommen mit denjenigen Partnern, die bereit und in der Lage sind, die damit einhergehenden Pflichten gegenüber der EU einzugehen";
- Umfassende, von der EU finanzierte Programme zur Verbesserung der Verwaltungs-Kapazitäten („institution-building programmes") in den Partnerländern;
- Schrittweise Integration in die EU-Wirtschaft, einschließlich rechtlich bindender Verpflichtungen zur Angleichung der Rechtsvorschriften („acquis communautaire");
- Unterstützung der sechs Partner bei der Entwicklung eines Freihandelsnetzes untereinander, das langfristig zur Schaffung einer Wirtschaftsgemeinschaft führen könnte;
- Abschluss von „Mobilitäts- und Sicherheitspakten", die ein einfacheres, legales Einreisen in die EU ermöglichen, mit dem Ziel, „letztlich das visafreie Reisen innerhalb aller kooperierenden Partnerländer zu ermöglichen";
- Förderung der „Energieversorgungs-Sicherheit" für die EU und ihrer östlichen Partner;
- Programme zur Unterstützung der wirtschaftlichen und sozialen Entwicklung in den Partnerländern, insbesondere zum Abbau der erheblichen Ungleichheiten.

In *multilateraler Hinsicht* sind im EaP-Konzept vor allem „politische Plattformen" zu den folgenden *vier Themenbereichen* vorgesehen:

- Demokratie, verantwortungsvolle Regierungsführung und Stabilität;
- Wirtschaftliche Integration und Konvergenz mit der EU-Politik;
- Energieversorgungs-Sicherheit;
- Kontakte zwischen den Menschen einschließlich größerer Einbeziehung der Zivilgesellschaft.

Gleichzeitig sollen *fünf „Vorreiter-Initiativen"* lanciert werden:

- Integriertes Grenzverwaltungs-Programm;
- „Fazilität für Klein- und Mittlere Unternehmen";
- Förderung regionaler Strommärkte, der Energieeffizienz und erneuerbarer Energieträger;
- Entwicklung des „südlichen Energiekorridors" und
- Zusammenarbeit bei der Vorsorge und der Bewältigung von Katastrophen.

Die EK kündigte am 3. Dezember 2008 an, dass sie für den Zeitraum 2010 bis 2013 zusätzliche 350 Mio. EUR zur Verfügung stellen will, so dass mit Mitteln aus existierenden Programmen insgesamt 600 Mio. EUR für die Umsetzung der Östlichen Partnerschaft aufgewendet werden können.

Am 8. Dezember veranstalteten die erwähnten Think Tanks aus den vier mitteleuropäischen Mitgliedstaaten der EU eine internationale Konferenz, an der namentlich der seinerzeitige Vize-Ministerpräsident Tschechiens Vondra (auch Koordinator der ersten EU-Rats-Präsidentschaft seines Landes im 1.Halbjahr 2009), der polnische Außenminister Sikorski und der stellv. Ministerpräsident der Ukraine Nemyria aktiv teilnahmen, der die Europapolitik seiner Ministerpräsidentin Timoschenko zu koordinieren hat.

Am 12. Dezember 2008 begrüßte der ER in Brüssel den Vorschlag der EK und sandte ihn an das Europäische Parlament zur Stellungnahme, ebenso wie an die beiden EU-Beratungsorgane EWSA und AdR. Darüber hinaus bestätigte er ausdrücklich die Terminvorgaben der tschechischen Ratspräsidentschaft, nämlich erstens das Konzept der Östlichen Partnerschaft der EK am 19.-20. März in Brüssel definitiv zu beschließen. Und zweitens im Mai 2009 alle Staats- und Regierungschefs der EU nach Prag zu einem Sondergipfel einzuladen, an dem auch die entsprechenden Amtsträger aus den sechs Partnerländern sowie Führungspersönlichkeiten internationaler Institutionen teilnehmen sollen.

Tatsächlich kamen am 7. Mai 2009 auf der Prager Burg vier Präsidenten und 11 Regierungschefs zusammen, wobei die Abwesenheit von Präsident Lukaschenko aus Weißrussland eher erwünscht war, während diejenige von Staats- und Regierungschefs aus EU-Ländern aus dem Mittelmeerraum – namentlich von Präsident Sarkozy – auf Unverständnis stieß, zumal der französische Präsident ein Jahr vorher alle Hebel in Bewegung setzte, damit alle eingeladenen Chefs persönlich am 13.7.2008 in Paris anwesend waren. Inhaltlich wurden die oben zusammen gefassten Essentials auf höchster Ebene bestätigt und folgende Finanzmittel beschlossen: Von 450 Millionen Euro im Jahr 2008 werden die Mittel auf 600 Millionen im Jahr 2013 aufgestockt, die aus den Reserven des Europäischen Nachbarschafts- und Partnerschafts-Instruments bereitzustellen sind. Zusätzlich zu der Förderung durch den ENPI wollen die EIB aus Luxemburg und die Osteuropa-Entwicklungsbank aus London mit verstärkter Kreditvergabe tätig werden, ebenso wie IWF und die Weltbank als weltweite Fördereinrichtungen.

Ob all diese Beschlüsse und Vorhaben in der Östlichen Partnerschaft Wirklichkeit werden, hängt von mehreren Faktoren ab, gleichzeitig von der schwedischen Ratspräsidentschaft im 2. Halbjahr 2009, die in Prag offensichtlich bestätigte Unterschiedlichkeit in den geopolitischen Prioritäten zwischen den 27 EU-Mitgliedstaaten konstruktiv zu überwinden. Ebenso wie von der Bereitschaft und Fähigkeit aller sechs osteuropäischen Partnerländer, sich auch bei sensiblen Themenbereichen wie „Demokratie und verantwortungsvolle Regierungsführung" aktiv zu beteiligen, trotz der offenkundigen Mängel insbesondere im Belarus, in Aserbaidschan und aktuell auch in Georgien.

Fazit und Ausblick

Das aus der Kritik an Defiziten der ENP und auf Initiative einzelner Mitgliedstaaten der EU, vor allem Polens, entstandene Konzept der „Eastern Partnership (EaP)" kann als weitere Etappe auf dem langwierigen Wege zur Vereinigung des europäischen Kontinents angesehen werden. Dabei können einerseits die erkannten Defizite der ENP in Bezug auf Osteuropa erkannt und abgebaut, andererseits aber auch keine irrealen Versprechen auf baldige Vollmitgliedschaft gegeben werden. Das ist unrealistisch aus drei Gründen: Wegen der Einstimmigkeits-Bedingung in der EU, wegen anhaltender ökonomischer und politischer Widerstände gegen die „Überdehnung der EU" und wegen besorgniserregender Entwicklungen in den osteuropäischen Nachbarländern wie Georgien, in denen gegenwärtig Nationalismus, Populismus und Gewaltbereitschaft zur Lösung von Konflikten in der politischen Klasse dominieren.

Es gibt konkrete Anzeichen, dass von dem Sondergipfel der EU im Mai 2009 in Prag sowohl das EP als auch die Beratungsorgane der EU, EWSA und AdR positive Stellungnahmen zur EaP abgeben werden (bereits am 13. Mai 2009 vom EWSA in Form der Stellungnahme zur „Einbeziehung der Zivilgesellschaft in die Östliche Partnerschaft" getätigt), so dass die im bisherigen Vorschlag nur angedeuteten, zusätzlichen Komponenten künftig verstärkt werden, nämlich:

- das im EaP-Text erwähnte „Zivilgesellschaftliche Forum" mit repräsentativen und unabhängigen ZGO aus der EU und aus den sechs Partnerländern ins Leben zu rufen, wozu bereits aus der Ukraine und in der EWSA-Stellungnahme konstruktive Umsetzungsvorschläge gemacht wurden,
- in der politischen Umsetzung der Prioritäten in allen vier thematischen Plattformen die im EWSA vertretenen Organisationen der organisierten Zivilgesellschaft zu beteiligen, über die für Juni 2009 angesetzten Konsultationssitzungen in Brüssel hinausen auch
- in einem „Interregionalen Forum" könnten mit Unterstützung des Ausschusses der Regionen Städte und Regionen aus der EU mit denen in den sechs östlichen Partnerstaaten Austausch und gemeinsame Projekte organisieren.
- eine inter-parlamentarische Versammlung zu schaffen, wie es bereits in einer informellen Zusammenkunft im Europäischen Parlament im Juni 2008 mit Delegationen aus den sechs Partnerländer diskutiert wurde und die vermutlich in der kommenden Legislaturperiode des EP 2009-2014 auch formell eingerichtet wird.

3.4 Persönliche Schlussbemerkungen und Anregungen

Konzeptionell sollten die drei multilateralen Plattformen möglichst komplementär und nicht konkurrierend sein, weder untereinander noch im Verhältnis zu Russland, dem größten und unberechenbarsten Nachbarn der EU, der in den letzten Jahren seine unilateral bestimmte „Einflusszone" in allen drei regionalen Räumen befestigen bzw. ausbauen will. Gleichwohl scheinen diese jüngsten Ansätze multilateraler Rahmen sowohl im Süden wie im Norden zumindest eine vergleichbare Ausgangslage und ein gemeinsames Leitmotiv zu haben: Angesichts der Fülle an Konflikten in beiden Hemisphären, die bereits mehrfach zu Kriegen mit negativen Folgen für alle Beteiligten, für die EU und für den gesamten Nachbarschaftraum führten, zuletzt im August 2008, sollen sowohl dauerhafte Plattformen des politischen Dialogs zur präventiven Konfliktlösung entstehen als auch gemeinsam getragene Großprojekte verwirklicht werden, die wechselseitiges Vertrauen und Verständnis fördern wollen. Weitere Hauptschwerpunkte in allen drei Nachbarschaftsräumen werden vermutlich neben der Konfliktlösung die vielfältigen Migrationsströme und die Energie-Sicherheit sein.

Im Unterschied zur UfM sollen weder in der EaP noch in der UfSM neue Gremien und Sekretariate eingerichtet werden, da sich die beiden östlichen Plattformen voll auf die EU stützen können. So sind die Gemeinschaftsorgane in der Pflicht, erstens den Entscheidungsprozess transparent und effizient zu den beiden neuen multilateralen Rahmen östlich der EU zu vollenden. Zweitens zu gewährleisten, dass diese zwischenstaatliche Zusammenarbeit von den zivilgesellschaftlichen Organisationen und von den regional-lokalen Gebietskörperschaften mit Initiativen von unten zum für die Bürger wahrnehmbaren Leben gebracht werden.

In Bezug auf die budgetäre Verortung der künftigen EU-Politik bezüglich der Nachbarländer wächst die Wahrscheinlichkeit, dass der künftige Finanzrahmen 2014-2020 den drei sich vollendenden regionalen Räumen Rechnung tragen wird, in denen dann auch die bilateralen Beziehungen in einer neuen Generation von „Aktionsplänen" jeweils Platz finden, um beide Dimensionen der laufenden ENP enger als bisher zu verzahnen. Budgetär wird erneut die komplexe Balance zu finden sein, sowohl in der multilateralen Förderung zwischen den drei geopolitischen Räumen als auch innerhalb derselben zwischen der bilateralen Förderung differenziert nach den jeweiligen Landesbedingungen und dem multilateralen Vorangehen zum Auf- und Ausbau regionaler Kooperation.

Gleichzeitig müssen die EK und die Partnerländer ihre Anstrengungen verstärken, dass die ENP transparenter und ihr schwacher Bekanntheitsgrad verbessert wird. Länder, die trotz aller Probleme sichtbare Fortschritte in der Implementierung der ENP erzielt haben, namentlich die Ukraine und Marokko, haben jetzt in Form „vertiefter Abkommen" die Chance zur Verbesserung der Lebens- und Arbeitsbedingungen ihrer Bevölkerung und der Außenwelt zu zeigen.

Der Auf- und Ausbau der parlamentarischen Zusammenarbeit und die Beteiligung von lokal-regionalen Gebietskörperschaften in allen drei multilateralen und komplementären Plattformen ebenso wie die der durch zivilgesellschaftliche Organisationen intensiviert die jeweilige Zusammenarbeit und weckt auch das Interesse der Öffentlichkeit. Nicht zuletzt wird dadurch zum Abbau der im Nachbarschaftsraum nach Süden (Nahostkriege) und nach Osten (Konflikte in vier Regionen) weiter vorhandenen Gewaltpotentiale beigetragen, im Sinne des weiter aktuellen Leitspruchs von Willy Brandt: „Frieden ist nicht alles, aber ohne Frieden ist Alles nichts".

Literatur

Avery, Graham; Nasshoven, Yvonne, The European Neighbourhood Policy: Challenges and Prospects, Brussels, November 2008.

Bendiek, Annegret, Visibility and perception in ENP countries, Brussels 2008.

Erler, Gernot, Das Schwarze Meer – Schicksalsregion für Europa, in: Der Donauraum, 3-4/2007, S. 187 ff.

Europäische Kommission, insbesondere: Mitteilung zur „Schwarzmeer-Synergie" von April 2007, Fortschrittbericht zur Umsetzung der Europäischen Nachbarschafts-Politik im Jahre 2007, Brüssel 3. April 2008 und Mitteilung zur Östlichen Partnerschaft vom Dezember 2008.

Europäisches Parlament, Resolution zur „Stärkung der Europäischen Nachbarschaftspolitik", Straßburg 15.11.2007.

Europäischer Wirtschafts- und Sozialausschuss: Stellungnahme „Einbeziehung der Zivilgesellschaft in die Östliche Partnerschaft" (Berichterstatter Ivan Voles, Prag) vom 13. 5. 2009 und „Zivilgesellschaftliche Beteiligung an der Umsetzung der ENP-Aktionspläne in den Ländern des Südkaukasus" (Berichterstatter Andrzej Adamczyk, Gdansk) vom 14.5.2009.

Gloser, Günter, Neue Dynamik für konkrete Ergebnisse, Barcelona-Prozess: Union für den Mittelmeerraum, in: Integration 10/2008, S. 399 ff.

Lippert, Barbara, Die Europäische Nachbarschaftspolitik: viele Vorbehalte – einige Fortschritte - unsichere Perspektiven, Berlin März 2008.

Piehl, Ernst, Organisierte Zivilgesellschaft in Georgien, Armenien und Aserbaidschan insbesondere im Kontext der Europäischen Nachbarschafts-Politik, Studie des EWSA, Brüssel 2009.

Schneider, Jiri, Central European contribution to the Eastern policy of the EU, Prague, December 2008.

Almut Möller

Die Entstehungsgeschichte und Strukturen der Mittelmeerunion: Gradmesser für europäische Debatten zur Nachbarschafts-, Mittelmeer- und Nahostpolitik[1]

Nüchtern betrachtet lässt sich das Ziel der 2008 begründeten Mittelmeerunion – offiziell und sperrig „Barcelona Prozess: Union für das Mittelmeer" genannt – in einem kurzen Absatz zusammenfassen: Mit der vom französischen Staatspräsidenten Nicholas Sarkozy angestoßenen Union soll die bestehende Zusammenarbeit zwischen der EU und den Ländern des südlichen Mittelmeerraums gestärkt werden. Auf dem Gipfel am 13. Juli 2008 unter französischer EU-Präsidentschaft haben die EU-Mitgliedstaaten vereinbart, mit der Mittelmeerunion den Barcelona-Prozess entlang konkreter gemeinsamer Projekte neu zu beleben. Die Mittelmeerunion umfasst die EU-27, die Europäische Kommission sowie Albanien, Algerien, Ägypten, Bosnien-Herzegowina, Israel, Jordanien, Kroatien, den Libanon, Libyen, Mauretanien, Marokko, Monaco, Montenegro, die palästinensische Autonomiebehörde, Syrien, Tunesien und die Türkei, also insgesamt 45 Mitglieder. Die Arabische Liga bekommt einen Beobachterstatus. Der Mittelmeerunion stehen jeweils ein EU-Mitglied und ein Nicht-EU-Staat gemeinsam vor. Den ersten gemeinsamen Vorsitz in der Mittelmeerunion führen Sarkozy und Ägyptens Präsident Hosni Mubarak. Es sollen alle zwei Jahre Treffen der Staats- und Regierungschefs und jährliche Treffen der Außenminister stattfinden und neue institutionalisierte Strukturen geben. Die Finanzierungsinstrumente des Barcelona-Prozesses sollen in der Mittelmeerunion durch verschiedene neue Geldgeber erweitert werden.

Für dieses Projekt sind die Europäische Union und die französische EU-Präsidentschaft im Jahr 2008 viel kritisiert worden.[2] Im Zentrum der Kritik stand dabei vor allem die Frage, was am Ansatz der Mittelmeerunion nun das Neue sei. „Projektbezogen" war auch der bereits 1995 initiierte Barcelona-Prozess und war dennoch mehr als zehn Jahre später gemessen an seinen Zielvorgaben relativ erfolglos. Nun stellt sich die Frage, ob die Mittelmeerunion tatsächlich Abhilfe schaffen kann, oder ob sie lediglich alter Wein in neuen Schläuchen, von einem französischen Präsidenten in Szene gesetzt, ist. Diese Frage wird allerdings erst in einigen Jahren zu bewerten sein, wenn erste Schritte in der Mittelmeerunion gemacht wurden und bilanziert werden können.

---

1 Dieser Beitrag erschien zuerst in der Reihe „Occasional Papers" des Europäischen Zentrums für Föderalismus-Forschung (EZFF) an der Eberhard Karls Universität Tübingen.

2 Siehe u.a. die Argumentation der folgenden Autoren: Aliboni, Roberto/Driss, Ahmed/Schumacher, Tobias/Tovias, Alfred: Putting the Mediterranean Union in Perspective, EuroMeSCo Paper 68, June 2008; Calleya, Stephen C.: The Mediterranean Union as a Project of Differentiated Integration, in: Hanelt, Christian-Peter und Almut Möller: Bound to Cooperate: Europe and the Middle East II, Gütersloh 2008, S. 92-113; Emerson, Michael: Making Sense of Sarkozy's Union for the Mediterranean, CEPS Policy brief No. 155, March 2008; Schwarzer, Daniela/Werenfels, Isabelle: Formelkompromiss ums Mittelmeer, SWP-Aktuell 24, April 2008.

Deshalb wird in diesem Beitrag nach der Darstellung des institutionellen Aufbaus der Mittelmeerunion eine andere Frage ins Zentrum der Analyse gerückt: Was sagt das nun beschlossene Projekt der Mittelmeerunion über die innereuropäischen Debatten zur europäischen Nachbarschafts-, Mittelmeer- und Nahostpolitik aus? Die neue Initiative der Mittelmeerunion – so unklar ihre Perspektive derzeit auch sein mag – lässt sich nicht losgelöst von jüngeren Entwicklungen in der europäischen Außenpolitik gegenüber ihren Nachbarregionen erklären. Die Diskussion um die Zielsetzung und Ausgestaltung der Mittelmeerunion im Jahr 2008 hat einige interessante Anknüpfungspunkte geliefert, die im Folgenden reflektiert werden. Daraus werden einige Pfade aufgezeigt, die die Entwicklung der Mittelmeerunion und das Engagement der Europäer im benachbarten Mittelmeerraum und im Nahen Osten nehmen könnten. Zunächst erfolgt jedoch eine kurze Darstellung der Entwicklungsgeschichte der Mittelmeerunion und ihrer Ausgestaltung nach den Beschlüssen des Außenministertreffens von Marseille am 3./4. November 2008, die von den Staats- und Regierungschefs auf ihrem Gipfel am 11./12. Dezember 2008 in Brüssel angenommen wurden.

1 Vom Barcelona-Prozess zur „Union für das Mittelmeer"

Im positiven Klima der Osloer Verträge, die Hoffnung auf eine Beilegung des Nahostkonflikts machten, hatte die Europäische Union im Jahr 1995 den Barcelona-Prozess – auch „Euro-Mediterrane Partnerschaft" genannt – aus der Taufe gehoben. Ziel des Barcelona-Prozesses war die Vertiefung der politischen, wirtschaftlichen, kulturellen und sozialen Beziehungen zwischen den EU-Mitgliedern und den teilnehmenden Ländern und ihren Bevölkerungen im südlichen Mittelmeerraum. Die Europäische Union wollte und will mit diesem Ansatz auch einen Beitrag zur wirtschaftlichen und politischen Transformation leisten und erhofft sich davon Stabilisierungseffekte in der krisenhaften Nachbarregion. In Barcelona wurden drei so genannte „Körbe" der Zusammenarbeit beschlossen: Politische und sicherheitspolitische Fragen, Wirtschafts- und Finanzfragen sowie Kultur und Soziales.

Dieser ehrgeizigen Agenda konnte die Europäische Union jedoch bisher nicht gerecht werden. Die Zehnjahresbilanz des Barcelona-Prozesses fiel je nach angesetztem Maßstab gemischt aus, insgesamt aber enttäuschend.[3] Die Transformationsentwicklung der Länder in der Region im selben Zeitraum bestätigte im Großen und Ganzen diesen Trend.[4]

Es war vor allem dieser Befund, gepaart mit dem Ehrgeiz des gerade ins Amt gekommenen französischen Präsidenten Nicholas Sarkozy, als Antwort auf die gen Osteuropa gerichteten Initiativen der deutschen EU-Präsidentschaft 2007 einen neuen Akzent in der europäischen Mittelmeerpolitik zu setzen, der im Frühjahr 2008 zu einem Momentum für das Projekt der Mittelmeerunion führte.

Bereits in seinem Präsidentschaftswahlkampf Anfang 2007 hatte Sarkozy die Idee zur Schaffung einer Mittelmeerunion vorgebracht. Diese sollte, so Sarkozys Plan von Anfang

---

3 Siehe exemplarisch Jünemann, Annette: Zehn Jahre Barcelona-Prozess: Eine gemischte Bilanz, in: Aus Politik und Zeitgeschichte 45/2005, S. 7-14; Neugart, Felix: Nahost- und Mittelmeerpolitik, in: Werner Weidenfeld/ Wolfgang Wessels (Hrsg.): Jahrbuch der Europäischen Integration 2006, Nomos 2006, S. 279-282, hier S. 282; Zorob, Anja: Projekt „Mittelmeerunion" – „neuer Schub" für die EU-Mittelmeerpolitik?, GIGA Fokus Nummer 5, 2008, S. 2-3.

4 Vgl. den Überblicksbeitrag von Schumacher, Tobias: Naher Osten und Nordafrika, in: Bertelsmann Stiftung (Hrsg.): Bertelsmann Transformation Index 2008. Politisches Management im internationalen Vergleich, Gütersloh 2008, S. 136-156.

2007, lediglich die EU-Mittelmeerländer und ihre Nachbarn im südlichen Mittelmeerraum umfassen. Als Sarkozy als neuer französischer Staatspräsident ankündigte, das Thema auf die Agenda seiner EU-Präsidentschaft im zweiten Halbjahr 2008 zu setzen, stieß er damit in den europäischen Hauptstädten nicht überall auf Begeisterung.[5] Von der deutschen Bundesregierung wurde deutlich darauf hingewiesen, dass eine Union, an der nicht alle EU-Mitglieder teilnähmen, nicht denkbar sei. Auch in den Reihen der potentiellen Partnerländer im Mittelmeerraum war die Resonanz verhalten. Lange blieb zudem unklar, welche Pläne Sarkozy mit seiner Mittelmeerunion im Detail hatte. Obgleich sie deshalb relativ substanzlos war, verlief die europäische Debatte erstaunlich kontrovers. Was hat schließlich dazu geführt, dass die Mittelmeerunion tatsächlich zum offiziellen Bestandteil der EU-Agenda 2008 wurde, anstatt fallen gelassen zu werden? Das Interesse einer Reihe von vor allem südlichen EU-Ländern, angeführt von EU-Ratspräsident Sarkozy, eine neu entstehende Debatte zur Zukunft der Europäischen Nachbarschaftspolitik (als „wirkliche" Alternative zur an ihre Grenzen gelangten Erweiterungspolitik), die wachsende Bedeutung der Europäischen Union als außenpolitischer Akteur im Mittelmeerraum und im Nahen und Mittleren Osten, eine neue Möglichkeit, Syrien einzubinden und vor allem die bisher so enttäuschende Bilanz von Barcelona: dies sind wichtige Faktoren für das Momentum, in dem die Gründung der Mittelmeerunion möglich wurde.

Notwendige Voraussetzung war jedoch eine Einigung zwischen Deutschland und Frankreich über die Frage des Teilnehmerkreises. Die Bundesregierung lehnte eine Einbeziehung nur eines Teils der EU-Länder bei gleichzeitigem Rückgriff auf EU-Budgets für die Mittelmeerunion ausdrücklich ab. Bundeskanzlerin Angela Merkel setzte sich gegenüber Präsident Sarkozy mit dieser Position durch, und Sarkozy konnte sein Projekt Mittelmeerunion retten.[6]

Auf dem Europäischen Rat am 13./14. März 2008 in Brüssel erging der Auftrag der 27 Staats- und Regierungschefs an die Kommission, bis zum 13. Juli 2008, dem ersten Gipfel unter französischer Präsidentschaft, die Modalitäten für die Mittelmeerunion auszuarbeiten. Diese sollte ausdrücklich auf den bestehenden Barcelona-Prozess aufbauen. Vor allem auch auf Druck Spaniens, wo 1995 der Barcelona-Prozess begründet worden war, wurde sprachlich deutlich Bezug auf diesen genommen.[7] Auch konzeptionell und inhaltlich sollte der neue „Barcelona-Prozess: Union für das Mittelmeer" diese Verbindung widerspiegeln.[8] Im Mai 2008 legte die Europäische Kommission dem Rat und dem Europäischen Parlament eine Mitteilung mit den Leitlinien für den „Barcelona-Prozesses: Union für das Mittelmeer" vor.[9] Als Lehre aus zehn Jahren Barcelona unterstreicht die Kommission darin insbesondere die Notwendigkeit eines stärkeren „Co-ownership" zwischen EU-Mitgliedern und Partnerstaaten für die gemeinsamen Projekte. Dieses Ziel soll in der Mittelmeerunion vor allem

5 Vgl. Möller, Almut: Möller, Almut: Why Europeans Should Embrace the Idea of a Mediterranean Union, in: AICGS Advisor, March 21, 2008a.

6 Siehe dazu ausführlich Emerson, Michael: Making Sense of Sarkozy's Union for the Mediterranean, CEPS Policy brief No. 155, March 2008, S. 2.

7 Council of the European Union: Brussels European Council, 13-14 March 2008, Presidency Conclusions, 7652/1/01, REV 1, CONCL 1, 20.05.2008.

8 Die französische Präsidentschaft hingegen setzte sich weiter für den Begriff „Union für das Mittelmeer" ein. Ein entsprechender Vorschlag findet sich noch in der Erklärung des Rates vom 3./4. November 2008 in Marseille.

9 Commission of the European Communities: Communication from the Commission to the European Parliament and the Council: Barcelona Process: Union for the Mediterranean, COM(2008) 319 (Final), 21.05.2008.

mittels einer zweiköpfigen Präsidentschaft und der Schaffung von neuen Institutionen erreicht werden. Diese stärkere Institutionalisierung (siehe unten in Kapitel 2) ist der Punkt, an dem sich die neue Mittelmeerinitiative am stärksten von der bestehenden EU-Mittelmeerpolitik unterscheidet. Kritiker weisen jedoch mit Recht darauf hin, dass eine Co-ownership auch hätte bedeuten müssen, dass die künftigen Mitglieder der Mittelmeerunion aus dem südlichen Mittelmeerraum stärker in die Konzeptionalisierung der Union hätten einbezogen werden sollen.[10]

Am Tag vor dem französischen Nationalfeiertag und bewusst an diesen anknüpfend – europäische Staats- und Regierungschefs gemeinsam mit Staats- und Regierungschefs auf dem Mittelmeerraum einträchtig auf einer Zuschauertribüne zur Parade auf den Champs Élysées – inszenierte Präsident Sarkozy am 13. Juli 2008 medienwirksam die Geburtsstunde des „Barcelona-Prozesses: Union für das Mittelmeer“. Über den Beschluss zur Mittelmeerunion hinaus, der die Verbindung zwischen beiden Seiten des Mittelmeers wieder dynamisieren soll, wollte Sarkozy auch ein Bild von sich als „Versöhner“ aussenden. Sarkozy nicht nur als Vermittler nicht nur zwischen EU-internen Kritikern und Befürwortern der Mittelmeerunion, sondern auch als derjenige, der Konfliktparteien des Nahen Ostens zusammenbringt. Die erfolgreiche Einladung Assads nach Paris und sein dortiges indirektes Zusammentreffen mit dem damaligen israelischen Ministerpräsidenten Ehud Omert war gleichzeitig auch ein Signal an Washington und den künftigen US-Präsidenten.

In groben Zügen wurden die Strukturen der Mittelmeerunion in Paris in einem Dokument von rund 15 Seiten niedergelegt[11]: Es solle eine Co-Präsidentschaft, jährliche Außenministertreffen und alle zwei Jahre auch Treffen der Staats- und Regierungschefs geben. Ein Sekretariat sowie ein Gemeinsamer Ausschuss sollten geschaffen werden, die die Arbeiten im Rahmen der Mittelmeerunion unterstützen. Ein „projektbezogener“ Ansatz mit rasch sichtbaren Ergebnissen für die Bürger solle entwickelt werden, weshalb der Anhang des Dokuments bereits eine Liste konkreter Projektvorhaben enthält, unter anderem die Säuberung des Mittelmeers, Verkehrsnetze zu Land und zu Wasser, Umweltschutz und regenerative Energien, Bildung und Forschung.[12]

Während die europäische außenpolitische Aufmerksamkeit inzwischen auf den Georgien-Konflikt gelenkt worden war, wurden in den darauf folgenden Monaten die institutionellen Details der Mittelmeerunion diskutiert und von den Außenministern unter der Leitung von Frankreichs Außenminister Bernard Kouchner und Ägyptens Ahmed Aboul Gheit am 3./4. November 2008 in Marseille beschlossen.[13] Die Beschlüsse von Marseille wurden auf dem EU-Gipfel am 11./12. Dezember 2008 schließlich von den EU-Staats- und Regierungschefs angenommen.[14]

10 Vgl. dazu etwa Schwarzer, Daniela/Werenfels, Isabelle: Formelkompromiss ums Mittelmeer, SWP-Aktuell 24, April 2008, S. 1.

11 Joint Declaration of the Paris Summit for the Mediterranean, Paris, 13 July 2008.

12 Emerson weist allerdings darauf hin, dass diese und auch eine frühere, längere Liste der französischen Regierung Projekte umfasse, die es in einer oder anderer Weise im Rahmen der europäischen Mittelmeerpolitik ohnehin bereits gebe. Siehe Emerson 2008, S. 10. Im Beschluss zur detaillierten Ausgestaltung der Mittelmeerunion vom 3./4. November 2008 wird die Liste vom 13. Juli 2008 modifiziert und darauf hingewiesen, dass es sich teils um neue, teils um eine Neubelebung bestehender Projekte handelt.

13 Siehe das Abschlussdokument des Ministertreffens: Partenariat EUROMED: Final Declaration, Marseille, 3-4 November 2008, 279/08, 04.11.2008.

14 Rat der EU: Tagung des Europäischen Rates vom 11./12. Dezember in Brüssel, Schlussfolgerungen des Vorsitzes, 17271/08, CONCL 5, 12.12.2008.

2 Die Gestalt der Mittelmeerunion mit den Beschlüssen von Marseille

Das Neue am Projekt der Mittelmeerunion ist, dass sie stärker institutionalisiert sein wird als die bestehenden Initiativen im Rahmen der europäischen Mittelmeerpolitik. Die Strukturen der Mittelmeerunion sind in der Erklärung von Marseille auf den Seiten 3ff geregelt.[15] Sie umfassen folgende zentrale Punkte:

Zunächst wird eine *Präsidentschaft* eingerichtet, die jeweils gemeinsam von einem EU-Mitglied und einem Vertreter eines Mittelmeer-Partnerlandes ausgeübt wird. Die Präsidentschaft der EU muss dabei in Einklang mit der sonstigen Außenvertretung der EU stehen und insbesondere mit der neuen EU-Ratspräsidentschaft. Die Partnerländer bestimmen ihre Präsidentschaft im Konsens für einen Zeitraum von zwei Jahren. Die Co-Präsidentschaft beruft die Treffen im Rahmen der Mittelmeerunion ein und sitzt ihnen vor. Dies soll im Idealfall für alle Treffen auf allen Ebenen gelten. Die Co-Präsidentschaft bereitet auch die Agenden für alle Zusammenkünfte vor, muss diese aber allen Teilnehmern zur Annahme vorlegen. Jedes Land kann außerdem beantragen, Themen auf die Agenda zu setzen. Die Präsidentschaft wird außerdem beauftragt, die Schlussfolgerungen und Ergebnisprotokolle der Sitzungen vorzubereiten. Treffen auf der Ebene der Staats- und Regierungschefs finden alle zwei Jahre, auf der Ebene der Außenminister jährlich statt.

Unterhalb der Ebene der Regierungen sollen hohe Beamte, so genannte *„Senior Officials"*, das Tagesgeschäft im Rahmen der Mittelmeerunion leiten und die Ministertreffen vorbereiten. Sie übernehmen auch gemeinsam mit einem neu geschaffenen Gemeinsamen Ständigen Ausschuss die Aufgaben des früheren EUROMED Komitee, das nun aufgelöst wird. Die Senior Officials haben außerdem die Aufgabe, den Stand der von den Außenministern vorgeschlagenen und von den Staats- und Regierungschefs beschlossenen Projekte zu evaluieren.

In ihrer Arbeit unterstützt werden die Senior Officials von einem *Gemeinsamen Ständigen Ausschuss* mit Sitz in Brüssel. Der Ausschuss soll außerdem als Konsultationsplattform im Falle einer plötzlichen Krise in der Mittelmeerregion dienen.

Außerdem wird ein *Sekretariat* mit Sitz in Barcelona geschaffen. Im Unterschied zu den Außenministern und Senior Officials, die ein *politisches Mandat* haben, ist das Mandat des Sekretariats *technischer Natur*. Die Mitarbeiter des Sekretariats sollen Projektvorschläge aus den Mitgliedsländern sammeln, sichten und aufbereiten und dazu im Austausch mit dem Ständigen Ausschuss, den Senior Officials, den potentiellen Teilnehmerländern und möglichen Geldgebern stehen. Nach dem Beschluss der Außenminister zur Umsetzung eines neuen Projekts überwacht das Sekretariat auch die Implementierung. Besetzt werden soll das Sekretariat möglichst repräsentativ. Es umfasst einen Generalsekretär und fünf stellvertretende Generalsekretäre, die mittels Konsensverfahren für drei Jahre eingesetzt werden. Die Mitglieder der Mittelmeerunion können außerdem entlang von Kompetenz und geographischen Kriterien nationale Mitarbeiter ins Sekretariat entsenden. Das Sekretariat wird durch die Mitglieder der Mittelmeerunion, durch freiwillige Beiträge und aus Mitteln der Europäischen Nachbarschaftspolitik finanziert. Das Sekretariat nimmt seine Arbeit im Mai 2009 auf.

Die bereits existierende, aber bisher kaum beachtete *Euro-Mediterrane Parlamentarische Versammlung* soll dem neuen institutionellen Rahmen der europäischen Mittelmeerpo-

15 Final Declaration Marseille 2008.

litik stärkere demokratische Legitimität verleihen. Schließlich soll eine *engere Zusammenarbeit auch mit regionalen und lokalen Ebenen* erfolgen. Dazu soll möglicherweise eine Institution vergleichbar mit dem Ausschuss der Regionen geschaffen werden.

Ausführlich werden abschließend die inhaltlichen Bereiche der Zusammenarbeit für das Jahr 2009 aufgelistet und Bericht über den Fortgang der auf dem Juli-Gipfel 2008 angestoßenen Projekte erstattet.

Aus der Perspektive der Institutionenforschung wirft die Ausgestaltung der Mittelmeerunion sicherlich eine Reihe von Fragen auf. An erster Stelle steht die Frage, ob die schlichte Neugründung von Institutionen tatsächlich zu größerer Effektivität der Politiken führt. Auch in der bisherigen euro-mediterranen Partnerschaft gab es eine Vielzahl von Treffen und Formaten, die jedoch nicht oder zu wenig die erhofften Ergebnisse produziert haben. Die Tatsache, dass sowohl der Barcelona-Prozess als auch die 2004 konzipierte südliche Dimension der Europäischen Nachbarschaftspolitik (ENP), die diesen ergänzen sollte, so wenig an ihre Zielsetzungen heranreichen konnten, hatte viele Ursachen. Allerdings erscheint die Bilanz von Barcelona und ENP bisher insgesamt noch zu oberflächlich. Um genaue Aussagen über Stärken und Schwächen der europäischen Mittelmeerpolitik hätten treffen zu können und den Aufbau der Mittelmeerunion danach auszurichten, wäre eine tiefere Auseinandersetzung der europäischen Institutionen mit den Fehlschlägen und Erfolgen von Barcelona in der Verbindung mit „ENP-Süd" notwendig gewesen.[16]

Eines ist vorauszusehen: Institutionen allein garantieren noch keinen Output. Bisher fehlte es der europäischen Mittelmeerpolitik aber vor allem am politischen Willen der Regierungen und an politischem Druck, den vielen vereinbarten Erklärungen, Programmen und Aktionsplänen auch Taten folgen zu lassen. Diesem Problem der fehlenden Verantwortung (oder wie es in den Dokumenten der EU heißt, „Ownership") haben die EU und ihre Mitgliedstaaten mit dem neuen institutionellen Aufbau ihrer Mittelmeerpolitik entgegenzuwirken versucht. Durch die geteilte Präsidentschaft soll eine neue Form von Ownership entstehen.

Jenseits der Frage, ob sich diese auch tatsächlich entwickelt, hängt der Erfolg der Projekte im Rahmen der Mittelmeerunion jedoch von vielen weiteren Faktoren ab: den politischen und sicherheitspolitischen Entwicklungen im südlichen Mittelmeerraum (hier sei exemplarisch nur der israelisch-pasästinensische/ israelisch-arabische Konflikt genannt), der Entwicklung der Transformationsprozesse in der Region, der Handlungsfähigkeit einer Union mit immerhin 45 Mitgliedern, die alle ihre eigenen Interessen und Zielsetzungen haben, der Prioritätensetzung der EU – denn von ihr und ihren Mitgliedstaaten sind die zentralen Impulse zu erwarten –, in den kommenden Jahren, um nur einige wesentliche zu nennen.

Ob die – wie von der Kommission formuliert –„Aufwertung" der Mittelmeerpolitik durch die Mittelmeerunion funktioniert, bleibt abzuwarten.

16 So ist bereits rein konzeptionell fraglich, ob Barcelona mit der südlichen Dimension der ENP sinnvoll verbunden werden können, zumal die ENP unter demselben Dach auch noch eine östliche Dimension hat, vgl. Möller, Almut: The European Union and the Middle East: Coping with Challenges, Seizing Opportunities, in: Hanelt, Christian-Peter/Möller, Almut (Hrsg.): Bound to Cooperate: Europe and the Middle East II, Gütersloh 2008a, S. 17-31, hier S. 21ff.Spezifisch zur Vereinbarkeit der nördlichen und südlichen Dimension siehe Kempe, Iris, in ebenda, S. 74-91.

3 Die Mittelmeerunion als Gradmesser für die europäischen Debatten zur Nachbarschafts-, Mittelmeer- und Nahostpolitik

Eines hat aber Sarkozy mit seiner Idee der Mittelmeerunion sicher erreicht: In Europa wurde 2008 endlich die längst notwendige Debatte über die Schwierigkeiten im Barcelona-Prozess und die zukünftige Ausgestaltung der Beziehungen zu den Ländern in der südlichen Nachbarschaft angestoßen. Diese konzeptionelle und inhaltliche Auseinandersetzung gilt es weiter zu treiben und zu vertiefen. Stoff für eine breitere außenpolitische Diskussion hat die Debatte zur Mittelmeerunion im Jahr 2008 ausreichend geliefert.

Im Folgenden werden zentrale Strecken dieser Debatte diskutiert. Sie umfasst konzeptionelle Fragen (3.1), die unterschiedliche geographische Schwerpunktsetzung der EU-Mitglieder (3.2), sowie damit zusammenhängend die Zukunft von Modellen differenzierter Integration (3.3), die Debatte um effektive Instrumente der Nachbarschaftspolitik (3.4), die Einbettung der Mittelmeerunion in die europäische Nahostpolitik (3.5) und die Diskussion um die Mittelmeerpolitik als ein Instrument der Unterstützung von Transformationsprozessen (3.6). Wenn die Europäische Union und ihre Mitgliedstaaten es in den kommenden Jahren vermögen, an diesen Themen weiterzudenken, dann können daraus neue Impulse für die europäische Nachbarschaft-, Mittelmeer- und Nahostpolitik und damit auch für das Projekt der Mittelmeerunion erwachsen.

3.1 Konzeptionelles

Der Barcelona-Prozess von 1995 und sein überwiegend multilateraler Ansatz wurden im Zuge der Ost- und Süderweiterung 2004 um eine neue Form der Nachbarschaftspolitik, die einen stärker bilateralen Fokus hat, ergänzt. Die Europäische Nachbarschaftspolitik fasst eine südliche und östliche Dimension unter einem Dach zusammen. Es ist vielfach angezweifelt worden, ob eine Verknüpfung der südlichen und östlichen Dimension, wenn auch politisch nachvollziehbar, in der Praxis sinnvoll ist. Die Mittelmeerunion tritt nun als eine neue Initiative hinzu. Sie baut explizit als „Barcelona Plus" auf den Barcelona-Prozess auf. Zwar haben die EU und ihre Mitgliedstaaten in den Dokumenten zur Mittelmeerunion mehrfach darauf hingewiesen, dass die Mittelmeerunion keine bestehenden EU-Politiken unterlaufen soll, sondern im Einklang mit diesen steht. Dennoch wird mit der Mittelmeerunion das Nebeneinander von „Barcelona Plus" und der südlichen Dimension der ENP in ihrer Klammer mit der östlichen Dimension konzeptionell nicht aufgelöst. Ein klares Bild ergibt sich auch mit der neuen Mittelmeerunion nicht und es besteht die Möglichkeit einer weiteren Duplizierung von Strukturen und Programmen, insbesondere angesichts der Schaffung neuer Institutionen.

3.2 „Süd versus Ost"

Die eben beschriebene konzeptionelle Schwäche der europäischen Mittelmeerpolitik führt möglicherweise nicht nur zu Problemen auf der operativen Ebene, sondern könnte auch weitere Differenzen um die südliche und östliche Dimension der ENP befeuern. Immerhin bekommen einige Partnerländer der ENP nun mit der Mittelmeerunion eine neue Form der

Institutionalisierung, die anderen ENP-Ländern bis auf weiteres vorenthalten bleibt. Die Debatte um die Mittelmeerunion hat außerdem gezeigt, dass es innerhalb der EU-27 eine Lagerbildung gibt. Allen voran Deutschland und eine Reihe jüngerer Mitgliedstaaten konzentrieren sich mit Initiativen stärker auf die östliche Nachbarschaft der EU. Frankreich und andere Mittelmeeranrainer hingegen wollen sich vor allem im geographisch näheren Mittelmeerraum engagieren. Dennoch wurde bisher der Versuch Frankreichs, die Mittelmeerunion als Projekt differenzierter Integration mit nur einem Teil der EU-Mitglieder zu entwickeln, eine Absage erteilt. Ein vorsichtiger Hinweis, projektbezogen auf Formen der verstärkten Zusammenarbeit zurückzugreifen, ist jedoch dennoch in der Erklärung des Mittelmeergipfels vom 13. Juli 2008[17] sowie auch in den finalen Beschlüssen von Marseille enthalten[18]. Gleichzeitig wird in den Dokumenten der EU aber versucht, die Balance zwischen beiden geographischen Regionen zu halten. In den Schlussfolgerungen des Europäischen Rates vom 11./12. Dezember 2008, mit denen die Staats- und Regierungschefs die Beschlüsse des Ministertreffens von Marseille im November 2008 anerkennen, folgt unmittelbar auf diesen Paragraphen auch eine Erklärung zur östlichen Dimension der ENP.[19] Hier wird nahezu krampfhaft versucht, unterschiedliche Prioritätensetzungen zu überspielen. Es ist fraglich, ob es gelingt, unter Einbeziehung der EU-27 eine sinnvolle Nachbarschaftspolitik gegenüber beiden Regionen zu gestalten.

3.3 *Differenzierung in der europäischen Nachbarschaftspolitik?*

Punkt 3.2 führt zu der Frage, welche Perspektive die Ansätze differenzierter Integration in der Europäischen Union haben.[20] Auch wenn dies bisher abgelehnt wurde und sich die EU-Mitglieder auf eine Mittelmeerunion „EU-27-plus“ verständigt haben, ist nicht auszuschließen, dass sich in den kommenden Monaten und Jahren unterschiedliche geographische Prioritäten unter den EU-Mitgliedern festigen. Solange es nicht zu Abkoppelung, Spaltung oder Inkonsistenz europäischer Außenpolitik führt, sollte eine stärkere Differenzierung, die im Grunde eine Form der Spezialisierung ist, jedoch nicht kategorisch ausgeschlossen werden. Die positiven Effekte, die von einer „Arbeitsteilung“ innerhalb der EU zu erwarten wären, sollten in Erwägung gezogen und die Debatte um die Zukunft eines möglicherweise stärker differenzierten Europa weitergeführt werden.

3.4 *Impulse für eine „neue Nachbarschaftspolitik“ als Alternative zur Erweiterungspolitik?*

Zwar haben die wenigsten Partnerländer in der Mittelmeerunion Aussicht auf eine EU-Mitgliedschaft. Die Pläne für die Mittelmeerunion wurden daher auch kaum im Zusammenhang mit der Erweiterungsdebatte geführt. Eine Ausnahme ist hier die Türkei, die als

17 Siehe Joint Declaration 2008, S. 16.

18 Siehe Final Declaration Marseille 2008, S. 5.

19 Siehe Rat der EU: Tagung des Europäischen Rates vom 11./12. Dezember in Brüssel, Schlussfolgerungen des Vorsitzes, 17271/08, CONCL 5, 12.12.2008, S. 10.

20 Zu Konzepten und Perspektiven differenzierter Integration siehe Emmanouilidis, Janis A.: Conceptualizing a Differentiated Europe, ELIAMEP Policy Paper No 10/June 2008 (Download unter http://www.emmanouilidis.eu/publications/2008/conceptualizing_2008.php).

Kandidatin für die Mitgliedschaft in der Mittelmeerunion anfangs einen Versuch sah, ihre EU-Mitgliedschaft zu unterlaufen. Dennoch steht die Schaffung der Mittelmeerunion im Kontext eines breiteren, neuen europäischen Diskurses zur Zukunft der Nachbarschaftspolitik, die wiederum ihren Ursprung in der Debatte zur Erweiterung hat. Die Erweiterungspolitik ist in der Einschätzung nicht nur zahlreicher Regierungen und Bürger mit der Erweiterungsrunde 2004/2007 an ihre Grenzen gelangt. Auch die Europäische Kommission und das Europäische Parlament argumentieren seit der Aufnahme von Verhandlungen mit der Türkei zunehmend zurückhaltend zum Thema Erweiterung und stellen Fragen wie die der Absorptionsfähigkeit der EU. In dem Moment, in dem das Erweiterungsinstrument an seine Grenzen gelangt ist, stellte sich die Frage nach wirklichen, für Drittstatten attraktiven Alternativen zu einem EU-Beitritt.

In diesem Zusammenhang wird seit einiger Zeit die Europäische Nachbarschaftspolitik kritisch unter die Lupe genommen. Außenpolitik der EU fängt zuallererst in ihrer direkten Nachbarschaft an: Wie sollen die Beziehungen zu diesen südlichen und östlichen Nachbarschaften in Zukunft noch besser organisiert werden? Mit der Mittelmeerunion hat die „Südflanke“ in der Europäischen Union einen Vorstoß gemacht. Es wird interessant sein, zu verfolgen, ob und in welcher Form in der östlichen Dimension nachgezogen wird.

3.5 Mittelmeerunion und europäische Nahostpolitik

Das Projekt der Mittelmeerunion steht darüber hinaus im Kontext der europäischen Nahostpolitik. Auf diese Verbindung wird in den Dokumenten zur Mittelmeerunion immer wieder hingewiesen. Die Europäische Union ist in den vergangenen Jahren als außen-, aber auch als sicherheitspolitischer Akteur im Nahen und Mittleren Osten gereift. [21] Sie ist sehr aktiv im Nahostquartett bestehend aus UN, EU, Russland und den USA, das eine Vermittlerrolle im Nahostkonflikt spielt. Unter deutscher EU-Präsidentschaft im ersten Halbjahr 2007 wurde dem Quartett ein neuer politischer Impuls gegeben, der schließlich zu einer neuen Initiative der USA, dem so genannten „Annapolis-Prozess“ führte. Im Rahmen von Annapolis verhandeln Israel und die PLO seit November 2007 erneut über einen Friedensvertrag. Die Europäer sind an diesen Verhandlungen zwar nicht direkt beteiligt, sind aber führend bei der Unterstützung von Wirtschafts- und Sicherheitsreformen im Westjordanland, die die Annapolis-Verhandlungen flankieren, damit ein lebensfähiger palästinensischer Staat entstehen kann, der in Frieden mit seinem Nachbarn Israel lebt. Im Süden des Libanon bilden europäische Soldaten, darunter auch die deutsche Marine, einen wesentlichen Bestandteil der nach dem Julikrieg 2006 aufgestockten UNIFIL-Mission. Darüber hinaus setzen sich die Europäer stärker als die USA für eine Zusammenarbeit mit Syrien ein, um das Land aus der Allianz mit dem Iran zu lösen. Hier gibt es zwar innerhalb der EU-Mitglieder unterschiedliche Positionen. Mit der Einladung des syrischen Präsidenten zum Mittelmeerunions-Gipfel nach Paris hat die französische Präsidentschaft in diesem Zusammenhang aber ein Zeichen gesetzt. Auch die Bemühungen der Europäer, regionale Institutionen und intraregionale Zusammenarbeit zu unterstützen, kommen in der Mittelmeerunion zum Ausdruck. Die Arabische Liga bekommt in ihr einen Beobachterstatus.

21 Vgl. Möller, Almut: Nahost- und Mittelmeerpolitik, in: Jahrbuch der Europäischen Integration (Hrsg. Werner Weidenfeld/Wolfgang Wessels), Baden-Baden 2008b, S. 211-218.

Europäische Mittelmeer- und Nahostpolitik mag für viele Beobachter immer noch Stückwerk sein, doch langsam scheinen sich einzelne Puzzleteile zu einem stimmigeren Bild zusammenzufügen.

3.6 Mittelmeerpolitik = Transformationspolitik?

Die Europäische Union hat den Anspruch, mit ihrer Mittelmeerpolitik auch Transformationsprozesse und Demokratisierung im Nahen und Mittleren Osten zu unterstützen. Bewusst verweist sie auf den wertebezogenen Ansatz ihrer Außenpolitik. In der Praxis bleiben dies aber oft Lippenbekenntnisse. Dies hängt mit dem zweiten übergeordneten Ziel der Mittelmeerpolitik zusammen: Der Stabilisierung der krisengeschüttelten Nachbarschaft, deren Flüchtlingsströme und terroristischen Gruppierungen – auch wenn sie nicht die Mehrheit der Bevölkerungen hinter sich haben – zunehmend zum Sicherheitsproblem für die Europäer werden. Sind Demokratisierung auf der einen und Stabilisierung auf der anderen Seite miteinander zu vereinbaren? Bisher haben sich die Europäer dieser Debatte nicht ausreichend gestellt, sondern punktuell gehandelt. Im Rahmen des Barcelona-Prozesses wollte man ausdrücklich auch mit Akteuren der Zivilgesellschaft zusammenarbeiten, die die Regierungspraktiken in ihren Heimatländern in Frage stellen. Dabei haben die Europäer aber oft auf ein europäisches Verständnis von Zivilgesellschaft gesetzt und etwa islamistische Organisationen, die auch moderate Strömungen umfassen und teilweise glaubwürdige Reformagenden haben, gemieden.[22] Stattdessen hat man auf Nichtregierungsorganisationen europäischen Zuschnitts gesetzt, die entweder nur kleine Bevölkerungsanteile repräsentieren, oder aber von den Regimen „geduldet" sind. In der Mittelmeerunion wird nun ganz eindeutig die Zusammenarbeit zwischen *Regierungen* auf beiden Seiten des Mittelmeerraumes nicht nur festgelegt, sondern sogar noch stärker als bisher *institutionalisiert.* Nichtregierungsorganisationen könnten es so in Zukunft noch schwerer haben, an den Projekten im Rahmen der Mittelmeerunion mitzuwirken, da die Regierungen in der Region unliebsame Akteure gezielt heraushalten könnten.

Ohnehin ist allerdings fraglich, ob sich das Pendel im Spannungsfeld von Demokratisierung auf der einen und Stabilisierung auf der anderen Seite nicht ohnehin seit dem 11. September und den Anschlägen in Madrid und London in Richtung Stabilisierung bewegt hat. Eine sich abzeichnende „Versicherheitlichung" der europäischen Sicht auf den Nahen und Mittleren Osten wird über kurz oder lang Auswirkungen auf die Demokratisierungs- und Transformationsagenda der Europäischen Union haben.

Interessant zu untersuchen wäre in diesem Zusammenhang, inwieweit die Interessen und Ziele der EU und ihrer Mitgliedstaaten auf der einen und den Führungen der Mehrzahl der Länder des südlichen Mittelmeerraums auf der anderen Seite überhaupt in einem Maße vereinbar sind, dass eine interregionale Zusammenarbeit à la Mittelmeerunion mit Aussicht auf Erfolg ermöglicht wird.

22 Vgl. dazu den Beitrag von Lübben, Ivesa: The Rise of Political Islam and the Implications for European Foreign Policy, in: Hanelt, Christian-Peter/Möller, Almut (Hrsg.): Bound to Cooperate: Europe and the Middle East II, Gütersloh 2008, S. 340-367.

Literatur- und Quellenverzeichnis

Aliboni, Roberto/Driss, Ahmed/Schumacher, Tobias/Tovias, Alfred: Putting the Mediterranean Union in Perspective, EuroMeSCo Paper 68, June 2008.

Calleya, Stephen C.: The Mediterranean Union as a Project of Differentiated Integration, in: Hanelt, Christian-Peter und Almut Möller: Bound to Cooperate: Europe and the Middle East II, Gütersloh 2008, S. 92-113.

Commission of the European Communities: Communication from the Commission to the European Parliament and the Council: Barcelona Process: Union for the Mediterranean, COM(2008) 319 (Final), 21.05.2008.

Council of the European Union: Brussels European Council, 13-14 March 2008, Presidency Conclusions, 7652/1/01, REV 1, CONCL 1, 20.05.2008.

Emerson, Michael: Making Sense of Sarkozy's Union for the Mediterranean, CEPS Policy brief No. 155, March 2008.

Emmanouilidis, Janis A.: Conceptualizing a Differentiated Europe, ELIAMEP Policy Paper No 10/June 2008 (Download unter http://www.emmanouilidis.eu/publications/2008/conceptualizing_2008.php).

Final Declaration of the „Barcelona Process: Union fort he Mediterranean" Ministerial Conference in Marseille, 3-4 November 2008 (Download auf den Seiten der französischen EU-Präsidentschaft http://www.ue2008.fr).

Hanelt, Christian-Peter/Möller, Almut (Hrsg.): Bound to Cooperate: Europe and the Middle East II, Gütersloh 2008.

Joint Declaration of the Paris Summit for the Mediterranean, Paris, 13 July 2008 (Download auf den Seiten der französischen EU-Präsidentschaft http://www.ue2008.fr, Zugriff am 10.12.2008).

Jünemann, Annette: Zehn Jahre Barcelona-Prozess: Eine gemischte Bilanz, in: Aus Politik und Zeitgeschichte 45/2005, S. 7-14.

Kempe, Iris: The Eastern and Southern Dimensions of the European Neighbourhood POlicy: Are they reconcilable?, in: Hanelt, Christian-Peter/Möller, Almut (Hrsg.): Bound to Cooperate: Europe and the Middle East II, Gütersloh 2008, S. 74-91.

Möller, Almut: Why Europeans Should Embrace the Idea of a Mediterranean Union, in: AICGS Advisor, March 21, 2008a.

Dieselbe: The European Union and the Middle East: Coping with Challenges, Seizing Opportunities, in: Hanelt, Christian-Peter/Möller, Almut (Hrsg.): Bound to Cooperate: Europe and the Middle East II, Gütersloh 2008, S. 17-31.

Dieselbe: Nahost- und Mittelmeerpolitik, in: Jahrbuch der Europäischen Integration (Hrsg. Werner Weidenfeld/Wolfgang Wessels), Baden-Baden 2008b, S. 211-218.

Neugart, Felix: Nahost- und Mittelmeerpolitik, in: Werner Weidenfeld/Wolfgang Wessels (Hrsg.): Jahrbuch der Europäischen Integration 2006, Nomos 2006, S. 279-282.

Partenariat EUROMED: Final Declaration, Marseille, 3-4 November 2008, 279/08, 04.11.2008.

Rat der EU: Tagung des Europäischen Rates vom 11./12. Dezember in Brüssel, Schlussfolgerungen des Vorsitzes, 17271/08, CONCL 5, 12.12.2008.

Schumacher, Tobias: Naher Osten und Nordafrika, in: Bertelsmann Stiftung (Hrsg.): Bertelsmann Transformation Index 2008. Politisches Management im internationalen Vergleich, Gütersloh 2008, S. 136-156.

Schwarzer, Daniela/Werenfels, Isabelle: Formelkompromiss ums Mittelmeer, SWP-Aktuell 24, April 2008.

Zorob, Anja: Projekt „Mittelmeerunion" – „neuer Schub" für die EU-Mittelmeerpolitik?, GIGA Fokus Nummer 5, 2008.

Björn Uhrig

Chronik der Konstitutionalisierung Europas – Fortschritte und Rückschläge

1950

9. Mai	Vorstellung des Plan zur Gründung einer Europäischen Gemeinschaft für Kohle und Stahl durch Robert Schuman

1951

18. April	Unterzeichnung des Vertrages über die Europäische Gemeinschaft für Kohle und Stahl (EGKS) in Paris (ausgelaufen 2002).

1957

25. März	Unterzeichnung der Römischen Verträge (EWG- und EAG-Vertrag).

1961

19. Oktober	Vorstellung des Fouchet Plans I.

1962

18. Januar	Vorstellung des Fouchet Plans II.

1970

27. Oktober	Annahme des „Luxemburg-Berichts", erstellt vom belgischen Diplomaten Etienne Davignon, durch die Außenminister der Mitgliedstaaten.

1976

2. April	Der „Tindemans-Bericht" wird auf dem Europäischen Rat von Luxemburg vorgestellt. Er definiert das Konzept der „Europäischen Union".

1978

4.-5. Dezember	Errichtung des Europäischen Währungssystems (EWS) durch den Europäischen Rat.

1979

13. März	Das Europäische Währungssystem tritt in Kraft.
4. April	Verabschiedung eines Memorandums durch die Europäische Kommission bezüglich des Beitrittes der Europäischen Gemeinschaften

	zur Europäischen Konvention zum Schutz der Menschenrechte und Grundfreiheiten.
7.-10. Juni	Erste allgemeine unmittelbare Wahl der Mitglieder des Europäischen Parlaments.
17. Juli	Konstituierende Sitzung des Europäischen Parlaments.
1982	
25. März	25. Jahrestag der Unterzeichnung der Römischen Verträge.
1983	
17.-19. Juni	Unterzeichung der Feierlichen Deklaration zur Europäischen Union durch die Staats- und Regierungschef der Mitgliedsstaaten der Europäischen Gemeinschaften.
14. September	Altiero Spinelli, MdEP, legt dem Europäischen Parlament einen Entwurf für eine Verfassung für eine Europäische Union („Spinelli-Entwurf") vor.
1984	
14. Februar	Mehrheitliche Annahme des „Spinelli-Entwurf" durch das Europäische Parlament.
28.-29. Juni	Adonnino-Ausschuss des Europäischen Parlaments legt seinen Abschlussbericht zum „Europa der Bürger" vor.
3.-4. Dezember	Beschluss zum weiteren Ausbau des Europäischen Währungssystems durch den Europäischen Rat.
1985	
29./30. März	Bericht des Ad-hoc-Ausschusses für institutionelle Fragen des Europäischen Parlaments (Dooge-Ausschuss) an den Europäischen Rat in Brüssel.
14. Juni	Unterzeichung des Schengener Abkommens – Übereinkommen zwischen den Regierungen der Staaten der Benelux-Wirtschaftsunion, der Bundesrepublik Deutschland und der Französischen Republik betreffend den schrittweisen Abbau der Kontrollen an den gemeinsamen Grenzen.
22. Juli	Beschluss zur Einberufung einer Konferenz von Vertretern der Regierungen der Mitgliedsstaaten zur Änderung des Vertrages der Europäischen Wirtschaftsgemeinschaft durch den Rat.
2.-4. Dezember	Beschluss zur Änderung der Römischen Verträge der der Erarbeitung einer Einheitlichen Europäischen Akte durch den Europäischen Rat.
1986	
17.-28. Februar	Unterzeichnung der Einheitlichen Europäischen Akte zur Änderung des Vertrages zur Gründung der Europäischen Wirtschaftsgemeinschaft.

29. Mai	Übernahme der der Europaflagge und der „Ode an die Freude“ als Europahymne.
22. Oktober	Entscheidung des deutschen Bundesverfassungsgerichts zur Prüfung des Gemeinschaftsrecht: „Solange die Europäische Gemeinschaft […] einen wirksamen Schutz der Grundrechte gegenüber der Hoheitsgewalt der Gemeinschaften generell gewährleistet, der dem vom Grundgesetz als unabdingbar gebotenen Grundrechtsschutz im Wesentlichen gleich zu achten ist, zumal den Wesensgehalt der Grundrechte generell verbürgt, wird das BVerfG seine Gerichtsbarkeit über die Anwendbarkeit von abgeleitetem Gemeinschaftsrecht […] nicht mehr ausüben“ (BVerfGE 73, 339).
1987	
25. März	30. Jahrestag der Unterzeichung der Römischen Verträge.
1. Juli	Inkrafttreten der Einheitliche Europäische Akte zur Änderung des Vertrages zur Gründung der Europäischen Wirtschaftsgemeinschaft.
1989	
9. November	Fall der „Berliner Mauer“.
8.-9. Dezember	Beschluss zur Einberufung einer Regierungskonferenz mit dem Ziel der Änderung der Verträge im Hinblick auf die Wirtschafts- und Währungsunion durch den Europäischen Rat. Annahme der Gemeinschaftscharta der Sozialen Grundrechte der Arbeitnehmer durch die Staats- und Regierungschefs von elf (der zwölf) Mitgliedstaaten der Europäischen Gemeinschaft.
1990	
28. April	Vereinbarung auf ein gemeinsames Vorgehen bezüglich der Deutschen Einheit durch den Europäischen Rat.
19. Juni	Unterzeichung des Schengener Durchführungsübereinkommens.
1. Juli	Beginn der Europäischen Wirtschaft- und Währungsunion (WWU).
3. Oktober	Deutsche Wiedervereinigung – Beitritt der Deutschen Demokratischen Republik zur Bundesrepublik Deutschland.
1991	
21. Oktober	Einigung des Rates bezüglich der Schaffung eines Europäischen Wirtschaftsraumes.
9.-10. Dezember	Einigung des Europäischen Rates bezüglich des Entwurfes des Vertrages zur Gründung der Europäischen Union.
1992	
7. Februar	Unterzeichnung des Vertrages über die Europäische Union (Vertrag von Maastricht).

2. Mai	Unterzeichnung des Abkommens über den Europäischen Wirtschaftsraum (EWR) durch die Mitgliedstaaten der Europäischen Gemeinschaft und die Mitgliedstaaten der Europäischen Freihandelsassoziation (EFTA: Finnland, Island, Liechtenstein, Norwegen, Österreich, Schweiz).

1993

1. Januar	Verwirklichung des Europäischen Binnenmarktes.
21.-22. Juli	Der Europäische Rat sichert den Ländern Mittel- und Osteuropas eine Beitrittsperspektive zu.
12. Oktober	Entscheidung des deutschen Bundesverfassungsgerichts zum Vertrag über die Europäischen Union: „Der Unionsvertrag begründet einen Staatenverbund zur Verwirklichung einer immer engeren Union der – staatlich organisierten – Völker Europas, keinen sich auf ein europäisches Staatsvolk stützenden Staat“ (BVerfGE 89, 155).
1. November	Inkrafttreten des Vertrages über die Europäische Union.

1994

1. Januar	Beginn der zweiten Stufe der Europäischen Wirtschafts- und Währungsunion. Inkrafttreten des Abkommens über den Europäischen Wirtschaftsraum.
9. Februar	Fernand Herman, MdEP, legt dem Konstitutionellen Ausschuss des Europäischen Parlaments einen Entwurf für eine Verfassung für die Europäische Union vor.
9./10. März 1994	Konstituierende Sitzung des Ausschusses der Regionen.
9.-12. Dezember	Beschluss des Europäischen Rates bezüglich der Heranführung der Staaten Mittel- und Osteuropas an die Europäische Gemeinschaft.

1995

26. März	Inkrafttreten des Übereinkommens von Schengen.
28. April	Unterzeichung des Übereinkommens von Schengen durch Österreich.
1. Mai	Liechtenstein wird Mitglied des Europäischen Wirtschaftsraumes.
26. Juli	Unterzeichung des Übereinkommens über die Errichtung eines Europäischen Polizeiamts (Europol-Übereinkommen) durch die Mitgliedstaaten der Europäischen Union.
15.-16. Dezember	Bestätigung der Einführung einer gemeinsamen Währung als gesetzliche Buchungswährung am 1. Januar 1999 durch den Europäischen Rat; gemeinsamer Name der neuen Währung: Euro.

1996

29. März	Eröffnung der Regierungskonferenz zur Änderung des Vertrages über die Europäische Union.

13.-14. Dezember	Entschließung des Europäischen Rates über die wirtschaftspolitische Koordinierung in der dritten Stufe der Wirtschafts- und Währungsunion – Vorbereitung der Einführung des Euro.
19. Dezember	Unterzeichung des Übereinkommens von Schengen durch Dänemark, Finnland und Schweden.
1997	
25. März	40. Jahrestag der Unterzeichung der Römischen Verträge.
16.-17. Juni	Einigung des Europäischen Rates bezüglich eines Vertragsentwurfes zur Änderung des Vertrages von Maastricht. Beschluss des Europäischen Stabilitäts- und Wirtschaftspaktes.
2. Oktober	Unterzeichnung des Vertrages von Amsterdam zur Änderung des Vertrages über die Europäische Union, der Verträge zur Gründung der Europäischen Gemeinschaften sowie einiger damit zusammenhängender Rechtsakte.
1998	
2. Mai	Der Europäische Rat stellt für elf Mitgliedstaaten der Europäischen die Erfüllung der Konvergenzkriterien für die Teilnahme am Euro fest.
1. Juni	Errichtung der Europäische Zentralbank und des Europäischen Systems der Zentralbanken.
1999	
1. Januar	Beginn der dritten Stufe der Europäischen Wirtschafts- und Währungsunion; der Euro wird gesetzliche Buchwährung in Belgien, Deutschland, Finnland, Frankreich, Irland, Italien, Luxemburg, den Niederlanden, Österreich, Portugal und Spanien.
1. Mai	Inkrafttreten des Vertrages von Amsterdam.
3.-4. Juni	Beschluss des Europäischen Rates zur Erarbeitung einer Charta der Grundrechte der Europäischen Union.
15.-16. Oktober	Beschluss der Zusammensetzung und des Verfahrens des Gremiums zur Ausarbeitung des Entwurf einer Charta der Grundrechte der Europäischen Union durch den Europäischen Rat.
10.-11. Dezember	Beschluss des Europäischen Rates zur Einberufung einer Regierungskonferenz im Februar 2000 zu Fragen der institutionellen Reform der Europäischen Union.
2000	
14. Februar	Eröffnung der Regierungskonferenz zu Fragen der institutionellen Reform der Europäischen Union.
3. Mai	Vorschlag der Kommission, auch in Griechenland die gemeinsame Währung Euro einzuführen.
9. Mai	50. Jahrestag des „Schuman-Plans“.

7. Dezember	Feierliche Verkündung der Charta der Grundrechte der Europäischen Union durch die Präsidenten des Europäischen Parlamentes, des Europäischen Rates und der Kommission.
7.-10. Dezember	Europäischer Rat in Nizza beschließt den Vertrag zur institutionellen Reform der EU (Vertrag von Nizza).

2001

2. Januar	Der Euro wird gesetzliche Buchwährung in Griechenland.
26. Januar	Unterzeichnung des Vertrages von Nizza zur Änderung des Vertrages über die Europäische Union, der Verträge zur Gründung der Europäischen Gemeinschaften sowie einiger damit zusammenhängender Rechtsakte.
25. März	Beitritt aller Mitglieder der Europäischen Union zum Übereinkommen von Schengen mit Ausnahme von Großbritannien und Irland.
14.-15. Dezember	Beschluss des Europäischen Rates zur Einberufung eines Konvents zur Zukunft der Europäischen Union. Verabschiedung der Erklärung von Laeken.

2002

1. Januar	Der Euro wird in Belgien, Deutschland, Finnland, Frankreich, Griechenland, Irland, Italien, Luxemburg, Niederlande, Österreich, Portugal und Spanien gesetzliches Zahlungsmittel.
28. Februar	Erste Sitzung des Konvents unter dem Vorsitz von Valérie Giscard d'Estaing. Der Euro wird in den Teilnehmerstaaten alleiniges Zahlungsmittel.
23. Juli	Außerkrafttreten des Vertrages über die Gründung der Europäischen Gemeinschaft für Kohle und Stahl nach fünfzig Jahren Geltung.

2003

1. Januar	10. Jahrestag des Bestehens des Europäischen Binnenmarktes.
17. Februar	Inkrafttreten des Vertrages von Nizza zur Änderung des Vertrages über die Europäische Union, der Verträge zur Gründung der Europäischen Gemeinschaften sowie einiger damit zusammenhängender Rechtsakte.
16. März	Unterzeichnung des Beitrittsvertrages zwischen der Europäischen Union und Estland, Lettland, Litauen, Malta, Polen, der Slowakei, Slowenien, Tschechien, Ungarn sowie Zypern.
20.-21. Juni	Vorstellung des „Entwurfs eines Vertrages über eine Verfassung für Europa“ des Europäischen Konvents auf dem Europäischen Rat von Thessaloniki.
10. Juli	Der Europäische Konvent schließt seine Arbeiten ab und legt am 18. Juli dem Europäischen Rat den endgültigen Entwurf eines Vertrages über eine Verfassung für Europa vor.

4. Oktober	Eröffnung der Regierungskonferenz, um auf Grundlage des Konventsentwurfes einen endgültigen Entwurf eines Vertrages über eine Verfassung für Europa zu erarbeiten.
12.-13. Dezember	Die Verabschiedung eines Vertrages über eine Verfassung für Europa scheitert am Veto Polens und Spaniens.

2004

25.-26. März	Bekräftigung der Entschlossenheit des Europäischen Rates, eine Einigung bezüglich des Verfassungsvertrages bis zu seiner nächsten Tagung im Juni zu erzielen.
1. Mai	Estland, Lettland, Litauen, Malta Polen, die Slowakei, Slowenien, Tschechien, Ungarn und Zypern werden Mitglieder der Europäischen Union.
17-.18. Juni	Annahme des Entwurfs für einen Vertrag über eine Verfassung für Europa.
29. Oktober	Feierliche Unterzeichnung des Vertrages über eine Verfassung für Europa durch die 25 Staats- und Regierungschefs und Außenminister der Mitgliedstaaten der Europäischen Union.

2005

29. Mai	In Frankreich findet eine Volksabstimmung über den Verfassungsvertrag statt; der Vertrag wird mehrheitlich (55%) abgelehnt.
1. Juni	In den Niederlanden findet eine Volksabstimmung über den Verfassungsvertrag statt; der Vertrag wird mehrheitlich (61%) abgelehnt.
16.-17. Juni	Der Europäische Rat beschließt eine „Reflexionsphase" und will sich im ersten Halbjahr 2006 wieder mit dem Verfassungsvertrag beschäftigen.

2006

15.-16. Juni	Diskussion des Europäischen Rates bezüglich des Ratifikationsprozesses des Verfassungsvertrages.
11. Juli	Vorschlag des Rates der Europäischen Union, auch in Slowenien die gemeinsame Währung Euro einzuführen.

2007

1. Januar	Bulgarien und Rumänien werden Mitglieder der Europäischen Union. Der Euro wird in Slowenien gesetzliches Zahlungsmittel.
24.-25. März	Berliner Erklärung anlässlich des 50. Jahrestages der Unterzeichnung der Römischen Verträge.
22.-24. Juni	Beschluss des Europäischen Rates zur Einberufung einer Regierungskonferenz zur Ausarbeitung eines Reformvertrages zur Änderung der bestehenden Verträge.
23. Juli	Beginn der Regierungskonferenz.

19. Oktober	Ende der Arbeiten der Regierungskonferenz; Einigung der Mitgliedstaaten der Europäischen Union über den Wortlaut des neuen Vertrages.
12. Dezember	Proklamation der Charta der Grundrechte der Europäischen Union durch die Präsidenten des Europäischen Parlamentes, des Europäischen Rates und der Kommission.
13. Dezember	Feierliche Unterzeichnung des Vertrages von Lissabon zur Änderung des Vertrags über die Europäische Union und des Vertrags zur Gründung der Europäischen Gemeinschaft (Reformvertrag) durch die Staats- und Regierungschef sowie Außenminister der Mitgliedstaaten der Europäischen Union.
14. Dezember	Der Europäische Rat begrüßt die Einigung auf einen Reformvertrag sowie die Proklamation der Grundrechtecharta.
21. Dezember	Inkrafttreten des Übereinkommens von Schengen für Estland, Lettland, Litauen, Malta, Polen, die Slowakei, Slowenien, Tschechien und Ungarn.

2008

1. Januar	Der Euro wird auf Zypern und Malta gesetzliches Zahlungsmittel.
20. Februar	Das Europäische Parlament billigte den Verfassungsvertrag mit einer Mehrheit von 525 zu 115 Stimmen.
12. Juni	In Irland findet eine Volksabstimmung über den Reformvertrag statt; der Vertrag wird mehrheitlich (53%) abgelehnt.
18.-19. Juni	Beschluss des Europäischen Rates, den Ratifizierungsprozess fortzusetzen.
26. November	Zustimmung des tschechischen Verfassungsgerichts zum Vertrag von Lissabon.

2009

30. Juni	Entscheidung des deutschen Bundesverfassungsgerichts zum Vertrag von Lissabon (2 BvE 2/08). Zustimmungsgesetz zum Vertrag von Lissabon mit Grundgesetz vereinbar; Begleitgesetz verfassungswidrig, da den Gesetzgebungsorganen (Bundestag und Bundesrat) keine hinreichenden Beteiligungsrechte eingeräumt wurden.
2. Oktober	Zweites irisches Referendum über den Vertrag von Lissabon. Der Vertrag wird angenommen (67%).
1. Dezember	Der Vertrag von Lissabon tritt in Kraft.

Autorenverzeichnis

Becker, Peter, MA, arbeitet seit 2004 als wissenschaftlicher Mitarbeiter in der Forschungsgruppe EU-Integration der Stiftung Wissenschaft und Politik in Berlin. Zuvor war er von 1998 bis 2004 Europareferent in der Thüringer Staatskanzlei in Erfurt und den Jahren 2000 und 2001 Lehrbeauftragter am Institut für Politikwissenschaft der Friedrich-Schiller Universität Jena. Von 1995 bis 1998 war er wissenschaftlicher Mitarbeiter am Institut für Europäische Politik (IEP), Bonn/Berlin. Zu seinen Publikationen gehören u.a. Fortschreibung des Status Quo – Die EU und ihr neuer Finanzrahmen Agenda 2007, in: integration, 29. Jg., Heft 2, April 2006, S. 106-121; Der EU-Finanzrahmen 2007-2013. Auf dem Weg zu einer europäischen Finanzverfassung oder Fortsetzung der nationalen Nettosaldopolitik? SWP-Studie 2005/S 36, November 2005; zusammen mit Olaf Leiße, Die Zukunft Europas. Der Konvent zur Zukunft der Europäischen Union", Wiesbaden 2005 sowie zusammen mit Heather Grabbe, Kirsty Hughes und Barbara Lippert, British and German Interests in EU Enlargement: Conflict and Cooperation, London 2001.

Borowsky, Martin, Dr., Maître en droit, Richter am Landgericht Erfurt und Lehrbeauftragter an der Erfurt School of Public Policy der Universität Erfurt. In den Jahren 2000/2001 war er an die Thüringer Staatskanzlei abgeordnet, um das Projekt der Grundrechtecharta – gemeinsam mit Dr. Norbert Bernsdorff – für die deutschen Länder fachlich zu betreuen. Veröffentlichungen (Auswahl): Kommentierungen der Titel I „Würde des Menschen" und VII „Allgemeine Bestimmungen über die Auslegung und Anwendung der Charta", in: Jürgen Meyer (Hrsg.): Charta der Grundrechte der Europäischen Union, 2. Aufl., Baden-Baden 2006; Wertkonflikte in der Europäischen Union. Eine Problemskizze, in: Hans-Jörg Derra (Hrsg.): Freiheit, Sicherheit und Recht. Festschrift für Jürgen Meyer zum 70. Geburtstag, Baden-Baden 2006, S. 49 ff.; Adjudication in Großbritannien – ein Modell für Baustreitigkeiten in Deutschland?, in: Zeitschrift für Konfliktmanagement (ZKM), 2007, S. 54ff.

Dienel, Christiane, Prof. Dr., 1989 bis 1992 Wissenschaftliche Assistentin am Institut für Neuere Geschichte der LMU München, 1993 bis 1999 Referentin für Europäische Union und Industrieländer in der Staatskanzlei, ab 1996 im Ministerium der Justiz und für Bundes- und Europaangelegenheiten des Landes Brandenburg, Potsdam, 1999 bis 2006 Professorin mit dem Lehrgebiet „Europäische Politik und Gesellschaft", Hochschule Magdeburg-Stendal (FH), seit 2006 Staatssekretärin im Ministerium für Gesundheit und Soziales des Landes Sachsen-Anhalt.

Galaski, Julia, Magister in „European Affairs" an der Sciences Po Paris. Publikation: Chancen und Grenzen der Pirateriebekämpfung. Die Straße von Malakka und der Golf von Aden im Vergleich (SWP-Diskussionspapier) Berlin 2009.

Gerstenhauer, Daniel, M.A., 1998-2003 Studium der Soziologie, Politikwissenschaft und Psychologie in Jena, 2005-2007 wissenschaftliche Hilfskraft bzw. Lehrbeauftragter und seit 2008 wissenschaftlicher Mitarbeiter am Institut für Politikwissenschaft der Friedrich-Schiller-Universität Jena; Promotionsprojekt zur Interessenvertretung deutscher Wohlfahrtsverbände im europäischen Mehrebenensystem. Veröffentlichung: Das „Haus der Völker" Bosnien-Herzegowinas: ethnisches Blockadeinstrument?, in: Leunig, Sven (Hrsg.), Handbuch Föderale Zweite Kammern, Leverkusen: Barbara Budrich, S. 70-82.

Fröhlich, Stefan, Prof. Dr., Studium der Politikwissenschaft, Anglistik und Hispanistik in Bonn, Paris, Philadelphia und Washington. 1989 Promotion an der Universität Bonn und 1996 Habilitation ebenda im Fach Politische Wissenschaft. Wissenschaftlicher Assistent am Seminar für Politische Wissenschaft der Universität Bonn und 1995/96 Forschungsstipendiat des German Marshall Fund of the United States (Washington). Seit 2003: Professor für Internationale Politik an der Universität Erlangen-Nürnberg Gastdozenturen in Antwerpen, Budapest, Bonn, Mailand, Birmingham, Tübingen und Washington. 2009 Gastdozent am Collège d`Europe in Brügge. Veröffentlichungen (Auswahl): Die EU als globaler Akteur, Wiesbaden: VS-Verlag 2008; The Difficulties of EU Governance: What way forward for the EU Institutions? Frankfurt a. M.: Peter Lang-Verlag 2004; Der Greater Middle East als gemeinsame Herausforderung der euro-atlantischen Gemeinschaft, in: Außenpolitik und Staatsräson. Festschrift für Christian Hacke zum 65. Geburtstag, Baden-Baden: Nomos 2008.

Haack, Stefan, PD Dr., Universität Leipzig; Gastdozent an der Immanuel-Kant-Universität Kaliningrad 2007-2008; Forschungsschwerpunkte: Staats- und Verwaltungsrecht, Europarecht, Allgemeine Staatslehre; Veröffentlichungen (Auswahl): „Widersprüchliche Regelungskonzeptionen im Bundesstaat", Berlin 2001; „Verlust der Staatlichkeit", Tübingen 2007; „Unresolved Issues of the Constitution for Europe" (gemeinsam mit Nanette Neuwahl – Hrsg.), Montréal 2007; „Der Eigenwert der Verwaltungsentscheidung", in: Archiv des öffentlichen Rechts 133 (2008), S. 43-78.

Hänsch, Klaus, Prof. Dr., Studium der Politologie, Geschichte und Soziologie in Köln, Paris und Berlin. Referent im Ministerium für Wissenschaft und Forschung in Nordrhein-Westfalen. Seit 1979 Mitglied des Europäischen Parlaments für die SPD. Präsident des Europäischen Parlaments von 1994 bis 1997. Mitglied im Präsidium des „Konvents zur Zukunft Europas" (2002-2003) und Vertreter des Europäischen Parlaments bei der anschließenden Regierungskonferenz (2003-2004). Mitglied des Ausschusses für Auswärtige Angelegenheiten, Menschenrechte, gemeinsame Sicherheit und Verteidigungspolitik. Stellvertretendes Mitglied im Ausschuss für Konstitutionelle Fragen. Veröffentlichungen (Auswahl): Europa einigen. In Verantwortung für Deutschland, Vas-Verlag für Akademische Schriften 1999; Das Verhältnis zwischen Nationalstaaten und Regionen in der (erweiterten) Europäischen Union. Mit Referaten von Karl-Rudolf Korte, Klaus Hänsch, Manfred Dammeyer u.a., Köln: Grote 2000, Jenseits der Artikel – europäische Grundentscheidungen der EU-Verfassung, in: integration, 4/2004, S. 320-327.

Kaim, Markus, PD Dr., Leiter der Forschungsgruppe Sicherheitspolitik der Stiftung Wissenschaft und Politik, Berlin; Privatdozent an der Friedrich-Schiller-Universität Jena; 2007/2008: DAAD Gastprofessor für Deutschland- und Europastudien an der University of Toronto; Publikationen (Auswahl): Die Europäische Sicherheits- und Verteidigungspolitik. Präferenzbildungs- und Aushandlungsprozesse in der Europäischen Union (1990-2005) (Aktuelle Materialien zur Internationalen Politik, Bd. 74), Baden-Baden 2007; Great Powers and Regional Orders. The United States and the Persian Gulf (US Foreign Policy and Conflict in the Islamic World Series), Aldershot 2008; Back to the Future. Die amerikanische NATO-Debatte zu Beginn der Präsidentschaft Barack Obamas, in: Zeitschrift für Außen- und Sicherheitspolitik 2(2009), Nr.2, S.212-233.

Knill, Christoph, Prof. Dr., Lehrstuhl für Vergleichende Policy-Forschung und Verwaltungswissenschaft an der Universität Konstanz. Forschungsschwerpunkte in den Bereichen Vergleichende Policy-Forschung (Europäisierung nationaler Politiken, Policy-Konvergenz und Policy-Diffusion, Policy-Wandel und Politikabbau) und Vergleichende Verwaltungsforschung (Reform und Europäisierung nationaler Verwaltungen, Einstellungsmuster administrativer Eliten). Publikationen (Auswahl): Europäische Umweltpolitik. Steuerungsprobleme und Regulierungsmuster im Mehrebenensystem. Opladen: Leske und Budrich, 2008 (2. überarbeitete Auflage, 1. Auflage 2003); The Interaction of Competition, Co-operation and Communication: Theoretical Analysis of Different Sources of Environmental Policy Convergence. Journal of Comparative Policy Analysis: Research and Practice, 10 (4). 403-425, 2008 (mit K. Holzinger); Umweltpolitik. In: Hubert Heinelt und Michèle Knodt (Hrsg.), Politikfelder im EU-Mehrebenensystem. Instrumente und Strategien europäischen Regierens. Baden-Baden: Nomos, 2008, 157-172 (mit J. Tosun).

Leinen, Jo, seit 1999 Mitglied des Europäischen Parlaments, seit 2004 Vorsitzender des Ausschusses für Konstitutionelle Fragen. Mitglied des Konvents zur EU-Grundrechtscharta. 1994-1999 Vorsitzender Europa-Ausschuss des Saarländischen Landtags und Mitglied im Ausschuss der Regionen sowie im Kongress der Regionen des Europarates. 1985 bis 1994 Minister für Umwelt im Saarland. Veröffentlichungen (Auswahl): Die Zukunft der Friedensbewegung, in: Gerosa, Klaus (Hrsg.): Grosse Schritte wagen. Über die Zukunft der Friedensbewegung; München 1984; Saar-Lor-Lux: eine Euro-Region mit Zukunft?, St. Ingbert 2001; Das Europäische Parlament – ein demokratischer Emanzipationsprozess: zum Machtgleichgewicht zwischen den europäischen Institutionen, in: Randzio-Plath, Christa (Hrsg.): Mehr Demokratie in Europa wagen, Berlin 2009.

Leiße, Olaf, PD Dr., Studium an der Universität Düsseldorf und an der Freien Universität Berlin, Aufbau-Studium an der Deutschen Hochschule für Verwaltungswissenschaften, Speyer, Promotion 1998 an der FU Berlin, Mitarbeiter am Lehrstuhl für Internationale Beziehungen an der Universität Erfurt, 2007 Habilitation, seit 2007 Vertretung der Professur für Europäische Politik an der Friedrich-Schiller-Universität Jena, Veröffentlichungen (Auswahl): Europa zwischen Nationalstaat und Integration, Wiesbaden: VS Verlag für Sozialwissenschaften, 2009; The Fall and Rise of the European Constitution, in: Stefan Haack; Nanette Neuwahl (eds.), Unresolved Issues of the European Constitution – Rethinking the Crisis, Montreal: Les Edition Thémis 2007; Rumänien und Bulgarien vor dem EU-Beitritt, in: Aus Politik und Zeitgeschichte, Nr. 27, Juli 2006, S. 6-13.

Liedhegener, Antonius, Prof. Dr.; Studium der Geschichte und Katholischen Theologie; 1996 Promotion in Münster; 2005 Habilitation in Jena; 1997 bis 2008 Wissenschaftlicher Mitarbeiter, Assistent bzw. Oberassistent am Institut für Politikwissenschaft der Friedrich-Schiller-Universität Jena; Sommersemester 2008 Lehrstuhlvertretung für Vergleichende Analyse politischer Systeme, Bewegungen und Kulturen an der Europa-Universität Viadrina in Frankfurt (Oder); seit September 2008 Assistenzprofessor für Politik und Religion am Zentrum für Religion, Wirtschaft und Politik (ZRWP) an der Universität Luzern. Veröffentlichungen (Auswahl): Religionsfreiheit und die neue Religionspolitik. Mehrheitsentscheide und ihre Grenzen in der bundesdeutschen Demokratie, in: Zeitschrift für Politik 55(2008), S. 84-107; Religion in der vergleichenden Politikwissenschaft. Begriffe – Konzepte – Forschungsfelder, in: Hildebrandt, Mathias/ Brocker, Manfred (Hg.), Der Begriff der ‚Religion' (= Religion und Politik), Wiesbaden 2008, S. 179-196; Macht, Moral und Mehrheiten. Der politische Katholizismus in der Bundesrepublik Deutschland und den USA seit 1960 (Jenaer Beiträge zur Politikwissenschaft, Bd. 11), Baden-Baden 2006.

Meyer, Jürgen, Prof. Dr., Studium der Rechtswissenschaften an der Universität Münster und an der Freien Universität Berlin. 1963 Promotion an der Universität Tübingen zum Thema Dialektik im Strafprozessrecht. Habilitation 1975 und seit 1981 Professor an der Universität Freiburg für deutsches und ausländisches Straf- und Strafprozessrecht sowie Kriminologie. Von 1990 bis 2002 war er für die SPD Mitglied des Deutschen Bundestages. Im Grundrechtekonvent und im Konvent zur Zukunft der Europäischen Union war Jürgen Meyer der Vertreter des Deutschen Bundestages. Veröffentlichungen (Auswahl): Kommentar zur Charta der Grundrechte der Europäischen Union, 2. Aufl., Baden-Baden: Nomos 2006; Freiheit, Sicherheit und Recht. Festschrift für Jürgen Meyer zum 70. Geburtstag, Baden-Baden: Nomos 2006.

Möller, Almut, M.A., Politikwissenschaftlerin und Analystin zu Fragen europäischer Integration und EU-Mittelmeerbeziehungen. Associate Fellow am Austria Institut für Europa- und Sicherheitspolitik (AIES) in Maria Enzersdorf bei Wien. Von 2002 bis 2008 wissenschaftliche Mitarbeiterin am Centrum für angewandte Politikforschung (C.A.P), München. Veröffentlichungen (Auswahl): Nahost- und Mittelmeerpolitik, in: Jahrbuch der Europäischen Integration 2008 (Hrsg. Werner Weidenfeld; Wolfgang Wessels), Baden-Baden 2008, S. 211-218; Bound to Cooperate: Europe and the Middle East II (Herausgeberin gemeinsam mit Christian-Peter Hanelt), Gütersloh 2008; Germany and the Constitutional Treaty, in: The Rise and Fall of the EU's Constitutional Treaty (Hrsg. Finn Laursen), Leiden 2008, S. 145-160; Understanding the European Constitution (mit Werner Weidenfeld, Janis Emmanouilidis, Sybille Reiter), Gütersloh 2007.

Oppelland, Torsten, PD Dr., Privatdozent am Institut für Politikwissenschaft der Friedrich-Schiller-Universität Jena; aktuelle Veröffentlichungen zum Thema: Das Parteiensystem der EU, in: Oskar Niedermayer/ Richard Stöss/ Melanie Haas (Hrsg.), Die Parteiensysteme in Westeuropa, Wiesbaden: Verlag für Sozialwissenschaften 2006, S. 455-475; Vorreiter der Parteienintegration? Zur Bedeutung der Fraktionen im Europäischen Parlament für die Bildung supranationaler europäischer Parteien, in: Jürgen Mittag (Hrsg.), Politische Parteien und europäische Integration. Entwicklung und Perspektiven transnationaler Parteienkooperation und europäischer Parteien, Essen: Klartext Verlag 2006, S. 497-513; Die Parlamentarisierung der EU – Ende des Demokratiedefizits? in: Rolf Gröschner/Oliver Lembcke (Hrsg.), Staatswissenschaften im Dialog, Schillerhausgespräche 2004-2006, Berlin: BWV, i.E.

Overkämping, Sabine, Studium der Rechtswissenschaften, danach Eintritt in den Landesdienst von Sachsen-Anhalt. Zuständig zunächst für die Koordinierung der Kabinetts-, Landtags- und Bundesratsangelegenheiten im Ministerium für Bundes- und Europaangelegenheiten des Landes Sachsen-Anhalt in Magdeburg, 1994 bis 1998 Referatsleiterin und stellvertretende Abteilungsleiterin in der Staatskanzlei des Landes Sachsen-Anhalt, bis Ende 2004 verschiedene Tätigkeiten in Brüssel, bis 2006 Ministerium für Gesundheit und Soziales des Landes Sachsen-Anhalt, Lehrbeauftragte an der Otto-von-Guericke-Universität Magdeburg, seit dem 1. April 2009 Referatsleiterin für die originären Europaangelegenheiten im Ministerium der Justiz des Landes Sachsen-Anhalt.

Piehl, Ernst, Dr., 1964-69 Studium der Politischen Wissenschaften und anschließender Promotion. 1969-75 wissenschaftlicher Referent beim Deutschen Gewerkschafts-Bund und von 1980-84 im Leitungsteam des Europäischen Gewerkschafts-Bundes in Brüssel. Dazwischen Direktor des Europäischen Jugendwerks des Europarates in Straßburg. 1984-1994 Direktor des Europäischen Zentrums der Beruflichen Bildung der EU in Berlin, danach Leiter des Informationsbüros des Europäischen Parlaments in Berlin. Von 1996-2002 verantwortlich für das Demokratieprogramm der Europäischen Kommission in Brüssel. Seitdem Expertisen und Beratungen für europäische Institutionen und ehrenamtliche Tätigkeiten insbesondere in der Europäischen Bewegung. Aktuelle Schwerpunktthemen in den Veröffentlichungen sind die Außenbeziehungen der EU, insbesondere mit den Nachbarländern im Osten und im Süden der EU.

Scheller, Henrik, Dr., Lehrbeauftragter an der Universität Potsdam und Research Fellow am Hamburgischen WeltWirtschaftsInstitut (HWWI). Veröffentlichungen (Auswahl): Föderale Politikgestaltung im deutschen Bundesstaat – Variable Verflechtungsmuster in Politikfeldern. Baden-Baden: Nomos 2008 (zusammen mit J. Schmid); (Hrsg.): Zwischen Reformidee und Funktionsanspruch – Konzeptionen und Positionen zur deutschen Finanzverfassung. In: Reihe „Forum Öffentliche Finanzen“, Analytica Verlagsgesellschaft 2007 (zusammen mit M. Junkernheinrich und M. Woisin).

Schild, Joachim, Prof. Dr., Studium der Politikwissenschaft, Volkswirtschaftslehre, Soziologie und Romanistik an den Universitäten Bamberg, Toulouse Le Mirail und an der Freien Universität Berlin; Diplom in Politikwissenschaften an der FU Berlin. Promotion an der Universität Stuttgart 1999. Wiss. Mitarbeiter am Deutsch-Französischen Institut in Ludwigsburg (1990-2002),Wiss. Mitarbeiter in der Forschungsgruppe Europäische Integration der Stiftung Wissenschaft und Politik (SWP) in Berlin (2002-03), seit Ende 2003 Professur für Politikwissenschaft/Vergleichende Regierungslehre an der Universität Trier. Veröffentlichungen zu den deutsch-französischen Beziehungen, zur französischen Europapolitik, zum EU-Verfassungsprozess und zum politischen System der V. Französischen Republik. Publikationen (Auswahl): Hrsg.): Die verunsicherte Französische Republik. Wandel der Strukturen, der Politik – und der Leitbilder?, Baden-Baden: Nomos 2009 (mit H. Uterwedde); Frankreich – Politik, Wirtschaft und Gesellschaft, 2. vollst. überarb. Aufl., Wiesbaden: VS Verlag 2006 (mit H. Uterwedde); Frankreichs V. Republik. Ein Regierungssystem im

Wandel. Festschrift für Adolf Kimmel, Wiesbaden: VS Verlag 2005 (Frankreich-Studien. Bd. 11) (mit H. Uterwedde).

Schmidt, Siegmar, Prof. Dr., Professur für Internationale Politik und Analyse und Vergleich politischer Systeme an der Universität Landau. Zahlreiche Publikationen zu den Forschungsschwerpunkten Entwicklung und Demokratie in Afrika, EU-Außenbeziehungen, Entwicklungspolitik, Deutsche Außenpolitik. Von 2008 bis 2009 Gastprofessor am Pitzer College/Kalifornien. Veröffentlichungen (Auswahl): Siegmar Schmidt/Wolf J. Schünemann: Die Europäische Union. Eine Einführung, Baden-Baden: Nomos-Verlag, (Studienkurs Politikwissenschaft) 2009; Siegmar Schmidt/Gert und Susanne Pickel (Hrsg.): Amnesie, Amnestie oder Aufarbeitung? – Zum Umgang mit autoritären Vergangenheiten und Menschenrechtsverletzungen in der Demokratie im interkulturellen Vergleich, Wiesbaden 2009: Verlag für Sozialwissenschaften; Siegmar Schmidt/Wolf, Reinhard/Hellmann, Gunther (Hrsg.): Handbuch der deutschen Außenpolitik, Wiesbaden: VS-Verlag 2007.

Schmuck, Otto, Dr., Leiter der Europa-Abteilung der Landesvertretung Rheinland-Pfalz in Bonn, Arbeitsschwerpunkte: Europaministerkonferenz, institutionelle Reformen der EU. Studium an den Universitäten Bonn und Mainz; Promotion 1988 bei Prof. Werner Weidenfeld mit einer Arbeit über "Das Europäische Parlament und die Entwicklungspolitik", von 1981 bis 1992 Mitarbeiter am Institut für Europäische Politik in Bonn, zuletzt als stellv. Direktor; Lehraufträge an der Universität Mainz und am Europa-Kolleg Brügge. Veröffentlichungen (Auswahl): Die Ausarbeitung der europäischen Grundrechtscharta als Element der Verfassungsentwicklung, in: Integration, Heft 1/2000, S. 48-56; Die Diskussion um die europäische Verfassung, in: Zeitschrift für Politikwissenschaft, Heft 1, 2001, S. 105-124; Auf dem Weg zur Europäischen Union: Bundeszentrale für politische Bildung (Hrsg.): Europäische Union, (= Informationen zur politischen Bildung, Heft 279), Bonn 2006, S. 58-67; Die Menschen für Europa gewinnen – Für ein Europa der Bürger (Hrsg.), Bad Marienberg 2008.

Stahl, Bernhard, PD Dr., Studium der Politik- und Wirtschaftswissenschaften sowie Europastudien in Siegen, Münster, Aachen und Trier. Habilitation mit einer Arbeit zur französischen Außenpolitik (2006). Zu seinen Forschungsinteressen gehören Vergleichende Außenpolitikforschung, EU-Außenpolitik und Identitätstheorie. Zurzeit vertritt er eine Professur für Internationale Politik an der Universität Passau. Jüngere Veröffentlichungen: “Vergleichende Außenpolitikforschung und nationale Identitäten. Die Europäische Union im Kosovo-Konflikt (1996-2008)”, (hrgg. mit Sebastian Harnisch), Reihe „Außenpolitik und Internationale Ordnung“, Baden-Baden: Nomos-Verlag 2009; „Nationale Geschichte(n) für den Krieg – der deutsche und französische Diskurs im Kosovo-Krieg und in der Irak-Krise“, in: Zeitschrift für Vergleichende Politikwissenschaft, 2/2008, S. 257-286; „Incoherent securitisation. The European Union in the Iraq crisis“, in: Hamburg Review of Social Sciences, Special issue on ‚Revisiting coherence in EU Foreign Policy‘ (eds. C. Portela and K. Raube), vol. 3, issue 1, (June 2008), S.70-106; http://www.hamburg-review.com/Current-Issue.72.0.html.

Tosun, Jale, Dipl.-Verw.Wiss., Mitarbeiterin am Lehrstuhl für Vergleichende Policy-Forschung und Verwaltungswissenschaft der Universität Konstanz. Veröffentlichungen (Auswahl): Environmental Policy in Chile and Mexico – Explaining the Effect of Economic Integration on Regulatory Standards. Saarbrücken: VDM 2008; Balancing Competitiveness and Conditionality: Environmental Policy-making in Low-regulating Countries. Journal of European Public Policy 15 (7), 2008, 1-22 mit Chr. Knill und S. Heichel); Emerging Patterns of Multi-Level Governance in EU Environmental Policy. In: Thomas Conzelmann & Randall Smith (Hrsg.), Multi-level governance in the European Union: Taking Stock and Looking Ahead. Baden-Baden: Nomos 2008, 145-162 (mit Chr. Knill).

Uhrig, Björn, MA, Studium der Politikwissenschaft, der Neueren Geschichte und des Öffentlichen Rechts an der Friedrich-Schiller-Universität Jena, 2007 bis 2008 Persönlicher Mitarbeiter des Thüringer Ministers für Bau und Verkehr, seit 2008 Lehrbeauftragter am Institut für Politikwissenschaft der Friedrich-Schiller-Universität Jena, seit 2009 Persönlicher Referent des Bürgermeisters und Dezernenten für Familie und Soziales der Stadt Jena.

Wagner, Helmut, Prof. em., Freie Universität Berlin. Studium der Politischen Wissenschaften, Geschichte und Philosophie in Berlin und Tübingen, Promotion bei Prof. Theodor Eschenburg, Habilitation an der Freien Universität Berlin habilitiert. Assistent von Prof. Golo Mann in Stuttgart, Professor für Politikwissenschaft von 1972 bis 1995 an der Freien Universität Berlin und Tätigkeiten als Referent und Gastprofessor an zahlreichen ausländischen Universitäten tätig. Publikationen (Auswahl): Die polnische Doppelgesellschaft – Systemwandel in Polen, Berlin 1981; The Legal Nature of he European Union – In Search of a Definition, in: Mir Peremen, Moskau, 2/2007, S. 168-179, (auf Russisch); The European Union as International Actor – A Pipe Dream?, in: Prospect Journal, Taiwan Forum, Taipeh, No. 4, July 2008, S. 119-139.